河北省现代农业产业发展报告

HEBEISHENG XIANDAI NONGYE CHANYE FAZHAN BAOGAO

（2018年度）

河北省现代农业产业技术体系领导小组办公室

中国农业出版社
北 京

《河北省现代农业产业发展报告》（2018 年度）

指 导 委 员 会

主　任：段玲玲

副主任：郑红维　赵帮宏　杨宗华　纪彦君

成　员（以姓氏笔画为序）：

马　恢　王卉清　申书兴　田建中　师志刚

吕月河　乔　健　李　明　李　洁　李运起

李怡群　李树静　李洪波　杨延昌　张英杰

张建军　张瑞奇　苗玉涛　林永增　郑福禄

赵立红　袁成芳　倪俊卿　曹　刚　崔彦宏

傅　强　谢晓亮　雷　永

FOREWORD 前 言

为适应农业供给侧结构性改革需要，加快推进科技农业、绿色农业、品牌农业、质量农业，2018 年河北省农业农村厅、河北省财政厅启动了河北省二期现代农业产业技术体系创新团队建设。在产业布局上，着眼于发展壮大特色优势产业，在一期小麦、玉米、棉花、蔬菜、食用菌、中药材、生猪、奶牛、蛋鸡、淡水养殖、特色海产品 11 个产业技术体系创新团队基础上，积极调整农业科技创新方向，以 7 大类、24 个特色优势农产品为重点，增设杂粮杂豆、薯类、油料、羊、草业、水果、肉牛等 7 个创新团队，创新团队数量达到 18 个，基本覆盖河北省特色优势产业。在岗位设置上，针对薄弱环节，补充农产品加工、废弃物综合利用、农产品质量控制追溯、农机装备等全产业链急需岗位，通过全产业链岗位设置，产前、产中、产后全过程技术研发集成和示范推广，着力补齐河北省农业科技短板。

二期 18 个产业技术体系创新团队运行一年来，在首席专家带领下，紧紧围绕重大关键性难题和制约瓶颈进行集中攻关、试验示范和转化推广，截至目前共培育引进新品种 92 个，研发新农药、新肥料、新饲料 21 种，研制新设备、新机具 57 台套，集成示范推广新技术新模式 259 项，获得成果奖励 112 项，建立科技试验示范基地 453 个，示范推广新技术 592 项，组织技术示范观摩 898 场次，辐射面积超过 33.33 万公顷，培训新型经营主体和农技骨干 13 万人次，出版专著 58 部，发表论文 669 篇，提供技术研究和经济研究报告 466 篇，创办编印《农业专家献策》简报 22 期，实现了二期产业技术体系建设的良好开局。

2019 年是深入贯彻党的十九大精神、实施乡村振兴战略、加快农业高质量发展的重要一年，为更好发挥产业技术体系创新团队科技支撑作用，河北省农业农村厅、河北省财政厅组织 18 个创新团队撰写了 2018 年度各产业发展报告。报告紧紧围绕全省优势特色产业，从产业现状、存在问题、产业竞争力、发展趋势、发展战略、对策分析等方面进行深入分析，力求为全省特色优势产业发展提供有益帮助。

由于时间仓促，受数据来源、调查时点、统计数据调整等因素影响，报告中不妥之处，请多提宝贵意见和建议，以便更好发挥报告的信息咨询和决策参考作用。报告的出版得到了河北农业大学现代农业发展中心、河北省“三农”问题研究中心的项目支持，在此一并表示衷心的感谢！

河北省现代农业产业技术体系领导小组办公室

2019年4月

CONTENTS **目　录**

第一章　2018年度河北省小麦产业发展报告

一、河北省小麦产业发展现状及形势分析

（一）小麦生产现状

1.2018 年河北小麦夏收情况

（1）种植面积下降，机收率提高。2017 年河北省小麦播种面积 236.41 万公顷，占全国小麦总面积的 9.49%，排在河南、山东、安徽之后，位居全国第 4 位，全省小麦播种面积及在全国的比重均有下降。河北省小麦于 2018 年 6 月 21 日收获完毕，全省共投入小麦联合收割机 10 万多台，机收率达到 99.4%。

（2）受不利气候影响，单产总产水平整体下降。2018 年夏收小麦整个生育期遭遇多重不利气候因素影响，中后期降雨较多，导致田间湿度增大，加之气温较高，病害较往年发生严重。受气候条件影响，小麦单产较常年略有降低，2018 年单产为 6 159 千克/公顷，比 2017 年减少 183.3 千克，下降 2.89%。总产量为 1 446.09 万吨，比 2017 年减少 53.3 万吨，同比下降 3.55%。籽粒品质下降明显，是近年来籽粒商品性较差的一年。

2.2018 年河北小麦秋播情况

2018 年全省小麦秋播面积 230.71 万公顷，与上年统计数相比减少了 4.1 万公顷。石家庄大部分地区在 10 月 10 日之前完成播种，出苗较好，但有部分田块存在抢墒播种、播种后浇蒙头水现象，造成土壤板结，麦苗长势较弱，加上蒙头水造成土壤湿度大，为土传病害的发生创造了条件。保定播期介于 10 月 1—10 日之间。沧州播期介于 10 月 1 日至 10 月下旬之间，播期分散，一些大户因收获玉米时受限制，播种较晚，多在 10 月下旬播种。邢台播期介于 10 月 5—15 日之间，出苗整齐。邯郸播期介于 10 月 5—21 日之间，主要为抢墒种植，浇蒙头水。

（二）小麦病虫害发生情况

1.2017—2018 年小麦病虫害调查分析

2017—2018 年小麦病害发生较为普遍，虫害发生与往年相近。小麦根部、叶部及穗部病害和非生物因素发生危害严重。其中，非生物因素造成的病害成为危害 2008 年产量损失的主导因素。

（1）根部病害发生情况。根腐病、茎基腐、纹枯病发生早、持续时间长，造成死苗缺苗

断垄，危害小麦产量。小麦茎基腐病全省发生面积 39.33 万公顷，在河北中南部邯郸、邢台小麦产区发生普遍、严重度高，严重的地块侵茎率达到 98.9%。小麦纹枯病全省发生面积 33.75 万公顷，平均病株率 4.9%，最高的地块达到 90%（饶阳县）。胞囊线虫发生普遍，但未得到充分重视。小麦全蚀病发病一般，呈零星发生。

（2）叶部病害发生情况。小麦条锈病零星发生。小麦叶锈病普遍发生，早期发生程度轻，后期发生偏重，但发生时期晚，持续时间短，相对危害不重。白粉病发生持稳，全省发生 33.33 多万公顷，各地麦田均有发病，主要集中在中下部叶片为害，平均病叶率 4%，最高地块发病率达到 24%（沧县）。枯叶斑病发生率显著提高，危害呈加重上升趋势，值得引起关注。

（3）穗部病虫害发生情况。赤霉病发病普遍，地域范围广，较上年严重，从南部邯郸至北部石家庄、保定、唐山等地区均有发生，且病穗率高，危害减产较重。其中，邯郸、邢台麦区发生面积 46.73 万公顷，中等发生，平均病穗率 1.38%，平均病粒率 0.45%，发生严重地块主要是邯郸魏县、邢台柏乡县、邢台宁晋和保定安新、容城。小麦蚜虫发生面积 206.67 多万公顷，全省平均百株蚜量约 300 头，防治较晚的地块蚜量较大，百株蚜量最高可达 7 000 头。小麦吸浆虫大部分地方防控到位，发生较轻，但定州个别农户小麦吸浆虫发生严重，平均单穗带虫量为 10.95 头。

2. 2017—2018 年小麦病虫害发生原因分析

本年度赤霉病、纹枯病、茎基腐病的发生重于 2017 年和 2016 年，分析原因主要为小麦长势略差，播种期遇连阴雨天气，播种较晚且土壤湿度大，冬季干旱，早春气温起伏较大，长势也略差，容易被病原菌侵染。另外，赤霉病发生较重的原因主要是菌源充足，湿度满足，特别是具有喷灌条件的地块，由于没有防范赤霉病，损失较为严重。

3. 近年来河北省小麦病虫害形势分析

（1）防治工作较好，发生面积下降。全省小麦病虫害发生面积呈下降趋势，主要是因为提前对病虫害进行防治，防治面积大于发生面积（图 1-1）。

河北省病虫害防治还是以化学防治为主，在化学防治中，主要以化学施药和种子处理为主。近几年通过微生物制剂治理病虫害面积呈增加趋势，通过拌种、防治等措施，小麦实际损失率在明显降低，由 2010 年的 56.25 千克/公顷下降到 2016 年的 24 千克/公顷，2017 年略有上升，为 28.2 千克/公顷。仅 2010 年损失较大，近几年一直维持在 30 千克/公顷以下，说明河北省在病虫害防治方面做得比较好（图 1-2）。

（2）病虫害发生面积年际间较为稳定。2010—2017 年间，河北省小麦病害发生面积由大到小分别是白粉病>纹枯病>赤霉病>黑穗病>锈病>根腐病>全蚀病>全病毒病>线虫病。从 2014 年开始，锈病面积呈增加趋势，需要引起高度重视（图 1-3）。

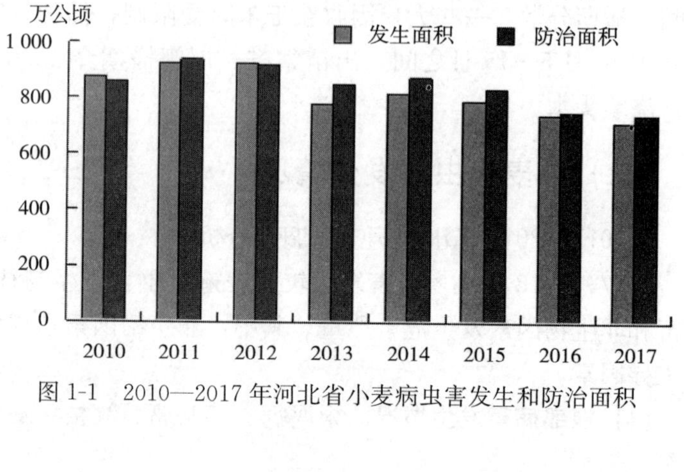

图 1-1　2010—2017 年河北省小麦病虫害发生和防治面积

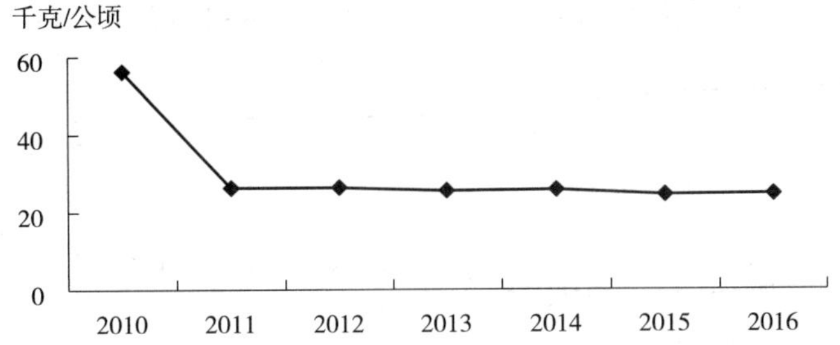

图 1-2　河北省小麦病虫害每公顷损失产量

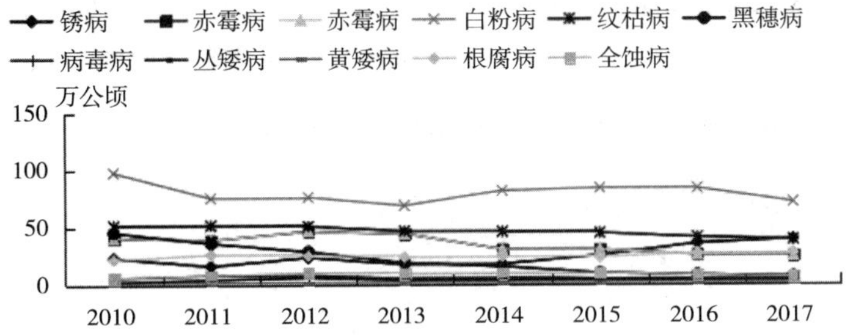

图 1-3　2010—2017 年河北省小麦病害发生面积

虫害发生面积由大到小分别是蚜虫＞地下害虫＞吸浆虫＞麦蜘蛛＞黏虫＞土蝗＞麦叶蜂＞麦秆蝇。其中，近几年蚜虫发生面积达到 200 万～250 万公顷（图 1-4）。

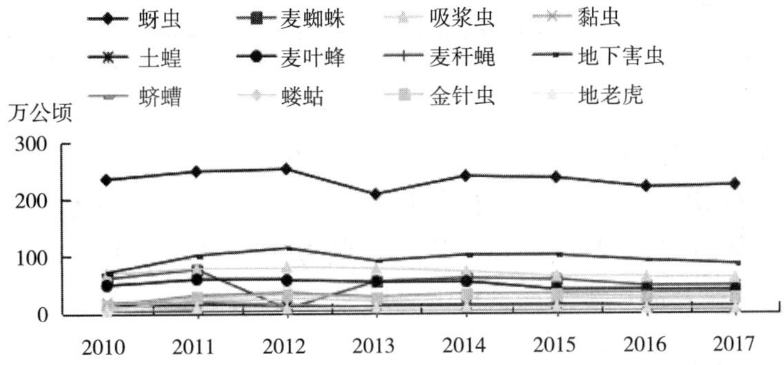

图 1-4　2010—2017 年河北省小麦虫害发生面积

（三）小麦成本投入情况

在小麦生产成本中，物质与服务费用、人工费用、土地成本费用持续上升。物质与服务费用占总投入比重最高，2017 年为 46.35%，但在总成本中所占的比重呈下降趋势，由 2004 年的 61.36%下降到 2017 年的 46.35%；人工费用所占比例居高不下，2004 年到 2017 年年均增长 10.23%，比重从 2004 年的 25.57%上升到 2017 年的 35.46%；土地成本最低，所占比重为 13.07%～18.19%（图 1-5）。

在物质与服务费用的具体构成中，化肥费和租赁作业费两者所占比重最大，各项费用所占比重从大到小依次是租赁作业费＞化肥费＞种子费用＞农家肥费＞农药费＞修理维护费＞工具材料费。各项费用实际增长速度从大到小依次为农家肥费＞农药费＞种子费用＞工具材料费＞租赁作业费＞化肥费＞修理维护费（图 1-6）。

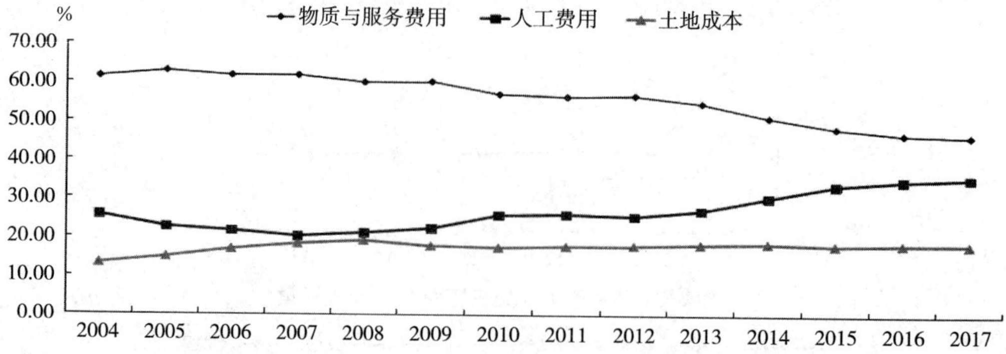

图 1-5　2004—2017 年各项成本投入占总投入的比重

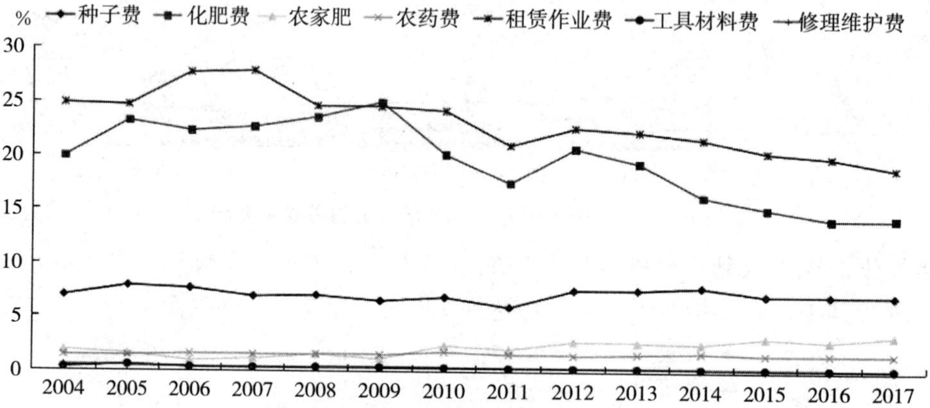

图 1-6　物质与服务费用各项投入占比

小麦种子费由 2004 年的 444 元/公顷涨到 2017 年的 1 100.55 元/公顷，13 年间增长了 656.55 元/公顷，年均增长 7.5%。种子量 13 年间由 252.3 千克/公顷增加到 267 千克/公顷，增加不明显，为 14.7 千克/公顷，年均增长仅为 0.43%。当种子费增长时，小麦种子的质量可能也随之提高，故小麦的产量也随之增加（图 1-7）。

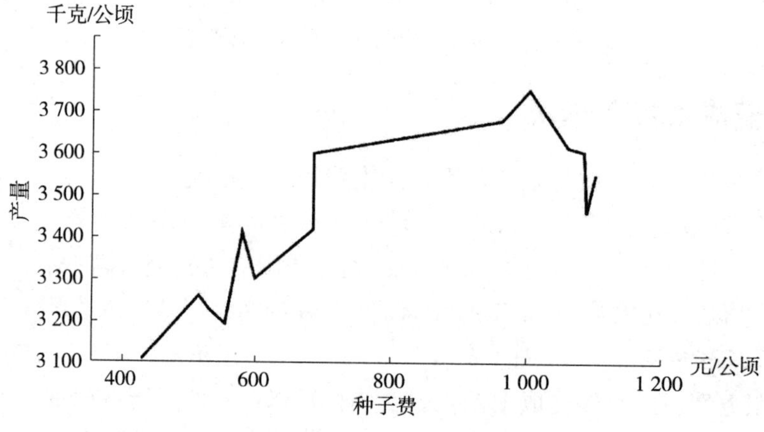

图 1-7　小麦种子费与产量之间关系

从化肥费与产量之间关系可以看到随着化肥费的增加，小麦产量并不是呈现同向关系，当化肥费达到 2 100 元/公顷时，产量出现徘徊现象，化肥费由 2004 年的 1 226.4 元/公顷增加到 2017 年的 2 238.6 元/公顷，年均增长 4.74%（图 1-8）。

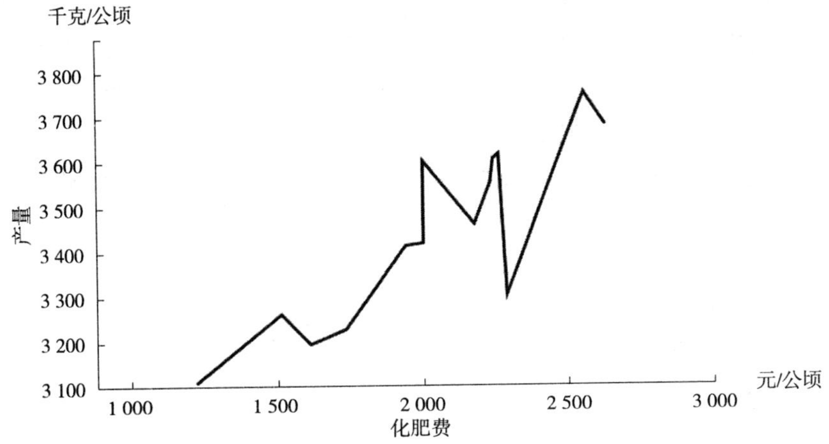

图 1-8　化肥费与小麦产量关系

农家肥费和农药费在小麦成本投入中所占比重较低，农家肥费由 2004 年的 115.05 元/公顷增加到 2017 年的 519.15 元/公顷，年均增长 12.29%，随着农家肥投入增加产量呈增加趋势，说明农家肥作用比较明显，农户也重视对有机肥的使用。从农药投入看，当农药投入达到一定比例后，产量呈现下降趋势，所以农药使用一定要合理控制（图 1-9）。

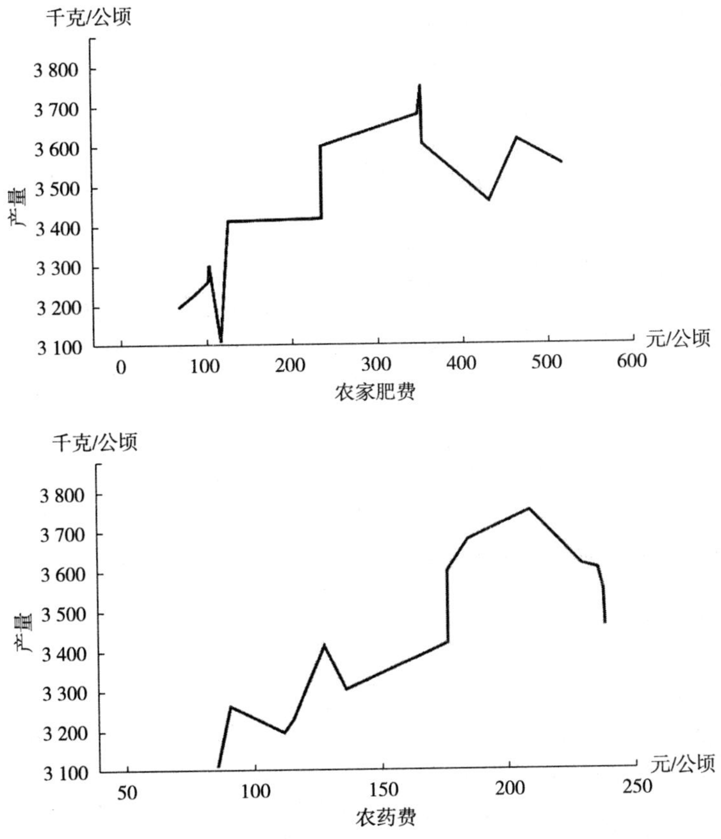

图 1-9　农家肥和农药费与产量之间关系

机械化作业和人工投入是小麦种植两大重要投入，随着人工成本上涨，过多的对小麦投入人工，小麦将面临着利润锐减的局面，只有使用机械代替人工，提高机械作业水平，降低人工投入，小麦的生产效率才能提高。从机械化作业看，机械费用由 2004 年的 931.2 元/公顷增加到 2017 年的 1 985.55 元/公顷，年均增长 5.99%；从人工费用与产量关系来看，2004—2017 年，人工费用年均增加 10.22%。当人工投入达到 250 元左右，产量达到顶峰，再增加投入，小麦产量无明显增加。整体看，人工费用增加程度远远大于机械费用（图 1-10）。

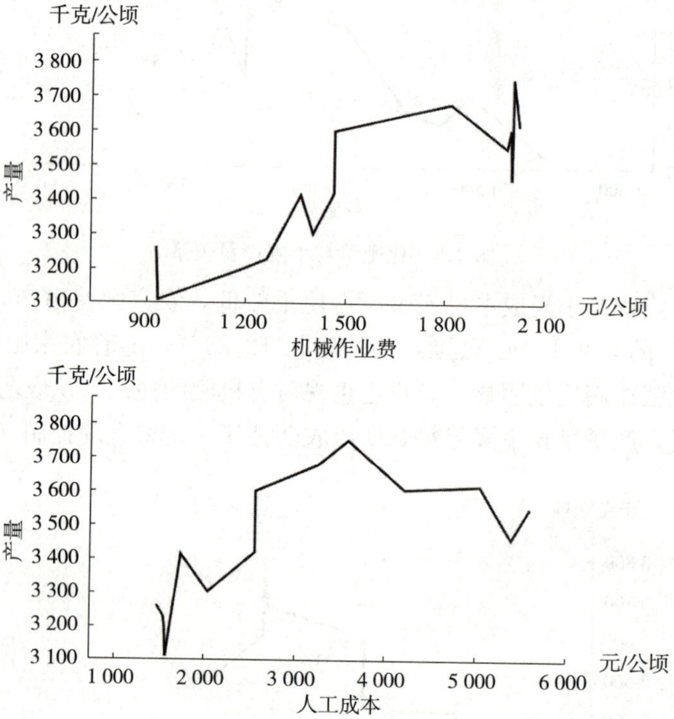

图 1-10　机械投入和人工成本与产量关系

根据 2004—2017 年小麦各项投入情况，采用主成分分析方法对河北省各项投入对小麦产量影响进行分析。选取种子费、化肥费、农家肥费、机械作业费、人工费等 11 个自变量，以小麦产量为因变量。表 1-1 为各个变量投入和产量的描述统计，可以看到，化肥费、机械费和人工费投入比较大，最低的为畜力费。

表 1-1　描述统计

单位：元/公顷，千克/公顷

投入和产量	最小值	最大值	均值	标准偏差
种子费	429.60	1 100.55	776.63	254.91
化肥费	1 226.40	2 637.00	2 035.55	398.46
农家肥费	66.00	519.15	252.46	157.60
农药费	85.05	237.90	167.74	56.56
机械作业费	924.15	2 021.25	1 556.85	407.87
排灌费	79.20	1 073.70	838.64	266.89

（续）

投入和产量	最小值	最大值	均值	标准偏差
畜力费	0.00	17.25	2.89	5.46
工具材料费	16.05	34.05	28.85	5.18
修理维护费	21.00	32.55	27.14	3.63
间接费用	79.35	343.95	135.28	70.43
每公顷人工成本	1 472.85	5 585.55	3 006.31	1 514.28
产量	3 107.25	3 751.80	3 441.16	200.24

主成分分析是将多指标简化为少量综合指标的一种统计分析方法，用少数变量尽可能多地反映原来变量的信息，保证原信息损失小且变量数目尽可能少。对上述标准化后的数据用SPSS25.0 软件通过主成分分析对指标进行实证分析。计算出各指标 KMO 检验和球形 Bartlett 检验（以下计算的各指标的检验结果都是可以接受的），并得出初始特征值、方差累计百分比、成分矩阵，从而确定主成分。

主成分的计算公式如下：

$$F_2=a_{12}x_1+a_{22}x_2+\cdots a_{2n}x_n$$

$$\cdots$$

$$F_m=a_{m1}x_1+a_{m2}x_2+\cdots a_{mn}x_n$$

其中，a_{mn} 为单位特征向量，x_n 为样本值。

所以总的评价值可以用以下公式计算出来：

$$Y=F_1\bullet H_1+F_2\bullet H_2+\cdots F_M\bullet H_M$$

是根据公式求出的主成分的数值，H_1 到 H_M 是与各主成分对应的方差贡献率。

首先，将数据进行标准化，从表 1-2 中可看到通过显著性检验。

表 1-2　KMO 和巴特利特球形度检验

KMO 取样适切性量数		0.653
巴特利特球形度检验	近似卡方	245.200
	自由度	66
	显著性	0.000

KMO 为 0.653>0.6，说明数据适合做因子分析，巴特利特球形度检验的显著性 P 值为 0.000<0.05，说明数据适合做因子分析。

根据上述两个公式计算出了以下相关指标得分值以及最终的排序。

由 Total Variance Explained（主成分特征根和贡献率）可知，特征根 $\lambda_1=8.435$，特征根 $\lambda_2=1.641$ 前两个主成分的累计方差贡献率达 83.969%，即涵盖了大部分信息。这表明前两个主成分能够代表最初的 11 个指标来分析小麦的贡献率，故提取前两个指标即可。主成分，分别记作 F_1、F_2。

主成分分析的变换矩阵亦即主成分载荷矩阵 U 和因子载荷矩阵 A，以及特征值 λ 的关系为：$U_i=A_i/\sqrt{\lambda_i}$ 。如表 1-3 所示。

表 1-3 主成分载荷矩阵

	U_1	U_2
种子费	0.126	0.067
化肥费	0.115	−0.161
农家肥费	0.122	0.175
农药费	0.128	0.011
机械作业费	0.128	−0.027
排灌费	0.103	0.067
畜力费	−0.098	0.302
工具材料费	0.099	−0.071
修理维护费	0.091	0.342
间接费用	−0.044	0.562
每公顷人工成本	0.119	0.119

$Y_1 = 0.126X_1 + 0.115X_2 + 0.122X_3 + 0.128X_4 + 0.128X_5 + 0.103X_6 - 0.098X_7 + 0.099X_8 + 0.091X_9 - 0.044X_{10} + 0.119X_{11}$

$Y_2 = 0.067X_1 - 0.161X_2 + 0.175X_3 + 0.011X_4 - 0.027X_5 + 0.067X_6 + 0.302X_7 - 0.071X_8 + 0.342X_9 + 0.562X_{10} + 0.119X_{11}$

综合评分结果：$Y = W_1 \cdot Y_1 + W_2 \cdot Y_2$，两个权重 $W_1 = 69.319$，$W_2 = 14.916$，故 $Y = 69.319Y_1 + 14.916Y_2$。

通过主成分分析，可以看到农家肥费和种子费得分占据前两位，其次为人工成本和化肥费的投入，最差的畜力费，对产量增加起到负向作用（表 1-4）。

表 1-4 综合得分和排序

	综合得分	综合得分排序
农家肥费	25.44	1
种子费	24.38	2
人工成本	23.64	3
化肥费	23.63	4
农药费	23.62	5
修理维护费	23.30	6
机械作业费	23.17	7
排灌费	20.20	8
工具材料费	17.12	9
间接费用	1.67	10
畜力费	−12.83	11

（四）小麦市场价格变化

2018 年河北省小麦平均价格为 2 516.76 元/吨，比全国平均价 2 470.01 元/吨高 46.75 元/吨，相比 2017 年全省平均价格 2 585.37 元/吨下降 2.65%；2018 年最高价为 2 612.73 元/吨，出现在 1 月，最低价 2 422.25 元/吨，出现在 6 月。

第一阶段（1—3 月底）价格呈现平稳走势，小麦价格处在高位运行。从图 1-11 可以发现，小麦价格维持在 2 600 元/吨左右，持续到 3 月底。主要受春节假期效应影响，制粉企业开机率较高，产品销售利润可观，对高价小麦的承受能力较强。贸易商和制粉企业对小麦的需求旺盛，制粉企业等选择采购的大宗粮源较少，市场有效流通粮源偏少，小麦交易平淡。

第二阶段（3 月底至 6 月初）价格呈现下跌走势，新麦上市前出现大幅回落。价格从 3 月底出现缓慢下降，到新麦上市前的急跌，此阶段下跌 6.84 个百分点。5 月 14 日开始，价格呈快速下降趋势。此时期下跌主要是由于正处于新旧小麦的交替时间，农户急于出售陈旧小麦，同时贸易商和制粉企业将手中余量库存随着夏收的临近选择腾仓出售，并减少对陈旧小麦的收购，收购商和厂商收购量降低，等待新小麦上市，在各方博弈下，小麦价格出现下跌，小麦价格维持较低水平，难以上涨。6 月出现 2018 年最低价格，多方面原因造成小麦价格急速下跌。一是天气原因，2018 年小麦整个生育期遭遇多重不利气候因素，中后期降雨较多，导致田间湿度增大，加之气温较高，病害较往年发生严重。6 月上旬，小麦主产区进入集中收获期，连续阴雨天气对小麦收获造成一定影响。二是市场担心小麦产量和品质原因，贸易商和制粉企业不看好小麦后市造成影响，收购小麦标准比较严格，收购心态也比较谨慎。

第三阶段（6 月）触底反弹。6 月大量新麦上市，企业、贸易商等开始大量收购新小麦。受小麦减产预期的影响，小麦价格明显走高。6 月农户出售小麦的积极性较高，同时贸易商为获取更大利润空间，将小麦进行储存以便企业冬季使用，后期销售为节前效应做准备，市场预期优质麦供应紧张，收储的积极性较高。需求旺盛的面粉企业进一步推动了小麦的涨价速度，同时面粉加工企业多与合作社和农户签订收购协议，优质麦价格走稳，市场对于优质麦的热情高涨，贸易商优质麦惜售心理较强。普麦随着优质麦价格的上涨而上涨。

第四阶段（7—11 月）价格呈现平稳增长趋势。价格回升主要是由于农户手中小麦已经出售，大部分小麦存放在经纪人手中，同时春节临近，企业加大面粉的生产，促使小麦价格的回升。10 月出现短暂的回调，主要是受小麦托市收购价下降影响。9 月后面粉企业整体开工率显著上升，消化小麦库存的速度加快，补库需求提升也推动了普通小麦价格上涨，国内主产区流通市场高质量小麦数量偏少，企业为吸引高质量的小麦，提高小麦收购价格，市场价格整体呈现稳中上涨态势（图 1-11）。

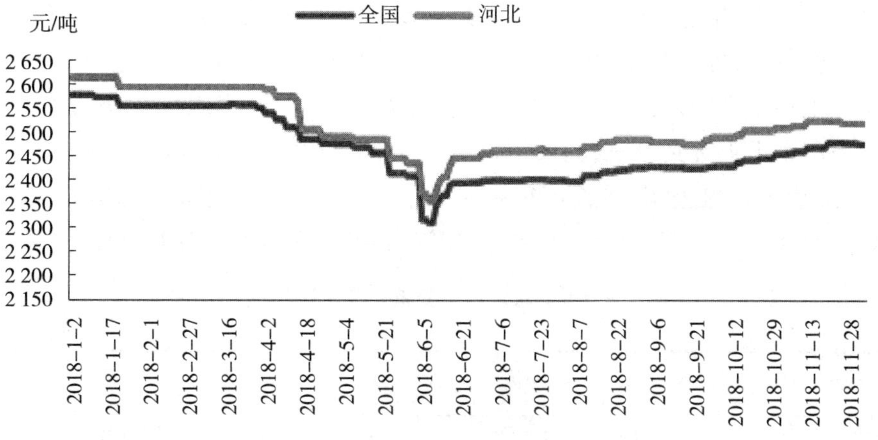

图 1-11　小麦价格走势

（五）近年来河北省小麦生产形势分析

1. 种植面积仍占优势，但播种面积持续减少

河北省2017年小麦播种面积占全国比重呈下降趋势，由2012年的9.93%下降到2017年的9.49%。2007—2017年河北省小麦播种面积变化波动率维持在−1.5%～1%，波动率较低，但2013—2017年连续5年呈下降趋势，尤其是2017年比2016年下降了1.61%，在地下水超采压力下，小麦播种面积受到严峻考验，从目前来看，河北省小麦播种面积有继续下跌趋势（表1-5、图1-12）。

表1-5　河北省小麦面积占全国比重

单位：%

年份	2012	2013	2014	2015	2016	2017
占全国比重	9.93	9.86	9.73	9.61	9.57	9.49

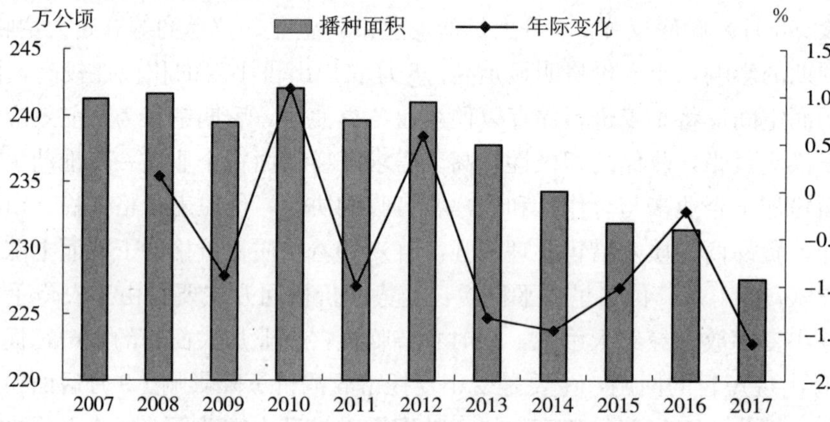

图1-12　2007—2017年河北省小麦面积变化情况

2. 单产位居全国前列，但单产水平增长放缓

2017年河北省小麦单产达到6 342.3千克/公顷，位居全国第二，仅低于河南省，比全国平均水平高856.35千克/公顷，单产实现连续6年增长。2007—2017年河北省小麦单产除2010年出现负增长外，其余年份均保持增长，到2017年小麦单产达到6 342.3千克/公顷，高于全国平均水平。在全国排名中，2012年和2013年单产水平在全国排名第四，2014年以后小麦单产水平上升到第三位，2017年小麦单产上升到第二位。小麦单产年际间波动也由高速增长减为低速稳定增长，年际波动由2011—2014年的4.22%～5.1%下降到2015—2017年的0.16%～2.31%，小麦单产增加趋缓（表1-6、图1-13）。

表1-6　河北省小麦单产及全国排名

单位：千克/公顷

年份	2012	2013	2014	2015	2016	2017
单产	5 550.9	5 834.25	6 103.5	6 188.4	6 194.1	6 342.3
排名	4	4	3	3	3	2

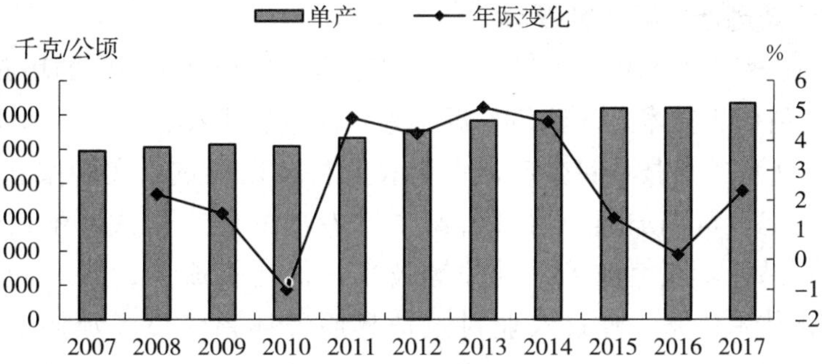

图 1-13　河北省小麦单产年际变化

3. 总产呈持续增长，但总产变化趋于稳定

2016年河北省小麦总产量1 433.25万吨，占到全国的11.1%，仅次于河南、山东，位居第三位，2017年总产量达到1 499.39万吨，再创历史新高，总产占全国总产量的11.2%，位居全国第4位，小麦总产实现“十四连增”。从年际间增速波动来看，除2016年小麦总产量年际增速出现负增长外，其余年份均为正增长，2010—2012年总产年际增长速度快，到2012年达到4.82%，从2012年后年际增速趋缓，到2016年下降为－0.12%，2015—2017年近三年增速在－0.12%～1.32%之间波动，总产基本趋于稳定（图1-14）。

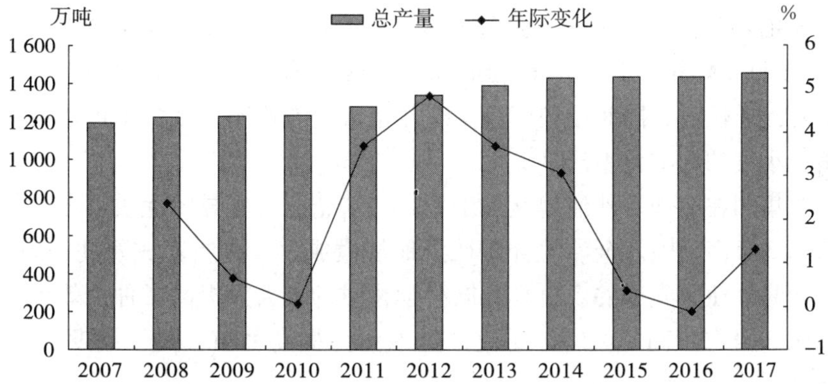

图 1-14　2007—2017年河北省小麦总产量年际变化

面积、单产和总产的稳定性和连续性保证了河北省小麦生产在全国的优势地位，为河北省乃至全国粮食安全做出了突出贡献。

二、河北省小麦产业发展的SWOT分析

（一）河北省小麦产业发展优势

1. 生产自然条件良好

河北省位于东经113°27′～119°50′、北纬36°05′～42°40′之间，属于温带半湿润半干旱大陆性季风气候，光照充足、温度适宜、土壤肥沃、地势平坦，适合各种类型的小麦种植，从品种生态型类群看，冬型、过渡型、春型都可种植，得天独厚的自然环境，可较好地满足小麦生产所需条件。

2. 小麦产业科技创新水平不断提高

河北省是我国小麦生产的传统产区，在各级政府支持和科研院所的培养下，全省建立了起多层面多领域的科研、技术人才队伍。近年来，通过现代农业产业技术体系、渤海粮仓科技工程、粮食丰产工程等科技项目带动，省级农业科技创新重点实验室、工程技术中心等农业科技创新平台建设得到加强。通过科研专题专项的研究形式，不仅选育出了一批具有突破性的优势新品种，还突破了一批关键技术，优化集成了针对不同类型区小麦生产各具特色的产业化技术体系。通过农业科技信息服务体系建设，延伸了农业科技信息服务网络，为科技发展与小麦生产搭建了信息桥梁，带动了产学研的融合及科研技术水平的不断提高。

3. 小麦加工产业集群初步形成

河北省小麦加工企业实力突出。加工企业分布在河北省小麦主产优势区，对河北省小麦产业提升作用明显。农业产业化国家重点龙头企业——五得利面粉厂在河北省深州、柏乡县、大名县、雄安、赵县小麦生产大县建立分厂从事面粉加工。在2018年河北省优质强筋小麦产销对接活动中，中粮贸易有限公司同柏乡县政府、柏乡县金谷源优质小麦专业合作社、南和县政府和河北金沙河面业集团有限责任公司、山东发达面粉集团有限公司和河北宏瑞种业有限公司分别签订了优质专用小麦供销协议。

中粮贸易与柏乡金谷源合作社、大名聚富合作社、元氏程远合作社签订师栾02-1及藁优2018优质小麦订单，拓展订单品种和面积，形成“单一品种＋标准化种植管理”模式，保证产出的小麦品质优良。同时中粮贸易与合作社成立农业服务站，承担联系农户、技术指导等工作，实现小麦的标准化生产。

金沙河面业集团在南和、沙河建立加工厂，打造企业为主导的优质小麦合作社，合作社经营面积达到0.2万多公顷。金沙河合作社土地规模成片，优质麦成熟期一致，便于收割、运输和储存。同时，使用先进的农机具开展科学化耕种，大大提高了种植效率，合作社成员优质麦收购价比一般农户高0.28元/千克。金沙河为提高种植质量，同期开展职业农民培训，形成利益共同体。

在企业的带动下，河北省小麦产业出现了“中粮集团＋合作社＋社员”“金沙河企业＋土地流转＋职业农民”等多种合作模式。根据实地调研，将优质麦流通渠道的分布结构进行了归纳（图1-15）。目前，河北省优质麦种植既有小农户零星种植，也有种植大户、家庭农场、专业合作社规模化的生产种植。种植规模的差异，直接导致了收储方式的不同。依据调研数据，以优质麦经纪人为主体的传统流通方式仍占主导地位；以合作社为中介的流通渠道，和以龙头企业为核心的“龙头企业＋基地＋农户”一体化的销售模式，都取得了很大的发展，但所占份额仍然有限，在其周边地区影响较为突出。

4. 粮食规模化经营程度不断提高

河北省流转土地种植粮食面积呈上升趋势，由2010年的19.61万公顷增长到2016年的104.29万公顷，年均增长32.12％，种植粮食占流转面积的比例也由2010年的44.11％增长到2016年的59.61％。其中，2015年流转土地种植粮食面积占流转土地面积比例最大，达到59.83％（图1-16）。

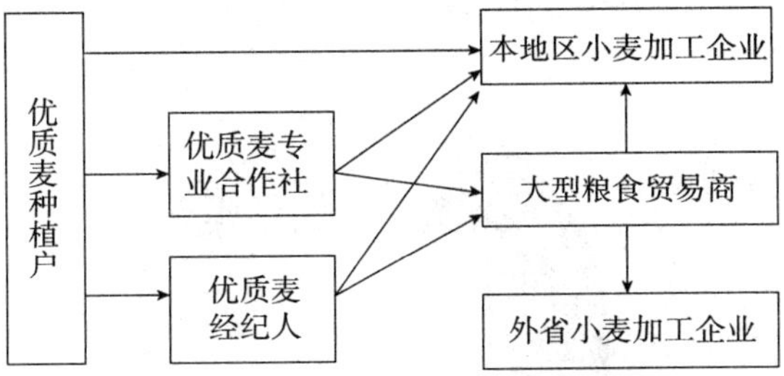

图 1-15　河北省优质麦产业发展模式

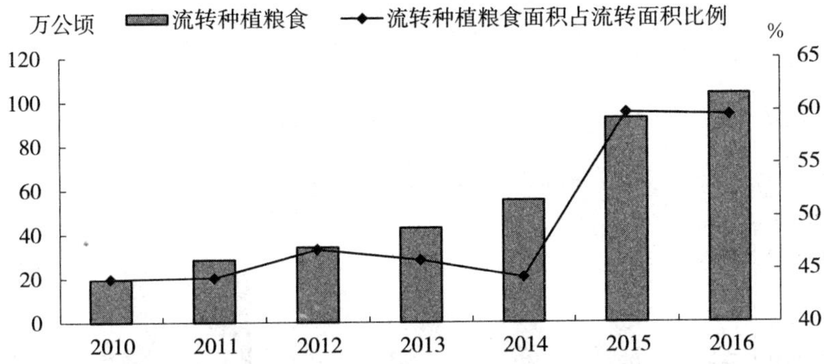

图 1-16　2010—2016 年流转用于种植粮食作物面积

从事粮食产业的合作社数量也由 2010 年的 1 874 个增加到 2016 年的 32 658 个，年均增长 61.02%，增长速度较快，尤其是 2012 年以后呈爆发式增长。2016 年从事粮食产业的家庭农场有 9 357 个，其中，经营土地面积在 3.33～13.33 公顷的最多，占到从事粮食产业的 73%，最大的为 67 公顷以上，仅占到 2%（图 1-17、图 1-18）。

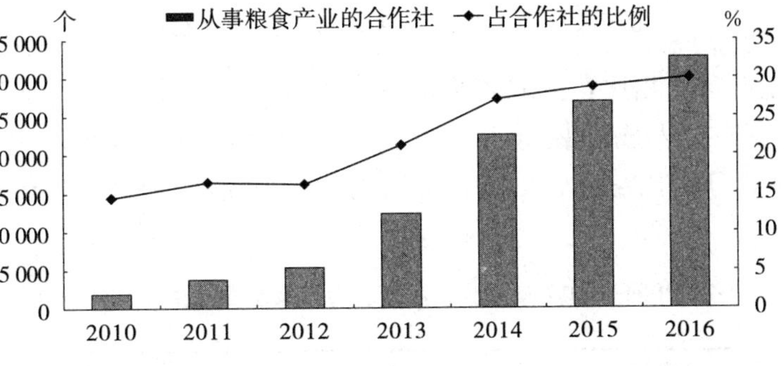

图 1-17　从事粮食产业合作社的数量

（二）河北省小麦产业发展劣势

1. 成本持续增加，小麦的收益和产业竞争力较差

从近年来小麦成本和产值变化趋势来看，2011—2014 年表现为成本和产值同升，利润不断上涨，2015—2017 年表现为成本持续上涨，产值有所下降，利润空间压缩，2015 年每公顷利润为有 1 273.65 元，为历年最低水平，2016 年和 2017 年略有反弹（图 1-19）。

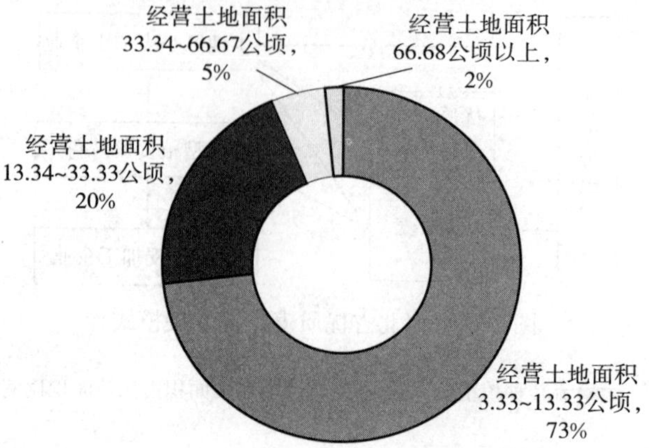

图 1-18　家庭农场经营粮食面积比例

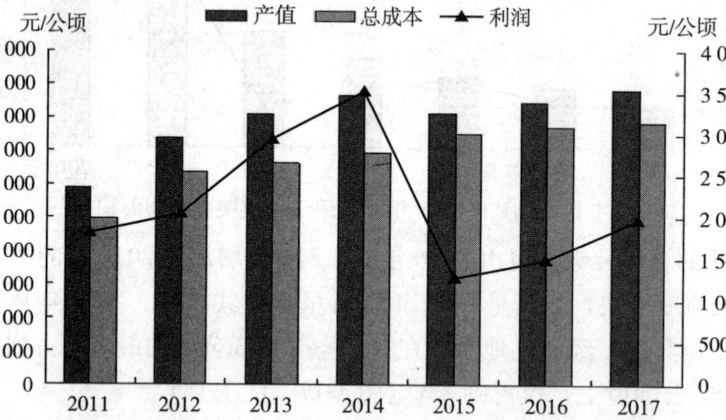

图 1-19　2011—2017 年河北省小麦产值分析

与全国小麦主产强省相比，河北省小麦总成本远远高于全国及其他省份。2004—2017年河南省每公顷平均投入成本最低 10 447.05 元/公顷，河北省小麦每公顷成本总投入 11 152.35元/公顷，分别比河南、山东、全国高 705.3 元/公顷、291.15 元/公顷、759.45 元/公顷（表 1-7）。

表 1-7　2004—2017 年河北、河南、山东及全国小麦平均成本比较

单位：元/公顷

省　份	物质与服务费用		人工费		土地成本		总成本
	总量	占总成本（%）	总量	占总成本（%）	总量	占总成本（%）	
河北省	5 940.3	849.15	3 282.3	388.35	1 929.6	262.5	11 152.35
河南省	4 875.3	737.85	3 152.25	435.15	2 419.5	326.85	10 447.05
山东省	5 685.75	815.25	3 559.95	472.8	1 615.35	211.8	10 861.2
全　国	5 025.3	754.35	3 490.8	486	1 876.8	259.65	10 392.9

河北省总产值较高，但净收益较差。河北省小麦总产值 13 139.1 千克/公顷高于河南省 12 381.6 千克/公顷和全国平均水平 11 565.9 千克/公顷，但低于山东省 13 225.35 千克/公

顷。受河北省小麦总投入高的影响，净利润远低于河南省和山东省（表 1-8）。

表 1-8　2004—2017 年河北、河南、山东及全国小麦产出效益比较

单位：千克/公顷，元/公顷

省　份	主产品产量	主产品产值	副产品产值	总产值	净收益	产投比
河北省	6 302.25	12 920.7	218.55	13 139.1	1 731.6	1.24
河南省	6 368.25	12 122.85	258.75	12 381.6	1 934.55	1.18
山东省	6 393.15	13 026.6	183.75	13 225.35	2 364.3	1.26
全　国	5 719.95	11 255.4	310.5	11 565.9	1 173	1.16

与国际相比，河北省小麦虽然单产具有优势，但生产成本明显高于美国（表 1-9），河北省小麦主要成本投入中，除农药投入与美国基本接近外，其余投入均高于美国，特别是人工投入，每公顷高出 4 690.8 元。河北省小麦生产各项投入累计高达 15 019.8 元/公顷，比美国高出 9 819.75 元/公顷。主要原因为美国小麦种植主要是以规模化和机械化为主，而河北省小麦种植规模经营程度低，与美国相比规模效益不显著（表 1-9）。

表 1-9　小麦生产投入成本情况比较

单位：元/公顷

	种子费	肥料费	农药费	作业费	人工	土地	总成本
美国	253.2	673.8	241.5	186.45	343.95	1 108.8	5 200.05
河北省	1 059	2 734.65	228.75	2 021.25	5 034.75	2 710.5	15 019.8
河北与美国差值	805.8	2 060.85	−12.75	1 834.8	4 690.8	1 601.7	9 819.75

2. 气候变化对小麦生产造成的影响日益突出

2018 年多种不利的气候条件并发，对河北省主体麦田小麦生产造成了严重影响。2017 年 10 月光温不足，冬前群体小，个体发育偏弱。冬季阶段性低温干旱，叶片青枯严重，表土层失墒严重，小麦返青期推迟。春季倒春寒、后期早衰，5 月下旬持续高温，叶功能丧失早，高温逼熟，成熟期是近 10 年来最早的一年，灌浆期平均较常年缩短 4～5 天，不利于灌浆。成熟后遇雨未及时收获，造成干物质消耗加重，雪上加霜再一次减低了粒重。数据分析显示，6 月 9 日遇雨以后收获的千粒重降低 1～2 克。不确定因素天气的变化，不仅造成小麦质量的下降，使收购及销售价格下降，还最终影响小麦市场供需平衡及农户收益。

（三）河北省小麦产业发展机遇

优质专用小麦发展前景广阔。河北省发展优质麦虽然具有得天独厚的优势，但面积和产量较低，随着生活水平的提高，优质麦的生产难以满足居民的需求。2017 年河北省优质麦仅有 20 万公顷，占到全省小麦面积的 1/10。河北省的缺口仍在 60 万吨左右。河北省环绕京津两大高端消费市场，京津冀近 1 亿总人口和超过 5 000 万人的城镇人口，构成了巨大的市场容量，为优质强筋小麦生产提供了广阔的市场空间。雄安新区的建设，为优质强筋小麦发展提供了难得的历史机遇。中粮、冀粮、益海等一批粮食购销加工企业在河北省建设基地，与品种研发单位开展合作，起到了很好的带动作用。同时，我国自产优质强筋小麦供给能力偏小，也有利于河北省在强筋麦领域形成较强竞争优势。

（四）河北省小麦产业发展挑战

1. 农业资源短缺对小麦产业发展提出挑战

从长期来看，河北省耕地面积的减少和水资源短缺都对小麦产量造成了一定的影响。河北省是全国13个粮食主产省之一，在国家粮食安全中占有不可替代的地位，但河北省耕地占全国的比重为8.61%。2016年全省因建设占用、灾毁等原因减少耕地面积2.19万公顷，通过土地整治、工矿废弃地复垦等增加耕地面积1.69万公顷，总体来看耕地面积在不断减少。再加上小麦种植收入较低，许多农村青壮年不愿选择种植小麦，而选择外出务工，大量农田闲置或外包种植其他经济作物，造成河北省的小麦种植面积不断减少。

河北省水资源匮乏，水资源总量仅占全国（第一次水资源评价）的0.72%，人均水量为全国平均值的11%左右，所需水量已远远超出了水资源的承载能力。同时农业用水造成地下水和地表水的过度开采，农田灌溉得不到满足。尤其是黑龙港地区衡水、沧州、邢台和邯郸等市，农业灌溉用水极其匮乏（图1-20）。

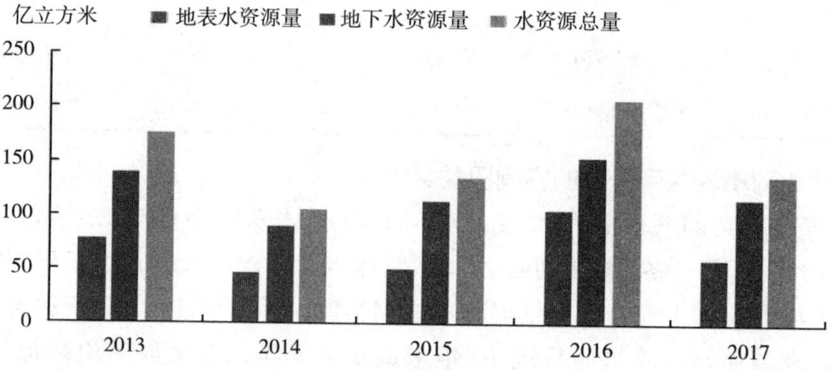

图1-20　河北省水资源情况

2. 国际贸易摩擦对小麦加工带来不利影响

海关数据显示，2018年1—8月我国共进口小麦215.3万吨，上年同期为314.1万吨，同比减少31%。受中美贸易摩擦影响，美麦到港关税有所提高（加征25%关税），2018年8月我国进口小麦14万吨，较上年同期的27.7万吨进口量减少接近一倍。由于河北省进口小麦以省内短缺的强筋小麦为主，因此对小麦加工企业造成一定的影响。近两年河北省优质麦面积和产量都有所增加，但强筋小麦缺口仍然有60万吨左右。2018年优质麦种植遭遇天气等不利因素，产量和品质均受到一定影响，生产量满足不了企业需求，进口量短时间内难以降低，对美国小麦进口加征25%的关税，企业收购优质麦价格难免上涨，相应增加了企业的成本投入（图1-21）。

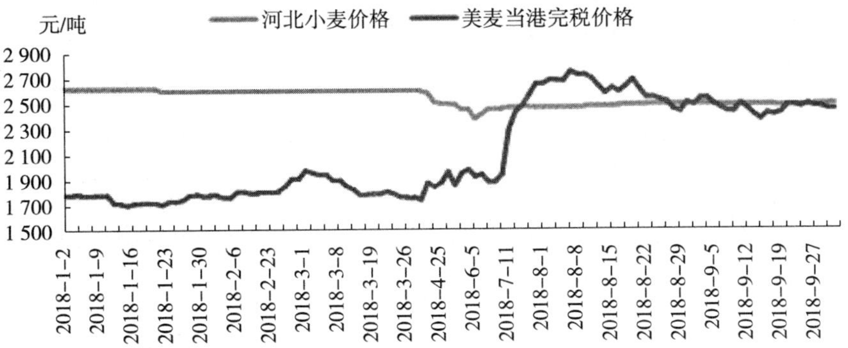

图 1-21　美麦到港价格与河北省小麦价格比较

三、河北省小麦与周边省份的比较分析

依据比较优势理论，运用综合比较优势指数法，对河北、山东、河南 3 个主产省进行比较优势分析。综合比较优势指数法（CCA_{ij}）适合于在一国范围内不同区域之间某种产品，或同一区域内不同产品之间比较优势的衡量和比较。通过计算规模优势指数、效率优势指数和综合优势指数来反映一个地区单产水平与种植规模相互作用所形成的作物生产的能力。

河北省小麦生产规模优势指数与河南省和山东省差距明显。河北省 2000—2017 年规模优势指数均值为 1.72，而河南省和山东省规模优势指数均值达到 2.45 和 2.26。从变化趋势看，三省的规模指数都呈上升趋势，但 2017 年都略有下降。河北省规模优势指数增长幅度明显落后于山东省和河南省（图 1-22）。

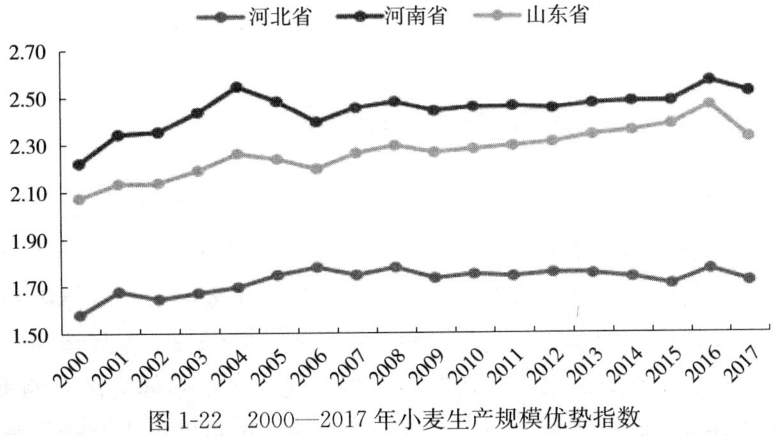

图 1-22　2000—2017 年小麦生产规模优势指数

河北省小麦生产效率优势指数高于其他 2 个省份，但呈减弱趋势。总体来看，三省的小麦生产效率呈下降趋势，表现出年际不稳定的状态，尤其是河北省生产效率下降明显，由 2000 年的 1.39 下降到 2017 年的 1.14（图 1-23）。

河北省小麦生产综合优势指数落后于其他 2 个主产省份，并呈差距拉大趋势，2000—2006 年河北省小麦生产综合优势指数与河南有一定差距，但与山东省差距较小，但从 2007 年开始差距呈扩大走势，从平均值来看，河北省小麦生产综合优势指数为 1.43，而河南和

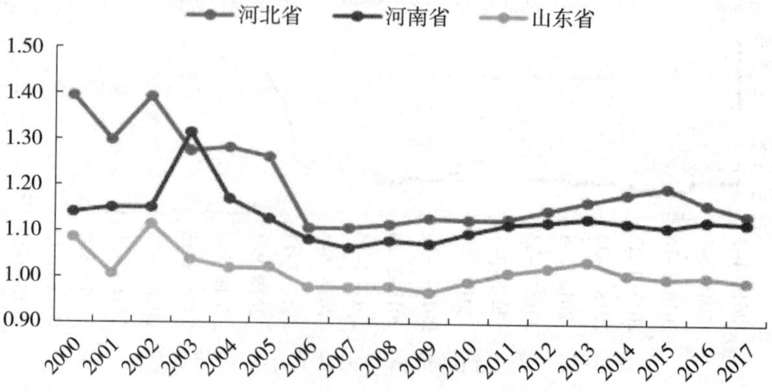

图 1-23　2000—2017 年小麦生产效率优势指数

山东的生产综合优势指数为 1.66 和 1.51（图 1-24）。

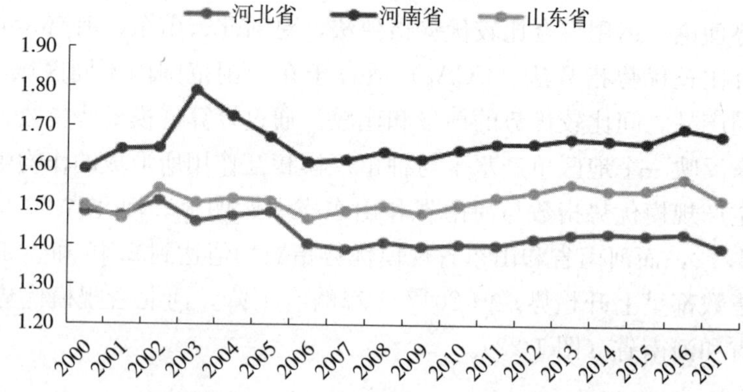

图 1-24　2000—2017 年小麦生产综合优势指数

四、河北省小麦产业发展预测预警

（一）小麦病虫害预测

根据冬前病虫基数、小麦品种抗性、气象条件等因素综合分析，预计 2019 年小麦病虫害总体将中等发生。其中，麦蚜偏重发生，局部大发生；小麦吸浆虫总体中等发生，局部地块偏重发生；小麦纹枯病、根腐病、茎基腐病、白粉病、叶锈病、麦蜘蛛等将中等发生，局部地块偏重发生；小麦赤霉病如果扬花期遇连阴雨天气，在中南部麦区有偏重流行的可能；小麦条锈病受南部省份菌源影响大，在中南部麦区有流行的可能；麦叶蜂等偏轻发生。

（二）小麦价格走势预测

利用 ARIMA 模型对河北省小麦 2019 年第一季度价格进行了尝试性预测。ARIMA 模型全称为自回归积分滑动平均模型（Autoregressive Integrated Moving Average Model, ARIMA），是由博克思（Box）和詹金斯（Jenkins）于 20 世纪 70 年代初提出的著名时间序列（Time-series Approach）预测方法，所以又称为 Box-Jenkins 模型、博克思-詹金斯法。

其中 ARIMA（p，d，q）称为差分自回归移动平均模型，AR 是自回归，p 为自回归项；MA 为移动平均，q 为移动平均项数，d 为时间序列成为平稳时所做的差分次数。所谓 ARIMA 模型，是指将非平稳时间序列转化为平稳时间序列，然后将因变量仅对它的滞后值以及随机误差项的现值和滞后值进行回归所建立的模型。

建立 ARIMA 预测模型，使用 SPSS 软件，先对序列进行平稳性分析，然后用差分法观察其平稳性（此为一阶差分），平稳后进行预测。预测结果显示，河北省小麦 2019 年 1 月价格约为 2 515.11 元/吨，2 月价格约为 2 522.37 元/吨，3 月价格约为 2 529.63 元/吨，总体保持稳中有升的趋势。小麦价格的上涨主要受春节消费影响以及节后企业恢复加工生产满足市场需求，加大对小麦的收购所导致（图 1-25）。

图 1-25　河北省小麦价格预测

五、河北省小麦产业发展对策建议

（一）积极引导优质麦产业向纵向一体化发展

河北省优质麦种植存在小、散、杂问题，区域布局和品种结构不合理，优质麦与普通小麦混收现象较严重，降低了优质麦的价格和品质。应充分发挥龙头加工企业的带动作用，创新企业与农户合作方式，形成分工协作、优势互补、链接高效的新型优质麦经营体系。利用好龙头企业的资金优势，农户丰富的劳动力资源，借鉴和推广中粮集团、金沙河、今麦郎等龙头企业与政府、经营主体合作所采取的“企业＋合作社”“企业＋政府＋农户”等多种规模化经营模式，在邢台、衡水优质麦优势区域，大力推进优质麦产业布局区域化、生产规模化、管理标准化。以优质麦基地建设为平台，协调企业与农户的利益分配，寻找利益平衡点。减少加工企业与农户对接的中间环节，降低市场交易成本。在龙头企业辐射范围之外的区域，建立优质麦专业合作社，由合作社与龙头企业对接。引导新型农业经营或服务主体之间加强联合合作，培育农业产业链合作伙伴关系，实现农业组织创新的规模经济、范围经济和协同效应，增进行业共同体利益，培育农业产业链的竞争优势，扩大集聚效应。

（二）加强河北省病虫害和灾情监测预警

以河北省主要发生的病虫害为主，兼顾近几年有增加趋势的病虫害，以预防为主，采取拌种处理，降低病虫害发生率和损失。同时加强省小麦体系和科研单位监测力度，定期发布小麦病虫害监测报告，指导经营主体开展工作。加强大风、冰雹等恶劣天气的指导预防工作，与国家、省气象局加强联系，以省、市、县三级农业部门为主体，实时发布恶劣天气，指导农户加强田间管理和防护，减少恶劣天气对小麦生长的影响。

（三）推进土地流转制度创新，降低土地成本

优质麦产业化发展离不开规模化、专业化的新型农业经营体系，而新型经营体系依赖于效率高、秩序好的农村土地承包经营权流转市场。为促进农村土地流转市场的健康、持续发展，迫切需要进行制度创新，构建起第三方监管完备、农户自主参与、市场机制发挥决定性作用的农地流转新机制，进一步降低农户的农地流转交易成本。通过建立土地承包纠纷调解小组，减少土地流转摩擦，提升土地流转效率。充分尊重农户意愿，采用转包、出租、互换、转让、股份合作等形式流转土地经营权，构建多种形式的土地租赁市场，充分发挥市场的资源配置功能。

（四）实施职业农民培训工程

政府、企业、合作社等在小麦播种前，专门召开强筋小麦种植技术培训会，为群众传授强筋小麦种植管理技术。同时，实行技术人员包片责任制，在小麦生长的关键生育期组织专业技术人员深入强筋小麦种植区域，开展田间技术指导。积极引导农民与面粉加工企业对接，发展强筋小麦订单种植。

（五）开展精深加工，延伸产业链条

产后加工是拉长农业产业链条、提高农产品综合效益的最有效手段，应大力推进小麦加工业技术创新和加工产品创新。通过引进国内外先进的加工技术和管理经验，提高小麦加工业的科技含量，开发具有鲜明特色和良好品质的产品，满足市场的需求。加快“产学研”平台建设，鼓励企业与高等院校、科研院所及推广机构开展合作，扶持农业龙头企业建立优势小麦加工产品研发中心，不断增强自主创新能力和产品的市场竞争力。

撰稿人员：李英杰　张新仕　王亚楠
指　　导：曹　刚
参编人员：甄文超　李　辉　杨文香　史占良　李科江　孙彦玲　张启星
李慧静　冯立辉　李　艳　潘秀芬　党红凯　武月梅

第二章　2018年度河北省玉米产业发展报告

玉米是全球第一大谷类作物，集“粮、经、饲、果、药、能”多用途于一身，需求量大、综合利用广，在食品、养殖、轻工、医药、能源等领域具有广泛用途；玉米独特的产品特性使玉米产业与整个社会经济发展紧密相关，是关系国家粮食安全的关键农作物。我国是仅次于美国的全球第二大玉米生产国，种植面积和产量在亚洲和全球玉米生产体系中发挥着举足轻重的作用。河北省地处华北优势玉米种植区，播种面积和产量占全国的8%左右，是全国第六大玉米主产区。玉米是河北省第一大粮食作物，在河北省农业中占有重要地位。近年来，随着畜牧业的不断扩大和玉米深加工业的快速发展，对玉米的需求量在不断增长，同时对玉米品质的要求也在不断提高。如何改变传统的玉米种植方式、优化区域种植结构、推进三产融合发展、应对复杂多变的国内外市场环境，对于进一步推进河北省供给侧结构性改革，提升玉米产业市场竞争力具有重要意义。

一、河北省玉米产业发展现状及形势分析

（一）玉米产业发展基本情况

2018 年全省玉米播种面积为 343.77 万公顷，比 2017 年的 354.41 万公顷减少了 10.64 万公顷，降幅为 3%；玉米总产量达 1 941.15 万吨，比 2017 年的 2 035.5 万吨减少了 94.35 万吨，降幅为 4.64%；玉米单产为 5 646.59 千克/公顷，比 2017 年的 5 743.35 千克/公顷减少了 96.76 千克/公顷，降幅为 1.68%。从播种面积和产量上来看，玉米仍居河北省粮食作物第 1 位，占比在 50%以上；在全国居第 6 位，占比在 8.36%。全省玉米机收水平达到 81%，耕、种、收综合机械化水平已达到 78%，全程机械化水平在 54%左右。

1. 种植面积及变动情况

河北省玉米播种面积总体呈先增后降趋势。从历史变化趋势来看，自 1995 年以来，河北省玉米播种面积总体呈增长变动趋势，具体可分为三个不同阶段：一是 1995—2008 年的波浪式上升阶段，该阶段玉米种植面积总体上是快速增长，由 1995 年的 229.08 万公顷，增长到 2008 年的 284.11 万公顷，增长幅度达到了 24.02%，但每上升 1～2 年后就会出现一次下降状况；二是 2009—2016 年的直线上升阶段，该阶段玉米种植面积由 2009 年的 295.05 万公顷增长到 2016 年的 369.61 万公顷，总体增长幅度为 25.27%；三是 2017 年后出现下降态势，这是由于国家农业供给侧结构性改革和调减“镰刀弯”地区玉米种植面积的

政策影响，河北省玉米种植面积在连续多年增长后出现的首次下降。2017 年玉米种植面积为 354.41 万公顷，较上年减少了 4.11%。2018 年播种面积继续减少，达到 343.77 万公顷，比 2017 年减少了 3%，这是自 2017 年全省玉米播种面积首次减少后的连续第二年调减，但降幅比 2017 年降幅略低。各年变化情况如图 2-1 所示。

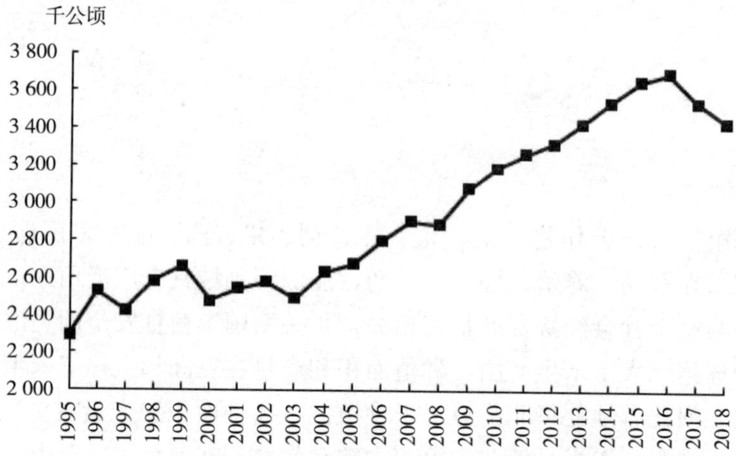

图 2-1　1995—2018 年河北省玉米播种面积变动趋势

资料来源：根据河北省统计局数据整理，其中 2007 年后为国家统计调整后数据。

玉米种植面积占河北省粮食作物比重呈逐年上升趋势。2000—2016 年，玉米种植面积占河北省粮食作物的比重由 47.89%上升到 54.42%，位居全省粮食作物之首，2016 年达到最高比例。但是，受国家农业供给侧结构性改革和调减“镰刀弯”地区玉米种植面积的政策影响，2017 年玉米种植面积占河北省粮食作物播种面积的比重下降到 53.23%，2018 年继续下降，达到 52.58%。详细情况如表 2-1 所示。

表 2-1　2010—2018 年河北省玉米种植面积占粮食作物比重

单位：%

	2010	2011	2012	2013	2014	2015	2016	2017	2018
占比	49.54	50.31	50.71	51.89	53.04	53.96	54.42	53.23	52.58

资料来源：根据河北省统计局数据整理。

河北省玉米种植面积占全国的比重逐年下降，仅 2016 年和 2017 年有所上升。河北省是全国玉米主产省之一，2000—2015 年，河北省玉米种植面积占全国的比重由 10.75%下降到 8.13%，2016 年上升为 8.37%，2017 年河北省玉米种植面积为 354.41 万公顷，占全国玉米播种面积的 8.36%，位居黑龙江、吉林、山东、河南、内蒙古之后，居第 6 位。详细情况如表 2-2 所示。

表 2-2　2010—2017 年河北省玉米种植面积占全国比重

单位：%

	2010	2011	2012	2013	2014	2015	2016	2017
全国占比	9.12	8.88	8.50	8.30	8.24	8.13	8.37	8.36

资料来源：根据国家统计局数据整理。

2. 玉米总产量及变动情况

从历史变化趋势看，河北省玉米总产量总体呈波浪增长趋势。自 1995 年以来，河北省玉米总产量变动可分为三个不同阶段：一是 2002 年之前的产量不稳定阶段，该阶段玉米总产量有增长也有降低，围绕在 1 100 万吨上下波动，2000 年总产达到最低点，不足1 000万吨；二是 2002—2013 年的直线上升阶段，该阶段玉米总产量由 2002 年的 1035 万吨增长到 2013 年的 1 922.79 万吨，增长了 887.79 万吨，总体增长幅度达到 85.78%，平均年增幅为 7.80%，是河北省玉米产量高速增长阶段；三是 2014—2017 年的先降后增阶段，2014 年出现了河北省玉米产量连续 11 年增长后的首次下降，2016 年产量开始反弹，2017 年产量为 2 035.48万吨，比上年增产 4.27 万吨，达到该阶段历年最高；四是 2018 年出现了下降的态势，随着播种面积的调减和自然灾害的发生，2018 年玉米总产量达 1 941.15 万吨，比 2017 年的 2 035.48 万吨减少了 94.33 万吨，减幅为 4.64%，产量减幅高于播种面积的减幅。各年产量变化情况如图 2-2 所示。

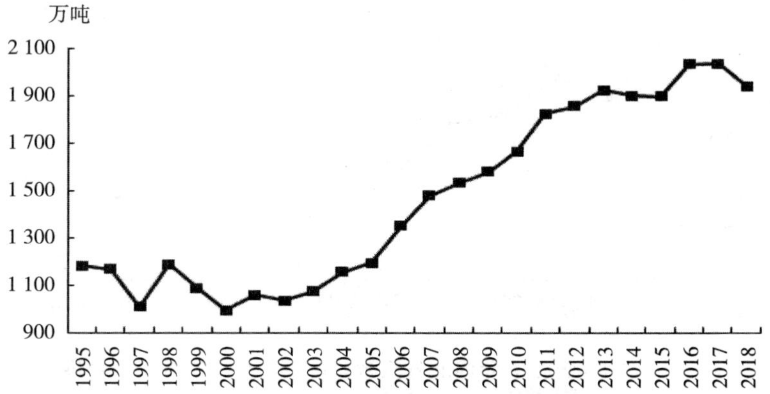

图 2-2　1995—2018 年河北省玉米总产量变动趋势

资料来源：根据河北省统计局数据整理，其中 2007 年后为国家统计调整后数据。

河北省玉米总产量居全省粮食总产之首。从总产量来看，玉米一直是河北省第一大粮食作物，2007—2018 年河北省玉米产量占全省粮食总产量比重均在 50%以上，且呈先升后降趋势。2007—2011 年为上升阶段，玉米产量在全省粮食总产量中占比逐年提高，到 2011 年该比例达 54.5%，达到最高点；2012—2018 年总体呈波动下降阶段，玉米产量在全省粮食总产量中占比逐年下降，其中 2015 年下降较多，2016 年虽有所上升，但在 2017 年、2018 年该比例继续下降，2018 年达到自 2010 年以来的最低点 52.45%，反映出河北省产业结构调整成效显著。各年详细情况如图 2-3 所示。

河北省玉米总产量占全国比重呈波动下降趋势。2007 年，河北省玉米总产量占全国玉米总产量 9.53%，居第 5 位，该占比也是近 11 年来河北省在全国占比最高的年份，随后该比例逐年下降，2018 年下降到 7.54%，玉米产量也居黑龙江、吉林、山东、内蒙古、河南之后的第 6 位。详细情况如图 2-4 所示。

3. 玉米平均单产及变动情况

从历史变化趋势看，河北省玉米平均单产总体呈先降后升变动趋势。1995—2002 年，单产水平为波动下降阶段，由 1995 年的 5 165.88 千克/公顷下降到 2002 年的 4 015.67 千

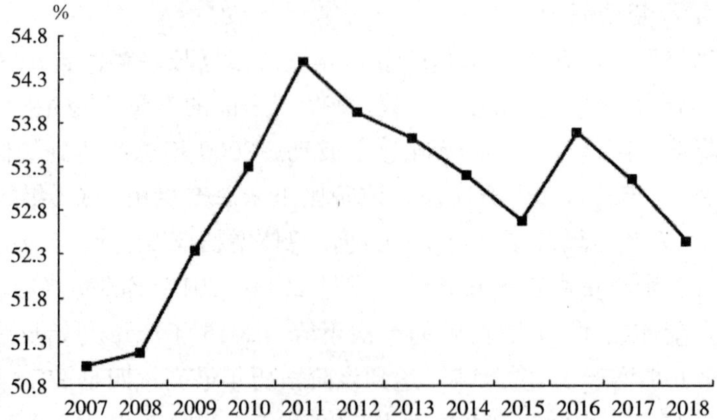

图 2-3　2007—2018 年河北省玉米总产量占粮食产量比重变动趋势

资料来源：根据河北省统计局数据整理。

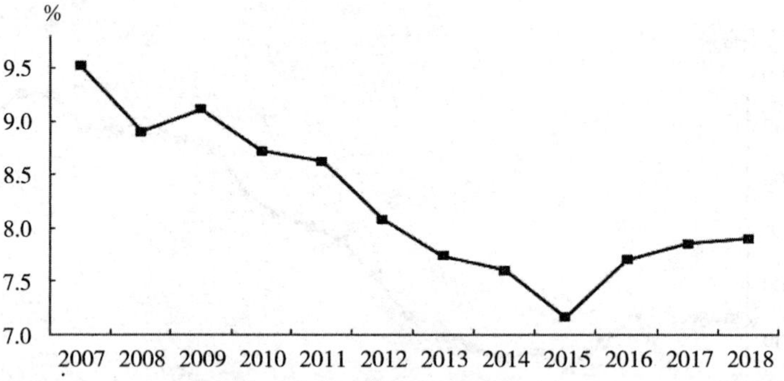

图 2-4　2007—2018 年河北省玉米总产量占全国比重变动趋势

资料来源：根据国家统计局数据、河北省统计局数据整理，其中河北省玉米产量数据为统计调整后数据，全国玉米产量数据为国家统计局公布数据。

克/公顷。2003 年以后除了个别年份，平均单产水平整体呈逐步提高状态，单产由 2003 年的4 313.59千克/公顷逐步上升到 2017 年的 5 743.35 千克/公顷，其中 2007 年以后各年的单产水平均稳定在 5 000 千克/公顷以上。

河北省玉米平均单产始终低于全国平均水平。尽管河北省玉米平均单产水平在逐步提高，但始终未能达到全国平均水平。2007 年以来，河北省玉米平均单产水平为 5 392.28 千克/公顷，而这一时期全国玉米平均单产水平达到了 5 710.87 千克/公顷，比河北省单产高 5.9%。详细数据如图 2-5 所示。

（二）玉米种植区域布局及调整情况

河北省地处华北平原，具有地势平坦、土壤较为肥沃、气候适宜的自然条件，是国内玉米主产省之一。河北省具有生产玉米的历史和传统，按区域气候条件，可分北方春播玉米区和黄淮海平原夏播玉米区两大玉米种植区，玉米种植广泛分布在 13 个地市（含辛集市和定州市两个省直管市）。

从种植区域来看，2018 年沧州市玉米种植面积最大，为 49.90 万公顷，占全省玉米种

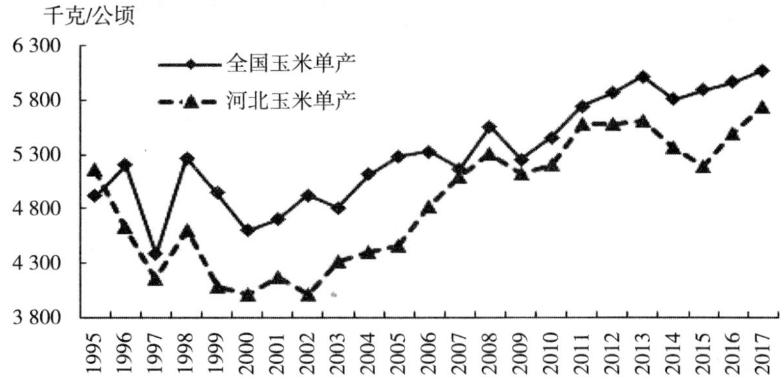

图 2-5　1995—2017 年河北省玉米单产与全国平均单产对比

资料来源：根据河北省统计局数据整理，其中河北省 2007 年后为统计调整后数据。

植面积的 14.52%。其次是保定市（不含定州市）、邢台市和邯郸市，玉米种植面积分别为 43.13 万公顷、39.09 万公顷和 39.08 万公顷，分别占全省玉米种植面积的 12.55%、11.37%和 11.37%。上述 4 市玉米种植面积合计占河北省玉米种植总面积的 49.81%，再加上石家庄市、衡水市和唐山市，7 市玉米种植面积占全省的 78.47%，成为河北省玉米种植的主要地区。除了定州市和辛集市两个省直管市外，秦皇岛市的玉米种植面积为 8.46 万公顷，是玉米种植面积最少的地级市，仅占全省的 2.46%；其次是承德市和张家口市，玉米种植面积分别为 16.72 万公顷和 18.39 万公顷，分别占全省的 4.86%和 5.35%。详细情况如图 2-6 所示。

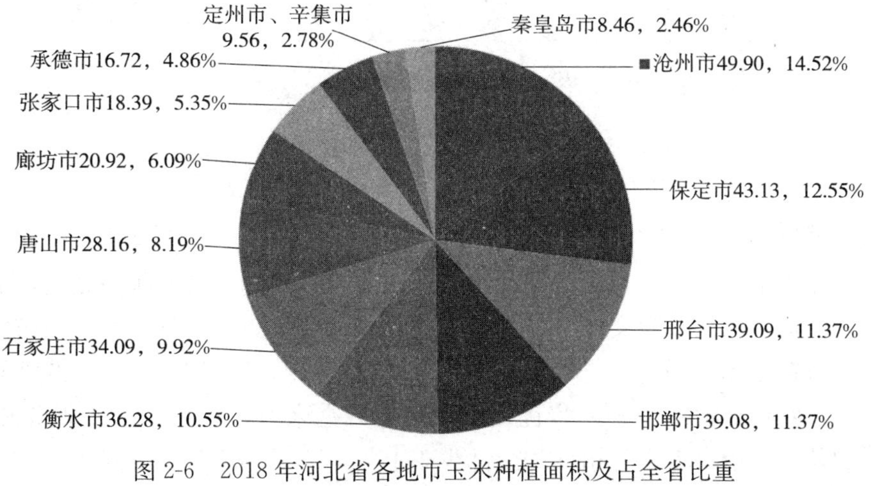

图 2-6　2018 年河北省各地市玉米种植面积及占全省比重

资料来源：根据 2018 年河北省统计局数据整理。

从玉米产量来看，2018 年邯郸市玉米总产量最高，为 268.33 万吨，占全省的 13.82%；其次是保定市、沧州市、邢台市、石家庄市和衡水市，玉米总产量分别为 244.19 万吨、228.97 万吨、223.49 万吨、217.01 万吨和 199.64 万吨，这些地市玉米总产量占全省的比重都在 10%以上；除了定州市和辛集市两个省直管县级市外，秦皇岛市的玉米产量最低，为 48.04 万吨，其次是承德市和张家口市，玉米产量分别为 82.29 万吨和 93.51 万吨。2018 年各地市玉米总产量和占比情况如图 2-7 和表 2-3 所示。

表 2-3　2018 年河北省各地市玉米总产量及占全省比重

地　市	玉米总产量（万吨）	占全省比例（%）	地　市	玉米总产量（万吨）	占全省比例（%）
邯郸市	268.33	13.82	廊坊市	105.60	5.44
保定市	244.19	12.58	张家口市	93.51	4.82
沧州市	228.97	11.80	承德市	82.29	4.24
邢台市	223.49	11.51	秦皇岛市	48.04	2.48
石家庄市	217.01	11.18	定州市	36.30	1.87
衡水市	199.64	10.28	辛集市	28.51	1.47
唐山市	165.27	8.51	合计	1941.15	100.00

资料来源：根据 2018 年河北省统计局数据整理。

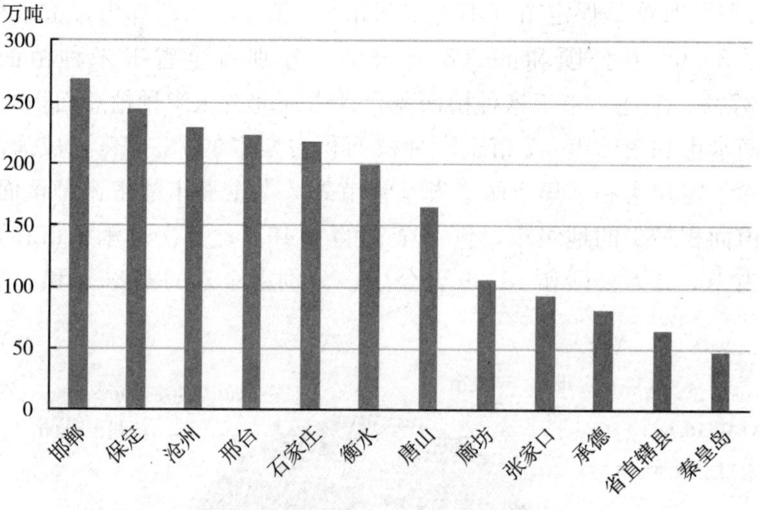

图 2-7　2018 年河北省各地市玉米总产量分布

资料来源：根据 2018 年河北省统计局数据整理。

从种植区域布局变化来看，河北省玉米种植面积继续压缩，种植结构逐步向优势产区调整。按照“藏粮于地、藏粮于技”的发展思路，河北省主动调整农业种植结构，加快优化区域布局，进一步适当调减农牧交错区、太行山丘陵区等非优势产区籽粒玉米种植面积，因地制宜积极发展青贮玉米、鲜食玉米、杂粮杂豆等作物种植，部分地区基本实现了“以养定种”订单生产，农业种植结构进一步优化。从统计数据来看，2017—2018 两年中除了沧州市有小幅增加外，其余市玉米种植面积全部少于上年，全省环比分别下降 4.11%和 2.64%。2016—2018 年河北省玉米种植面积调减幅度最大的是旅游城市——秦皇岛市，三年平均降幅为 13.12%；其次是北京周边的廊坊市和省会石家庄市，三年平均降幅分别达到了 4.38%和 4.26%；此外单产较低的张家口市和承德市也都有不同程度下降，2013—2018 年承德市玉米单产只有 4 402.87 千克/公顷，是全省单产水平最低的地区，其次是张家口市，平均单产不足 4 500 千克/公顷；保定市和衡水市玉米种植面积降幅相对较小。从近三年河北省玉米种植统计数据来看，玉米种植面积调整的方向与河北省农业发展总体规划和布局基本一致。各市玉米种植面积调整情况如表 2-4 所示。

表 2-4　2016—2018 年河北省各地市玉米种植面积调整情况

地　市	2016 年环比变动（%）	2017 年环比变动（%）	2018 年环比变动（%）	三年平均调整比例（%）	年平均公顷产（千克/公顷）
秦皇岛市	−11.90	−18.90	−8.55	−13.12	5 419.03
廊坊市	−0.48	−5.50	−7.15	−4.38	4 925.18
石家庄市	−2.75	−3.32	−6.70	−4.26	6 225.12
张家口市	−2.15	−3.84	−3.48	−3.16	4 461.69
唐山市	−6.27	−0.91	−1.98	−3.05	5 568.79
邯郸市	3.35	−5.22	−3.00	−1.62	6 804.06
承德市	5.19	−6.90	−3.02	−1.58	4 402.87
沧州市	1.63	−3.23	0.11	−0.50	4 494.73
邢台市	3.56	−3.44	−2.50	−0.79	5 514.01
衡水市	7.26	−4.81	−1.58	0.29	5 346.43
保定市	6.46	−1.90	−0.59	1.32	5 991.59
全省	1.14	−4.11	−2.64	−1.87	5 507.90

资料来源：根据 2018 年河北省统计局数据整理。

（三）玉米种植成本收益情况

玉米生产的总成本由生产成本和土地成本两部分组成，其中生产成本又包括物质与服务费用和人工成本两大部分，河北省玉米生产成本占总成本比例常年维持在 80%左右。

1. 种植成本及变动情况

(1) 总成本构成及变动。从统计数据看，2012—2017 年河北省玉米种植生产总成本具有以下特征：

一是玉米生产总成本呈上升态势，但上升势头趋于缓慢。2012—2015 年玉米种植成本逐年上升，公顷种植成本由 2012 年的 11 726.85 元增长到 2015 年的 14 748 元，增幅达到 25.76%。2016 年有所下降，降至 14 414.55 元，2017 年又有小幅回升，为 14 460.6 元，但基本保持稳定，因此上升势头趋于缓慢。

二是总成本中人工成本增幅最大。生产成本中的每公顷物质与服务费用由 2012 年的 4 628.55元增长至 2017 年的 5 289.75 元，增幅为 14.29%；每公顷人工成本由 2012 年的 4 769.25元增长至 2017 年的 6 314.1 元，增幅为 51.30%。每公顷土地成本中的流转地租金由 2012 年的 45.6 元，增长至 2017 年的 47.7 元，增幅仅为 4.60%；每公顷自营地折租由 2012 年的 2 283.45 元，增长至 2017 年的 2 809.05 元，增幅为 23.02%。2012—2017 年河北省玉米生产总成本的构成及变动如表 2-5 所示。

表 2-5　2012—2017 年河北省玉米生产公顷均总成本的构成及变动

单位：元,%

成本构成	2012	2013		2014		2015		2016		2017	
	金额	金额	变动比率	金额	变动比率	金额	变动比率	金额	变动比率	金额	变动比率
每公顷总成本	11 726.85	12 959.85	30.11	13 973.10	21.27	14 748.0	17.56	14 414.55	−5.49	14 460.60	0.32
生产成本	9 397.80	10 441.65	21.99	11 339.10	16.67	11 915.1	10.01	11 550.30	−6.60	11 603.85	0.46
物质服务费用	4 628.55	4 791.45	3.52	5 039.85	5.18	5 259.0	4.35	4 978.80	−5.33	5 289.75	6.25

（续）

成本构成	2012	2013		2014		2015		2016		2017	
	金额	金额	变动比率	金额	变动比率	金额	变动比率	金额	变动比率	金额	变动比率
人工成本	4 769.25	5 650.20	18.47	6 299.3	11.49	6 656.1	5.66	6 571.50	−1.27	6 314.1	−3.92
土地成本	2 329.05	2 518.20	8.12	2 634.0	4.60	2 832.9	7.55	2 864.25	1.11	2 856.75	−0.26
流转地租金	45.60	75.75	66.12	49.8	−34.26	43.05	−13.55	41.55	−3.48	47.7	14.80
自营地折租	2 283.45	2 442.45	6.96	2 584.2	5.80	2 789.85	7.96	2 822.70	1.18	2 809.05	−0.84

资料来源：《全国农产品成本收益资料汇编》（2013—2018 年）。

（2）生产成本及其变动。

①物质与服务费用，主要由种子、化肥等各项直接费用构成，固定资产折旧、保险费等各项间接费用占比相对较少，一般不到 3%。2012—2017 年河北省生产成本中物质与服务费用有以下两个特点：

一是每公顷物质与服务费用呈波动上升势头。2012—2015 年河北省玉米生产的物质与服务费用上升较快，2012 年每公顷物质与服务费用为 4 628.55 元，到 2015 年，已经增加到 5 259 元，每公顷增加了 630.45 元，是 2012 年的 1.14 倍，增长了 13.62%，年均增长幅度 3.41%。在 2016 年每公顷物质与服务费用减少为 4 978.8 元，相对 2015 年减少了 5.33%。但 2017 年物质与服务费用未能延续下降的势头，再度转呈上升趋势，增至每公顷 5 289.75 元，略高于 2015 年的水平。

二是各项费用在总费用中的比例正趋于合理。上述 6 年统计数据中，种子费、农膜费占比连续两年均下降，化肥费有三年是下降的，但农家肥费用占比在近三年都有显著的增加，分别是 41.5%，26.0%和 95.7%；每公顷租赁作业费、机械作业费整体上在持续增加，分别由 2012 年的 1 641.5 元和 1 356.3 元增长为 2017 年的 2 126.3 元和 1 704.5 元，各自增长了 29.53%和 25.66%，而每公顷畜力费从 2016 年起开始为零，说明玉米种植的机械化程度在稳步提高；每公顷排灌费由 2012 年的 262.1 元增加到 2017 年的 421.8 元，增长了 60.96%，说明农业基础设施建设的推广和完善正在起着积极作用；每公顷间接费用中保险费在 2017 年达到了每公顷 48 元，说明在保险政策促进下农民的参保意识在逐渐加强；各项费用中，农药费的控制难度较大，6 年中只有 2016 年这一年是下降的，2017 年又开始回升，其中 2012 年每公顷的农药费是 205.5 元，2017 年增加到了 245.7 元，总的增长率是 19.56%，因此，农药和化肥的双减政策还应持续推行。2012—2017 年河北省玉米生产物质与服务费用的构成及变动情况如表 2-6 所示。

表 2-6　2012—2017 年河北省玉米生产物质与服务费的构成及变动

单位：元，%

成本构成	2012		2013		2014		2015		2016		2017	
	金额	变动比率	金额	变动比率	金额	变动比率	金额	变动比率	金额	变动比率	金额	变动比率
每公顷物质与服务费用	4 628.58	—	4 791.45	3.52	5 039.85	5.18	5 259.0	4.35	4 978.8	−5.33	5 289.75	6.25

（续）

成本构成	2012		2013		2014		2015		2016		2017	
	金额	变动比率	金额	变动比率	金额	变动比率	金额	变动比率	金额	变动比率	金额	变动比率
直接费用	4 518.8	—	4 684.1	3.7	4 931.9	5.3	5 178.9	5.0	4 899.5	−5.4	5 161.2	5.3
1. 种子费	662.0	—	704.6	6.4	729.0	3.5	741.3	1.7	720.8	−2.8	702.8	−2.5
2. 化肥费	1 782.0	—	1 787.7	0.3	1 628.7	−8.9	1 695.8	4.1	1 594.7	−6.0	1 591.5	−0.2
3. 农家肥费	150.8	—	147.0	−2.5	121.2	−17.6	171.5	41.5	216.0	26.0	422.7	95.7
4. 农药费	205.5	—	222.9	8.5	226.4	1.6	244.4	8.0	232.5	−4.9	245.7	5.7
5. 农膜费	7.8	—	8.1	3.9	8.7	7.4	7.2	−17.2	5.9	−18.8	6.2	5.1
6. 租赁作业费	1 641.5	—	1 750.7	6.7	2 154.9	23.1	2 252.4	4.5	2 069.7	−8.1	2 126.3	2.7
机械作业费	1 356.3	—	1 468.5	8.3	1 573.7	7.2	1 614.5	2.6	1 686.9	4.5	1 704.5	1.0
排灌费	262.1	—	271.5	3.6	572.6	110.9	631.4	10.3	382.8	−39.4	421.8	10.2
其中：水费									9.2		21.0	129.5
畜力费	23.1	—	10.7	−53.0	8.7	−18.3	6.6	−24.1		−100.0		
7. 燃料动力		—										
8. 技术服费		—										
9. 工具材料费	37.4	—	35.3	−5.6	35.1	−0.4	37.8	7.7	33.2	−29.0	35.9	8.1
10. 修理维护费	32.0	—	27.9	−12.6	27.9	0.0	28.7	2.7	26.9	−100.0	30.3	12.9
11. 其他直接费												
间接费用	109.8	—	107.4	−2.2	108.0	0.6	80.1	−25.8	79.4	−0.9	128.6	62.0
1. 固定资产折旧	84.5	—	80.1	−5.2	85.2	6.4	80.1	−6.0	79.4	−0.9	80.6	1.5
2. 保险费	25.4	—	27.3	7.7	22.8	−16.5		−100.0			48.0	
3. 管理费												
4. 财务费												
5. 销售费												

资料来源：《全国农产品成本收益资料汇编》（2013—2018 年）。

②2012—2017 年河北省玉米种植人工成本变动有以下特点：

一是人工成本总体上呈先升后降变化。从统计数据看，河北省玉米生产人工成本在 2015 年达到最高，为每公顷 6 656.1 元，较 2012 年每公顷 4 769.25 元增加了 1 886.85 元，增长幅度达到 39.56%。但在 2012—2015 年间每公顷人工成本增长速度逐年降低。2016 年趋势发生逆转，且 2016—2017 年连续两年，每公顷人工成本逐渐减少，降幅增加，2017 年较 2015 年减少了 341.98 元，降低的幅度为 5.14%。同时，劳动日工价逐年上升，可见人工成本的下降主要来自于人工用工时间的绝对减少，这应与 2015 年农业部开始推行的全程机械化政策有关。2012—2017 年河北省玉米生产人工成本变动情况如图 2-8 所示。

二是人工成本构成变化有三个特征：第一，雇工费用占比很小。雇工费用占人工成本的

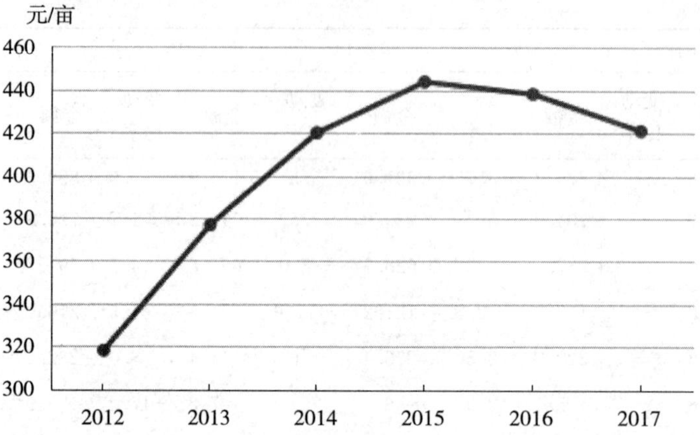

图 2-8　2012—2017 年河北省玉米生产人工成本变动

资料来源：《全国农产品成本收益资料汇编》（2013—2018 年）。

比例均在 2%以下，用工主要依赖家庭成员，表明玉米种植规模化程度还不高。第二，家庭用工天数在逐年下降。2012—2017 年家庭用工绝对天数在逐年减少，说明玉米种植机械化程度在逐年提高，由于家庭用工天数平均在 5 天左右，这五天多的时间应为玉米种植用工的集中环节，农村劳动力向城市的转移会出现劳动力的临时性短缺，降低河北省玉米种植成本还需要大力推进玉米种植的机械化整体水平。第三，劳动日工价呈持续上升的趋势。由 2012 年的每公顷 840 元增加到 2017 年的每公顷 1 246.5 元，增加了 406.5 元，增长幅度为 48.39%；劳动日工价的大幅上涨主要是因为随着经济的快速发展，大量农村劳动力转向城市，从事农业劳动的人数减少，导致农村劳动力的价格不断上涨，劳动日工价也大幅度增加。河北省玉米生产人工成本的构成及变动情况如表 2-7 所示。

表 2-7　2012—2017 年河北省玉米生产人工成本的构成及变动

成本构成	2012		2013		2014		2015		2016		2017	
	金额或天数	变动幅度（%）	金额或天数	变动幅度（%）	金额或天数	变动幅度（%）	金额或天数	变动幅度（%）	金额或天数	变动幅度（%）	金额或天数	变动幅度（%）
每公顷人工成本（元）	4 769.25	—	5 650.2	18.47	6 299.25	11.49	6 656.1	5.66	6 571.5	−1.27	6 314.1	−3.92
家庭用工折价（元）	4 740.9	—	5 569.2	17.47	6 276.45	12.70	6 617.55	5.43	6 451.8	−2.50	6 195.15	−3.98
家庭用工天数（天）	84.6	—	81.9	−3.19	84.3	2.93	84.9	0.71	79.2	−6.71	74.55	−5.94
劳动日工价（元）	840	—	1 020	21.43	1 116	9.41	1 170	4.84	1 221	4.36	1 246.5	2.09
雇工用工天数（天）	28.35	—	81	185.7	22.8	−71.8	38.55	69.08	119.7	210.51	118.98	−0.64
雇工工价（元/天）	943.95	—	953.7	1.03	913.8	−4.18	1 376.25	50.61	1 197.45	−12.99	1 321.95	10.40

资料来源：《全国农产品成本收益资料汇编》（2013—2018 年）。

人工成本是总成本上升的主要原因。河北省玉米生产成本中的物质与服务费用由2012年的4 628.55元增长至2017年的5 289.75元，增幅为14.29%；而人工成本由2012年的4 769.25元增长至2017年的6 314.1元，增幅为51.30%，人工成本的上升是河北省玉米成本增长的主要原因。

(3) 土地成本由流转地租金和自营地折租构成。从2012—2017年河北省统计数据看，玉米生产的土地成本构成及变动具有以下特点：

①玉米生产的土地成本呈上升趋势，但上升势头在趋缓。河北省玉米生产的土地成本呈上升趋势，其中2012—2016年逐年增加，只在2017年较2016年有小幅降低。由2012年的每公顷2 329.05元，增加到2016年的每公顷2 864.25元，增长了535.2元，增幅为22.98%，其中2013—2015年土地成本增幅在4%～8%，2016年增幅下降到1.11%，2017年由增变降，减低幅度为0.26%。

②玉米种植主要以自营地为主。2012—2016年玉米种植成本中流转地租金占土地成本的比例年均不超过2%，近98%的土地成本是自营地折租，这说明玉米种植仍主要以自营地为主。详细情况如表2-8所示。

表2-8　2012—2017年河北省玉米生产土地成本构成及变动情况

单位：元/公顷，%

成本构成	2012		2013		2014		2015		2016		2017	
	金额	变动幅度	金额	变动幅度	金额	变动幅度	金额	变动幅度	金额	变动幅度	金额	变动幅度
土地成本	2 329.05	—	2 518.2	8.12	2 634	4.60	2 832.9	7.55	2 864.25	1.11	2 856.75	−0.26
流转地租金	45.6	—	75.75	66.12	49.8	−34.26	43.05	−13.55	41.55	−3.48	47.7	14.80
自营地折租	2 283.45	—	2 442.5	6.96	2 584.2	5.80	2 789.85	7.96	2 822.7	1.18	2 809.05	−0.84

资料来源：《全国农产品成本收益资料汇编》(2013—2018年)。

2. 总收益及其变动情况

从统计数据看，2012—2017年河北省玉米生产的收益总体呈快速下降、出现连续三年亏损状态。

(1) 净利润逐年降低，出现连续亏损。2012—2016年河北省玉米生产的净利润逐年降低，尽管2017年有小幅回调，但总体的下降趋势难以逆转，由2012年的每公顷盈利4 962.6元（即每亩盈利330.84元）降低到2017年的每公顷亏损1 573.49元（即每亩亏损104.899元），每公顷降低了6 536.09元，降幅达131.71%，年均降幅为21.95%。净利润的大幅度降低主要原因是总成本的上涨和国家临储政策调整等因素导致的玉米市场价格下降。

(2) 成本利润率持续下降，2017年出现反弹迹象。2012—2016年河北省玉米生产的成本利润率呈持续下降状态，2012年为42.32%，此后逐渐下降，尤其是2014—2015年间，降低幅度最大，2015年出现亏损，至2017年，已连续三年处于亏损状态，成本利润率降到−10.88%，但出现了跌幅降低的状态。

受自然条件、市场和国家政策等因素的影响，近6年来河北省玉米总成本增长幅度为

23.31%，同时，玉米售价的降幅达到 24.88%，在售价大幅下降和总成本持续增加的双重压力下，玉米种植效益迅速下降。2012—2017 年河北省玉米生产成本和收益情况如图 2-9 所示。

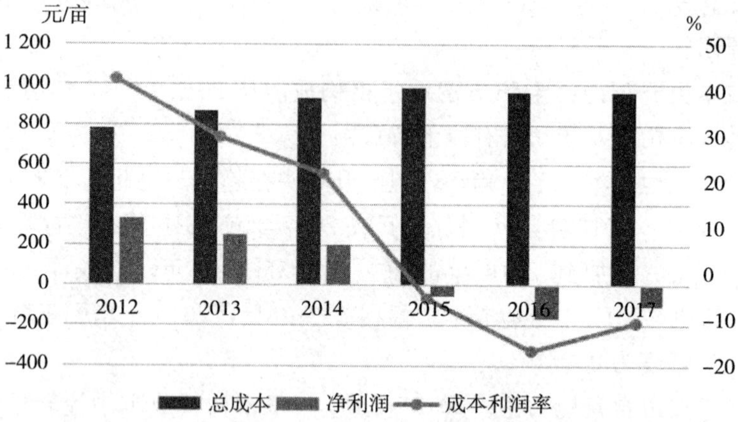

图 2-9　2012—2017 年河北省玉米生产成本和收益情况

资料来源：《全国农产品成本收益资料汇编》（2013—2018 年）。

（四）玉米购销市场情况

1. 国内玉米供需平衡情况

（1）临储库存减少，市场需求强劲。 2018 年成为玉米临储去库存成效最显著的一年，总计成交量突破 1 亿吨。依据万德数据库的统计资料，1992—2018 年全国玉米总消费量是呈上升趋势，除了 1992 年以外，各年总消费量均在 1 亿吨以上，特别是 2007 年后消费量都在 1.5 亿吨以上，2017 年达到最高水平 2.2 亿吨。我国玉米出口量 2006 年以前平均都在 500 万吨左右，自 2008 年以后，玉米出口大幅度减少，2015 年达到最低，仅为 0.4 万吨，2017 年又上升到 50 万吨。自 2014 年以后期末玉米库存量大幅度增加，2015—2017 年每年库存量都在 2.5 亿吨左右，都超过了当年国内玉米消费量，玉米年末库存量比当年玉米消费量高 30%以上。1992—2017 年全国玉米供需平衡情况如表 2-9 所示。

表 2-9　1992—2017 年全国玉米供需平衡

单位：万吨，%

年份	全国玉米产量	全国玉米进口量	全国玉米总供给量	国内玉米消费量	我国玉米出口量	玉米总消费量	玉米期末库存量	玉米年末库存/消费量
1992	9 538.3	0	13 751.2	8 176	1 262.3	9 438.3	4 312.9	45.70
1993	10 270.4	0	14 583.3	9 106	1 179.6	10 285.6	4 297.7	41.78
1994	9 927.5	258.0	14 483.2	9 965	131.8	10 096.8	4 386.4	43.44
1995	11 198.6	304.0	15 889.0	10 459	15.7	10 474.7	5 414.3	51.69
1996	12 747.1	0.3	18 161.7	10 889	391.2	11 280.2	6 881.5	61.01
1997	10 430.9	11.9	17 324.3	10 860	613.7	11 477.3	5 847.0	50.94
1998	13 295.4	20.2	19 162.6	11 230	334.0	11 564.0	7 598.6	65.71
1999	12 808.6	0	20 407.2	11 222	993.5	12 215.5	8 191.7	67.06
2000	10 600.0	3.0	18 794.7	11 189	725.6	11 914.6	6 880.1	57.75

（续）

年份	全国玉米产量	全国玉米进口量	全国玉米总供给量	国内玉米消费量	我国玉米出口量	玉米总消费量	玉米期末库存量	玉米年末库存/消费量
2001	11 408.8	1.0	18 289.9	11 256	861.0	12 117.0	6 172.9	50.94
2002	12 130.8	0.1	18 303.8	11 267	1 524.9	12 791.9	5 511.9	43.09
2003	11 583.0	0.2	17 095.1	11 731	755.3	12 486.3	4 608.8	36.91
2004	13 028.7	1.0	17 638.5	12 554	759.3	13 313.3	4 325.2	32.49
2005	13 936.5	6.2	18 267.9	13 556	372.7	13 928.7	4 339.2	31.15
2006	15 160.3	1.6	19 501.1	14 115.7	527.0	14 642.7	4 858.4	33.18
2007	15 230.0	4.1	20 092.5	15 380.6	54.8	15 435.4	4 657.1	30.17
2008	15 410.0	4.7	20 071.8	15 169.7	17.2	15 186.9	4 884.9	32.17
2009	13 835.0	129.6	18 849.5	15 524	15.1	15 539.1	3 310.4	21.30
2010	15 329.0	97.9	18 737.3	16 350.8	11.0	16 361.8	2 375.5	14.52
2011	16 701.0	523.0	19 599.5	16 346	9.1	16 355.1	3 244.4	19.84
2012	17 482.8	270.3	20 997.5	16 765	8.0	16 773.0	4 224.5	25.19
2013	20 308.0	327.6	24 860.1	16 389	2.2	16 391.2	8 468.9	51.67
2014	21 895.0	551.6	30 915.5	14 307	1.3	14 308.3	16 607.2	116.07
2015	23 067.1	317.4	39 991.7	15 587	0.4	15 587.4	24 404.3	156.56
2016	20 707.4	246.3	45 358.0	18 740.5	7.2	18 747.7	26 610.3	141.94
2017	20 273.3	480.0	47 363.6	22 059.5	50.0	22 109.5	25 254.1	114.22

资料来源：万德数据库、中国产业经济信息网、天下粮仓网。

（2）近期玉米市场主要需求变动状况。

①饲用消费需求波动加剧：2018年，我国小麦和玉米每吨价差高达878元。国家统计局2018年1—11月数据显示，全国生猪出栏3.34亿头，比上年同期增加379万头，增长1.2%；全国玉米饲料消费量16 200万吨，同比增长5.54%。此外，受中美经贸摩擦影响，大豆、玉米替代品等进口减少，加之受到我国对美国的高粱实施了临时反倾销措施政策影响，降低了我国高粱进口量，进而拉动了玉米的市场需求。但同时受非洲猪瘟疫情影响，生猪养殖规模下降会在一定程度上影响到玉米饲用消费。

②工业消费需求增长加快：据中国生物发酵产业协会数据，2018年淀粉糖、氨基酸、有机酸等玉米产业链商品产量都有明显恢复，每吨产品盈利在200～900元，其中淀粉糖每吨盈利300～400元，医用用品、3D打印等新材料产品成为玉米深加工业新的增长点。玉米酒精行业呈现前低后高特点，开始扭亏为盈。2018年1—11月全国玉米工业消费总量为1 443.75万吨，较上年增长7.28%；考虑非协会企业及其他方面消费量，月度深加工玉米消费360万吨。

受到国家政策支持和玉米原料价格大幅下跌的影响，用粮企业成本明显降低，玉米深加工企业经营状况普遍改善，玉米工业消费增加较多，尤其是清洁能源工业大量消费玉米。截至2018年11月，河北省玉米淀粉加工企业平均开工率为71.5%，与上年相比上升7.3个百分点。

③食用消费、种用和损耗消费需求相对稳定：食用消费、种用消费和损耗消费合计占玉米消费比重不足10%，对玉米消费总量影响不大。食用消费受政策和价格影响较小，随着

人口增加和健康消费认识提高，河北省的玉米食用消费一直保持稳中有增的发展方向。种用消费主要取决于玉米的播种面积和单位面积用种量。一般每公顷玉米种子用量在37.5～45千克，除非生产技术有重大突破导致用种数量减少，种子用粮数量与播种面积的正相关关系不会变化。

2. 河北省玉米购销变动情况

（1）玉米收购量总体呈“波浪上升”变化。2005—2016年，河北省玉米地方收购量总体呈“波浪形”先升后降的趋势，其中2012年地方玉米收购量最大，为1 335.4万吨，2007年收购量最低为672.8万吨，两者相差达662.6万吨，年平均收购量为998.28万吨，2016年玉米收购量有所下降，主要是受国家临储玉米政策改革的影响。从玉米地方收购量占地方收购粮食总量比重来看，变动趋势与玉米收购量的变动趋势一致。2005—2016年河北省玉米收购量及占地方粮食收购量比例变动情况如表2-10所示。

表2-10　2005—2016年河北省玉米收购量及占地方粮食收购量比例

年度	地方收购粮食总量（万吨）	玉米地方收购量（万吨）	玉米占地方收购粮食比例（%）
2005	1 705.2	854.3	50.10
2006	1 736.4	784.4	45.17
2007	1 355.9	672.8	49.62
2008	1 495.2	788.9	52.76
2009	1 279.9	709.9	55.47
2010	1 501.9	916.1	61.00
2011	2 055.6	1 148.6	55.88
2012	2 237.8	1 335.4	59.67
2013	2 318.7	1 307.5	56.39
2014	2 443.0	1 164.5	47.67
2015	2 569.3	1 248.8	48.60
2016	2 297.1	1 048.1	45.63

资料来源：河北省粮食局，天下粮仓网，中国产业信息网。

（2）近十年国库玉米销售量呈“波浪下降”变化。从来自粮食管理系统的数据来看，2005—2014年，河北省玉米销售占粮食总销量的比率为46.3%～56.5%之间，平均比率为51.7%，占粮食总销量中的主导地位，2013年玉米销售达到了顶峰，为1 702.1万吨。从2013年开始，玉米销售逐年下降，到2016年销售量降至549.2万吨，降幅达67.7%，这其中除了国际国内市场因素影响外，国家临储玉米政策的变化成为重要影响因素。2005—2016年河北省玉米销量变动情况如表2-11所示。

表2-11　2005—2016年河北省玉米销量及占粮食总销量状况

年度	粮食总销售量（万吨）	玉米销售量（万吨）	玉米销量占粮食总销量比例（%）
2005	1 831.6	917.2	50.08
2006	1 781.2	957.7	53.77

（续）

年度	粮食总销售量（万吨）	玉米销售量（万吨）	玉米销量占粮食总销量比例（%）
2007	1 574.9	755.0	47.94
2008	1 789.4	829.3	46.35
2009	1 697.2	855.3	50.39
2010	2 012.4	1 067.9	53.07
2011	2 728.6	1 541.2	56.48
2012	2 948.8	1 566.7	53.13
2013	3 164.9	1 702.1	53.78
2014	3 163.8	1 466.6	46.36
2015	3 073.1	888.2	28.90
2016	2 814.4	549.2	19.51

资料来源：河北省粮食局。

（五）玉米市场价格变动情况

1. 河北省玉米市场平均价格低于全国平均水平

根据中国价格信息网、同花顺数据库、中国玉米网汇总数据及调研情况，2018 年河北省玉米市场的平均收购价格整体呈先高后低波动，具体表现为 1—3 月持续上行、4—6 月波动性下跌、7—9 月缓慢回升、10 月再次下跌、11—12 月强势攀升的价格走势。

（1）1—3 月价格强势上行阶段。1 月价格为全年最低价 1 793.22 元/吨，随后价格强势上涨，3 月下旬上涨至本年度最高点 1 900.55 元/吨。该阶段河北省玉米收购价格上涨的主要原因：一是 2017 年我国玉米播种面积调减了 3.6%，玉米产量比上年下降了 1.7%，市场供给量减少；二是 1—3 月各地基层售粮进度同比偏快，市场余粮水平不断下降（截至 2018 年 6 月的统计数据显示，东北地区整体售粮进度为 70%，华北地区整体售粮进度为 54%，同比 2017 年偏快一成左右，其中山东约为 59%，河南约为 56%，河北约为 50%）；三是 2017 年河南、河北、山东、山西等地玉米均遇到了黄曲霉素与呕吐毒素超标问题，当地种植户玉米库存数量有限，高品质玉米库存量尤其偏少，品质问题导致 1—3 月华北市场可供应流通量减少，当地深加工企业库存相对偏少，节后补库需求增强，形成玉米价格的强势上行走势。

（2）4—6 月波动性下跌阶段。4 月开始河北省玉米市场收购价格涨跌交替、震荡不定；4 月中旬玉米价格跌幅较大；5 月下旬跌至 1 822.60 元/吨，较 3 月下旬最高点 1 900.55 元/吨下跌了 4.11%，走势基本与全国玉米平均收购价格一致，但价格低于全国平均价格 60～100 元/吨。该阶段价格波动的主要原因是进入 2018 年 4 月以后，临储玉米正式开拍，市场供应扩大是 4 月国内玉米价格下跌的主要原因。进入 5 月和 6 月以后，山东、河北等地玉米深加工企业到货量骤减，部分有加工需求的企业开始抬价收购。另外，南方饲料企业观望心态明显，加上生猪价格走低，禽蛋市场价格疲软，市场终端消费无明显改善，且随着新小麦的上市，饲料加工业可选用小麦做玉米的替代品，进而形成 4—6 月玉米市场价格弱势下跌。

（3）7—9 月缓慢回升阶段。6 月价格降至 1 795.71 元/吨后，开始缓慢回升，至 2018 年 9 月，上涨至 1 817.96 元/吨。该阶段价格缓慢上涨是由于 2018 年 8 月，台风“温比亚”

“摩羯”给河南、山东、安徽、江苏等地带来了强降雨及大风天气，赤峰、鹤岗、绥化一带遭受了不同程度的雹灾和虫害，玉米出现倒伏、果穗结实不良等问题，玉米减产预期导致玉米收购价格上涨。同时，2018 年 8 月，国家发改委、国家能源局等 15 部门联合印发《关于扩大生物燃料乙醇生产和推广使用车用乙醇汽油的实施方案》，要求扩大燃料乙醇试点省份，这一政策性影响也促进了玉米收购价格的上涨。

（4）11—12 月强势攀升阶段。继 10 月玉米价格短暂下跌至 1 815.21 元/吨后，11 月价格强势上涨至 1 869.25 元/吨，截至 12 月，玉米收购价格继续保持上涨态势，保持在 1 896.37元/吨。该阶段价格上涨是由于 2018 年 12 月财政部关税司发布了《国务院关税税则委员会关于 2019 年进出口暂定税率等调整方案的通知》（税委会 2018〔65〕号），提出玉米进口继续执行配额管理政策。此外，在玉米饲用消费方面，尽管非洲猪瘟的疫情还在发生，但防控有效总体可控，饲用需求以及深加工产能持续扩张都将对玉米价格形成助推作用，促进玉米市场稳定增长，后续随着临储玉米的不断入市，玉米收购价格逐渐回落。详细情况如表 2-12、图 2-10 所示。

表 2-12　2018 年度河北省及全国玉米市场平均收购价格对比

统计月份	全国平均市场价格（元/吨）	河北平均市场价格（元/吨）	全国环比（%）	河北省环比（%）
1 月	1 875.11	1 793.22	—	—
2 月	1 924.70	1 830.72	0.26	0.02
3 月	1 975.77	1 845.71	2.58	0.81
4 月	1 967.64	1 817.59	−0.41	−1.52
5 月	1 925.42	1 814.57	−2.15	−0.17
6 月	1 920.27	1 795.71	−0.27	−1.04
7 月	1 932.03	1 801.29	0.61	0.31
8 月	1 918.42	1 801.77	−0.70	0.03
9 月	1 944.37	1 817.96	1.35	0.90
10 月	1 947.35	1 815.21	0.15	−0.15
11 月	1 969.50	1 869.25	1.14	2.98
12 月	1 969.84	1 896.37	0.02	1.45

资料来源：同花顺数据库、中国玉米网。

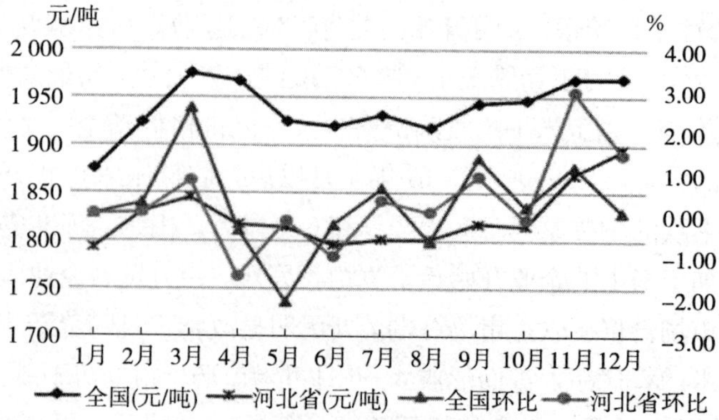

图 2-10　2018 年河北省及全国玉米市场平均收购价格变动对比

资料来源：同花顺数据库、中国玉米网。

2. 与全国十大玉米种植省份相比，河北省市场收购价格处于中等水平

2018 年河北省玉米收购价格与我国玉米种植面积前十名的省份（黑龙江、吉林、河南、内蒙古、河北、山东、辽宁、山西、云南和四川）进行横向比较，发现四川省玉米平均收购价格最高，云南省次之，黑龙江省的玉米收购价格最低。河北省玉米收购在种植面积前十省份中处于中等水平，收购价格走势与全国价格收购走向基本保持一致，但低于全国平均价格50～80元/吨。2018 年度河北省及全国玉米市场平均收购价格变动情况如表 2-13、图 2-11 所示。

表 2-13　2018 年全国十大玉米种植省市场收购价统计

单位：元/吨

月份	全国	黑龙江	吉林	河南	内蒙古	河北	山东	辽宁	山西	云南	四川
1月	1 876.8	1 647.2	1 707.4	1 778.9	1 787.9	1 794.7	1 793.2	1 771.6	1 808.1	1 912.6	2 085.8
2月	1 911.1	1 696.1	1 740.6	1 786.1	1 838.5	1 825.3	1 848.1	1 802.0	1 856.1	2 016.2	2 081.3
3月	1 975.7	1 738.2	1 787.6	1 872.3	1 850.1	1 884.9	1 940.8	1 867.6	1 937.7	2 130.7	2 155.6
4月	1 967.6	1 687.1	1 718.2	1 900.7	1 836.7	1 868.6	1 934.8	1 835.8	1 924.4	2 094.1	2 185.5
5月	1 925.4	1 623.1	1 656.8	1 886.6	1 770.7	1 829.5	1 882.6	1 795.4	1 896.7	1 916.7	2 125.9
6月	1 920.3	1 597.6	1 658.3	1 881.5	1 741.3	1 835.5	1 882.8	1 785.2	1 897.4	2 064.9	2 158.9
7月	1 932.0	1 592.2	1 661.0	1 920.2	1 755.8	1 857.1	1 914.7	1 785.2	1 913.5	2 172.4	2 169.6
8月	1 918.4	1 575.6	1 651.8	1 925.8	1 739.1	1 858.9	1 911.3	1 775.7	1 908.1	2 171.5	2 122.8
9月	1 944.4	1 606.6	1 676.5	1 915.5	1 768.6	1 871.9	1 905.5	1 823.3	1 896.0	2 212.4	2 109.7
10月	1 947.4	1 623.8	1 684.3	1 839.1	1 765.8	1 875.2	1 880.7	1 834.0	1 860.1	2 237.0	2 139.2
11月	1 969.5	1 666.6	1 731.2	1 900.3	1 746.8	1 913.5	1 940.5	1 859.1	1 891.0	2 283.6	2 164.3
12月	1 969.8	1 719.9	1 772.5	1 898.9	1 740.5	1 938.4	1 937.7	1 867.6	1 915.4	2 215.5	2 155.3

资料来源：同花顺数据库、中国玉米网。

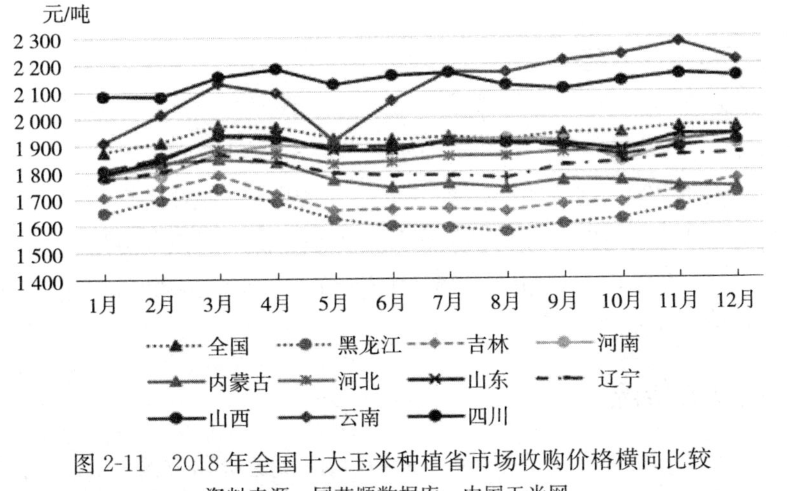

图 2-11　2018 年全国十大玉米种植省市场收购价格横向比较

资料来源：同花顺数据库、中国玉米网。

3. 与历史数据相比，2018 年市场价格总体呈高位走势

与前两年同期相比，2018 年河北省玉米平均收购价格有 9 个月都高于前两年水平，只有

6—8 月的价格低于 2016 年同期。此外，2018 年全年各月价格波动相对平缓，明显低于前两年同期水平。2016—2018 年河北省各月玉米市场平均收购价格变动情况如图 2-12 所示。

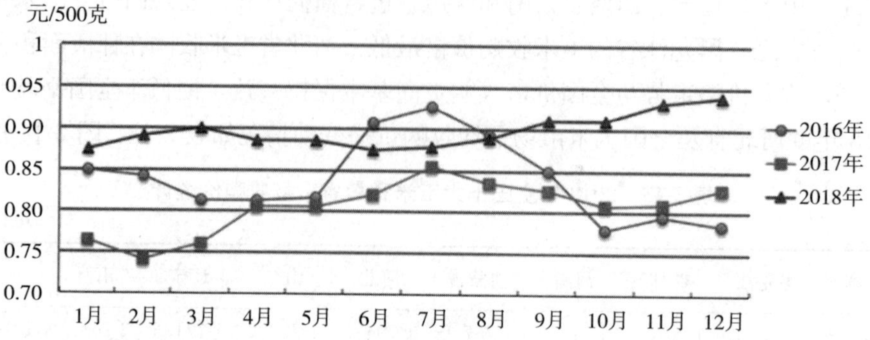

图 2-12　2016—2018 年河北省各月玉米市场平均收购价格对比

资料来源：同花顺数据库、中国玉米网。

（六）玉米种业发展情况

1. 玉米品种类型

河北省玉米种植主要有北部、西部春播玉米区和唐山廊坊以南夏播玉米区，2017 年春播玉米种植面积约 70 万公顷左右，夏播玉米种植面积约 240 万公顷左右。春夏播玉米区主要种植普通玉米，特殊类型品种种植与 2016 年相比有一定的变化，其中，鲜食玉米种植面积有小幅增加，但由于受加工企业规模的限制，鲜食玉米面积的上升空间还有待进一步挖掘。青贮玉米种植面积有所增加，主要是河北省奶牛养殖业发展对青贮玉米需求增大，致使农民种植抗逆性好的粮饲兼用玉米面积扩大，特别是邢台、石家庄等地区发展趋势呈上升状态。河北省普通玉米以机收果穗较为普遍，机收籽粒玉米面积由于受品种和收购企业烘干条件的限制，目前推广应用程度较低。爆裂玉米在河北省没有种植。

2. 主导玉米品种推广情况

据河北省种子站统计，2017 年全省推广面积 33 万公顷以上的玉米品种只有 1 个，为郑单 958，种植面积 68.19 万公顷，占总面积的 22.76%；推广面积在 7 万～33 万公顷的玉米品种有 7 个，包括先玉 335、登海 605、沃玉 964、浚单 20、伟科 702、京农科 728、邢玉 11 号，推广面积共 82.11 万公顷，占总面积的 27.40%；推广面积 0.67 万～6.67 万公顷的玉米品种共有 62 个，包括蠡玉 86、联创 808、中科 11 号、纪元 128 等，推广面积共 107.6 万公顷，占总面积的 35.91%。

（七）玉米加工情况

河北省以玉米为原料的加工产品主要是饲料、玉米淀粉和发酵产品（含酒精等）。河北省目前有规模以上玉米加工企业 60 余家，主要为饲料加工和淀粉及相关产品加工。其中，饲料加工企业 40 余家，淀粉及相关产品加工企业 20 余家。

玉米饲料加工方面，2018 年河北省饲料加工玉米消耗量约在 900 万吨左右。以河北兴达集团、河北凯特饲料有限公司等企业为代表。河北兴达集团作为河北省饲料加工的龙头企业之一，饲料产品有 80 余个品种，公司与 2 000 多农户建立了长期的合作关系，年可消化玉米 70 万吨。依托饲料加工，企业向下游的养殖行业延伸，建设了樱桃谷鸭养殖基地 3 个，储养种鸭 15 万只，建成投产日屠宰量 10 万只冷链食品厂，年加工能力达到 3 000多万只；扶持农民建设规范养殖大棚温室 380 棚，发展养殖户 700 余户，户均增收 1.5 万元。

玉米淀粉、淀粉糖及相关产品加工方面，2018 年玉米淀粉、淀粉糖及相关产品加工产量在 600 万吨左右。以秦皇岛骊骅淀粉有限公司、河北燕南食品集团有限公司、河北广玉淀粉糖业有限公司等为代表。主要产品为玉米淀粉、淀粉糖、玉米油、玉米蛋白、玉米糊精、味精等，产品广泛应用于医药、食品、化工、饲料等行业。河北健民淀粉糖业有限公司，从最初的玉米淀粉、食用葡萄糖起步，逐渐向生物制药领域进军。以玉米为培养基，企业年产土霉素碱 1 万吨，出口 10 多个国家，生产能力和市场占有率在国内同行中位居前列。河北燕南食品集团有限公司，玉米年加工能力 78.8 万吨，年生产玉米淀粉能力 52.53 万吨、高麦芽糖浆 10 万吨、口服结晶葡萄糖 6 万吨等。河北广玉淀粉糖业有限公司拥有年产 20 万吨优级食用玉米淀粉生产线 1 条，以药品级设计建设的年产 6.5 万吨葡萄糖生产线 1 条，年产优级玉米淀粉 20 万吨、4.5 万吨葡萄糖。除了以饲料，玉米淀粉、淀粉糖类为主要产品的企业之外，还有以味精为主要产品的玉米加工企业，如梅花生物科技集团股份有限公司等。

近年来河北省玉米加工企业不断完善产品加工链，由单一的玉米淀粉、淀粉糖加工向多元化产品加工转变，产业结构不断调整，产品转型升级，以期更加满足市场需求。目前河北省主要淀粉加工企业加工规模与产品产量情况如表 2-14 所示，主要玉米酒精企业产能情况如表 2-15 所示。

表 2-14　2017 年河北主要玉米淀粉企业年产能情况

单位：万吨

地　区	企　业	玉米年加工	商品淀粉	淀粉糖
秦皇岛	骊骅淀粉	135	40	56
	鹏远淀粉	50	18	8
辛　集	德瑞淀粉	70	30	12
邢　台	玉峰淀粉	180	50	80
	健民淀粉糖业	45	38	20
	广玉淀粉糖业	30	10	6
	新燕南食品	30	10	16
张家口	玉晶食品	18	13	0
石家庄	华辰淀粉糖	30	8	8
	利民糖业	30	20	14
邯　郸	顺轩玉米	30	21	0

资料来源：我的农产品网，兴证期货研发部。

表 2-15　2017 年河北主要玉米酒精企业年产能情况

单位：万吨

地　区	企　业	玉米消耗量	酒精年产能	DDGS 年产能
承　德	避暑山庄集团	30	10	9
石家庄	力源生物蛋白	15	5	5
邢　台	春雨商贸公司	15	5	5

资料来源：我的农产品网，兴证期货研发部。

（八）鲜食玉米发展情况

河北省鲜食玉米从20世纪末开始兴起，由于独特的区位、土壤和气候原因，河北鲜食玉米品质优良，近年来，鲜食玉米发展迅速，出现逐年递增的趋势，并逐步形成以鲜食玉米加工企业为核心的鲜食玉米种植、管理、营销不同模式。

1. 主要种植区域

目前，我国鲜食玉米的种植区域由北到南主要分布在东北三省、京津冀、甘肃、南宁、江浙沪、四川、重庆、贵州、云南、广西和广东等地。

2017年河北省鲜食玉米种植面积约2万公顷，其中糯玉米1.3万公顷，甜玉米0.67万公顷。种植区域分布在河北省各地市，主要集中在四个区域，一是河北西部，包括万全、怀安、宣化等地区，主要种植糯玉米；二是河北东部，包括昌黎、玉田、乐亭、丰润、路北、开平、滦县等地，主要种植甜玉米；三是保定、雄安新区及周围地区，包括徐水、固安、清苑、顺平、安新、定兴、高碑店、永清、文安等地，主要种植糯玉米；四是省会周边县市，包括晋州、定州、正定等地，主要种植甜玉米，并逐步形成冀西北糯玉米区、冀东甜玉米区、雄安糯玉米区和省会周边甜玉米区四大鲜食玉米种植区。

2. 主要种植品种

河北省鲜食玉米种植主要有糯玉米和甜玉米。近10年来，河北省育成鲜食玉米新品种27个，其中糯玉米25个，甜玉米2个。“万糯2000”及系列品种、“佳白甜糯”等品种有一定的市场影响力，在2013年全国鲜食玉米展示品种糯玉米排行榜上，河北的“万糯2000”位居第3名，“万糯11”居第7位，“佳白甜糯”位居第8位；甜玉米排行榜上均为南方品种，河北省培育的甜玉米品种尚未进入排行榜。2018年全国鲜食玉米品种排行榜上，河北华穗种业有限公司的“万糯158”获全国十佳糯玉米展示品种，河北华穗种业有限公司的“万黄甜糯”获2018鲜食玉米品种风味金奖，河北省鲜食玉米糯玉米品种在全国具有一定影响力。

鲜食玉米育种单位主要有河北华穗种业有限公司、万全万佳种业有限公司、石家庄市农林科学研究院、顺平博斯玉米科技开发有限公司和河北农业大学等单位。

目前河北省各地主要种植的鲜食玉米品种除了本地培育的品种外，还有外来高产优质鲜食玉米品种。

3. 鲜食玉米加工情况

（1）加工企业基本情况。河北省年加工鲜食玉米约20万吨，鲜食玉米加工企业规模差距较大，年销售收入在 100 万～13 000 万元不等，年盈利能力也在 8 万～1 200 万元之间。企业加工的主要产品有速冻甜、糯玉米粒、玉米段、真空包装甜、糯玉米穗、玉米食品（八宝粥）、玉米胚芽油和玉米饮品（浓缩玉米汁、常温玉米汁）等。近年来，河北省鲜食玉米的知名品牌“魏征”“帝王宴”“禾久”“广野”等远销海内外，国内主要销往北京、天津、上海、石家庄、济南、深圳、广州、成都、南京等地区，国外主要销往日本、韩国、泰国、欧美、东南亚、加拿大、澳大利亚、南非、中东、菲律宾等地区。在玉米加工企业发展中，规模较大的企业基本形成了“公司＋基地（合作社）＋农户”的农业产业化经营模式，发展订单农业种植基地达到 2 万余公顷，有效带动 8 万户农民增收，增加季节性就业人数 2 万余人，经济效益与社会效益显著。

（2）河北省鲜食玉米加工的特点。

①加工企业在全国鲜食玉米加工领域占有一席之地。根据调研，河北省鲜食玉米加工企业近 100 家，主要集中在张家口、秦皇岛、保定、唐山、石家庄等地。

在全国鲜食玉米加工企业 30 强评选中，河北省有 7 家加工企业跻身其中，占比 24%，可见河北省在全国鲜食玉米加工领域处于领先地位。7 家加工企业中，6 家从事鲜食玉米加工，且省重点龙头企业占 83%，河北露凝香生物科技股份有限公司为“财政支农资金整合”重点支持企业。6 家企业年加工鲜食玉米穗 2.7 亿穗，鲜食玉米粒 6 万吨，玉米油 2 000 吨，玉米饮品 680 万瓶，年生产能力达到河北省年加工鲜食玉米的 70%～80%，这些龙头企业有效带动了河北省经济发展，推动了鲜食玉米产业的发展。

张家口万全区被誉为“中国鲜食玉米之乡”“全国鲜食玉米示范县”“国家级出口鲜食玉米质量安全示范区”。万全县鲜食玉米产业发展有着得天独厚的优势：一是占有地理优势，由于独特的区位、土壤和气候原因，产出的鲜食玉米品质居全国之首；二是拥有逐步成熟的加工集群，县内有 19 家专业加工企业，其中有县级以上农业产业化重点龙头企业 14 家（省级 2 家、市级 9 家），在全国各县区首屈一指；三是取得了独一无二的“中国鲜食玉米之乡”的产业品牌；四是具备非常便捷的交通运输条件；五是继承了玉米制种传统，特用玉米制种的研发也走在了全国前列，本地育种、本地种植，品种地域适应性强。

河北省典型鲜食玉米加工企业基本情况如表 2-16 所示。

②鲜食玉米加工产品出口比例较大。河北省鲜食玉米加工企业中具有一定规模的企业绝大多数都有产品出口，产品远销日本、韩国等多个国家和地区。如唐山广野食品集团有限公司产品出口占比达 90%，是河北省出口日本数量最大的农产品加工企业；河北德力食品有限公司、唐山鼎晨食品有限公司等产品出口比例都在一半以上。在龙头企业的带领下，河北省海外市场成熟，市场份额占比较高，在鲜食玉米加工行业出口方面发挥着引领作用。

③鲜食玉米深加工产品不足。纵观河北省鲜食玉米产品，80%的企业主要生产速冻甜、糯玉米粒、玉米段、真空包装甜、糯玉米穗等初级产品，产品形式单一，存在同质化现象，降低了企业竞争力，缩小了企业利润空间，且很难维持企业全年生产的需求。相比东北地区在开发鲜食玉米速溶粉、鲜食玉米羹、复合营养玉米糊、鲜食玉米沙拉、鲜食玉米饮料、鲜食玉米休闲食品等深加工产品同时，结合黑龙江省黑木耳、黑芝麻等资源优势，开发玉米复合特色产品，河北省鲜食玉米加工产品还处于初级阶段。

表 2-16　河北省典型鲜食玉米加工企业基本情况汇总表

公司名称	地区	主要产品	年加工能力	品牌建设	运营模式	基地面积	经济效益	社会效益
河北鹏达食品有限公司	晋州	甜玉米、糯玉米、食用菌、水果系列罐头及速冻甜玉米、水果、蔬菜、豆类系列等产品，产品销往国内各级省市，深受用户青睐	年加工能力60 000吨	魏征、石野、玉燕、鹏达玉象、鹏达帆船	龙头企业＋科技特派员＋合作社＋基地＋农户	种植基地200公顷，发展“订单农业”种植基地2 000公顷。	每公顷增收4 500元，年增收13 500万元	带动农户8 000户，新增就业5 000人
河北露凝香生物科技股份有限公司	万全	速冻玉米、真空鲜食玉米、玉米饮品、玉米食品（八宝粥）和玉米胚芽油，形成鲜食玉米（常温保鲜、速冻保鲜）、玉米饮品（浓缩玉米汁、常温玉米汁等）、玉米食品、玉米胚芽油四大系列产品	速冻保鲜和常温保鲜玉米年产1.5万吨，玉米饮品年产680万瓶，玉米油2 000吨	露华浓	公司＋合作社＋基地＋农户	2 000公顷	每公顷增收10 500元	带动农户4 280户
唐山鼎晨食品加工有限公司	唐山开平区	甜玉米、糯玉米、青豆、青刀豆、胡萝卜、草莓、西蓝花、白菜花、板栗、香菇	玉米年生产能力达1万～2万吨		公司＋基地＋农户	4 000公顷	每公顷增收4 500元	带动农户9 000多户
唐山广野食品集团有限公司	遵化	各种腌渍菜、韩国泡菜、果蔬罐头、山楂休闲食品、甘栗仁制品、速冻食品、嫩食玉米等七大类	年加工果蔬食品能力3.6万吨，其中加工腌渍菜、泡菜1.3万吨，罐头2万吨	广野	公司＋合作社＋农户、研发中心＋培训中心	1 466.67公顷	年增收7 000万元	带动7 800户，760人就业
河北德力食品有限公司	徐水	甜玉米、糯玉米、青豆、绿芦笋、毛豆、胡萝卜、草莓、西蓝花、白菜花、藕片、香菇	年产量3万～5万吨	帝王宴	“公司＋基地＋标准化管理”以及成立农村合作社的运行方式	4 000公顷	每公顷增收1.2万～1.5万元	带动1.5万户，2 000农民工就业
秦皇岛市嘉田工贸有限公司	昌黎	速冻玉米粒、冻青豆、海草及贝类等	年生产量可达10 000余吨			1 333.33公顷	每公顷增收4 500元	
张家口禾久农业发展集团	万全	速冻鲜食甜糯玉米、甜玉米粒、速冻青毛豆、有机大米、杂粮、杂粮速食面、果脯、杏仁	鲜玉米穗1.2亿穗，玉米粒1 000吨	禾久	公司＋基地＋农户	2 666.67公顷	年增收9 000万元	带动3.2万户5 000人就业

资料来源：http：//www.nongtewang.org/corn/news/2014－10－31/41729.html 及调研数据整理。

④加工企业规模与鲜食玉米加工大省相比尚有一定差距。从鲜食玉米加工企业数量看，吉林省从事鲜食玉米加工的注册厂家近300多家，规模较大的企业有50家左右，河北省从事鲜食玉米加工的企业约为吉林省的1/3，而成规模的企业只有吉林省规模较大企业的12%。河北省可借鉴东北地区的经验做法，开拓鲜食玉米深加工领域，扶持加工企业发展，结合地区资源优势，把河北省鲜食玉米产业做大、做强。

（九）玉米生产经营组织情况

河北省玉米生产经营种植合作社注册数量增加较快，但区域间差距较大。据中华产业网统计，河北省注册的玉米种植专业合作社增长速度较快，2016年有2 297家，在《河北省玉米种植专业合作社名录》（2018版）中的玉米种植专业合作社数量就达到了5 239家。其中，沧州和廊坊数量最多，均超过了1 000家；其次是张家口和保定，分别有801家和603家。邢台、承德和秦皇岛数量较少，均不足200家。

（十）玉米科技进步情况

在河北省财政厅、省农业厅的大力支持下，河北省现代农业产业技术体系玉米创新团队围绕玉米生产技术创新开展了卓有成效的工作，在品种筛选与评价、两熟区节本增效技术集成、寒旱区抗逆栽培、地力提升与精准施肥、绿色防控与质量控制、鲜食玉米与加工、全程机械化等方面开展了卓有成效的工作，取得了丰硕的科技成果，为推动河北省玉米产业科技进步提供了重要的技术支撑。

1. 玉米品种筛选与评价取得新成果

筛选出玉丰506、裕丰310和龙华369、万盛89、科腾918等5个综合表现较好的普通玉米品种；筛选出博斯甜918、博斯甜818和万华糯253、佳彩甜糯、京科糯2010、佳糯668等6个综合表现较好的鲜食玉米品种；筛选出京农科728、豫单9953、蠡玉57、郑原玉432、兆育107、兆育11、丰德存玉10号、鑫瑞25和万盛106共9个有适宜机收籽粒的品种。推荐2018年河北省玉米主导品种6个（纪元128、蠡玉86、沃玉964、万盛68、万糯2000和巡青518）。

2. 玉米节本增效技术取得新进展

在河北省寒旱区，开展了春玉米籽粒直收全程机械化高产栽培技术、北部寒旱区春玉米水资源利用技术研究；示范了寒旱区春玉米全膜覆盖双垄沟播旱作丰产栽培技术、寒旱区春玉米籽粒直收全程机械化高产栽培技术、北部寒旱区春玉米免耕分层施肥技术。推广的春玉米籽粒直收技术，使春玉米每公顷节约成本2 100元，增收18%；实施的春玉米全膜覆盖双垄沟播技术，核心示范区每公顷增产粮食2 205千克，增效3 528元；推广培训春玉米地膜机械回收技术，以提高春玉米产品质量安全水平，增加春玉米种植生态效益。

3. 地力提升与精准施肥技术取得新突破

重点开展了基于UAN的新型液体肥料增效剂的研究、玉米秸秆切段还田技术研究；开展了玉米节氮品种筛选工作，为玉米绿色生产提供技术支持。重点集成和示范了夏玉米水肥一体化高效施肥技术、夏玉米深松分层施肥关键技术；开展了夏玉米专用高效缓控释肥示范、玉米中微量元素高效施用技术示范。在玉米秸秆还田处理技术、玉米耐低氮高效品种筛选、水肥一体化技术的推广应用、新型缓控释肥料和肥料高效施用技术等方面都取得了良好的进展，对推动玉米生产技术提升、土壤肥力提升、玉米节氮高效绿色生产等方面起到了支撑和促进作用。解决了玉米秸秆还田障碍问题；筛选出耐低氮玉米品种，促进了农业绿色发展；推广应用了水肥一体化技术；探索了新型缓控释肥料和全层深松施肥技术；筛选了适合河北省生产实际的专用缓控释肥料，添加相关微量元素的缓控释肥料得到了肥料企业的应用生产，取得了良好的经济效益。

4. 绿色防控与质量控制技术成效显著

重点开展了河北省高抗穗腐病和玉米螟的玉米品种筛选、种衣剂处理对穗腐病全程防控性研究；研发了玉米籽粒中真菌毒素的快速检测技术和安全、高效、长效多功能种衣剂使用技术；探索了多功能种衣剂优化和使用技术；开展了夏玉米中后期主要农药品种高效新剂型的研制及应用技术，研制了高效新剂型的、室内防效及安全性试验、高效新剂型的应用技术研究；集成了以农药减量为核心的夏玉米主要病虫害全程绿色防控技术体系，示范了以农药减量为核心的玉米主要病虫害绿色防控技术、春玉米产区褐足角胸叶甲的防控技术和夏玉米除草剂减量技术；研制出了防治玉米穗部病虫害的50%除虫脲·高效氯氰菊酯悬浮剂和32.5%苯甲·嘧菌酯悬浮剂组合，示范试验取得了较好的效果，为玉米生产的稳产、高产和玉米籽粒的安全提供了可行的植保技术和产品保障，初步形成了“玉米病虫害综合防控前移技术”，并在春玉米和夏玉米产区进行了示范，取得了较好的防治效果，增产作用明显。

5. 鲜食玉米与加工取得新成绩

开展了鲜食玉米种质资源鉴评技术、鲜食玉米分子标记辅助选择育种技术，选育的M616自交系为甜糯双隐性自交系，由该亲本组配出的彩甜糯2号通过河北省2017年审定，组培的黄糯9号通过2018年国审；探明了硫和氯对鲜食玉米产量品质的影响及分子基础；制定了鲜食玉米绿色生产技术生产标准化规程；筛选出适合鲜食玉米苗后除草剂；解决了玉米汁加工过程中风味保持的问题。

6. 全程机械化技术稳步推进

研发了玉米节水型灌溉设备，采用对行淋灌技术节水达30%；研发出智能型玉米免耕施肥播种机，解决了现有清垄机存在地轮打滑、株距不匀问题；研制出的液态施肥和注入式施肥两种机构的玉米高效施（追）肥设备，提高了肥料利用率；研发了玉米秸秆切段式还田机，节能、不堵塞播种机、秸秆粉碎效果更好；示范推广了玉米节本增效全程机械化技术，增收节支效果显著；探索了鲜食玉米全程机械化技术集成。

二、河北省玉米产业竞争力分析

（一）玉米产业竞争力指数测算

1. 产业竞争优势测度方法

选用综合比较优势指数法对河北省玉米产业的竞争力进行测度，通过计算玉米产业综合优势指数（AAI）、规模优势指数（SAI）和效率优势指数（EAI），对河北省和黑龙江、吉林、内蒙古、河南、河北、山东、辽宁7个玉米主产竞争优势进行比较，找出河北省玉米产业的竞争优势和发展方向。

综合优势指数计算公式为：

$$AAI_{ij}=\sqrt{SAI_{ij}\times EAI_{ij}}$$

式中，SAI_{ij} 为规模优势指数，EAI_{ij} 为效率优势指数。如果 $AAI_{ij}>1$，则表明该地区与全国平均水平相比，i 区 j 作物生产具有优势，AAI_{ij} 越大则优势越强；如果 $AAI_{ij}<1$，则表明 i 区 j 作物生产不具优势；如果 $AAI_{ij}=1$，则处于临界状态。

规模优势指数计算公式为：

$$SAI_{ij}=\frac{GS_{ij}/GS_i}{GS_j/GS}$$

式中，GS_{ij} 和 GS_j 代表 i 区 j 作物和全国 j 作物播种面积；GS_i 和 GS 代表 i 区和全国粮食作物总播种面积。如果 $SAI_{ij}>1$，则规模优势较好；如果规模优势指数 $SAI_{ij}<1$，则规模优势较差。

效率优势指数计算公式为：

$$EAI_{ij}=\frac{AP_{ij}/AP_i}{AP_j/AP}$$

式中，AP_{ij} 和 AP_i 代表 i 区 j 作物单产和 i 区粮食作物平均单产；AP_j 和 AP 代表全国 j 种作物平均单产和全国粮食作物平均单产。如果 $EAI_{ij}>1$，则生产效率优势好，EAI_{ij} 越大，越有优势。

2. 玉米产业竞争优势指数测算

（1）玉米产业规模优势指数及其变动。 运用生产规模优势指数公式对2013—2017年7个玉米主产省份进行测算，得出河北省及其他省玉米生产规模优势指数结果如表2-17所示。

表2-17　2013—2017年7个玉米主产省份玉米生产规模优势指数

省份	2013	2014	2015	2016	2017	均值
河北	1.52	1.52	1.51	1.55	1.48	1.52
内蒙古	1.74	1.81	1.77	1.71	1.53	1.71
辽宁	2.15	2.19	2.18	2.15	2.16	2.16
吉林	2.25	2.24	2.23	2.24	2.09	2.21
黑龙江	1.45	1.41	1.47	1.36	1.15	1.37
山东	1.29	1.28	1.26	1.31	1.32	1.29
河南	0.98	0.98	0.97	0.99	1.02	0.99

资料来源：根据国家统计局数据计算。

通过7个玉米主产省份的生产规模优势指数的均值可以看出，规模优势最弱的省份是河南省，其规模生产处于劣势；玉米生产规模优势最好省份是吉林，生产规模优势指数均值达到2.21，具有很好的生产规模优势；河北省规模优势指数均值为1.52，高于河南省、黑龙江和山东省。从变化趋势看，2013—2017 年间各省规模优势指数波动性不大，尤其在 2016 年和 2017 年呈现出下降趋势。总之，2013—2017 年，河北规模优势指数均值处在 7 个省份中等偏下，规模指数变动不大。

（2）玉米产业效率优势指数及其变动。运用产业效率优势指数公式对 2013—2017 年 7 个玉米主产省份进行测算，得出河北省及其他省玉米产业效率优势指数结果如表 2-18 所示。

表 2-18　2013—2017 年 7 个玉米主产省份玉米生产效率优势指数

省份	2013	2014	2015	2016	2017	均值
河北	0.92	0.92	0.91	0.92	0.92	0.92
内蒙古	1.18	1.23	1.25	1.27	1.28	1.24
辽宁	0.91	0.86	0.89	0.91	0.91	0.90
吉林	0.96	0.97	0.96	0.96	0.96	0.96
黑龙江	1.02	1.07	1.05	1.07	1.11	1.06
山东	0.93	0.95	0.96	0.94	0.96	0.95
河南	0.88	0.86	0.87	0.83	0.83	0.86

资料来源：根据国家统计局数据计算。

从 2013—2017 年主产省玉米生产效率优势指数看，7 个省份只有内蒙古与黑龙江的玉米生产效率优势指数均值大于 1，其余省份生产效率优势指数均值均小于 1。从各年份变化过程看，2013—2017 年玉米生产效率优势指数表现除了内蒙古和黑龙江外，其他省份生产效率优势指数稳定，河南省在波动中呈下降趋势。多个玉米主产省的生产效率优势指数小于 1，说明这些省份亟须进行供给侧结构性改革，提高玉米生产效率。

（3）玉米产业综合优势指数及其变动。运用产业综合优势指数公式对 2013—2017 年 7 个玉米主产省份进行测算，得出河北省及其他省玉米产业综合优势指数如表 2-19 所示。

表 2-19　2013—2017 年主产省份玉米生产综合优势指数

省份	2013	2014	2015	2016	2017	均值
河北	1.18	1.18	1.17	1.19	1.17	1.18
内蒙古	1.43	1.50	1.48	1.47	1.40	1.46
辽宁	1.40	1.37	1.39	1.40	1.40	1.39
吉林	1.47	1.48	1.46	1.46	1.41	1.46
黑龙江	1.21	1.23	1.25	1.20	1.13	1.20
山东	1.09	1.10	1.10	1.11	1.12	1.11
河南	0.93	0.92	0.92	0.91	0.92	0.92

资料来源：根据国家统计局数据计算。

从 2013—2017 年主产省份玉米生产综合优势指数看，吉林和内蒙古平均值均为 1.46、辽宁稍低，为 1.39、黑龙江均值为 1.20、河北均值为 1.18、山东均值为 1.11，河南均值为

0.92。其中2013—2017年吉林与内蒙古综合优势最好，主要是由于吉林玉米生产规模优势显著，内蒙古生产效率优势最显著，最终造成内蒙古、吉林生产综合优势领先。由于各省生产效率优势每年都不稳定，导致综合生产优势也不稳定。可见，由于各省自然资源环境和生产条件不同，各省玉米生产比较优势存在差异。河北省、山东省和河南省由于人多地少，造成玉米产业生产规模优势最小，虽然三省自然环境具有优势，使得三省具有一定的生产效率优势，但综合优势比较差，河北省虽然规模优势在主产省份中排名第四，但规模优势指数大于1。同时，河北省玉米生产效率优势排名第五，综合优势指数排名第五，综合优势指数大于1，说明河北省玉米生产具有优势，主要是由于吉林、辽宁、黑龙江、内蒙古生产规模优势明显，但河北省地理环境和气候因素以及种植习惯等因素的影响，造成河北省综合优势处于中等水平，高于河南省和山东省，所以具有综合比较优势。

（二）与玉米主产省份的比较

1. 河北省玉米生产成本中人工成本占比最高

选择我国7个玉米主产区省份进行玉米种植生产成本的对比分析，我们发现，只有河北省的每公顷人工成本大于物质与服务费用在生产成本中所占的比例，其余六省份人工成本所占比例均小于物质与服务费用，特别是黑龙江和内蒙古，人工成本在生产成本中所占的比例仅为40.64%和35.29%，而河北省人工成本在生产成本中所占的比例在7个省份中最大，达到54.41%，因此河北省玉米生产的成本较高与其较高的人工成本有着密切的关系。详细情况如表2-20所示。

表2-20　2017年7省份玉米生产的物质与服务费用和人工成本占比

省份	物质与服务费用占生产成本的比率（%）	人工成本占生产成本的比率（%）
河北	45.59	54.41
黑龙江	59.36	40.64
吉林	51.71	48.29
内蒙古	64.71	35.29
山东	51.58	48.42
河南	53.62	46.38
辽宁	52.96	47.04
全国平均	54.22	45.78

资料来源：《全国农产品成本收益资料汇编》（2018年）。

2. 河北省玉米生产中物质与服务费用最低

2013—2017年我国各主产省份玉米生产中每公顷物质与服务费用均呈增长趋势，从物质与服务费用的绝对数来看，2017年黑龙江和内蒙古物质与服务费用在生产成本中所占的比例分别达到了59.36%、64.71%，吉林、山东、河南和辽宁的物质与服务费用相对较高，河北省的物质与服务费用最低。因此，在玉米生产成本中，河北省的物质与服务费用具有一定优势。

种子费项目中，从总体来看近两年来费用有所降低。河北省种子费用最低，内蒙古、辽宁、黑龙江种子费用相对较高。其中，2017 年内蒙古降低幅度最大，达到 12%，说明上述省份可能更加重视对良种的更新。

化肥费项目中，吉林和山东的化肥费用较高，河北和黑龙江则相对较低，且各主产省份化肥费均呈现下降趋势。2017 年吉林化肥费用下降幅度最大，为 6.58%，7 个主产省份中只有河北、黑龙江和内蒙古化肥使用量低于全国平均水平，其他各省均高于全国平均水平。且河北省近两年来化肥使用量与上一年相比均有所降低，说明其在双减政策实施方面有所成效。

作业费项目中，除内蒙古和黑龙江租赁作业费持续增长外，其他 5 个省份均出现了先增长后降低的变动趋势，但整体而言，均较 2013 年有所增长。除河南、山东和内蒙古三省份增长幅度高于全国平均水平外，其余各主产省份均低于全国平均水平。

租赁作业费的增加主要是由机械作业费增加所引起的，这说明全程机械化政策在各省均开始发挥作用。

相关数据如表 2-21 所示。

表 2-21　2013—2017 年 7 省份玉米生产的物质与服务费用比较

单位：元，%

省份	项目	2013	2014		2015		2016		2017	
		金额	金额	变动比率	金额	变动比率	金额	变动比率	金额	变动比率
河北	物质与服务	4 791.45	5 039.85	5.18	5 259	4.35	4 978.8	−5.33	5 289.75	6.25
	种子费	704.55	729	3.47	741.3	1.69	720.75	−2.77	702.75	−2.50
	化肥费	1 787.7	1 628.7	−8.89	1 695.75	4.12	1 594.65	−5.96	1 591.5	−0.20
	租赁作业费	1 750.65	2 154.9	23.09	2 252.4	4.52	2 069.7	−8.11	2 126.25	2.73
	机械作业费	1 468.5	1 573.65	7.16	1 614.45	2.59	1 686.9	4.49	1 704.75	1.06
黑龙江	物质与服务	5 129.85	5 026.5	−2.01	5 023.05	−0.07	4 980.6	−0.85	5 051.4	1.42
	种子费	898.8	887.7	−1.23	913.5	2.91	874.2	−4.30	870.75	−0.39
	化肥费	1 799.55	1 644.3	−8.63	1 608.6	−2.17	1 562.85	−2.84	1 635.6	4.65
	租赁作业费	2 026.95	2 040.15	0.65	2 053.05	0.63	2 086.05	1.61	2 085	−0.05
	机械作业费	2 000.55	2 030.85	1.51	2 044.35	0.66	2 067.9	1.15	2 069.85	0.09
吉林	物质与服务	6 093.6	5 765.1	−5.39	6 248.4	8.38	5 967	−4.50	5 766.9	−3.35
	种子费	749.55	696.9	−7.02	785.7	12.74	795.15	1.20	749.4	−5.75
	化肥费	2 649.9	2 389.35	−9.83	2 571.45	7.62	2 471.7	−3.88	2 309.1	−6.58
	租赁作业费	2 157.3	2 173.2	0.74	2 213.4	1.85	2 103.9	−4.95	2 153.55	2.36
	机械作业费	2 152.35	2 173.2	0.97	2 213.4	1.85	2 103.9	−4.95	2 144.4	1.92
内蒙古	物质与服务	5 617.35	5 531.85	−1.52	5 756.1	4.05	5 887.05	2.27	5 804.85	−1.40
	种子费	885.15	863.85	−2.41	870.3	0.75	901.2	3.55	793.05	−12.0
	化肥费	1 893.75	1 694.55	−10.5	1 758.6	3.78	1 734.45	−1.37	1 717.65	−0.97
	租赁作业费	2 050.05	2 314.05	12.88	2 379.3	2.82	2 528.1	6.25	2 545.95	0.71
	机械作业费	1 564.2	1 737.6	11.09	1 826.7	5.13	1 963.2	7.47	1 986	1.16

（续）

省份	项目	2013	2014		2015		2016		2017	
		金额	金额	变动比率	金额	变动比率	金额	变动比率	金额	变动比率
河南	物质与服务	4 566.9	5 263.8	15.26	5 192.85	−1.35	5 269.65	1.48	5 609.55	6.45
	种子费	728.25	733.65	0.74	740.4	0.92	752.7	1.66	748.5	−0.56
	化肥费	2 127.6	2 050.8	−3.61	1 916.4	−6.55	1 913.55	−0.15	1 985.85	3.78
	租赁作业费	1 369.65	2 154.9	57.33	2 123.55	−1.45	2 053.05	−3.32	2 121.9	3.35
	机械作业费	1 088.4	1 589.25	46.02	1 859.55	17.01	1 831.05	−1.53	1 894.95	3.49
山东	物质与服务	5 734.95	6 116.55	6.65	6 453.15	5.50	6 099.75	−5.48	6 118.5	0.31
	种子费	752.85	761.7	1.18	788.1	3.47	784.05	−0.51	756.3	−3.54
	化肥费	2 546.7	2 302.65	−9.58	2 341.8	1.70	2 187.3	−6.60	2 252.85	3.00
	租赁作业费	1 782.15	2 289.6	28.47	2 518.65	10.00	2 347.2	−6.81	2 317.35	−1.27
	机械作业费	1 462.65	1 648.35	12.70	1 751.55	6.26	1 891.2	7.97	1 949.7	3.09
辽宁	物质与服务	5 498.1	5 600.85	1.87	5 591.85	−0.16	5 382.3	−3.75	5 350.35	−0.59
	种子费	934.65	943.2	0.91	948.75	0.59	948.75	0.00	903	−4.82
	化肥费	2 433	2 238.75	−7.98	2 162.55	−3.40	2 034.9	−5.90	2 076	2.02
	租赁作业费	1 590.45	1 806.15	13.56	1 810.8	0.26	1 759.95	−2.81	1 763.7	0.21
	机械作业费	1 272	1 480.95	16.43	1 484.7	0.25	1 475.85	−0.60	1 599.45	8.37
全国平均	物质与服务	5 395.65	5 472	1.42	5 643.3	3.13	5 543.25	−1.77	5 624.7	1.47
	种子费	825.6	828.6	0.36	852.3	2.86	848.4	−0.46	831.6	−1.98
	化肥费	2 132.25	1 957.35	−8.20	1 967.55	0.52	1 890.75	−3.90	1 935.15	2.35
	租赁作业费	1 753.5	2 006.1	14.41	2 094.3	4.40	2 071.05	−1.11	2 085.75	0.71
	机械作业费	1 429.65	1 576.65	10.28	1 679.7	6.54	1 716.45	2.19	1 750.95	2.01

资料来源：《全国农产品成本收益资料汇编》（2014—2018年）。

3. 河北省玉米种植成本中平均人工成本最高

从增长幅度来看，2013—2017年主产省份玉米生产的人工成本呈先增长后下降的趋势，其中河北省变动较为明显，2013—2015年持续增加，从2015年开始人工成本超过吉林省，在7个主产省份中人工成本达到最高，尽管在2016年和2017年人工成本连续降低，但降低幅度较小，虽然低于全国平均水平，在7个主产省份中人工成本仍是最高。因此，河北省需要进一步调整人工成本。

由于全国劳动日工价统计水平是一致的，家庭用工的天数就成为决定这一成本高低的决定因素。经过比较我们发现，近5年间各主产省份家庭用工天数下降幅度分别为内蒙古（1.47天）、河南（1.5天）、辽宁（1.26天）、山东（1.12天）、吉林（0.46天）、黑龙江（0.12天）、河北（0.4天）。全国家庭用工天数降低幅度为1.02天，河北省也远远低于这个水平，可见河北省人工成本高部分原因是一直没有能够有效降低家庭用工天数，同时也反映出河北省玉米种植的机械化程度有待进一步提高。各年主产省份玉米生产人工成本的比较情况如表2-22所示。

表 2-22　2013—2017 年主产省份玉米生产人工成本的比较分析

单位：元，天，%

省份	项目	2013	2014		2015		2016		2017	
		金额或天数	金额或天数	变动比率	金额或天数	变动比率	金额或天数	变动比率	金额或天数	变动比率
河北省	每公顷人工成本	5 650.2	−6 299.25	11.49	6 656.1	5.66	6 571.5	−1.27	6 314.1	−3.92
	家庭用工折价	5 569.2	−6 276.45	12.70	6 617.55	5.43	6 451.8	−2.51	6 195.15	−3.98
	家庭用工天数	81.9	−84.3	2.93	84.9	0.71	79.2	−6.64	75.9	−4.17
	劳动日工价	1 020	−1 116	9.41	1 170	4.84	1 221	4.36	1 224.3	0.27
黑龙江省	每公顷人工成本	3 306.6	−3 392.7	2.60	3 292.2	−2.96	3 406.5	3.47	3 458.85	1.54
	家庭用工折价	2 854.95	−2 942.85	3.08	2 866.5	−2.59	2 846.1	−0.71	2 896.8	1.78
	家庭用工天数	42	−39.6	−5.71	36.75	−7.20	34.95	−4.86	39.9	14.16
	劳动日工价	1 020	−1 116	9.41	1 170	4.84	1 221	4.36	1 089	−10.81
吉林省	每公顷人工成本	6 173.4	−6 499.05	5.28	6 342.9	−2.40	6 103.65	−3.77	5 386.05	−11.76
	家庭用工折价	4 709.4	−4 771.95	1.33	5 475.6	14.75	4 748.4	−13.28	4 360.2	−8.18
	家庭用工天数	69.3	−64.2	−7.36	70.2	9.35	58.35	−16.90	62.4	6.94
	劳动日工价	1 020	−1 116	9.41	1 170	4.84	1 221	4.36	1 048.2	−14.16
内蒙古	每公顷人工成本	4 558.95	−4 512.15	−1.03	4 498.8	−0.30	3 669.15	−18.44	3 165.9	−13.72
	家庭用工折价	4 004.55	−4 081.2	1.91	4 018.95	−1.53	3 339.45	−16.91	2 889.45	−13.48
	家庭用工天数	58.95	−54.9	−6.87	51.6	−6.01	41.1	−20.49	36.9	−10.22
	劳动日工价	1 020	−1 116	9.41	1 170	4.84	1 221	4.36	1 174.5	−3.80
河南省	每公顷人工成本	5 575.5	−6 138.3	10.09	5 473.2	−10.84	5 031	−8.08	4 851.75	−3.56
	家庭用工折价	5 497.8	−6 023.1	9.55	5 399.55	−10.35	5 006.1	−7.29	4 797.75	−4.16
	家庭用工天数	80.85	−81	0.19	69.3	−14.44	61.5	−11.26	58.35	−5.12
	劳动日工价	1 020	−1 116	9.41	1 170	4.84	1 221	4.36	1 233.3	1.01
山东省	每公顷人工成本	5 856.15	−6 108.9	4.32	6 275.85	2.73	5 935.95	−5.42	5 744.4	−3.23
	家庭用工折价	5 843.55	−6 106.8	4.50	6 275.85	2.77	5 930.4	−5.50	5 726.4	−3.44
	家庭用工天数	85.95	−82.05	−4.54	80.4	−2.01	72.9	−9.38	69.15	−5.14
	劳动日工价	1 020	−1 116	9.41	1 170	4.84	1 221	4.36	1 242.15	1.73
辽宁省	每公顷人工成本	5 844.45	−5 574	−4.63	5 227.5	−6.22	5 185.35	−0.81	4 752.45	−8.35
	家庭用工折价	5 127.6	−4 852.35	−5.37	4 586.4	−5.48	4 498.2	−1.92	4 063.65	−9.66
	家庭用工天数	75.45	−65.25	−13.52	58.8	−9.89	55.2	−6.02	56.55	2.45
	劳动日工价	1 020	−1 116	9.41	1 170	4.84	1 221	4.36	1 077.9	−11.72
全国平均	每公顷人工成本	6 830.55	−7 120.2	4.24	7 030.8	−1.26	6 871.5	−2.27	6 618	−3.69
	家庭用工折价	6 404.55	−6 696	4.55	6 707.55	0.17	6 496.95	−3.14	6 264.9	−3.57
	家庭用工天数	94.2	−90	−4.46	85.95	−4.50	79.8	−7.14	78.9	−1.13
	劳动日工价	1 020	−1 116	9.41	1 170	4.84	1 221	4.36	1 191	−2.45

资料来源：《全国农产品成本收益资料汇编》（2014—2018年）。

4. 河北省玉米种植的土地成本增幅相对较低

2013—2016 年各主产省份玉米生产的土地成本整体呈上升趋势，但黑龙江、吉林、辽宁三个省份在 2017 年较 2016 年土地成本有所降低，且降低幅度较大，平均值超过 25%，主要是自营地折租降低造成的，但仍然高于全国土地平均成本。截至 2017 年，内蒙古与河南土地成本较 2016 年有小幅上涨。2017 年，山东省土地成本虽然有所上涨，但仍然低于全国平均水平。此外，河北省土地成本本身就低于全国平均水平，而且 2017 年又有所降低，虽然降幅较小，但是与东三省相比土地成本仍然具有较大优势。2013—2017 年主产省份玉米生产土地成本的比较情况如表 2-23 所示。

表 2-23　2013—2017 年主产省份玉米生产土地成本比较

单位：元，%

省份	项目	2013	2014		2015		2016		2017	
		金额	金额	变动比率	金额	变动比率	金额	变动比率	金额	变动比率
河北	土地成本	2 518.2	2 634	4.60	2 832.9	7.55	2 864.25	1.11	2 856.75	−0.26
	自营地折租	2 442.45	2 584.2	5.80	2 789.85	7.96	2 822.7	1.18	2 809.05	−0.48
黑龙江	土地成本	4 571.4	4 912.2	7.46	5 162.55	5.10	5 161.65	−0.02	3 907.05	−24.31
	自营地折租	3 563.85	3 845.85	7.91	3 990.6	3.76	3 841.5	−3.74	2 848.8	−25.84
吉林	土地成本	4 864.95	5 706.45	17.30	5 870.7	2.88	5 519.1	−5.99	3 893.1	−29.46
	自营地折租	4 124.1	4 940.1	19.79	5 106.15	3.36	4 833.9	−5.33	3 391.95	−29.83
内蒙古	土地成本	3 245.7	3 387.75	4.38	3 468.15	2.37	3 546.75	2.27	3 629.25	2.33
	自营地折租	3 077.1	3 077.55	0.01	3 058.5	−0.62	3 134.55	2.49	3 151.35	0.54
河南	土地成本	2 744.25	3 823.2	39.32	4 276.05	11.84	4 309.65	0.79	4 336.65	0.63
	自营地折租	2 456.1	3 404.7	38.62	3 522.45	3.46	3 513	−0.27	3 479.25	−0.96
山东	土地成本	2 100.75	2 209.65	5.18	2 207.25	−0.11	2 250.6	1.96	2 266.2	0.69
	自营地折租	2 090.7	2 193.45	4.91	2 192.1	−0.06	2 231.4	1.79	2 249.4	0.81
辽宁	土地成本	3 709.95	4 831.95	30.24	5 239.65	8.44	4 846.5	−7.50	3 556.8	−26.61
	自营地折租	3 387.6	4 409.4	30.16	4 668.9	5.89	4 397.55	−5.81	3 248.1	−26.14
全国平均	土地成本	2 954.4	3 366.15	13.94	3 581.7	6.40	3 569.1	−0.35	3 154.5	−11.62
	自营地折租	2 643	3 005.55	13.72	3 149.4	4.79	3 116.7	−1.04	2 756.85	−11.55

资料来源：《全国农产品成本收益资料汇编》(2014—2018 年)。

5. 河北省利润率降幅低于全国平均降幅

2013—2017 年各主产省份玉米生产的净利润总体呈下降趋势，2016 年达到最低，2017 年下降趋势明显得到遏制。2014 年 7 个主产省份中，吉林省首次出现净利润为负值，2015 年全国平均水平出现负利润，只有生产成本具有较大优势的内蒙古没有出现亏损，到 2017 年 7 个主产省份净利润均为负值。从五年期间来看，河南省净利润下降幅度最大为 283.73%，其次为黑龙江省，降低幅度为 210.50%，辽宁省、山东省、吉林省、河北省和内蒙古降低幅度分别为 151.36%、148.15%、145.04%、114.04%、101.08%。河北省利润率降低幅度相对较低，这说明河北省玉米成本还是具有一定的优势。各省玉米生产净利润的比较如表 2-24 所示。

表 2-24　2013—2017 年主产省份玉米生产净利润比较

单位：元，%

省份	2013	2014		2015		2016		2017	
	金额	金额	变动比率	金额	变动比率	金额	变动比率	金额	变动比率
河北	3 834.45	3 027	−21.06	−826.05	−127.29	−2 446.5	−196.17	−1 573.5	−35.68
黑龙江	2 261.85	3 049.5	34.82	−361.8	−111.86	−5 678.4	−1 469.49	−2 499.45	−55.98
吉林	998.7	−349.35	−134.98	−2 729.85	−681.41	−5 973.3	−118.81	−449.85	−92.47
内蒙古	4 743.6	5 650.35	19.12	1 694.7	−70.01	−2 323.05	−237.08	−51.6	−97.78
河南	1 542.3	1 288.8	−16.44	−978.15	−175.90	−3 320.4	−239.46	−2 833.65	−14.66
山东	2 080.2	3 888.3	86.92	−1 160.85	−129.85	−2 032.2	−75.06	−1 001.7	−50.71
辽宁	2 416.95	795	−67.11	−3 342.6	−520.45	−4 935.45	−47.65	−1 241.4	−74.85
全国平均	1 162.8	1 227.3	5.55	−2 012.7	−263.99	−4 495.5	−123.36	−2 636.85	−41.34

资料来源：《全国农产品成本收益资料汇编》（2014—2018年）。

从变化趋势来看，2013—2017 年间主产区和全国的情况基本一致，全国玉米生产的成本利润率由 7.66%降低至−17.13%，各玉米主产省成本利润率均呈现下降趋势。2015 年成本利润率的全国平均水平为−12.38%，河北省的成本利润率为−5.60%，低于全国平均水平，在 7 个主产省份中居第三位，仅次于成本利润率为 12.35%的内蒙古和成本利润率为−2.68%的黑龙江省。2017 年成本利润率的全国平均水平均为−17.13%，河北省为−10.88%，高于全国平均水平，在 7 个主产省份中居第四位，低于内蒙古（−0.41%）、吉林省（−2.99%）和辽宁省（−9.09%），但高于成本利润率最低的河南省（−19.15%）。

通过比较我们看到，近五年来，由于玉米价格持续下跌和成本持续上涨双重作用，玉米种植业呈现出总体的亏损状态，河北省在总成本方面具有一定优势，经济效益在 7 个主产省份中居于中间地位，但由于家庭用工天数没有有效降低，河北省的人工成本是 7 个主产省份中最高的。各省玉米生产成本利润率比较如表 2-25 所示。

表 2-25　2013—2017 年主产省份玉米生产成本利润率比较

单位：%

省份	2013		2014		2015		2016		2017	
	成本利润率	变动比率	成本利润率	变动比率	成本利润率	变动比率	成本利润率	变动比率	成本利润率	变动比率
河北	29.59	—	21.66	−26.80	−5.60	−125.85	−16.97	−203.04	−10.88	−35.89
黑龙江	17.39	—	22.87	31.51	−2.68	−111.72	−41.91	−1463.81	−20.12	−51.99
吉林	5.83	—	−1.94	−133.28	−14.79	−662.37	−33.96	−129.61	−2.99	−91.20
内蒙古	35.34	—	42.07	19.04	12.35	−70.64	−17.73	−243.56	−0.41	−97.69
河南	11.97	—	8.46	−29.32	−6.55	−177.42	−22.73	−247.02	−19.15	−15.75
山东	15.19	—	26.94	77.35	−7.77	−128.84	−14.23	−83.14	−7.09	−50.18
辽宁	16.06	—	4.97	−69.05	−20.81	−518.71	−32.02	−53.87	−9.09	−71.61
全国平均	7.66	—	7.69	0.39	−12.38	−260.99	−28.13	−127.22	−17.13	−39.10

资料来源：《全国农产品成本收益资料汇编》（2014—2018年）。

三、河北省玉米产业发展存在的问题

（一）玉米商品品质不高，市场竞争力不强

受光热资源限制，占河北省玉米种植较大比例的冀中南夏玉米区地处黄淮海夏玉米区北缘，积温相对不足，在一定程度上影响了玉米的成熟度和饱满度，收获时籽粒含水量普遍偏高，机械化收获过程中籽粒破碎和损失较重，宜造成籽粒霉变，影响了玉米的产量和商品品质，导致河北省玉米市场价格长期以来均低于全国平均水平，市场竞争力不强。同时，受玉米品质影响，生产高端饲料和深加工产品的大型企业更倾向于选择省外优势产区的玉米做原料，以提高加工产品的质量和综合效益，而大量的小规模饲料加工企业则选择利用本地玉米为原料，大型加工企业原料本地化率降低，会在一定程度上影响河北省玉米产业三产融合、协调发展。因此，如何提高河北省玉米的商品品质，实现提质增效，是玉米产业发展中面临的重要问题。

（二）生产组织化程度较低，全程机械化程度有待提高

目前河北省玉米种植仍以一家一户分散种植为主，6.67 公顷以上的规模种植占比较低，玉米的生产规模、集约化程度较低，直接导致了玉米种植劳动效率低，单位成本较高。近年来，河北省玉米种植人工成本持续增加，在全国 7 个玉米主产省份中最高，2016 年达到 6 571.5元/公顷，比玉米种植大省黑龙江省高近一倍，人工成本居高不下，说明河北省玉米生产的整体机械化水平有待提高。

（三）深加工能力不足，产品附加值低

河北省玉米工业消费主要以加工淀粉和淀粉糖为主，高附加值深加工产品较少。2017 年河北省玉米工业消费量为 600 万吨左右，其中淀粉产量约为 400 万吨左右，占工业消费的比例近 70%。玉米加工成淀粉价格为 2 500 元/吨，而加工成玉米胚芽油价格则提高到 10 000元/吨，利润相差巨大。河北省玉米加工企业净利润率平均仅为 5%左右，部分企业存在亏损的情况。同时，河北省玉米加工大型龙头企业较少，规模以上玉米加工企业中，年加工能力在 20 万吨以下的企业占 70%左右，年加工能力在 100 万吨以上的大型加工企业仅占不到 10%。中小企业加工能力差，科技含量低，抗市场风险能力和资源综合利用率均较低，难以实现规模效益，提升产品质量以及增加企业的竞争力。

（四）鲜食玉米产品单一，季节性用工矛盾突出

河北省生态条件复杂，对可以适应不同生态条件的优质、高效、抗逆品种，需求具有多样性，而目前现有的鲜食玉米品种主要以糯玉米为主，近十年培育出的鲜食玉米品种中糯玉米品种占 85%，甜玉米和糯加甜玉米分别各占 7.5%。此外，专用品种少，高产优质、抗病广适、适口性好、风味独特的品种少，多样化外观品种少，难以满足市场多方面的需求，成为制约河北省鲜食玉米发展的重要问题。

与籽粒玉米和青贮玉米相比，鲜食玉米具有需要人工多、收获时间短、机械化收获难度大等特点，导致季节性用工矛盾突出，再加上随着城镇化、工业化的进程，农村劳动力持续转移，务农人员老龄化严重，用工问题已成为制约鲜食玉米产业发展的关键因素。

四、河北省玉米产业发展战略选择

（一）产业结构优化战略

优化品种结构。在畜牧业比较发达的石家庄、保定、唐山、邯郸、邢台、廊坊等地，积极扩大优质蛋白和粮饲兼用玉米品种种植。在奶牛业发达的地区，围绕养殖小区建设，积极发展青贮玉米品种种植。在石家庄、廊坊和秦皇岛等制药、淀粉加工发达的地方，扩大高淀粉玉米品种种植；在万全、文安、遵化等有加工龙头企业的地区，适当发展糯玉米鲜食玉米、黑玉米等特用玉米；在秦皇岛、唐山等地适当发展甜玉米种植；坝上地区适当发展极早熟青饲玉米品种，满足畜牧业发展需要。

优化区域布局。根据自然资源条件和生产特点，稳定优质专用玉米向京广、京山铁路沿线平原区和张家口、承德坝下地区等玉米优势产区种植面积集中。适当调减农牧交错区、干旱缺水的太行山丘陵区、黑龙港地区和北部张承地区等干旱缺水区域的籽粒玉米种植面积，引导灌溉条件不足地区农户尽量减少玉米种植，改种抗旱性强的其他农作物。

（二）产品品牌提升战略

强化产后加工，培育知名品牌。着力推进产业化经营，扶持壮大一批玉米加工能力较强的国家级、省级龙头企业，引导企业向“专、精、特、新”方向发展，做强精深加工，提高玉米加工附加值、产品竞争力和工业化水平，带动整个产业的发展。支持重点企业搞好技术改造，提高产出率，降低生产成本，延长产业链条，开发适销对路、营养健康的高附加值产品。紧紧围绕玉米生产、加工、销售等环节，引导扶持龙头企业，增强品牌意识，实施品牌战略。集中力量，支持企业加大新产品研发，推进玉米加工制品的标准化，提升产品档次，打造知名品牌，提高市场竞争力。

（三）创新引领发展战略

开展玉米产业绿色高效技术集成模式研究与示范。针对制约河北省玉米生产的资源、技术、效益瓶颈，从品种收集筛选、农机改进研发、高产高效技术试验等方面着手，开展共性技术协作攻关，研究和集成开发一批良种良法配套、农机农艺融合、节本稳产相统一的技术模式，做好技术贮备，做到“藏粮于技”。重点开展高产、耐密、抗逆、适宜机械化收获或粮饲兼用玉米新品种以及优质青贮、鲜食等专用新品种选育，开展大田作物精量播种、化肥和农药精准施用、水肥一体化、全程机械化等关键装备和技术研发，建设全程机械化生产示范基地。同时开展专用特色玉米加工技术及制品研发。

加快产业经营体制机制创新。积极培育种粮大户、家庭农场、专业合作社、龙头企业等新型粮食生产经营主体，加快建立健全土地承包经营权流转市场，鼓励有条件的农户在自愿前提下，将土地承包经营权流转给新型粮食生产经营主体。加大对新型粮食生产经营主体技术指导和培训力度。抓好粮食生产全程社会化服务机制创新试点，重点支持为农户提供代耕代收、统防统治、烘干储藏等服务。积极推进以玉米加工为核心的三产融合发展模式，创新玉米一二三产业利益联结机制，促进玉米产业链各环节协调发展，全面提升河北省玉米产业现代化发展水平。

五、河北省玉米产业发展建议

（一）以质量为核心，提高玉米产量的同时改善品质

市场环境的变化有可能导致玉米需求量增加，玉米价格上涨，由此可能会导致玉米种植结构调整受阻，有复种情况发生。在河北省鲜食玉米、青储玉米和杂粮杂豆替代籽粒玉米 40 万公顷的种植结构调整总体规划下，为保证粮食安全，首先要保持玉米产量总体稳定，确保口粮绝对安全，同时以提高质量、降低成本为核心，以提高农民收入和玉米产业效益为目的，重点培育和研制资源高效利用的饲料专用、加工业专用新品种及配套栽培技术，提高玉米作为饲料和工业原料的利用效率。

（二）以科技为支撑，大力发展玉米深加工，延伸产业链

目前河北省玉米加工产业存在“大原料”“小加工”的失衡结构，玉米产业化率很低。综合利用玉米原料，提高深加工利用率，通过拉长产业链条，带动农民增收是当前河北省玉米产业所面临的重要课题。政府应采取措施，加大对玉米深加工企业的扶持力度，引导龙头企业通过科技创新开发变性淀粉、淀粉糖等高技术高附加值产品，研发多样化的玉米食品和多用途的工业原料，拓展应用领域，拉长产业链条。同时，将产业发展重点适度向产品研发以及新型机器设备引进倾斜，使得生产、加工、销售全产业链有机配合衔接，提高产业效益。

（三）以品牌为依托，增强玉米产业竞争力

依托玉米加工企业，鼓励龙头企业实施品牌塑造、品牌营销、品牌创新策略，提高品牌知名度，以品牌占领市场。政府应加大知识产权保护力度，创造公平竞争的环境，从玉米育种、初加工及深加工等各个环节入手，加强省内各种优质玉米产品的宣传和营销，积极培育和扶持知名品牌，提升河北玉米的知名度，提高河北玉米产业的综合竞争能力。

（四）以绿色发展为导向，引导玉米规模化种植，推进专用玉米品种种植基地建设

构建新型农业经营体系，实现多元化的适度规模经营，进行规模化、规范化、标准化种植，降低种植成本，实现绿色可持续发展。高度重视和妥善解决土地流转问题，促进土地向新型农业经营主体适度集中，以社会保障、非农就业、流转收益保障等后继措施，激发土地流转的动力，稳定新型经营主体对土地的预期，推进规模化种植进程。引导玉米加工企业自

建高赖氨酸玉米、高油玉米等加工专用品种种植基地，保障原料供应，提高原料品质，降低原料成本，增强加工产品的竞争力。

（五）调整产业结构，创建鲜食玉米一二三产业融合发展路径

根据鲜食玉米所具有的串联一二三产业的优良属性，河北省鲜食玉米产业发展可形成以消费为引领，以种植为基础，以加工为中心，以休闲为辅助的层次有序、分工协作的新格局，通过产业联动、产业集聚、技术渗透、体制创新等方式，实现产业链延伸、产业范围扩展，构建新型鲜食玉米产业形态，实现鲜食玉米产业升级。

主　　笔：尉京红　郭丽华　李名威　戴　芳　张存彦
指　　导：崔彦宏
参　　编：于　磊　鹿亚芹　吴海平　刘宇鹏　梁新棉　杜　雄　黄智鸿　贾良良
　　　　　段会军　张金林　籍俊杰　段美生　李鑫娥　张淑玲　范庆杰　赵振海等

第三章　2018年度河北省油料产业发展报告

河北省是全国油料生产大省，2018 年全省油料种植面积 36.8 万公顷、总产 121.4 万吨（不含大豆），分别占全国油料面积和产量的 2.8％和 3.5％，稳居全国前列。近年来，河北省高度重视油料产业发展，相继印发了《河北省供给侧结构性改革三年行动计划（2018—2020 年）》《关于深入推进农业供给侧结构性改革加快发展农业特色产业的意见》等指导性文件，从发展战略和现实需求的高度出发，加快推进全省油料产业提质增效，提升油料产业竞争力是贯彻河北省农业供给侧结构性改革“稳粮优经”思路的重要举措，也是农民实现增收致富的重要途径。

一、河北省油料产业发展现状

河北省主要的油料作物有花生、大豆、油葵、胡麻、芝麻、油菜等，其中花生和大豆是主要油料作物，以花生播种面积和产量最大，2018 年花生播种面积 25.8 万公顷（占油料总面积 70.2％），总产 98.5 万吨（占油料总产 81.1％）；第二是大豆（统计口径作为粮食作物），2018 年大豆播种面积 12.5 万公顷，总产 25.5 万吨。四种特色油料作物（油葵、胡麻、芝麻、油菜）中以油葵播种面积最大，面积 5.2 万公顷，总产 15.6 万吨；第二是胡麻，面积 3.6 万公顷，总产 3.4 万吨；第三是油菜，面积 1.9 万公顷，总产 3.4 万吨；芝麻面积最小，仅 0.2 万公顷，总产 0.2 万吨。

（一）河北省油料生产发展现状

1. 种植面积

从时间序列来看，河北省油料面积呈减少趋势。2007 年河北省油料面积为 48.8 万公顷，到 2018 年油料面积下降到 36.8 万公顷，年均减少 1.6 万公顷，减少率为 24.6％。2007—2013 年油料面积稳定在 40 万公顷以上，其中 2008 年达到最高值 49.7 万公顷，2009 年开始逐年下降，到 2016 年下降到 38.3 万公顷，2017 年略有回升，达到 39.5 万公顷，2018 年又下降到 36.8 万公顷。目前，河北省油料产业因受到市场需求和比较效益偏低等因素影响，面临着前所未有的压力（图 3-1）。

2. 油料单产变化情况

从时间序列来看，河北省油料单产水平稳步提高，由 2007 年的 2 769 千克/公顷增长到

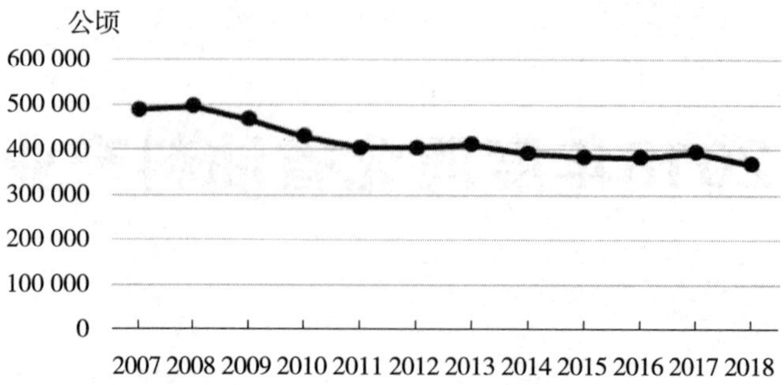

图 3-1　2007—2018 年河北省油料种植面积变化情况

资料来源：《河北省统计年鉴》。

2018 年的 3 300 千克/公顷，每公顷增长 531 千克，增长率 19.2%。油料单产的发展大致经历了两个阶段：2007—2011 年为快速增长阶段，2012—2017 年缓慢增长阶段，2018 年跃升至 3 300 千克，如图 3-2 所示。

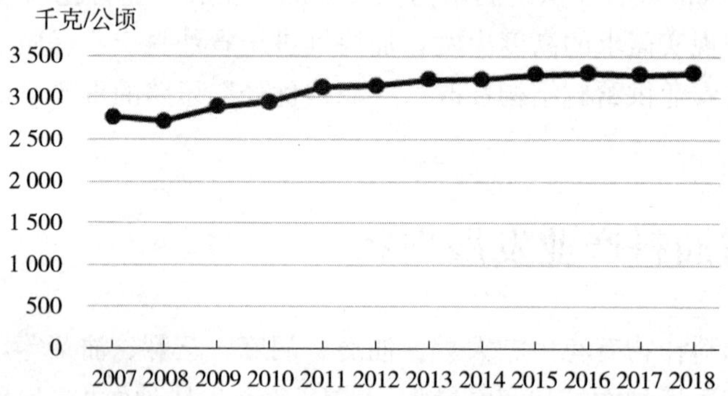

图 3-2　2007—2018 年河北省油料单产变化情况

资料来源：《河北省统计年鉴》。

3. 油料总产变化情况

从时间序列来看，河北省油料总产呈下降趋势，由 2007 年的 135.2 万吨下降到 2018 年的 121.4 万吨，下降率 10.2%。2007—2009 年油料总产稳定在 134 万吨以上，2010—2012 年开始缓慢下降，2012 年达到 127.3 万吨，2013 年又跃升至 132.3 万吨，2014—2016 年呈稳定态势，2017 年略有回升，达到 129.4 万吨，2018 年又下降至 121.4 万吨，如图 3-3 所示。

4. 河北省各地市油料面积、总产、单产变化情况

通过对河北省 11 个地市 2007—2017 年油料种植面积、总产量和单位面积产量数据取平均值，分别按照等间距分三级进行分析。从 2007—2017 年河北省各地市油料作物种植面积均值来看，保定市和唐山市处于第一层级，年均种植面积在 5.0 万～7.1 万公顷；石家庄市、衡水市、邢台市和邯郸市在 2.9 万～5.0 万公顷，属于第二层级；承德市、秦皇岛市、廊坊市、沧州市处于第三个层级，年均种植面积处于 0.8 万～2.9 万公顷。

从 2007—2017 年的河北省各地市油料作物总产量均值来看，保定市和唐山市处于第一层级，年均总产量处于 8.0 万～26.4 万吨；石家庄市、衡水市、邢台市和邯郸市则处于 9.7

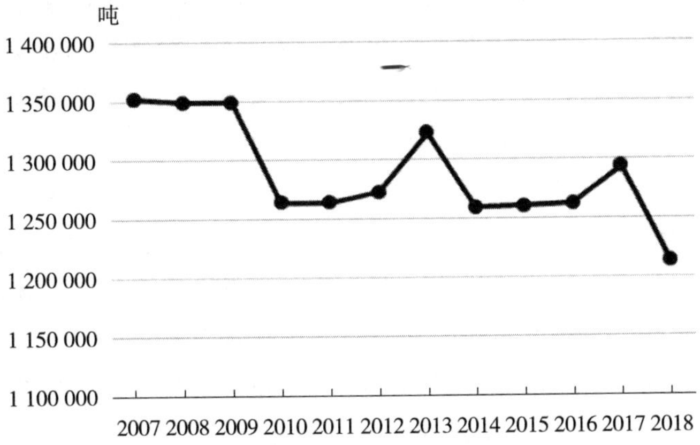

图 3-3　2007—2018 年河北省油料总产变化情况

资料来源：《河北省统计年鉴》。

万～18.0 万吨，属于第二层级；秦皇岛市、廊坊市、沧州市、承德市、张家口市处于第三个层级，年均总产量处于 1.4 万～9.7 万吨。

从 2007—2017 年的河北省各地市油料作物单位面积产量均值来看，仅有张家口市和承德市处于第三个层级，年均单位面积产量处于 980～1 890 千克/公顷；廊坊市处于第二层级，年均单位面积产量处于 1 890～2 800 千克/公顷；其余保定市、石家庄市、邢台市、邯郸市、衡水市、沧州市、唐山市、秦皇岛市则处于 2 800～3 710 千克/公顷，属于第一层级。

综上，从油料作物种植总面积、总产量和单产来看，保定市和唐山市是油料种植大市，从单产看，位于冀东、冀中和冀南的多数地市都具有较大的生产优势。

（二）河北省油料机械化生产现状

在油料规模化种植区，全程机械化程度较高，主要分布于冀东、冀中和冀南地区，全程机械化率达到了 90%以上，有些环节甚至超过了 95%，在大型油料生产合作社和家庭农场，耕整地、播种、田间施药、收获、摘果、脱壳、干燥等环节已基本实现机械作业。而对于一家一户小规模种植区，由于农户自身经济条件限制，主要依靠手工劳动。

（三）河北省油料产业经营主体发展现状

总体来看，河北省油料作物经营主体仍以小农户分散型生产为主。局部地区的专业大户、家庭农场、农民合作社、农业产业化龙头企业等新型经营主体开始形成一定规模。

1. 花生

多以农户分散种植为主，收获后原料主要用于对外销售、榨油自用和留种。唐山、邢台等种植规模较大地区，初步形成规模化的种植专业合作社。以滦州百信花生种植专业合作社为代表的经营主体，采用土地托管和土地流转等方式，同时可对外承担种子繁殖、机械化播种、田间管理和机械化收获等技术服务，开始大规模种植高附加值的高油酸花生品种。

花生加工业发展较快，现有花生压榨企业 500 多家，日处理量在 1 000 吨以上的有 4 家。除进驻省内的鲁花、益海油脂加工企业外，以花生初级加工为主的邯郸名福植物油有限公司、滦县天申油脂公司、迁安市河北乐丫农产品有限公司等少数油脂企业发展迅速，在国内市场占有一定份额。大部分企业产品主要是花生油和技术含量较低的小食品，如花生米、多味花生豆、花生酱、花生糖、花生露等简单加工产品。随着河北省花生产业的发展，部分企业已经开始了高油酸高端食用油、休闲旅游食品和花生蛋白、白藜芦醇提取等精深加工产品的研发。例如，滦县天申油脂公司应用西欧先进的低温物理压榨技术，改变了高温精炼和化学试剂对花生油的污染，保留了花生油原有的香味和营养成分，通过独特工艺，生产的高油酸花生油，售价达到 60 元/千克，低温压榨后的花生饼粕可以提取蛋白，售价可达到 5 元/千克，大大提高了花生附加值。预计五年内，河北省将形成一些以高油酸花生种植和初级产品加工为主要业务的新型经营主体。

2. 大豆

河北省大豆生产既有分散种植农户，也有小规模成方连片的家庭种植，还有千亩方集约化的国有农场和农村合作社承包地种植。但总体上与国外规模化生产相比，生产效率、收益和原料质量一致性仍有较大差距。在中美贸易摩擦的背景下，预期河北省大豆生产将迎来一段种植面积快速增长期，规模化经营也会适度提升。

3. 油葵

油葵种植主体为农户、种植大户、农场、农业种植合作社等，农户以分散种植为主，面积较小，收获后多数榨油供自家食用，少部分销售。种植大户、农场、农业种植合作社进行了土地流转，形成了一定的种植规模，收获后的油葵籽多数销售到榨油厂，个别企业榨油后供内部其他产业消化。河北省油葵加工企业主要以榨油小作坊为主，大型榨油企业较少。

4. 胡麻

胡麻一般在冀西北坝上地区干旱贫瘠的土地种植，以农户小规模种植为主，由于生产条件不好，生产效益不高。预期河北省胡麻在一段时间内仍将以农户小规模生产为主，新型经营主体介入的意愿不强。

5. 油菜

河北省油菜种植主要以农户分散种植、农业观光园和养殖企业规模化种植为主。充分发掘和利用油菜的油用、菜用、花用、饲用等多种用途，将加快油菜的推广和规模化生产。预期河北省油菜将形成旅游观光、青贮饲料、榨油三大主要用途，其中前两种将以规模化生产为主。

6. 芝麻

芝麻种植分散、规模小。芝麻加工企业仍以个体小作坊为主，基本还停留在芝麻油、芝麻酱、水洗脱皮芝麻、芝麻糕点等初级农产品水平。预期河北省芝麻受到机械化生产技术不高、劳动力成本持续升高和进口冲击的影响，近期播种面积仍将维持在 66 667 公顷以下，仍将以小农户种植和小作坊加工为主。

二、河北省油料产业竞争力分析

受国际国内市场供求和国际贸易变化的影响，未来几年河北省油料生产面积存在恢复性增长的条件和空间，竞争力也将显著提高。

（一）花生竞争力

资源竞争力。花生是河北省的传统种植作物，100 多年前“东路花生”已享誉中外。河北省花生主要集中在山前平原地区，该区域土地平整，土质沙壤，利于花生生长和机械化生产。通过政策引导和扶持，全省花生形成了冀东春花生、冀中南平原河泛区和冀南春夏播混作花生产区三个优势区域。

自育品种竞争力。河北省高油酸花生推广进度居于全国领先行列，具有品质优势，且花生基本不受国际贸易的影响，预期生产规模和效益会有显著提升。在已经审定的高油酸花生品种中，河北省育成的高油酸花生品种共计 11 个，占比 20.8%，在全国排名第二，仅次于山东省。其中繁育的冀花 4 号是全国目前推广面积最大的花生品种，预计未来几年种植面积将会呈现爆炸式增长。2018 年全省高油酸花生播种面积由 2017 年的 4 200 公顷增长到 14 867公顷，增幅高达 254%，播种面积及增幅均居全国前列，如表 3-1 所示。

表 3-1　截至 2018 年河北省通过审（鉴）定、登记的高油酸花生品种一览表

序号	品　种	育成单位	审定（鉴定）地区	油酸含量	油亚比值 O/L	来　源
1	冀花 11 号	河北省农林科学院粮油作物研究所	河北，2013	80.7	26.0	冀花 5 号/开选 01－6
2	冀花 13 号	河北省农林科学院粮油作物研究所	全国，2014	79.6	19.4	冀花 6 号/开选 01－6
3	冀花 16 号	河北省农林科学院粮油作物研究所	全国，2015	79.3	20.6	冀花 6 号/开选 01－6
4	冀花 18 号	河北省农林科学院粮油作物研究所	河北，2016	76.7	13.1	冀花 5 号/开选 01－6
5	冀花 19 号	河北省农林科学院粮油作物研究所	北方，2016	75.4	10.6	冀花 6 号/开选 01－6
6	冀农花 6 号	河北农业大学	河北，2018	77.6	12.7	远杂 9847×CTWE
7	冀农花 8 号	河北农业大学	河北，2018	78.8	15.5	冀 0212－2×GYS01
8	冀农花 10 号	河北农业大学	河北，2018	79.0	17.9	海花 1 号×GYS01
9	冀花 21 号	河北省农林科学院粮油作物研究所	河北，2018	80.4	24.4	冀花 6 号/开选 01－6
10	易花 1212	保定市易园生态农业科技开发有限公司	河北，2018	79.6	21.3	冀花 4 号×花育 32 号
11	易花 1314	保定市易园生态农业科技开发有限公司	河北，2018	79.2	26.2	花育 23 号×冀花 11 号

（二）大豆竞争力

资源竞争力。河北省地处华北平原，光热资源充足，具有生产优质大豆的自然条件和地理优势，为我国的“双高”优质大豆产区。生产的大豆蛋白质含量（>42%）高于东北大豆（39%）和进口大豆（38%），油分含量也高于全国平均水平。

研发竞争力。河北省大豆优质高产育种研究处于全国领先水平，并以品种为载体进行相关配套技术研究。先后育成了以国内外水溶性蛋白最高的“冀豆 12”为代表的高蛋白系列大豆品种（蛋白含量>45%）；以“冀豆 17”为代表的高油大豆系列品种（含油量>23%），高于进口大豆 2～3 个百分点，“冀豆 17”及其配套技术应用，连续多年创公顷产 4 500 千克以上我国大面积最高产量纪录。不仅覆盖了黄淮海平原及西北高原地区的 11 省市，且在长江流域及西南山区等南方产区大面积引种推广。2018 年全省大豆每公顷产量 2 430 千克，高于全国平均单产 30%左右。

效益竞争力。由于种植大豆具有天然固氮等种地养地作用，有利于下茬作物增产，一般可每公顷节省 120～150 千克化肥投入、使玉米增产 750～900 千克，具有“减肥增效”的生态效益。随着国家玉米调减政策的出台，山麓平原高产区及环京津夏播区大豆种植面积明显增加，目前仅石家庄市大豆种植面积就超过 6.67 万公顷。随着土地流转步伐的加快，农民合作组织的兴起，大豆生产正在由原来的小规模零散种植朝着规模化、专业化、集约化方向发展。

（三）特油竞争力

1. 胡麻和芝麻

河北省具有丰富的胡麻种质资源，而且拥有固定的胡麻新品种新技术研发团队，在胡麻种质资源评价、胡麻新品种选育以及种植技术集成方面成绩显著。随着科研部门与生产、加工等企业间的合作与交流，以及胡麻新品种和新技术的更新和推广，胡麻生产仍会占据冀西北地区主要油料市场。近年来，胡麻作为观赏作物，在观光农业、休闲农业方面发挥了作用。

河北省芝麻产业在单产水平、种植面积、总产量等方面在我国处于第五或第六位，脱皮芝麻加工处于全国领先地位。目前全省脱皮芝麻加工企业 20 余家，每年平均加工脱皮芝麻 8 万余吨，占全国总加工量的 1/3。在消费方面年消耗芝麻 10 万多吨。在贸易方面已与非洲的埃塞俄比亚、苏丹，亚洲的印度、日本，南美洲的玻利维亚、巴拉圭等国家建立了很好的贸易合作关系，年进口芝麻交易量达 10 万余吨，交易额达 15 亿元，在国内、国际市场上都占有举足轻重的地位。河北省的芝麻产业发展有着很好的资源基础，自然资源优良、种植历史悠久、新品种和生产技术创新成果多、产业链日趋完善，河北省芝麻产业在世界芝麻产业竞争中处于优势地位。

但受比较效益下降、国外进口冲击和国内外大宗油料作物价格竞争的打压，河北省胡麻和芝麻产业短期内仍存在困难，种植上仍以农户分散种植为主，规模化种植进度慢，面积可能会下调，芝麻进口量将保持高位运行。

2. 油菜和油葵

近几年来，通过引种，冬油菜以“天油”系列和“晋油”系列白菜型油菜品种为主，尤其“天油”系列品种，具有抗寒能力强，产量高，综合性状优良等特性。春油菜主推青杂系列和沣油系列，前者具有早熟性好、品质优、广适等特性，后者产量高、品质好、生物产量大，兼具油用和肥用功能。充分挖掘和利用油菜油葵的油用、花用、菜用、饲用等多种用途，将加快二者的推广和规模化生产。未来河北省油菜油葵尤其在旅游观光、肥用、饲用等新的领域将形成规模化生产。

三、河北省油料产业存在问题及原因分析

（一）种植面积下滑，油料总量供给不足

从历史数据来看，河北省油料面积、总产均呈下滑趋势，其中面积由 2007 年的 48.8 万公顷下滑到 2018 年 36.8 万公顷，减少率为 24.6%，总产由 2007 年的 135.2 万吨下降到 2018 年的 121.4 万吨，下降率 10.2%。种植面积下滑直接导致油料总量供给不足。据国家粮油信息中心发布的数据，2018 年我国食用植物油直接进口量 629 万吨，较 2017 年的 577 万吨增加 52 万吨，增幅为 9%，这是我国食用植物油进口连续第二年增加。另外进口大豆 9 413万吨，折大豆油 1 487 万吨。河北作为油料生产大省，面临国际油料需求总量的持续增长、油料产品国际市场竞争日益加剧的新形势和新机遇，应逐步恢复油料种植面积，改变我国油料 2/3 多依赖进口的局面，带动农民增收致富。

（二）专用品种种植规模小，标准化生产水平不高

优质专用油料品种规模化种植和绿色轻简高效生产技术的应用，会大幅度提高油料产品质量，增加农民种植效益，提升油料加工原料质量，保障加工企业优质原料供给充足，实现加工效益显著提高。一方面，长期以来，河北省油料产业以提高产量为目标，对产品质量重视不足，受一家一户耕种、种植品种繁多、化肥农药过量施用等影响，目前油料呈现高产低效、优质原料不足、产品质量差、加工产品品质不优的现状。另一方面，河北省油料绿色轻简高效和机械化生产技术还未集成，不能发挥油料生产的规模化优势和品牌优势，导致油料生产成本提高，种植效益降低，直接影响农民收入和种植积极性。以大豆为例，因大豆市场波动大、价格不稳，农民种植大豆的积极性时高时低，导致大豆种子市场不稳定，缺乏一定规模的种子生产经营企业。即使在河北省小有名气、长期生产大豆种子的霸州市绿九州种子公司，其经营规模也仅有 100 多万千克，远不能满足市场对良种的需求。

（三）油料加工转化率不足，产品附加值低

河北省油料加工产业存在“大原料”“小加工”的失衡结构，产品加工增值能力差，产业拉动作用不足。以花生为例，油脂加工普遍存在加工能力过剩，开工率不足。花生食品加工企业大多处在初加工的层次，缺少精深加工产业。花生副产品，诸如花生饼粕、油渣等主要作饲料使用，使其价值没有得到充分有效的利用。河北省在豆油加工方面有一定优势，但在蛋白食品加工方面与南方省份有很大差距，缺少带动力强的大型龙头企业，加工企业多为小作坊，产品无知名品牌，市场竞争力不强，产业拉动能力较弱。

（四）机械化研发滞后，全程机械化生产水平仍较低

在劳动力成本日趋提高的形势下，劳动力机会成本攀升直接助推了油料生产成本。在城市化进程不断推进的过程中，劳动力仍在由农业向其他产业转移，城市化的因素直接作用于劳动力，使得油料生产面临劳动力质量和数量的双重短缺，此时油料生产机械化的滞后直接导致播种面积的减少，种植效益的降低。以大豆为例，河北省玉米种植面积调减后，不少非传统种植区开始种植大豆，各地种植分散且规模较小，特别是播种、植保、栽培、收获全程社会化服务尚未形成，不利于机械化作业，这也会影响大豆产业发展。以花生为例，花生播种、管理、收获各环节虽推行了机械化，但因研发资金投入不足，研发人员缺乏，机械种类少，质量不高，使用技术有待提升，导致作业效果差，播种深浅不一、下籽不均，弱苗率高，收、摘损失率达20%以上，花生种子脱壳破损率高达15%以上。

四、河北省油料产业发展对策建议

按照河北省“科技农业、绿色农业、品牌农业、质量农业”和产出高效、产品安全、资源节约、环境友好的现代农业总体要求，实现河北油料面积恢复性增长，绿色高效生产技术规模化应用，原料品质和质量总体提高，油料加工产品升级换代，全面提升河北油料产业的综合竞争力。

（一）加强政府支持，扶持新型经营主体

严格执行良种及农机补贴政策。由于河北省对油料生产的重视程度不够，在政策支持、资金扶持等方面远低于小麦玉米等作物，也不像东北那样得到中央财政补贴的长期支持，油料科研→良种供应→生产应用→商品销售各环节不衔接。建议参考鲁、豫、皖等周边省份的标准，以连片经营、规模种植为重点补贴对象，在补贴上向种植大户、合作社和全产业链企业倾斜，扶持新型规模化经营主体。同时，严格执行《河北省2018—2020年农业机械购置补贴》，对购买油料作物收获机、摘果机、脱壳机等进行相应的农机补贴。

（二）强化技术创新，促进成果转化

加快优质品种培育。依据市场需求，选育和推广高油酸花生品种（春/夏播种、油/食用），广适抗病高产高油高蛋白大豆品种，特色芝麻、抗旱胡麻、耐盐碱油葵新品种。

加快技术规程制定。研制收摘、脱壳机械与技术，使收摘损失率和脱壳破损率均降低，降本节耗，增加效益。制定高油酸品种绿色生产（双减、绿色、卫生安全）技术，麦茬直播大豆播种质量提升、绿色病害防控技术，饲料、菜用油菜生产技术规程，强化节水节肥，高效低毒农药等技术、产品的推广应用；制定加工原料生产技术规程，为绿色高效、提质增效生产提供技术支撑。

加快加工产品开发。通过加强新品种和高效生产技术集成、示范和推广，提高产量和植物油供给能力，保障居民健康营养、合理搭配消费食用油。强化高端品牌加工技术研发，创

新高端优质食用油、休闲旅游食品等。

（三）创建绿色高效标准化基地，加强示范带动

建议以百信合作社的运行模式为借鉴和参考，在全省花生优势区选择 5～10 个县（市、区）建设一批花生绿色高产高效生产基地，培育一批花生新型农业经营主体，培育一批高油酸花生种植规模区域，重点示范减施化肥、增施生物肥料等土壤保育技术，推广减施农药及病虫物理防控、生物防控等绿色植保技术，产前、产后防止黄曲霉毒素污染技术等，实现节种、节肥、节药，降低化学残留，减少重金属污染，减少塑膜污染，生产高标准“绿色”花生，增强优质专用花生原料供给能力，提升河北省花生产品竞争力和知名度。在大豆种植面积 2 万公顷的藁城、无极，以及大豆种植集中且具有规模的沧州河间等县市结合高产创建，建立大豆标准化规模生产基地 6 667 公顷，辐射周边，使该区域播种面积保持在 10 万公顷以上。在石家庄、承德等地进一步扩大观赏油菜、油葵种植面积，拓展油菜多用途开发利用潜力，促进三产融合，提升综合效益。

（四）全价值链打造，提升产业水平

针对河北省油料产业化水平低的问题，着力搭建产销对接平台，支持产后加工利用，培育龙头企业，提高产后收储、加工能力，提升深加工与副产品利用水平，加快加工产品开发，打造高附加值产业链。一是支持产品加工企业转型升级。促进规模化示范区、绿色高质高效生产基地与高端油脂、食品加工企业实现对接，开展植物油精深加工，培育油料名牌。二是支持产业链向产前产后延伸。比如出台政策扶持养殖场、饲料厂开展花生饼粕替代进口大豆饼粕，引导种植基地与养殖场等企业结合，开展油料饲料化、肥料化、基料化开发利用，促进农牧结合、种养循环、三产融合，延伸产业链，拓展价值链。

（五）优化产业结构布局，培育区域特色产业

统筹资源禀赋、生产现状和产业基础，以规模连片、机械化耕种收、病虫联防联治为目标，推动油料优势产区快速壮大。以大豆为例，应优先发展冀中南高产区和环京津地区与雄安新区之间高蛋白大豆生产，以满足蛋白食用大豆内需；恢复发展黑龙港地区高油大豆生产专供省内榨油企业原料需求。通过合理布局种植区域、良种补贴，鼓励种子企业建立良种繁育和统一供种。以花生为例，按照冀中、冀东、冀南、黑龙港四区各自优势，在巩固油用花生生产的同时，分别探索食用（鲜食和烘炒）、富硒等功能的花生品种种植，形成区域特色。各区分别试验示范机械化生产、绿色防控、社会化服务等简约栽培、管理模式，引导农民种植花生，增加种植收益。特别要将“东路花生”这一地理标志品牌区域内的花生规模做大、品质调优、品牌叫响，带动河北花生产业影响力大幅提升，提高河北花生产品在全国的市场占有率。

（六）强化营销举措，拓宽销售渠道

一是强化宣传推广。通过报刊、广播电视、各大农业网站、微信朋友圈等方式加强

宣传，发挥农村淘宝等新平台的作用，利用网络资源，构建无形市场，拓宽营销渠道。二是大力发展展会经济。借势农交会、丰收节等省市展会，大力展销绿色、优质、特色油料产品，提升产品知名度，促进产销衔接，发展订单生产。三是加强油料市场建设。改造、规范各地原有批发市场建设，发挥交易市场调节供求作用，形成区域优势，打造河北知名产品品牌。

撰稿人员：陶佩君　张淑云　史　峥　袁伟民　张瑞芳　崔永福等
审阅人员：雷　永等
参编人员：王　瑾　程增书　刘立峰　闫　龙　王凯辉　董秀英　郝建军等

第四章 2018年度河北省花生产业发展调研报告

花生是世界上最重要的油料作物之一，种植面积仅次于油菜，在世界油脂生产中具有举足轻重的地位。2017 年我国花生总产量为 1 800 万吨，占世界花生产量 4 415 万吨的 40.8%，稳居世界第一。近年来，随着国际贸易形势的变化和国内农产品价格形成机制的调整，我国食用植物油的自给率连年下降，《国家粮食安全中长期规划纲要 2008—2020 年》中提出：到 2020 年，我国食用植物油的自给率不低于 40%，2017 年我国食用油的自给率只有 31.1%，亟待研究解决，以利国家粮油安全。花生是我国第二大油料作物，在食用油供给中占有举足轻重的地位，发展花生产业是提高我国食用植物油自给率的最佳选择油种之一。河北是全国第三大花生主产省，花生是河北省第一大油料作物、第三大农作物。2018 年，河北省花生种植面积 26.68 万公顷，总产量 103.4 万吨，面积和总产均占全国近 10%。从发展战略和现实需求出发，加快推进全省花生产业提质增效，提升花生产业竞争力是最大限度地争取市场主动权和确保国内粮油安全的重要抓手，是贯彻我省农业供给侧结构性改革“稳粮优经”思路的重要举措，是带动农民实现增收致富的重要途径。

一、河北省花生生产发展现状

（一）花生生产历史变化

1. 花生种植

（1）种植面积。河北省除张家口、承德高原区外，北自长城内外，南到漳河流域均有花生种植。主要分布在燕山、太行山低山丘陵盆地和河北平原区，集中于滦河、永定河、沙河、滹沱河、漳河等河流泛区。河北省花生播种面积始终保持在 26 万公顷以上，占全省油料作物播种面积的 70%，是河北省第一大油料作物，仅次于玉米、小麦，居第 3 位。河北省花生种植面积低于河南、山东列全国第 3 位，是我国重要的花生主产省之一。

从时间序列来看，河北省花生种植面积总体呈下降趋势，从 2007 年的 38.35 万公顷经 2008 年 38.43 万公顷的最高点，随后呈现逐年下降的趋势。2017 年河北省花生种植面积为 26.68 万公顷，近 11 年来年均减少 1.06 万公顷，减少率为 30.4%。尤其是从 2011 年开始下降趋势尤为明显，自 2011—2017 年的 7 年间年均降幅达 0.73 万公顷。（图 4-1）。

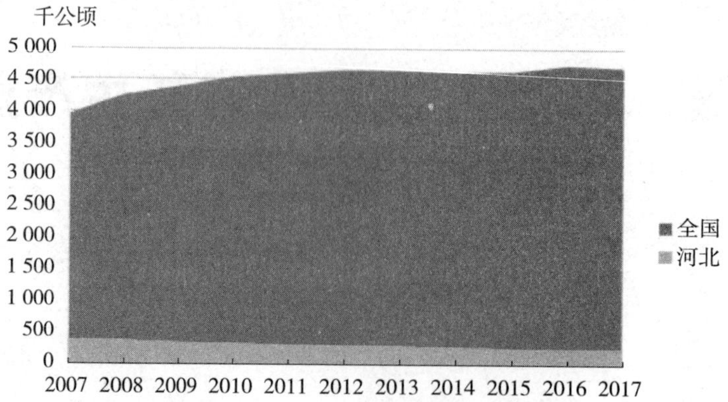

图 4-1　2007—2017 年全国及河北省花生种植面积

（2）单产水平。从 2007—2017 年河北省及全国花生单产水平的变化情况来看，河北省花生单产总体呈现逐年上升的态势，从 2007 年的 3 338 千克/公顷到 2017 年达到 3 876 千克/公顷，累计增长了 16.1%，年均增加 48.9 千克/公顷。且近 11 年来，河北省的花生单产水平总体高于全国平均水平（图 4-2）。

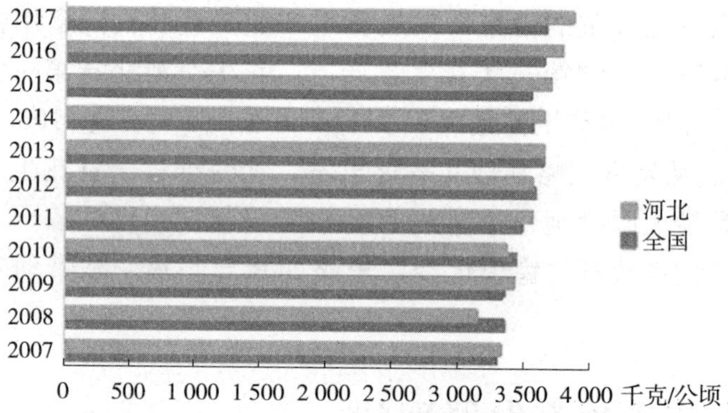

图 4-2　2007—2017 年全国及河北省花生单产水平

（3）总产量。近年来，由于普遍采用地膜覆盖等栽培技术并试成麦套、夏直播花生技术，改变了农民只在低水肥地块种植花生的传统，保证了河北省的花生产量。但受花生市场价格、生产资料和劳动力成本等因素的影响，河北省近年来花生产量出现了明显下滑。2007 年河北省花生产量为 128 万吨，随后开始逐年下滑至 2017 年的 103.4 万吨，年均下降 2.24 万吨，减少率为 19.2%。但河北省花生产量总体保持在 102 万吨以上，产量基本保持均衡（图 4-3）。

2. **花生生产区域布局**

按行政区划看花生产量，河北省花生分布格局主要分为：①春花生种植区，主要集中于唐山、秦皇岛、廊坊三地，以及张家口、承德地区坝下沿长城各县，面积约 13.3 万公顷，约占全省总量的 30%；②春夏麦套花生种植区，主要涵盖保定、石家庄、沧州、衡水、邢台、邯郸各市，面积约 26.7 万公顷，约占全省总量的 70%。从实际地理分布来看，依据 2007—2017 年度数据，这 11 年间，唐山地区花生累计总产量最高，达到 320.75 万吨，位

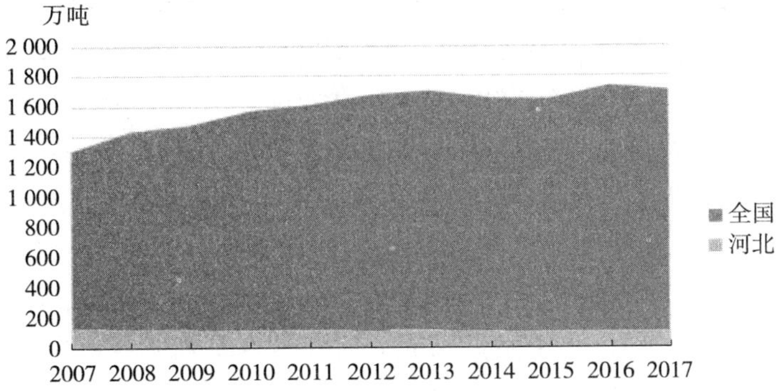

图 4-3　2007—2017 年全国及河北省花生总产量

列全省第一；保定地区累计总产量 280.73 万吨，排名第二；石家庄地区累计总产量 208.52 万吨，排名第三；张家口和承德两地累计总产量最少，分别为 1.52 万吨和 0.94 万吨。总产量增长最快的是张家口，而总量排名第一位的唐山变化不显著（表 4-1）。

表 4-1　2007—2017 年河北省各市花生产量情况表

单位：吨

地区	2007	2008	2009	2010	2011	2012	2013	2014	2015	2016	2017
石家庄	211 106	207 204	194 207	198 394	199 784	199 660	197 889	190 265	190 284	192 156	104 342
唐山	254 312	283 750	276 477	282 554	283 367	280 506	295 018	298 571	301 320	320 532	331 103
秦皇岛	81 805	88 784	77 932	73 116	71 834	57 306	70 500	62 510	59 595	79 683	80 565
邯郸	180 979	171 966	142 292	133 849	135 206	130 475	129 792	133 832	133 831	131 585	113 967
邢台	103 855	96 888	86 996	89 583	100 164	108 372	109 659	116 762	116 912	118 274	88 531
保定	263 240	276 546	278 392	278 632	269 993	271 180	270 080	263 383	261 465	258 894	115 461
张家口	440	1 279	1 017	1 534	2 322	1 505	2 007	1 745	1 304	1 295	664
承德	207	1 097	851	1 080	978	972	1 036	836	763	1 019	561
沧州	86 458	91 485	91 457	88 806	88 429	88 750	89 470	90 991	77 113	70 792	36 593
廊坊	39 729	40 370	37 905	35 822	34 216	33 841	39 520	36 605	30 442	30 516	23 519
衡水	97 954	112 768	110 371	108 909	102 873	96 850	95 786	96 906	101 117	92 350	88 615

3. 花生品种发展沿革

河北省的花生种植始于清代，最初由南方引入珍珠豆型小花生品种，19 世纪末普通型大花生传入河北，至今已有 140 余年栽培历史。新中国成立前，河北省各花生产区种植的品种都是地方品种，党的十一届三中全会以来，河北省的花生科技得到蓬勃发展，自主培育出一大批优良品种。河北省花生品种的发展沿革大致经历了五个阶段：

第一阶段新中国成立后至 20 世纪 60 年代初。该时期河北省栽植的花生品种以珍珠豆型小花生及普通型大花生为主，多粒型花生也有栽培。通过对地方品种的搜集、整理、鉴定，评选出承德小花生、卢龙小花生、抚宁多粒、抚宁小紫粒、秦皇岛立秧、滦县立秧、滦县大花生、秦皇岛爬蔓、深县半串蔓、新河一窝猴、大名莲花盆等一批适应河北省不同地区生态条件的花生良种。这些良种的推广，为河北省花生种植业的后续发展奠定了基础。

第二阶段20世纪60—70年代。这一时期推广的主要品种为珍珠豆型、中间型和普通型花生，以引种为主。1958年从山东省引进的伏花生，因其适应性强，早熟、产量高、品质好，很快在全省推广，1966年发展到3.6万公顷，全省130多个县均有种植。1979年推广面积最大，达到13.3万公顷，占当年花生面积的70%，更替了生产上应用的多数地方品种，成为河北省60、70年代和80年代初期的主栽品种。此期间推广面积较大的花生品种还有：大花生、油果、一窝猴，1969年唐山市农业科学研究所与滦县西崔各庄大队合作育成的伏系1号（冀油1号），1969年和1972年引入的徐州68—3和徐州68—4，1971年引入的白沙1016，1974年引入的天府3号和开农8号，以及1979年引入的花37等。

第三阶段20世纪80年代。这一时期河北省开始了自育品种与引进优良品种的同步推广，取代了地方品种，逐步更替了伏花生。河北省育种单位先后利用系统和杂交技术，培育出冀油2号、冀油3号、冀油4号、冀油5号、冀油6号、冀油7号等6个花生新品种，这些品种通过审定后迅速在生产中推广，到1989年，冀油2号、冀油4号发展到4万公顷，成为80年代主栽品种，改变了60、70年代以推广引进品种为主的局面。1983年从山东引进的海花1号花生品种产量高，抗病性强，适应性广，很快得到大面积应用，到1986年推广面积已超7.9万公顷，名列全省推广品种之首，取代了伏花生的主导地位。此阶段推广面积较大的品种还有：天府3号、花37、徐州68—4和白沙1016，这些自育和引进品种为河北省花生产业的发展发挥了重要作用。其中，冀油4号和海花1号果大高产、适应性广，白沙1016和天府3号果小、饱满、口味好，含油量较高，时至今日在生产中仍有种植。

第四阶段20世纪90年代。在这一时期高产优质抗病的花生新品种得到逐步推广。其间，河北省各育种科研单位先后育出冀油8号、冀油9号、冀花2号、邢花1号、唐花7号、唐油2号、唐油3、4、5号等9个花生新品种，其中以早熟花生新品种冀油9号和春夏播兼用型高产花生新品种冀花2号推广速度最快、面积最大。20世纪末至21世纪初，冀花2号年推广面积达到20万公顷以上，成为河北省历史上年推广面积最大的花生品种。在此期间还引进了鲁花9号和鲁花11号，审定了鲁花14号、花育16号等品种，这些品种先后在生产中得到应用，使河北省花生生产得到快速发展，花生面积和产量均显著增加。

第五阶段2001—2018年。这一时期河北省以优质高产抗病等专用型花生新品种逐步更替非专用型花生品种。针对人们生活水平的不断提高和市场需求，21世纪初至2010年，先后培育出高产高油（55%以上）花生冀花4号、冀花5号、冀花6号、冀花9号和冀花10号，早熟高产花生冀花3号、邢花2号、邢花3号，高产花生唐94－1等高含油量、早熟高产系列专用型花生新品种。2006年开始，在高含油量的基础上，进一步改良花生油品质，先后培育并通过审（鉴）定、登记高产高油酸（油酸含量75%以上、油亚比10以上）或高油酸等油用、食用系列专用花生新品种11个（冀花11号、冀花13号、冀花16号、冀花18号、冀花19号、冀花21号，冀农花6号、冀农花8号、冀农花10号、易花1212、易花1314）。这些高油酸花生品种正在扩繁与示范应用，通过政策扶持、资金支持，科、推、企联合等措施，加快非高油酸花生品种的更替。据不完全统计，至2018年全省更替非高油酸花生品种1.3万公顷以上。

4. 花生品种审定现状

花生在1975年至2002年一直是河北省的审定作物，2003年后被列为非审定作物。自2013年开始，花生又重新被河北省农业厅列为审定作物，由河北省种子总站对11年以来先后培育的花生品种在全省（张家口、承德除外）主产区域组织区域试验和生产试验。2015年恢复审定后的第一轮试验结束，2016年5月便审定通过了20个花生新品种。这些品种分别由河北省农林科学院粮油作物研究所、河北农业大学、邢台市农科院、唐山市农科院、保定易园生态农业科技开发有限公司等单位培育，其中多数是当前河北省花生生产的主推品种。

（二）基于农户调查的河北省花生生产现状分析

1. 调查基本情况

（1）调查背景与组织实施。在河北省农业厅种植业处和河北省农业技术推广总站的指导下，河北省油料体系产业经济岗组织了由12名在职教师、35名博硕士研究生、56名本科生参加的百人调研团队，对花生主产县、一般县、中型以上加工企业和合作社开展了大规模摸底调研。

（2）数据来源与问卷设计。本次调研采取座谈、实地走访与填写调查问卷相结合的方式，分县（区）、村、户三个层面开展调查，调研内容涉及花生生产、加工和销售等，调研区域涉及冀南、冀东、冀中和黑龙港四个片区的44个县，其中花生核心县17个，普通县27个，每个重点县（区）选取5个村，每个一般县（区）选取3个村，每个村随机选取10个农户，共计166个村的1 660个农户，回收有效问卷1 528份，有效率为92%。调研过程中以村级调查为主，调查对象主要包括花生种植户、合作社、企业、县农业局/推广站、综合区域试验站5类（表4-2）。

表4-2 调研县（区）分布情况

地区	调研县数量（个）	重点县	一般县	发放问卷数量（份）
邯郸	6	大名	临漳、永年、馆陶、广平、成安	200
邢台	9	广宗、隆尧	内丘、邢台、临城、南宫、威县、巨鹿、宁晋	310
唐山	4	滦县、迁安、滦南	遵化	180
秦皇岛	1	昌黎		50
石家庄	6	新乐、灵寿	赵县、高邑、行唐、元氏	220
保定	5	易县、高碑店、定兴	涿州、清苑	210
沧州	3	献县、河间	任丘	130
廊坊	4		安次、固安、永清、文安	120
衡水	4	深州、吴强	阜城、饶阳	160

（续）

地区	调研县数量（个）	重点县	一般县	发放问卷数量（份）
定州	1	定州市		50
辛集	1		辛集市	30
合计	44	17	27	1660

本次实地调研使用的调查问卷主要包括以下六方面内容：

第一，农户基本特征。具体包括受访者的年龄、性别、文化程度、主要收入来源、平均年收入，以及经营主体类型等。

第二，农户家庭情况。具体包括家庭成员数、劳动力数量、耕地数量、承包地数量、近三年花生种植面积、灌溉条件及方式等。

第三，花生种植情况。具体包括耕地方式、曾用品种、每公顷花生用种数量、更换品种原因、最需要的花生品种类型、播种方式及人工费用、覆膜方式及人工费用、收获方式及人工费用、施肥种类及每公顷用量和费用、农药种类及每公顷用量和费用、地膜及用量、影响种植积极性的因素、改变种植规模的意愿、种子价格及来源、种植模式等。

第四，花生销售和食用情况。具体包括花生单产、销售月份、销售量、售价、销售渠道、销售参考因素、上一年食用花生量、用于榨油的花生数量、家庭主要食用油种类等。

第五，花生合作社与产业化情况。具体包括附近是否有花生合作社、是否加入合作社、参加或没参加的原因、附近是否有花生加工企业、与其合作的方式等。

第六，花生价格波动对生产经营的影响。具体包括产量风险、市场风险、规避风险的方式、价格信息来源、是否关注市场行情、对价格波动的预期、对价格波动预期采取的措施等。

（3）农户基本特征。从被调查对象的性别分布来看，男性多于女性，这是抽样调查过程中随机抽样的结果，并未进行人为调整（表4-3）。

表4-3　被调查农户性别分布情况

单位：人，%

性别	冀东		冀南		冀中		黑龙港		合计	
	人数	百分比	人数	百分比	人数	百分比	人数	百分比	人数	百分比
女	92	23.3	89	23.9	199	38.9	98	39.2	478	31.3
男	303	76.7	283	76.1	312	61.1	152	60.8	1 050	68.7
合计	395	100	372	100	511	100	250	100	1 528	100

在对被调查农户进行年龄阶段划分的过程中，本次调研采用了2014年联合国世界卫生组织对年龄阶段的划分标准：44岁以下为青年人；45～59岁为中年人；60～74岁为年轻老年人；75～89岁为老年人，本研究未涉及74岁以上人群。从被调查农户的年龄分布来看，各地区呈现的趋势较为一致，即45～59岁区间比例均为最高，60～74岁区间其次，44岁及以下比例最低（表4-4）。

表 4-4　被调查农户年龄分布情况

单位：人，%

年龄	冀东		冀南		冀中		黑龙港		合计	
	人数	百分比	人数	百分比	人数	百分比	人数	百分比	人数	百分比
≤44	81	20.5	89	23.9	87	17.0	48	19.2	305	20.0
45～59	171	43.3	167	44.9	266	52.0	116	46.4	720	47.1
60～74	143	36.2	116	31.2	158	31.0	86	34.4	503	32.9
合计	395	100	372	100	511	100	250	100	1 528	100

就被调查农户的文化程度而言，四个地区呈现一个共同的特点，即：文化水平普遍偏低，具有初中及以下文化程度的农户达到 72.5%，而具备高中及以上文化程度人群的比重为 27.5%（表 4-5）。

表 4-5　被调查农户文化程度分布情况

单位：人，%

文化程度	冀东		冀南		冀中		黑龙港		合计	
	人数	百分比	人数	百分比	人数	百分比	人数	百分比	人数	百分比
文盲	39	9.9	47	12.6	79	15.5	21	8.4	186	12.2
小学	136	34.4	98	26.3	151	29.5	54	21.6	439	28.7
初中	141	35.6	121	32.5	137	26.8	85	34.0	484	31.6
高中	49	12.4	73	19.6	67	13.1	49	19.6	238	15.6
中专	18	4.5	17	4.6	41	8.1	21	8.4	97	6.3
大专	12	3.1	16	4.4	36	7.0	20	8.0	84	5.6
合计	395	100	372	100	511	100	250	100	1 528	100

从被调查农户的家庭经营规模来看，四组农户中种植面积处于 5～10 公顷的农户比重均为最高，且比例基本都达到或超过了 40%。总体而言，经营规模不足 5 公顷的农户比重要高于经营规模超过 10 公顷的农户。这也反映出河北省大部分花生种植户的规模不足 10 公顷（表 4-6）。

表 4-6　被调查农户家庭经营规模分布情况

单位：人，%

经营规模	冀东		冀南		冀中		黑龙港		合计	
	人数	百分比	人数	百分比	人数	百分比	人数	百分比	人数	百分比
≤5 公顷	140	35.4	114	30.6	167	32.7	65	26.0	486	31.8
5～10 公顷	176	44.6	148	39.8	236	46.2	110	44.0	670	43.8
＞10 公顷	79	20	110	29.6	108	21.1	75	30.0	372	24.4
合计	395	100	372	100	511	100	250	100	1 528	100

从被调查农户的家庭农业劳动力数量来看，45%的农户家庭农业劳动力数量不超过 2 人。而在 1 528 份有效问卷中，农户家庭农业劳动力数量为 2～4 人和大于 4 人的两组比重基本持平（表 4-7）。

表 4-7　被调查农户家庭农业劳动力数量分布情况

单位：人，%

劳动力数量	冀东		冀南		冀中		黑龙港		合计	
	人数	百分比	人数	百分比	人数	百分比	人数	百分比	人数	百分比
≤2 人	173	43.8	152	40.9	219	42.9	144	57.6	688	45.0
2～4 人	111	28.1	108	29	143	28.0	59	23.6	421	27.6
>4 人	111	28.1	112	30.1	149	29.1	47	18.8	419	27.4
合计	395	100	372	100	511	100	250	100	1 528	100

从被调查农户的灌溉方式来看，四个地区的被调查农户中均为采用漫灌方式的比重最高，其次为渠灌，采用滴灌和喷灌的农户比重最低。且四个地区中，黑龙港地区采用滴灌和喷灌方式的农户比重最高（表 4-8）。

表 4-8　被调查农户的灌溉方式分布情况

单位：人，%

灌溉方式	冀东		冀南		冀中		黑龙港		合计	
	户数	百分比	户数	百分比	户数	百分比	户数	百分比	户数	百分比
漫灌	259	65.6	226	60.8	284	55.6	117	46.8	886	58.0
渠灌	76	19.2	79	21.2	165	32.3	41	16.4	361	23.6
滴灌	22	5.6	42	11.3	27	5.3	37	14.8	128	8.4
喷灌	38	9.6	25	6.7	35	6.8	55	22.0	153	10.0
合计	395	100	372	100	511	100	250	100	1 528	100

2. 农户花生种植情况统计分析

（1）花生品种。从实地调研中了解到，目前河北省花生种植户使用的花生品种较为多样化，包括鲁花 2 号、鲁花 4 号、鲁花 7 号、鲁花 11 号、鲁花 14 号、花育 22、花育 23、花育 24、花育 33、海花 1 号、冀花 2 号、冀花 3 号、冀花 5 号、冀花 10 号、冀油 3 号、冀油 4 号、冀油 8 号、唐 8252、唐 3323、天府 3 号、天府 4 号、邢花 1 号、邢花 4 号、邢花 6 号等几十个品种。从不同品种的分布特点来看，以鲁花、冀花和冀油三大系列在全省范围内使用最为普遍，花育和唐 8252、唐 3323 等主要在冀东地区种植，天府系列主要集中在冀中地区，海花和邢花系列则主要出现在冀南地区，在黑龙港地区的东光县也有部分海花系列品种（图 4-4）。

（2）花生种植技术与种植模式。本次调研通过问卷调查的方式着重对农户种植花生的技术需求进行了实地了解，调查问卷中为花生种植户列举了六类相关技术，包括花生栽培技术、病害防治技术、虫害防治技术、农药施用技术、农业机械化技术、覆膜技术等，并让农户现场选择其最需要的技术类型（可多选）。

根据对调查问卷的统计整理，可以看出花生种植户对于花生栽培技术和病虫害防治技术的需求在四个地区都普遍存在，且对于这三类技术的需求也普遍高于其他技术种类。此外，对于农机和农药使用技术也有一定需求，只有地膜覆盖这一项，四个地区的农户

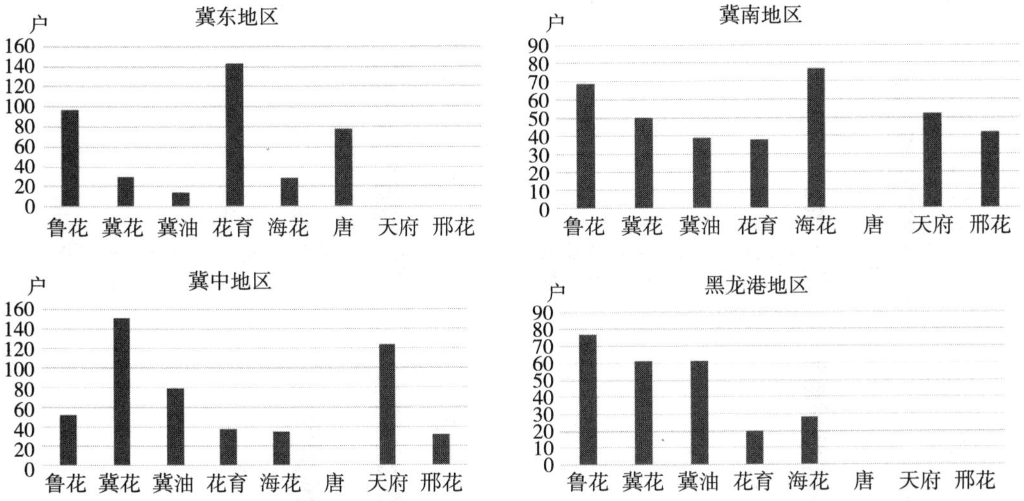

图 4-4　河北省不同花生产区品种分布情况

普遍反映不强烈，这可能与河北省花生种植过程中地膜覆盖基本实现了机械化有关，农户只需要花钱雇用相应的农机手即可，而无需自身花费额外的精力去学习相关技术（图 4-5）。

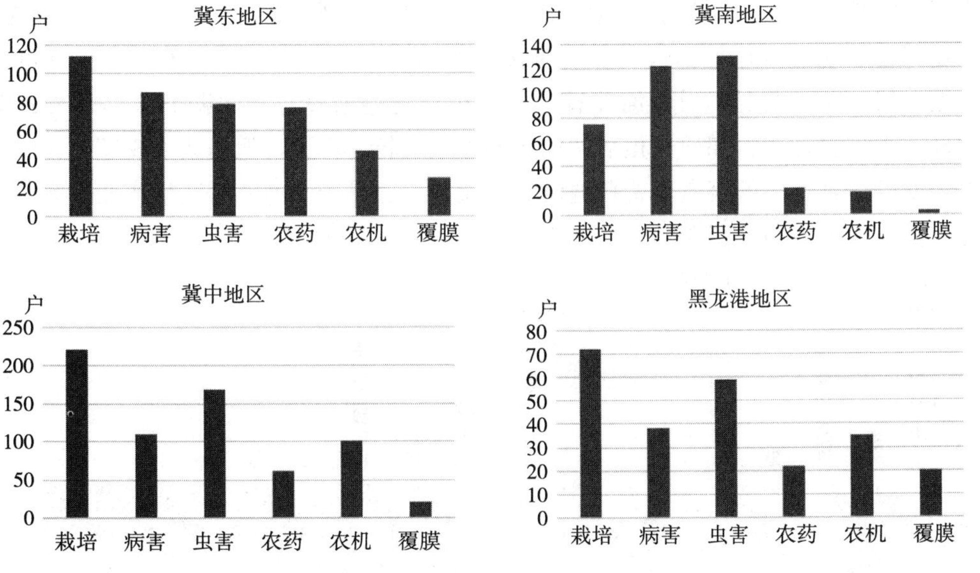

图 4-5　河北省不同花生产区农户技术需求情况

关于河北省花生种植模式，本次实地调查问卷中涉及春播—地膜起垄、春播—平播、夏播—麦田套作、夏播—麦后播四种不同种植模式。根据对调查问卷的统计整理，河北省四个花生主产区采用最为广泛的种植模式是春播—地膜起垄和春播—平播，在这两种模式中大部分地区以前者为主，而只有冀中地区是以后者为主。其他两种夏播模式中，夏播—麦后播使用较少，只有冀南地区的部分农户在使用夏播—麦后播的种植模式。而夏播—麦田套作这种种植模式，除黑龙港地区外其他地区均有少量农户在使用（图 4-6）。

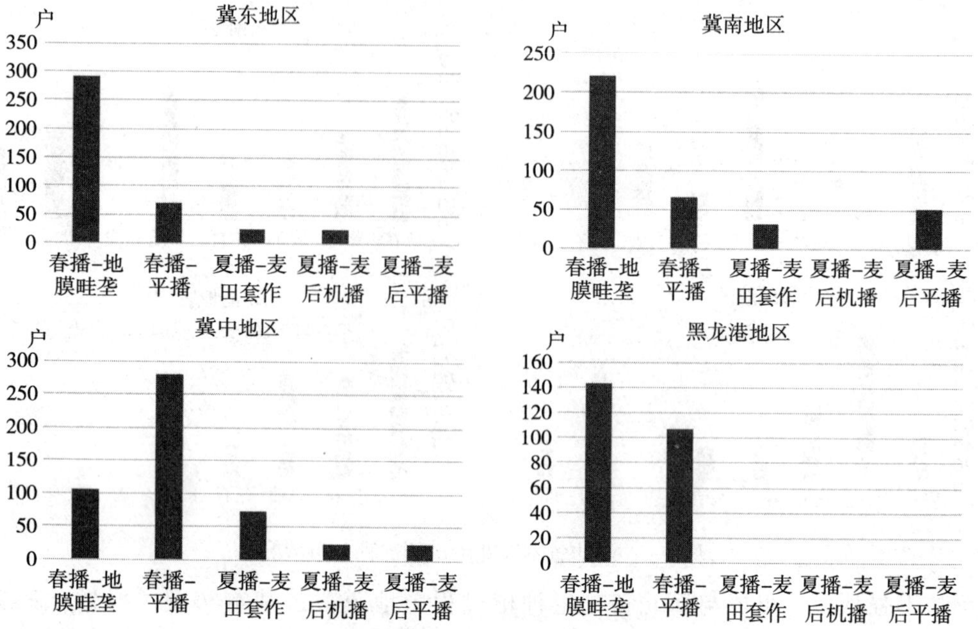

图 4-6　河北省不同花生产区花生种植模式

（3）花生销售。本次花生产业调研针对农户花生销售情况，主要对其花生的“销售渠道”进行了实地问卷调查。关于花生的销售渠道，调查中涉及粮油站、收购商、订单直销、自行市场零售、通过合作社销售、农超对接、连锁经营、电子商务等不同选项（可多选）。从对实地调研的统计情况来看，河北省花生种植户普遍通过花生收购商收购的方式销售花生。此外，采取自行销售和通过粮油站销售的方式也较为常见，但是诸如农超对接、连锁经营、电子商务等现代化的流通方式普遍没有涉及。这也是未来河北省花生产业，尤其是流通环节进一步发展的方向（图 4-7）。

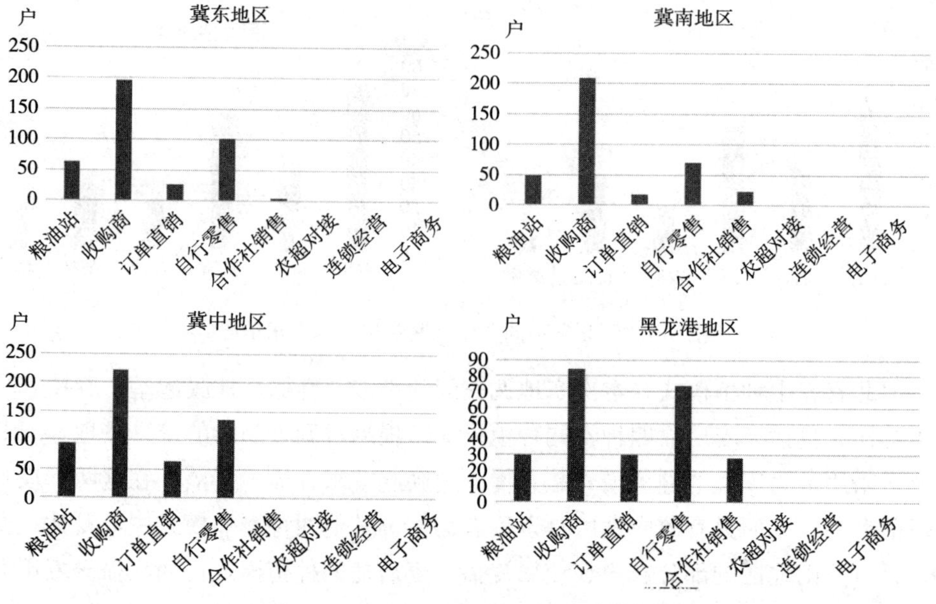

图 4-7　河北省不同花生产区农户销售渠道

综合上述对花生种植户基本特征和种植情况的统计分析，可得出如下结论：

第一，河北省花生生产者以男性为主，绝大多数农户年龄集中在 45～74 岁之间，44 岁以下农户的比重普遍不足 20%，且近 70%农户的受教育程度都在初中及以下。河北省四大花生产区中有 70%的农户花生经营规模不足 0.67 公顷，有近 50%的农户家庭劳动力数量不超过 2 人，且花生灌溉方式普遍以漫灌和渠灌为主，采用滴灌和喷灌方式的农户不足 20%。这表明，河北省的花生种植户普遍高龄化、学历层次较低，且花生生产经营规模小、灌溉方式较为粗放。

第二，河北省花生品种分布具有一定的地域特征。除鲁花、冀花、冀油、花育、海花这五大系列在全省都有种植外，其他品种在各地区分布情况差异较大。例如，唐 8252、唐 3323 等品种主要出现在冀东地区，其他地区鲜有种植，而天府和邢花两大系列主要分布在冀中、冀南地区，其他地区则分布较少。

第三，在各类花生种植技术中，河北省花生种植户普遍对花生栽培和病虫害防治技术需求较高。但地膜覆盖这一项农户普遍反映不强烈，这可能与河北省花生种植过程中地膜覆盖基本实现了机械化有关。关于种植模式，河北省采用最为广泛的是春播—地膜畦垄和春播—平播，在这两种模式中大部分地区以前者为主，只有冀中地区是以后者为主。

第四，河北省花生种植户普遍通过花生收购商收购的方式销售花生。此外，采取自行销售和通过粮油站销售的方式也较为常见。总体而言，花生种植户仍以传统销售方式为主，诸如农超对接、连锁经营、电子商务等现代化的流通方式普遍没有涉及。这也是未来河北省花生产业，尤其是花生流通环节进一步发展的方向。

（三）河北省花生生产成本收益分析

1. 花生总成本及其变动情况

农产品生产成本就其经济实质而言是劳动者为自身创造的那部分价值（相当于劳动报酬）和生产资料消耗价值之和的货币表现。就花生生产而言，生产花生所消耗的人工费用和物质费用综合形成其生产成本。所以，劳动工价、物质服务费用和用工数量等因素制约着花生生产成本。而花生总成本中除花生生产成本外，还有土地成本。本研究从物质服务费用、人工费用、土地成本、总成本四方面分析河北省花生种植的总成本变化（表 4-9、图 4-8）。

表 4-9　2007—2016 年河北省花生生产投入的平均指标变动情况

单位：元/公顷

年份	物质服务费用	人工费用	土地成本	总成本
2007	5 188.95	3 371.10	1 816.05	10 376.10
2008	5 574.00	3 514.35	2 075.25	11 163.60
2009	5 233.80	3 886.95	2 220.60	11 341.35
2010	5 702.25	4 888.05	2 625.45	13 215.75
2011	7 071.60	6 193.50	2 847.00	16 112.10

（续）

年份	物质服务费用	人工费用	土地成本	总成本
2012	7 745.10	8 900.10	3 223.95	19 869.15
2013	7 501.95	10 729.05	3 455.25	21 686.25
2014	7 355.55	11 646.15	3 518.10	22 519.80
2015	7 174.05	11 729.85	3 701.10	22 605.00
2016	7 316.55	12 278.85	3 901.35	23 496.75

资料来源：根据《全国农产品成本收益资料汇编》（2007—2016 年）整理计算。

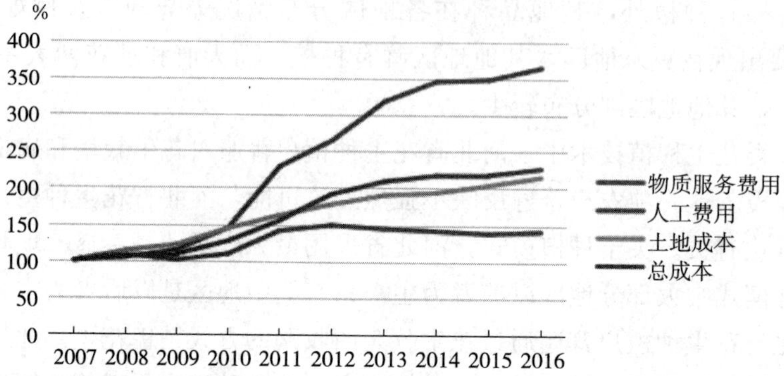

图 4-8　2007—2016 年河北省花生生产投入的平均指标变动

从表 4-9 和图 4-8 中可以看出如下几种变化趋势：

第一，2007—2016 年河北省花生生产的物质服务投入总体上有较大增加。若假设 2007 年每公顷物质服务费用为 100%，则 2008—2016 年的物质服务费用系数分别为 107.42%、100.86%、109.89%、141.47%、149.26%、144.58%、141.75%、138.26%、141%。这说明近十年来，河北省花生生产的物质服务投入总体呈上升趋势，这种上升趋势从 2011—2012 年开始表现得尤为突出。其中农户在花生生产中大量施用农药、化肥等农资，同时各种农业生产资料的价格大幅上涨是导致物质服务费用大幅上升的主要原因。

第二，2007—2016 年河北省花生生产的人工费用总体上也出现了大幅度的上升。如果以 2007 年每公顷花生的用工数量为 100%，则 2008—2016 年的人工费用系数分别 104.25%、115.30%、145.01%、228.74%、264.01%、318.27%、345.47%、347.95%、364.24%。这表明近十年来，河北花生生产中的单位面积劳动投入曲线呈较大幅度上升趋势，其上升幅度大于物质服务费用的增长幅度。究其原因，虽然近年来河北省花生种植水平逐年提高，良种和农机推广得到进一步普及，但单位面积劳动投入的劳动日工价以及雇用工价格上升的幅度远超前者，从而导致总人工成本大幅攀升。

第三，土地成本呈现上升态势。若以 2007 年每公顷花生的土地成本为 100%，则 2008—2016 年的人工投入系数分别为 114.27%、122.28%、144.57%、162.57%、177.53%、190.26%、193.72%、203.8%、214.83%。这表明近十年来，河北省花生生产中的土地成本投入曲线呈上升趋势，其主要原因是自营土地折租的提高。

第四，花生单位面积总成本总体上呈现直线大幅度上升。若假设 2007 年单位面积总成本为 100%，则 2007—2016 年的单位面积总成本系数分别为 107.59%、109.3%、127.37%、155.28%、191.49%、209%、217.04%、217.86%、226.45%。这表明河北省花生生产总成本近十年来始终保持上升态势，特别是从 2011—2012 年开始，其上升趋势尤为显著。其原因主要在于花生种植的物质服务费用、人工成本、土地成本均保持大幅度上升的趋势，故加剧了花生总成本的上升。

2. 花生经济产出的变动情况

本研究采用单位面积主产品产值、每千克主产品产值、劳动日产值和成本利润率四个指标对河北省花生的经济产出与实物产量进行评价分析（表 4-10）。

表 4-10　2007—2016 年河北省花生经济产出的平均指标变动表

年份	单位面积主产品产值（元/公顷）	每千克主产品产值（元）	劳动日产值（元）	成本利润率（%）
2007	17 976.60	5.75	129.66	107.19
2008	14 284.65	3.81	88.59	27.96
2009	20 146.95	5.44	129.65	77.64
2010	22 426.50	6.18	144.18	69.70
2011	26 418.75	7.20	171.16	63.97
2012	26 666.10	7.30	167.71	34.21
2013	20 972.10	5.74	131.65	−3.29
2014	22 746.15	5.79	144.97	1.01
2015	22 900.65	5.84	151.46	1.31
2016	24 672.15	6.16	163.01	5.0

资料来源：根据《全国农产品成本收益资料汇编》（2007—2016 年）整理计算。

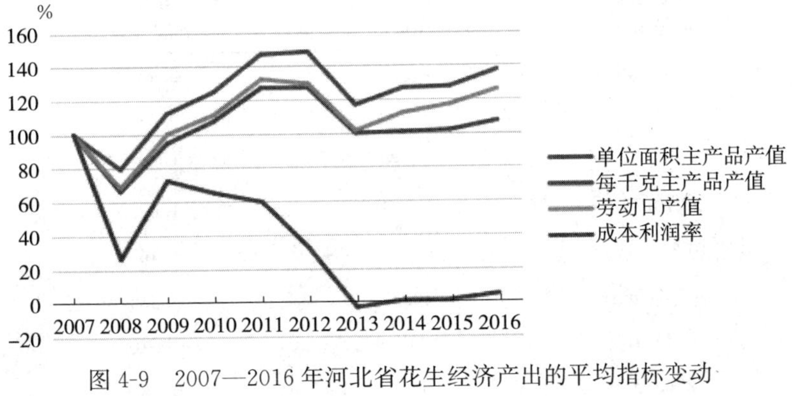

图 4-9　2007—2016 年河北省花生经济产出的平均指标变动

从表 4-10 和图 4-9 中可以得出以下两个基本结论：

花生的单位面积主产品产值、每千克主产品产值、净利润和成本利润率基本保持同步增减态势。若假设 2007 年单位面积主产品产值为 100%，则 2008—2016 年的单位面积主产品产值系数分别为 79.46%、112.07%、124.75%、146.96%、148.34%、116.66%、126.53%、127.39%、137.25%，这说明单位面积主产品产值曲线呈震荡上升趋势，且 2012 年增幅最大。若假设 2007 年每千克主产品产值为 100%，则 2008—2016 年的每千克主产品产值系数分别为 66.26%、94.61%、107.48%、126.95%、126.96%、99.83%、100.7%、101.57%、107.13%，这表明该曲线与花生单位面积产值曲线形状基本相似，同样是震荡上升且在 2012 年达到最大增幅，但其整体上升幅度小于单位面积产值曲线。若假设 2007 年劳动日产值为 100%，则 2008—2016 年的劳动日产值系数为 68.32%、99.99%、111.2%、132.01%、129.35%、101.53%、111.81%、116.81%、125.72%，这表明该条曲线与花生单位面积产值曲线、每千克主产品产值曲线形状相似，在 2011 年增长幅度达到最高。导致花生每千克主产品价值增长幅度小于单位面积产值增长幅度的主要原因，是花生的单产提高和花生收购价格的回落，并且后者影响更大，而劳动日产值呈总体增长态势，主要原因是劳动用量的缓慢下降。

第二，花生成本收益率呈波浪线方式变动且略有上升。若假设 2007 年花生成本收益率为 100%，则 2008—2016 年的成本收益率系数分别为 26.08%、72.43%、65.02%、59.68%、31.92%、−3.07%、0.94%、1.22%、4.66%，这说明成本收益率曲线自 2007 年之后出现了明显的下滑趋势，在 2013 年降幅达到最低点，此后虽略有回升但仍降幅明显。导致成本收益率剧烈震荡的主要原因在于花生成本，尤其是人工成本的显著上升，从而花生收益明显下滑导致成本收益率系数大幅下降。

3. 花生经济效益及其变动情况

花生生产过程势必需要相应生产资源的投入，如生产资料、人力、土地等。生产资源的投入是为了获取生产成果，这两者之比就形成了经济效益。通常用单位面积净产值、每元物质费用净产值和劳动日产值等指标用来衡量花生的生产经济效益。它们分别反映花生产业的土地生产率、资金生产率和劳动生产率状况（表 4-11）。

表 4-11　2007—2016 年河北省花生经济效益的平均指标变动表

年份	单位面积净利润（元/公顷）	劳动日净产值（元）	每元物质费用净利润（元）	每千克主产品净利润（元）
2007	12 788.25	71.58	2.46	3.58
2008	3 121.05	19.36	0.56	0.83
2009	8 805.60	56.66	1.68	2.38
2010	9 210.75	59.21	1.62	2.54
2011	10 306.65	66.77	1.46	2.81
2012	6 796.95	42.75	0.88	1.86
2013	−714.15	−4.48	−0.10	−0.20
2014	226.35	1.44	0.03	0.06
2015	295.65	1.56	0.04	0.08
2016	1 175.40	7.77	0.16	0.29

资料来源：根据《全国农产品成本收益资料汇编》（2007—2016 年）整理计算。

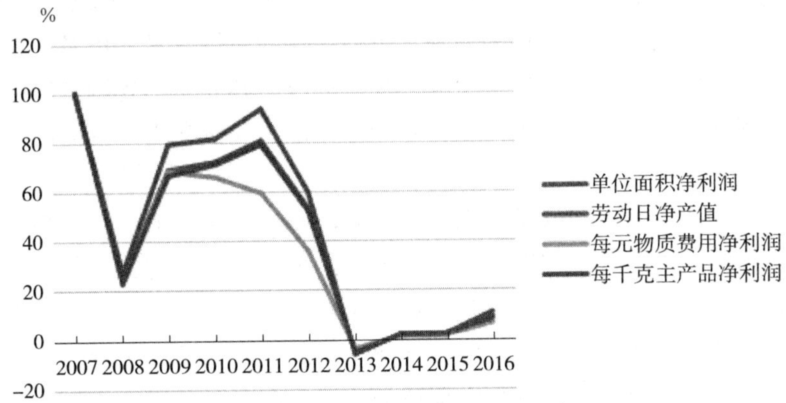

图 4-10　2007—2016 年河北省花生经济效益的平均指标变动

从表 4-11 和图 4-10 中可以看出河北省花生产业经济效益的变动趋势：

第一，单位面积净利润，前期（2007—2011 年）和后期（2012—2016 年）都经历了先降后升的过程，且波动幅度较大。前期最高值达到 12 788.25 元/公顷，最低值为 3 121.05 元/公顷，其均值为 8 845.05 元/公顷。后期最高值达到 6 796.95 元/公顷，其均值为 1 556.1元/公顷，较前期平均值下降了 82.41%。这说明近十年来河北省花生产业的土地生产效率剧烈的波动且伴随着单位面积净利润的明显下滑。

第二，河北省花生产业的劳动生产率与土地生产率的变化相似，在经历了大幅波动后呈显著下降，且在 2013 年一度为负值。导致河北省花生产业的劳动生产率发生上述变化的主要原因有三个：一是花生产值和成本的变化，2007—2016 年，河北省花生单位面积产值急速下滑，但花生种植的总成本却显著上升；二是花生生产用工数量的变动，伴随着机械化和种植技术的推广，花生种植的用工数量呈现缓慢下降的趋势；三是花生价格的疲软，近年来，河北省花生价格长期偏低，导致农户种植花生的经济效益不高，从而阻碍了花生劳动生产效率的提升。

第三，花生生产每元物质费用净利润和每千克主产品净利润的变动趋势相似，近十年来经历了两次较大幅度的先降后升过程，且总体呈显著下降态势。每元物质费用净产值是农户在花生的生产过程中每投入一元资金所能够带来的净产值，也称资金净产值率。它反映的是农户的投资效益。每千克主产品净利润这一指标说明的是在农民每收获一千克花生产品所获得的净收益，即产品净产值率，它反映的是花生生产的产品效益。

显然，河北省花生生产的投资效益和产品效益波动较大，其原因可能来自两方面：一是阶段性的产量增长慢于或者快于阶段性物质费用增加。如 2007—2008 年河北省花生产业物质费用的增加远高于产值的增长，而 2008—2011 年期间正好相反。二是阶段性物质服务费用的增长速度快于或慢于花生价格提高的增长速度。如 2011—2013 年河北省花生产业物质服务费用增速快于花生价格提高的速度，从而导致经济效益大幅下滑，而 2013 年之后花生价格提高的速度则略快于物质服务费用的增速。

综合上述河北省花生种植的成本收益分析，可得出如下结论：

近十年来，由于各类农业生产资料价格及人工费用的大幅上涨，河北省花生生产的物质服务费用、人工成本、土地成本均保持大幅上升的趋势，从而持续拉高了花生生产的总成本。

由于单产的提高、花生收购价格的回落、劳动用量的缓慢下降，以及人工成本的显著上升等因素综合作用，导致近十年来河北省花生生产的成本利润率出现剧烈波动且呈总体下降态势。这表明，河北省的花生生产者为取得利润而付出的代价变得越发高昂，且成本费用控制和盈利能力总体减弱。

近十年来，河北省花生生产的单位面积净利润、劳动日净产值、每元物质费用净利润和每千克主产品净利润，均呈现剧烈波动且整体下滑态势。由于上述指标分别反映花生生产的土地生产率、劳动生产率、农户的投资效益和产品效益，这说明，在这一时期由于河北省花生机械化水平不高、人工费用和生产资料价格持续上涨，尤其是花生价格的剧烈震荡和总体下滑，导致土地生产率和劳动生产率的大幅波动，加之花生产量增长与物质费用增加之间反复的此消彼长，又导致农户的投资效益和产品效益出现较大波动。

二、河北省花生机械化生产现状分析

花生机械化生产主要包括耕整地、播种、田间管理、收获、产后加工等环节，播种、收获和产后加工为关键环节，花生生产机械化流程如图4-11所示。

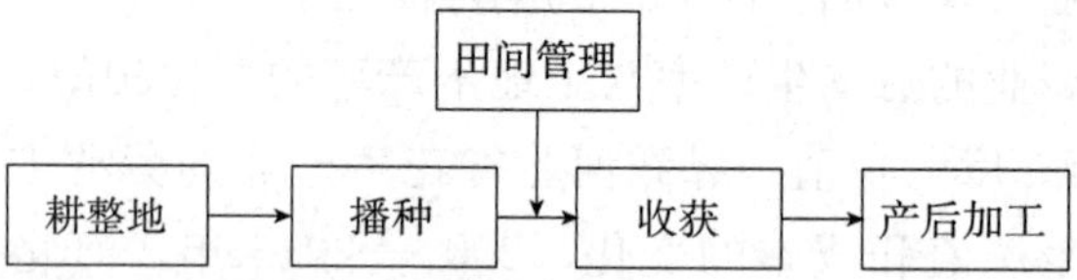

图4-11　花生生产机械化流程

（一）河北省花生机械化生产现状

河北省地处黄淮海花生产区，是我国花生主产区之一。近年来，在河北省政府高度重视下，逐步加强先进机具的引进、示范与推广，全省花生全程生产机械化水平已初具规模，本部分从花生各环节机械化现状进行分析。

1. 花生耕整地机械现状

花生播种前的耕整地基本要求与小麦玉米等大田作物大致相同。目前，河北省花生规模化种植耕整地机械化作业率基本达到100%。耕整地作业机具主要有翻转犁、旋耕机和深松机等。在耕整地作业中，自动导航、激光平地等先进耕整地装备正在逐步推广应用。表4-12为河北省普遍使用的耕整地机具。其中1LF-550型翻转犁、1GQN-300旋耕机、230型深松整地联合作业机为滦州市百信合作社所用部分耕整地机械。

表4-12　河北地区花生机械化生产典型机具——耕整地环节

机具型号	机具类型	生产厂家
1LF-550	翻转犁	山东希成农业机械科技有限公司
1LF-450	翻转犁	山东希成农业机械科技有限公司
1GQN-300	旋耕机	河北农哈哈机械集团有限公司

（续）

机具型号	机具类型	生产厂家
1SL-6A	深松机	山东希成农业机械科技有限公司
1SZL-250	深松机	河北农哈哈机械集团有限公司
230	深松整地机	河北通田机械有限公司

2. 花生播种机械现状

目前常用的花生排种器一般为内充种转仓式，该型排种器主要由排种轮、空心驱动轴、排种器壳体、径向护种板、进种口和轴承等构成。根据农艺要求：花生机播要求双粒率大于80%，穴粒合格率大于95%，空穴率小于2%，破碎率小于1.5%。如果采用覆膜播种，作业时应尽量将膜拉直、拉紧，覆土完全，并用镇压轮镇压，使膜尽量贴紧地面。河北省使用的典型花生播种机具如表4-13所示。

表4-13　河北省花生机械化生产典型机具——播种机

机具型号	生产厂家
花生播种、施肥、覆膜一体机	莱阳万达机械制造有限责任公司
JNH-Ⅳ花生精播机	潍坊市昌乐景农农具厂
四轮车花生播种覆膜机	曲阜市润华机械制造有限公司
金佳JJ-BZ花生播种机	曲阜市金佳机械有限公司
东珠小型花生播种机	迁安东珠播种机厂

3. 花生田间管理机械现状

花生田间管理主要包括病虫害防治、化控调节和排灌等环节。其中，病虫害防治是主要环节，病虫害防治、化控调节的药液喷施主要采用喷雾机或弥雾机完成。机械喷雾可实现药液雾化粒度均匀、喷量均匀适宜，具有省药、省时、高效等特点。表4-14为河北省常用的典型花生施药机械，3WZP-600自走式水旱两用喷雾机、3W-400/600E牵引式喷杆喷雾机为滦州市百信合作社所用的花生施药机具。

表4-14　河北省花生机械化生产典型机具——田间管理机械

机具型号	生产厂家
3WFY-800风送式高效远程喷雾机	北京丰茂植保机械有限公司
3WZP-600自走式水旱两用喷雾机	山东绿田农业机械有限公司
3W-400/600E牵引式喷杆喷雾机	中农丰茂植保机械有限公司

4. 花生收获机械现状

花生收获包括挖掘、捡拾、摘果等过程，花生收获可分为分段收获、两段收获和联合收获三种。分段收获一般作业流程为：采用花生挖掘机挖掘、抖土和铺放，人工捡拾，机械摘果、清选；两段收获一般作业流程为：先用花生挖掘机挖掘、抖土和铺放，经过3～5天晾晒后，然后采用捡拾摘果联合收获机一次性完成捡拾和摘果；联合收获可一次性完成挖掘、输送、清土、摘果、清选、集果等作业，部分秧果兼收联合收获机还能够实现秧蔓与根盘的分离，秧蔓直接归集装箱或打捆，可直接作为青贮饲料使用，仅根盘喂入摘果装置，实现大喂入量低损高效摘果。

目前，我国常用的花生收获机械主要有：振动筛选式花生收获机、抖动升运链式花生收获机、滚筒式花生收获机、夹持链式花生收获机、花生联合收获机、花生摘果机械等。在河北省应用最为广泛的是夹持链式花生收获机及花生联合收获机。在河北省广为使用的典型花生收获机如表 4-15 所示。

表 4-15　河北省花生机械化生产典型机具——收获机械

机具型号	机具类型	生产厂家
4HZ-68B	花生摘果机	河南瑞峰机械有限公司
5HZ-500	花生摘果机	青岛万农达花生机械有限公司
6H-700	花生摘果机	河南省汝南县和孝农机厂
4HZ-680B	花生摘果机	开封宏昌通用机械厂
4HZ-680	花生摘果机	新乡市第一拖拉机厂
4HYS-850A	花生有序铺放收获机	青岛德兴万丰农业机械有限公司
4HZJ-2500	自走式花生捡拾收获机	河南德昌机械制造有限公司
无	花生收获机	唐山农发农业机械制造有限公司

5. 花生产后加工机械现状

花生产后加工包括干燥、存储、脱壳、清选分级、检测、深加工等工艺过程。上述工艺过程的机械化程度以及机械化作业质量，对花生保产增值起到重要作用，同时也在一定程度上影响花生产业的发展态势。

新收获的花生，成熟荚果含水量在 50%左右，未成熟的荚果含水量在 60%左右，必须及时使之干燥。与自然晾干花生相比，运用花生干燥机，可缩短花生干燥所用时间。目前，国内尚无专用的花生烘干设备，花生烘干目前常采用以下两种方式：一种以柴油和天然气等为燃料的烘干机，另一种是以空气热能泵为动力的烘干房。

花生脱壳属于花生收获后的初级加工工序。根据脱壳后花生的用途不同，脱壳机可分为普通脱壳机和花生种子脱壳机。目前，花生脱壳多采用打击揉搓式的原理，工作时，在滚筒和凹板的冲击、挤压、揉搓作用下对花生进行强制脱壳，故脱净率低、破碎率高是目前花生脱壳机普遍存在的问题。

由于花生生长的差异，花生果仁的大小存在差异，因此，要对花生米进行筛选，剔除发芽的、发霉的、破碎的，并对花生米进行分级，将花生分成一级米、二级米和三级米，运用花生分级机，可以提高分级效率，提高分级准确性。

花生深加工可以使花生的经济价值扩大化，常见的花生深加工手段为花生榨油及花生的炒制，所用机械繁多，技术较为成熟。

河北省使用比较典型的花生产后加工机具如表 4-16 所示。

表 4-16　河北省花生机械化生产典型机具——产后加工机械

机具型号	机具类型	生产厂家
DW 系列网带式干燥机	花生干燥机	常州市苏力干燥设备有限公司
6BH-2000A	花生剥壳机	河南省获嘉县中兴机械有限公司
佳诚 JC-850	花生剥壳机	曲阜佳诚机械设备有限公司
10BK-30	花生剥壳机	南阳市农业新技术开发研究所
LY-2000 型	花生剥壳机	烟台市令元花生机械厂
无	花生清选机	新乡一拖富康机械有限公司
臻尚	花生色选机	合肥美亚光电技术股份有限公司
6BH-640B	花生清杂机	河南省获嘉县中兴机械有限公司
9FQ50-28B	饲料粉碎机	河北省香河县宏光畜牧机械厂

（二）河北省花生生产机械化的制约因素

1. 种植规模化程度不同带来各地区花生生产机械化程度不均

农户花生生产小规模经营的方式，难以发挥机械作业的优越性和规模经济效应。目前河北省花生种植多以小地块为主，种植分散、面积小、规模小。且缺少机耕道、机收道，耕地、播种、收获机械田间转移困难，即便能够作业，也会增加田间掉头转弯次数，无法体现出机械化作业高效性。

在花生规模化种植区，花生全程机械化程度较高，主要分布于冀东、冀中和冀南地区，花生全程机械化率达到了 90％以上，有些环节甚至超过了 95％。在大型花生生产合作社和家庭农场，耕整地、播种、田间施药、收获、摘果、脱壳、干燥等环节已基本实现机械作业。而对于一家一户小规模种植区，由于农户自身经济条件限制，主要依靠手工劳动。

在花生大面积连片种植区，花生全程机械化程度较高，但各环节的机械化程度也存在差异。冀中、冀南总体机械化率较高，其中，冀中与冀南地区耕整地机械化率分别为 94.9％和 98.1％，播种（含播种覆膜联合）机械化率分别为 98.3％和 97.1％，收获机械化率分别为 95.4％和 94.2％，各环节的机械化程度差异较小；冀东片区耕整地与花生播种（含播种覆膜联合）机械化率较高，分别达到 97.6％和 94.6％，但是收获机械化率较低，仅为 87.8％；黑龙港片区较省内其他片区而言，机械化程度相对较低，耕整地、播种（含播种覆膜联合）、收获三个环节机械化率分别为 75.1％、70.3％、68.7％。各地区的花生生产主要环节机械化率如图 4-12 所示。

2. 花生生产机械整体质量差、效率低

在我国，花生生产机械多以小型、独立作业为主，作业效率低、田间作业次数多、生产效率低，且机具整体制造质量差。

目前花生在耕整地、播种、管理、收获等环节虽然在大力推广机械化，但因缺乏研发投入，机具品种单一，制造质量差，导致作业效果差。如，播种深浅不一，下种不均，弱苗率高，收获损失率平均高达 20％以上，花生种子脱壳破损率平均高达 15％以上。

花生种植机械主要由中小企业生产，由于产品技术门槛低，导致生产企业众多，产品质

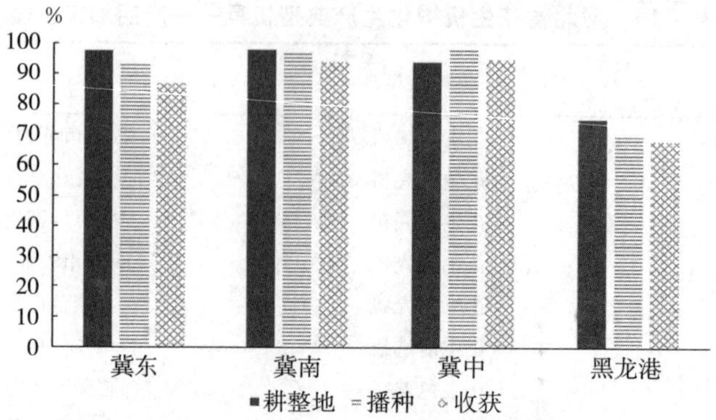

图 4-12　河北省花生主产区主要生产环节机械化率

量良莠不齐，机具作业质量差且性能不稳定，售后服务跟不上，直接导致农机户维修成本高、停机时间长、收益少。

花生收获期短，机械使用率低、总体投资大、作业成本高。一次性完成所有收获工序的花生联合收获机虽已处于示范和批量生产阶段，但其可靠性、适应性、通用性等仍有待提升完善。另外，由于花生收获后的干燥技术及烘干设备欠缺，技术总体配套性差，收获后如遇阴雨天气，荚果不能及时晾晒造成霉变，导致农民使用花生联合收获机的积极性不高。

花生脱壳机具，虽有较多机型可选，但在实际使用过程中普遍存在剥净率低、破损率高等问题。

3. 农机与农艺融合程度不高

随着科技进步和社会经济的发展，实现花生生产的机械化是必然趋势。但目前缺少结果集中、荚果整齐、果柄坚韧、成熟一致、抗病、抗倒伏等适于机械化栽培的品种，不能很好满足机械化生产需求。

机械播种技术已比较成熟，但也存在着部分机械平衡性较差，播种深度、垄高、覆土量等指标有时不能适应农艺要求的现象。而花生机械收获也多采用收获—摘果分段式收获，联合收获机的推广应用才刚起步，机具性能不够稳定，对于多样化种植方式和土壤类型的适应性有待提高。据估算，河北省目前机收率仅为 50%。农机农艺融合程度低，制约花生生产社会化服务发展。而种子加工能力弱的问题尤为突出，生产用种大多数依然靠人工剥壳、选种，加工能力薄弱，极大地制约了花生产业发展。

地域、种植方式的差异，是影响花生生产机械化发展的主要因素。花生种植区分散，地块小、交通不便，适宜小田块作业的小型机械种类不足。目前，河北省花生种植模式复杂多样，有平作、垄作和畦作之分，平作、垄作和畦作时又有单作、间作和套作差别，尤其是冀中、冀东和冀南等花生主产区广泛采用的间作和套作种植模式，缺乏与花生间套作等不同种植模式相适宜的花生机械。

三、河北省花生市场发展现状分析

作为全国最主要的花生产区和集散地之一，河北省在花生产销过程中，逐渐形成了特色鲜明的花生交易市场。第一，依托不同类型核心产区，发展了大规模、全品类、高集中度的大型花生交易市场。典型代表为冀东春花生主产区的滦州市（孟家屯）花生交易市场；冀中麦茬花生主产区的新乐（承安镇）花生交易市场；冀南春播及夏播花生主产区的大名（南李庄）花生交易市场。上述三地区均为河北省最重要的花生主产区，其交易市场既是本地花生的主要销售平台，同时也是全国性的重要花生交易集散地，三个市场的常年交易量都稳定在10 万吨以上。第二，河北省花生在全省范围内广泛种植，非花生生产大县也基本建成了各自的花生交易市场，主要满足本地交易需要，其特点是规模适中，以本地花生为主，也有部分外省调入的花生。比如秦皇岛的昌黎、保定的清苑、高碑店、衡水的深州、邢台的沙河等地的花生交易市场也比较活跃，发展势头较好。

（一）主要交易市场

1. 唐山滦州市（孟家屯）花生交易市场

唐山滦县（滦州市）是“中国花生之乡”“全国首批油料生产试点县”“国家油料生产基地县”和“国家花生出口基地县”，也是河北省政府命名的“花生特产之乡”。区域内“东路花生”是国家地理标志产品。2017 年，全市花生种植面积达 25 万公顷，年产量近 7 万吨，是河北省主要的花生产区县之一。

滦县（滦州市）花生交易市场位于孟家屯，紧邻京哈高速和京秦高速，距唐山港和曹妃甸港只有 50 公里，是冀南地区最重要的花生交易集散地，拥有固定摊位 1 000 余个，相关从业人员超过 8 000 人，辐射范围包括滦南、迁安、卢龙、昌黎等花生产区，主要面向北京、天津、内蒙古等市场，在北京和天津的市场占有率均超过 30%，在西南和东南部省份也有一定份额，同时还出口欧美及东南亚，市场主要产品为新唐油 285、潍花 8 号、小日本等，年交易量超过 10 万吨，年交易额超过 6 亿元。

2. 新乐（承安镇）花生交易市场

石家庄新乐是“河北花生米之乡”，域内“新乐花生”是国家地理标志产品，2017 年新乐花生播种面积超过 0.8 万公顷，产量超过 3 万吨，是河北省麦茬花生的主产区。

新乐花生米市场始建于 1982 年，是“河北省十大农副产品批发市场”之一。市场位于承安镇京广铁路和 107 国道旁，距京深高速公路新乐出口不足 10 公里，交通非常便利，市场占地面积超过 6 000 平方米，日最高上市摊位 4 000 个，上市量超过 1 000 吨，该市场已成为华北地区重要的花生米价格形成中心。主要市场有北京、天津、山西、陕西、内蒙古、河南、山东等省市，部分出口日本、澳大利亚、东南亚等地，市场主要产品为冀油 4 号、冀花 4 号、5 号、鲁花系列等，2017 年市场成交额接近 10 亿元。

在新乐花生交易市场的带动下，目前已建成承安、大岳、杜固、正莫四个接近 700 公顷的生产基地和 41 个花生购销、加工专业村。培育了龙头企业，花生种植专业合作社等新型经营主体 7 个，注册了“天灌”“六孔桥”等新乐花生品牌。

3. 大名花生交易市场

邯郸大名是“中国花生之乡”，全县花生常年种植面积 3.34 万公顷左右，总产 12 万吨以上，是河北省最大的花生主产县，主要产区集中分布在卫河以东的金滩、张集、孙甘店等

8个乡镇。

大名（南李庄）花生交易市场，位于县城东南15公里的南李庄村，始建于1992年，紧邻国道106和省道313，交通便利。该市场是“全国粮油市场二十强”、农业部“定点市场”，是河北省最大的花生交易市场，也是长江以北最大的花生交易集散地之一，辐射周边5省数十个县市，年交易量达25万吨，交易额超过10亿元，市场主要产品为99-1、冀花5号等。依托花生市场已建成投资500万元以上花生深加工企业13家，其中千万元以上2家，年加工花生10万吨以上。此外，孙甘店、张集、普明滩花生交易市场也是域内较大的花生交易市场。

（二）主要流通模式

花生的产后流向决定了其主要流通模式。目前，河北省花生种植仍以散户小规模种植模式为主，产品自用比例约为30%，其余进入流通环节，主要有：用于加工花生油的花生米类产品，约占50%；用于油炸及烘焙加工的花生米和花生果类产品，约占40%；鲜食及甜品加工等约占10%。交易流通方式仍然以花生经纪人收购、贸易商实体市场批零方式为主。近年来，以花生深加工企业订单基地为特征的“新型经营主体＋农户”模式也快速发展。从流通平台和手段看，传统的实体市场流通仍占主导，但是逐渐呈现出信息源的线上流动和实体产品线下交易相结合的趋势。

1. 传统流通模式

此种模式是长期以来存在的花生产后交易流通模式，也是目前河北省主要交易流通模式，主要过程分两个阶段：第一阶段是花生经纪人到农户手中收购，或者农户将收获的花生直接交至花生经纪人处，收购价格随市场波动。第二阶段是花生经纪人在实体交易市场或通过网络交易平台将花生售卖给花生贸易商，此过程也可以由花生贸易商发起。部分实力雄厚的花生经纪人本身也是贸易商，可以直接将花生销售给终端客户。

2. “新型经营主体＋农户”流通模式

近年来，此种模式发展迅速，“新型经营主体＋农户”可细分多种小类，其中，“龙头企业＋合作社＋农户”的模式最为典型，该模式由龙头企业通过合作社向农户提供特定品种、农资、生产技术及操作规范等，签订购销合同，确保产品品质和双方利益。

以鲁花集团在深州建设的深州鲁花浓香花生油有限公司为例。该公司创建于2008年，主要生产5S压榨一级花生油等食用油产品。经过2018年的扩建，花生油年生产能力达19.8万吨，产品主要销往北京、天津、石家庄、张家口、保定、沧州、呼和浩特、德州、太原等大中城市。目前该公司30%以上的原料花生采用“龙头企业＋合作社＋农户”的订单生产模式获得，公司在河北省多地建设了订单生产基地，公司面向花生种植合作社或者种植大户签署订单合同，同时为种植主体提供各种专业服务：第一，测土配肥服务。对公司基地种植户实行测土配肥服务，根据土壤土质情况设计种植方案，配方施肥，解决用肥不合理、不科学、浪费等问题。确保种植户科学合理施肥，提高花生产量，减少病虫害、空壳等现象的发生。第二，全程技术指导服务。为种植户提供种植模式、品种选择、田间管理、收获加工等系列服务，由专家全时提供咨询服务。公司专家团队在播种期间、生长期间以及收获阶段现场为种植户提供技术指导，种植户也可以通过电话、微信等方式随时与公司联系，解决在生产过程中遇到实际的问题。第三，保价收购政策。公司与种植户签订收购合同，实行价格保护政策，避免价格波动影响收益。第四，套餐式服务。公司由专业人员根据种植户的需要，量身打造，提供农资、农机一条龙配套服务，以低于市场价格的有偿供应。第五，种植保险服务。公司根据客户需要，联系保险公司，为种植户提供农业种植保险服务，降低自然灾害带来的损失。第六，财务保障服务。公司所建基地均由公司直接发展建设并依法签订合同，对外无任何委托代理行为，且所有款项均由公司统一账户收支，切实保障种植户利益不受损失。

这种模式确保从品种到种植流程再到收获的全程标准化，降低了收购成本，确保了企业的产品品质，提升了附加值。同时，通过订单合同，也保证了农户的利益，达到了双赢。

3. 信息媒介和交易平台

目前，河北省传统的市场实体交易仍然占据主导地位，但是供求信息的发布与获取已经日益依赖有线网络和移动互联媒介（新型信息媒介），产品的交易也加入了电商平台等新兴渠道。以新乐花生米交易市场为例，约有 30%的交易量供求信息来源于新型信息媒介，40%以上的经纪人利用新型信息媒介达成过交易，56%的经营主体使用过阿里巴巴等电商平台以及中国花生信息网等专业网站平台。

4. 花生流通存在的主要问题

由贩销大户或经纪人到产地收购、农户直接到农贸市场将花生产品卖给消费者、进入当地批发市场与花生批发商直接交易等传统市场经营流通模式，存在产品流通经营成本高、交易效率低和信息不对称等突出问题，已经越发不能适应现代社会对产品质量、安全、便捷的要求。与此同时，花生贸易中形成的一些新型模式，如“公司＋农户”“公司＋专业合作社（农业协会）＋农户”、电子交易市场、拍卖制等由于缺少相关法规和制度规范，市场主体不成熟等各种原因，不时出现毁约、人为操控市场交易等现象，给参与者带来严重损失。

（三）河北省花生市场价格波动分析

我国是世界第一大花生生产国，花生也是目前我国唯一具有国际竞争力的大宗油料作物，河北省的花生生产在国内居于优势地位，价格主要受到国内市场的供求关系影响。

1. 河北省花生价格走势

以花生市场占比最大的油用花生米为例，由图 4-13 可见，从 2006 年 1 月到 2018 年 12 月，河北省油用花生米价格经历了六个比较明显的波动周期：第一个波动周期从 2006 年 1 月到 2008 年 12 月，历经近 2 年的持续上涨，在 2018 年 3 月峰值之后迅速下降；第二个波动周期从 2009 年 1 月到 2010 年 7 月，表现为前期较为迅速的增长和后期缓慢回落；第三个波动周期从 2010 年 8 月到 2011 年 12 月，表现为前期井喷式增长，达到历史最高值，峰值回落后价格仍然高于前期最高水平；第四个波动周期从 2012 年 1 月到 2014 年 7 月，表现为价格短时迅速升高，后期波动式大幅回落；第五个波动周期从 2014 年 8 月到 2016 年 2 月，表现为 6 个月的快速提升和 12 个月的缓慢下降；第六个波动周期从 2016 年 3 月至 2018 年年底，表现为一波短时的大幅度波动和缓慢的持续震荡下降。

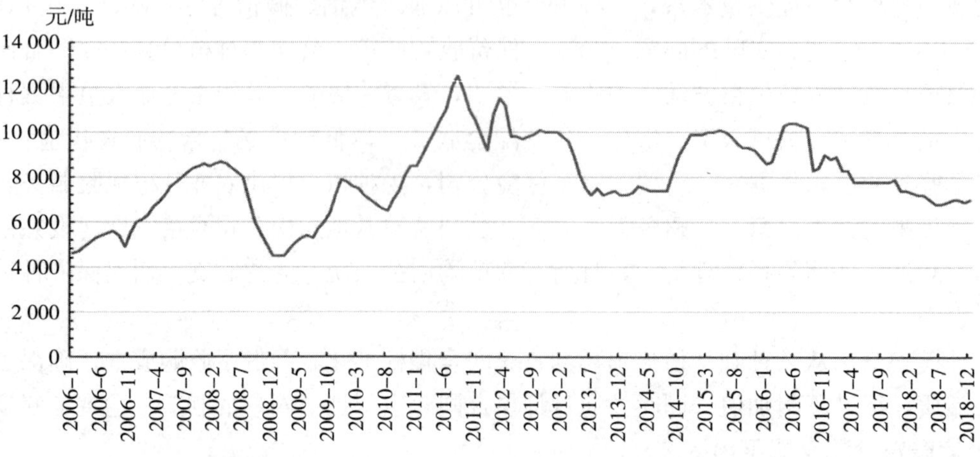

图4-13　河北省历年花生月均价格

（1）2006年1月到2008年12月。受前期市场价格、比较效益等综合因素影响，2006、2007年，全国花生种植面积均出现持续下滑，而同期，油企产能有所增加，供需矛盾显现。同时，2007年至2008年的世界性粮食危机导致出现了全球性的花生短缺，多重因素致使花生价格从2006年1月的4 600元/吨大幅升至2008年7月的8 700元/吨，涨幅达89%。之后，受到后期种植面积增加、供给能力增强等因素影响，价格开始回落，随后的金融危机导致经济衰退，花生需求量锐减，价格降至近年历史最低点。

（2）2009年1月到2010年7月。受到前期低价影响，2009年花生播种面积减少，花生总产下降，供需矛盾再次尖锐，同时国际国内经济形势逐渐好转，花生价格呈现恢复性增长，从2009年1月4 500元/吨的低价逐步恢复到2010年1月的7 800元/吨，随着节前备货期的结束，花生需求逐渐减弱，价格逐步回落至2010年7月的6 500元/吨。

（3）2010年8月到2011年12月。受惯性影响，2010年花生播种面积继续减少，同时，该阶段河北省乃至全国的花生主产区生长期都遭遇了不同程度的干旱，收获期又遭遇连阴雨，致使花生大量减产，产品质量也下降严重。同时，这一时期由于受到农产品生产成本大幅涨价影响，国内大蒜、玉米、绿豆、鸡蛋等农产品相继迎来涨价潮，从而导致花生价格井喷式增长，从2010年中旬的6 500元/吨一路猛涨至2011年8月的12 500元/吨，半年涨幅高达92%。这一时期的花生涨价被媒体戏称为“花你钱”。之后，随着新花生的收获，价格逐渐回归，但是仍高于之前的最高价。

（4）2012年1月到2014年7月。由于受到春节备货以及贸易商看涨惜售等因素影响，从2012年1月至2012年3月，花生价格经历了短时的迅速增长，从9 200元/吨增至11 500元/吨，随后很快回归理性，价格降至2012年7月的9 700元/吨，再经历半年左右的稳定期后，随着2013年花生播种面积和产量的大幅增加，至2013年10月，价格回落至7 200元/吨，降幅明显。此后，直到2014年8月，一直围绕此价格小幅震荡徘徊。

（5）2014年8月到2016年1月。从2014年8月到2015年1月，由于受到前期花生价格拖累，播种面积萎缩，同时受气候因素影响，花生单产和品质下滑明显，导致价格迅速从

7 400 元/吨上涨至 9 900 元/吨。而后，随着市场调整，价格逐渐回归，至 2016 年 2 月，下降至 8 600 元/吨。

(6) 2016 年 2 月至 2018 年 12 月。由于前期基础价位较高，加之春节前后油企集中采购原料等因素，花生价格从 2016 年 2 月的 8 600 元/吨迅速上涨到 2016 年 5 月的 10 400 元/吨。随后各种利好因素逐渐消失，花生价格快速下降，2017、2018 连续两年，花生播种面积增长，产量增加，价格持续低位震荡运行，呈现逐渐下降的趋势。

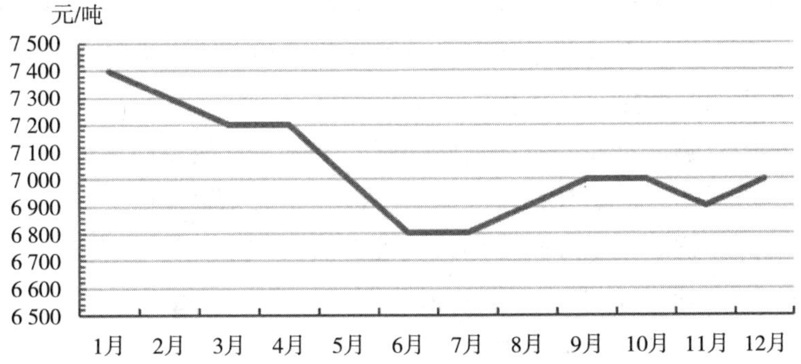

图 4-14　2018 年河北省花生月均价格

(7) 年际花生价格变动。从年际来看，2018 年河北省花生价格经历了两个比较明显的变化阶段，第一阶段从 2018 年初到 2018 年 6 月中旬，表现为大幅震荡下降；第二阶段从 2018 年 7 月到年底，价格基本趋势是缓慢的震荡上扬。分析原因为：第一阶段，由于前期基础价格较高，元旦及春节前后本应上涨的价格趋势并没有出现，3 月和 4 月花生油厂开工率较高，使得花生米一直维持平价。4 月中旬以后，随着有利因素的消失，花生价格在 6 月触底。第二阶段，进入 7 月，贸易商大多出货完毕，市场上花生减少，价格随之缓慢上涨，至 9 月下旬，随着新花生的上市，价格上涨趋势结束，随后下降，进入 11 月末，花生加工企业开始备货，价格开始上涨。

2. 河北省花生价格影响因素分析

与其他大宗农产品相同，花生价格波动也主要由市场供求关系决定，同时，也受到经济环境、市场预期、相关产品价格走向、人为炒作等相关因素影响。

(1) 供给不足与供给过剩。花生价格比较忠实的遵循经济学的蛛网理论，以 2006 年 1 月至 2008 年 12 月的波动周期为例，2006 年花生播种面积比 2005 年减少 6.12 万公顷，而同期需求有所增加，导致花生价格大幅上涨。而 2008 年的播种面积比 2007 年增长了 1.84 万公顷，供给能力增强，同时发生的金融危机导致经济衰退，花生供给过剩，价格严重下滑（此处的供给不足与过剩仅指花生生产者的种植行为）。

(2) 生产成本变动影响。整体而言，河北省花生生产的总成本呈现持续增长趋势，以 2010 年 8 月到 2011 年 8 月的增长周期为例，2010 年开始，国际国内农业生产成本快速增长，各种农资价格升高，特别是劳动力价格上涨迅猛，导致后期花生价格成本水涨船高。每公顷花生的总成本达 23 565 元，比上年增加 8 055 元，增幅高达 51.92%，按照 2010 年花生平均单产 3 517.5 千克计算，单位成本增加 2.29 元。生产成本的增加成为这一时期推动花生价格飞涨的重要因素。

（3）消费观念的变化及上游企业的拉动。随着生活水平的不断提高，人们对生活品质和食品安全越发重视，花生油以浓郁的口味、丰富的营养和非转基因、物理榨取等安全理念日益受到消费者青睐，销量稳步增长，对花生原料的需求也迅速提高，导致花生价格上扬。而花生油加工企业等产业链上游企业一般会在春节前后集中对原料花生进行收购，也会导致这段时间内花生价格的上涨。

（4）中间商囤积操纵价格。花生经纪人一般掌握有大量花生产品，当游资进入农产品流通领域后，就可以与经纪人群体联手操纵供求关系与价格。通过大量收购农产品、囤货、惜售等手段，制造花生短缺假象，压买挺卖，炒作价格。

（5）替代产品的影响。豆油是我国消费油脂的主体，我国油用大豆基本源自进口，价格低廉，导致豆油价格低迷，由于存在替代效应，也会导致花生价格下跌。

（6）生产条件的影响。花生种植受到天气等自然气候条件影响较大，比如 2014 年 8 月至 2015 年 1 月的涨价周期，该时段前期，河北省花生生育期遭遇了干旱，收获期遭遇了连阴雨，致使花生大量减产，导致价格上涨。

3. 河北省花生油价格走势分析

花生油是花生最重要的消费方式，花生油的价格一般会随花生价格波动而变化，在时间上呈现滞后同形的特点，由图 4-15 可见，从 2012 年 1 月到 2018 年 12 月，河北花生油价格经历了四个波动阶段，第一阶段是 2012 年 1 月至 2013 年 11 月，呈现过山车式的激烈涨跌，基本与上一时期的花生价格变动趋势相同；第二阶段是 2013 年 12 月至 2015 年 11 月，围绕中心价格小幅震荡，基本维持稳定；第三阶段是 2015 年 12 月至 2016 年 11 月，前期价格持续上涨，短时间维持之后迅速下降，这种结果也主要是前期花生价格变动的滞后反应；第四阶段是 2016 年 12 月至 2018 年 12 月，价格呈现缓慢持续下降趋势。

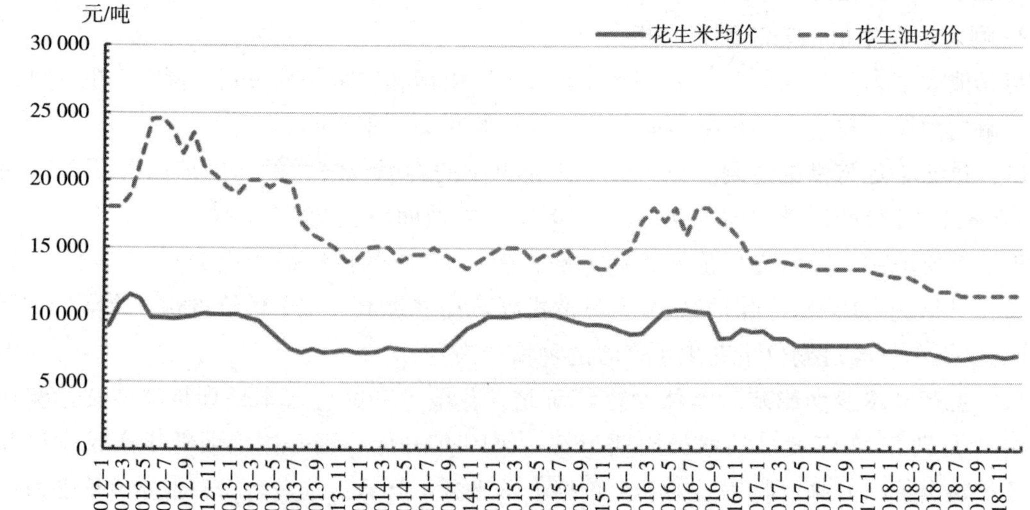

图 4-15　河北省花生米、花生油价格走势

4. 河北省花生油价格影响因素分析

由图 4-15 可见，近五年来，花生油价格与花生价格走势基本一致，但时间上滞后 4～6 个月左右，基本呈现震荡下降趋势，影响花生油价格变动的因素主要有供求关系、生产成本、外部因素等。

（1）供求关系。与花生一样，花生油价格变动的主要影响因素也是供求关系。近五年，花生油价格震荡走低的主要原因在于花生油及花生食用消费增量有限。据统计，近五年我国的花生油消费量年均增长率约为 5%，由于与其他替代食用油价格差距较大，个别年份甚至出现负增长。2016 年的花生油需求量为 256 万吨，供给量为 261 万吨；2017 年需求量为 276 万吨，供给量为 283 万吨，国内花生油供给增速持续大于需求增速，基本长期呈平衡略宽松状态，因此，花生油价格多数时间弱势震荡。

（2）生产成本。花生油最主要的生产成本就是花生原料，花生成本约占花生油总成本的 80%，因价格传导惯性和生产周期等原因，花生原料价格的变动会迟滞一段时间同趋势反应在花生油价格变动上。比如 2011 年春节前后，花生价格井喷，至同年 8 月，达到 12 500 元/吨的历史极值，而花生油 2012 年 4 月的价格比 1 月上涨 36.7%，也达到了历史极值。由此可见，花生原料价格维持高位直接提升了花生油加工企业的生产成本。2012 年花生油的涨价很大程度上是由于 2011 年以来花生原料涨价压力释放引起。

（3）外部因素。外部因素主要指花生油的替代产品，包括豆油、菜籽油、葵花籽油、玉米油等食用油。一般而言，其他食用油价格的涨跌直接影响花生油价格的涨跌，二者一般情况下呈现反向关系，但是一旦食用油价格整体上涨，则花生油也会随之上涨。

四、河北省花生生产经营主体发展现状

中共中央国务院关于《乡村振兴战略规划（2018—2022 年）》提出，要促进小农户和现代农业发展有机衔接，发展多样化的联合与合作，提升小农户组织化程度。鼓励新型经营主体与小农户建立契约型、股权型利益联结机制，带动小农户专业化生产，提高小农户自我发展能力。在加快推进全省花生产业提质增效，提升花生产业竞争力的进程中，河北省花生加工企业、专业合作社、家庭农场、种植大户等正在崛起，产业化发展有了良好开端。

（一）河北省花生加工企业现状

1. 河北省花生加工企业现状

河北省花生加工业发展较快，现有花生压榨企业 500 多家，日处理量在 1 000 吨以上的有 4 家。除进驻省内的鲁花、益海油脂加工企业外，以花生初级加工为主的邯郸名福植物油有限公司、滦县天申油脂公司、迁安市河北乐丫农产品有限公司等少数油脂企业发展迅速，在国内市场占有一定份额。大部分企业产品主要是花生油和技术含量较低的小食品，如花生米、多味花生豆、花生酱、花生糖、花生露等简单加工产品。随着河北省花生产业的发展，部分企业已经开始了高油酸高端食用油、休闲旅游食品和花生蛋白、白藜芦醇提取等精深加工产品的研发。

2. 典型龙头企业——邯郸市名福植物油有限责任公司

（1）公司基本情况 大名县地处冀鲁豫三省交界，是国家扶贫开发工作重点县、河北省扩权试点县，被誉中国花生之乡。距离石家庄、济南、郑州三个省会城市均在 200 公里左右，大广高速、106 国道、215 省道纵穿南北，邯济铁路、邯大高速、313 省道横贯东西。邯郸市名福植物油有限责任公司坐落于此，便利的交通条件，为企业的材料运输、信息交流等提供了强力保证。公司成立于 2004 年 9 月，占地面积 178 公顷，总建筑面积 31 360 平方米，注册资金 5 000 万元，拥有各类职工 200 余人。主要从事植物油深加工、植物油制品分装、销售等业务。公司拥有 10 000 吨的花生米储存库和 10 000 吨食用油储存罐，花生米榨油生产线三条，筛选、浸油、精炼、清油生产线各一条。

公司获得 ISO22000：2015 食品安全管理体系，ISO9001：2008 质量管理体系和安全标准化三级认证，荣获“中国驰名商标”“河北省著名商标”“河北省名牌产品”“河北省农业产业化重点龙头企业”“全国放心粮油示范加工企业”“绿色食品”“清真食品”“全国绿色食品示范加工企业”“全国守合同重信用企业”“河北省示范农业产业化联合体”“全国质量诚信 AAA 级品牌企业”“全国重质量讲信誉创品牌三满意示范单位”“国家扶贫龙头企业”“邯郸市企业文化建设先进单位”“河北省讲理想比贡献活动创新团队”等诸多国家省部级荣誉。

（2）公司运行模式和成效。公司现已形成两大优势：

一是品牌和营销优势。公司引进国内领先设备，采用纯物理压榨、水洗精炼技术，2015—2018 年，公司年均加工原料量 5.7 万吨，年均销售量 1.7 万吨，总销售利润 10 096 万元。生产经营的“名福”牌系列产品通过直销（包括业务员直销，如学校、医院、单位发福利；企业直销，如广东中粮、广州市粮、益海嘉里；企业自营店等）、网络销售（京东、天猫、个人网店）等渠道，除销往本县和周围邻县外，远销全国 20 多个大中城市，现已成为冀鲁豫三省结合部规模最大、工艺最先进、加工能力最强的花生深加工企业（表 4-17）。

表 4-17　企业加工及销售情况

年份	加工原料量（吨）	销售量（吨）	销售利润（万元）	销售形式	销往区域
2015	65 000	20 000	2 892	直销	京、津、冀
2016	60 000	18 000	3 216	代销	晋、鲁
2017	53 000	15 000	1 988	经销	豫
2018	50 000	15 000	2 000	网络销售	粤

二是规模和质量优势。公司在大名县孙甘店乡和大名县张铁集乡建有“花育 19”“冀花 4”花生生产基地 0.552 万公顷，基地收购荚果产量 2 741.7 万千克（表 4-17）。为了保障绿色食品压榨一级花生油原料质量安全，公司在花生种植基地聘用生产质量安全监管员，负责基地花生种植、农资统一采购和发放等事宜。具体职责包括组织农户参加公司绿色食品种植操作规程及种子、农药、化肥使用技术培训；指导、监督、检查农户落实绿色食品种植操作规程，写好生产农事记录；统计农户所需的种子、化肥、农药等农资的详细情况，并负责发

放到户，花生收购时扣除每个农户的相应农资费用；组织农户到公司指定地点收购。监管员薪酬为公司收购所负责村花生米总金额的 1%，年末结算。同时公司与农户签订订购协议，协议明确：基地农户保证按照双方制定的绿色食品种植规程进行种植管理，合理用药、平衡施肥，严禁使用生产绿色食品所禁止的高毒、高残留、“三致”农药和硝态氮肥，有责任参加公司组织的绿色食品基本知识、生产规程等必要的培训，有责任保护好基地区域环境不受破坏，禁止对环境有污染的农副加工企业上马。公司按照有关标准对基地农户提供的花生米进行检验，检验合格后，以每千克高于市场价 0.14～0.2 元价格作为绿色压榨一级花生油原料收购。

表 4-18 企业花生基地情况

品 种	区 域	种植面积（公顷）	花生产量（千克）	单产（千克/公顷）
花育 19	大名县孙甘店乡 14 村	2 495.34	11 977 600	4 799.99
冀花 4	大名县张铁集乡 16 村	3 027.34	15 439 400	5 099.99

名福的快速发展有力促进了农民增收。随着公司产品销量的扩大，原料收购数量也不断增加，带动本县和周围邻县发展花生配套基地 0.534 万余公顷，年收购花生原料 5 万吨，为农民直接创造收入 3 亿元，可带动 6 万农民增收致富。公司的发展还解决了当地农村富余劳动力的就业问题，吸纳了 30 多名农民到企业打工，人均年收入超过 2.5 万元，带动当地及周边地区运输业、餐饮业等第三产业从业人员 3 000 万多人。

（3）公司存在问题。一是优质加工专用品种缺乏，产品品质难以提高，比如含油量不高的品种被用来榨油，口味不好的品种被用来加工花生制品，结果是企业效益降低，市场竞争力弱。二是花生良种更新速度有待提高，农民的花生种子基本停留在自留自用水平上，进入流通领域的花生种主要是更换品种或余缺调节，数量有限，从而制约了良种的推广速度，缩短了优良品种的使用寿命，限制了区域化、规模化种植，直接影响花生的产业化经营。因此，围绕市场需求，推广适于各种用途的专用高产优质新品种是花生加工企业的当务之急。新品种的推广要靠企业的品种需求，政府的政策引领，农业部门的技术指导，农民的种植积极性四位一体的协调发展。

（4）未来发展趋势。未来花生加工企业发展趋势是：订单农业，品种专用，“企业＋基地＋农户”的种植模式。

（二）花生合作社发展现状

1. 花生合作社发展现状

根据 2018 年 7 月对冀东、冀中、冀南、黑龙港四个片区的实地调研情况，河北省现有花生合作社多达 157 家。以冀东区域的滦州市为例，截至 2017 年年底，规模经营 3.34 公顷以上的种植大户、家庭农场、合作社等新型经营主体达到 860 多家，经营土地面积达到 1.05 万公顷，占全市耕地面积的 18.7%。全市拥有百信花生种植专业合作社等各类服务组织 40 多家，以百信为样板的新型经营主体对优质花生规模化种植的引领带动作用得到显现，一些基地和加工企业开展专种、专管、专储、专用订单生产新模式正在兴起。

2. 典型花生合作社——滦县百信花生种植专业合作社

（1）合作社基本情况。百信花生种植专业合作社成立于2011年，位于滦县滦州镇杨家院村西，固定资产5 000万元，办公区占地8 000平方米，合作社共有社员1.3万余户，土地托管面积达8 466.67公顷，服务农户从百余户发展到10 000多户，下设52个分社。主要从事花生种植、农产品销售、秸秆回收、生物质燃料生产销售等业务。涉及滦县、滦南、迁安、卢龙、昌黎、抚宁等6个县市，11个乡镇。

（2）百信合作社发展历程（表4-19）。

表4-19 百信合作社发展主要事件

年份	事件
2012	荣获第二届百佳农资经销商
2013	荣获唐山市先进合作社；荣获唐山市现代农业科技示范基地
2014	成功注册商标"大昭农合"；荣获"国家级优秀示范社"；建成农民技术培训学习实践基地
2015	建立百信秸秆利用压块站；合作社的托管服务获得省级服务品牌"百信农合"；荣获河北省科技型中小企业示范点
2016	成功申请"滦县花生（东路花生）"国家地理标志商标；相继为中国人民大学、河北农业大学、河北科技师范学院提供教学实习基地；成为唐山市农村土地股份合作社试点；东路花生荣获最受喜爱的唐山十大名吃
2017	荣获河北省现代农业科技示范基地；百信农合荣获河北省服务名牌，东路花生荣获河北省优质产品；最受消费者喜爱的中国区域公用品牌
2018	荣获"全国百强优秀示范合作社"；荣获年度河北省十佳农民合作社；滦州"东路花生"获唐山市首批"十佳"农产品区域公用品牌；滦州花生特色农产品优势区获唐山市首批"十佳"特色农产品优势区

（3）合作社创新开展土地托管、土地入股新模式。滦县花生种植历史悠久，素以"东路花生"的美誉驰名国内外，因其良好的生态环境，所产花生荚果洁白、籽粒饱满、口感细腻、风味独特。高油酸花生以其营养和保健价值高、稳定性好、自然抗氧化、耐储藏、货架期长的优势成为花生产品消费升级的重要方向。合作社以高油酸花生为突破口，在不改变农民土地经营权的基础上，创新开展集土地托管、智能生产、循环发展的现代农业新模式，努力实现花生的升级换代。

创新托管方式，盘活土地资源。适度规模经营是实现农业现代化的必要条件，是降低农业种植成本，农民增产增收的方向。时下农民渴望"离乡不丢地、不种有收益"，亟待解决土地流转出现的农民和合作社利益冲突问题，劳动力短缺与传统农业对劳动力需求的矛盾。对此，在不改变农民土地所有权、经营权的基础上，合作社为不愿耕种、不能耕种和常年在外务工的三类农户提供代耕、代管、代收、代销的服务新模式。主要采取"半托型""全托型""土地入股保底分红"三种服务模式。

"半托型"，即根据农民自己的实际需求自选合作社提供的各种农业服务项目，合作社主要提供农资、田间管理的过程服务。"全托型"，即提供农户产前、产中、产后的"一条龙"服务模式。包括提供优质、廉价的种子、肥料、农药等农业生产资料，提供机耕、机播以及植保等各项农业生产服务，免费提供栽培、植保、施肥等各种农技培训，进行现场指导与诊断，订单保护价收购农户所生产的农产品，解决农产品销售难的问题。

“土地入股保底分红”，主要采取“合作社＋村级分社＋农户”模式，农民以土地入股合作社，合作社按照本村同等级地块的中上等收入的平均值，确定托管农户的收益，每年年底发放4 500元/公顷保底收益和最后纯收益的60%红利。以村为单位，每个村子选一名分社负责人，将托管服务在各个村子本土化，降低合作社的运行成本。分社负责农户土地的实际丈量、秋收花生看管和农户问题的协调等工作，每年年底获取最后纯收益的4%红利。合作社通过统一采购、统一播种、统一管理、统一收获、统一销售的“五统一”模式，负责从种到售的全过程管理，每年年底获取最后纯收益的36%红利。为了使利润公开透明，由村委会会计负责并定期公开账目，让入社农民明明白白地了解收入支出情况。这一模式实现了品种优质化、管理标准化、加工精细化、产品品牌化，也实现了合作社、村集体与农户的三方共赢。百信合作社短短6年，土地托管播种面积就从66.67公顷达到8 466.67公顷，服务农户从百余户发展到1.3万户，趟出了一条土地规模化、农业现代化的路子。

强化托管服务，促进农民增收。为了把花生做到更高的纯度、更好的品质，合作社以高油酸花生为重点，与农户结成利益共享、风险共担的联合体，确保了合作社主推的高油酸花生的纯度，促进了高油酸花生的规模化种植。2015年合作社首次引进高油酸花生品种“冀花”16号5 000千克，并于当年开始回收农户的高油酸花生，一部分回收进行了种子的扩繁，一部分与鲁花集团签订了收购合同。在两年扩繁的基础上，2017年合作社引进了“冀花”11号、13号等多个高油酸花生品种，当年生产的1 100吨高油酸花生被山东鲁花集团全部收购，实现了产销对接。2018年高油酸花生种植面积达到了0.18万公顷，获批河北省技术监督局2017年度河北省农业标准化示范区（0.534万公顷高油酸花生）。滦县高油酸花生产业发展位于河北省前列，其中百信合作社的高油酸花生占33.75%。

合作社种植高油酸花生经济、社会和生态效益显著。在经济效益上，一是填补了村集体收入的空白。合作社与以村集体为主体的合作社分社建立衔接，延伸总社管理和服务功能，为总社提供劳务、事务管理服务，获取服务和管理收入，增加集体经济收入，发展集体公益事业。按测算，每托管1公顷土地村集体可收入1 260元，若每村平均托管土地133.34公顷，将为村级集体经济增收16.8万元。截至目前，合作社下设52个分社，托管土地0.18万公顷，带来集体经济收入226.8万元。村集体经济的发展，壮大了村级组织实力，带动了一方群众稳定增收，增强了基层组织“造血”功能和内生动力。二是促进了农户增收。合作社坚持“重在服务、让利于民、合作共赢”的发展理念，生产资料由厂家直接到田地，减少流通环节，其机耕、肥料、种子、机播、管理、机收等价格均低于市场价格，而且在生产管理的各个环节有先进的技术做保障，实现了入社农民投入减少、收益增加的目标，确保户均增收2 000元以上。三是实现合作社可持续发展。通过生产资料直供的合理差价，收取生产服务费用，实现自我发展和资本积累。经综合测算，按目前0.18万公顷托管规模核算，扣除生产成本、集体经济收入和农户收益等支出，加上副产品花生秧等收入，花生种植效益年利润达到2 000余万元。随着托管面积的增加，托管时间的延长，产品质量的改善，合作社收益将持续提升，也为助推农民持续增收奠定了经济基础。

在社会效益上，合作社连续 3 年承接了中国农科院国家花生风险评估站、河北省农作物绿色防控实验站的任务，成为国家花生粮油体系全国高油酸花生品种展示基地。与美国玛氏食品（中国有限公司）、鲁花集团、河北冀丰种业达成合作，促进了基地的良性运转。合作社与天申集团强强联合，利用其低温物理压榨花生油的方法加工高油酸花生 500 吨，产品供不应求。合作社积极承担社会责任，实现了农户零距离的培训服务。每年发放各种宣传资料 5 万多份，召开培训会议近百场，邀请高校专家教授为农户进行讲解，结合农事季节对农民开展面对面培训，利用电化教学幻灯片和田间诊断的方式，累计培训农民 9 000 多人次。合作社也为中国人民大学、河北大学、河北农业大学、河北科技师范学院等高校提供了实践基地，为社会培养了人才。

在生态效益上，合作社统一购进知名厂商的种子、农药、化肥，解决了困扰人们的食品安全问题。实行水肥一体化滴灌的方式提高资源利用效率。使用可降解的地膜，防止土壤污染。放置诱捕箱来防病虫害，减少使用农药。将传统花生秸秆转化为绿色环保的生物质能源，“秸秆饲料”成为牲畜喜欢的“压缩饼干”，而“秸秆煤”因低价环保正在代替传统煤，市场前景非常广阔。合作社走出了一条节水、节肥、节药及秸秆综合利用的可持续、可循环的现代化生态农业新路子，实现了产品安全、环境友好的目标。合作社建立健全绿色食品生产源头可追溯系统和生产、加工、销售各环节档案，打造健康全产业链。

合作社的期盼和目标。期盼科研推广单位提供好品种、好技术，使合作社不断进行技术更新，生产出更加优质的产品满足市场需求，更好地带动周边农户的发展。期盼国家给予政策、资金扶持，实现合作社从“输血”到“造血”的过渡，更好地服务于“三农”。合作社在社会的关注、领导的关怀、政策的扶持下，争取实现土地入股 6.667 万公顷的目标，起到桥梁和纽带作用，实现农业的跨越式发展，真正做到“建一个组织，兴一项产业，活一地经济，富一方百姓”。

（三）存在问题

从加工企业来看，一是花生品种加工特性不明，加工专用原料基地建设滞后。长期以来，河北省没有从加工适宜性角度进行原料特性与品质评价技术研究，导致花生加工专用品种缺乏，加工专用原料基地建设滞后，制约了花生加工业健康发展。二是花生副产物深度加工不够，综合利用程度低。目前花生榨油后，饼粕主要做饲料，饼粕蛋白变性重、功能性差，不能广泛应用于食品工业多个领域。花生红衣和花生茎叶尚未得到开发利用。三是花生加工食品种类少，缺乏具有特色的、适合不同消费需求的花生食品，如鲜食花生、花生豆腐，以及添加花生蛋白的馒头和面条制品等。

从新型经营主体来看，河北省缺乏规模经营主体，花生种植仍以一家一户农户分散种植为主，四大花生产区中有 70%农户的花生经营规模不足 0.67 公顷，这种小规模种植方式，不确定的品种、数量及质量，很难与销区建立相对固定的供货渠道；花生产业的小规模生产与大市场、大流通的矛盾日趋突出，不能满足规模化企业对原料质量的需求，不能适应消费者对高营养、无害化花生油、花生食品的要求。

五、河北省花生产业竞争力分析

（一）自育品种竞争力

随着河北省育种工作者和农技推广部门的努力，花生品种更新换代步伐加快，目前河北省花生良种覆盖率在60%以上，高产、高油等优质专用花生已经成为花生生产中的主导品种，尤其高油酸花生因较高的营养保健功能、货架期长等优势受到消费者和食品加工企业的广泛青睐，需求急剧增长。在通过审（鉴）定、登记的高油酸花生品种中，河北省共计11个，占比20.8%；河南省共计10个，占比18.9%；山东省共计24个，占比45.3%。河北省高油酸花生品种培育实力在全国位居第三位。其中繁育的冀花4号是全国目前推广面积最大的花生品种，预计未来几年种植面积将会呈现爆炸式增长。2018年全省高油酸花生播种面积由2017年的0.42万公顷增长到1.49万公顷，增幅高达254%，播种面积及增幅均居全国前列。

（二）产品市场竞争力

成本收益的高低是影响花生市场竞争力的关键因素，根据数据的可获得性，本部分以河北、河南、山东及全国的成本收益数据为基础，对成本效益情况进行了对比研究，具体生产投入和产出效益情况见表4-20、表4-21。

冀鲁豫三省2010—2016年花生成本比较（表4-20），河北花生平均总费用为19 929.3元/公顷，高于河南（16 755.75）、山东（19 927.65）和全国平均水平（17 961.60）。河北花生平均物质与服务费用为7 123.8元/公顷，高于河南（6 203.25）和全国平均水平（6 371.25），低于山东（7 561.80）。河北花生平均人工费用为9 480.75元/公顷，高于河南（6 693.45）和全国平均水平（8 495.7），低于山东（9 569.55）。河北花生平均土地费用为3 324.6元/公顷，高于山东（2 796.3）和全国平均水平（3 094.8），低于河南（3 859.05）。

表4-20　河北、河南、山东及全国花生成本比较

单位：元/公顷

地区	年份	物质与服务费用		人工费		土地成本		总成本
		总量	占总成本(%)	总量	占总成本(%)	总量	占总成本(%)	
河北	2010	5 702.25	43.15	4 888.05	36.99	2 625.45	19.87	13 215.75
	2011	7 071.60	43.89	6 193.50	38.44	2 847.00	17.67	16 112.10
	2012	7 745.10	38.98	8 900.10	44.79	3 223.95	16.23	19 869.15
	2013	7 501.95	34.59	10 729.05	49.47	3 455.25	15.93	21 686.25
	2014	7 355.55	32.66	11 646.15	51.72	3 518.10	15.62	22 519.80
	2015	7 174.05	31.74	11 729.85	51.89	3 701.10	16.37	22 605.00
	2016	7 316.55	31.14	12 278.85	52.26	3 901.35	16.60	23 496.75
	平均	7 123.80	36.59	9 480.75	46.51	3 324.60	16.90	19 929.30

（续）

地区	年份	物质与服务费用		人工费		土地成本		总成本
		总量	占总成本(%)	总量	占总成本(%)	总量	占总成本(%)	
河南	2010	4 352.40	41.32	3 976.80	37.76	2 203.80	20.92	10 533.00
	2011	5 928.60	45.98	4 657.80	36.12	2 307.90	17.90	12 894.30
	2012	7 042.95	43.96	6 272.55	39.15	2 704.80	16.88	16 020.30
	2013	6 461.10	35.77	7 378.65	40.85	4 222.65	23.38	18 062.40
	2014	5 961.75	30.94	8 348.85	43.33	4 956.15	25.72	19 266.75
	2015	6 669.00	33.38	7 968.90	39.89	5 341.50	26.74	19 979.40
	2016	7 007.25	34.13	8 250.30	40.18	5 276.25	25.70	20 533.80
	平均	6 203.25	37.93	6 693.45	39.61	3 859.05	22.46	16 755.75
山东	2010	6 172.35	47.24	5 002.35	38.29	1 890.30	14.47	13 065.00
	2011	7 328.10	45.01	6 548.25	40.22	2 403.15	14.76	16 279.50
	2012	8 028.75	40.87	8 734.20	44.47	2 879.70	14.66	19 642.65
	2013	7 624.80	35.57	10 880.85	50.75	2 932.50	13.68	21 438.15
	2014	7 791.15	34.58	11 660.10	51.75	3 079.95	13.67	22 531.20
	2015	7 937.55	34.31	12 012.75	51.92	3 187.05	13.77	23 137.35
	2016	8 049.60	34.40	12 148.65	51.92	3 201.00	13.68	23 399.25
	平均	7 561.80	38.85	9 569.55	47.05	2 796.30	14.10	19 927.65
全国	2010	4 952.25	41.90	4 794.15	40.56	2 072.85	17.54	11 819.25
	2011	6 054.60	42.10	5 987.25	41.64	2 338.20	16.26	14 380.05
	2012	6 762.15	38.73	8 003.85	45.84	2 695.95	15.44	17 461.95
	2013	6 747.60	34.15	9 682.65	49.01	3 326.25	16.84	19 756.50
	2014	6 432.90	31.92	10 171.05	50.47	3 546.90	17.60	20 150.85
	2015	6 694.95	31.95	10 404.60	49.66	3 852.90	18.39	20 952.45
	2016	6 954.30	32.79	10 426.20	49.16	3 830.10	18.06	21 210.60
	平均	6 371.25	36.22	8 495.70	46.62	3 094.80	17.16	17 961.60

资料来源：《全国农产品成本收益资料汇编》。

冀鲁豫三省 2010—2016 年花生产出效益比较（表 4-21），河北花生平均净效益为 3899.7 元/公顷，低于河南、山东和全国平均水平，尤其是 2013 年河北省花生净收益为负值，一定程度上拉低了平均值。从产投比看，河北花生年均产投比为 1.25，低于河南（1.48）、山东（1.41）和全国平均水平（1.35）。总体来讲河北省花生产出效益处于较低水平，需要从技术提升、规模化等方面降低成本，提升效益。

表 4-21　河北、河南、山东及全国花生产出效益比较

地区	年份	主产品产量（千克/公顷）	主产品产值（元/公顷）	副产品产值（元/公顷）	总产值（元/公顷）	净收益（元/公顷）	产投比
河北	2010	3 602.1	22 245.6	180.9	22 426.5	9 210.75	1.70

（续）

地区	年份	主产品产量（千克/公顷）	主产品产值（元/公顷）	副产品产值（元/公顷）	总产值（元/公顷）	净收益（元/公顷）	产投比
河北	2011	3 643.65	26 233.5	185.25	26 418.75	10 306.65	1.64
	2012	3 628.2	26 483.55	182.55	26 666.1	6 796.95	1.34
	2013	3 614.85	20 756.1	216	20 972.1	−714.15	0.97
	2014	3 892.65	22 530.9	215.25	22 746.15	226.35	1.01
	2015	3 886.05	22 684.65	216	22 900.65	295.65	1.01
	2016	3 973.95	24 468.45	203.7	24 672.15	1 175.4	1.05
	平均	3 748.8	23 628.9	199.95	23 828.85	3 899.7	1.25
河南	2010	2 943.6	17 005.95	346.8	17 352.75	6 819.75	1.65
	2011	3 973.05	27 572.4	361.35	27 933.75	15 039.45	2.17
	2012	3 522.45	28 774.65	297.75	29 072.4	13 052.1	1.81
	2013	4 130.4	21 125.25	397.95	21 523.2	3 460.8	1.19
	2014	3 522.75	20 190.45	412.2	20 602.65	1 335.9	1.07
	2015	4 223.55	23 219.1	423	23 642.1	3 662.7	1.18
	2016	4 600.35	26 684.1	376.8	27 060.9	6 527.1	1.32
	平均	3 845.1	23 510.25	373.65	23 883.9	7 128.3	1.48
山东	2010	4 181.25	24 317.55	286.95	24 604.5	11 539.5	1.88
	2011	4 237.35	28 585.5	332.4	28 917.9	12 638.4	1.78
	2012	4 649.7	32 433.6	352.05	32 785.65	13 143	1.67
	2013	4 375.35	22 692.75	314.55	23 007.3	1 569.15	1.07
	2014	4 669.8	27 560.85	333.9	27 894.75	5 363.55	1.24
	2015	4 374.6	24 218.25	366.6	24 584.85	1 447.5	1.06
	2016	4 444.95	26 379	363.6	26 742.6	3 343.35	1.14
	平均	4 419	26 598.15	335.7	26 934	7 006.35	1.41
全国	2010	3 177.45	19 023.3	254.85	19 278.15	7 458.9	1.63
	2011	3 538.5	24 945.9	276	25 221.9	10 841.85	1.75
	2012	3 556.65	27 328.5	261.45	27 589.95	10 128	1.58
	2013	3 753.15	21 308.25	317.25	21 625.5	1 869	1.09
	2014	3 497.25	22 000.95	306.6	22 307.55	2 156.7	1.11
	2015	3 573.9	22 081.65	321.45	22 403.1	1 450.65	1.07
	2016	3 885.15	24 981	286.2	25 267.2	4 056.6	1.19
	平均	3 568.8	23 095.65	289.05	23 384.7	5 423.1	1.35

资料来源《全国农产品成本收益资料汇编》。

（三）企业竞争力

河北是花生原料输出大省，一直以来受加工能力偏弱所限，未能跨入生产强省行列。主要体现在花生产业链短、缺乏高附加值的大品牌产品来拉动产业链。油脂加工普遍存在加工能力过剩，开工率不足问题。花生食品加工企业大多处在初加工的层次，缺少精深加工产业。对副产品诸如花生饼粕、油渣等主要用作饲料使用，没有充分有效利用其使用价值。产业链不能延伸增值造成无法反哺原料基地，农民没有种植积极性。粗放的原料加工使花生产品的附加值一直处于较低水平，无法挖掘花生的增值潜力，严重影响了花生生产效益。

毗邻山东和河南两大花生主产省。山东省花生加工产业发展迅速，从事油料加工的龙头企业就有近 440 家，年产花生油 73 万吨左右，占全国花生油产量的 30%，享誉全国的知名品牌有鲁花、龙大、齐花、胡姬花、长生、金胜等。大量新产品和综合利用产品涌入市场，如花生饮料、花生酱、花生休闲食品、花生饼粕饲料、花生壳纤维板等，尤其在花生蛋白的加工与利用方面，开发出多种技术并生产出多种蛋白产品，如花生蛋白粉、花生浓缩蛋白、花生分离蛋白和花生蛋白肽等。河南省从事花生产品加工的企业 82 个，批发市场 33 个。并在正阳建设了“国家花生现代化产业园”，鲁花入驻正阳、延津。本地具有市场前景和竞争力的企业正在发展壮大。实力雄厚的种子企业如预研、顺丰、邦农、南海种业等，加工企业如淇花公司、正在建设中的顺丰公司、富莱格公司、长岭花生等，都正在成为河南省优质花生尤其是高油酸花生产业化开发中的领军企业。但是河南省花生加工企业也主要以初级深加工为主，相关产品尚且没有在全国范围内具有较大影响力的品牌，生产的花生油大多是采用的“贴牌”模式，且对产品附属价值诸如花生油饼、油渣等也没有得到充分有效的利用。

（四）资源竞争力

河北省花生主要集中在山前平原地区，该区域土地平整，土质沙壤，花生生育期雨热同期，收获期干旱少雨、可短时间内自然干燥，黄曲霉毒素污染风险低，品质优良，口味好，是全国高油花生优势产区和优质加工原料生产地。随着种植业结构调整、供给侧结构性改革推进和地下水压采工程实施，尤其是伴随着人们对高油酸花生认可度的提高，花生播种面积实现恢复性增长，稳定在 35.34 万公顷左右，高油酸花生种植面积达到 1.34 万公顷以上。

通过政策引导和扶持，全省花生形成了冀东春花生区、冀中南平原河泛区和冀南春夏播花生混作区三个优势区域。全省 0.67 万公顷以上的县（市）有 14 个，1.34 万公顷以上的县（市）有 4 个，生产大县已基本实现了播种、田间管理和收获环节的机械化，原料生产环节的优良品种和配套生产技术较完善，生产集中度和规模化程度居国内前列，全程机械化生产正在逐步推进。

（五）区域竞争力

京津冀协同区位优势。河北省环绕京津两大高端消费市场，京津冀近 1 亿总人口和超过 5 000 万人的城镇人口，构成了巨大的市场容量。作为花生生产大省，无论是在优质高中端食用油生产，还是在花生制品的开发上都具有得天独厚的优势。以新乐、高碑店、涿州等为核心的鲜食花生生产地，主要供给京津市场，2018 年仅保定易园生态农业科技开发有限公司通过线上线下销售网络，每年销往北京几百吨原料花生。同时，河北省农科院粮油所、河北农业大学与中国农业机械研究院、中国农科院油料所有着良好的技术合作，起到了很好的带动作用。

河北省政策扶持优势。2010 年中央 1 号文件提出要对花生产业实施良种补贴试点，大田生产补贴 150 元/公顷，良种繁育 750 元/公顷。为推进农业供给侧结构性改革和实施地下水压采工程，河北省把发展花生产业作为农业调结构、农民增收入的较好选择，通过系列政策扶持，进一步扩大产业规模，提升生产品质和效益，全省花生生产保持了良好的发展态势。河北省 2011 年出台《河北省食品工业“十二五”规划》，在食用油精深加工板块，提出发挥冀中南平原河泛区、冀东、黑龙港、坝上及北部山地等油料作物集中产区资源优势，稳步发展花生油、棉籽油、大豆油等大宗油脂加工，加快花生蛋白质粉、花生粉等植物油副产品及生物活性物质等产品的开发，提高油料综合利用程度。2012 年出台《河北省现代农业发展规划（2012—2015 年）》，提出建设花生生产优势区。2017 年 12 月，河北省政府印发了《河北省供给侧结构性改革三年行动计划（2018—2020 年）》，2018 年 8 月，河北省政府又印发了《关于深入推进农业供给侧结构性改革加快发展农业特色产业的意见》，将花生列入了省政府确定的 10 大类 27 个特色优质农产品，要求全产业链打造，全价值链提升。2018 年 3 月，新组建了为期 5 年的油料产业技术体系创新团队建设，为花生产业的发展提供了有力支撑。同时，唐山、邯郸、石家庄、保定等花生主产地市，结合农业结构调整，大力发展高油酸花生，新乐、滦县、迁安、大名等花生主产县区依托项目对高油酸花生也给予了政策补贴，形成了初具规模的高油酸花生的繁种与生产基地。

六、河北省花生产业发展存在的问题

（一）优质专用产品规模依然较小

提高我国食用油自给率最有效的途径是扩大花生种植规模，提高单位面积产量和花生的含油率。在品种层面，河北省四大花生产区中有 70%农户的花生经营规模不足 0.67 公顷，由于规模化经营不足，地块分割严重，高油品种、高蛋白品种、高油酸品种缺乏规模化、标准化生产，形不成批量产品，制约着产品附加值提高。在技术层面，绿色高效生产技术标准还未集成，不能发挥花生生产的规模化优势和品牌优势，直接影响农民收入和种植积极性。同时，高油酸花生缺乏简便易行的检测手段，影响种子繁育、规模化生产的发展。

（二）生产成本较高

根据《2007—2016 全国农产品成本收益资料汇编》，2007—2016 年花生生产的人工费用、物资服务费用、土地费用均呈上升趋势，从而持续拉高了花生生产的总成本。人工费用由 2007 年的 224.74 元/亩跃升至 2016 年的 818.59 元/亩，物资服务费用由 2007 年的 345.93 元/亩上升至 2016 年的 487.77 元/亩，土地费用由 2007 年的 121.07 元/亩上升至 2016 年的 260.09 元/亩。据调查，四大花生产区中有近 50%农户家庭劳动力数量不超过 2 人，导致人工费用连年攀升，占生产成本的比例由2007年的32.5%跃升至2016年的52.3%。通过冀鲁豫三省2010—2016年数据对比可知，河北省花生平均总费用为1 328.62元/亩，高于河南（1 117.05元/亩）、山东（1 328.51元/亩）和全国平均水平（1 197.44元/亩）。

（三）加工转化率不足

河北省花生产业经营多以农户分散种植为主，收获后原料主要用于对外销售、榨油自用和留种，在种植、收储尤其是精深加工方面存在明显短板，附加值较低。据统计，全省从事花生产品加工的企业多为小作坊水平。除进驻省内的鲁花、益海油脂加工企业外，迁安乐丫、滦县天申等龙头企业市场占有率低，带动能力不足，缺乏有影响力的高附加值大品牌来拉动整个产业链。大量花生以初级产品进入流通领域，精深加工产品及高端产品几乎空白，严重影响了花生生产效益。

（四）组织化程度低

河北省油料产业技术体系产业经济岗2018年花生产业大调研，冀东、冀中、冀南、黑龙港四个片区1185位有效农户的调查中，仅有131户表示附近有花生专业合作社，他们认为合作社的内容比较单一，主要提供供应农资和农技方面的服务，缺少系统化的组织和管理职能，小生产与大市场的矛盾依然明显。花生制品是人们喜闻乐见的食品，花生油在国内食用植物油消费中也处于中高档，但四个片区792位农户家庭附近没有花生加工产业，即使在有花生加工企业的地区，企业与农户有直接联系的仅占统计数据的25.2%，花生供应链还停留在“农户生产—小贩收购—批发市场—分销市场”的初级阶段，这导致一方面花生加工企业面临原材料供应价格波动和食品安全无法保障的问题，另一方面农户面临生产和市场诸多不稳定因素，从而影响其经济效益。

（五）机械化研发滞后

问卷调查显示仅有冀东、冀中和冀南地区的花生生产大县全程机械化率较高，达到了90%以上，但全省其他花生种植区全程机械化水平依然较低，尤其是黑龙港片区较省内其他片区而言，机械化程度更低。目前花生播种、管理、收获各环节虽推行了机械化，但因研发资金投入不足，花生播种深浅不一、下籽不均，弱苗率高，收摘损失率达20%以上，花生种子脱壳破损率高达15%以上。花生产后机械缺乏，尤其缺少适用于国情的大型花生烘干设备，一旦遇到洪涝灾害，花生不能及时烘干，导致霉变、发黑、腐烂。

七、河北省花生产业发展建议

根据《河北省人民政府关于印发河北省农业供给侧结构性改革三年行动计划（2018—2020年）的通知》（冀政字〔2017〕52号）精神，依托河北省油料体系创新团队的人才优势，从品种、技术、产业链延伸三个方面入手，加快推进花生产业提质增效，提升花生产业竞争力和知名度。

（一）加速高产优质新品种培育与示范推广

目前，高油酸花生需求急剧增长，因国内生产有限，主要从阿根廷、美国进口，市场前景广阔。河北省高油酸花生研究居国内领先水平，但河南、山东等省已经开始大力发展，河北尚处在小面积示范阶段，应当迎头赶上，抢占高油酸花生发展制高点。一是实行单品种规模化种植。统筹资源禀赋、生产现状和产业基础，集中打造一批高油酸花生规模化、标准化生产示范区，加速示范推广高油酸花生新品种。二是加大对龙头企业和新型经营主体的支持力度，引导龙头企业在平等互利基础上，与农户、家庭农场、农民合作社签订花生生产购销合同，形成稳定的购销关系和利益联结机制。在风险可控的前提下，加大对龙头企业的金融扶持，减轻龙头企业原料收购的融资压力。发展“互联网＋”等电商营销模式，打破收储流通环节制约瓶颈。加速推进新型经营主体通过土地流转、土地托管、土地入股等经营模式，实现优质花生适度规模化经营。三是提高社会化服务组织的机械化、现代化水平，提升农业服务能力，开展统一供种、标准化技术推广、病虫害统防统治、代耕代种、联耕联种等专业化、规模化的生产性服务，实现优质产品的专种、专管、专储、专用，建成高质、高产、高效的全省优质花生生产标杆，辐射带动高油酸花生大面积推广，基本解决国内市场高油酸花生自给问题，实现花生品质升级。

（二）集成推广绿色高质高效标准化生产技术

针对花生黄曲霉素、化学残留等安全隐患问题，以技术绿色、产品绿色、环境绿色为目标，加快制定花生绿色高效生产技术规程，高油酸花生原良种繁殖保纯技术规程，高油酸花生加工原料生产技术规程，为高油酸花生绿色高效、提质增效生产提供技术支撑。在全省花生优势区选择 5～10 个县（市、区）建设绿色高质高效示范区，辐射带动全省花生质量和效益提升。重点示范减施化肥、增施生物肥料等土壤保育技术，推广减施农药及病虫物理防控、生物防控等绿色植保技术，产前、产后防止黄曲霉毒素污染技术等，实现节种、节肥、节药，降低化学残留，减少重金属污染，减少塑膜污染，生产高标准“绿色”花生。

（三）以全价值链打造为途径提升花生产业水平

针对花生产业化水平低的问题，着力搭建产销对接平台，支持产后加工利用，培育龙头企业，提高产后收储、加工能力，提升深加工与副产品利用水平加快加工产品开发，打造高附加值产业链。一是支持产品加工企业转型升级。促进高油酸花生规模化示范区、绿色高质高效生产基地与高端油脂、食品加工企业实现对接，开展花生油精深加工，培育花生名牌。支持发展高附加值的花生休闲食品，以及高端西点配料、餐饮食品佐料、调味品，提升花生用作食品的比率。二是支持产业链向产前产后延伸。出台政策扶持养殖场、饲料厂开展花生饼粕替代进口大豆饼粕，引导种植基地与养殖场等企业结合，开展花生秧、花生壳饲料化、肥料化、基料化开发利用，促进农牧结合、种养循环、三产融合，延伸产业链，拓展价值链。三是大力发展花生文化产业。通过挖掘、包装花生文化，提升我省花生发展的价值空间、品牌影响力和价格话语权，让文化在提升花生产业发展中发挥更大的作用，用花生文化引领经济发展。

撰稿人员：陶佩君　史　峥　张淑云　袁伟民　张瑞芳　崔永福　纪朋涛　陈　曦
郝建军　赵建国　张玉新　柴　江　刘仕洋　刘婷婷等
审阅人员：雷　永　李玉荣　刘立峰等
联 系 人：陶佩君

第五章　2018年度河北省马铃薯产业发展报告

一、河北省马铃薯产业发展现状

（一）在全国产业的位置

在全国23个马铃薯主产省中，选择产量与播种面积排名前六位的四川、贵州、甘肃、云南、内蒙古、重庆以及全国的数据与河北省进行比较。

1. 播种面积

（1）在全国所占比例。河北省马铃薯播种面积占全国马铃薯播种面积比重呈波动式下降趋势，从2000年的4.48%下降到2016年的3.12%。2007年后，我国马铃薯播种面积呈现较平稳的上升趋势，而河北省马铃薯播种面积虽然也有上升，但是波动较大（表5-1）。

表5-1　河北省、全国马铃薯播种面积及所占比重

年份	全国（千公顷）	河北省（千公顷）	河北占全国比重（%）
2000	4 725.11	211.5	4.48
2001	4 720.52	181.4	3.84
2002	4 669.12	184.6	3.95
2003	4 524.03	160.8	3.55
2004	4 598.19	150.3	3.27
2005	4 881.58	141.0	2.89
2006	4 213.41	127.7	3.03
2007	4 432.36	136.8	3.09
2008	4 666.01	149.1	3.20
2009	5 083.03	133.3	2.62
2010	5 207.56	155.0	2.98
2011	5 426.43	170.6	3.14
2012	5 533.84	166.7	3.01
2013	5 616.74	169.5	3.02
2014	5 575.55	160.0	2.87
2015	5 520.49	178.3	3.23
2016	5 815.14	181.3	3.12

资料来源：国家统计局网站（http：//data.stats.gov.cn/）与FAO网站（http：//www.fao.org/home/en/）。

（2）与马铃薯主产省份比较。 我国马铃薯主产省份中四川省、贵州省、甘肃省、云南省、重庆市与内蒙古自治区的种植面积高于河北省。2007—2016 年，四川省播种面积急剧上升，其他省马铃薯播种面积呈平稳增长趋势。2007—2016 年，四川省马铃薯播种面积累计增长幅度为 180.39%，河北省播种面积累计增长幅度为 32.53%。2007 年四川省马铃薯播种面积是河北省的 2.04 倍，到 2016 年已达到河北省的 4.31 倍（图 5-1）。

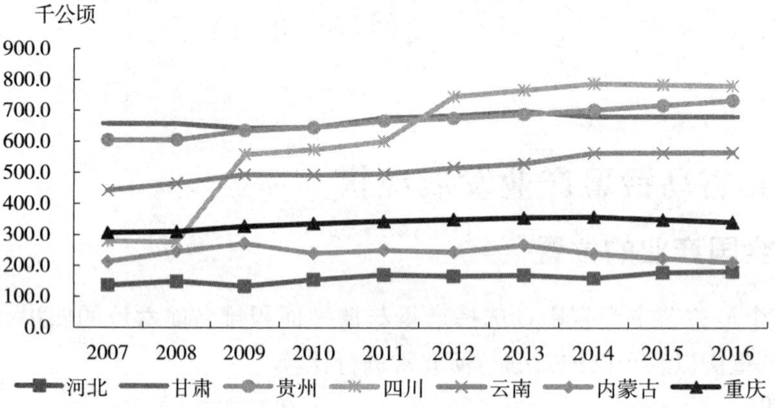

图 5-1 主产省马铃薯播种面积变化

资料来源：国家统计局网站（http：//data. stats. gov. cn/）。

2. **总产量**

（1）在全国所占比例。 我国马铃薯总产量呈现较平稳的上升趋势，而河北省马铃薯总产量虽然也有上升的趋势，但是波动较大。河北省马铃薯总产量占全国马铃薯总产量比重，从 2000 年的 0.41%上升到 2016 年的 0.87%，呈波动上升趋势，且其产量增长幅度显著高于全国水平（表 5-2）。

表 5-2 河北省与全国马铃薯（鲜薯）总产量情况

年份	全国总产量（万吨）	河北省总产量（万吨）	河北占全国比重（%）
2000	33 159.10	135.85	0.41
2001	32 298.05	127.25	0.39
2002	35 111.65	160.05	0.46
2003	34 069.65	196.90	0.58
2004	36 128.15	180.05	0.50
2005	35 453.35	159.85	0.45
2006	27 037.80	156.75	0.58
2007	32 418.70	131.10	0.40
2008	35 419.85	173.90	0.49
2009	36 640.95	118.30	0.32
2010	40 797.10	224.80	0.55
2011	44 176.90	239.65	0.54
2012	46 403.95	308.75	0.67

（续）

年份	全国总产量（万吨）	河北省总产量（万吨）	河北占全国比重（%）
2013	47 996.80	309.00	0.64
2014	47 785.55	272.15	0.57
2015	47 458.35	291.60	0.61
2016	49 561.20	430.60	0.87

资料来源：国家统计局网站（http：//data.stats.gov.cn/）与 FAO 网站（http：//www.fao.org/home/en/）。

（2）与马铃薯主产省份比较。在马铃薯总产量高于河北的省份中，四川省马铃薯产量上升最为显著；其他省马铃薯产量总体呈波动增长趋势。2007—2016 年四川省马铃薯产量累计增长 836.5 万吨，河北省累计增长 299.5 万吨；但河北省马铃薯产量累计增长幅度为 228%，在 7 个主产省份中，增幅最为显著（图 5-2）。

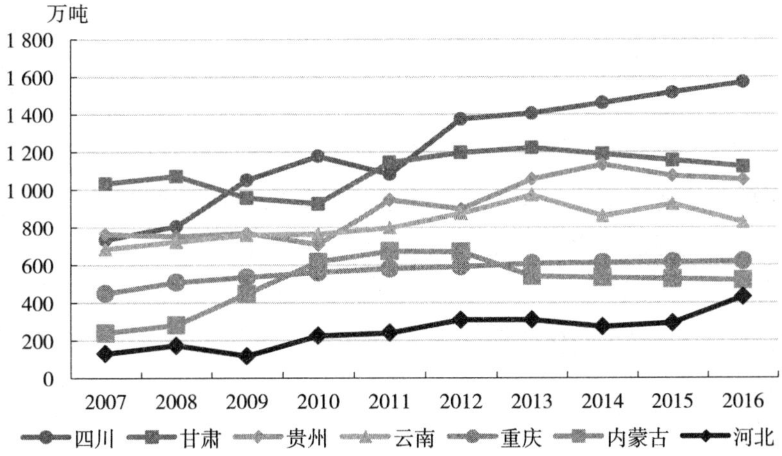

图 5-2　主产省马铃薯（鲜薯）产量变化

资料来源：国家统计局网站（http：//data.stats.gov.cn/）。

3. 单位面积产量

（1）河北省与全国平均水平比较。我国马铃薯单位面积产量呈现较平稳的上升趋势，河北省马铃薯单位面积产量年度间虽有波动，但上升趋势显著。2001 年，河北省马铃薯单位面积产量超过全国平均水平，此后波动增长，2016 年达到全国平均单位面积产量的 2.79 倍（表 5-3）。

表 5-3　河北省与全国马铃薯单位面积（鲜薯）产量情况表

单位：千克/公顷

年份	全国单位面积产量	河北单位面积产量	河北与全国单产比
2000	7 017.6	6 422.55	0.92
2001	6 842.1	7 014.9	1.03
2002	7 519.95	8 668.65	1.15
2003	7 530.75	12 244.2	1.63

（续）

年份	全国单位面积产量	河北单位面积产量	河北与全国单产比
2004	7 857.0	11 982.6	1.53
2005	7 262.7	11 339.25	1.56
2006	6 417.15	12 278.7	1.91
2007	7 314.15	9 586.2	1.31
2008	7 591.05	11 664.9	1.54
2009	7 208.55	8 872.65	1.23
2010	7 834.2	14 503.2	1.85
2011	8 141.1	14 048.25	1.73
2012	8 385.45	18 517.95	2.21
2013	8 545.35	18 223.95	2.13
2014	8 570.55	17 009.55	1.98
2015	8 596.8	16 357.95	1.90
2016	8 522.85	23 771.4	2.79

资料来源：国家统计局网站（http：//data. stats. gov. cn/）与 FAO 网站（http：//www. fao. org/home/en/）。

（2）与马铃薯主产省份比较。四川省与内蒙古马铃薯单位面积产量波动剧烈，其他省份较为平稳。河北省马铃薯单位面积产量具有波动上升的趋势。2007—2016 年四川省马铃薯单位面积产量累计增长幅度为－23.66％，内蒙古马铃薯单位面积产量累计增长幅度为116.49％；河北省马铃薯单位面积产量累计增长幅度为 147.98％，最为显著（图 5-3）。

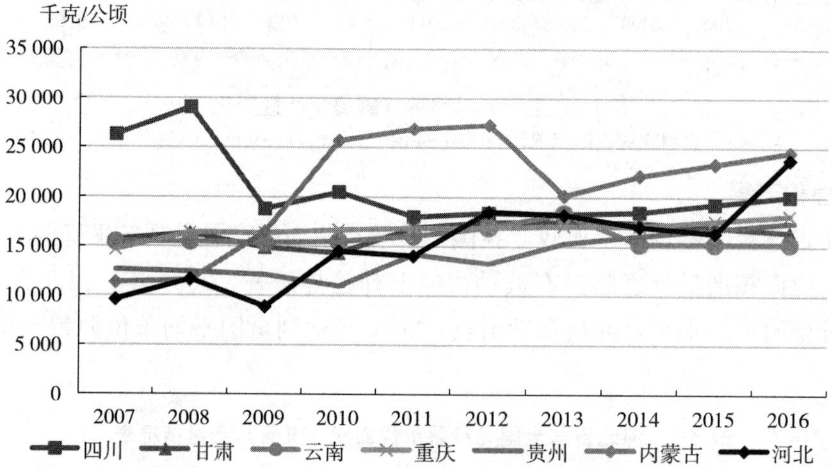

图 5-3　主产省马铃薯单产走势变动

资料来源：国家统计局网站（http：//data. stats. gov. cn/）。

（二）马铃薯产业生产现状

1. 河北省马铃薯产量变动分析

近十几年来，河北省马铃薯产量整体呈波动上升态势。2000 年到 2016 年，河北省马铃薯的总产量累计增加了 295.2 万吨，平均每年增加 18.45 万吨。在 2009 年总产量达到历史最低水平，为 118.3 万吨。随后产量水平快速反弹，马铃薯年总产量在 2016 年达到历史最高水平，为 431.05 万吨，与 2000 年相比，上涨幅度为 264.37%（图 5-4）。

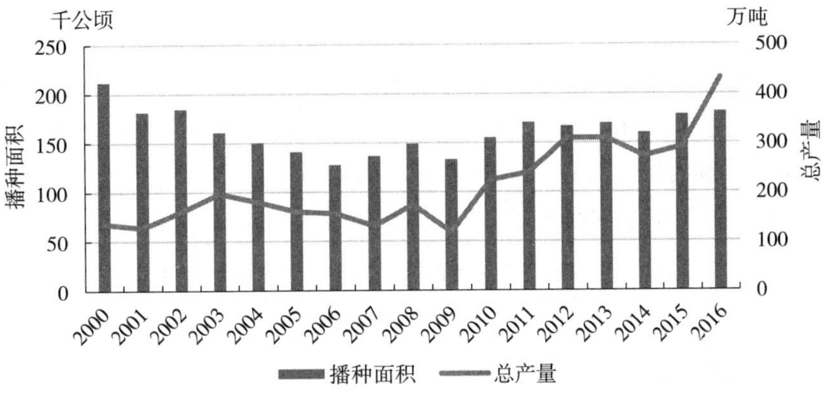

图 5-4　2000—2016 年河北省马铃薯产量与播种面积走势变动

资料来源：国家统计局网站（http：//data. stats. gov. cn/）。

2. 河北省马铃薯播种面积变动分析

河北省马铃薯播种面积在 2000 年至 2006 年期间快速减少；在 2007 年后，波动增加。2000 年为 16 年来历史最高值 211.5 千公顷，2006 年达到 16 年历史最低值为 127.7 千公顷，下降了 83.8 千公顷，累计下降幅度为 39.62%。2016 年，播种面积增长至 181.33 千公顷（图 5-4）。

3. 河北省马铃薯单产变动分析

河北省马铃薯单产呈现较大的波动性，但上升趋势显著；从 2000 年的每公顷 6 422.55 千克提高到 2016 年的每公顷 23 771.4 千克，提高了 270.12%（图 5-5）。

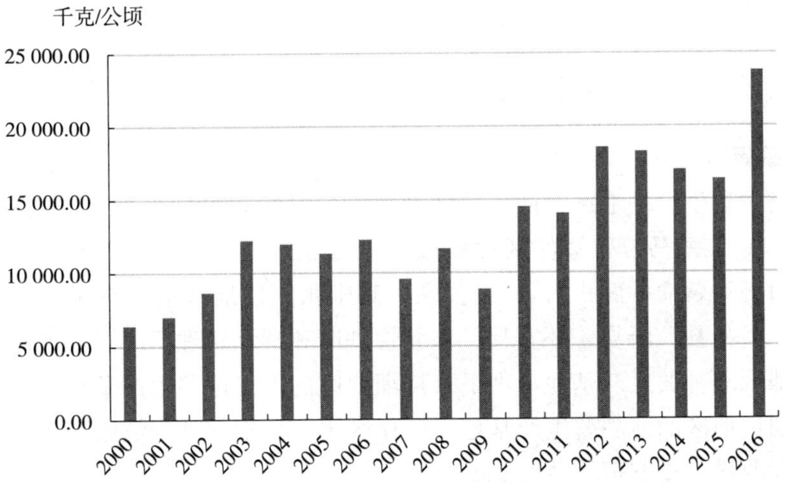

图 5-5　2000—2016 年河北省马铃薯单产走势变动

资料来源：国家统计局网站（http：//data. stats. gov. cn/）。

（三）马铃薯生产区域布局

1. 非均衡性布局—产业集中度高

从河北省整体分布而言，马铃薯种植面积存在非均衡性。《河北农村统计年鉴》（2017 年）数据显示，各地市马铃薯播种面积从大到小依次为张家口、承德、保定、唐山、秦皇岛、石家庄、邢台、邯郸、衡水、廊坊、沧州。其中张家口是马铃薯播种面积和总产量最大的地区。2016 年张家口市、承德市和保定市马铃薯的播种面积与产量之和占全省的 91.73%和 86.45%。省内唐山市单产水平最高，达到 36 115.05 千克/公顷，其次为秦皇岛、沧州、保定、邯郸，单产水平均超过了 28 000 千克/公顷（表 5-4）。

表 5-4 河北省主要地市马铃薯面积、产量及单产情况

地市	播种面积（千公顷）	占全省总播种面积比重（%）	总产量（万吨）	占全省产量的比重（%）	单产（千克/公顷）
全省	181.30	—	432.08	—	23 771.14
石家庄	2.17	1.19	4.23	0.98	19 455.00
唐山	7.19	3.96	26.99	6.25	36 115.05
秦皇岛	6.49	3.58	19.77	4.58	30 460.05
邯郸	0.98	0.54	2.80	0.65	28 540.05
邢台	1.15	0.64	3.00	0.70	25 980.00
保定	11.90	6.56	35.05	8.11	29 460.00
张家口	102.60	56.62	221.75	51.32	21 600.00
承德	48.10	26.55	116.77	27.02	24 255.00
沧州	0.13	0.08	0.40	0.09	29 485.05
廊坊	0.23	0.13	0.58	0.13	25 129.95
衡水	0.27	0.15	0.75	0.17	27 409.95

资料来源：《河北农村统计年鉴》，中国统计出版社，2017 年。

2. 优势区域集中

近年来，马铃薯生产基地逐步向优势区域集中，马铃薯种植更加趋向规模化、区域化。2018 年，张家口、承德马铃薯一作区种植面积比较稳定，张家口全市马铃薯种植面积 103 千公顷，承德市马铃薯播种面积为 50 千公顷。其中张家口地区集中在张北县、沽源县、康保县、赤城县、尚义县、蔚县、怀安县、塞北管理区和察北管理区。承德地区初步形成了围场、丰宁坝上地区的种薯生产基地，坝下及接坝地区的加工用薯生产基地，以及围场、丰宁中南部及市区周边地区的商品薯生产基地。一作区主要种植品种为冀张薯 12 号、费乌瑞它、冀张薯 8 号、大西洋、夏波蒂等。

近年来，随着脱毒马铃薯的发展，河北二季作区种植马铃薯的面积越来越大，呈扩张态势。2018 年种植面积在 30 千公顷左右，其中，冀东地区（主要分布在秦皇岛市昌黎县、唐山市玉田县、乐亭县）马铃薯种植面积约 16 千公顷。河北二季作区种植的马铃薯选用的品种多是中早熟品种，目前常用的品种有“费乌瑞它（荷兰十五）”“中薯 5 号”和“冀张薯 12 号”等。目前该区使用的种薯 90%以上为脱毒种薯。

（四）马铃薯生产技术方式

河北省马铃薯一作区生产规模化、机械化程度在坝上地区高达 90%，生产组织形式多样，产业化水平较高，产业链条完善。脱毒种薯覆盖率达到 70%，远超过国内平均水平。目前集成了脱毒种薯繁育应用、地膜覆盖、机械化耕作、病虫害防治、测土配方施肥、节水灌溉技术应用等，形成了马铃薯高产高效栽培技术集成推广与应用技术体系，制定了完备的操作技术规程，通过标准化种植较好地推动了河北省马铃薯产业的快速健康发展。该区域马铃薯种植面积约占全省 83%左右，高产地块每公顷产可达 75 000 千克，每公顷效益在 19 500～39 000 元。

二作区生产模式多样，主要采用的是地膜（单膜）覆盖种植模式，约 13.3 千公顷，高产地块每公顷产量可达 60 000 千克；部分为两膜覆盖［地膜＋中（小）拱棚］种植，约 2.7 千公顷。采用两膜覆盖种植模式，可提前播种和收获 10 天，利润较高，高产地块每公顷超过 75 000 千克。冀东地区冷棚种植收获期在 5 月初至 6 月中旬，随着收获期推迟，每公顷效益可达 52 500～60 000 元；地膜种植的收获期在 6 月下旬至 7 月中下旬，每公顷效益 21 000～28 500 元。少部分为三膜、四膜覆盖［地膜＋中（小）拱棚＋大棚］，播种可提前 30 天，收获期可提前到 5 月 1 日左右，产值可提高 1.5 倍以上。露地种植模式较少，主要分布在河北省西部山区。

（五）种薯生产体系初步建立

随着近几年马铃薯种植业的发展，河北省马铃薯种薯生产水平逐步提高。张家口市已经建立了完善的马铃薯脱毒种薯繁育体系，研发了 20 多个抗病好、品质优、产量高、适种范围广的核心品种，其中冀张薯 8 号、冀张薯 12 号等已成为我国北方主栽品种。建成优质脱毒马铃薯种薯生产基地，种薯生产技术处于全国领先水平，每年可向全国马铃薯种植区提供优质马铃薯原原种 4 亿粒、原种 20 万吨，品种达十几种。承德拥有一家国家级脱毒马铃薯繁育中心，26 家现代种薯繁育企业，微型种薯生产能力 2018 年达到 1 亿粒，微型种薯占全国 7%的产能，尤其承德围场县已成为中国北方重要的马铃薯种薯研发基地和繁育中心。

（六）经营主体经营情况

2018 年产业体系产业经济岗联合二作区栽培岗专家对冀中南马铃薯经营主体进行了问卷调查，调查结果显示目前河北省冀中南马铃薯经营主体主要包括种植大户、合作社、家庭农场和公司企业。马铃薯的收获时间有所差异，但大部分集中于 5—7 月，销售价格在0.6～1.1 元/500 克范围内波动。通过调查，四种经营主体的基本情况见表 5-5。

表 5-5 河北省马铃薯经营主体分析

经营主体	种植经营面积（公顷）	销售价格（元/500 克）	每亩收益（元）	自身品牌	主要销售渠道
种植大户	6 以上	0.6	1 000	无	中介、网络
合作社	6～14	0.6～1.1	500～3 000	有/无	市场、超市、自销
家庭农场	1～7	0.8～1	1 000～3 000	无	学校、零售、网络
公司	100	1	1 000	有	市场

1. 种植大户

种植大户的马铃薯种植经营面积为 6 公顷以上，每亩收益 1 000 元左右。种植大户基本没有自身品牌，通过中介或者网络进行销售，销往省内或相邻省份。

2. 合作社

根据调查数据，合作社社员人数基本为 20 人左右，马铃薯种植经营面积为 6～14 公顷，由于所处地区的不同，马铃薯的收获时间差异使得收益不同，收益较高的合作社每亩收益可达 3 000 元，收益较低的合作社每亩收入 500 元左右。部分合作社已经创立了自身品牌，主要通过市场和超市进行销售，并销往外地（如重庆、成都等）；部分合作社没有自身品牌，通过自销的方式销往周边地区。

3. 家庭农场

家庭农场间马铃薯种植经营面积差别较大，有 1～7 公顷不等。销售价格在 1 元左右，每亩收益为 1 000～3 000 元。大部分家庭农场没有自身品牌，通过网上销售等方式销往本县或邻近县市客户。

4. 公司

以公司为主的马铃薯经营主体较少，但公司种植经营面积较大，可达 100 公顷，每亩收益 1 000 元。马铃薯的收获时间较晚，为 9 月 5 日到 10 月 1 日，集中销售时间为 11 月到来年 3 月，相比其他经营主体，其收获和集中销售的时间较晚。公司经营可创立自身品牌，通过市场销往华北地区。

二、河北省马铃薯生产的成本收益分析

2011—2016 年间，河北省马铃薯亩均成本从 1 342.71 元增至 1 680.68 元，年平均增长率为 5.03%，生产成本增加的主要原因是由于物质与服务费用、人工成本、土地成本的增加，这三部分占成本的比重分别由 51.94%、32.35%、15.70%变为 45.17%、39.23%、13.45%。由于种植马铃薯几乎没有补贴，农户从事马铃薯生产的主要收入是出售马铃薯时所获得的收益，因此，亩均产量和出售价格是最主要的影响因素。2011—2016 年，马铃薯亩均产值从 1 688.23 元增长到 1 776.07 元，年均增幅为 1%，其中马铃薯出售价格增速明显快于单产增速，是推动农户收入增加的主要因素。总的来看，2013 年，马铃薯的净利润达到最高峰，且截至 2016 年，河北省马铃薯一直处于较好的收益状态（图 5-6）。

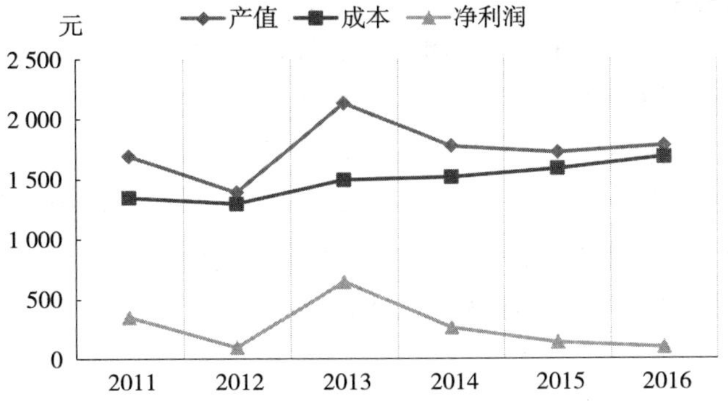

图 5-6　2011—2016 年河北省马铃薯生产成本收益变化情况

(一) 马铃薯生产成本构成分析

农户在马铃薯生产中的投入费用主要包括物质与服务费用、人工成本、土地成本，其中物质费用是成本的主体。2016 年马铃薯的物质与服务费用占总成本的 45.17%，其次分别为人工成本占 39.23%，土地成本占 13.45%（表 5-6）。

表 5-6　2016 年河北省马铃薯生产成本数据表

项　　目	数　　值
单产（千克）	1 620.74
每 50 千克出售价（元）	54.59
总产值（元）	1 776.07
亩均成本（元）	1 680.68
1. 物质服务费用（元）	759.23
（1）种子费（元）	310.36
（2）肥料费（元）	169.49
（3）农膜农药费（元）	35.07
（4）租赁作业费（元）	79.68
2. 人工成本（元）	695.36
3. 土地成本（元）	226.05
每 50 千克成本（元）	48.78
净收益（元）	326.68
成本收益率（元）	5.68

资料来源：《全国农产品成本收益资料汇编》（2017 年）。

近年来，马铃薯的生产成本持续攀升。从各时期成本构成的变化趋势来看，物质与服务费用在总成本中所占比例不断下降，从 2011 年的 51.94%下降至 2016 年的 45.17%，下降了 6.77 个百分点；人工成本所占比例比较稳定，一直处于 35%左右；土地成本变化幅度也较小，一直在 15%左右。

1. 物质与服务费用

马铃薯生产成本中的物质与服务费用包括直接费用和间接费用两大部分，其中直接费用包括种子费、化肥费、农家肥费、农药费、农膜费、租赁费、燃料动力费、技术服务费、工具材料费、维修费和其他直接费用，是生产过程中所产生的费用；间接费用包括固定资产折旧、保险费、管理费、财务费、销售费。从费用构成上看，直接费用是物质与服务费的主体，占比高达99%。从变化趋势来看，2014—2016年期间，马铃生产成本中，直接费用一直占物质与服务费用98%以上，间接费用占比非常少（图5-7）。

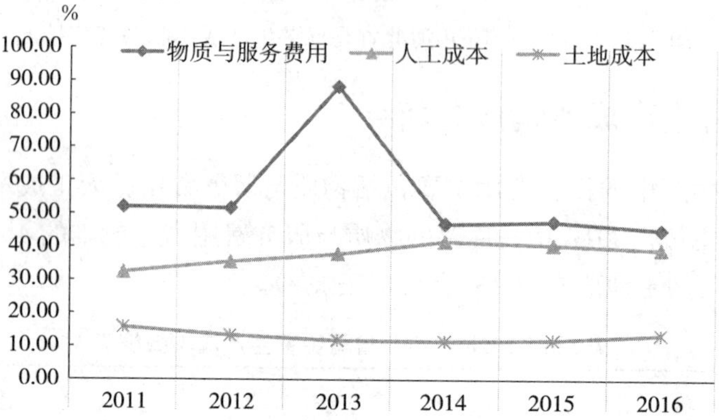

图5-7　2011—2016年各种成本在马铃薯种植总成本中比重

直接费用中占主要部分的是种子费，2016年种子费占直接费用的比例为41.17%；其次是化肥费（22.44%）、农家肥费（19.92%）、租赁作业费（10.49%）、农膜费（2.92%）、农药费（1.59%）等。从变化趋势上看，各项直接费用存在以下几个特点：①从绝对量上看，种子费、化肥费、租赁作业费、呈上升趋势，农药费、农膜费、排灌费、修理维护费基本不变或缓慢上升，其中种子费从2014年的289.80元增至2016年的310.36元，增幅7.27%；化肥费从2014年的152.39元增至2016年的169.49元，增幅11.18%；农家肥费从2014年的154.63元减至2016年的150.69元，减幅为2.59%。②从各项费用占直接费用的比重来看，化肥费、机械作业费、种子费所占比例减少，其他费用所占比例较为稳定。2014—2016年，化肥费和租赁作业费所占比例分别从26.39%和12.32%减至22.44%和10.49%；种子费所占比例从50.17%降至41.17%。这主要是由于：近些年来我国一直大力推广脱毒马铃薯，使种薯用量减少；薯农更加重视生产中科学合理的使用化肥，化肥的过量使用现象有所减少；国家对马铃薯生产机械化大力支持，但是散户对于马铃薯机械化的认知还不够。

根据2014—2016年数据得知，间接费用中占主要部分的是固定资产折旧费。销售费、管理费、保险费则不会影响间接费用的变化。一方面说明在马铃薯生产过程中，农业市场化仍有待提高，另一方面来说，由于大面积推广马铃薯生产机械化，田间管理用工较以往减少；农业生产比较效益低，农村劳动力向城市流动，不愿意投入更多的时间和精力在马铃薯生产上。

2. 人工成本

马铃薯生产的人工成本在绝对量上呈不断增加的趋势，但占生产成本中比例基本不变。

2014—2016 年马铃薯人工成本从 630.02 元增至 695.63 元，年均增长 3.44%，与总成本增速基本持平。人工成本在生产成本中的比例基本维持在 40.58%～41.64%。影响人工成本变动的因素分别是用工时间和用工价格。

从变化趋势上看，有以下特点：第一，用工时间呈现减少趋势，这主要是由于马铃薯生产机械化的大面积推广和农村劳动力短缺，马铃薯生产用工时间从 2014 年的 8.47 天下降至 2016 年的 8.15 天。第二，用工价格不断上升，成为推动人工成本增加的主要因素。2014—2016 年平均用工价格从 74.47 元增至 81.40 元，增幅为 13.89%。由于同期用工数量是减少的，用工价格上升成为推动人工成本增加的最主要原因。第三，在主产区，农忙时节季节性缺工现象时有发生；近些年，一些民间资本也投资马铃薯生产，在省内许多马铃薯主产区建企业，雇用全日制工人直接从事马铃薯生产的现象不断增加。

3. 土地成本

从绝对量来看，土地成本快速增加。2014—2016 年间，年土地成本从每亩 173.74 元增至 226.05 元，年均增幅为 30.13%，其中自营地折租从每亩 173.47 元增至 225.20 元，年均增长 10.01%；流转地租金从每亩 0 元增至每亩 0.89 元。从相对量来看，流转地租金在土地成本中所占比重非常微弱，而自营地折租仍是土地成本的主体，占土地成本的 99.99%以上。自营地折租是农户将自营地投入生产时的机会成本，其价值等于土地转包费或承包费净额。假定流转的土地价格与自营地折租的土地价格相等，那么在土地成本中流转地租金就反映了马铃薯生产中的农用土地流转率。流转地租金占土地成本的比重有所上升，说明了通过土地流转来发展马铃薯生产在全国稳步推行。

（二）马铃薯生产收益分析

总体来看，马铃薯的生产收益一般可以通过净利润来表示。净利润是指农产品产出值减去生产过程中投入的资本、劳动力和土地等全部生产要素成本后的余额，因此，单位面积产量和销售价格是影响马铃薯收益的最主要因素（表 5-7）。

表 5-7　2014—2016 年河北省马铃薯产量与售价变动情况表

项　　目	2014		2015		2016	
	指标	变动比率（%）	指标	变动比率（%）	指标	变动比率（%）
总产量（万吨）	54.43	−11.9	58.32	7.15	59.48	2.0
播种面积（千公顷）	160.0	−5.6	178.3	11.44	181.3	1.7
单产（千克/公顷）	3 402	−6.7	3 798	11.64	3 818	0.5
每 50 千克玉米平均售价（元）	60.24	−9.21	59.37	−1.44	54.79	−7.71

资料来源：《全国农产品成本收益资料汇编》（2014—2016 年）。

2014—2016 年，河北省马铃薯种植面积和单产上升趋势明显，同时，每 50 千克马铃薯的售价迅速下降，使马铃薯种植的利润率逐年下降。河北省马铃薯生产的净利润由 2014 年的每亩 257.24 元降低到 2016 年的每亩 95.39 元，总体降低了 161.85 元，幅度达 62.92%，年均降幅为 20.97%；2014—2016 年河北省马铃薯生产的成本利润率也持续下降，由 2014 年的 17%降为 2016 年的 5.68%（图 5-8）。

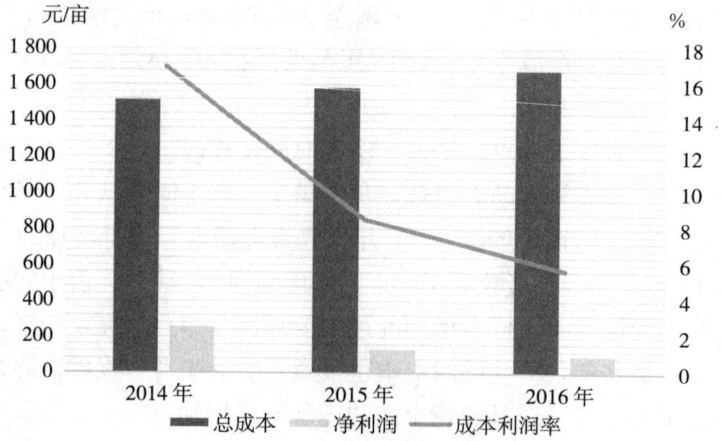

图 5-8　2014—2016 年河北省马铃薯生产收益变动情况

（三）马铃薯与其他作物成本收益的比较

此次研究选用小麦、玉米、大豆、花生等四种作物作为马铃薯的竞争作物，比较它们与马铃薯在生产成本、利润、利润率等方面的差异。同时，为了消除年际间变动的影响，采用各种作物成本收益在 2014—2016 年间的平均数进行比较。与其他作物比较，马铃薯单位成本最低、净收益最高、成本收益率最高。从单位成本来看，每 50 千克马铃薯成本为 51.66 元，低于小麦、玉米、大豆、花生。从净收益来看，马铃薯每亩净收益 162.59 元，而小麦作为其他四种作物净收益最高的其中之一，仍不足马铃薯的 50%。从成本收益率来看，马铃薯的成本收益率为 10.41%，远高于小麦、花生、玉米、大豆（表 5-8）。

马铃薯生产具有高投入高产出的特性。较小麦、玉米、大豆、花生等作物，马铃薯每亩产量为 1 511.68 千克是小麦、玉米、大豆、花生的 3～8 倍。同时，马铃薯的总产值也是最高的。

表 5-8　2014—2016 年河北省主要竞争作物与马铃薯亩均成本收益比较

项目	单位	小麦	玉米	大豆	花生	马铃薯
单产	千克	456.79	482.98	186.92	261.17	1 511.68
每 50 千克出售价	元	121.02	95.24	224.06	296.38	58.07
总产值	元	1 124.67	953.11	836.30	1 562.64	1 754.73
亩均成本	元	1 045.24	958.57	855.69	1 524.92	1 592.14
每 50 千克成本	元	112.50	95.64	229.07	289.27	51.66
成本外支出	元	0.00	0.00	0.00	0.00	0.00
净收益	元	79.42	−5.46	−19.39	37.72	162.59
成本收益率	%	7.65	−0.30	0.16	2.44	10.41

资料来源：《全国农产品成本收益资料汇编》（2014—2016 年）。

（四）不同生产主体马铃薯成本收益比较（表 5-9）

表 5-9　不同生产主体马铃薯成本收益比较

单位：元，%

项　目	农　户		合作社				公　司		
种植品种	冀张薯 12 号	冀张薯 12 号	荷 15	冀张薯 12 号	冀张薯 12 号	费乌瑞它	华颂 7 号	冀张薯 12 号	费乌瑞它
每 50 千克售价	50	50	60	50	50	50	100	80	70
总产值	1 500	1 800	1 500	3 500	4 000	3 500	6 000	5 600	4 900
亩均成本	1 410	1 360	1 520	2 570	2 720	2 470	3 360	2 840	3 140
1. 物质服务费用	810	780	900	1 470	1 660	1 370	2 160	1 940	2 040
（1）种子费	300	300	350	350	500	360	1 000	1 000	1 000
（2）肥料费	280	260	300	600	600	500	600	500	500
（3）农膜农药费	100	100	100	260	300	250	300	180	260
（4）租赁作业费	130	120	150	260	260	260	260	260	280
2. 人工成本	200	180	220	600	560	600	800	500	700
3. 土地成本	400	400	400	500	500	500	400	400	400
每 50 千克成本	30.33	28.67	34	32.12	38.86	41.17	56	40.57	44.86
净利润	90	440	−20	930	1 280	1 030	2 640	2 760	1 760
成本收益率	6.38	32.35	−1.32	36.19	47.06	41.70	78.57	97.18	56.05

资料来源：不同生产主体马铃薯成本收益问卷收集整理。

当前河北省马铃薯的主要生产类型有种植农户、合作社和公司，从表 5-9 中数据可得知，马铃薯种植农户的种植经营面积单户为 0.67 公顷左右，以目前的生产方式，农户种植马铃薯的平均收益率为 41.65%。农户间由于个体种植，缺少统一，会由于品种的不同造成收益的差异化；而合作社由于所处地区不同，马铃薯的收获时间存在差异，使得收益不同，收益较高的合作社每亩可达 1 280 元，收益较低的合作社每亩收入 1 000 元左右，平均收益率为 40%左右。部分合作社已经创立了自有品牌，主要通过市场和超市进行销售，并销往外地（如北京、天津、重庆、成都等）；部分合作社没有自有品牌，通过自销的方式销往周边地区；相比较而言，公司类马铃薯经营主体较少，其种植经营面积较大，公司主要生产种薯，收益较高，每亩收益最高接近 3 000 元，收益率最多可达 97.18%。相比其他经营主体，规模化的经营节省了成本，集中销售的时间较充裕，公司普遍创立了自有品牌，通过市场销往全国各地。

从整体来看，冀张薯 12 号是河北省地区主要的马铃薯品种，收益情况根据生产主体的不同会有所变化，规模化越大，成本收益率越高，最高为 97.18%。荷 15 与费乌瑞它的收益情况与冀张薯 12 号的情况较为相似，但是在以公司为主体的马铃薯分析中，费乌瑞它品种的马铃薯成本收益率最低，仅为 56.05%。

三、河北省马铃薯价格波动形势分析

利用农产品价格信息网监测数据，对河北省马铃薯价格波动规律与趋势进行总结归纳，分析价格波动原因，对河北省马铃薯的生产具有重要意义。

（一）2018 年河北省马铃薯价格走势

1. 河北省马铃薯价格显著低于山东、甘肃以及全国平均价格水平

2018 年河北省马铃薯平均价格为每千克 1.65 元，其中 4 月价格最低，为每千克 1.41 元，6 月价格最高，达到每千克 2.09 元，随后价格逐步降低，到 12 月价格有所上升，为每千克 1.77 元。山东省、甘肃省以及全国平均价格分别为每千克 1.97 元、每千克 1.91 元、每千克 2.16 元，河北省马铃薯价格在全国主产区中仍处于劣势地位（图 5-9）。

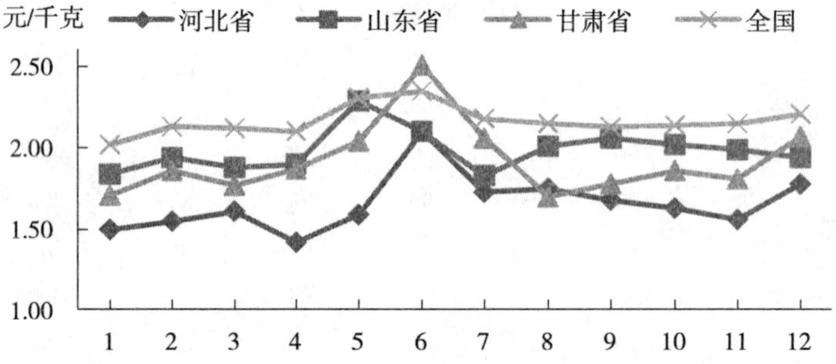

图 5-9　2018 年河北省及其他主产区马铃薯月均价格

资料来源：农价云 http：//www.3w3n.com/user/priceCurve/goIndex。

2. 河北省马铃薯价格无明显变化

2018 年与 2017 年平均月度价格相比，平均价格没有显著差异，但价格走势差别较大。

2017 年年初价格较高，最高价格出现在 1 月，为每千克 2.15 元，第 2 季度中期价格开始逐渐走低，从每千克 1.97 元下降到季度末的每千克 1.21 元，随后价格有小幅度上升；2018 年年初价格相对较低，第 2 季度中期价格上升，6 月达到全年最高价格每千克 2.09 元，季度末价格开始下降，到 11 月价格虽有波动，但总体上呈现下降趋势。与 2016 年相比价格差距明显，在 4 月差额达到最大，为每千克 1.67 元，到 2018 年下半年，价格高于 2016 年同期，从整体上看，2018 年河北省马铃薯价格变动幅度在最近三年中最为稳定（图 5-10）。

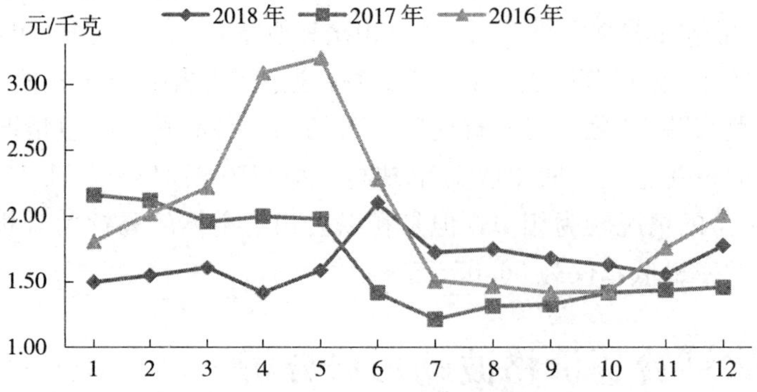

图 5-10　2018 年与 2017 年、2016 年平均价格变化趋势

资料来源：农价云 http：//www.3w3n.com/user/priceCurve/goIndex。

（二）2018年河北省马铃薯价格HP滤波法分析

为了更好地探讨2018年河北省马铃薯价格变动的趋势及波动，对2017—2018年河北省马铃薯月均价格时间序列分解进行HP滤波法分析，从而找出马铃薯价格的趋势值、HP滤波趋值、HP滤波波动值，根据这些结果对2018年河北省马铃薯价格时间序列的特点进行划分与评价，以此探寻其价格波动的趋势以及波动周期。

1. 长期趋势分解

马铃薯价格时间序列通过HP滤波模型分析后的结果如图5-11所示。其中Trend曲线表示马铃薯价格变动的总体趋势。HP滤波模型对河北省马铃薯月度价格的长期趋势拟合度较好，对Trend序列的二阶差分进行ADF检验，结果显示马铃薯价格波动的平稳性检验的T统计量为−3.842 541，显著小于1%置信水平的值−3.247 586，在99%的水平上拒绝原假设，序列为不存在单位根的平稳序列，证明HP滤波模型剔除长期趋势后的序列对我国马铃薯月度价格的拟合较好。从长期来看，河北省马铃薯价格在两年间呈现“W”形，但总体呈现价格下降趋势，在2017年1月到9月，马铃薯价格呈现下降趋势，并且下降速度较快，这是因为2016年马铃薯价格持续走高，农户认为种植马铃薯可以获得更高的利润，纷纷扩大种植面积，造成马铃薯过度供给的局面。2017年10月到2018年6月，薯农为了获取更高的出售价格，选择新薯入库，市场供给量减少，价格呈现小幅上升趋势，随后2018年新薯上市，价格平稳下降，到2018年年末价格再次出现上升态势（图5-11）。

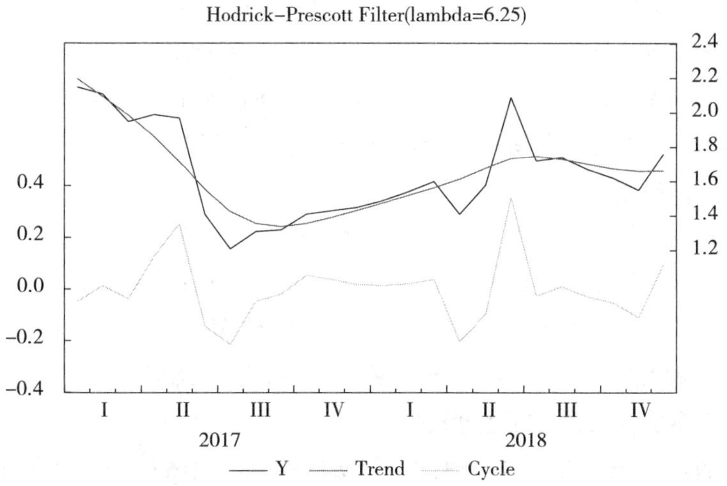

图5-11　马铃薯月度价格HP滤波分析

2. 波动周期划分

马铃薯价格剥离出长期趋势以后，可以得到马铃薯价格的波动值，用波动值除以对应的趋势值，可以得到马铃薯价格偏离其长期趋势的偏离程度，也称作偏离率（图5-12）。采用倒“U”法对河北省马铃薯价格波动的周期进行划分，即波谷—波峰—波谷看作是一个周期，划分程度越细，得到的波动周期越多，本节采用相关研究的通俗作法，偏离率波动图像中波谷与波峰的差值大于5%的波动才能算是一个波动周期。由图5-12可以发现，2017—2018年河北省马铃薯价格波动大致经历了4个周期：第一个是2017年1月到2017年6月，共6个月；第二个周期是2017年7月到2018年4月，共10个月；第三个周期是从2018年5月到2018年7月，共3个月；第四个周期是2018年8月到2018年11月，共4个月；第五个周期仍不够完整。总体来看4个波动周期的平均波动长度为5.75个月，第1、3周期波动较大，且同时处于各年度上半年阶段。

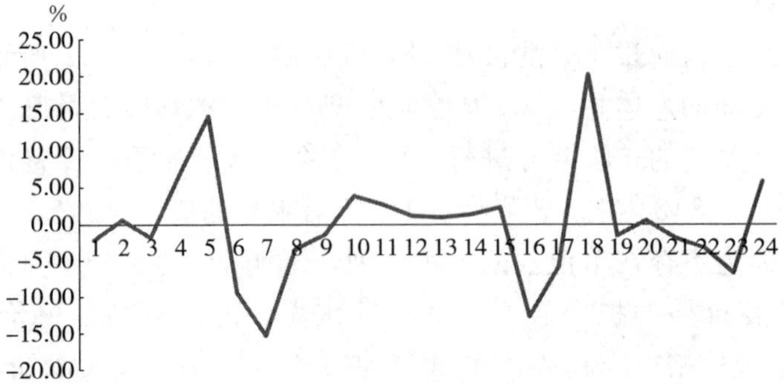

图5-12　河北省马铃薯价格波动偏离率

（三）结论

1. 2018年河北省马铃薯价格低于全国平均价格

2018年河北省马铃薯价格明显低于全国、山东、甘肃等地区，一方面因为马铃薯收获期与其他地区相近，同时期市场供应量增加，河北省马铃薯主要产区为张北、坝上地区，虽然种植马铃薯年份较长，但近两年种植面积增长较快；另一方面，河北省省内缺乏马铃薯深加工企业与收购商，销售渠道大多为中间商贩，销往外省加工，增加运输成本的同时也存在中间商的恶意压价，造成河北省马铃薯价格持续偏低。

2. 河北省马铃薯价格波动较大

受到市场供给量的影响，河北省马铃薯价格波动较大。全国种植马铃薯的地区众多，而河北省马铃薯收获期与内蒙古、甘肃等其他主要种植区新薯上市时间几乎一致，受到全国市场影响较大，马铃薯需求价格弹性较小、供给价格弹性大，市场供给量增加，价格下降迅速，在市场供应量较少的时候，马铃薯价格又会呈现上涨的态势。

3. 河北省马铃薯价格波动季节性明显

2018年河北省马铃薯价格波动具有明显的季节性，价格最高点出现在第二季度，前半年马铃薯价格主要呈现上升态势，下半年呈现下降态势，这主要受到马铃薯库存的影响。2017年马铃薯种植面积扩大，年末鲜薯销售价格较低，更多的农户选择新薯入窖，观望市场价格。在上半年市场马铃薯供给量较少，销售多以库存薯为主，所以价格有上升的趋势。下半年，新薯收获，市场供应量又快速增加，所以马铃薯价格开始下滑，到年末新薯收获结束，为了以更高的价格出售，又有部分农户选择入窖，市场马铃薯供应少，价格回升。

四、河北省马铃薯产业发展存在问题分析

（一）水资源制约产业发展

河北省马铃薯主产区均在坝上地区，坝上地区多年平均降水量 350 毫米左右，耕地亩均地下水资源占有量不足 70 立方米，约为全国平均值的 1/20。水资源短缺已成为制约坝上马铃薯主产区种植规模外延扩张的重要因素。

（二）生产成本攀升，种植风险高

马铃薯生产的人工成本在绝对量上呈不断增加的趋势，2014—2016 年马铃薯人工成本从 630.02 元增至 695.63 元，年均增长 3.44%，人工成本在生产成本中的比例基本维持在 40.58%～41.64%。近两年劳动力短缺，人工费用不断提高，大大降低马铃薯生产利润。

（三）龙头企业带动能力不强

相对于河北省马铃薯产量而言，马铃薯贮藏、加工龙头企业仍然偏少，虽然目前河北省马铃薯龙头加工企业已初具规模，但龙头企业“小少弱”的问题还较突出，产品附加值较低，自主品牌市场占有率低，影响力弱。大部分从事马铃薯生产的农民专业合作组织经济实力弱，专业化水平低，自发性和盲目性强，管理水平和组织化程度都还有待进一步提升，对周边农户的带动和辐射仍显乏力。

（四）产业链条需要进一步延伸

河北省马铃薯先进贮藏设施少，贮藏损失大，转运成本高，大多数马铃薯只用于鲜食或者加工成粉丝、粉条及淀粉，初加工、低附加值产品仍占有较大比例，加工深度不够，经济效益不高。马铃薯贮藏、加工能力还属产业“短板”，产业链下游流通销售环节可开发空间还较大。

（五）过度追逐高产，缺乏科学性

部分马铃薯种植户农药、化肥使用量大，尤其是灌溉方式落后，水资源施用量很大。大部分农户马铃薯田管理技术水平和我国先进地区相比还存在差距。其主要原因是配方施肥、机械化作业等普及率低。张家口坝上及承德坝上地区是马铃薯主产区，种植面积占河北省总面积的 75%以上。马铃薯种植面积大，特别是种植大户，由于土地偏少，目前又没有效益较好的轮作作物，大家都是多年连作马铃薯。由于连作所造成的土传病害日趋严重，以晚疫病为主的病虫害得不到及时有效控制，大大影响了马铃薯产业的整体发展水平，造成了马铃薯产业的效益降低。加之与新品种相配套的新技术研发、高产栽培模式的研发、水肥效率的提高利用上还缺乏科学精准的研究。

五、河北省马铃薯产业发展对策建议

以农业供给侧结构性改革实现农业高质量发展为指引，紧抓“马铃薯主粮化”、冬奥会和消费升级重大机遇，以绿色生态、优化结构、提高品质、降低成本为发展路径，建设优势产区，鼓励适度规模经营，延伸产业链条，建立区域化布局、绿色生产、延伸产业链、提升价值链的马铃薯产业体系，实现河北马铃薯产业可持续发展。

（一）稳定面积，调结构，实现高质量发展

近几年马铃薯产业发展面临新的发展形势，鲜食型品种所占比重逐年增加，且向优质方向发展。优质早熟品种提早上市结合优质耐贮品种错季销售，实现均衡市场供应；依据市场发展趋势，诸如淀粉、全粉等产品质量要求越来越高，对品种的专用化需求也随之增强。另外随着电商的发展，马铃薯消费市场进一步细化，薯类产品分级销售是今后主要发展方向，这为马铃薯品种结构调整提出新的要求。

（二）加强绿色生产技术集成，引领产业绿色发展

以新型规模生产主体为依托，以“龙头企业＋基地＋农户”为主要形式，建设规模化生产基地，推进订单生产。以节本增效为核心，加强马铃薯绿色生产关键技术集成推广，着力突破高效水肥一体化、有机肥替代化肥品质提升、山区高品质标准化种植、全程机械化生产、贮藏保鲜、主要病虫害监测预警和综合防治、废弃物综合利用等关键技术，加强绿色生产技术和商品质量标准制修订，推行绿色生产，提高单产和马铃薯质量。

（三）适度规模经营，提高产业经济效益

由于马铃薯生产技术要求较高，通过适度规模经营，有利于推广机械化生产，有利于提高劳动生产率，降低生产成本，增强抵御风险的能力。通过推行标准化生产，使马铃薯生产向机械化、标准化、优质化、安全化、规范化方向发展，规模化种植必然带来管理水平的提高。马铃薯规模化经营，机械化生产，采取节水灌溉、增施农家肥、减少农药和化肥的施用量，降低了生产成本，减少了环境污染，保护了生态环境，提高了资源利用率，也必然带来效益的提高。

（四）延伸产业链条，增加产业附加值

马铃薯一作区支持加工企业进行装备升级和技术改造，丰富加工品种、提升加工工艺，开发功能食品、方便食品、保健品、工业涂料等高附加值产品，促进产业向高附加值精深加工产品转变。开展马铃薯主食产品基础营养成分功能、混配成分营养互作机制等研究，开发多样化方便食品，丰富主食产品种类。

二作区集中产区建设大型气调储藏仓库，延长出售期，调节市场，推动马铃薯由直接销售向初加工、深加工增值转变。在主产县建设冷链物流集散中心，打造生产、加工、运输、

储存、销售等环节全程产业链条，完善直采、直供、直销等销售形式，扩大农企、农批、农超对接、电子商务等产销衔接方式，增加薯农的收益。

加强马铃薯秸秆肥料化、饲料化、燃料化、原料化、基料化技术研究，促进秸秆综合利用。加强薯渣、薯皮等副产物制作生物有机肥，利用加工废水、废料中提取蛋白质、膳食纤维、果胶等技术研究，提高资源综合利用水平。

（五）借力冬奥会，提高产业美誉度

借力京张冬奥会契机，按照奥运食品标准，选定一批备选企业和生产基地，加强前期准备工作，积极打造马铃薯种薯和商品薯区域公用品牌，提升品牌知名度和美誉度，发挥品牌效应，提升产品质量和档次。

充分利用自然景观和马铃薯生产基地，建设马铃薯博物馆田园综合体、生态休闲观光园等，打造集自然、生产、休闲、康乐于一体的马铃薯主题旅游景区，促进产业融合，提升附加值。

（六）试点目标价格保险制度，保障产业发展稳定性

2017 年张北县开展了马铃薯目标价格保险试点，有效降低了因价格大幅下跌给薯农带来的损失。建议将此经验在马铃薯作为扶贫产业的贫困地区大面积推广，推行财政补贴保费，通过市场机制，降低贫困地区马铃薯种植风险水平，避免马铃薯产业的大起大落，保障产业发展稳定性。

（七）实施马铃薯轮作休耕补偿制度，实现产业发展可持续性

马铃薯主产区水资源承载力有限，由于无高收益的其他作物替代、连作所造成的土传病害日趋严重。坝上地区以水资源承载力合理确定种植区域和规模，实行耕地轮作休耕，通过作物间的轮作倒茬和季节性休耕，给马铃薯提供良好的地力基础和充足的发育时间，不仅产量可以提高，品质也可明显改善。开展轮作休耕，探索建立制度化的组织方式、政策体系，以此为平台，推进农业管理方式创新，实现马铃薯产业绿色可持续发展。

撰稿人员：王　哲　马　恢　刘德超　翟　宇　董　然　李双东　吕　品
参编人员：龚学臣　张淑青　马志民　杜德玉　杨志辉　高清海　李金荣　霍宗全
聂庭彬　王路彩

第六章　2018年度河北省甘薯产业发展报告

一、河北省甘薯产业发展现状

(一) 在全国占有的位置

河北省位于北方春薯区，是我国甘薯主产省之一，目前播种面积 100 千公顷左右，约占全国总播种面积的 3%左右。自 2000 年以来，随着河北省种植业结构的逐步调整，甘薯播种面积大规模缩减。2016 年，河北甘薯播种面积 97.2 千公顷，位居全国第 13 位；鲜薯总产量达 234 万吨，居全国第 11 位；播种面积与总产量分别占全国总量的 3.03%和 0.66%；单产为每公顷 24 074.1 千克，居第 12 位，远超全国平均水平（表 6-1）。

表 6-1　2016 年我国甘薯主产省播种面积、产量、单产及排名

地区	面积（千公顷）	排名	产量（万吨）	排名	单产（千克/公顷）	排名
河北	97.2	13	234.00	11	24 074.1	12
四川	476.8	1	1 044.00	1	21 895.95	16
重庆	374.7	2	910.50	2	24 299.4	10
山东	201.4	7	786.00	3	39 026.85	3
广东	304.5	3	725.00	4	23 809.5	14
河南	249.4	4	565.50	5	22 674.45	15
福建	174.1	8	483.00	6	27 742.65	9
湖南	160.7	9	386.00	7	24 019.95	13
贵州	234.8	5	342.50	8	14 586.9	23
江西	136.8	10	330.50	9	24 159.3	11
广西	209	6	253.00	10	12 105.3	24
江苏	53.5	17	164.00	12	30 654.15	7
安徽	128.3	11	140.50	13	10 950.9	25
浙江	62.9	16	135.00	14	21 462.6	17
海南	64.6	15	133.00	15	20 588.25	18
云南	115.8	12	120.50	16	10 405.8	26
湖北	69.7	14	104.00	17	14 921.1	22
陕西	35.7	18	59.00	18	16 526.55	20

（续）

地区	面积（千公顷）	排名	产量（万吨）	排名	单产（千克/公顷）	排名
辽宁	31.9	19	50.00	19	15 673.95	21
山西	21	20	35.00	20	16 666.65	19
吉林	4.4	21	15.50	21	35 227.2	4
新疆	2.2	22	9.00	22	40 909.05	2
内蒙古	1.1	25	5.00	23	45 454.5	1
天津	1.4	23	4.50	24	32 142.9	5
北京	1.4	24	4.50	25	32 142.9	6
黑龙江	0.7	27	2.00	26	28 571.4	8
上海	0.8	26	0.50	27	6 250.05	27

从单产来看，河北甘薯单位面积产量总体呈增长趋势，高于全国平均水平。2016 年，单产每公顷 24 074.1 千克，是全国平均水平的 2.5 倍，如图 6-1 所示。

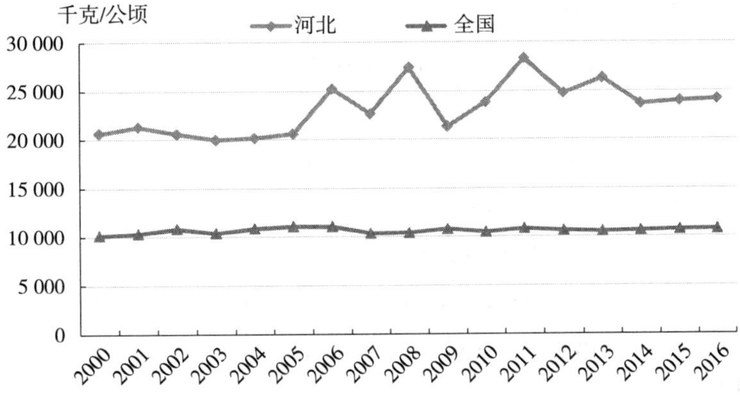

图 6-1　2000—2016 年河北、全国甘薯单位面积产量对比

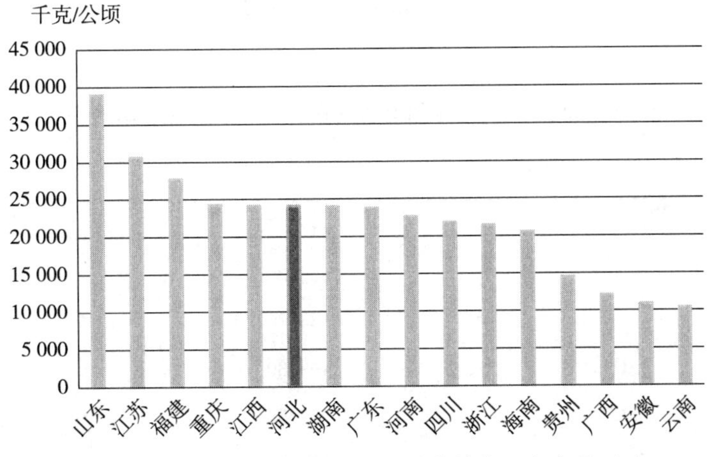

图 6-2　2016 年我国甘薯主产省甘薯单位面积产量对比

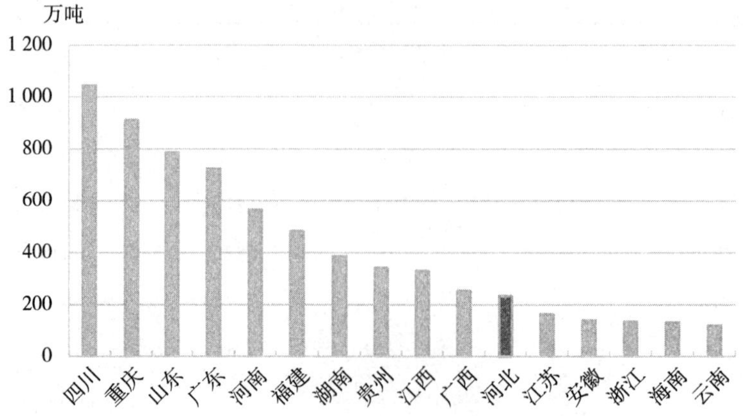

图 6-3　2016 年我国甘薯主产省甘薯总产量对比

由图 6-2、图 6-3 可以看出：2016 年，河北甘薯产量排在江西、广西之后，居全国第 11 位；周边的河南省、山东省产量均高于河北省。产量最高的省份为四川省，总产超过 1 000 万吨。

（二）甘薯产业生产情况

受 2017 年鲜食型甘薯效益偏高的影响，2018 年河北省甘薯播种面积较往年提高 20%左右。在品种方面，烟薯 25 播种面积增加幅度最大，增幅约 50%，所增加面积主要集中在唐山、衡水、沧州、石家庄、邢台等平原地区，且均以规模化生产方式为主，销售渠道为烤薯连锁、薯脯加工、冰烤薯加工等；其次为济薯 26，较往年面积增加约 30%左右，以保定、石家庄、邢台、唐山等丘陵或沙壤瘠薄地的重茬连作产区为主；冀紫薯 2 号，以替代紫罗兰为主，面积增加约 20%左右；播种面积减少的品种当中，龙薯 9 和商薯 19 面积降低，淀粉型品种受淀粉加工产能降低的影响，面积下降较大。

1. 甘薯播种面积

近十几年来，河北省甘薯播种面积呈缩减趋势。整体主要分两个阶段：2000—2008 年为快速下降阶段，下降率为 52.77%；2008—2016 年缓慢为下降阶段，下降率为 10.59%。如表 6-2 所示。

表 6-2　2000—2016 年河北甘薯播种面积、产量、单产情况

年份	面积（千公顷）	总产量（万吨）	单产量（千克/公顷）
2000	235.85	473.75	20 625.00
2001	222.07	451.20	21 285.00
2002	215.28	434.70	20 590.05
2003	185.57	409.80	19 984.95
2004	161.13	335.55	20 155.05
2005	151.15	312.50	20 590.05

（续）

年份	面积（千公顷）	总产量（万吨）	单产量（千克/公顷）
2006	147.18	372.40	25 195.05
2007	105.28	282.70	22 620.00
2008	111.39	333.00	27 394.95
2009	109.95	248.75	21 304.95
2010	106.45	265.65	23 805.00
2011	101.94	283.15	28 320.00
2012	98.39	248.50	24 720.00
2013	95.51	252.90	26 299.95
2014	84.80	230.40	23 625.00
2015	94.57	228.01	23 914.95
2016	97.20	234.00	24 074.4

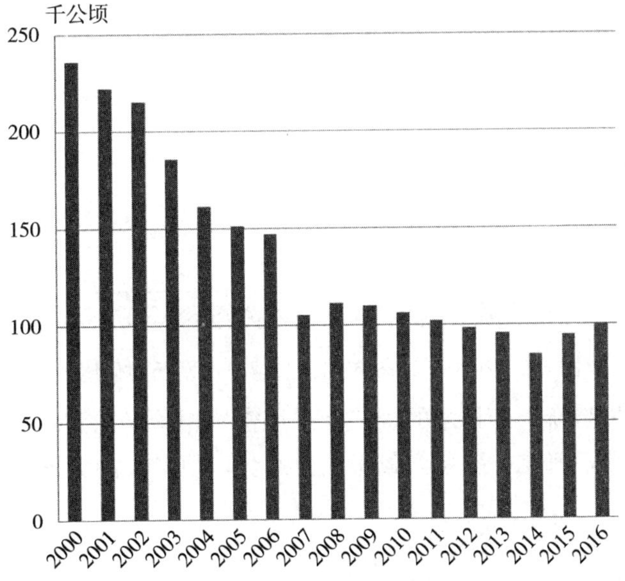

图 6-4　2000—2016 年河北省甘薯播种面积变化

2. 甘薯总产量变化

河北省甘薯产量总体呈下降趋势，大致可以划分为 3 个平稳下降阶段：第一阶段（2000—2007 年）整体下降率为 5%左右，平均下降率为 5.2%，此阶段，甘薯退出主粮作物范围，其间甘薯播种面积快速下降，总产量总体下降幅度较大；第二阶段（2008—2011 年）整体下降率为 4%左右，平均下降率为 4.49%，原因在于河北省农业种植结构进一步调整，甘薯播种面积进一步下降，但随农业生产技术进步，单产量有所增加，总产量下降幅度有所减缓；第三阶段（2011—2016 年）整体下降率为 3%左右，平均下降率为 3.82%（图 6-5）。

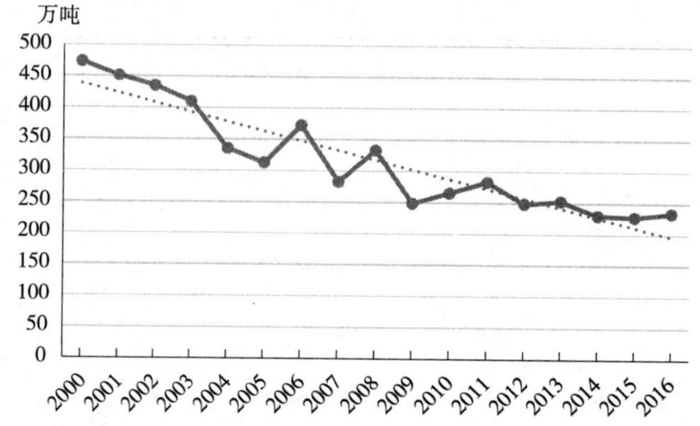

图 6-5　2000—2016 年河北甘薯总产量变化

3. 甘薯单产变化

河北省甘薯单产呈波动增长趋势，大致可以划分为 2 个阶段：第一阶段：2000—2007 年，平均增长率为 2.18%；第二阶段：2007—2016 年，平均增长率为 0.71%。单产从 2000 年的每公顷 20 625 千克增长到 2016 年的 24 074.1 千克，每公顷增长 3 449.1 千克，增长率为 16.72%。如图 6-6 所示。

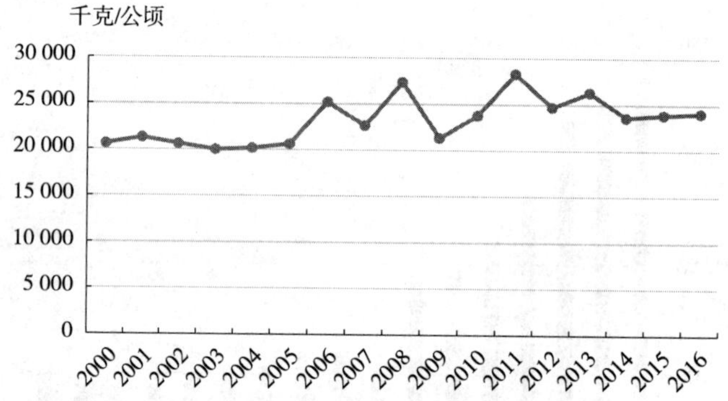

图 6-6　2000—2016 年河北甘薯单产发展变化情况

甘薯单产量的增长与新生产技术的推广及采用密切相关，且受到土壤环境与施肥用药量的投入影响。整体来看，河北甘薯单产量呈上升态势，但增长趋势逐步放缓。如图 6-7 至图 6-10 所示。

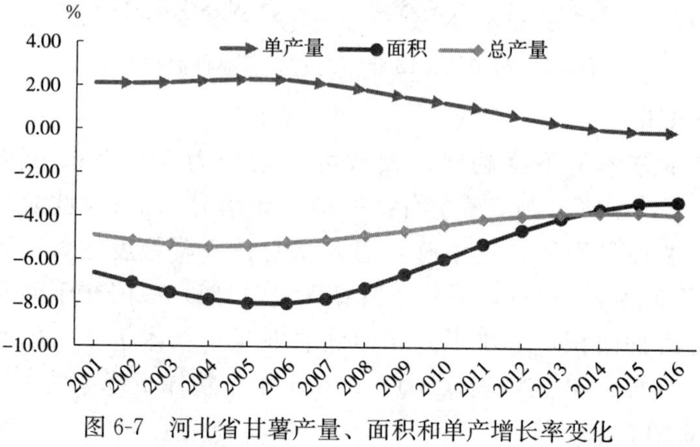

图 6-7　河北省甘薯产量、面积和单产增长率变化

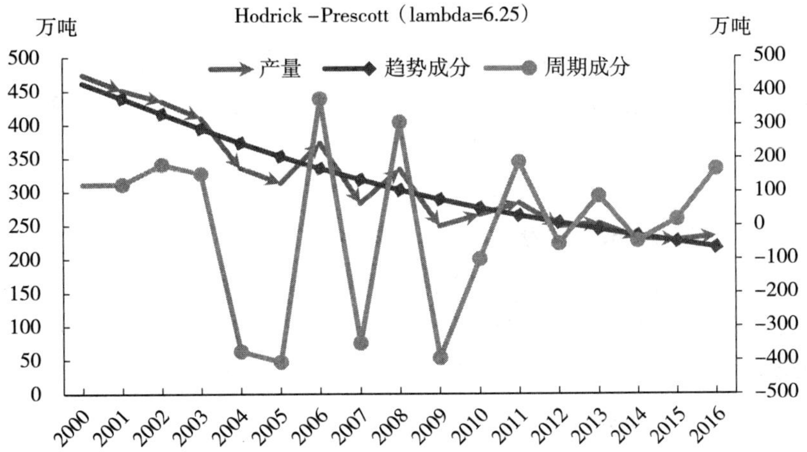

图 6-8　2000—2016 年河北省甘薯产量长期趋势分解

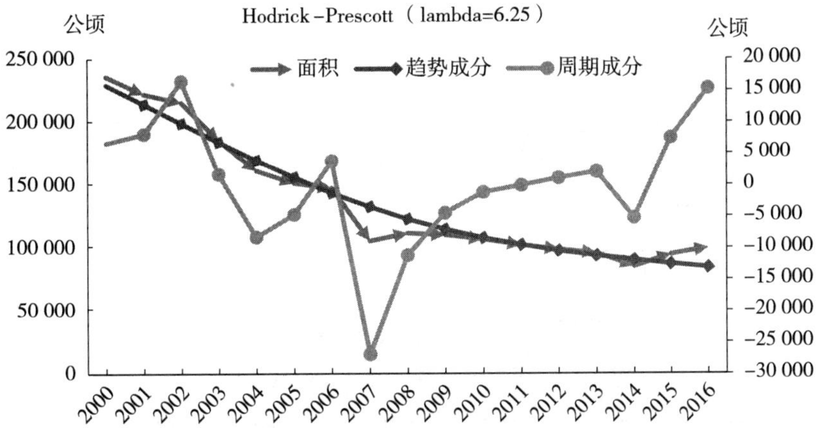

图 6-9　2000—2016 年河北省甘薯面积长期趋势分解

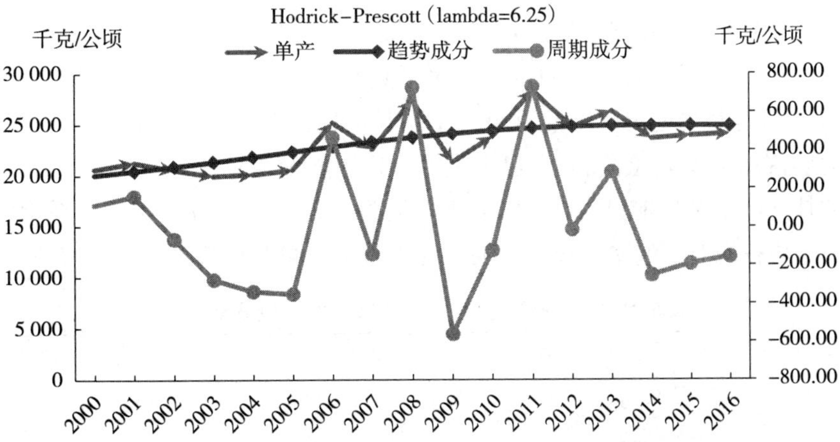

图 6-10　2000—2016 年河北省甘薯单产长期趋势分解

（三）甘薯产业生产周期分析

周期成分是实际值剔除长期趋势之后显示波动情况的波动值，实际值背离长期趋势越远，说明生产波动则越大。从周期成分来看，周期性波动是河北省甘薯产业发展的显著特征。本文根据周期波动理论，按照从“波谷—波峰—波谷”的形态特征，按照变异率的波动幅度超过5%，且波峰大于零、波谷小于零的标准，将河北省甘薯生产三项指标划分为不同的波动周期。

1. 河北省甘薯产量周期成分分析

从周期的完整性来看，2000—2003 年间，整体平稳，并无波动产生；2003 年后按照“峰—谷—峰”法划分，可以将河北省甘薯产量划分成 5 个完整的波动周期：第一个波动周期是从 2003 年到 2006 年，波谷出现在 2005 年；第二个波动周期是从 2006 年到 2008 年，波谷出现在 2007 年；第三个波动周期是从 2008 年到 2011 年，波谷出现在 2009 年；第四个波动周期是从 2011 年到 2013 年，波谷出现在 2012 年；第五个波动周期是从 2013 年到 2016 年，波谷出现在 2014 年（图 6-11）。

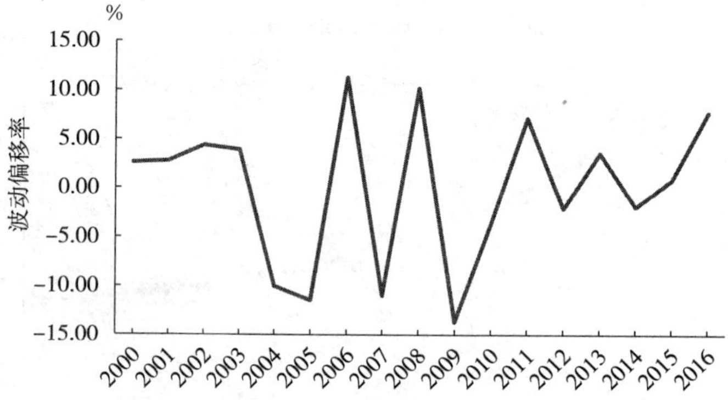

图 6-11　河北省甘薯产量波动偏移率情况

从波长来看，每个波动周期波长都为 2～3 年，均属于短周期波动。从波幅来看，第一、二、三个波动周期的波幅分别为 15.41%、22.28%、23.86%，说明在 2000—2011 年间内河北省甘薯产量波动相对较为剧烈；第四、五个波动周期的波幅分别为 9.25%、5.52%，说明在 2011—2016 年内河北省甘薯产量波动与前三周期相比较为平稳。

从周期类型来看，第一波动周期表现为缓降陡升型，下降持续时间明显大于上涨持续时间；第二、四波动周期表现为陡降陡升型，下降持续时间与上涨持续时间相同；第三、五波动周期表现为陡降缓升型，下降持续时间明显小于上涨持续时间。

从河北省甘薯产量增长走势来看，波峰平均值为 7.29%，波谷绝对值的平均值为 8.06%，波峰平均值小于波谷绝对值的平均值，表明河北省甘薯产量整体趋于走低（表 6-3、表 6-4）。

表 6-3　λ=100 通过 H-P 滤波得到的产量波动周期

波峰时间（年份）	2003		2006		2008		2011		2013		2016
波谷时间（年份）		2005		2007		2009		2012		2014	
上涨持续时间（年）			1		1		2		1		2
下跌持续时间（年）		2		1		1		1		1	

表 6-4　河北省甘薯产量波动周期的特征

周期	起止年份	波长	波动指数（%）			周期类型
			波峰	波谷	波动幅	
周期一	2003—2006	3	3.91	−11.5	11.41	缓降陡升型
周期二	2006—2008	2	11.26	−11.02	22.28	陡降陡升型
周期三	2008—2011	3	10.17	−13.69	23.86	陡降缓升型
周期四	2011—2013	2	3.55	−2.13	9.25	陡降陡升型
周期五	2013—2016	3	7.71	−1.97	5.52	陡降缓升型

2. 河北省甘薯播种面积周期成分分析

从周期的完整性来看，按照“峰—谷—峰”法划分，河北省甘薯播种面积经历了 3 个完整的波动周期。第一个波动周期是从 2002—2006 年，波谷出现在 2004 年；第二个波动周期是从 2006—2013 年，波谷出现在 2007 年；第三个波动周期是从 2013—2016 年，波谷出现在 2014 年。如图 6-12、表 6-5、表 6-6 所示。

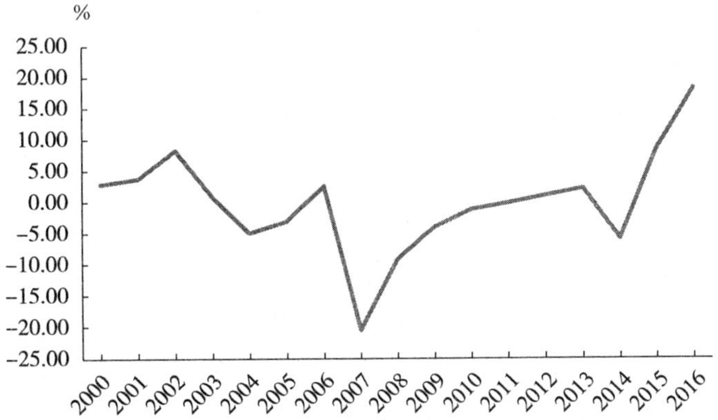

图 6-12　河北省甘薯播种面积波动偏移率情况

从波长来看，第一、第三个波动周期波长分别为 4 年、3 年，均属于短周期波动；第二个波动周期波长为 8 年，属于中长周期波动。

从波幅来看，第一个波动周期的波幅为 13.2%，说明在这个波动周期内，河北省甘薯播种面积波动相对较为剧烈；第二个波动周期的波幅为 23.01%，说明在这个波动周期内，河北省甘薯播种面积波动最为剧烈；第三个波动周期的波幅为 8.07%，说明在这个波动周期内，河北省甘薯播种面积波动相对较为平稳。

从周期类型来看，第一个波动周期表现为缓降缓升型；第二、三个波动周期均表现为陡降缓升型。

从河北省甘薯播种面积增长走势来看，波峰平均值为 4.36%，波谷绝对值的平均值为 10.4%，波峰平均值小于波谷绝对值的平均值，表明河北省甘薯播种面积增长整体趋于缩减趋势。

表 6-5　λ=100 通过 H-P 滤波得到的播种面积波动周期

波峰时间（年份）	2000	2002		2006		2013		2016
波谷时间（年份）	—		2004		2007		2014	
上涨持续时间（年）	—			2		7		2
下跌持续时间（年）	—		2		1		1	

表 6-6　河北省甘薯播种面积波动周期的特征

周期	起止年份	波长	波动指数（%）			周期类型
			波峰	波谷	波动幅	
周期一	2002—2006	4	8.28	−4.92	13.2	缓降缓升型
周期二	2006—2013	8	2.62	−20.39	23.01	陡降缓升型
周期三	2013—2016	3	2.19	−5.88	8.07	陡降缓升型

3. 河北省甘薯单产周期成分分析

从周期的完整性来看，按照“峰—谷—峰”法划分，河北省甘薯单产量经历了 5 个完整的波动周期。第一个波动周期是从 2001 年到 2006 年，波谷出现在 2005 年；第二个波动周期是从 2006 年到 2008 年，波谷出现在 2007 年；第三个波动周期是从 2008 年到 2011 年，波谷出现在 2009 年；第四个波动周期是从 2011 年到 2013 年，波谷出现在 2012 年；第五个波动周期是从 2013 年到 2016 年，波谷出现在 2014 年。

从波长来看，第一波动周期波长为 5 年，属于中周期波动；第二、三、四、五个波动周期波长分别为 2 年、3 年、2 年、3 年，均属于短周期波动。

从波幅来看，第一、二、四、五个波动周期的波幅分别为 11.74%、13.28%、15.19%、10.83%，说明在这四个波动周期内，河北省甘薯单产量波动相对较为剧烈；第三个波动周期的波幅为 26.96%，说明在这个波动周期内河北省甘薯单产量波动最为剧烈。

从周期类型来看，第一个波动周期表现为缓降陡升型；第二、四个波动周期均表现为陡降陡升型；第三、五个波动周期均表现为陡降缓升型。

从河北省甘薯单产量增长走势来看，波峰平均值为 10%，波谷绝对值的平均值为 5.6%，波峰平均值大于波谷绝对值的平均值，表明河北省甘薯单产量增长整体趋向于增长态势。

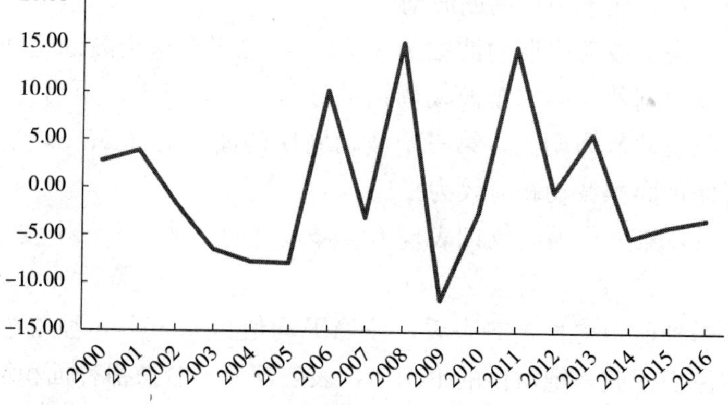

图 6-13　河北省甘薯单产量波动偏移率情况

表 6-7　λ=100 通过 H-P 滤波得到的单产量波动周期

波峰时间（年份）	2001		2006		2008		2011		2013		2016
波谷时间（年份）		2005		2007		2009		2012		2014	
上涨持续时间（年）			1		1		2		1		2
下跌持续时间（年）		4		1		1		1		1	

表 6-8　河北省甘薯单产量波动周期的特征

周期	起止年份	波长	波动指数（%）			周期类型
			波峰	波谷	波动幅	
周期一	2001—2006	5	3.87	−7.87	11.74	缓降陡升型
周期二	2006—2008	2	10.23	−3.05	13.28	陡降陡升型
周期三	2008—2011	3	15.3	−11.66	26.96	陡降缓升型
周期四	2011—2013	2	14.86	−0.33	15.19	陡降陡升型
周期五	2013—2016	3	5.73	−5.1	10.83	陡降缓升型

（四）甘薯生产区域布局

从甘薯生产的地区间差异来看，河北仍以冀中南地区种植为主，占全省播种面积的 74.74%；其次为冀东地区，占比为 24.59%；张承地区种植极少，占比仅为 1.2%。全省甘薯面积在 10 000 公顷以上的市区有保定（含定州）(22 570 公顷)、石家庄（含辛集）(18 290公顷)、秦皇岛（15 870 公顷)。河北省甘薯生产区域布局如图 6-14 所示。

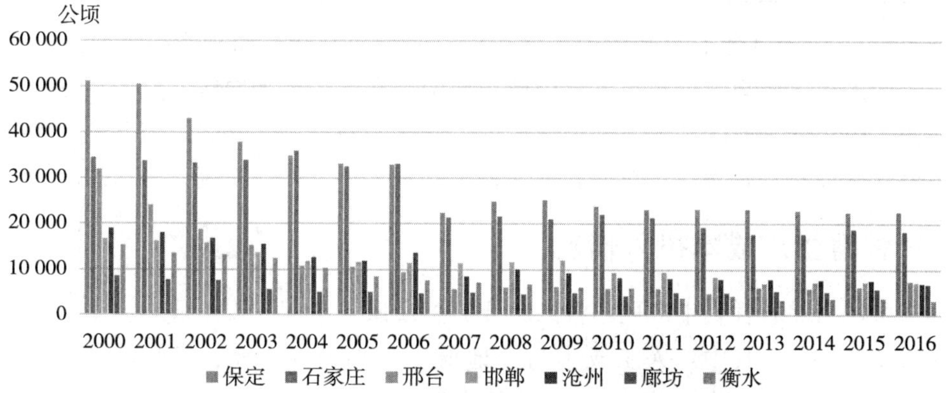

图 6-14　2000—2016 年河北省冀中南地区各市甘薯播种面积

冀中南地区甘薯种植以石家庄、保定种植为主，虽播种面积不断调整，但整体所占比重远超其他地区；邯郸、邢台、沧州、廊坊甘薯播种面积较为接近，且自 2011 年以来，各地面积基本稳定于 7 000 公顷左右；衡水甘薯播种面积经历快速缩减后，于 2011 年稳定于 3 000公顷，远低于区域内其他市区甘薯播种面积。

2016 年冀中南地区甘薯播种面积整体增加 690 公顷，其中，邢台、保定、廊坊 3 市甘薯面积实现增加，邢台面积增加最多，达 1 210 公顷；石家庄、邯郸、沧州、衡水 4 市甘薯面积出现缩减，沧州面积缩减最多，达 640 公顷（表 6-9)。

表 6-9　2015—2016 年冀中南地区甘薯播种面积变化情况

单位：公顷

地区	2015	2016	面积变化	增幅（%）
保定	22 448	22 571	123	0.55
石家庄	18 804	18 286	−518	−2.75
邢台	6 078	7 290	1 212	19.94
邯郸	7 144	7 074	−70	−0.98
沧州	7 489	6 852	−637	−8.51
廊坊	5 628	6 655	1 027	18.25
衡水	3 614	3 168	−446	−12.34

冀东地区甘薯种植历来以秦皇岛为主。自经历甘薯播种面积快速缩减后，2007 年始，本区域甘薯播种面积稳定于 22 000 公顷左右，其中秦皇岛常年播种面积约在 14 000 公顷，占本地区比重约为 65%；唐山常年播种面积约在 8 000 公顷，占本地区比重约为 35%。2016 年冀东地区甘薯面积增加 2 320 公顷，远超其他地区。其中，秦皇岛甘薯播种面积增加最多，达 1 921 公顷；唐山甘薯面积增加 408 公顷（表 6-10）。

表 6-10　2016 年冀东地区甘薯播种面积变化情况

单位：公顷

地区	2015	2016	面积变化	增幅（%）
秦皇岛	13 955	15 876	1 921	13.77
唐山	8 202	8 610	408	4.97

总体来看，自 2014 年后甘薯面积年际间呈缓慢增长态势，面积主要分布在冀中南、冀东地区，生产大市主要集中分布在太行山脉丘陵山地和中东部平原区。其中，随土地流转速度不断加快，中东部平原区甘薯面积迅速扩大，占比不断上升。同时，河北地下水超采治理及鼓励发展耐旱性作物政策，也对河北甘薯种植起到了一定促进作用。

（五）甘薯生产成本投入情况

整体来看，河北省甘薯生产成本投入主要有物质服务费用、人工成本、土地成本，合计成本投入为 2 078 元。其中，人工成本与土地成本分别为 500 元、578 元，占比合计约为 52%，物质服务费用成本为 1 000 元，占比约为 48%。

从地区间来看，各地区间甘薯成本投入均有不同。其中，廊坊地区投入成本最高，达每亩 2 205 元；其次为石家庄地区每亩 2 160 元；秦皇岛地区相对较少，为每亩 1 868 元。整体来看，人工成本与土地成本仍占据较大比重（表 6-11）。

表 6-11　河北省甘薯代表性种植区成本投入情况

单位：元

	秦皇岛	石家庄	廊坊
亩均成本	1 868	2 160	2 205

（续）

	秦皇岛	石家庄	廊坊
物质服务费用	1 048	960	1 065
（1）种子费	460	500	500
（2）肥料费	270	150	165
（3）农膜农药费	168	160	250
（4）租赁作业费	150	150	150
人工成本	500	400	600
土地成本	320	800	600
每50千克成本	41.51	48	49

石家庄地区土地成本远超秦皇岛、廊坊，为每亩800元，占该地总投入成本的37.04%；人工成本远低于秦皇岛、廊坊两地，为每亩400元，占该地总投入成本的18.57%。人工成本与土地成本合计占该地总投入成本的55.61%。

秦皇岛地区土地成本最低，为每亩320元，占该地总投入成本的17.13%；人工成本处于中等水平，为每亩500元，占该地总投入成本的26.77%。人工成本与土地成本合计占该地总投入成本的43.9%。

廊坊地区土地成本为每亩600元，占该地总投入成本的27.21%；人工成本高于石家庄、秦皇岛两地，为每亩600元，占该地总投入成本的27.21%。人工成本与土地成本合计占该地总投入成本的54.42%。

从不同品种间来看，由于不同品种间价格不同，导致其投入成本有所不同。整体来看，烟薯25每亩投入成本高出龙薯9号195元。其差额主要体现在种苗、肥料、地膜农药费用上。其中，种苗费用差额最大，为100元；其次为地膜农药费、肥料费，差额分别为每亩90元、每亩65元（表6-12）。

表6-12　河北省甘薯代表性种植品种成本投入情况

单位：元

	龙薯9号	烟薯25
亩均成本	2 010	2 205
物质服务费用	810	1 065
（1）种子费	400	500
（2）肥料费	100	165
（3）农膜农药费	160	250
（4）租赁作业费	150	150
人工成本	600	600
土地成本	600	600
每50千克成本	33.5	49

二、河北省甘薯价格波动形势分析

2018 年度，甘薯收获期价格普遍偏高。在地头市场鲜食型甘薯当中龙薯 9 号每千克 1～1.2 元，济薯 26 每千克 0.9～1 元，烟薯 25 每千克 3～5 元，冀紫薯 2 号每千克 2 元，冀薯 98 每千克 1～1.2 元；到 12 月价格一直比较平稳。

（一）甘薯市场价格变化情况

根据产地价格及相应品种价格流向来看，省内批发市场价格受龙薯 9 号及商薯 19 的价格变化影响较大，其他品种多流向省外市场，因此价格影响较小；从产地来看，主要受石家庄及保定地区影响较大，其他地区影响较小。

1. 2018 年市场整体价格高于 2017 年度

整体来看，2018 年河北省批发市场甘薯日均价高于上年度价格，在 6 月内，价格差距达到最大，年同比增幅高达 114%；但随后价格差距逐步缩小，直至 10 月与 2017 年价格逐渐接近，年同比增幅为 8.98%，随后价格差距再次拉大（图 6-15）。

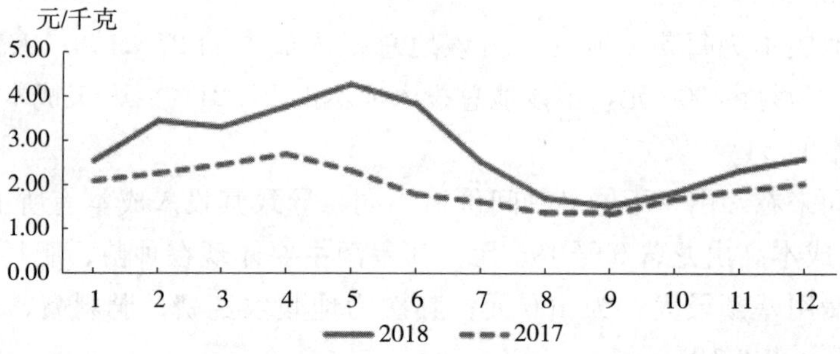

图 6-15　2017 年、2018 年度河北省甘薯批发市场日均价格走势

资料来源：石家庄桥西蔬菜批发市场。

2. 2018 年整体价格走势

本年度较上年甘薯价格走势基本相同。第一季度价格快速上升，但本年度甘薯价格受春节影响明显，价格在 2 月内出现短暂下滑。此外，本年度价格涨势延长至 5 月才出现下滑，较上年延长一个月之久，并出现最高环比差，差幅达 83.98%。

随后河北省甘薯价格整体出现大幅走低，直至 9 月河北省甘薯大量集中上市，价格降至最低达每千克 1.52 元；此后触底反弹，价格出现回升直至本年度结束。

3. 河北甘薯市场整体价格高于全国平均水平

整体来看，河北省甘薯价格普遍高于全国，并在 4 月全国甘薯价格出现持续走低后，仍保持高价上升态势，直至 5 月，较全国价格出现最大落差，价格差最大为每千克 1.14 元。整体看来，7 月河北省甘薯上市初期，省内整体价格低于全国价格每千克 0.3～0.5 元，随后至进入 9 月，河北省甘薯价格较全国价格最为接近，但此后河北省甘薯价格再次快速上升，反超全国价格水平，且价格差距逐步拉大（图 6-16）。

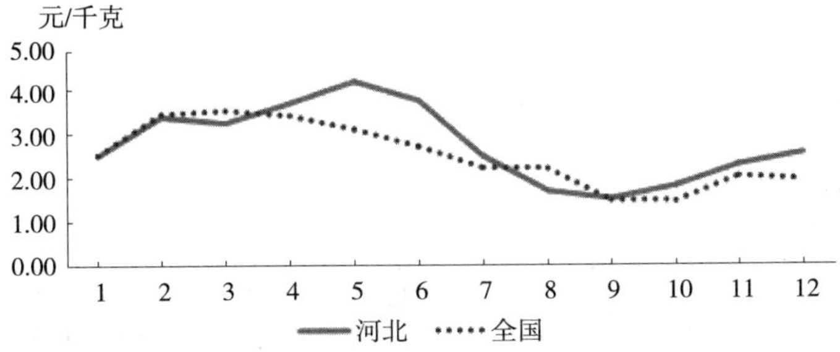

图 6-16　2018 年全国、河北省甘薯批发市场月均价格对比
资料来源：北京新发地市场、石家庄桥西蔬菜批发市场。

从 2018 年度河北省甘薯价格走势来看，预计 2019 年年初河北省甘薯价格将持续走高。

（二）甘薯产地价格变化情况

河北省为北方春薯区，主要上市期集中于第 3、4 季度；但由于 7 月间仅为零星上市，故河北甘薯产地价格从 2018 年 8 月开始选取。

1. 产地价格远超河南，与全国、山东价格接近

2018 年 8 月以来，河北省甘薯产地价格与全国、山东同步变化，且远超河南（图 6-17）。

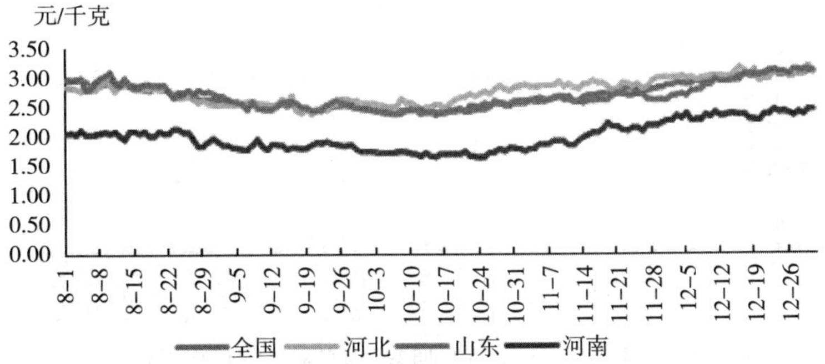

图 6-17　2018 年下半年全国、河北、山东、河南甘薯产地日均价格走势
资料来源：一亩田 http：//hangqing. ymt. com/chandi/。

第 3 季度以来，河北省甘薯价格整体呈波动下降趋势，第 3 季度主要因为冀中南地区收获基本完成，冀东地区亦进入收获末期，商薯 19 等淀粉型品种占据较大市场份额，价格再次走低但整体稳定于每千克 2.5 元，虽于 14 日出现小幅波动，整体价格变化却趋于平稳。但自进入第 4 季度后，价格开始触底反弹，直至本年度结束。这主要是因为，第 4 季度河北省甘薯主要为储藏销售，随时间推移价格不断上升。

2. 主栽品种的价格变化

（1）龙薯 9 号整体平稳。从整体来看，龙薯 9 号价格远低于其他品种，第 3 季度日均价为每千克 1.43 元，且价格波动走低；第 4 季度日均价格在每千克 1.75 元左右，呈上升趋势（图 6-18）。

龙薯 9 号广泛种植于冀中南地区，在生产模式上多为“早种+早熟”，可较早进入市场，

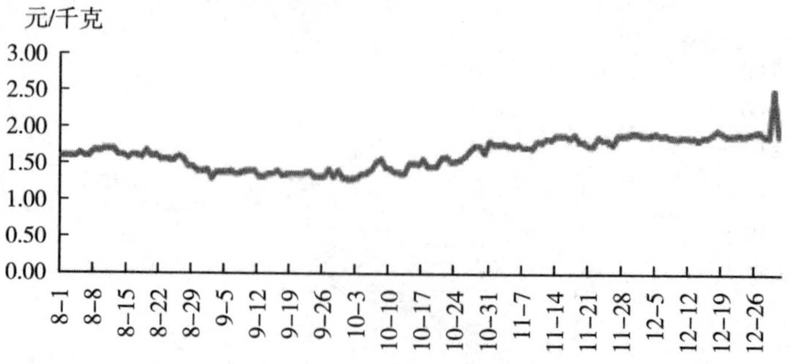

图 6-18　2018 年下半年河北龙薯 9 号产地日均价格走势

资料来源：一亩田 http：//hangqing. ymt. com/chandi/。

且由于产量较高，并为兼用品种，故深受生产者青睐，因此上市初期价格较高。但自进入 9 月后，随周边省份相应品种甘薯不断上市，供过于求，从而河北省龙薯 9 号价格持续走低并趋于稳定。

从流向上来看，龙薯 9 号除地头销售外，多流向于东北批发市场，并占据较大份额。因此，省内批发市场甘薯价格变动受其影响较大。

（2）烟薯 25 前期波动走低，后期稳定走高。烟薯 25 价格整体高于其他品种，但随其他地区同类品种上市，前期价格波动走低，自 11 月后期储藏销售开始，价格稳定走高（图 6-19）。

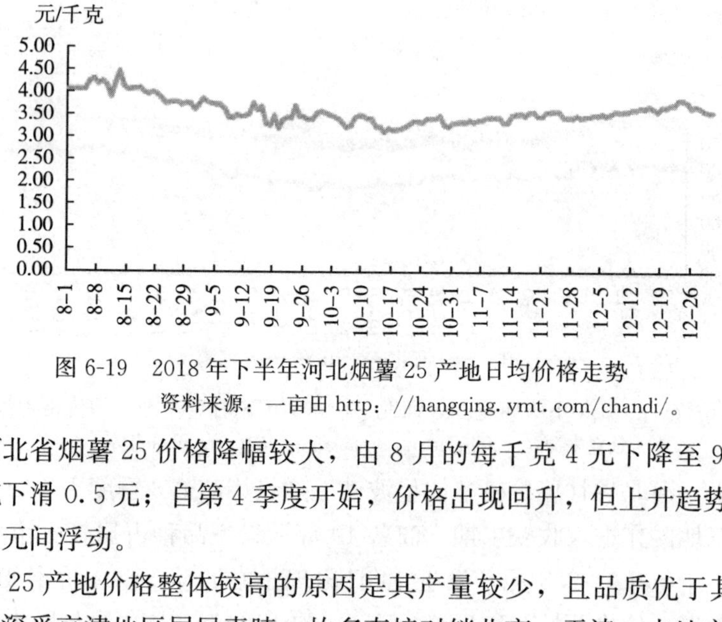

图 6-19　2018 年下半年河北烟薯 25 产地日均价格走势

资料来源：一亩田 http：//hangqing. ymt. com/chandi/。

第 3 季度河北省烟薯 25 价格降幅较大，由 8 月的每千克 4 元下降至 9 月的每千克 3.5 元，整体每千克下滑 0.5 元；自第 4 季度开始，价格出现回升，但上升趋势缓慢，后期价格仍于每千克 3.5 元间浮动。

河北省烟薯 25 产地价格整体较高的原因是其产量较少，且品质优于其他品种。同时，近年来烤制甘薯深受京津地区居民青睐，故多直接对销北京、天津，本地市场供应较少。因此，对省内甘薯总体价格走势虽有一定影响，但十分有限。

（3）商薯 19 整体波动下降，但降势不断平缓。商薯 19 较龙薯 9 号价格略微接近，但低于烟薯 25 价格。同时，受河南地区同类品种甘薯上市影响，第 3 季度价格持续走低但整体降势明显趋缓，自第 4 季度虽略有上涨，但涨势缓慢（图 6-20）。

第 3 季度开始，商薯 19 价格便不断波动，且下降趋势越发明显。由 8 月初最高价格每千克 2.46 元，降至 9 月每千克 1.75 元左右，但整体价格走势更为平缓稳定，虽于 9 月下半

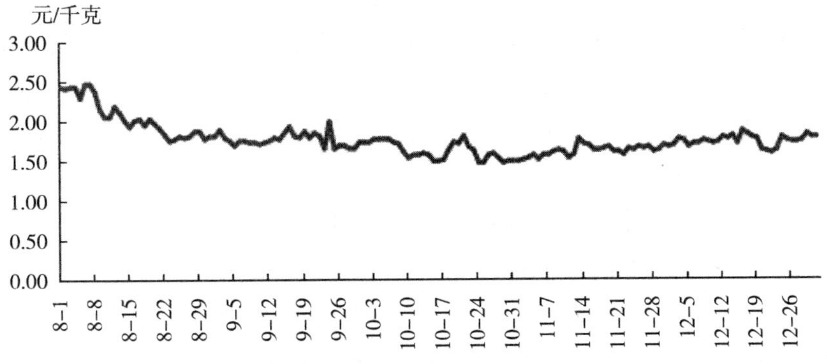

图 6-20　2018 年第 3、4 季度河北省商薯 19 产地日均价格走势

资料来源：一亩田 http：//hangqing. ymt. com/chandi/。

月价格出现小幅波动，但整体平稳。进入第 4 季度后，价格出现波动回升，并延续至本年度结束。

从种植区域上来看，商薯 19 在河北省各地均有种植，但种植规模远小于河南地区，且价格高于河南。故同期上市情况下，外来客商纷纷转向河南，以求最低价格，从而对河北省商薯 19 价格产生冲击，进而波动走低。从流向上来看，河北省商薯 19 主要流向秦皇岛卢龙县内用作加工使用，向省外市场流通则数量较少，因此省内市场受其影响较大。

三、河北省甘薯产业竞争力分析

（一）资源竞争力

河北省位于北方春薯区，终年光照充足，雨热同期，在甘薯生长期降水量可达 450 毫米，有助于甘薯薯块形成。东中部地处华北平原，地势平坦，土壤肥沃，适合甘薯大规模种植；西临太行山脉，以山地丘陵地形为主，多沙质土壤，土质疏松，透气性良好，不易出现土壤板结，且昼夜温差大，十分有利于甘薯薯块膨大与生长。

（二）科技竞争力

甘薯种薯种苗是甘薯产业的核心科技，河北省的种薯种苗企业发展位居全国前列。以邯郸市禾下土种业有限公司、石家庄慧谷农业科技有限公司为代表的种苗企业，用试管苗当年生产脱毒原种薯，直接给种植大户提供种薯，并在全国建立连锁育苗体系，实现产地供苗，服务面向全国。这些种苗企业拥有专业的繁育团队并积极与科研院所展开合作，致力于脱毒种薯种苗培育及脱毒种苗检测。其拥有自身特有的育种育苗手段，严格把控种苗生产过程，进行种苗标准化生产，并建有种薯种苗追溯体系，以保障生产安全。以邯郸市禾下土种业有限公司为例，2018 年共销售种苗 2.6 亿株，种薯 105 万千克，并建立产品服务品牌“亿甲宁”收入 360 万元，服务全国 3.33 公顷以上规模种植户达 526 家。

（三）加工企业竞争力

河北省甘薯淀粉加工型企业主要集中于秦皇岛卢龙县内，现共有龙头企业 4 家，分别为：秦皇岛光友薯业有限公司、秦皇岛大天龙食品有限公司、秦皇岛十八里食品有限公司和卢龙县卢龙镇兴军粉丝厂，成规模企业达 16 家，共有生产企业 150 家，配套生产企业 700 家，配套服务企业 800 家，中介服务机构 1 家，主要生产精制淀粉、粉丝、粉皮、白酒、方便面粉丝、冷面、薯脯、薯香酥等 10 多种产品，主要销往东北、华北、华南等地，占据国内市场份额 21%，国际市场份额 3%。

河北省鲜薯甘薯加工主要集中于邢台广宗县及邯郸邱县地区。以邢台广宗县广顺园为例，现生产车间拥有专业设备达 400 余套，年加工能力 6 万吨，主要生产红薯果脯、蜜饯类产品，并根据市场需求，不断创新、研发，开发红薯食品达 10 多余种。同时，企业积极以电子商务为切入点，通过“拼多多”电商平台，逐步延伸以红薯为原料的产业链，努力提高产品附加值，把甘薯产业推向规模化、标准化、品牌化，力争构建一个体系产业化、市场化的红薯生产和加工基地。

（四）品牌竞争力

1. 邯郸邱县区域公共品牌建设

邯郸邱县区域公共品牌由邯郸市邱县农牧局所培育，其以“政府培育，协会监管，企业参与”为发展模式，力图打造中国优质红薯品牌。核心价值支撑在于精选品种蜂蜜甜，沙土阳光伴成长，良心薯农育好薯。宣传标语为“邱县蜂蜜红薯，蒸煮烤样样好”。为了保障本地区甘薯质量，邯郸邱县政府由种苗入手，严格管控种苗市场；同时，加强生产中间环节检查，严格控制用药用肥，追求高产优质。此外，在销售上“以市场为主，加工兜底”，品相良好进入市场，残次薯用于加工；积极培育深加工企业，以消化本地残次薯，带动地区加工能力提升。从 2018 年度甘薯销售情况来看，邱县甘薯整体质量较好，并较其他地区同品种甘薯每千克平均高出 0.5 元左右，实现了本地区甘薯产业健康发展。

2. 邯郸市禾下土种业有限公司品牌多样化建设

邯郸市禾下土种业有限公司较早便开始注重品牌化建设，现共有品牌 10 余个，主打 3 个：“禾下土”“亿甲宁”“观兵台”。同时，对于不同的主打品牌，公司定位也有所不同。“禾下土”品牌主打种薯种苗培育及销售，力图保障优质种薯种苗供应；“亿甲宁”品牌主打植保防控、农资销售等社会化服务，以求为农户降低生产成本，合理规范甘薯种植方式，提高甘薯种植品质，最终实现农户增收的目的；“观兵台”则主打商品薯及加工薯品销售及服务。

3. 高端商品薯“52 度良作”

慧谷公司为消费者提供中高端商品薯，建有自有高端商品薯品牌“52 度良作”。2018 年慧谷在太行山阜平、灵寿建立了高端商品薯生产基地，生产“52 度良作”商品薯 50.7 万千克，并与“薯立方”“一亩田”“冰冰薯”“薯之语”等多家企业建立了长期战略合作，与合作伙伴一起推动甘薯产业健康发展，让人们享受到红薯的甜蜜和美味。

（五）区位竞争力

河北省环绕京津两大消费市场，构成了巨大的市场容量，为甘薯生产提供了广阔的市场空间。同时，河北省甘薯种植以鲜薯型甘薯为主，淀粉加工型为辅，也有利于河北省在鲜薯型甘薯领域形成较强竞争优势。目前，河北省在鲜薯型甘薯深加工产品，特别是薯脯、薯干、冷制烤鲜薯等产品方面，较周边省份占较大优势。此外，河北省淀粉型甘薯加工领域已占据国内市场份额21%，国际市场份额3%，在全国同类产品中占有较大市场占有率和较强竞争优势。

四、河北省甘薯产业发展存在问题分析

（一）种苗市场混乱，质量良莠不齐

当前河北省虽已有部分成规模甘薯种薯种苗企业，但仍多以家庭作坊或中小型种苗企业生产为主，其生产技术多较为落后，无法做到完全脱毒处理，加之分布较为分散，造成种薯种苗市场相对混乱，无法达到统一监管。此外，甘薯繁育及推广体系不健全，栽培、施肥、病虫害防治等栽培管理不规范，品种更新换代慢等导致甘薯病毒多代传染，造成品种混杂、退化严重、产量低、品质差、效益低。加之缺乏合理的轮作倒茬，造成甘薯线虫病、黑痣病等病虫害普遍发生，不仅降低了甘薯内在外在品质，药剂的大量施用也增加了生产成本。

（二）跟风问题突出，种植风险加大

近年来，受甘薯种植效益提高的影响，种植户积极性普遍高涨，引发种植面积盲目扩大。同时，部分非农业从业人员也纷纷瞄准商机涌入甘薯种植行业，但由于其自身较为盲从，缺乏相应种植知识及市场意识，从而导致种植风险加大。

（三）片面追求高产，过度施肥用药

当前，河北省甘薯种植大多为短期土地流转方式经营，由于种植时限较短且加之轮作倒茬，往往为维护自身收益而盲目加大化肥、农药施用量，造成土壤板结、土壤带毒性增加，从而陷入生产恶性循环，导致甘薯品质不断降低，农资成本不断增加。

（四）机械化程度较低，缺乏专用机械

当前河北省甘薯种植机械化程度仍较低下，且缺乏相应专用机械。在用工量最大的育苗、移栽、收获等环节上仍需人工完成，从而导致甘薯生产中人工成本不断增加，甘薯种植效益有所降低。同时，在机械使用中除小部分环节可用通用机械完成外，诸多环节仍以专用小型机械完成，该型机械配套动力较小，且往往需中断作业进行维护，从而导致河北省甘薯生产整体效率较为低下。

五、河北省甘薯产业发展对策建议

（一）稳定种植规模，注重品质提升

在我国目前经济发展水平下，甘薯的用途虽发生改变但总需求量可基本满足。首先，虽

然市场存在放大效应，但优质种薯种苗的供应仍需加大。其次，生产经验及销售渠道的积累仍需加强。最后，在大宗产品加工业的环保压力下，甘薯加工企业吸纳消化能力受限。总体来看，河北省甘薯种植面积宜稳定，不宜盲目扩展，积极引导种植户合理控制产量，以实现甘薯种植由“量”向“质”的转变。同时，种植户也应积极吸收借鉴其他地区种植发展经验，通过控制施肥量，把控甘薯产量，提升甘薯品质、口味、薯型。

（二）规范种苗市场，提高种苗质量

甘薯产业的发展，种苗繁育是关键。当前，河北省甘薯种苗市场混乱，尚未形成统一规范标准，农户自留种育苗行为频繁，甘薯种薯种苗质量参差不齐，脱毒种薯种苗繁育不规范，脱毒种苗覆盖率低。对此，应当继续引导扶持建立专业化的甘薯育苗主体，加快制定种薯种苗和脱毒种薯种苗质量分级标准，逐步规范种苗市场；鼓励病毒病发生地区农民停止自行留种行为，实行专业化分工协作。同时相关技术推广部门与科研单位，应当加强对育苗企业的科技指导与协助，提高脱毒薯苗产品合格率。

（三）适度规模种植，合理规避风险

在大宗农作物种植效益持续走低，甘薯种植效益逐年提高的形势下，更应该保持清醒的头脑，不要盲目跟风，不要有赌博心理，而是应以稳定收益为目标，依据个人或者本区域常年销售情况，在面积上合理控制规模，品种结构上不应过于单一，一定要多元化，做到合理规避风险。

（四）适应消费市场变化，有序引进鲜食品种

由于环保技术的制约，甘薯加工产业尤其是传统小作坊式的加工模式遭到重创，甘薯加工产业正面临转型期的阵痛。由于居民生活水平提高，粗粮化呼声高涨，消费市场对鲜食甘薯的需求不断扩大，市场需求有上升的趋势。近年来，随着甘薯鲜食型市场的火爆，优质专用型甘薯新品种发展较快，比如优质烘烤型的烟薯 25 推广速度已经超越了以往所有品种。对于新奇特品种的需求增加，应有序引进鲜食优质专用品种。

（五）培育龙头企业，加强品牌建设

政府应在财政和政策上给予龙头企业一定扶持，从而加强龙头企业的带动作用，促进甘薯综合开发利用，使得特产优势得以充分发挥，使甘薯产业成为新的优势产业。另外随着鲜食型甘薯电子商务平台销售的推进，品牌化发展迅速，同时，龙头企业应积极对本地区甘薯品质进行整合，创办自身品牌，组织农户以较高的品质进入商品市场，通过市场运作，把品味俱佳的甘薯，面向全国销售，提高市场价格，增加薯农的经济收入。

撰稿人员：王　哲　马　恢　张泽璞　翟　宇　李双东　吕　品

参编人员：龚学臣　张淑青　马志民　杜德玉　杨志辉　高清海　李金荣　霍宗全

聂庭彬　王路彩

第七章 2018年度河北省杂粮杂豆产业发展报告

河北省是我国杂粮杂豆主要生产和贸易省份，目前生产的杂粮主要包括谷子、黍子、高粱、燕麦、藜麦、绿豆、红小豆、蚕豆、豌豆、芸豆等，具有种类繁多、分布广泛等特点。与小麦、玉米等大宗粮食作物相比，虽然面积不大，但在当前河北省种植结构调整、供给侧结构性改革、地下水压采、季节性休耕、丰富人民膳食等方面具有独特的、不可替代的作用。2015 年 12 月 30 日，河北省人民政府办公厅《关于加快转变农业发展方式的实施意见》提出，要优化粮食作物内部结构，以市场为导向，以提质增效为目的，因地制宜发展薯类和杂粮杂豆。山地、丘陵、黑龙港等严重缺水地区适当压缩小麦、玉米种植面积，扩大抗旱、耐盐碱的优质谷子和甘薯、高粱等杂粮作物种植面积，建设优质杂粮和经济作物产业带；坝上地区建设优质马铃薯和特色杂粮产业带。2017 年 12 月 3 日，河北省政府印发的《河北省农业供给侧结构性改革三年行动计划（2018—2020 年）》，明确要求制定特色优势农产品区域布局规划，杂粮也位列其中；《河北省“十三五”脱贫攻坚规划》将杂粮产业作为特色种植业扶贫工程提出并在实践中进行了大力推进。总之，杂粮产业的发展会在河北农村经济发展和改善民生方面发挥越来越重要的作用。

一、河北省杂粮杂豆产业发展现状及形势分析

（一）河北省杂粮杂豆总体生产动态分析

杂粮曾经是东北、华北、西北、西南地区的主要粮食作物，20 世纪 60—70 年代，随着主要作物的品种改良和先进农业技术的推进，杂粮种植面积下降近 50%；20 世纪 80—90 年代，由于改革开放，出口贸易的增加，杂粮种植面积略有回升；进入 21 世纪，由于国家政策的影响和玉米等作物的扩张，杂粮种植面积进一步受到挤压，再次出现下滑。近 10 年来，受国家政策影响，河北省杂粮杂豆播种面积总体出现一个相对平稳的发展趋势，播种面积基本维持在 35 万～38 万公顷之间，受 2016 年杂粮市场行情影响，2017 年杂粮杂豆总播种面积升幅比较明显；受杂粮杂豆品种改良和选育技术进步影响，杂粮杂豆总产量近年来一直处于攀升的趋势，尤其是在 2013 年之前升幅较为明显，2015 年受单产水平和总的种植规模双重影响，总产量略有下降，但并不明显，并在 2016 年得以快速回升。2007—2017 年 10 年左右的时间总产量从 54.77 万吨增加到 88.25 万吨，年均增幅 16.11%（图 7-1）。

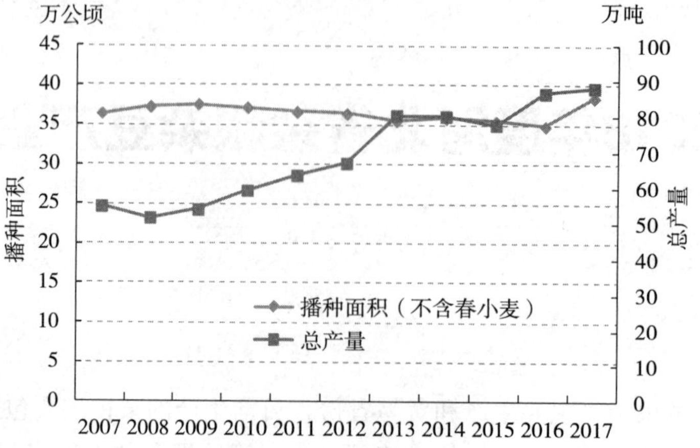

图 7-1　河北省杂粮杂豆总体生产情况动态图

资料来源：2018 年第三次农业普查资料。

根据实地调研结果来看，受河北省种植结构调整、供给侧结构性改革、地下水压采、季节性休耕等项目，以及杂粮市场价格影响，2018 年各类杂粮种植规模的变化趋势出现较大差异，其中高粱、绿豆种植规模增幅明显，红小豆种植规模略有增加，燕麦种植规模略降，而谷子种植规模受 2017 年市场行情较差的影响，种植面积降幅比较明显。

（二）河北省杂粮杂豆分品类的生产情况分析

1. 谷子生产情况分析

近 10 年来，河北省谷子播种面积在波动中呈下行趋势，全省总的播种面积从 2007 年的 17.78 万公顷，降至 2017 年的 12.72 万公顷。受上年度市场价格疲软的影响，2018 年谷子种植面积较 2017 年又有所下降，种植面积为 11.84 万公顷，降幅约 6.92%。从产量水平来看，除个别年份有小幅减少之外，2015 年之前基本呈现良好上涨趋势，2016—2017 年主要受播种面积减少影响，谷子总产水平下降明显。实地调研结果显示，2018 年受播种面积和因气候原因导致的单产水平下降的影响，谷子总产量在 2017 年基础上仍然会有所下降（图 7-2）。

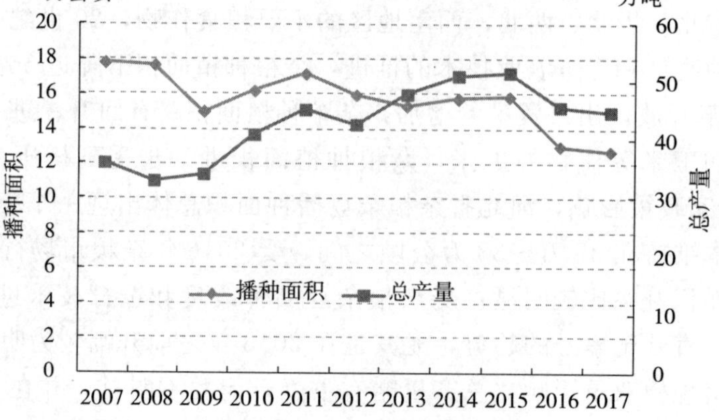

图 7-2　河北省谷子生产情况趋势图

资料来源：2018 年第三次农业普查资料。

2. 高粱生产情况分析

2007—2016 年间，河北省高粱种植面积一直处于急速下滑的状态，2016 年出现最低拐点，2017 年开始有所回升。实地调查结果显示，受河北省地下水压采和季节性休耕等项目推进，以及高粱市场行情的回暖的影响，2018 年度高粱种植面积较 2017 年度有较大增长，种植面积由 2017 年的 0.24 万公顷，增加到 2018 年的 0.98 万公顷，增幅达 308.33%。受高粱育种和栽培管理技术水平带来的单产水平的提升，以及年际间播种面积降幅不同等多种因素的综合影响，高粱总产量近年来总体上呈现一种波动式下降的趋势。2018 年度受高温干旱等不利气候条件影响，高粱单产水平较 2017 年有所降低，但由于总播种面积增幅较大，全省总产量水平仍会有所增加（图 7-3）。

图 7-3　河北省高粱生产情况趋势图

资料来源：2018 年第三次农业普查资料。

3. 燕麦生产情况分析

河北省燕麦的播种面积从 2007 年开始到 2015 年虽然有波动，但是整体变化不大。2016 年播种面积出现大幅增长，从 2015 年的 6.84 万公顷跃增到 2016 年的 11.11 万公顷，之后的 2017 年和 2018 年维持了一个相对稳定的发展态势，种植面积分别为 11.58 万公顷和 11.40 万公顷。近年来，燕麦总产量在多种因素综合作用下，年际间有所波动起伏，但是总体上呈现了增长的趋势。根据实地调研结果显示，2018 年受播种面积略降和单产水平略微缩水的影响，总产量较 2017 年有所下降（图 7-4）。

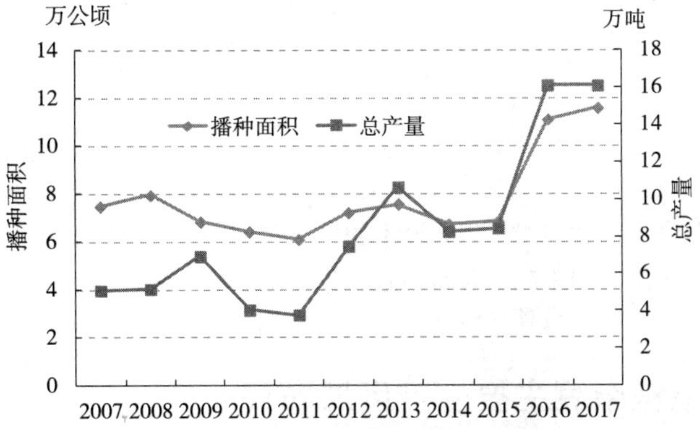

图 7-4　河北省燕麦生产情况趋势图

资料来源：2018 年第三次农业普查资料。

4. 食用豆生产情况分析

2010—2015 年，全省绿豆播种面积呈下滑趋势，由于近几年冀中南棉花种植面积缩减，2016 年开始绿豆种植面积有所增加。近三年来，绿豆种植面积分别为 0.66 万公顷、0.69 万公顷和 1.05 万公顷，可以看出与 2017 年相比，2018 年绿豆种植面积有较大的增幅。在种植面积增加和单产提高的双重作用下，2016 年开始绿豆总产量出现明显增加趋势（图 7-5）。

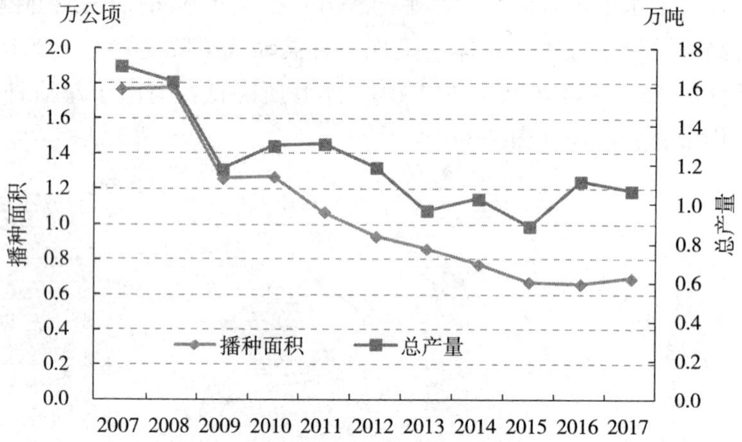

图 7-5 河北省绿豆生产情况趋势图

资料来源：2018 年第三次农业普查资料。

近年来，红小豆播种面积下行趋势比较明显，从 2007 年的 1.09 万公顷下降到 2017 年 0.35 万公顷，年均降幅 6.79%，2018 年播种面积 0.46 万公顷，比上年增加 31.43%。在播种面积和单产水平双重作用下，红小豆总产量水平波动较大，2011—2015 年间处于逐年稳步减少的趋势，2016 年开始总产量逐渐回升（图 7-6）。

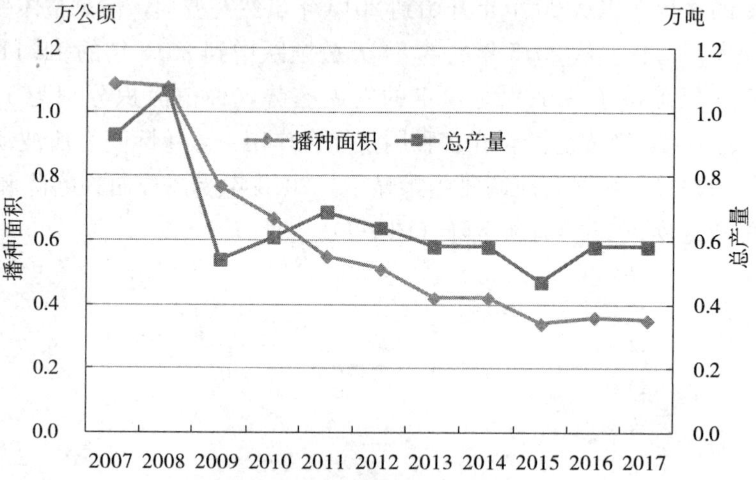

图 7-6 河北省红小豆生产情况趋势图

资料来源：2018 年第三次农业普查资料。

（三）河北省杂粮杂豆主要生产区域布局

从 2018 年度河北省杂粮杂豆生产情况来，杂粮杂豆种植区域向生产优势区集中趋势明显，生产布局日趋合理，规模化和机械化水平得到了进一步的提升。

谷子：春谷品种主要是以张杂谷和 8311 为主的系列品种，其他还包括吨谷、大白谷等，其主要种植区域分布在张家口的阳原、蔚县、赤城等地；夏谷种植品种包括冀谷系列、衡谷系列、豫谷系列等，其中以冀谷系列为主，大约占夏谷种植面积的 80%以上。2018 年推广较好的冀谷 39 主要分布在武安、邯郸、南和、藁城、卢龙、昌黎、东光等地，而且集中度有相对增加的趋势。

高粱：主要以糯高粱品种为主，大部分地区实现了订单生产，主要种植区域集中在衡水、沧州、邢台等黑龙港流域，该区域高粱种植面积占全省的 85%以上，高粱种植在当地与季节性休耕、雨养农业项目结合。主要涉及阜城、武强、枣强、故城、献县、河间、任丘、黄骅、青县、泊头、宁晋、柏乡、临城、新河、文安等县（市），2018 年仅衡水阜城一县高粱种植就已超过 0.73 万公顷，该地正逐步成为北方重要的高粱生产基地之一。

燕麦：河北省燕麦主要分布在北部的张家口、承德地区，优势产区主要在张家口坝上地区的张北、尚义、康保、沽源四县，坝下地区的崇礼区以及承德的围场和丰宁，占全省种植面积的 90%以上。

食用豆类：绿豆主要在阳原县、蔚县、宣化、南宫、威县、广宗县、巨鹿县、磁县、故城县、景县、高阳县、蠡县；小豆主要在故城县、蔚县、井陉县、平山县、易县、涞源县、涞水县、蠡县、唐县、黄骅港、玉田县、遵化县、迁安市、迁西县；芸豆主要在康保县、张北县、沽源县、尚义县；蚕豆主要在崇礼县、张北县、沽源县、尚义县。其中优势区种植面积占全省种植面积的比重大约为 90%。

总体上来看，杂粮杂豆全程轻简化生产技术的应用及其生产优势区的形成和集中，带动了其规模化经营的发展，从而又在一定程度上加快和促成了杂粮杂豆生产机械化水平的提升，但是大量的小规模经营户收播作业仍然依靠人工进行，其机械化程度仍然非常低。

（四）河北省杂粮杂豆成本收益情况分析

根据杂粮杂豆产业经济岗团队对张家口、衡水、邢台、秦皇岛、邯郸等地杂粮杂豆系列主要产品成本、收益等情况调查，与上年相比，2018 年河北省谷子种植面积下降明显、燕麦略减、高粱明显增加，各类食用豆虽然市场有需求、生产有潜力，但区域种植优势仍不明显。2018 年各类杂粮种植生产成本较上年略有增长。价格方面，谷子市场行情较好，较上年有所增加，燕麦基本持平，高粱有所下降。受价格、单产、成本等多重因素影响，谷子每公顷收益与上年基本持平，高粱、食用豆每公顷收益略有减少，燕麦未出现大的收益波动。总体上看，各杂粮杂豆春播产品收益都高于夏播的情况（表 7-1）。

表 7-1　2018 年度河北省杂粮杂豆成分收益变动情况（与 2017 年对比）

品类	播种面积	单产水平	成本投入	每公顷收益水平
谷子	下降	下降	略增	基本持平
高粱	增加明显	下降	略增	下降
燕麦	稍减	稍降	基本持平	稍减

（续）

品类	播种面积	单产水平	成本投入	每公顷收益水平
食用豆	略增	下降	略增	明显下降

（五）河北省杂粮杂豆流通转化情况分析

1. 杂粮杂豆加工情况

近年来，随着人们生活水平的提高和对健康饮食的追求，杂粮在丰富人们的饮食品种和提高营养健康方面发挥了越来越重要的作用，从而也进一步推动了杂粮加工业的发展。从河北省总体情况来看，谷子、高粱、燕麦、食用豆类等主要杂粮加工企业在发展数量、规模和区域分布上存在着差异，同时这些杂粮加工企业在发展方面又存在着一些共性。2018年河北的小米加工企业300多家，主要分布在邯郸、张家口等谷子主产区和石家庄、沧州、邯郸等小米集散地，以原粮加工为主，深加工企业占比仅为3%。高粱加工企业主要以白酒酿造企业为主，规模较大的白酒企业约200多家，其他高粱加工用途企业数量少且规模较小。河北省的燕麦企业200多家，其他大小各类加工厂100多家，主要集中在张家口万全地区，相较于其他类杂粮加工而言，燕麦产业链发育相对完善，产品加工除了传统燕麦食品以外，燕麦化妆品等高端深加工产品开发研制已取得初步成效，张家口燕麦加工产业发展居全省之首。河北省的红小豆、绿豆、蚕豆和芸豆企业以原粮初加工、分级加工为主，综合利用差，其加工企业在全省各地有零星分布，规模比较大的几个加工企业主要分布张家口蔚县、阳原县、康保县和衡水的故城，如张家口蔚县的暖泉和蔚康杂豆加工企业、康保的河北绿坝粮油集团有限公司、翔龙粮油贸易有限公司以及阳原的河北泥河湾农业发展股份有限公司等，各地的食用豆加工企业虽为各地粮油批发市场提供豆糊、糊糊面、粉丝、凉粉、兰花豆、豆沙馅、蜜饯豆、粉丝粉皮、豆芽菜等加工产品，但以小作坊加工和本地市场为主，缺乏龙头企业带动，产品辐射范围有限，品牌意识淡薄，没有形成以品牌建设为导向的加工模式。

总体上来看，河北省杂粮杂豆加工正在向改变以小作坊生产为主的状态方向转型，但是目前仍以初级加工为主，加工技术仍然比较落后，产品附加值较低，精深加工严重不足，缺乏大的品牌，加工企业对整个产业带动力不足。

2. 杂粮杂豆流通情况

杂粮杂豆产品市场流通主体主要涉及从杂粮生产到终端消费过程中所有参与者，其中最主要的流通主体涉及杂粮生产者、中间商或贸易商、杂粮加工企业、杂粮批发市场、超市和终端消费者等。从目前河北省杂粮流通情况来看，主要流通渠道有如下几种：

（1）杂粮生产者→消费者。这是中国农民对农产品最传统的一种销售方式，将自己生产的杂粮产品直接拿到农贸市场上去销售。还有一部分农民将自己的杂粮原粮在当地小磨坊中加工成净粮后，委托在城市打工的家人、亲戚或朋友，直接销售出去，这种现象在秦皇岛的青龙、卢龙县的谷农中非常普遍。在张家口市部分白高粱种植者同样通过将收获的白高粱在本村的磨坊中加工成高粱面粉，然后直接到集市上销售。

（2）杂粮生产者→中间商贩→贸易商→杂粮深加工企业→消费者。中间商贩收购由于其灵活、便利和流动性比较强等优点，是目前杂粮生产者销售杂粮最常见的一种方式，尤其是对小规模的杂粮经营者而言。中间商贩将自己收购的杂粮原粮不经过任何处理，销售给规模相对较大的杂粮贸易商，中间商贩从中赚取价差。一般情况下，杂粮贸易商都会对原粮进行简单粗加工，比如筛选、色选等，然后再将其销售给深加工企业，诸如高粱贸易商将经过简单粗加工的高粱产品卖给下游酒厂等，最终酒厂生产的酒直接对接消费者市场。

（3）杂粮生产者→中间商贩→杂粮集散地→批发市场或零售店或深加工企业→消费者。河北省有藁城、孟村、蔚县、曲周等四大杂粮集散地，在杂粮集散地聚集着大批量的杂粮加工企业，中间商贩将从杂粮生产者手中收购的原粮直接销售给附近的杂粮集散地加工企业，集散地加工企业对原粮进行初、精加工后直接对接批发市场、零售店或者下游精深加工企业，最后终端产品才能进入消费者手中。

（4）杂粮生产者→杂粮加工企业（订单模式）**→消费者。**杂粮加工企业为了避免利润流失，直接找到农户进行订单式的收购，在收获之前，乃至种植之前，就和农户谈好价格，对农户的杂粮产品签订合同，进行收购。这种模式既能保证收购的产品质量，还可以减少中间流通环节带来的利润流失，对农户和企业是一种双赢的模式。目前，有一些杂粮深加工企业也通过和生产大户、家庭农场或者合作社建立联合体的形式，建立起杂粮生产者和加工企业之间稳定的订单式产销关系。

（5）杂粮生产者→电子商务平台→消费者。目前电子商务在农产品营销中应用已经相当普及。在杂粮杂豆产业发展领域，电商平台的利用更多地是发端于杂粮加工企业，而不是直接的杂粮生产者。但是，对于部分杂粮生产者而言，他们往往既扮演着杂粮生产者，又扮演着杂粮加工者的角色（或者委托代加工后自己收回产品自行销售）。从实地调查结果来看，这些具有双重角色的杂粮生产者，有一部分人已经将自己的产品销售渠道定位到电子商务平台。

（六）2018年度价格变动情况分析

1. 谷子和小米

根据对承德、张家口和邢台三个地区谷子价格的长期跟踪，结果显示：张家口蔚县的大白谷在三市四县当中价格比较高，9月之前基本维持在均价5.6元/千克，新谷上市价格一度上涨到7.0元/千克左右；承德围场地区的山西红谷，从4—10月都维持在均价3.4元/千克的较低水平，10月19日之后出现了较大的涨幅，增长至5.0元/千克，之后一直持续到11月底没有发生变化，12月出现了细微波动；邢台市的黄金谷整体走势与承德类似，在维持几个月的均价3.6元/千克之后，在10月升至5.0元/千克。作为河北省主要的谷子品种，在张家口地区广泛种植的张杂谷平均价格前期稳定在2.2～2.6元/千克，10月价格明显上涨，年末基本维持在均价4.6元/千克左右。总体来看，河北省谷子种植品种比较多，不同谷子品种之间价格差异比较大，市场波动的大概趋向表现一致，但是波幅在不同品种之间存在差异。总之，从单品监测结果来看，谷子价格一直呈现震荡式上行趋势。从“一亩田”农产品产地行情获取的平台数据统计结果也表明，新谷上市后谷子价格较前期有所上扬（图 7-7）。

从小米主产区跟踪监测到的小米价格波动情况看，单个品种和谷子的单一品种的波动趋势表现较为一致，随着谷子价格涨落小米价格随涨随落。但是，小米价格走势图也显示，小米加工增值过程中受一些包装等精装行为的影响，大数据平台监测的小米市场的整体价格态势与直接加工品的价格走势往往又存在着一定的差异，从而导致总体价格波动趋势和单品表现往往存在差异。如图 7-7、表 7-2 所示。

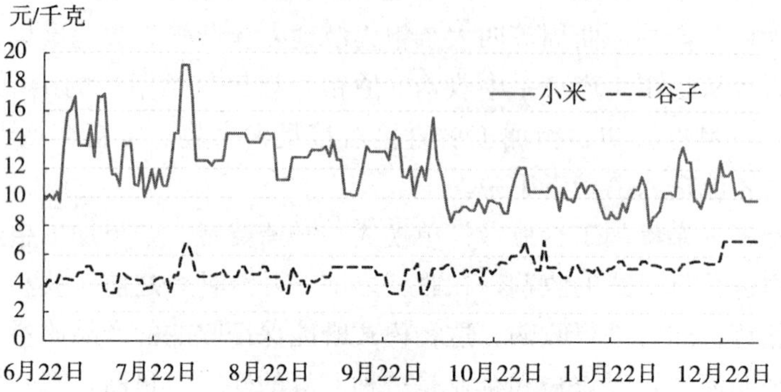

图 7-7　河北省谷子和小米产地价格行情

资料来源：一亩田农业网，http：//www.ymt.com/。

表 7-2　2018 年河北省谷子主产区不同品种的谷子和小米的价格

单位：元/千克

县/市	品种	类型	1—8 月	9 月过渡期	10—12 月
武安	冀谷 38	谷子	3.6～40.0	4.0～5.0	5.2～5.6
		小米	7.0～8.0	8.0～10.2	9.0～11.0
	冀谷 39 等黄谷	谷子	3.2～3.6	3.6～5.0	5.0～5.3
		小米	7.0～8.0	8.0～9.6	9.0～10.0
蔚县	大白谷	谷子	4.6～6.0	5.6～6.6	6.6～7.0
		小米	7.2～9.0	8.0～9.6	9.6～12.0
	8311	谷子	2.8～3.6	3.2～5.0	5.0～6.0
		小米	5.0	6.6～8.0	8.2～10.0
	张杂谷	谷子	2.2～2.6	3.6～4.0	4.0～4.6

资料来源：实地监测数据整理

2. 高粱

2018 年上半年全省高粱相对平稳运行，各品种平均价格维持在 2.8～3.0 元/千克；和上一年度同期相比，2018 年度高粱新粮开秤价较低，基本与 2016 年水平相当，新粮上市初期一段时间高粱有价无市，之后受东北高粱集中上市影响，价格波动持续走低，一直持续到 12 月下旬。不同品种之间高粱价差比较大，主要与各品种高粱品质特性等有紧密关系。如图 7-8、表 7-3 所示。

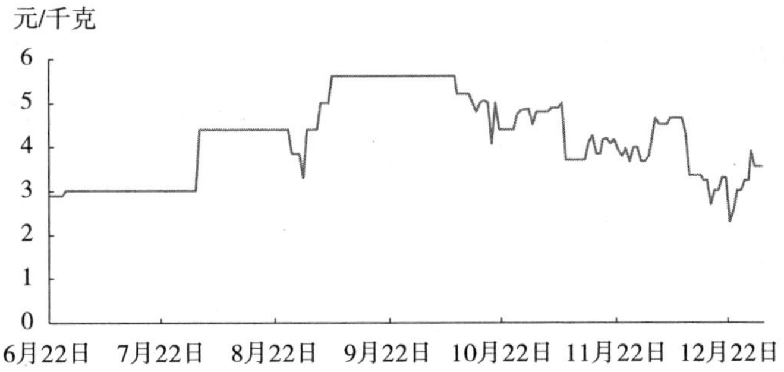

图 7-8　河北省高粱产地价格行情

资料来源：一亩田农业网 http：//www. ymt. com/。

表 7-3　2018 年 12 月 18 日河北各地高粱产地价格行情

高粱品种	监测点	产地价格（元/千克）
红茅 6 号	邢台市宁晋县	
	邯郸市武安市	
红缨子高粱	邢台市柏乡县	5. 2
	沧州市黄骅市	4. 8
冀酿 2 号	邢台市宁晋县	2. 6
冀糯 2 号	邢台市柏乡县	2. 4
兴湘梁 2 号	沧州市南皮县	3. 2
红糯 9 号	邢台市宁晋县	1. 35

资料来源：实地监测数据整理。

3. 燕麦

张家口是河北省燕麦的主产区，4 月以来该区燕麦价格走势平稳，基本维持在 5. 48～5. 92 元/千克。根据图 7-9，河北省各产地均价的跟踪结果统计显示，2018 年整体燕麦价格浮动区间 1. 48～4. 12 元/千克，9 月底以后价格波动比较频繁，总体上表现为 10—12 月下旬跌宕起伏中徘徊上升。如图 7-9 所示。

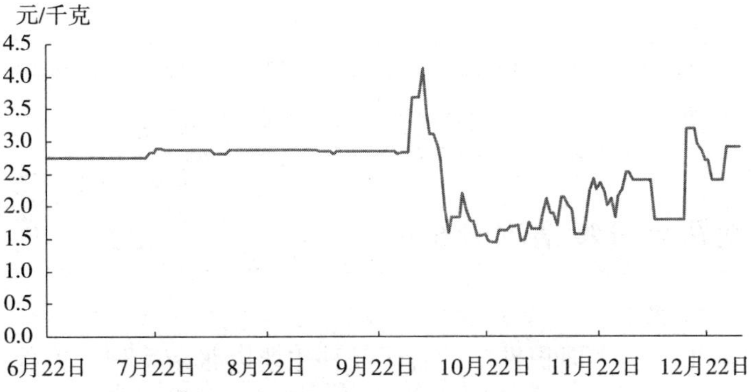

图 7-9　河北省燕麦产地价格行情

资料来源：一亩田农业网 http：//www. ymt. com/。

4. 红小豆

2018 年河北廊坊文安县红小豆产地价格维持在 7～8 元/千克。图 7-10 显示，全省范围来看，红小豆价格区间为 5.1～8.0 元/千克，6—12 月底，虽然价格波动频繁，但总体表现为上涨趋势，并在 12 月下旬到达 8.66 元/千克。如图 7-10 所示。

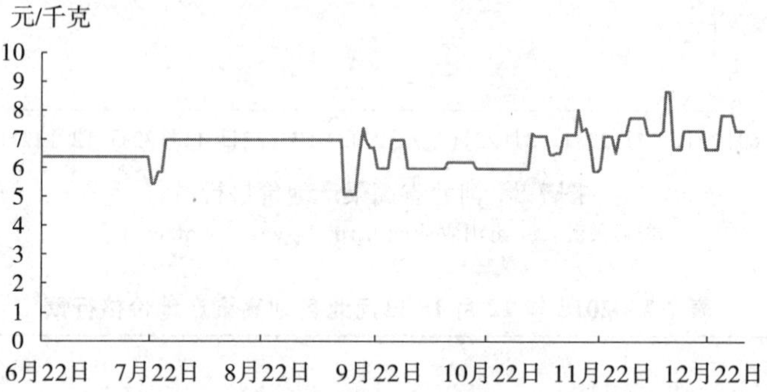

图 7-10　河北省红小豆产地价格行情

资料来源：一亩田农业网 http：//www.ymt.com/。

5. 绿豆

邢台市宁晋县是河北省主要绿豆产区之一，该区监测的袋装绿豆价格信息显示，其价格浮动区间在 4.2～9.4 元/千克之间。从全年来看，该区绿豆 8 月中旬以前价格相对稳定，10 月以后开始出现频繁波动，价格总体上随时间推移呈现下降趋势。从全省监测的各品类绿豆综合均价水平来看，绿豆全省均价总体走势和宁晋县监测的单品袋装绿豆表现趋势相对一致，后期价格下降，这可能与进入 9 月以后，天气逐渐转凉，绿豆消费量需求下降有一定关系，11 月初随着行情转好，价格有逐渐恢复趋势（图 7-11）。

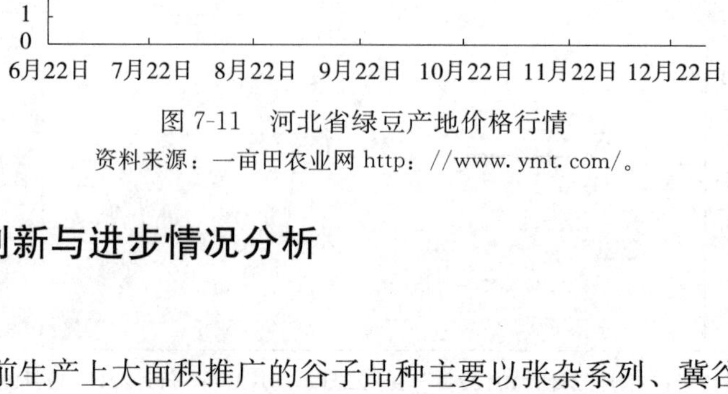

图 7-11　河北省绿豆产地价格行情

资料来源：一亩田农业网 http：//www.ymt.com/。

（七）科技创新与进步情况分析

1. 品种选育

（1）谷子。目前生产上大面积推广的谷子品种主要以张杂系列、冀谷系列为主，同时还有常规品种 8311、吨谷、大白谷、优质衡谷 11、衡谷 14、衡谷 15、汇华金米等。其中张杂系列中主要推广品种有张杂谷 3 号、张杂谷 5 号、张杂谷 6 号、张杂谷 13 号及张杂谷 19

号，与常规品种8311（易倒伏，影响后期收获）等相比，张杂系列品种长势好、产量高，抗倒伏能力比较强，适于机械化收割，尤其是张杂谷13号，不仅米质优，抗除草剂，而且效益较高，适宜在高产田及水地等推广；张杂谷3号及张杂谷19号抗逆性好，适宜旱地雨养种植；而张杂谷6号生长期短，适宜生育期较短地区推广种植。冀谷系列品种中冀谷39克服了夏谷米色浅的不足，米色金黄，色泽一致，煮粥省火，食味黏香，商品性、适口性均明显好于现有的夏谷品种。同时，该品种对自然地理、气候条件适应性比较强，可在黄淮海麦茬夏播或丘陵旱地晚春播，也可在陕西、山西、辽宁、吉林、内蒙古、新疆、北京、冀东北有效积温3 000℃以上地区春播。适宜播期比较长，在河北省一般早播、晚播均可成熟。冀谷42米色鲜黄、米粥香甜黏软、商品性好；低脂肪高油酸，小米不容易氧化变质，耐储藏，适合食品加工；抗拿捕净除草剂，能用配套除草剂间苗和除草，栽培简单、适合机械化收获。冀谷43抗拿捕净，兼抗烟嘧磺隆和咪唑乙烟酸，低脂肪、高淀粉适合食品加工，其脂肪含量3.2%，淀粉68.7%，黄谷黄米，米色金黄，能与使用烟嘧磺隆除草剂的玉米、使用咪唑啉酮类除草剂的豆科作物接茬种植，不会产生药害，同时采用没有残留、绿色食品允许使用的拿捕净进行谷子间苗除草剂，不再使用残留较高的烟嘧磺隆和咪唑啉酮类除草剂，在发展谷子生产、调整种植结构的同时，实现了除草剂残留田的休养生息、逐步消解土壤中除草剂残留，有利于环保和食品安全。

（2）高粱。河北省目前生产上主推且种植面积较大的为糯高粱，主要涉及红缨子、红茅粱6号、冀酿2号、兴湘粱2号等几个品种，其主要特点是商品性好，大多实现订单生产，基本实现机械化收获。

（3）燕麦。目前生产上主要推广的品种有坝莜1号、花早2号、坝莜18号、张莜7号、坝莜6号等品种。坝莜1号的主要特点是籽粒外观好，适应性广，综合生产性能较好；花早2号、坝莜6号的主要特点是矮秆早熟、抗倒伏、适宜在高水肥地区种植；坝莜18号的主要特点是产量潜力大，适宜在高水肥地区种植。

（4）食用豆。目前生产上主要推广的绿豆品种有冀绿7号、冀绿9号、冀绿11号、冀绿13号、张绿1号、冀绿0816号；小豆品种有冀红9218、冀红352、冀红16号、保红947；芸豆品种有坝上小芸豆、冀张芸1号、冀张芸3号，蚕豆品种有张蚕1号。通过试验示范，这些品种表现出高产、抗病，商品性好等特点。

2. 栽培管理技术

在谷子栽培管理方面推广应用了谷子的穴播精播技术、集雨高效生产关键技术、农机农艺结合生产技术、油葵谷子一年两作栽培技术以及富硒谷子生产技术等，都取得了良好的效果；以节水增效为目标的林下间作、旱作雨养与谷子全程轻简化生产集成技术“三位一体”的种植模式在全省推广了6万多公顷；冀东应用，可实现每公顷节水750立方米，平均每公顷产量在5 250～6 000千克，增效467.2元。目前全省年推广应用该种植模式6万多公顷。在冀东地区，“春小麦＋夏谷（冀谷39）一年两熟栽培模式”在昌黎获得成功，填补了该地区一年两熟种植模式的空白。在高粱的田间栽培管理方面，主推的有高粱全程机械化生产技术、专用高粱除草剂等，这些技术基本在高粱种植区域实现了推广应用，但由于各高粱品种特性不同，机械化实现程度和效果不同。更加高效的专用除草剂的开发应用将是高粱田间栽培管理技术创新的一个重要方向。燕麦的栽培与管理技术方面主推的有免秋耕技术、有机栽培技术等旱地栽培技术，这些技术在燕麦主产区基本都能示范推广。今后一段时期，针对燕麦产区干旱半干旱的气候特点，开展抗旱丰产栽培技术研究、地膜覆盖种植技术研究、免秋耕蓄沙固土栽培技术研究、抗盐碱栽培技术研究，以及有机、绿色、无公害栽培技术研究等将是燕麦栽培管理技术创新的主攻方向。食用豆田间栽培管理技术方面主推了防治病虫草害技术、简化栽培技术模式、地膜覆盖、与棉花、幼龄果树、玉米间套作技术和机械化收播。2018年试验示范有部分实现了机械化。培育适合机械化的新品种，进一步推进食用豆类作物精简化栽培是其创新的主要方向。

3. 农机具研发

目前为止，在各类杂粮作物中，谷子生产的配套农机具最全，几乎涵盖了从播种、中耕、施药、收获，甚至地膜回收等整个生产流程的各个田间管理环节。高粱配套农机仅有勺轮式和气吸式播种机；收获机械多为小麦联合收割机替换割台进行工作。燕麦没有专用农机具，现有的播种、收获农机具主要是小麦用的农机具，基本能满足燕麦生产的需要。食用豆生产配套机械目前可用的主要是绿豆红豆精量播种机、绿豆红豆起拔脱粒机和滚筒式绿豆脱粒机。由此可以看出，和大宗作物诸如小麦、玉米等的配套农机具相比，杂粮杂豆生产配套农机具的研发相对滞后，破损率高，而且其故障率高、精度低，如高粱的收获、燕麦的收播等甚至缺乏自己专用的农机具。使用便利、精度高、损失率低的杂粮杂豆生产配套的专用农机具研发，诸如谷子精量穴播机和谷子智能化播种机研发改进，高粱、燕麦、绿豆生产专用配套机具的筛选和改进等仍然是未来农机具研发技术创新的主要方向。

4. 产品加工技术创新

创新团队在杂粮杂豆深加工产品研发和技术创新方面取得突破性进展。主要成果如下：第一，以燕麦麸皮粉为原料，通过超临界二氧化碳萃取法去除原料中的脂类，利用水提醇沉方法制备燕麦β-葡聚糖粗品，去除粗品中残余的杂质，结合冷冻干燥法对粗品进行初次干燥，最后以铵盐沉淀法对燕麦β-葡聚糖粗品进行再次纯化，最终获得燕麦β-葡聚糖提纯品。第二，以燕麦胚芽为原料，利用正己烷浸提法对其中油脂进行分离，制备燕麦油。此方法对燕麦油脂中不饱和脂肪酸影响较小，能够较大程度上保留燕麦油脂中脂肪酸不饱和度。第三，采用超低温粉碎技术，采用冷源与物料进行热交换，使物料降温到脆化状态，脆化后的物料在粉碎腔中通过粉碎机进行无数次的撞击最后成为细小颗粒状，粉碎后的物料细度可以达到微米等级，进而从较大程度上保留燕麦中的原有营养成分，得到可食用面膜粉。第四，采用条件胁迫方式诱导小米糙米中基因表达，使小米糙米对环境条件变化产生明显的生物学响应，提高小米糙米发芽过程中部分营养物质的高量表达。第五，以发芽小米糙米为原料研发了富含γ-氨基丁酸等营养成分的小米粉馒头。第六，针对绿豆、红豆资源丰富、营养价值高等特点，以河北省代表性绿豆、红豆为原料，结合红枣和牛奶等，以木糖醇为基础甜味剂，通过复配和优化，同时，采用均质、高压灭菌技术等措施，提升产品稳定性和安全性，制备全豆液体饮料。

二、河北省杂粮杂豆产业发展竞争力分析

（一）较强的环境适应性和利好的政策助力生产竞争力提升

杂粮普遍具有耐旱、耐瘠薄、适应性强的生物学特性，可以在旱地、山坡地和薄地种植。生育期短的杂粮在适宜地区可夏播，也是救灾填闲作物。所以即使在大宗粮食作物难以生长的旱瘠薄地，常常也能获得相对稳定的产量。杂豆与大宗作物间套种，是民间常用的耕作模式，能够提高土地利用率，同时可以借生物固氮作用实现农地用养结合。河北省是一个多山的省份，农业土地条件复杂多样，是中国唯一兼有高原、山地、丘陵、盆地、平原、草原和海滨的省份，其中山区面积 11.7 万平方千米，占全省总面积的 62%，由纵贯西部的太行山和横跨北部的燕山组成，环绕在京津及河北平原的西部和北部，是河北省“三农”问题比较突出的区域之一，农业生产力条件相对落后，大宗作物生产力不高，却是杂粮杂豆生产的重要主产区。但是，也必须注意到这种相对“恶劣”的生产资源条件，虽然为杂粮杂豆作物提供了可以存续的空间，但是也一定程度上制约了杂粮杂豆作物的规模化发展和机械化作业；增加了气象灾害条件下规避其生产损失的风险性。

河北省水资源相对紧缺，华北地下水漏斗区地下水资源严重超采，杂粮作为耐旱作物在生长过程中耗水量较少，随着近几年来我国农业政策转变和农业供给侧结构改革推进，全国特别是河北省杂粮作物生产面临利好的政策环境，杂粮种植正在得到社会各界的关注。

（二）区位优势增强产业发展竞争力和发展条件劣势限制竞争潜力发挥的情况并存

河北省毗邻京津，区域内城市群密集，是全国最大的杂粮消费区域之一，在京津冀一体化和人们保健意识增强的背景下，杂粮杂豆类产品消费需求空间巨大，带动该类作物生产发展。同时，随着京津冀三地农科教研等方面合作的加强，三地农业人才智力互享与流通的逐步实现，河北杂粮产业的发展可以借助京津技术、装备和资源优势，依靠农科院与农业高校的智库系统和专家人才等，组织创新和研发一批推进河北杂粮产业发展的新品种、新技术、新装备。

另外，河北省各品类杂粮作物中，除了燕麦区域布局比较集中（主要分布在张承冷凉地区）之外，大部分杂粮杂豆种植区域相对分散，主产区大多分布在一些自然生态条件相对较差的低山丘陵或者山前平原区，特定的自然地理和人文、经济条件限制了杂粮杂豆产业组织的发展及其信息化、机械化水平的提升，从而使得杂粮作物种植较大宗作物品种如玉米等在农户的选择决策中又往往处于劣势。

（三）收益的不稳定性通过影响农户种植行为选择弱化其生产竞争力

2018 年新季杂粮受各方面因素的影响，不同品类的杂粮杂豆收益水平出现差异。部分地区受机械化水平提高带来的劳动力成本投入节约和新粮市场价格上涨的影响，使原本由于生产资料价格上涨带来的利润空间的压缩得以抵消，谷子等杂粮收益空间有所上扬。但高粱

和食用豆类受市场和天气影响，大部分地区出现市场价格和产量缩水的双重负效应，收益水平相对下降，产品在全国市场受东北同类产品冲击比较大。由于受市场波动和自然气候因素影响而带来的收益不稳定性，导致农户年际间在杂粮种植方面差异比较明显，很多农户为了规避风险，更倾向于选择种植常规的大宗作物，杂粮杂豆种植方面的选择优势降低。

（四）产品品质和价格优势不明显影响产品市场竞争力

品质和价格优势是产品竞争力的重要表现之一，但是相较于其他主产区而言，河北省杂粮杂豆产品品质及价格优势不明显。针对河北杂粮集散地部分杂粮加工企业的调研获知，2018 年谷子加工以黄金苗小米、吨谷小米和张杂谷小米居多，货源以东北和内蒙古居多，黄金苗和吨谷小米品质相对较好；红小豆加工企业进货来源以东北为主，东北红小豆质量高、规格统一，能够节省加工成本、提高产品质量。价格方面，河北省杂粮和其他杂粮主产区之间也没有明显优势，同类杂粮同一品种的价格，河北与山西比较是没有明显优势的（表 7-4）。

表 7-4　2018 年 12 月 19 日部分杂粮区域间价格比较

品　种	产　地	产地价格（元/千克）
燕　麦	河北—张家口崇礼	3.00
	河北—张家口张北	2.82
	山西—朔州市平鲁	2.54
	山西—大同市南郊	2.60
高　粱	河北—石家庄井陉矿区	1.80
	山西—朔州市朔城区	2.34
小米（黄小米）	山西—山西朔州朔城区	7.60
	河北—邯郸市磁县	9.3
谷子（张杂 12 号）	河北—承德市围场	6.00
	山西—忻州市偏关县	6.00
	山西—运城市绛县	4.00

资料来源：一亩田农产品产地行情。

（五）精简化栽培技术应用提升产业竞争力，同时机械化水平不高又限制产业竞争力提升

河北省杂粮杂豆产业发展得到了从国家到河北省及各地市农业高校和农科院系统等提供的智力支持，近年来在杂粮杂豆品种研发创新和精简化栽培技术等方面都取得了重大的突破，新品种、新技术层出不穷，为该产业发展提供了重要技术支持。一批抗逆性强、适口性好、抗除草剂、适于精简化栽培的杂粮作物品种得到推广，使得产业发展竞争力明显得到提升。但是，我们还必须注意到，由于杂粮杂豆作物一般分布在一些旱作瘠薄地块，尤其是小农户经营的地块分布零散，又不利于机械操作，导致该产业整体机械化水平比大宗作物要低，当然相关机械研制落后也是非常重要的原因之一。尤其是食用豆类作物，由于缺乏配套的机械与技术，90%的小农种植户采用人工收获、人工脱粒，如果大规模种植收获时遇连阴

雨，脱粒不及时，极易发霉发芽，影响种植效率和商品品质，这些都会对农户的种植意愿选择产生负面影响。

（六）杂粮品牌效应日益显现，但其效应不明显导致产品综合竞争力不强

总体上而言，河北省杂粮杂豆部分品牌产品正在形成，截至目前获得国家地理标志农产品名录的杂粮产品已有 10 个，获河北省农产品区域公共品牌“十佳”和“名优”产品有 4 个，这些地理标志或名优品牌的推出对于提高该产品的美誉度和消费者认可度非常重要，一定程度上可以助推其竞争力的提升。另外，杂豆作为河北省特色农作物，种植面积 13 万～20 万公顷，以绿豆、小豆、蚕豆和豌豆为主。生产的“天津红小豆”“唐山红小豆”“张家口鹦歌绿豆”“崇礼蚕豆”等一直是我国农产品中出口创汇的名牌商品，出口量占全国出口总量的 30%左右。一些民间优秀品牌同样也是河北省杂粮品牌竞争力的重要体现，例如张家口北燕集团的燕麦粥产品已与北京京铁列服有限公司合作，进入高铁系统；谷之禅张家口食品有限公司生产的燕麦饮料品牌影响力涵盖北京、天津、河北多地；双合盛生态农产品有限公司经营的“在旗”品牌系列产品，销售范围现已覆盖北京、长春、沈阳、丹东、大连、天津、石家庄等城市（表 7-5、表 7-6）。

表 7-5　河北省获国家地理标志杂粮产品名录

认证单位	产品名录
农业部农产品地理标志登记产品	崇礼蚕豆、邯郸黄粱梦小米、南和金米、曲周小米、阳原绿豆
国家质检总局地理标志保护产品	武安小米、蔚州贡米
国家工商总局地理标志商标	涞源小米、黄旗小米、武安小米

表 7-6　河北省杂粮产品区域公用品牌名录

评选时间	“十佳”品牌产品	“名优”品牌产品
2016 年首届河北省农产品区域公用品牌评选结果	武安小米	蔚州贡米
2017 年第二届河北省农产品区域公用品牌评选结果	文安杂粮	蔚州贡米、康保莜麦

但是，河北省杂粮产品总体的品牌效应并不高。以谷子为例，河北省 70%的谷子面积分布在低海拔的冀中南夏谷类型区，虽然具有食味品质好、蒸煮省时等特点，但生长期短、昼夜温差小导致小米色泽浅，商品性差。张家口和承德春谷区主要种植高产杂交种，虽然粒大色黄但食味品质好的品种较少，而且米质较硬、蒸煮时间偏长，不适合快节奏的现代生活。受上述原因影响，目前河北小米在全国知名度不高，缺乏高端品牌。且河北虽然拥有全国著名的四大小米集散地，但多数以家庭作坊为主，生产原料来源复杂，质量参差不齐，产品多为简易包装的低端产品，价格低、品牌度差。尽管近几年部分小米加工企业成长迅速，但还处于品牌成长初期，不注重基地建设，质量标准和特色建设，较山西“沁州黄”高端小米和内蒙古著名“黄金谷”小米还有差距。燕麦和高粱产品则主要以供应南方加工厂为主，自主品牌知名度也远远不够。

三、河北省杂粮杂豆产业发展存在问题分析

第一，管理粗放导致产量及产品质量不稳定。随着我国农业新型经营主体培育力度加大，杂粮的大户经营和规模种植所占比重日益加大，但是杂粮零星种植、广种薄收、粗放管理的状况并没有得到根本的改变。实地调查中有农民反映一个品种种了几十年没有更换过；杂粮种植只管播种和收获，中间没有田间管理；收不收靠天、长得“俊不俊”看天、好吃不好吃也得看天。粗放的管理成为杂粮产业发展在生产环节的一个重要瓶颈，也是杂粮产量不稳、质量难控、品牌难以形成的重要因素，产品市场竞争力不高。

第二，机械化程度低和杂粮加工业不发达限制了杂粮的规模经营。一是相对于生长同季的大宗作物玉米而言，杂粮特别是豆类杂粮机械化程度低，田间管理费工费时，种植收益也比较低，农户种植积极性低，规模发展存在很大困难；二是杂粮加工业不发达，附加值低，市场价格不稳定，而杂粮又是市场性很强的作物，“小杂粮，大市场”特征明显，农户种植行为“随行就市”，通常情况下不敢盲目扩大生产和增加杂粮生产投资。

第三，农民组织化程度低，导致产品流通不畅，无序竞争。我国杂粮主要分布在中西部地区，河北省杂粮主要分布在燕山—太行山山区、山前平原和张承冷凉地区，特殊的地理区位特点使得杂粮散户经营较多，规模不大，产业化集中程度较低，原料基地难成规模，特别是有些偏远之地，企业收购难，农户卖粮难现象并存。与产业集中度较高的地区相比，产业集中度较低地区由于农民组织化程度低，杂粮生产技术服务跟不上，产品质量参差不齐，农户市场议价能力低，无形中降低了杂粮种植户收益率，严重挫伤农户杂粮种植的积极性。

第四，杂粮加工档次低，深加工、精加工不足。加工企业位于产业链条的顶端，其加工和产品增值能力一定程度上决定了该产业发展的可持续性以及产业链条上各参与主体的收益稳定性和可持续性。以燕麦加工为例，我国燕麦加工产品主要以初级产品为主，而加拿大有170多种燕麦产品，经过深加工其增值能力可提高到原来的125倍。目前河北省，乃至全国杂粮主要以初加工为主，产品主要以原粮、面粉、方便粥、粉丝、挂面等为主，产业增值能力较弱。由于技术、工艺设备、专业研发人才和产品研发和科学管理规划等的缺失，导致杂粮高端产品和功能成分提取严重缺乏，深加工产品多元化和产业链增值受限，加工企业对产业发展带动能力有限。

四、河北省杂粮杂豆产业发展的战略选择

基于上述分析中暴露出来的河北省杂粮杂豆产业发展存在的若干问题，本研究认为，杂粮杂豆产业发展总体上应当遵循一个基本的思路：以产业发展为目标，资源禀赋为基础，市场为导向，技术为手段；改善生产环境条件，变革生产经营方式，优化结构布局，突出特色；建基地、壮龙头、树品牌等打造集产加销于一体的全产业链经营体系，以提高生产效率和效益，提高杂粮产品生产附加值。

第一，推进杂粮产业结构优化战略——优化产业区域布局，打造产业优势聚集区。以供给侧结构改革和种植结构调整为契机，在各品类杂粮优势区域推进杂粮产业发展。一是逐步推进杂粮产区零星分散种植向集中规模种植的转变，突出优势产品，扩大单一优势品种或主导品种种植规模，打造更多的杂粮专业大户、专业合作社、专业村和特色产业园；二是大力推进杂粮生产基地建设以及杂粮生产基地和杂粮加工企业的合作，积极探索有效的合作机制，推进订单模式发展，培养生产者树立按需生产、理性生产的意识，有效规避盲目生产带来的市场风险。

第二，实施杂粮杂豆产品品牌提升战略——全力打造杂粮杂豆区域品牌，创新杂粮产品的营销模式。杂粮品牌是品种培育、生产标准、精深加工诸多要素的有机集成，是促进杂粮产业一二三产业融合发展的重要引领力量，实施品牌战略也是拓宽杂粮消费途径和提升杂粮产品市场竞争力的强有力手段。河北省很多地方的杂粮产品很有特色，诸如崇礼蚕豆、武安小米、涞源小米、蔚州贡米、孟村小米等，但部分产品由于缺乏名牌保护意识和营销操作，尽管历史悠久但仍然淡出了人们的视野、失去市场或者被其他产品所取代。因此，推进杂粮杂豆产品品牌提升已经势在必行。一是要着力推进杂粮杂豆产业化经营，复制壮大一批河北省杂粮杂豆产品品牌能力较强的龙头企业，引导企业向“专、精、特、新”方向发展，将杂粮杂豆加工作深，提升产品附加值，带动整个产业发展；二是紧紧围绕杂粮杂豆生产、加工、销售等环节，引导企业增强品牌意识，抓住 2022 年“冬奥会”和农村休闲游的契机，做好杂粮杂豆品牌宣传，树立品牌形象；三是创新杂粮产品的营销方式，形成基地直销、配送经营、网络直销、订单收购等多元化营销方式并存的杂粮营销体系，拓展杂粮杂豆产品品牌影响的范围和效果。

第三，依靠科技创新促进杂粮杂豆发展战略——提高科技创新能力，激活产业发展动力。杂粮产业发展必须要以科技为先导，提高杂粮生产、加工、营销的科技含量。加大科研开发经费投入，加强农业科学技术推广体系建设，建立农科教、产学研结合机制，强化科技创新和研发力度，提高优良品种选育、先进栽培管理技术和加工技术研究水平，探索高产优质高效和环境友好的可持续发展模式。同时针对河北省自然资源禀赋条件，尤其是水资源极度短缺的现状以及杂粮生产区域竞争力不足的缺陷，要将抗旱性、丰产性、优质性、高抗性结合，以及高商品性和专用性的杂粮品种作为杂粮品种选育的重点方向加以扶持。

五、河北省杂粮杂豆产业发展对策建议

第一，加强对抗病虫、抗倒伏等综合抗性好的杂粮杂豆品培育和食用豆类生产配套农机具的研制。相对于大宗作物品种的生产而言，杂粮杂豆类作物生产管理相对粗放的多，在新品种研发和培育方面受限于科研力量的薄弱也相对比较滞后，尤其是在技术推广服务供给不足的情况下，杂粮杂豆生长期间因遭受病虫害、大面积倒伏等而导致品质和产量下降的情况也时有发生。另外，食用豆类作物由于相关配套农机具研发滞后，其精简化栽培技术的应用推广举步维艰，对农户食用豆类作物种植行为选择负面效应非常明显。所以，提高杂粮杂豆品种抗性和食用豆类生产配套农机具对河北省杂粮杂豆产业发展非常重要，政府、企业及社

会各界都应对此给与关注和支持。

第二，强化经营主体培育，促进产业发展规模化和机械化水平提升。杂粮生产经营主体规模小、组织化程度低仍然是河北杂粮产业发展的瓶颈之一。首先，鼓励和引导农户通过互换、转包、出租、入股、委托代耕等方式对土地进行流转经营，适度扩大经营规模；其次，注重培育新型经营主体和新型社会化服务主体，有条件的地方鼓励种植能手或者村干部组织领办合作社，以合作社为依托对接杂粮收购或加工企业，并促成杂粮生产基地的建设等；最后，大力开发研制适合于各品类杂粮播种、生产管理和收获的农业机械，推进杂粮产业发展机械化水平再上新的台阶。

第三，扶持杂粮加工企业发展，完善产业价值链，打造优势杂粮品牌。如前所述，受制于杂粮加工企业数量少且发展相对滞后，加工技术相对落后，河北省杂粮加工大部分以原粮初加工为主，深加工产品占种类少，优势杂粮产品品牌匮乏。因此，加大对杂粮加工企业的在资金、技术、政策等方面的扶持力度，刺激其更好更快地发展，形成特色杂粮杂豆产品品牌，对于完善和延长杂粮产业链条，实现杂粮产品价值链增值至关重要。

第四，加大政府扶持力度，激活杂粮产业发展环境。杂粮作物不仅仅是一种生态作物，其产品是一种功能、健康食品，而且目前对河北省而言它还是一种重要的扶贫作物，在河北很多贫困的地区“小杂粮支撑起一个大产业”，在带动当地脱贫发展中起到了举足轻重的作用。张家口市宣化区塔儿村乡西庄，通过13多公顷品牌杂粮种植脱贫就是一个很好的例证。基于此，各级政府应当建立大农业观念，重申对杂粮产业发展的认识，重视杂粮生产。尽管目前在农业供给侧结构性改革政策实施背景下，河北将杂粮产业作为农业结构调整的重要作物类型，但是很明显缺乏具体操作方面的明确指向。应当将其纳入商品粮基地建设、中低产田改造项目、粮食补贴项目等的范畴，为杂粮产业发展创造一个优良的政策环境条件。具体而言，一是在国家粮食补贴政策基础上，尽快制定针对杂粮主产区杂粮种植优惠政策，提高杂粮种植补贴标准；二是整合农业综合开发资金、扶贫资金、产业化资金、以工代赈资金等向杂粮种植区和加工企业倾斜；三是积极做好杂粮产业科技研发和服务方面的支持和投入力度；四是强化杂粮产业发展相关信息的收集和统计工作，改变目前除谷子、高粱、绿豆、红小豆种植面积和产量信息外，杂粮产业发展信息统计缺失的局面，为杂粮产业发展研究提供支撑。

撰稿人员：董海荣　刘　丽　胡　建　桑　振

指　　导：师志刚

参编人员：范宝杰　张　婷　冯小磊　张新军　吕　芃　王晓明　夏雪岩　张　伟
李明哲　林小虎　宋兴森　刘粤阳

第八章 2018年度河北省棉花产业发展报告

棉花原产于亚热带，植株灌木状，宋元之间始传种于中国，之后在我国广泛种植。棉花是兼具纤维、油料、饲料及多种用途的特种作物，是国家重要的工业原料和战略物资，其副产品加工开发潜力巨大、前景广阔。河北是我国棉花种植大省，种植历史悠久、生态适应性好、衍生产业众多，棉花产业不仅关系着农民的生计，也关系着国家物资安全和区域生态安全。分析 2018 年度河北棉花产业发展现状与形势，科学研判产业发展趋势，对正确认识棉花产业发展特点，制定产业发展政策具有重要意义和作用。

一、河北省棉花产业发展现状及形势分析

（一）种植规模分析

1. 我国棉花种植面积止跌回升

1978 年以来，我国棉花种植面积呈波动增长，1992 年达到历史最大面积 6 835.0 千公顷，此后波动减少。特别是 2007 年以后，由于棉花种植比较效益降低、人工成本不断升高及水资源紧张等影响，棉花种植规模总体呈现下滑趋势，到 2017 年降到 3 229.6 千公顷，处于历史最低水平。2018 年，国家将棉花目标价格由“一年一定”改为“三年一定”，进一步稳定了棉农的信心，提高了农民种植棉花的积极性。2018 年，我国棉花种植面积 3 352.3 千公顷，比 2017 年增长了 4.9%，止跌回升（图 8-1）。

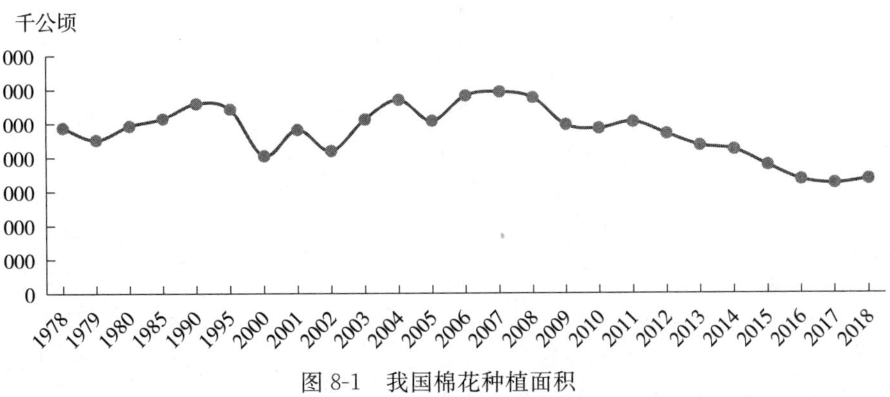

图 8-1 我国棉花种植面积

资料来源：历年《中国统计年鉴》和《2018 年国民经济和社会发展统计公报》。

2. 河北棉花种植面积明显下降

从20世纪80年代农村经济制度改革至今，河北棉花种植面积呈现周期性波动。但从2010年以来，河北省棉花播种面积持续下降，从2010年的581.6千公顷下降到2017年的276.0千公顷，减少了52.2%。2018年，由于上年棉价持续走低，植棉收入锐减，棉农植棉积极性仍不高。据统计，2018年，全省棉花种植面积210.4千公顷，比上年减少65.6千公顷（图8-2）。

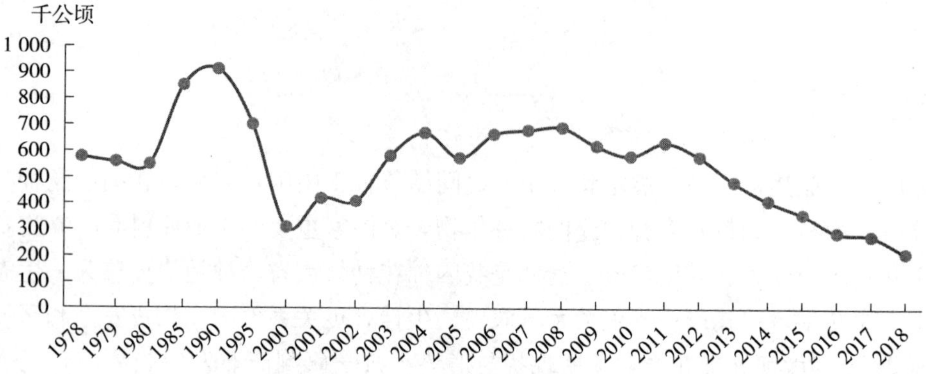

图8-2 河北省棉花种植面积

资料来源：历年《河北统计年鉴》和《2018年国民经济和社会发展统计公报》。

（二）种植布局分析

1. 我国棉花种植向新疆集中

受比较优势影响，我国棉花种植逐步从黄河流域和长江流域向西北内陆尤其是新疆转移。据国家统计局2018年全国棉花产量公告，2018年，新疆棉花种植面积2 491.3千公顷，比2017年增加了528.2千公顷，增长了21.1%。全国除了吉林、黑龙江、广东、海南、重庆、西藏、青海和宁夏之外，其余省区市2018年均有种植棉花，但我国的棉花主产区集中在中北部，尤其是新疆，新疆棉花播种面积占到了全国总播种面积的74.3%（表8-1）。

表8-1 我国棉花主产区种植面积

单位：千公顷

排名	地区	面积
1	新疆	2 491.3
2	河北	210.4
3	山东	183.3
4	湖北	159.3
5	安徽	86.3
6	湖南	63.9
7	江西	45.6
8	河南	36.7
9	甘肃	21.5

（续）

排名	地区	面积
10	天津	17.4
11	江苏	16.6

资料来源：国家统计局 2018 年全国棉花产量公告。

2. 河北棉花种植向优势区域集中

随着农业种植结构的不断调整，河北棉花种植由分散棉区向集中高产棉区转移，零星分散产区逐渐被压缩，形成以棉花大县为主的黑龙港流域优势棉花主产区。据河北省农业厅统计，2018 年位于黑龙港地区的邯郸、邢台、沧州和衡水四市分别种植棉花 54.3 千公顷、81.6 千公顷、48.7 千公顷和 25.3 千公顷，占全省总面积的 90.9%。

（三）生产产量分析

1. 单产呈增加趋势

从全国看，1978 年，我国棉花单产仅 445.4 千克/公顷，此后随着棉花品种、种植技术、化肥农药等技术进步，单产不断提升，到 2002 年达到 1 175.0 千克/公顷，增长 1.6 倍。2003 年，受严重气候灾害影响，棉花单位面积产量下跌到 950.9 千克/公顷，之后又继续增加。2018 年，我国棉花平均单产达到 1 818.3 千克/公顷，比 2017 年增长了 2.8%（图 8-3）。

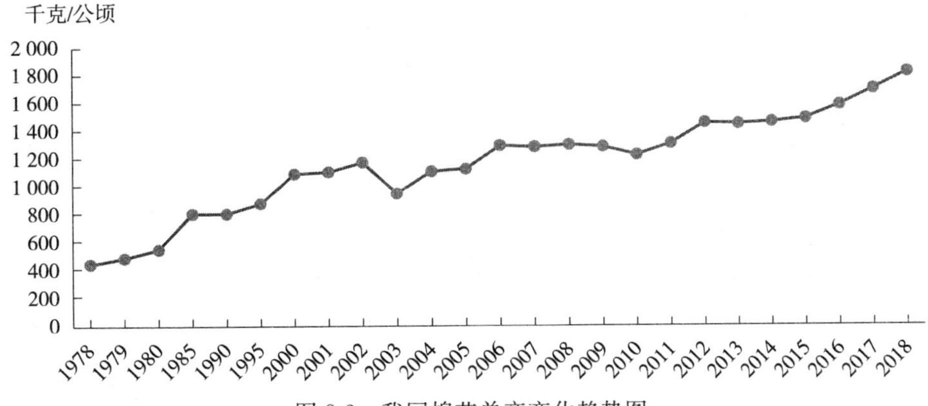

图 8-3　我国棉花单产变化趋势图

资料来源：历年《中国统计年鉴》和《2018 年国民经济和社会发展统计公报》。

从河北看，2018 年，河北气候条件对棉花生产总体有利，播种期土壤墒情、光温条件较好，伏前桃存量较大，成桃情况良好，再加上病虫害发生较轻，河北棉花单产达到 1 137.3千克/公顷，比 2017 年增长 4.54%，创下了全省平均最高水平（图 8-4）。

2. 总产呈减少趋势

从全国看，2007 年我国棉花生产总量达到历史最高值 762.36 万吨，此后随着种植面积的减少，我国棉花总产逐年下降，2016 年达到最低值 529.9 万吨，2017、2018 年开始缓慢恢复，2018 年总产达到 609.6 万吨（表 8-2）。

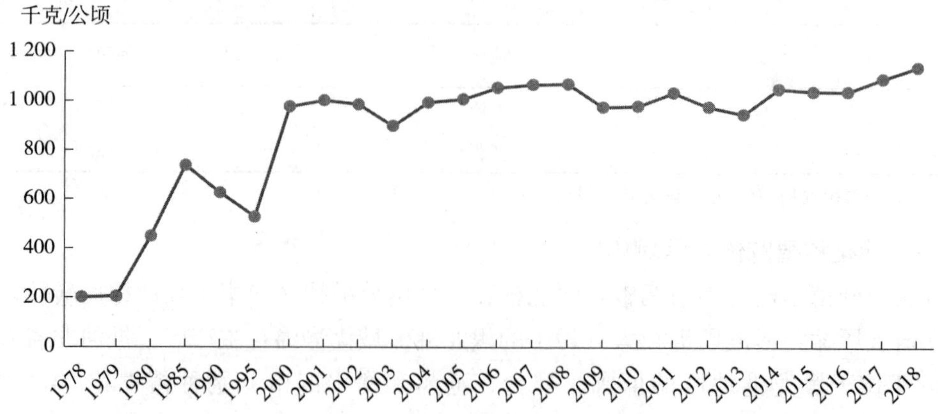

图 8-4　河北省棉花单产变化趋势图

资料来源：历年《河北统计年鉴》和《2018 年国民经济和社会发展统计公报》。

从河北看，2008 年棉花生产总量达到历史最高值 73.73 万吨，此后随着种植面积的减少，棉花总产逐年下降，2018 年总产达到历史最低水平 23.9 万吨，但在全国看总产量居第二位。

表 8-2　我国棉花总产情况

单位：万吨

年份	中国	河北	新疆	山东	湖北	安徽
2007	762.36	72.47	301.27	100.09	55.73	37.42
2008	749.19	73.73	302.57	104.06	51.34	36.35
2009	637.68	60.46	252.42	92.12	48.05	34.6
2010	596.11	56.95	247.9	72.41	47.18	31.6
2011	659.8	65.34	289.77	78.46	52.58	37.8
2012	683.6	56.44	353.95	69.85	54.53	29.4
2013	629.9	45.68	351.75	62.1	45.97	25.11
2014	617.83	43.1	367.72	66.5	35.95	26.33
2015	560.34	37.34	350.3	53.69	29.76	23.37
2016	529.9	30	359.4	54.8	18.8	18.5
2017	548.69	30.1	408.2	34.5	18.2	14.3
2018	609.6	23.9	511.1	21.7	14.9	8.9

资料来源：《中国统计年鉴》，国家统计局 2018 年全国棉花产量公告。

（四）种植效益分析

1. 我国棉花种植效益明显下降

据 2012—2018 年全国农产品成本收益资料汇编数据，我国棉花生产总成本从 1 939.73 元/亩上涨至 2 330.80 元/亩，增长了 20%，其中人工成本从 1 170.71 元/亩上涨至1 353.72 元/亩，增长了 16%，棉花单位面积用工量是小麦、玉米、水稻三种粮食作物用工数量的

3～4 倍；物质与服务费用从 541.55 元/亩上涨至 670.11 元/亩，增长了 24%；土地成本从 227.47 元/亩上涨至 306.97 元/亩，增长了 35%。从 2012—2017 年，棉花种植产值从 1 669.70元/亩降为 1 560.99 元/亩，降低了 7%；净利润从 25.26 元/亩降为－470.28 元/亩。据国家棉花产业技术体系监测站点数据，2018 年棉花种植成本为 2 487.4 元/亩，其中物质费用为 716.1 元/亩，人工成本为 1 178.0 元/亩，土地成本为 593.3 元/亩。

表 8-3　我国棉花种植成本收益情况

单位：元/亩

项目	2017	2016	2015	2014	2013	2012
产值合计	1 860.52	1 818.31	1 366.89	1 592.12	1 962.52	1 964.99
主产品产值	1 560.99	1 454.84	1 104.83	1 307.19	1 647.65	1 669.70
副产品产值	299.53	363.47	262.06	284.93	314.87	295.29
总成本	2 330.80	2 306.61	2 284.44	2 278.56	2 177.50	1 939.73
生产成本	2 023.83	2 004.43	2 008.15	2 003.67	1 925.19	1 712.26
物质与服务费用	670.11	610.71	620.40	595.28	565.35	541.55
人工成本	1 353.72	1 393.72	1 387.75	1 408.39	1 359.84	1 170.71
土地成本	306.97	302.18	280.29	274.89	252.31	227.47
净利润	－470.28	－488.30	－921.55	－686.44	－214.98	25.26

资料来源：《全国农产品成本收益资料汇编》（2012—2018 年）。

2. 河北棉花种植效益低于全国平均水平

据 2012—2018 年全国农产品成本收益资料汇编数据，2012—2017 年，河北棉花种植总成本从 1 966.80 元/亩上涨至 2 490.21 元/亩，增长了 26.6%，高于全国平均水平（20%）。其中，物质与服务费用从 404.69 元/亩降低至 399.95 元/亩，与全国平均水平变化趋势相反；人工成本从 1 277.82 元/亩上涨至 1 765.88 元/亩，增长了 38.2%，高于全国平均水平（16%）；土地成本从 284.29 元/亩上涨至 324.38 元/亩，增长了 14.1%，低于全国平均水平（35%），但绝对值仍高于全国平均水平（表 8-4）。2010—2016 年，棉花种植净利润从 16 107.8元/公顷降为－10 255.1 元/公顷，净利润低于全国平均水平。根据国家棉花市场监测系统对河北衡水监测站监测数据，2018 年棉花平均种植成本为 790.35 元/亩，同比上升 0.65%。其中，物资成本 358.8 元/亩，同比上升 6.78%；人工总成本 362.1 元/亩，同比下降 4.49%；机械作业成本 71.4 元/亩，同比下降 0.94%。

表 8-4　河北省棉花种植成本收益情况

单位：元/亩

项目	2017	2016	2015	2014	2013	2012
产值	1 562.14	1 824.67	1 457.34	1 670.56	1 773.45	1 690.25
总成本	2 490.21	2 508.34	2 461.01	2 329.80	2 263.21	1 966.80
生产成本	2 165.83	2 173.10	2 129.51	2 009.73	1 963.62	1 682.51
物质与服务费用	399.95	397.04	399.85	396.27	399.08	404.69

（续）

项目	2017	2016	2015	2014	2013	2012
人工成本	1 765.88	1 776.06	1 729.66	1 613.46	1 564.54	1 277.82
土地成本	324.38	335.23	331.50	320.07	299.59	284.29
净利润	−928.07	−683.67	−1 003.67	−659.24	−489.76	−276.55

资料来源：《全国农产品成本收益资料汇编》（2012—2018年）。

3. 河北棉花种植区域效益优势不明显

据2018年《全国农产品成本收益资料汇编》数据，2017年，河北棉花亩产值低于全国平均水平298.38元，也低于新疆和同类型区的山东省，分别低751.03元、22.23元，但高于湖北省和安徽省。河北棉花种植总成本高于全国平均水平159.4元，也高于新疆棉区、湖北省、安徽省，分别高317.05元、125.56元和531.56元，但低于同类型区的山东省。河北棉花种植成本高的主要原因是人工和土地成本高。河北棉花亩净利润低于全国平均水平和新疆棉区，但高于同类型区的山东省（表8-5）。

表8-5　2017年棉花主产区种植成本收益对比表

单位：元/亩

项目	全国	河北	新疆	山东	湖北	安徽
产值	1 860.52	1 562.14	2 313.17	1 584.37	949.92	1 372.83
总成本	2 330.80	2 490.21	2 219.49	2 565.97	2 364.65	1 958.65
生产成本	2 023.83	2 165.83	1 848.78	2 329.21	2 064.95	1 789.80
物质与服务费用	670.11	399.95	914.13	456.15	380.87	442.27
人工成本	1 353.72	1 765.88	934.65	1 873.09	1 684.08	1 347.53
土地成本	306.97	324.38	370.71	236.73	299.70	168.85
净利润	−470.28	−928.07	93.68	−981.6	−1414.7	−585.82

资料来源：《全国农产品成本收益资料汇编》（2018年）。

（五）产业政策分析

农业农村部、财政部发布的2018年财政重点强农惠农政策，指出为贯彻落实中央农村工作会议、中央1号文件和全国“两会”精神，实施乡村振兴战略，深入推进农业供给侧结构性改革，加快推进农业农村现代化，2018年中央财政继续加大支农投入，强化项目统筹整合，完善资金使用管理机制。

1. 农民直接补贴政策

进一步实施棉花目标价格补贴，继续在新疆和新疆生产建设兵团实施棉花目标价格补贴政策，棉花目标价格水平“三年一定”，2017—2019年为每吨18 600元。内地棉区依据国家统计局确定的各省棉花产量对棉花种植进行补贴，补贴资金采取“一卡（折）通”等形式直接兑付给棉花实际种植者。

2. 新型农业经营主体支持政策

支持农村集体经济组织、专业化农业服务组织、服务型农民合作社等具有一定能力、可提供有效稳定服务的主体，针对粮食等主导产业和农民急需的关键环节，为从事粮棉油糖等重要农产品生产的主体提供社会化服务，集中连片推广绿色生态高效现代农业生产方式，实现小农户和现代农业发展有机衔接。在农业绿色发展方面，开展绿色高产高效创建，突出水稻、小麦、玉米三大谷物，兼顾薯类大豆、杂粮杂豆、棉油糖、菜果茶等品种，选择一批生产基础好、优势突出、特色鲜明、产业带动强的县开展整建制创建，示范推广绿色高产高效技术模式，增加绿色优质农产品供给。

3. 农业资源生态保护和面源污染防治支持政策

推广地膜清洁生产技术。在内蒙古、甘肃和新疆开展废旧地膜回收整县推进试点，支持 100 个县建立健全废旧地膜回收加工体系，推动建立经营主体上交、专业化组织回收、加工企业回收、以旧换新等多种方式的回收利用机制。以棉花、玉米、马铃薯为重点作物，示范推广地膜覆盖、集雨补灌、抗旱抗逆等节水技术，地膜厚度不得低于 0.01 毫米。

4. 农业防灾救灾政策

实施农业保险保费补贴。棉花纳入中央财政保险保费补贴范围，按照农业保险“自主自愿”等原则，农民缴纳保费比例由各省自主确定，一般不超过 20%，其余部分由各级财政按比例承担。

5. 农业机械化政策

《国务院关于加快推进农业机械化和农机装备产业转型升级的指导意见》（国发〔2018〕42 号）确定了到 2025 年棉花收获机械化率达到 60%。提出加快补齐全程机械化生产短板。聚焦薄弱环节，加大试验示范和服务支持力度，着力提升双季稻地区的水稻机械化种植、长江中下游地区的油菜机械化种植收获以及马铃薯、花生、棉花、苜蓿主产区的机械化采收水平。

6. 财政资金管理政策

河北省财政厅、河北省农业农村厅印发了《河北省棉花补贴资金管理办法》（冀财规 2018〔20 号〕），对补贴对象、补贴资金发放、管理责任等进行了规定，将有助于提高资金引导作用和使用效率。

（六）河北棉花产业发展特点

1. 种植意向下降

2018 年，全球棉花产量调减，美棉出口调增，全球库存下降；我国棉花种植面积减少，需求增加，棉花产需有缺口；发改委发放 80 万吨棉花进口滑准税配额，中美贸易战升级，人民币汇率继续呈下行态势；河北棉花产业在艰难中前行。据对河北 10 个棉花种植大县棉农的种植意向调查，2018 年棉农种植意向呈下降趋势，同比下降 8%。棉农减少种植的主要原因是比较效益低、劳动力缺乏、轮茬需要等。棉农意向增加棉花播种面积的主要原因是轮茬需要。

2. 新型经营主体不断涌现

河北棉花种植主体大多是小农户，户均种植面积 0.8 亩。近几年，通过政府引导、市场选择，出现了成安县振堂农场、肥乡区沃田联合社等一批新型经营主体，棉花种植开始向新型经营主体发展。

3. 引领内地棉区

2008年以来，河北棉花种植面积呈逐年降低趋势，但种植规模始终位居我国内地前三名。2018年，河北棉花种植面积210.4千公顷，总产23.9万吨，面积和产量均居内地第一位，种植面积和总产比第二位的山东省多27.1千公顷和2.2万吨。特别是轻简化、机械化植棉有了雏形，南宫的黄河流域棉花全程机械化试验示范基地实现了从整地、施肥、播种、喷除草剂、覆膜、中耕、化控、治虫、采收到秸秆收集（还田）的全程机械化作业，取得了很好的示范效果。

二、河北省棉花生产技术分析

（一）新品种选育

1. 资源征集

在机采棉品种选育方面，征集种质资源24份，其中优异纤维品质（长度≥31毫米，比强度≥31cN/tex，马克隆值3.7～5.0）类型4份。通过田间鉴定不同类型种质资源材料102份，筛选出高衣分（衣分>47%）类型种质7份，优异纤维品质（长度≥30毫米，比强度≥30cN/tex马克隆值3.7～5.0）类型3份。在特色品种选育方面，收集种质资源116份，其中包括瑞兴棉花研究所优质材料89份，新疆高衣分、丰产材料6份（17AZDS-9、17ZDS杂1、216AL57-2、15AK178、富杂15-2、A富杂15-3）。河北省农林科学研究院棉花研究所、河北省粮油所、河北农大、衡水农科院等抗病、丰产、彩棉、红花、绿茎、鸡脚叶等材料21份。鉴定出纤维品质综合配套育种骨干亲本5份、优质种质12份、高衣分种质材料4份、丰产（高衣分）彩棉种质6份、耐草甘膦种质5份、抗旱种质资源10份，耐盐种质资源2份、高油（种仁含油量>30%）组合高代材料3份、早熟资源2份、高产低酚棉主要种质资源材料6份，鉴定出的低酚种质材料邯4149表现品质优（长度30.04、比强度36.8）、农艺性状突出（籽棉产量302千克/亩）。

2. 新种质创制

在机采棉品种选育方面，组配杂交组合82个。通过早熟陆地棉和海岛棉杂交，并用早熟棉回交，创制优质、早熟棉新种质6份，其中邯536纤维长度32.4毫米，断裂比强度33.3cN/tex，马克隆值4.5；邯539维长度32.6毫米，断裂比强度34.3cN/tex，马克隆值4.7，达到国家优质棉标准。利用早熟棉和转基因抗虫中早熟棉杂交，结合辐射处理，选育转基因抗虫早熟棉种质材料了28份，抗枯萎、抗黄萎的早熟棉材料5份，生育期在100天以内的特早熟材料3份。创制转优质大铃RRM基因材料3份，铃重达到6.0克以上；创制转高衣分iaaM基因材料3份，衣分超过43%。在特色棉花品种选育方面，组配新的杂交组合163个，筛选出具有目标性状的新品系13个。

3. 新品系筛选

在机采棉品种选育方面，筛选出综合性状表现突出、皮棉亩产较对照增产10%以上的优良新品系23个。筛选出具有不同优异特性的苗头新品系15个。其中优质高产新品系8个，早熟优质高产新品系2个，特早熟高产新品系3个，抗枯黄萎病的品系2个。在特色棉花品种选育方面，筛选出综合性状好的品系13个，同时根据品种的特征特性及特殊性状，有目的地配制杂交组合163个。

4. 基因育种

挖掘克隆抗病、抗逆等异源基因，对已有的优质、抗病、抗除草剂、抗逆相关基因进行棉花的遗传转化，对高油和低酚转基因植株进行鉴定。克隆异源基因2个。研究了棉花骨干亲本与其原始亲本及衍生品种的遗传传递规律，冀棉25、其原始亲本及衍生品种群体基于SNP分子标记聚类结果与品种系谱具有较高一致性。对色素腺体形成相关转录因子表达模式及功能进行了验证，3个NAC转录因子在有腺体品种中表达量高于无腺体品种，时空表达模式与腺体密度时空分布趋势接近，可能与腺体发育有较高的相关性。克隆了2个棉花纤维发育及抗逆相关基因14-3-3i和14-3-3j，荧光定量PCR表明，Gh14-3-3i和Gh14-3-3j在棉花纤维、根、茎和叶片中均有表达，并且受到高盐、PEG、ABA等非生物胁迫的诱导表达。克隆了2个异源基因：查尔酮合酶基因（CHS）和无色花青素双加氧酶基因（LDOX），已经构建了该基因的表达载体，转化农杆菌，进行了棉花下胚轴的农杆菌遗传转化，获得了胚型愈伤组织。

5. 新品种审定

2018年审定棉花新品种13个，其中冀1518、冀棉646、冀863机采棉品种3个，冀农大棉25号、邯6305、冀棉171低酚棉品种3个，旱农1号、邯棉6101、国欣棉25、冀农大棉24号冀中南春播品种4个，邯901、邯663、冀石929晚春播棉品种3个。

（二）栽培技术

1. 土壤改良与“双减”栽培技术

选择农大601、欣杂15、冀228和国欣棉9号等黄河流域棉区主要品种20个，设高氮（N_1，亩施纯氮16千克）和低氮（N_2，亩施纯氮12千克，减施25%）两个水平，分别在河北沧州和邢台威县进行了氮营养高效利用品种筛选，欣杂15吸收利用氮素能力较强，可以作为氮素利用高的推荐品种。

开展了有机肥替代化肥试验，普通有机肥与化肥配合施用，在化肥用量减少10%、30%情况下棉花产量未见显著差异，商品有机肥果菜王替代化肥的比例在12.5%～50%范围内。开展了棉田肥料定位试验，氮肥产量效应大于钾肥，磷肥效应最低。

制定了《冀中南棉区棉花轻简化栽培技术规程》《半干旱区棉花节水丰产栽培技术规程》两个河北省地方标准，带动河北棉花栽培标准化。

2. 棉田高效复种

针对棉田复种需要的早熟、抗病虫优质棉花新品种，引进早熟资源材料20份、审定早熟棉新品种两个；改进了棉花—花生间作种植模式，确定了3行棉花/2行花生适宜栽培模式；开展了紧凑玉米＋棉花、紧凑玉米＋玉米矮化剂＋棉花、矮秆玉米＋棉花试验，确定了适宜的“宽带轮作”模式；组装出了一套菜棉两熟节水增效配套栽培技术。

3. 病虫草害绿色防控

从河北、山东、内蒙古、江西、黑龙江、吉林等地共采集土样85份，从其中70份土样中分离纯化获得2 250株细菌，采用双层平板法从1 634株土壤微生物中筛选到棉花黄萎菌拮抗菌435株，其中抑菌圈半径大于等于5.0毫米的有124株，抑菌圈半径大于等于6.0毫米的有30株。采用平板对峙法从1 439株土壤微生物中筛选到棉花枯萎菌拮抗菌241株，其中抑菌带大于等于5.0毫米的有23株，最大的可达14.0毫米。通过室内筛选，得出防治棉花蚜虫高效、低毒环保农药品种3种，获得3株防效较好的菌株；研制出农药新剂型2个，8.5%啶虫脒纳米乳和5%嘧霉胺纳米乳，田间试验效果明显。

4. 全程机械化

筛选出适于机械化管理的棉花品种1个，冀2658；引进新疆金天成机械装备有限公司生产的2MBJ-1/3棉花精量播种机，选型研发出适于冀中南棉区的与机采配套的棉花播种机样机2BMP-3型棉花播种机，引进无人驾驶导航系统1台套，形成了膜上精量播种、膜下精量播种两种全程机械化种植模式，实现了棉花种植模式标准化、精准化。膜上精量播种模式实现了从整地、播种、施肥、中耕、除草、化控、植保、采收、秸秆还田实行全程机械化作业，亩产籽棉364.8千克，与当地传统种植模式相比，亩减少人工投入9.1个，农药使用减少18.7%，肥料减少15.2%，籽棉增产19.8%。膜下精量播种模式实现了从整地、播种、施肥、中耕、除草、化控、植保、采收、秸秆还田实行全程机械化作业，亩产籽棉359.5千克，与当地传统种植模式相比，亩减少人工投入9.8个，农药使用减少18.3%，肥料减少15.0%，籽棉增产18.1%。

（三）原棉加工技术

针对棉花产业中优质棉短缺、棉花收益低、原棉质量难以满足纺织工业需求等突出问题，以棉花生产轻简化、机械化、高效化为指导思想，坚持绿色、环保理念，从生产条件、品种选择、种植模式、田间管理、棉花收获、存储、加工等环节提出了规范化技术措施，制定了高端原棉生产加工技术规范，对于河北省棉花转型升级、提质增效，提升原棉国际市场竞争力具有重要意义。

三、棉花市场状况及形势分析

（一）国际棉花供需状况分析

根据国际棉花咨询委员会（ICAC）数据，2017/2018年度全球棉花产量为2 557万吨，全球棉花消费量为2 522万吨，产量大于消费量，期初库存1 855万吨，期末库存1 889万吨，库存消费比0.75。2015/2016、2016/2017两个年度，全球产量均低于消费量，期初库存小于期末库存，全球棉花消费量超过预期产量，产需存在缺口（表8-6）。

表8-6 国际棉花供需状况表

单位：万吨

年份	产量	期初库存	进口	消费	出口	期末库存	库存消费比
2017/2018	2 557	1 855	793	2 522	793	1 889	0.75

（续）

年份	产量	期初库存	进口	消费	出口	期末库存	库存消费比
2016/2017	2 304.8	2 024.5	800.1	2 456.1	814.7	1 854.7	0.76
2015/2016	2 148.4	2 295.5	757.1	2 418	755.2	2 024.5	0.84
2014/2015	2 626.9	2 131.7	778.9	2 458.7	778.6	2 295.5	0.93
2013/2014	2 622.5	1 942.8	885.8	2 410.1	902.9	2 131.7	0.88
2012/2013	2 707.9	1 570.8	1 021.3	2 345	1 004.8	1 942.8	0.83

资料来源：国际棉花咨询委员会（ICAC）。

（二）国内棉花供需状况分析

近年来，我国棉花生产量低于消费量，扣除进口外，仍需要库存弥补供需缺口。从 2017/2018 年度看，我国棉花总产 548 万吨，进口 116 万吨，总供给 664 万吨，而消费 810 万吨，缺口 146 万吨。从 2016/2017 年度看，我国棉花总产 534 万吨，进口 111 万吨，总供给 645 万吨，而消费 800 万吨，缺口 155 万吨。从 2015/2016 年度看，我国棉花总产 561 万吨，进口 96 万吨，总供给 657 万吨，而消费 760 万吨，缺口 199 万吨。据国家棉花产业技术体系产业经济研究室预测，2018/2019 年度，中国棉花播种面积约 3 367 千公顷，棉花总产量 594 万吨，消费量 845 万吨，中国棉花产需缺口 251 万吨（表 8-7）。

表 8-7　中国棉花供需平衡表

项　　目	2015/2016	2016/2017	2017/2018
播种面积（万公顷）	379.87	337.6	322.96
产量（万吨）	561	534	548
进口（万吨）	96	111	116
消费（万吨）	760	800	810
期末库存（万吨）	978	715	533

资料来源：《中国统计年鉴》。

（三）国内棉花进口状况分析

据海关统计，2018 年 1—12 月我国累计进口棉花 157.5 万吨，进口主要来自美国、澳大利亚、印度、巴西和乌兹别克斯坦。2018 年 1—8 月，我国进口棉花 98 万吨，同比增长 21%。7 月 6 日，美国开始对中国 340 亿美元商品征收 25%高额关税，导致大部分贸易商暂停美棉采购，9 月开始棉花进口量直线下滑。10—11 月棉花进口量开始逐步恢复。12 月 24 日国务院关税税则委员会发布通知，我国将对 700 余项商品实施进口暂定税率，包括新增对杂粕和部分药品生产原料实施零关税，适当降低棉花滑准税和部分毛皮进口暂定税率，在一定程度上刺激了棉花进口，棉花进口 22 万吨，比同期增长 116%（表 8-8）。

表 8-8　2018 年度中国棉花进口状况

月份	进口量（万吨）	同比增长率（%）
1 月	13.4	16.4
2 月	10.3	−25.7
3 月	10.7	11.0
4 月	11.0	−1.0
5 月	13.0	52.0
6 月	10.0	36.6
7 月	14.0	56.0
8 月	16.0	94.2
9 月	14.0	51.0
10 月	10.8	41.0
11 月	13.0	80.0
12 月	22.0	116.0

资料来源：中国海关统计数据。

（四）国内棉花价格状况分析

2018 年，国内棉花价格大起大落，1—4 月，整体皮棉市场价格基本持稳；5 月，新疆棉区受灾引发价格上升，直到 9 月达到 2018 年最高值 16 313 元/吨，随后棉价整体呈震荡下跌趋势。12 月，国内 3128B 级棉花月均价每吨 15406 元，环比跌 1.0%，同比跌 2.4%。河北地区 3128B 级棉花市场均价低于全国水平，1 月 15 日报价 15 265 元/吨、5 月 31 日报价 16 583 元/吨、6 月 27 日报价 16 283 元/吨、7 月 28 日报价 16 093 元/吨、8 月 31 日报价 16 223 元/吨、10 月 31 日报价 15 800 元/吨、11 月 8 日报价 15 705 元/吨、12 月 18 日报价 15 280 元/吨（表 8-9）。

表 8-9　2018 年度中国棉花价格情况表

单位：元/吨

月份	价格
1 月	15 679
2 月	15 695
3 月	15 677
4 月	15 488
5 月	15 826
6 月	16 017
7 月	16 210
8 月	16 281
9 月	16 313

（续）

月份	价格
10 月	15 960
11 月	16 218
12 月	15 406

资料来源：《中国统计年鉴》。

从中国棉花协会网中国棉花价格指数及分省到厂价数据，河北 3128B 棉花价格指数为 15 255，仅高于安徽、河南、湖北三省，低于全国加权均价 15 375，也低于其他省份（表 8-10）。

表 8-10 中国棉花价格指数（CC Index）**及分省到厂价**

省份	3128B 棉花价格指数
安徽	15 133
河北	15 255
广东	15 300
河南	15 108
湖北	15 250
湖南	15 350
江苏	15 408
山东	15 533
山西	15 600
陕西	15 425
江西	15 303
浙江	15 315
重庆	15 650
福建	15 600
四川	15 700
新疆	15 297
甘肃	15 400
全国加权平均	15375

资料来源：中国棉花协会网。

（五）中美贸易摩擦影响分析

中美贸易摩擦对棉花市场供应影响较小。2018 年国家增发 80 万吨滑准税棉花进口配额、储备棉轮出、持续坚挺的棉花现货价格等因素影响下，我国棉花进口货源基本可以保障，贸易摩擦对棉花供应的影响较小。

中美贸易摩擦将对国内纺织行业产生影响。目前，我国纺织行业仍存在产能过剩、高能耗和高污染的问题，中美贸易摩擦可能在未来相当长的一个时期不断反复和发酵。据中国海关统计，2015—2017 年，中国对美服装出口额分别为 175.7 亿美元、161.9 亿美元和 160.2 亿美元，占中国服装出口总额的比例分别为 20.96%、21.37%和 22.21%，中美贸易摩擦势必会影响我国对美国服装出口，影响我国纺织行业发展，进而影响我国棉花生产。

四、河北省棉花产业竞争力分析

（一）资源竞争力分析

1. 生态条件适宜

河北省隶属黄河流域棉区，年均温度在 12～14℃，年均降水量 484.5 毫米，水、热、光等资源充足。河北省棉花优势生产区包含邯郸东部、邢台东部、衡水和沧州，位于北纬 38°线以南的河北省东部和南部黑龙港流域，温光条件优越，干燥度大于 1.5。该区与美国圣安东尼奥相似，具有生产优良纤维的潜力，是河北省热量最多、生长期最长的棉区，≥10℃年积温平均值为 4 100～4 413℃，无霜期 200 天，春季土壤完全解冻日期为 3 月 11—17 日；棉花全生长期降水量为 420～520 毫米，光照条件优于长江流域产棉省份，具有生产高等级棉的区域生态优势。

2. 土地资源丰富

棉花不仅具有较强的耐盐性，还是抗旱节水作物，在含盐量 0.3%以下的土壤中可以正常生长，在盐碱地棉花生育期亩耗水量 320～340 立方米，可以在盐碱地种植。河北省滨海盐碱旱地面积近 126.67 万公顷，拥有大量适宜植棉的盐碱地、荒碱地，是河北省的重要后备耕地资源，也是棉花生产发展潜力最大的地区之一。

3. 植棉历史悠久

元末明初棉花传入河北，在明代逐渐普及。到了 19 世纪末 20 世纪初，河北植棉得到空前发展。河北是传统棉花种植大省，在 1984 年种植面积曾达到 104.67 万公顷，占全国 15%。长期棉花种植，农户积累了丰富种植经验及技术，有利于棉花产业发展。

（二）市场竞争力

1. 产品规模优势

2018 年，全国生产棉花 10 万吨以上的省份仅有新疆、河北、山东和湖北，河北居内地第一位，总产 23.9 万吨。生产棉花在 5 万吨以上 10 万吨以下的仅有安徽、湖南和江西三个省份，产量分别为 8.9 万吨、8.6 万吨和 6.8 万吨。河北棉花总产在全国市场竞争力中具有一定的规模优势，特别是在内陆地区。

2. 产品成本优势

近几年，虽然河北种植棉花成本逐年上升，效益逐年下降，亩生产成本和每 50 千克主产品的生产成本均高于全国平均水平。但与内地植棉大省相比，河北棉花还有一定的成本优势。据 2018 年《全国农产品成本收益资料汇编》，2017 年，河北每亩棉花总成本 2 490.21 元，低于处于同一生产优势区的产棉大省山东省 2 565.97 元；从每 50 千克主产品总成本看，河北棉花为 1 113.57 元，也低于产棉大省山东省 1 209.94 元，湖北省 1 534.09 元。随着河北省棉花轻简化栽培技术、全程机械化技术等的推广应用，增效潜力较大。

3. 产业链条优势

河北不仅是棉花种植大省，而且是纺织大省，纺织业的利润、销售收入、工业总产值、棉纱、布匹、成衣服装等指标，多年来位于全国前十位。特别是在政策引导下，县域棉花产业链条不断延伸完善，提升了产业整体竞争力。如，邱县形成了“轧棉—纺织—棉秸秆深加工—印染—服装制作”一体化的生产模式，年产值高达 6 亿元。

（三）企业竞争力

1. 棉花种植新型经营主体不断涌现

河北棉花主产区涌现出了一批棉花规模化生产经营主体，生产规模都在几十公顷以上。比如肥乡区沃田种植专业合作社种植棉花 133.33 公顷，成安县振堂家庭农场种植棉花 66.67 公顷，这些新型经营主体在棉花生产中都采用了简化栽培技术，除采收外，其他棉花生产环节基本实现了机械化，发展潜力较大。

2. 纺织企业不断壮大

石家庄常山纺织集团有限责任公司是河北省政府授权国有资产经营的全资国有企业，是首批列入国家 520 户重点企业、全国纺织 50 家重点企业集团、河北省 30 家大型支柱性企业集团之一。企业拥有纺织、印染、化工化纤、针织服装、纺织机械器材生产及国家认定企业技术中心，产业链条完整，带动能力较强。

3. 深加工企业全国第一

曲周县晨光植物蛋白分公司是中国最大的棉籽加工企业，年加工棉籽 30 万吨以上，按亩产 300 千克籽棉计算，年可消耗 263 万亩棉花的棉籽。加工产品有脱酚棉籽蛋白、发酵专用蛋白、棉壳、棉短绒、棉籽油等，加工 1 吨棉籽可增值 300 元。

（四）技术竞争力

1. 研究机构健全

河北省农科院、河北农大、棉花种植集中区的市级农科院都设有棉花研究机构和团队，省级层面还成立了棉花产业技术体系团队，国欣棉研会等社会组织和企业的科研机构发育良好，河北棉花科研团队及实力雄厚，居全国领先地位。

2. 研究成果丰富

在抗病育种、杂种优势利用、抗虫棉和早熟棉育种等方面具有较强的实力，培育了一批优良棉花品种。截至 2018 年，通过河北省审定的棉花品种 214 个，通过国家审定的棉花品种 51 个。研究形成了一批棉花栽培技术和成果，“棉花优异种质鉴评及创制新技术和多抗优质新品种选育”获得 2018 年度河北省科技进步一等奖，“旱碱地棉花机采模式集雨增效种植技术”向农业农村部推荐为 2019 年主推技术。

五、河北省棉花产业存在问题分析

（一）棉田基础设施条件有待改善

随着河北棉区战略东移，棉田从水肥条件好的冀中南地区转移到了水肥条件差但比较优势明显的黑龙港流域，棉田水浇地比例下降，旱薄碱地比例增加，棉田质量明显下降，“白色污染”日趋严重，抗灾减灾能力减弱。

（二）棉花品质不稳定一致性差

河北省棉花种植主体仍是小农户。在生产环节，品种多乱杂，2018年我省种植棉花品种有70多个；采摘环节，人工采摘将不同品级棉花混收，不实行分摘、分晒、分存、分售的“四分”措施；收购环节，收购贩卖散户，分散轧花，难成批量，棉贩或部分企业混等混级，“三丝”含量高，造成了棉花加工品质低，中高端纱用棉只占河北20%，制约了产业高质高效可持续发展。

（三）棉花种植比较效益低

从国家层面看，新疆气候条件优于河北，机械化程度较高，国家政策重点支持，新疆棉花生产对河北棉花种植冲击较大。2017年，河北棉花亩产值1 562.14元、总成本2 490.21元、净利润－928.07元，新疆棉花亩产值2 313.17元、总成本2 219.49元、净利润93.68元，河北棉花生产产值和净利润远低于新疆。从区域层面看，河北棉花种植规模小，人工投入多，尤其是收获环节用工多达6～8个；棉花种植净利润低于小麦107.21元/亩、大豆70.12元/亩、苹果1 456.24元/亩、露地西红柿4 254.16元/亩等作物，导致农民种植棉花意愿下降。

（四）棉花种植劳动强度大

目前，河北省棉花生产过程只有整地、播种和铺膜采用了机械化作业，其余大部分种植环节要人工完成，特别是采收环节，机械化程度低、劳动强度大，与农民“既要省力，又要得利”的种植理念相悖。据调查统计，河北每亩棉花用工19～22个，每亩小麦用工2～6个，每亩大豆3～7个，每亩花生8～12个，棉花用工明显高于粮食作物和油料作物。近几年，虽然棉花机械采收进行了示范，但由于缺乏配套加工机械，机采棉没有地方交售，制约了棉花种植机械化进程和规模经营。

（五）产业链衔接不够紧密

棉花产业链条长，关键节点多，由于棉花生产、初加工、深加工、销售等隶属于不同行政部门管理，且覆盖全产业链的社会组织发展欠缺，导致棉花种植、加工、销售各自为战，竞争大于合作，导致了棉花生产、轧花、销售、棉纺、服装等环节的断裂，制约了产业整体效益发挥。如，河北省有全国知名的常山集团等棉加工企业，但本省企业在当地收购棉花数量还不到1/3。

六、河北省棉花产业发展对策建议

（一）加强国家20万公顷棉花保护区建设

遵循《国务院关于建立粮食生产功能区和重要农产品生产保护区的指导意见》（国发

〔2017〕24号)，落实河北20万公顷棉花保护区建设任务，高标准农田、大中型灌区续建配套及节水改造等农业基础设施建设投资向棉花保护区倾斜，提高棉花综合生产能力。按照“谁使用、谁受益、谁管护”的原则，落实棉花保护区地块农业基础设施管护责任，激发管护主体能动性，提高农田基础设施管护能力。整合涉农资金，加大省级财政资金支持力度，开展棉花绿色高质高效创建，引导棉花保护区建设。

(二) 培育专用适纺高效优质高抗棉花品种

近几年澳大利亚棉花几乎全部出口中国，因为澳棉是世界上最好的棉花之一，颜色品级多为2级以上；纤维长度平均为30毫米，一般处于27.5～32.5毫米；纤维整齐度较好，一般为81.9%，以长纤维为主；马克隆值适宜，大多处于3.8～4.9，平均在4.3左右；断裂比强度较高大多处于28.5～2.0cN/tex，平均为29.8cN/tex。澳棉纤维品质明显高于河北省棉花。由于澳棉多为规模化农场种植，采用同一品种、统一生产、统一模式、统一管理，纤维质量一致性也明显高于我省棉花。借鉴澳大利亚经验，按照适纺性指标进行棉花品种培育，配套栽培、管理、化控等农艺技术，不断提高棉花种植组织化、规模化水平，提高全要素、全产业链效率，减少对外依存度，把吃饭和穿衣问题牢牢掌握在自己手里，保证棉花产业安全。

(三) 开展专用原棉生产技术集成与示范

针对河北省棉纺企业对原棉加工品质需求，开展专用原棉生产关键技术的研发及集成示范。充分发挥河北农大、河北省农林科学院等单位技术人才优势，依托棉花产业技术体系等平台，加强新品种培育力度，加大与品种配套的轻简化栽培、无膜栽培、病虫害防治、机械化收获、棉花分级等关键技术研究集成力度。充分发挥各类棉花试验站示范作用，与棉花加工企业合作，建立专用原棉生产基地，集成示范专用原棉配套栽培技术，引导区域棉农向专业化原棉生产转变。

(四) 推进棉花生产加工销售一体化发展

积极培育种植大户、家庭农场、农民专业合作社等棉花种植新型经营主体，发展多种形式适度规模经营。充分发挥政府引导、企业主体、合作社联结作用，鼓励产学研用联合，共建棉花规模化、标准化生产基地。扶持覆盖棉花生产、加工、销售等环节全产业链社会组织发展壮大，协调产业链上利益分配，增加合作，提高产业链整体效益和竞争力。

(五) 探索棉花种植生态补贴机制和模式

充分发挥棉花种植雨热同季、节水效果显著优势，按照《河北省地下水超采综合治理五年实施计划(2018—2022年)》部署，把棉花纳入地下水超采补助作物范围，探索地下水超采区棉花种植补贴机制及模式，合理确定补贴标准和方式，对超采区棉花连片种植主体进行财政补贴，引导农民调整种植结构，减少地下水开采。

（六）进一步完善中央棉花生产补贴政策

落实国家棉花生产补贴政策，按照“降低成本、提质增效、保障能力”的总体要求，进一步完善棉花目标价格、种植面积、产量或销售量相结合的棉花生产补贴政策，明确补贴对象、标准和方式，进一步向新型经营主体倾斜，有效调动棉花实际种植者积极性，适度恢复棉花种植面积和产量，推动棉花产业高质量发展，提升棉花产业整体竞争力。探索政府补贴棉花保险方式，通过“保险＋期货”等模式，稳定棉花价格，分散市场风险，提高棉农收益。

撰稿人员：陈建伟　马立刚
指　　导：林永增
参编人员：张建宏　杜海英　赵贵元　卢秀茹

第九章 2018年度河北省蔬菜产业发展报告

蔬菜产业是河北省农业支柱产业，在带动农民增收、实现三产融合和农村产业扶贫方面发挥重要作用。近年来，随着蔬菜产业规模增速明显减缓、生产布局逐步完善、质量水平稳步提升、营销渠道创新加快，河北省蔬菜产业发展进入新时期，但仍面临投入产出效益不高、机械化水平低与短期价格波动频繁等问题，为此适当控制产业规模、提高机械化水平、提升专业化服务与实现绿色生产将成为蔬菜产业未来发展方向。本章分析了河北省蔬菜产业发展总体形势，展示了蔬菜产业技术研发进展，重点关注了黄瓜、甜瓜、辣椒三个特色蔬菜产业的发展。

一、河北省蔬菜产业发展现状及形势分析

（一）蔬菜播种面积与产量

2007 年以来，河北蔬菜（含西甜瓜，以下同）播种面积总体呈上升趋势。分阶段来看，2010—2015 年播种面积持续上升，从 77.64 万公顷增至 84.09 万公顷，之后连续两年下降，降至 2017 年的 81.93 万公顷，2018 年恢复性增至 86.15 万公顷，比上年增长 4.22 万公顷，增幅 5.14%，达 2007 年以来最高水平（图 9-1）。其中，瓜果类播种面积由 2015 年的 8.58 万公顷降至 2018 年的 7.38 万公顷，减少 1.2 万公顷，降幅 13.93%。

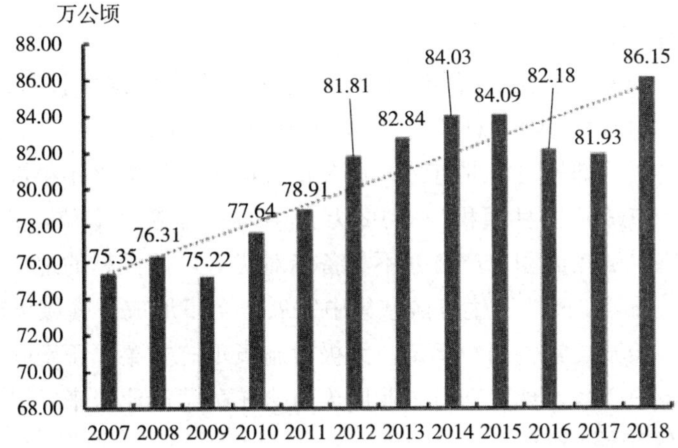

图 9-1 2007—2018 年河北省蔬菜播种面积

资料来源：河北省农业厅。

河北省蔬菜总产量呈现缓慢上升趋势，从2007年的4 369.57万吨增长至2018年5 545.46万吨，累计增长26.91%，年均增长2.45%（图9-2）。其中，瓜果类蔬菜产量呈现稳中略降态势，2007—2010年总产量从453.42万吨下降至400.64万吨。分阶段来看，2011—2015年从407.22万吨上升至455.30万吨，达到产量最高值，此后产量降至400万吨左右并保持稳定。

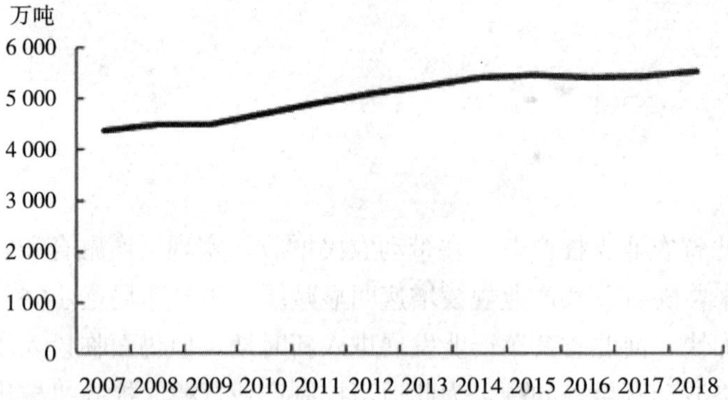

图9-2　2007—2018年河北省蔬菜总产量

资料来源：河北省农业厅。

蔬菜单产从2007年的57 990千克/公顷增至2017年66 565千克/公顷，2018年受气候与病虫害等因素影响，单产降至64 373千克/公顷。与蔬菜单产总体变动趋势相同，瓜果类单产从2007年的45 395千克/公顷增至2017年的55 900千克/公顷，2018年降至52 942千克/公顷。

作为我国设施蔬菜种植大省，2017年全省设施蔬菜播种面积占总面积的50%以上，其中日光温室占35.4%，塑料大棚占27.67%，塑料中小棚占36.93%。随着设施蔬菜生产转型升级、规模增速放缓，设施建造增速也逐步放缓，2017年设施蔬菜播种面积较2016年增加667公顷。

（二）蔬菜主产区域与产品布局

1. 各市区蔬菜生产现状

从各市蔬菜生产来看，唐山、廊坊、邯郸、保定、衡水的蔬菜播种面积位居前五（图9-3），其中唐山市12.17万公顷，总产量968.14万吨，唐山作为河北乃至全国的白菜主产区，白菜产量占比较大。邯郸是河北省蔬菜重要传统产区，其中永年小拱棚叶菜生产是河北省特色之一。石家庄市蔬菜播种面积为6.02万公顷，省排名第7位，蔬菜产量511.63万吨，全省排名第5位，虽然面积与产量并不具备绝对优势，但优越的地理位置使得全市蔬菜生产已逐步向京广、石德“两线”优势区域集中发展，全市形成了藁城设施甜椒、番茄，高邑设施黄瓜、番茄，栾城设施番茄、草莓，无极设施黄瓜、韭菜，正定叶菜、新乐西瓜、甜瓜等特色优势瓜菜集中产区，现代都市农业成为石家庄蔬菜产业未来发展方向。

2. 蔬菜优势产区布局

河北省蔬菜生产已形成六大产区：张承错季蔬菜产区、冀东蔬菜产区、环京津蔬菜产区、沧衡蔬菜产区、冀中蔬菜产区、冀南蔬菜产区。蔬菜产业规模化、多样化、区域化特征

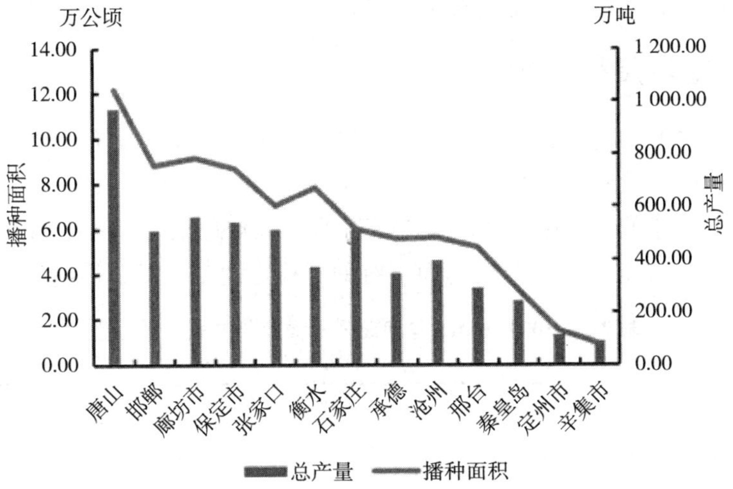

图 9-3 2017 年河北省各市蔬菜播种面积与产量

资料来源：河北省农业厅。

逐步显现，单一品种规模化也促进了区域特色品牌的形成，涌现出鸡泽辣椒、乐亭甜瓜、青县羊角脆、玉田白菜、崇礼彩椒、平泉黄瓜、永年大蒜、馆陶黄瓜、昌黎旱黄瓜、永清胡萝卜、曲周蔬菜种苗、沽源花椰菜等区域特色蔬菜（表 9-1）。河北省自 2017 年开始打造黄瓜、辣椒、甜瓜与坝上蔬菜四个特色蔬菜优势产区。

表 9-1 河北省六大蔬菜产区布局与特色

产区分布	示范县	市场特色
张承错季产区	滦平、崇礼、丰宁	针对全国尤其是南方夏季市场，以错季叶菜和果菜生产为主
冀东产区	乐亭、抚宁	针对东北三省、北京和俄罗斯等市场，以外向型蔬菜生产和观光基地为主
环京津产区	永清、固安、青县、涿州、三河、香河、涞水、涿鹿、赤城、怀来、兴隆、广阳区、大厂区、安次区	针对北京和天津市场，以温室、大棚蔬菜生产为主
沧衡产区	饶阳	主要针对天津市场，以秋冬、冬春茬大棚、温室及地膜蔬菜生产为主
冀中产区	藁城、定兴	针对省会石家庄市场，以设施周年生产为主
冀南产区	永年、南和	针对山西、山东、北京和西北市场，以中小棚和露地生产为主

2018 年，蔬菜优势区建设成效显著，黄瓜产业已形成以平泉为代表的冀北黄瓜优势产区，以昌黎为代表的冀东北旱黄瓜优势产业带，以永清、固安为代表的京津冀城市居民休闲采摘业态的高端黄瓜生产园区，以馆陶为代表的冀中南黄瓜优势产业产区的“一带三区”生产布局，充分利用自然资源与区位优势，实现从设施建造、品种选育、集约化育苗、标准制定到包装物流的黄瓜产业全产业链条发展。为促进河北省甜瓜产业发展，目前已完成《河北省甜瓜产业提质增效推进方案》，并制订《羊角脆甜瓜特优区建设技术方案》，提出整合区域

品牌、企业品牌与产品品牌，提高产品竞争力。

（三）蔬菜主栽品种结构

近年来河北省水生类蔬菜、瓜类菜、茄果类蔬菜与西甜瓜产量增长幅度较大，丰富了蔬菜产品的多样化供给，设施蔬菜的发展也实现了蔬菜的周年供应。通过分析大白菜、圆白菜、黄瓜、白萝卜、茄子、番茄、辣椒、大葱等八种大众蔬菜的产量结构表明，八种蔬菜总产量比重维持在 65%以上，产品结构的稳定有助于稳定蔬菜市场总供给（表 9-2）。

表 9-2　2009—2017 年河北省八类蔬菜占总产量比重

单位：%

品种	2009	2010	2011	2012	2013	2014	2015	2016	2017	平均比重
大白菜	26.12	25.17	25.21	24.45	24.14	23.63	23.17	22.78	23.03	24.19
圆白菜	7.20	7.21	7.31	7.39	7.25	7.16	7.11	7.07	7.11	7.20
黄瓜	11.74	11.79	11.78	12.00	12.99	12.22	12.15	12.33	12.25	12.14
白萝卜	4.33	3.73	3.51	3.56	3.49	3.43	3.41	3.36	3.28	3.57
茄子	3.92	4.01	3.91	3.92	3.87	4.00	4.03	4.04	4.08	3.98
番茄	8.57	8.53	9.03	9.09	9.21	9.19	9.18	9.06	9.15	9.00
辣椒	1.92	1.92	2.24	2.65	2.63	2.69	2.64	2.61	2.58	2.43
大葱	4.96	4.79	4.44	4.25	4.02	3.92	4.00	4.04	4.16	4.29
合计	68.76	67.15	67.44	67.31	67.60	66.24	65.69	65.29	65.64	66.79

资料来源：《河北农村统计年鉴》（2010—2018），中国统计出版社。

（四）主产区蔬菜生产情况

1. 主要产区蔬菜面积变化

2018 年河北省蔬菜生产形势稳中向好，总播种面积基本持平，优势蔬菜播种面积增加，总产略有增加。2018 年邯郸市蔬菜生产形势基本平稳，其中辣椒（包括青椒）全年总播种面积 1.33 万公顷、黄瓜播种面积 1.47 万公顷。鸡泽辣椒全年播种面积达 0.53 万公顷左右，并在 2018 年注册了“鸡泽辣椒”地理标志产品。馆陶县黄瓜播种面积 0.47 万公顷，并在 2018 年获得中国国际农产品交易会金奖、第十九届中国绿色食品博览会金奖。石家庄市 2018 年蔬菜播种面积同比增加 0.14%，蔬菜总产量基本持平。承德市蔬菜总播种面积新增 0.31 万公顷，同比增长 3%，其中露地蔬菜面积同比增长 1.75%，设施蔬菜面积同比增长 4.85%，蔬菜总产量同比增长 3.7%。

2. 主要蔬菜种类面积变化

受经济效益引导，河北省优势蔬菜种植有所增加。甜瓜种植面积增长较快，2018 年石家庄甜瓜播种面积增加 0.13 万公顷，沧州青县甜瓜（羊角脆）增加 0.12 万公顷。唐山与秦皇岛地区黄瓜、番茄、菜豆、生菜、生姜、草莓、食用菌等优势主导品种播种面积有所增加，西葫芦、茄子、甘蓝、胡萝卜、萝卜等品种播种面积略降。望都辣椒种植面积持续下降，受病虫害、价格波动、成本上升等因素影响，2018 年望都县辣椒种植面积仅 133.33 公顷。

(五) 自然灾害与病虫害对蔬菜产业影响

1. 自然灾害对蔬菜生产影响

总体来看，2018 年度极端天气频发给河北省蔬菜生产造成了严重的损失。2018 年河北省 1—2 月出现极寒天气，大部分地区普降大雪，唐、秦地区黄瓜、甜瓜等对温度要求较高的作物遭受严重损害。4 月又出现连续“强倒春寒”，3—7 日、12—13 日、20—23 日全省出现自北向南的大幅降温天气过程。其中 3—7 日降温幅度大，最低气温降至 2℃以下，中北部大部地区和南部部分地区降至 0℃以下，低温持续时间长，北部大部地区、西部太行山区、中南部平原的部分地区（邢台、邯郸两市西部，保定大部，沧州北部，石家庄、衡水、邢台、廊坊四市局部）均出现 0℃以下低温且持续 2 小时以上，19 个县（市）111 个乡镇遭受低温冷冻和风雹灾害，防护措施较差的一些大棚番茄、西葫芦、西瓜、甜瓜、大蒜和韭菜等遭受一定冻害，饶阳县部分老旧大棚被大风掀翻或破损，秦皇岛地区发生沿海风灾，棚室棚膜撕裂，地膜蔬菜受冷风和低温危害，出现出苗不齐和补栽情况。

2018 年 5 月中下旬，保定、石家庄、邢台、衡水遭强降雨侵袭，强降雨造成的涝灾严重影响部分产区蔬菜产量。例如，5 月 12 日石家庄部分县（市）区出现强对流天气，降雨时伴随短时大风和冰雹，全市 904.6 公顷蔬菜不同程度受到灾害，减产 30%。5 月底至 6 月初，河北省出现了持续高温强光干热风天气，鸡泽、望都露地辣椒由于没有防护措施，高温强光造成的日灼病成为影响辣椒产量及效益的一大灾害。6 月初多地出现冰雹灾害，其中保定的清苑、博野受灾最为严重，部分设施棚膜受损，清苑的露地瓜菜绝收。6 月中旬后中南部地区又出现持续高温天气，蔬菜病虫害加重。

2018 年 7—9 月，冰雹、台风、霜冻灾害影响承德、唐山、秦皇岛地区蔬菜产量与品质。除张家口、承德、秦皇岛局部地区外，河北省其他大部地区持续高温闷热，最高温度超过历年，致使部分蔬菜生产地区授粉不良，坐果率严重下降。受“安比”台风影响，唐秦地区 7—8 月伴随着高温干旱和大风、降雨、洪涝灾害，旱涝风雨叠加，影响了蔬菜产量和品质。7 月唐山、秦皇岛等个别地块露地黄瓜、茄子积水无法及时排出，造成严重沤根，青县甜瓜部分拉秧。2018 年 8 月 6 日，张家口尚义县出现了直径为 0.5 厘米的冰雹，部分蔬菜受损。9 月 20—24 日受较强冷空气影响，张家口、承德地区出现大风降温天气，最低气温下降 5～8℃，坝上最低气温达到－4～－1℃，出现冰冻，影响蔬菜品质与产量。

2. 病虫害对蔬菜生产影响

2018 年上半年河北省雾霾天气较往年明显减少，冬春季蔬菜灰霉病、菌核病等常发性病害发生程度普遍较往年偏轻，但局地出现暴发现象。3—4 月青县羊角脆甜瓜白粉病、蚜虫危害严重；4—5 月，邢台市地区降雨量较常年偏多，导致设施番茄出现晚疫病、灰霉病等病害；唐、秦地区早春茬早黄瓜发生西花蓟马暴发危害。通过病害防治和雨后管理工作，病害得到控制，未对蔬菜产量产生较大影响。

6 月以后温度骤然升高，各地番茄、辣椒等茄科蔬菜病毒病发生严重，烟粉虱、蓟马等发生量较往年增大，甜辣椒、甜瓜等受害最重，崇礼县 100 多个大棚的彩椒正值开花坐果期，由于防护措施差，烟粉虱大暴发，病毒病发病率 80%以上。鸡泽一园区的大棚辣椒因烟粉虱、病毒病的危害，发病率在90%以上，结果小而且变色失去商品价值。根结线虫、细菌性流胶病对黄瓜的危害日益加重，根结线虫已成为连作棚室黄瓜种植的重要障碍，细菌性流胶病发生较重的昌黎等地发生毁棚情况。近年来，因引进山东种苗使黄瓜流胶病在馆陶浅口村个别棚室发生严重，减产达50%以上，有的几乎绝收。此外，由于连年种植，连作障碍发生严重，部分地块土壤盐渍化表现突出，影响黄瓜根系生长，导致生长不良、早衰。黄瓜不同栽培茬口病虫害造成的损失也不相同，一般减产10%～15%。

7—9月高温利于病虫害发生，黄瓜、茄子、架豆角、西蓝花等露地蔬菜等病虫害发生较重。白粉虱、蓟马、茶黄螨发生严重，对辣椒、甜椒等造成一定影响，露地黄瓜霜霉病、角斑病、靶斑病，茄子炭疽病，辣椒疮痂病、炭疽病、疫病等病害发生较重，部分露地蔬菜提前拉秧。崇礼区石嘴子乡有13个棚彩椒毁棚，邢台地区新定植番茄因病害也出现毁棚现象。坝上地区二十八星瓢虫中等偏重发生，架豆角炭疽病、菌核病零星发生，结球生菜霜霉病发病率10%，根腐病发病率5%；西蓝花软腐病发生普遍，导致损失30%～40%，霜霉病发病率8%。冀东地区露地萝卜田甜菜夜蛾发生严重，发生量达到300～350头/百株。

（六）蔬菜产业扶贫现状及成效

产业扶贫通过激发贫困人口的内生动力，变“输血”为“造血”，是实现贫困人口脱贫的必由之路。河北省是全国重要的蔬菜产销大省，是京津两大都市主要蔬菜供应基地。蔬菜一年四季均可种植，种类丰富使农民可选择余地较大，且种植技术相对成熟，经济效益显著，有“一亩园（大棚）等于十亩田”的说法。因此蔬菜产业不仅是河北省农业支柱产业，还成为很多地区扶贫的首选产业之一。

蔬菜产业作为河北省扶贫的重点产业，成效显著。例如，张家口许家营村、渔儿湾村通过大棚“架豆角”产业成功脱贫；邯郸肥乡康源蔬菜专业合作社形成“政府＋公司＋合作组织＋贫困农户”四位一体的“康源”发展模式与2万公顷设施蔬菜的产业扶贫的“饶阳模式”；设施蔬菜已发展成为崇礼农业主导产业，崇礼彩椒成为知名地方品牌和蔬菜特色优势区，并将继续建设奥运蔬菜供应基地。2018年滦平县、隆化县、丰宁县、围场县、张北县、崇礼县等10个蔬菜生产大县将蔬菜产业作为扶贫重点产业，占全省国家级贫困县总数的26%，饶阳、鸡泽、望都等县已经通过蔬菜等特色产业带动成功实现脱贫。环首都扶贫攻坚示范区——涞水、涞源、易县通过培育设施蔬菜等特色农业产业，完成115个贫困村的脱贫任务。

（七）蔬菜产业经营主体发展成效

1. 新型经营主体市场化、专业化、标准化程度提高

2017年河北省共有10 173家蔬菜种植专业合作社，各县合作社覆盖率达到99%以上，全省共有蔬菜产业化龙头企业264家，年销售收入500万元以上的蔬菜加工企业157家。秦皇岛市蔬菜专业合作社387家，省级蔬菜龙头企业8家，市级35家，其中加工企业11家。张家口市国家、省级、市级农业产业化龙头企业分别达到3家、47家、342家。蔬菜新型经营主体以市场需求为导向，形成了“公司＋基地＋农户”的生产经营模式和“生产＋加工＋出口”的产业链模式。固安顺斋蔬菜专业合作社、青县司马庄绿豪专业合作社、邯郸企美、

鸡泽天下红、卢龙县丰禾等蔬菜经营主体在销售渠道上开展订单生产、农超对接、电商、直营店等，在销售产品上由原来的蔬菜鲜品扩充到初级清洗整理、初加工、鲜切菜、干品、加工食品等多种形式，规模化、专业化、市场化、企业化的市场格局显现。

2. 蔬菜产业化联合体建设提速，实现全产业链发展

农业产业化联合体是龙头企业、农民合作社和家庭农场等新型农业经营主体以分工协作为前提，以规模经营为依托，以利益联结为纽带的一体化农业经营组织联盟。目前蔬菜产业的省级产业化联合体有玉田县金玉蔬菜产业化联合体、鸡泽县辣椒产业化联合体、晨光天然提取物产业化联合体、企美有机蔬菜产业化联合体、河北东之星蔬菜产业化联合体、嘉诚蔬菜产业化联合体、冀东农产品联合体等 15 家，占河北省农业产业化联合体总量的 14.56%。其中，鸡泽县辣椒产业化联合体由鸡泽县天下红辣椒有限公司、鸡泽县湘君府味业有限责任公司 2 家省级农业产业化重点龙头企业发起，联合河北蕾邦种业有限公司、鸡泽县隆富垚种养有限公司等 4 家上下游企业和鸡泽县万亩红辣椒专业合作社等 13 家专业合作社及家庭农场联合成立，2017 年联合体销售收入超过 6 亿元，带动农户 19 831 户，带动农户年均增收 4 200 万元。

3. 各类农业园区在特色优势区建设中发挥重要作用

鸡泽县现代农业（辣椒）产业园，是全国绿色食品一二三产业融合发展示范园创建单位、省级现代农业园区、省级农业科技园区，产业园区规划辣椒种植面积 1.5 万公顷，是目前种植面积的 3 倍，在鸡泽县国家级辣椒特色优势区建设中发挥重要作用。邯郸市馆陶黄瓜小镇现代农业园区，规划种植面积 1.82 万公顷，占邯郸黄瓜种植面积的 79.04%，园区基础设施、良种培育、田间管理与营销方式创新推动了黄瓜特优区发展。2018 年 8 月，青县以河北省甜瓜特优区、绿豪特色蔬菜种植基地精品蔬菜建设项目等为基础，以青县现代农业观光园与青县大司马现代农业园区为依托，成功申请“河北省农业可持续发展试验示范区”，将进一步助力甜瓜特色优势区发展。

4. 蔬菜批发市场仍是重要的蔬菜流通主体

蔬菜专业批发市场在促进蔬菜流通、形成价格中心与促进京津冀产销合作等方面发挥重要作用。河北新发地农副产品物流园已连续承办三届京津冀蔬菜产销对接大会，蔬菜交易量与交易额持续快速增长，在对接京津市场、促进蔬菜流通方面的作用日益增强。承德平泉市建有 6 家大中型蔬菜外销批发市场，现有蔬菜经纪人 380 余人，榆树林子果蔬批发市场已成为全国最大的黄瓜交易市场，年交易量达 80 万吨，交易额 25 亿元。望都规划建设北方最大的辣椒交易中心，借助“全国三大辣都之一”的产业优势，建设占地 124.33 公顷，集现代化辣椒交易市场、仓储、物流、电子商务交易平台、辣辣椒农业旅游观光区为一体的辣椒市场，市场已于 2018 年 8 月面向全国进行招商。

二、河北省蔬菜产业技术创新

（一）蔬菜新品种选育、示范与推广

1. 优质品种选育筛选与示范

2018 年度河北省加大对优势蔬菜品种的选育和筛选，共选育出茄子、辣椒、彩椒、甜

椒、黄瓜、甜瓜、番茄、大白菜、娃娃菜、西蓝花等16种蔬菜的78个品种和组合，为设施栽培、冷凉地区、春季露地栽培等不同栽培模式、区域与季节提供优良种质资源，并对青县羊角脆、望都辣椒进行提纯复壮，培育优质、高产，综合性状好的地方品种。针对成果转化率低问题，从提高技术集成创新度和成果示范度入手，开展了青脆1号的种子繁育工作和成果示范推广，示范成果主要为茄子新品种农大601、农大604，甜椒新品种甜椒1号，辣椒新品种冀星9号，番茄新品种冀番135、冀番137、冀番138等。

2. 羊角脆甜瓜新品种选育

针对青县羊角脆甜瓜地方品种资源混杂退化、拱棚用羊角脆甜瓜品种缺乏等重点问题，河北省现代农业产业技术体系蔬菜产业创新团队以风味品质佳、外观品质优和适应性强为主要育种目标提纯羊角脆地方种，培育杂交一代新品种。2018年上半年，搜集了青县种植的15个羊角脆品种，在青县和饶阳两地进行了品种比较试验和表型性状调查。选择青县当前主栽的薄皮甜瓜品种博洋9、博洋61、花蕾和羊角脆，测定了品质指标。针对羊角脆季节供应问题，创新团队在提纯复壮地方常规品种的基础上，重点研发领域有：一是适于秋延后保护地栽培的专用品种培育；二是适当提高含糖量；三是培育F1代杂交品种。目前，已在沧州试验站开展了羊角脆秋季种质资源筛选工作。

3. 茄子、辣椒新品种选育与推广

针对拱棚用茄子和辣椒品种缺乏等重点问题，蔬菜创新团队以耐低温弱光、少籽商品性好和资源高效为主要育种目标，选育拱棚用茄子优良新品种；以耐低温弱光、商品性好和多抗为主要育种目标，培育辣椒新品种。在沧衡、保定等试验站地开展了93个茄子和235个辣椒杂交组合比较试验。通过育种技术、育种方法的不断创新，育成冀研16号、冀研20号、冀研105、冀研108号等冀研系列甜辣椒新品种。针对茄子、辣椒在夏季高温下很难坐果，高湿条件下易发生病害，造成减产甚至绝收的问题，在沧州、衡水等地开展了辣椒秋延后品种比较试验和自育品种冀星9号的推广，在河北省多个市县和山东、北京、天津进行了自育品种农大604的推广。从品种纯度、生长势、产量、抗病性及商品品质等方面入手，开展鸡泽辣椒等河北省传统加工辣椒的提纯、复壮工作。

（二）蔬菜绿色生产技术研发与创新

1. 菜田废弃物资源化利用

以菜田废弃物高效循环利用为核心，重点研发菜田尾菜、藤蔓类秧秸（黄瓜、番茄等秧秸）等废弃物与腐熟剂配伍的无害化处理工艺，开发生物有机肥系列产品及其配套施用技术，开展田间试验示范，推动菜田减施化肥农药增效与土壤培肥，推进菜田环境洁净化，大力提升蔬菜产地环境改善能力。

2. 菜田土壤障碍修复改良

一是研发不同种植年限温室黄瓜土壤微生物群落结构的变化、温室黄瓜应用微生物菌剂减施化肥增效技术和温室辣椒土壤次生盐渍化修复技术；二是研发破除菜田连作障碍、次生盐渍化、酸化、板结等土壤障碍的高温闷棚、微生物修复、微生物促进养分高效利用和有机肥培肥等土壤改良保育关键技术。研究结果表明：黄瓜温室土壤真菌群落结构存在显著差异，且土壤各理化性质对黄瓜温室土壤真菌群落结构影响差异显著；应用微生物菌剂，能显著提高黄瓜产量且改善黄瓜品质，显著改善土壤质量，大力提升菜田可持续生产能力。

3. 菜田重金属等污染防控与修复

研究菜田土壤重金属、硝酸盐等污染物分布特征及其环境行为，重点研发示范蔬菜施肥用药重金属、硝酸盐污染的绿色防控、植物—微生物联合修复、土壤钝化与叶面调理等关键技术，制定相应技术规范，推进蔬菜生产安全化，大力提升绿色食品蔬菜生产能力。

4. 肥水高效利用与精准管理集成“技术包”研发与示范

建立基于土壤肥力、养分和水分需求规律的“以产定肥、限产提质”蔬菜最佳养分用量和用水量指标体系，研发主栽蔬菜养分和水分需求参数与肥水用量简便快速推荐技术；建立化肥减施、替代、生物有机肥与有机肥料、化学肥料合理配施的生物水肥一体化关键技术，构建集成技术模式；研建适于不同立地条件的基于物联网的水肥精准管理方案和系统，配套集成构建主要蔬菜水肥平衡调控一体化技术体系。

5. 蔬菜品质与安全调控技术研发及质量追溯管理系统示范

研发提高蔬菜产品营养品质与品质安全的综合栽培管理技术，集成构建与示范产品安全绿色生产体系及信息服务平台；研发构建不同蔬菜类型产品质量安全控制和追溯管理系统并示范。

6. 病虫害绿色防控技术研发与示范

根据不同地区蔬菜种植水平和技术需求制定了坝上结球生菜、坝上西蓝花、青县甜瓜、鸡泽辣椒的“保健性病虫害绿色防控方案”，并进行了试验示范。通过定植前土壤施用生物活性剂和杀菌剂防病保苗、定植后根施用药预防病虫害、开花坐果期使用有机肥、调节剂保健壮促生长等措施，减少用药次数，省工、省时。例如，青县100多个甜瓜种植户采用该方案试验示范效果显著，商品价值显著提升。

（三）蔬菜产业加工技术创新

1. 蔬菜中功能成分的提取与利用

许多蔬菜都被发现含有生理活性物质，蔬菜创新团队通过各种方法从果蔬中分离、提取、浓缩这些功能成分，将其添加到各种食品中或加工成功能食品。例如，辣椒红素的提取，番茄红素的提取应用等。利用河北省特色蔬菜产品资源（羊角脆、番茄等）研发了蔬菜脆片、果蔬粉、发酵蔬菜饮料等产品，拓宽了加工产品形式，以拉动蔬菜产业链发展。

2. 辣椒等蔬菜加工技术创新

为进一步增强品牌竞争力、开拓辣椒市场、迎合辣椒市场需求，蔬菜创新团队在多样性产品开发、副产品综合利用、产品精深加工、功能性辣椒加工品开发等几个方面进一步强化拓展，参研辣椒新产品的开发，如辣味饮品、含辣功能食品、辣椒休闲食品，进一步丰富了辣椒加工产品种类。2018年7—8月以后，针对市场上水果蔬菜品种增加、羊角脆与头茬羊角脆产品相比品质下降、售价降低的状况，通过现代发酵技术，研发了低糖甜瓜汁产品。

（四）设施装备技术研发与创新

1. 日光温室结构优化与集成技术创新

针对河北省蔬菜在设施结构创新上略显不足的状况，蔬菜创新团队从北京引进可移动保温膜结构日光温室，在张家口阳原、邯郸馆陶进行了示范。该温室墙体采用新型柔性保温膜材料建造，防火、防酸、耐老化，设计使用寿命 20 年。墙体厚度 10 厘米左右，与传统土坯、砖混日光温室相比土地利用率可提高 30%～40%。属于可移动、钢结构、组装式日光温室，安装便捷，可抵御 12 级的大风，且建造成本较低，保温性好，在张家口阳原冬季棚内最低温 5℃以上。

2. 农机与智能装备研发

河北省蔬菜生产机械化还处于初级阶段，仅耕整地、植保、灌溉等环节实现了机械化生产，其他环节的机械化技术还处于研究开发和试验示范阶段，没有得到广泛应用，机械化水平只有 20%～30%。据此，2018 年蔬菜产业农业机械化创新方向主要集中在两方面：一是推进农机农艺融合，探索全程机械化解决方案。根据农艺和机械化作业的要求，制定种植标准，协调行株距及埋深，形成蔬菜生产全程机械化路线、关键环节技术路线、机具配套和操作规程，实现工厂化育苗、机械耕整地、机械移栽播种和机械采收等环节的有机结合。二是推进农机信息相融合，提高智能化水平。研发、试验环境感知、实时监测和自动控制设备，构建网络化农业环境监控体系；研发、试验智能节水灌溉设备、农田精准作业设备，促进蔬菜精准化作业；研发附带记录、传输功能的农机设备，打造“会说话”的智慧农机，为蔬菜质量安全追溯保驾护航。

（五）特色蔬菜科技研发重点领域及进展

1. 黄瓜产业技术创新

河北省设施黄瓜优势产区黄瓜新品种、新技术普及率高，促进了黄瓜产业转型升级。1—6月黄瓜产量主要来源于设施黄瓜生产，根据设施类型、茬口安排、不同市场需求，选择不同黄瓜品种，优良品种普及率高。黄瓜集约化育苗技术的标准化应用，替代了传统一家一户育苗，实现了黄瓜育苗集约化、规范化、普及化，菜农几乎全部从公司订单买苗进行黄瓜生产。水肥一体化技术在设施黄瓜优势产区基本普及，普及推广了防虫网、黄板、蓝板等绿色防控技术，逐步实施了有机肥替代化肥、增施微生物菌肥等。第 3 季度设施密刺黄瓜生产以天津德瑞特种业有限公司的中荷系列、天津科润黄瓜研究所的津优系列、天津绿丰园艺新技术开发有限公司的津绿系列黄瓜新品种为主，旱黄瓜生产以田骄系列、唐山秋瓜系列、绿岛系列等黄瓜新品种为主。越夏黄瓜栽培示范推广了塑料大棚一网（防虫网防虫）一膜（旧膜降温防雨）高效栽培模式及黄板等病虫害绿色防控技术、有机肥替代化肥、水肥一体化技术等。示范推广了“棚室高端黄瓜短季节生产十大核心技术”等。

2. 甜瓜产业技术创新

甜瓜品种更新速度开始加快，薄皮甜瓜在原来地方特色品种的基础上，涌现出博洋 9 号等优质新品种；厚皮甜瓜出现了风味甜瓜、网纹甜瓜等高端品种。栽培技术方面，近年来塑料大棚甜瓜高效生产模式与技术日臻成熟。但总体来讲，河北省科技创新和新技术储备严重不足，支持高品质产品生产的技术、采后商品化处理技术等研发亟待开展。推广应用绿色技术是必然趋势，而实际生产中，单环节技术多，全程绿色生产集成技术缺乏，是当前甜瓜乃至整个蔬菜产业难以实现真正优质绿色生产的关键。目前，沧州青县已开始实施蔬菜全程绿色生产技术。主要包括：蔬菜连作障碍土壤修复技术、蔬菜三减三增绿色生产技术（减肥、减药、减工；增产、增收、增效）、集约化穴盘育苗技术、水肥一体节水减肥增效技术、机械化轻简化省工生产技术、熊蜂蜜蜂授粉省工技术、病虫害绿色防控减药增效技术、蔬菜废弃物处理与资源化利用技术等。

3. 辣椒产业技术创新

目前，辣椒已经开始从单纯的露地种植向设施栽培发展，从传统育苗技术向集约化无土育苗技术转变，并在病虫害防治、水肥一体化、采收机械化等方面开展了研发工作，还不断摸索新的产品种类，以拓宽市场，提高辣椒加工的深度，改变原来各加工企业同质化严重的问题，增加加工企业效益。针对鸡泽辣椒、望都辣椒等传统品种退化、抗病性、丰产性及商品性降低的情况，同时进行新品种引进筛选与传统品种高效栽培；研究以防为主，生物物理结合化学防治技术，应用氨基酸、腐殖酸肥料提高辣椒抗逆性的保健性绿色高效栽培技术研究及应用是目前生产上急需研发及示范新技术；与辣椒保健性高效栽培技术相结合的水肥药一体化技术，并实施全程机械化。

三、河北省蔬菜特色优势区建设

2017 年度河北省批准创建 31 个省级特色农产品优势区，2018 年累计创建 52 个省级以上特色农产品优势区，重点培育 20 个省级区域公用品牌。2020 年，全省将建成 100 个左右特色鲜明、优势集聚、产业融合、竞争力强的省级特优区。河北省首批农产品特色优势区中，特色蔬菜优势区包括鸡泽辣椒、青县羊角脆、玉田包尖白菜、崇礼彩椒、馆陶黄瓜、永年大蒜、昌黎旱黄瓜、曲周蔬菜（育苗）、沽源花椰菜，占比 16.4%。

（一）黄瓜优势区建设现状

1. 产业布局较合理，规模影响力逐渐显现

河北省黄瓜总产量及亩产居全国首位，种植面积仅次于河南省，位居全国第二。省内除坝上地区外，各地均有黄瓜生产，生产规模较大的有青县、平泉市、馆陶县、永清县、乐亭县、昌黎县等11个县(市、区)，目前已形成了“一带三区”的优势产区：即以昌黎、乐亭为核心的冀东北旱黄瓜优势产业带；以平泉为核心的冀北密刺黄瓜优势产区；以馆陶、藁城、高邑 3 个县为核心的冀中南密刺黄瓜优势产区；以毗邻京津的永清、青县和省内各大城市周边为核心的京津冀城市居民休闲采摘业态的高端黄瓜生产园区①。以昌黎县等 6 县为例（表 9-3），其黄瓜

① 《河北省黄瓜产业提质增效推进方案（2018—2020 年）》。

播种总面积达 61.8 万亩[①]，占全省的 30.4%，总产量 515.8 万吨，占全省比例 51.1%，平均单产 8 778.5 千克/亩，是河北省平均单产的 1.76 倍，远高于全国平均水平（3 127 千克/亩）。

表 9-3　部分黄瓜特色优势区播种面积、产量、单产对比情况

主产区	播种面积（万亩）	产量（万吨）	单产（千克/亩）	年产值（亿元）
昌黎县	3.3	28.7	11 969.7	7.2
乐亭县	9.3	94.4	10 117.9	16.7
平泉市	13.5	130.0	9 629.6	37.0
馆陶县	10.6	77.6	5 821.4	14.2
永清县	7.5	55.7	7 426.7	7.1
青县	17.0	131.0	7 705.8	27.6
合计/平均	61.8	515.8	8 778.5	109.8
河北省	203.1	1 010.3	4 973.0	272.8
占比（%）	30.4	51.1	176.5	40.3

资料来源：根据各县农业局相关统计文件资料整理。

2. 以设施栽培为主，集约化经营稳步推进

以黄瓜优势区育苗环节为例，平泉市益农科技育苗有限公司年育苗能力达 1.4 亿株，可供 2.5 万个蔬菜温室大棚用苗；昌黎县嘉诚现代农业示范园区建有 4 000 平方米现代化连动式育苗室 1 个，单栋育苗室 35 个，年育苗能力 5 300 万株，育苗技术及能力可满足当地需求。

3. 茬口安排特色鲜明，周年生产供应均衡

平泉、馆陶、乐亭、永清等主要以日光温室越冬茬黄瓜种植为主，供应周期为每年的 11 月至翌年 6 月上中旬，长达 8 个月；昌黎、乐亭、永清、馆陶、藁城、高邑等以日光温室冬春茬、秋冬茬黄瓜种植为主，供应期分别为 2 月下旬至 6 月中下旬、10 月中旬至翌年 1 月上中旬；青县、永清、香河、固安、藁城、高邑、馆陶等地以塑料大棚春提前、秋延后黄瓜栽培为主，由于采用多层覆盖，春提前供应期上市时间为 4 月上旬至 4 月下旬，拉秧时间为 6 月上旬至 7 月上旬，秋延后供应期上市时间为 8 月下旬，拉秧时间为 10 月下旬至 11 月上旬。此外还有塑料大棚越夏茬、春夏秋一大茬，设施黄瓜多种栽培模式保证了河北省黄瓜错峰生产及上市，提高了黄瓜整体的销售价格，可满足黄瓜的周年供应（表 9-4）。

表 9-4　黄瓜优势区主要茬口安排及分布情况

茬口模式	分布范围	定植时间	上市时间	拉秧时间	备注
日光温室越冬茬	平泉、馆陶、永清、乐亭等地	10月中下旬	11 月下旬至 12 月上旬	翌年 6 月上中旬	
日光温室冬春茬	昌黎、乐亭、永清、馆陶、藁城、高邑等地	1月中下旬	2月下旬	6月中下旬	
日光温室秋冬茬	昌黎、乐亭、永清、馆陶、藁城、高邑等地	9月上旬	10月中旬	翌年1月上中旬	

① 15 亩=1 公顷。

（续）

茬口模式	分布范围	定植时间	上市时间	拉秧时间	备注
日光温室春夏秋一大茬	张家口	2月上中旬	3月下旬	10月中旬	
塑料大棚春提前栽培	青县、永清、香河、固安、藁城、高邑、馆陶等地	3月上旬至3月下旬	4月上旬至4月下旬	6月上旬至7月上旬	多层覆盖
塑料大棚秋延后栽培	青县、永清、香河、固安、藁城、高邑、馆陶等地	7月下旬至8月上旬	8月下旬	10月下旬至11月上旬	
塑料大棚越夏茬	廊坊等地	6月下旬	7月下旬	11月上旬	
塑料大棚春夏秋大茬	廊坊等地	3月上中旬	4月中旬	9月中旬	

4. 市场占有率较高，冬季市场影响力较大

河北省黄瓜产品除自销外主要销往京津、东北三省和内蒙古、山西、河南等地，是京津市场的主要供应基地，居外埠进京蔬菜市场份额之首。其中，平泉市现有蔬菜经纪人380余人，产品直供京津并销往全国29个省区市，还出口俄罗斯、哈萨克斯坦、吉尔吉斯斯坦等“一带一路”沿线国家。平泉榆树林子果蔬批发市场已成为全国冬季黄瓜价格形成中心，市场价格高出同期同类产品价格0.3～0.5元/500克。昌黎县现有各类贸易公司等经济组织107家，市场辐射范围国内已达辽宁、吉林、黑龙江、内蒙古、山东、河南、福建、上海、湖南、江西、广东、广西、四川等地。永清县从事黄瓜运输、收储的经纪人队伍达到200人以上，产品行销北京、天津、内蒙古等地，增加就业岗位500余个。

5. 经营主体多元化，龙头企业带动力明显

各类黄瓜生产经营主体有力推动了河北省黄瓜产业的向前发展。以昌黎、乐亭、馆陶、青县为例（表9-5），生产经营特色主导产品的市级以上龙头企业总数达40家，市级以上农民合作社示范社总数达47家；以平泉市为例，现已建成百亩以上的设施黄瓜园区360个，大中型蔬菜外销批发市场6家，蔬菜经纪人380余人，民营企业达到1 024家，个体工商户864户，从业人员4 659人。

表9-5　生产经营特色主导产品的各类经营主体发展情况

主产区	国家级龙头企业	省级龙头企业	市级龙头企业	国家级农民合作社示范社	省级农民合作社示范社	市级农民合作社示范社
昌黎县	1	0	0	3	2	2
乐亭县	1	20	10	0	4	12
馆陶县	0	0	6	2	4	5
青县	0	0	2	2	3	8

资料来源：根据2018年河北省特色农产品优势区申报资料整理。

6. 科研投入逐步加大，技术服务日趋完善

近年来，河北省各黄瓜主产区依托省蔬菜创新团队和各市县蔬菜技术推广部门，大力开展技术服务体系建设，根据当地资源禀赋、设施类型、栽培模式和市场需求的主栽品种，进

行整建制推广，建设规模产区，培育黄瓜拳头产品，在黄瓜育种育苗、新品种引进、新技术推广方面取得了较好成绩（表9-6）。

表9-6　部分黄瓜特色优势区技术服务体系建设情况

主产区	农技培训次数（次/年）	农技培训人数（人/年）	合作机构	新品种、新技术引进情况
昌黎县	8	2 000	河北省果研所、县农业局、河北科技师范学院	开展马芳营旱黄瓜品种进行种子的提纯扶壮研究，“绿岛”1—7号提纯种子相继研发成功
乐亭县	10	1 200	河北省农科院、河北科技师范学院	引进推广了蔬菜新品种90多个，新技术40多项
平泉市	12	1 500	天津黄瓜研究所、河北农科院、中国农业大学	引进推广了蔬菜新品种70多个，新技术30多项
永清县	15	1 700	中国农业大学、河北农业大学、廊坊市农林科学院	引进蔬菜新品种60多个，示范推广新技术20余项
馆陶县	13	1 600	中国农业大学、河北农业大学、北京农科院、河北工程大学、天津科润黄瓜研究所等	引进蔬菜新品种120余个，推广新技术30余项

资料来源：根据各县农业局相关文件资料整理。

（二）甜瓜优势区建设现状

青县是河北省甜瓜优质主产区之一，先后被评为“中国蔬菜之乡”“全国蔬菜产业重点县”“蔬菜产业示范县”。

1. 产量稳中有升，产值呈扩张性增长

2018年，青县瓜菜播种面积达到2.96万公顷（其中：设施蔬菜播种面积2.13万公顷），产量230万吨，产值50多亿元，占农业总产值的70%以上，产品以黄瓜和羊角脆甜瓜为主，2015年“青县羊角脆”获得地理标志保护产品，是目前全国最大的羊角脆生产基地。2014—2018年青县甜瓜产量稳中有升、产值呈扩张性增长（图9-4），作为特色优势区的青县甜瓜产业在育苗、栽培管理、采收、产品分级、生产标准化、品牌宣传方面都起到良好的示范作用。

2. 经营主体丰富，合作社示范带动强

2018年，青县蔬菜专业合作社已达到150个，入社社员达到2万余户，其中广旺、根枝叶、顺西、明杰、鑫丰等合作社为沧州市级示范社和市级龙头企业，振西、齐发合作社为省级示范社，绿豪合作社为国家级示范社。为进一步促进蔬菜产业发展，青县政府鼓励适度规模经营，不断培育多元经营主体，支持龙头企业通过直接投资、参股经营、签订长期合同等方式，带动农民发展种植大户、专业合作社和农业园区等多种形式的适度规模经营，逐渐形成了以农业合作社、农业园区、家庭农场为主，小农户为辅的经营模式。

3. 科技支撑增强，良种培育有待加强

将青县羊角脆特色优势区与安次厚皮甜瓜产区科技支撑情况进行对比分析发现，无论是从甜瓜科研推广人员数量，还是从对甜瓜产业科技资金投入情况来看，青县科技支撑能力明显较强，但产品科研成果方面还有待增强（表9-7）。

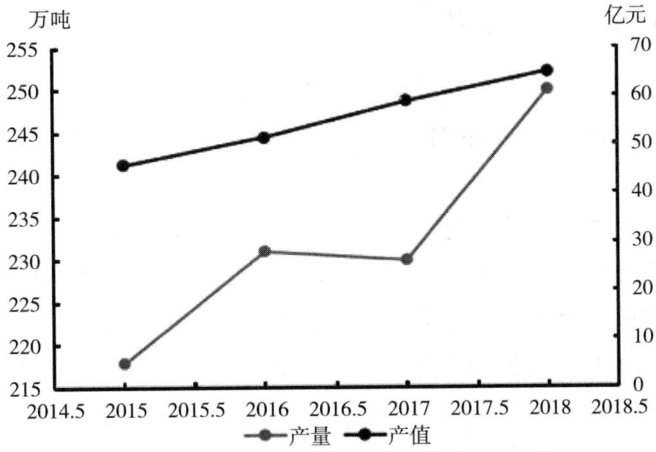

图 9-4　2014—2018 年青县甜瓜产量和产值

资料来源：根据青县农业局相关资料整理。

表 9-7　甜瓜特色优势区科技支撑情况

指标名称	单位	青县	安次
甜瓜产业技术研究推广的科研机构	个	2	2
甜瓜产业技术研究推广的人员数量	个	20	10
甜瓜产业技术研究机构的合作情况	个	7	3
2015—2017 年研发的甜瓜产品方面科研成果	个	2	7
甜瓜产品标准体系数量	个	3	1
近三年平均每年对甜瓜产业科技资金投入	万元	5 690	100

资料来源：根据 2018 年河北省特色农产品优势区申报资料整理。

4. 品牌日趋完善，市场影响不断提升

甜瓜品牌的创建培育已成为推动青县甜瓜产业发展壮大的强大动力。“青县羊角脆”作为国家地理标志产品，具有独特的商品品质特性，形成了“大司马”“旺耕”“雨露源”“妙焱”等多个地方品牌，并多次在国内各种展会获奖，在国内享有很高的声誉。将青县羊角脆特色优势区与安次甜瓜产区品牌建设情况进行对比分析发现，青县授权使用区域公用品牌的种植面积和比重高于安次，但在甜瓜产品宣传推介活动方面还明显落后（表 9-8）。

表 9-8　特色农产品优势区品牌建设情况

指标名称	单位	青县	安次
区域公用品牌认证名称		青县羊角脆	安次甜瓜
授权使用区域公用品牌的种养面积	公顷	866.67	333.33
授权使用区域公用品牌的比重	%	20	9.8
2015—2017 年开展特色主导产品宣传推介活动	次	6	8
2015—2017 年特色主导产品获得省级以上奖项数	项	1	1
实体专营店数量	个	10	8

资料来源：根据 2018 年河北省特色农产品优势区申报资料整理。

（三）辣椒优势区建设现状

河北省是北方辣椒重要产区，菜用鲜食辣椒与加工红椒全省种植面积近6.67万公顷，年产值72亿元。通过对鸡泽县与望都县辣椒产业的调研，基本掌握了河北省辣椒优势区的建设情况。

1. 产量规模大，品牌影响力突出

鸡泽是中国辣椒之乡、中国辣椒产业龙头县，鸡泽辣椒是国家地理标志认证产品，也是河北省十佳农产品区域公用品牌。鸡泽县以羊角椒为主，种植面积0.53万公顷左右，年产16万吨左右。望都辣椒是河北省望都县特产，同样是国家地理标志认证产品。望都县以羊角椒和天鹰椒为主，种植面积0.25万公顷，年产3.36万吨左右，已形成“两园三区四基地”（两园：辣椒产业园、辣椒物流园；三区：加工区、种植区、观光区；四基地：高岭、郭村、双庙、崔庄）的产业格局。

2. 产业组织模式不断创新，带动力强

河北省辣椒加工龙头企业联合辣椒种植专业合作社、家庭农场与农资企业成立了鸡泽县辣椒产业化联合体、晨光天然提取物产业化联合体，按照“公司＋基地＋合作社（家庭农场）＋农户”的经营模式，以合作社、家庭农场、农业公司为主体，与广大椒农订立协议形式，建立了清晰、稳定、合理的利益联结机制。2018年联合体销售收入超过6亿元，带动农户19 831户，带动农户年均增收4 200万元。

3. 人工成本持续上升，市场不稳定

河北省蔬菜种植的人工成本近年来呈现持续上升态势，辣椒种植雇工费用已达到150元/天，远高于西南重庆地区50元/天与贵州地区60元/天的雇工费用，也高于山东地区的人工成本。近年来，受种植成本上升，品种退化、病害频发与市场价格不稳定等因素影响，河北省辣椒种植面积呈下降趋势，将对产业发展产生不利影响。

4. 专用品种较缺乏，品质不稳定

鸡泽、望都等优势产区农户仍以本地常规品种种植为主，抗性差、品质不稳定、产量下降，而引进的品种混乱，缺乏适合当地特色的专用品种。加之种植面积减少与病虫害影响，导致河北省辣椒总产无法满足加工企业需求。

（四）蔬菜特优区要素投入产出分析

1. 黄瓜优势区投入产出评估

河北省黄瓜优势区生产效益相对较高（表9-9）。就成本利润率而言，平泉、青县、馆陶、昌黎成本利润率分别为168.76％、153.16％、140.38％、134.11％，藁城区相对较低为75.17％。

表9-9　部分特色黄瓜优势区成本收益情况

主产区	主产品产量（千克/亩）	产值合计（元/亩）	总成本（元/亩）	净利润（元/亩）	成本利润率（％）
青　县	11 000	20 000	7 900	12 100	153.16

（续）

主产区	主产品产量（千克/亩）	产值合计（元/亩）	总成本（元/亩）	净利润（元/亩）	成本利润率（%）
馆陶县	13 571	35 000	14 560	20 440	140.38
藁城区	11 324	16 838	9 613	7 226	75.17
昌黎县	11 000	45 750	19 543	26 208	134.11
平泉市	17 200	58 656	21 825	36 831	168.76

资料来源：根据各县农业局相关文件资料整理。

昌黎县、平泉市黄瓜生产人工成本占比较高，分别达到了 62.1%和 50.4%，馆陶、藁城的物质与服务费占比较高，分别达到了 56.7%和 66.1%。各特色黄瓜优势区土地成本在 600～1 400 元/亩浮动。物质与服务费成本构成中，种子费、肥料费占比相对较高，其中平泉市种子费最高为 3 200 元/亩，馆陶县肥料费最高达 3 500 元/亩；农膜费占比居中，其中馆陶县、平泉市农膜费分别达到了 2 200 元/亩和 2 100 元/亩；农药费、灌溉费、机械作业费占比相对较低，各主产区差异不大（图 9-5）。

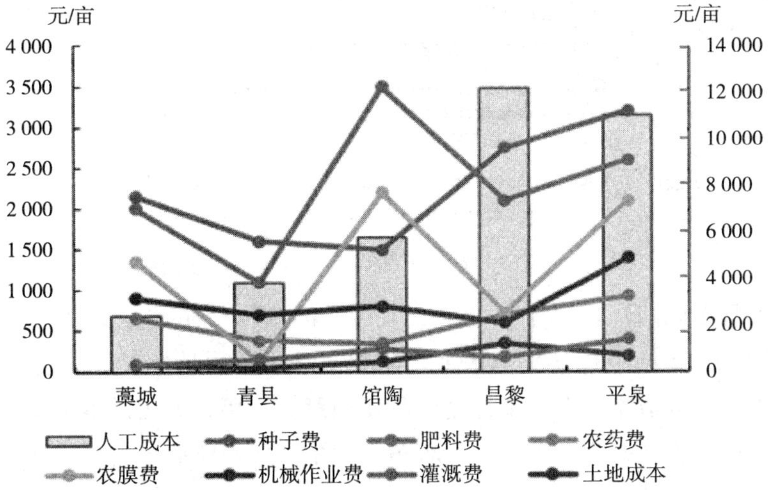

图 9-5　部分特色黄瓜优势区成本构成情况

2. 甜瓜优势区投入产出评估

对比青县、饶阳、乐亭的甜瓜生产成本，发现青县总成本最高，饶阳最低。从成本构成来看，乐亭物质与服务费用最高，占比 57.3%，饶阳、青县依次为 50.7%、48.9%；青县人工成本最高，占比 44.0%，而饶阳乐亭分别为 41.9%、乐亭 35.6%。从每亩收益来看，乐亭、青县相差不多，在 8 700 元/亩左右，比饶阳高 1 800 元左右（表 9-10、图 9-6）。

表 9-10　河北省甜瓜主产区投入产出对比情况

单位：元/亩

项目	青县	饶阳	乐亭
物质与服务费用	5 555	5 450	6 430

（续）

项目	青县	饶阳	乐亭
人工成本	5 000	4 500	4 000
土地成本	800	800	800
总成本	11 355	10 750	11 230
产值	20 000	17 600	20 000
利润	8 645	6 850	8 770

资料来源：根据河北省2018年甜瓜特优区实地调研资料整理。

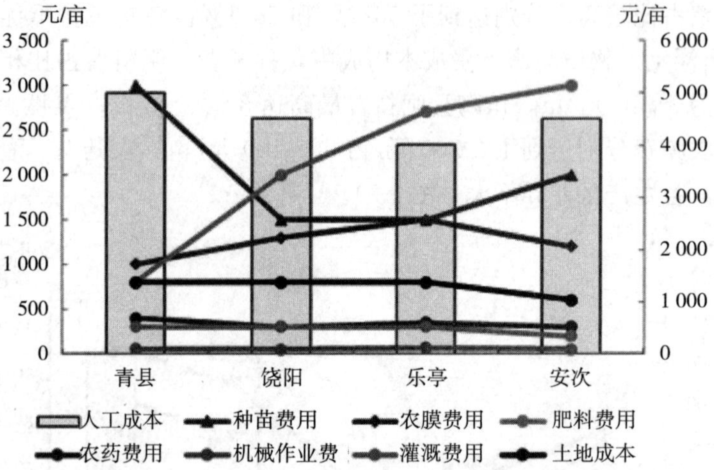

图9-6　2018年河北省甜瓜主产区成本构成情况

另外，对青县不同甜瓜经营主体的调查发现，甜瓜种植主体中家庭农场（种植大户）、普通农户的平均总成本低于青县平均水平，而大司马庄园甜瓜生产成本远高于青县平均水平。不同经营主体间的成本差距主要体现在物质与服务费用、人工成本费用，其中人工成本影响最大，土地成本整体来看相差不大；种植大户生产成本略高于普通农户，其中物质与服务费用、人工成本基本持平，两者差距主要体现在土地成本上（表9-11）。

表9-11　青县不同经营主体甜瓜成本构成情况

单位：元/亩

主体	总成本	物质与服务	人工成本	土地成本
青县	3 736.66	2 353.33	783.33	600
种植大户	3 185	1 935	550	700
农户	3 005	2 105	500	400
司马庄园	5 020	3 020	1 300	700

资料来源：2018年青县实地调研整理。

进而，选取青县主产品种羊角脆、博洋和绿宝3种甜瓜的每亩成本和产值进行对比表明（表9-12），3种甜瓜主产品种中博洋系列的收入效益最高，羊角脆次之，绿宝最低。

表 9-12 青县司马庄合作社不同品种甜瓜成本收益情况

单位：元/亩

项目	博洋系列	羊角脆	绿宝
物质与服务费用	3 265	3 350	3 660
种苗费用	1 360	1 445	2 040
农膜费用	350	350	540
肥料费用	1 200	1 200	500
农药费用	300	300	300
机械作业费	55	55	50
灌溉费用	300	300	30
人工成本	5 000	5 000	5 400
土地成本	800	800	800
总费用	12 630	12 800	13 320
产值	15 977	14 000	14 400
利润	3 347	1 200	1 080

资料来源：根据河北省蔬菜产业体系基地（企业）调查问卷整理。

3. 辣椒优势区投入产出评估

通过比较河北与其他辣椒主产区的成本收益情况可知（表 9-13），河北、甘肃辣椒种植虽然产量高于西南地区，但总成本明显较高。河北鸡泽羊角椒总成本比贵州遵义高 35.72%，导致辣椒种植成本利润率远低于贵州、重庆。

表 9-13 2018 年河北省与其他辣椒生产省加工型辣椒的成本与收益对比情况

项　　目	遵义黔辣 9331	重庆艳椒 425	甘肃平凉羊角椒	河北鸡泽羊角椒
主产品产量（千克）	1 450	1 400	2 500	2 000
主产品产值（元）	4 640	5 040	4 345	4 000
成本利润率（%）	113.82	141.15	58.00	35.82
净利润（元）	2 470	2 950	1 595	1 055
总成本（元）	2 170	2 090	2 750	2 945
生产成本（元）	1 370	1 638	2 150	1 345
物质与服务成本（元）	570	330	970	595
每亩人工成本（元）	800	1 308	1 180	750
土地成本（元）	800	452	600	1 600
每 50 千克主产品平均出售价格（元）	160	180	227.59	100
每 50 千克主产品总成本（元）	74.83	74.64	55	73.62
每 50 千克主产品生产成本（元）	47.24	58.50	43	33.63
每 50 千克主产品净利润（元）	85.17	105.35	31.9	26.36

资料来源：2018 年 7—10 月特色蔬菜产业经济岗与各实验站实地调研数据。

（五）蔬菜特优区建设存在问题：以黄瓜特优区为例

1. 种质退化明显

冀北、冀中南区域多为密刺类品种，冀东北区域多为特色旱黄瓜品种。但随着种子经销商之间恶性竞争和种植户对利润的盲目追求，外来高产型黄瓜品种逐步占据市场，同一区域内多品种种植和不同区域内产品同质化现象并存，原始农家种的不断退化，导致特色黄瓜品种优势逐步消失。而在市场竞争当中，特色、优质、高端黄瓜供给不足，众多“大路货”质量不高，产业竞争优势有待提高。

2. 品牌影响力低

河北省作为黄瓜生产大省，却仅有“马坊营旱黄瓜”和“馆陶黄瓜”在国家工商总局注册了地理商标，尽管部分生产经营主体也注册了商品商标，但品牌培育进展不快，市场影响力小、范围窄，各黄瓜特色优势区区域品牌使用及监管方面并没有明确的标准规范，致使品牌建设存在很大难度①。河北省黄瓜产区和辽宁、山东等主产区间的竞争日益明显，品牌建设任重道远。

3. 产地市场建设落后

河北省各黄瓜特色优势区产地仓储、冷链物流、市场配套设施建设落后，现代化流通程度较低，突出表现在以下三个方面：一是市场体系建设和改造的步伐与农业市场化进程不同步，大多数黄瓜交易市场设施陈旧，结算手段落后，信息体系、质量检测体系建设薄弱，终端市场仍以小地摊、大集贸为主，小规模、大群体特征明显。二是大部分黄瓜交易市场定位不明确，市场自身非市场化运作，黄瓜批发市场的投资主体、建设主体、管理主体五花八门，对市场功能没有准确定位。三是市场管理秩序不规范，大多数黄瓜交易市场以场地、设施出租等物业管理为主，由于管理规则不健全，致使产品流通无序、效率低下。

4. 科技支撑能力不强

在河北省各黄瓜特色优势区建设过程当中，科技对黄瓜生产贡献率较低，突出表现在品种、技术、农资等方面，农民迫切需要良种、良法、功能肥料、低毒农药合理技术集成，形成标准化的生产技术规范。在农业科技服务体系建设方面，缺少专门从事黄瓜育种、育苗、种植、田间管理、病虫害防治的专业型人才，有限的技术水平和管理服务很难形成一整套健全的、完善的技术服务体系，导致黄瓜产业高新技术成果难以在农村地区推广和运用，难以实现农业生产过程机械化、生产技术科学化。

四、河北省蔬菜生产效益分析

（一）露地蔬菜成本收益分析

1. 成本收益变动

总体来看，河北露地蔬菜总成本逐年递增，成本利润率持续下跌。2013—2017年，河

① 《河北省黄瓜产业提质增效推进方案（2018—2020年）》。

北省主要露地蔬菜单产变动幅度不大，露地番茄、露地黄瓜、露地茄子、露地菜椒主产品产量分别在 5 500 千克/亩、5 100 千克/亩、4 500 千克/亩、3 800 千克/亩上下浮动。就亩产值而言，除露地黄瓜呈波动性上涨态势以外，露地番茄、露地茄子、露地菜椒均呈波动性下降走势，降幅分别达到了 35.9%、25.6%、19.1%。就净利润而言，露地黄瓜 2014 年净利润较高，达 3 755.43 元/亩，其余各年在 2 000 元/亩左右，露地番茄、露地茄子、露地菜椒净利润降幅明显，2017 年相较于 2013 年分别下降了 56.4%、67.2%、48.3%（表 9-14）。

表 9-14　2013—2017 年河北省露地蔬菜成本收益变动情况

单位：千克/亩，元/亩，%

品种	项目	2013	2014	2015	2016	2017
露地番茄	主产品产量	5 533.36	5 370.21	5 441.52	5 734.59	5 501.25
	产值合计	13 042.68	6 694.62	7 818.78	7 773.05	8 354.06
	总成本	3 289.62	3 508.56	3 517.52	3 698.17	4 099.90
	净利润	9 753.06	3 186.06	4 301.26	4 074.88	4 254.16
	成本利润率	296.48	90.81	122.28	110.19	103.76
露地黄瓜	主产品产量	4 933.04	5 323.7	5 292.06	5 209.73	5 159
	产值合计	6 751.17	8 908.07	7 215.68	7 585.78	7 380.58
	总成本	4 706.01	5 152.64	5 262.92	5 353.72	5 333.47
	净利润	2 045.16	3 755.43	1 952.76	2 232.06	2 047.11
	成本利润率	43.46	72.88	37.1	41.69	38.38
露地茄子	主产品产量	4 400.17	4 778.83	4 516.01	4 141.65	4 148.50
	产值合计	7 065.00	6 979.99	6 289.84	5 430.16	5 258.31
	总成本	3 316.75	3 697.44	3 773.79	3 915.56	4 029.21
	净利润	3 748.25	3 282.55	2 516.05	1 514.60	1 229.10
	成本利润率	113.01	88.78	66.67	38.68	30.50
露地菜椒	主产品产量	3 885.00	3 679.76	3 703.34	3 827.24	3 820.28
	产值合计	9 333.39	9 357.14	9 289.13	7 309.13	7 548.50
	总成本	4 587.81	5 038.96	5 200.23	5 428.07	5 097.27
	净利润	4 745.58	4 318.18	4 088.90	1 881.06	2 451.23
	成本利润率	103.44	85.70	78.63	34.65	48.09

资料来源：《全国农产品成本收益资料汇编》（2014—2018 年）。

2013—2017 年，河北省主要露地蔬菜生产总成本呈波动性上涨态势，露地黄瓜、露地菜椒生产成本相对较高，露地番茄、露地茄子生产成本相对较低（图 9-7）。其中，露地番茄生产成本由 2013 年的 3 289.62 元/亩增至 2017 年的 4 099.90 元/亩，涨幅达 24.6%，露地黄瓜由 2013 年的 4 706.01 元/亩增至 2017 年的 5 333.47 元/亩，涨幅达 13.3%，露地茄子、露地菜椒涨幅分别为 21.5%、11.1%。

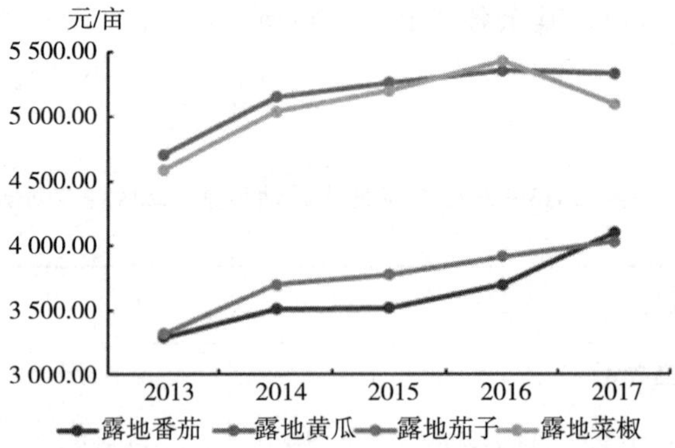

图 9-7　2013—2017 年河北省主要露地蔬菜生产成本变动情况

2013—2017 年河北省主要露地蔬菜成本利润率呈波动性下降态势，降幅明显（图 9-8）。其中，露地番茄降幅最大，由 2013 年的 296.48%降至 2017 年的 103.76%，降幅达 65.2%，露地黄瓜、露地茄子、露地菜椒降幅分别为 11.6%、73.0%、53.4%。

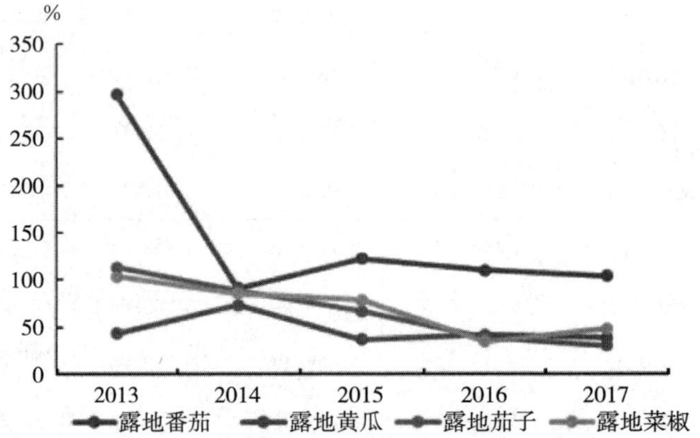

图 9-8　2013—2017 年河北省主要露地蔬菜生产成本利润率变动情况

2. 成本构成变动

河北省露地蔬菜总成本构成主要以人工成本和物质与服务费为主，土地成本占比较小且变动幅度较小，因此在分析过程中暂时仅考虑人工成本和物质与服务费成本变动情况。由图 9-9可知，2013—2017 年河北省 4 种主要露地蔬菜平均人工成本呈波动性上涨态势，由 2013 年的 2 649.44 元/亩增至 2017 年的 3 276.40 元/亩，涨幅达 23.7%。就物质与服务费而言，化肥费、农家肥费占比相对较高，近五年均在 250～300 元/亩波动，种子费呈逐年递增态势，由 2013 年的 114.24 元/亩增至 2017 年的 220.86 元/亩，租赁作业费、农药费分别在 150 元/亩、80 元/亩上下波动，农膜费占比较小，低于 50 元/亩。黄瓜、番茄等露地蔬菜成本构成见图 9-10 至图 9-13。

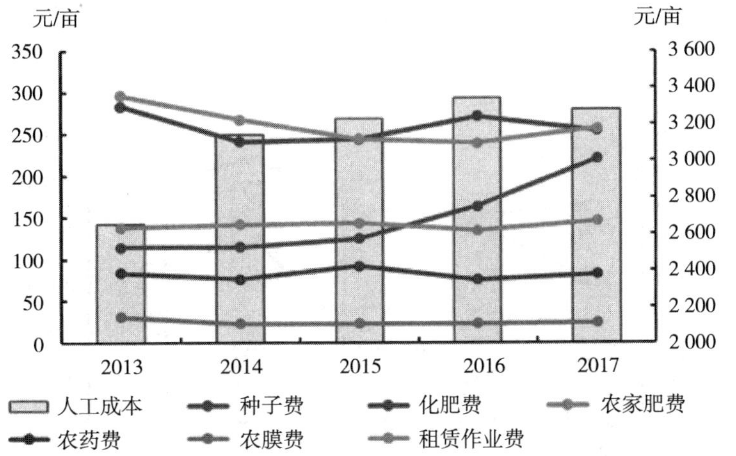

图 9-9　2013—2017 年河北省 4 种主要露地蔬菜平均成本构成变动情况

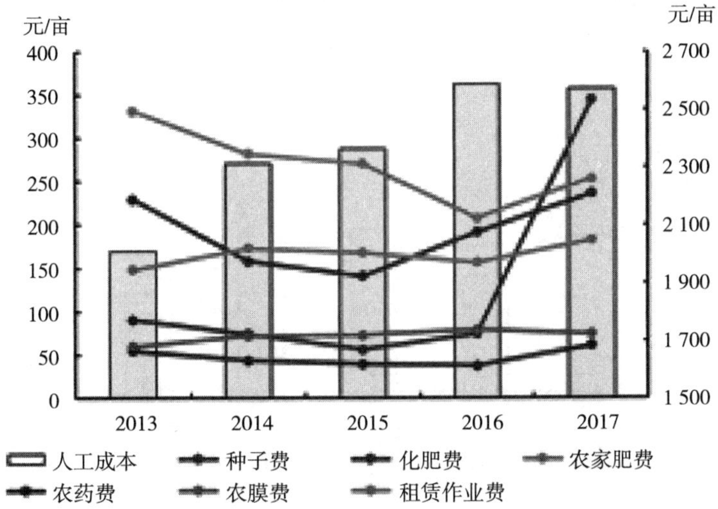

图 9-10　露地番茄成本构成变动

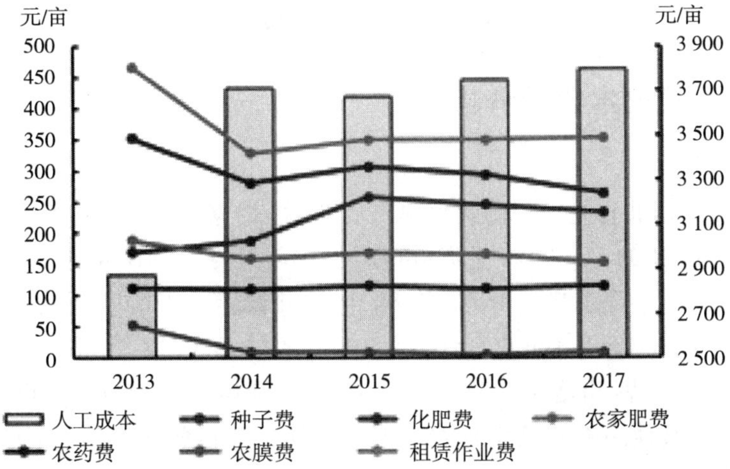

图 9-11　露地黄瓜成本构成变动

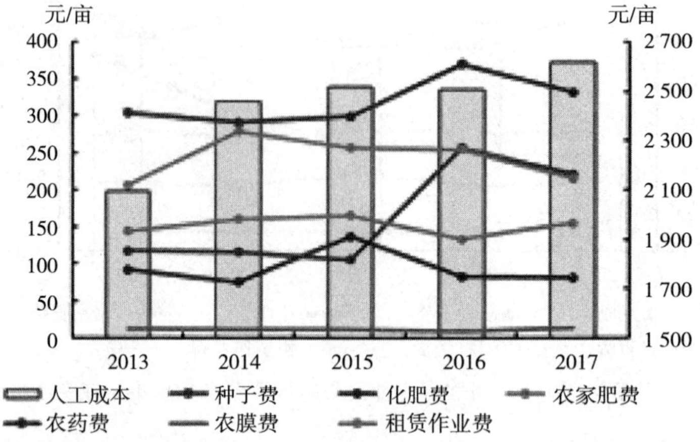

图 9-12　露地茄子成本构成变动

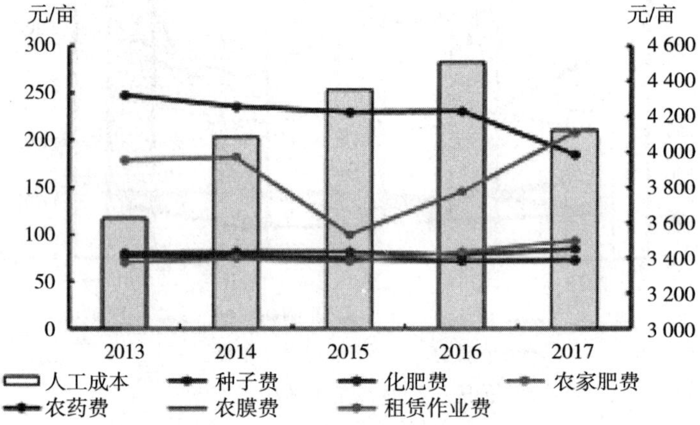

图 9-13　露地菜椒成本构成变动

（二）设施蔬菜成本收益分析

1. 成本收益变动

2013—2017 年，河北省主要设施蔬菜单产变动不一（表 9-15）。其中，设施番茄呈波动性下降态势，由 2013 年的 5 662.68 千克/亩降至 2017 年的 5 501.50 千克/亩，变动幅度较小；设施黄瓜呈波动性下降态势，由 7 234.82 千克/亩降至 6 852.97 千克/亩，降幅 5.3%；设施茄子由 2013 年的 4 624.53 千克/亩降至 2017 年的 3 940.12 千克/亩，降幅达 14.8%；设施菜椒由 2 952.17 千克/亩增至 3 576.67 千克/亩，涨幅达 21.1%。就亩产值而言，除设施菜椒略有上涨外，其他品类蔬菜均有大幅下跌，其中设施茄子降幅最大为 31.1%。就每亩净利润而言，除设施菜椒由 2013 年的 483.25 元/亩增至 712.70 元/亩，设施番茄、设施黄瓜、设施菜椒均有大幅下跌，设施茄子降幅最高达 83.7%。

表 9-15　2013—2017 年河北省主要设施蔬菜成本收益变动情况

单位：千克/亩，元/亩，%

品种	项目	2013	2014	2015	2016	2017
设施番茄	主产品产量	5 662.68	5 385.96	5 358.97	5 385.83	5 501.50
	产值合计	16 060.55	15 302.41	16 341.00	15 237.04	13 805.71
	总成本	8 262.85	8 795.28	8 863.69	8 586.20	8 986.07
	净利润	7 797.70	6 507.13	7 477.31	6 650.84	4 819.64
	成本利润率	94.37	73.98	84.36	77.46	53.63
设施黄瓜	主产品产量	7 234.82	6 332.54	6 743.43	6 591.91	6 852.97
	产值合计	21 703.75	15 353.31	15 546.41	15 067.73	15 149.67
	总成本	9 537.99	9 523.38	9 767.05	9 641.95	10 141.41
	净利润	12 165.76	5 829.93	5 779.36	5 425.78	5 008.26
	成本利润率	127.55	61.22	59.17	56.27	49.38
设施茄子	主产品产量	4 624.53	4 112.06	4 699.67	3 964.87	3 940.12
	产值合计	15 960.00	13 625.92	16 835.29	13 717.55	11 102.60
	总成本	9 503.65	9 799.46	9 251.64	10 399.59	10 050.39
	净利润	6 456.35	3 826.46	7 583.65	3 317.96	1 052.21
	成本利润率	67.94	39.05	81.97	31.90	10.47
设施菜椒	主产品产量	2 952.17	3 718.33	3 740.00	3 526.67	3 576.67
	产值合计	6 188.10	6 204.15	5 763.25	5 149.50	7 891.99
	总成本	5 704.85	6 341.84	6 578.41	6 939.21	7 179.29
	净利润	483.25	−137.69	−815.16	−1 789.71	712.70
	成本利润率	8.47	−2.17	−12.39	−25.79	9.93

资料来源：《全国农产品成本收益资料汇编》(2014—2018 年)。

2013—2017 年，河北省主要设施蔬菜生产成本呈波动性上涨态势，涨幅明显（图 9-14）。其中，设施番茄由 2013 年的 8 262.85 元/亩增至 2017 年的 8 986.07 元/亩，涨幅 8.8%；设施黄瓜、设施茄子、设施菜椒每亩生产成本分别由 9 537.99 元/亩、9 503.62 元/亩、5 704.85 元/亩增至 10 141.41 元/亩、10 050.39 元/亩、7 179.29 元/亩，涨幅分别为 6.3%、5.8%、25.9%。

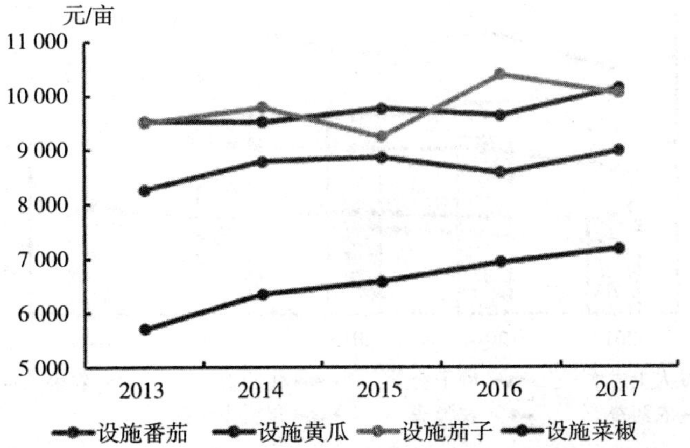

图 9-14　2013—2017 年河北省主要设施蔬菜生产成本变动情况

2013—2017 年，河北省主要设施蔬菜成本利润率呈波动性下降态势，降幅明显（图 9-15）。其中，设施番茄成本利润率由 2013 年的 94.37%降至 2017 年的 53.63%，降幅达 43.6%；设施黄瓜、设施茄子成本利润率分别由 127.55%、67.94%降至 49.38%、10.47%，降幅分别为 61.4%、84.6%；设施菜椒成本利润率相对较低，2014—2016 年成本利润率分别为－2.17%、－12.39%、－25.79%，2017 年略有上涨，达到了 9.93%。

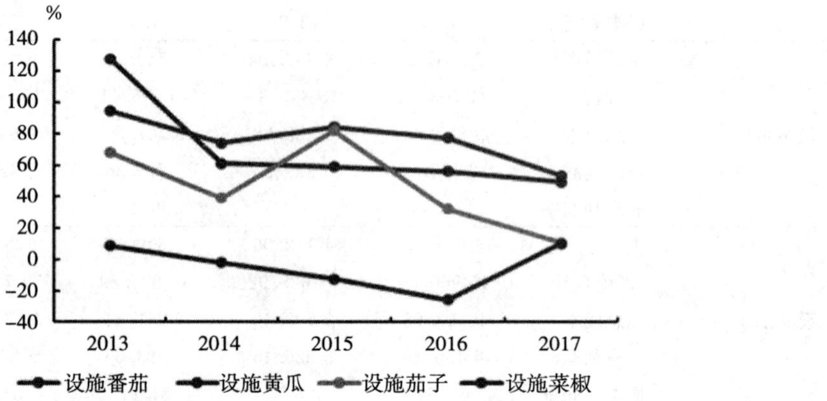

图 9-15 2013—2017 年河北省主要设施蔬菜生产成本利润率变动情况

2. 成本结构变动

2013—2017 年，河北省 4 种主要设施蔬菜平均人工成本呈逐年递增态势（图 9-16），由 2013 年的 4 667.95 元/亩增至 2017 年的 4 896.69 元/亩，涨幅 4.9%。此外，物质与服务费同样呈小幅上涨态势，其中化肥费占比最高，由 2013 年的 575.68 元/亩增至 2017 年的 695.03 元/亩，涨幅达 20.9%；农家肥、农膜、种子费占比同样较高，分别在 500 元/亩、450 元/亩、400 元/亩上下波动；占比较低的为农药费、租赁作业费，分别在 150 元/亩至 250 元/亩之间浮动。黄瓜、番茄等 4 种设施蔬菜的成本构成见图 9-17 至图 9-20。

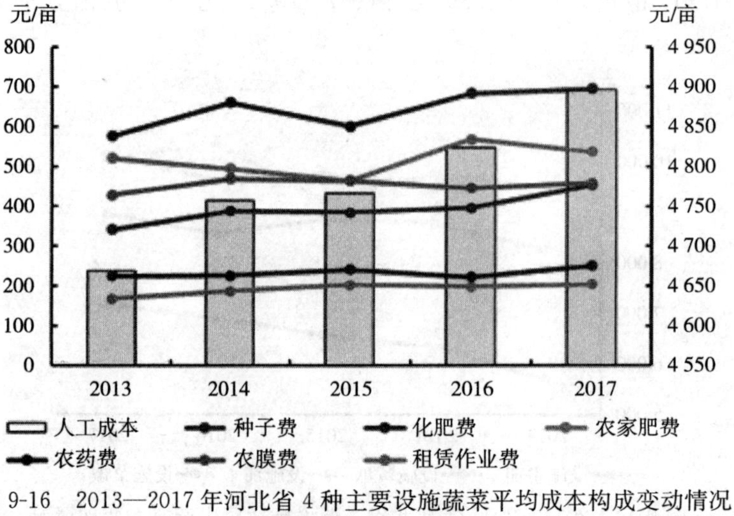

图 9-16 2013—2017 年河北省 4 种主要设施蔬菜平均成本构成变动情况

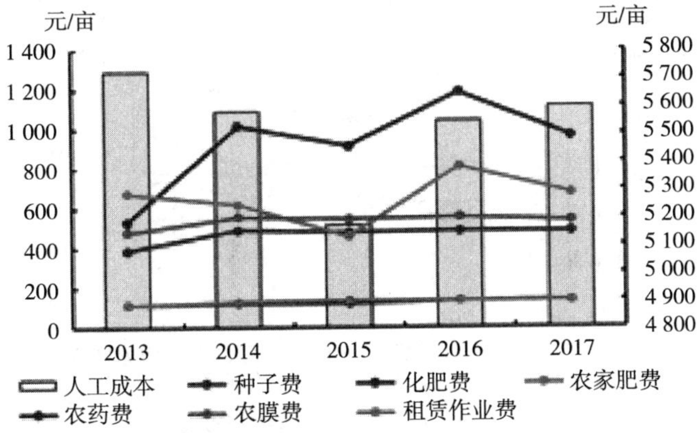

图 9-17　设施番茄成本构成变动

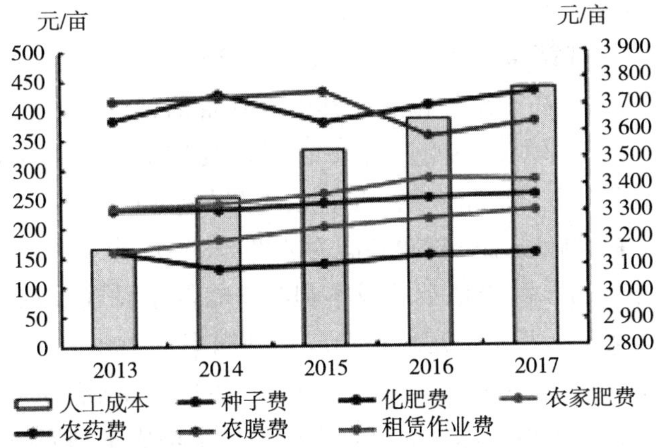

图 9-18　设施黄瓜成本构成变动

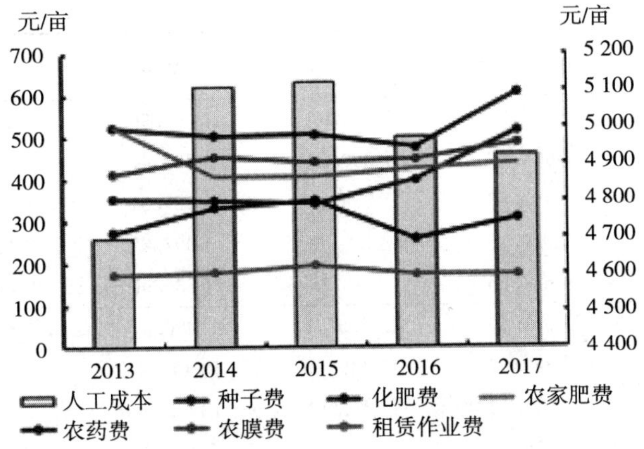

图 9-19　设施茄子成本构成变动

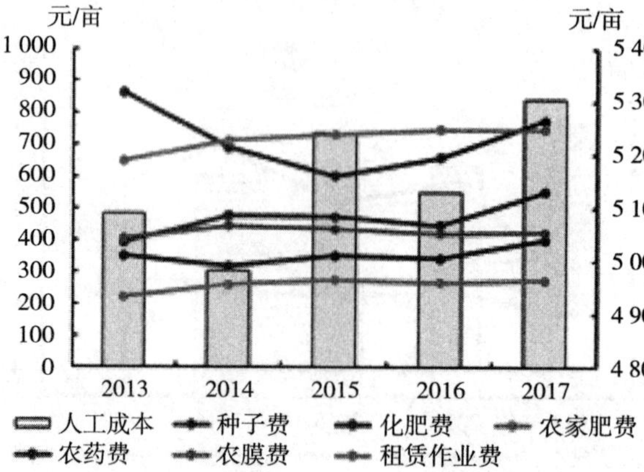

图 9-20　设施菜椒成本构成变动

（三）蔬菜成本收益比较分析

1. 河北省露地、设施蔬菜成本收益比较

通过对河北省四种主栽蔬菜品种不同栽培模式成本收益的比较分析可以看出（表 9-16），设施蔬菜具有高投入、高产出的特点。其中设施番茄、黄瓜、茄子、菜椒总成本分别比露地生产高 119.2%、90.2%、149.4%、40.8%；设施蔬菜平均亩产值可达 11 987.49 元，是露地栽培亩产值 7 135.36 元的 1.68 倍；设施蔬菜平均亩产为 4 967.82 千克，高于露地蔬菜 310.56 千克/亩；设施蔬菜平均净利润为 2 898.20 元/亩，是露地蔬菜平均净利润的 1.16 倍。就成本利润率而言，除露地黄瓜成本利润率略低于设施黄瓜，其他品种露地蔬菜成本利润率均高于设施蔬菜。其中，露地番茄成本利润率达 103.76%，是设施黄瓜的 1.93 倍；露地茄子成本利润率达 30.50%，是设施茄子的 2.91 倍；露地菜椒成本利润率 48.09%，是设施菜椒的 4.82 倍。总体而言，露地蔬菜平均成本利润率为 55.18%，是设施蔬菜平均成本利润率 30.85%的 1.79 倍。

表 9-16　河北省露地蔬菜与设施蔬菜成本收益比较情况

单位：千克/亩，元/亩，%

栽培模式	品类	主产品产量	产值合计	总成本	净利润	成本利润率
露地栽培	番茄	5 501.25	8 354.06	4 099.90	4 254.16	103.76
	黄瓜	5 159.00	7 380.58	5 333.47	2 047.11	38.38
	茄子	4 148.50	5 258.31	4 029.21	1 229.10	30.50
	菜椒	3 820.28	7 548.50	5 097.27	2 451.23	48.09
	平均	4 657.26	7 135.36	4 639.96	2 495.40	55.18
设施栽培	番茄	5 501.50	13 805.71	8 986.07	4 819.64	53.63
	黄瓜	6 852.97	15 149.67	10 141.41	5 008.26	49.38
	茄子	3 940.12	11 102.60	10 050.39	1 052.21	10.47
	菜椒	3 576.67	7 891.99	7 179.29	712.70	9.93
	平均	4 967.82	11 987.49	9 089.29	2 898.20	30.85

资料来源：《全国农产品成本收益资料汇编》（2018 年）。

2. 河北省露地与设施蔬菜成本利润率变动比较

2013—2017 年，河北省露地蔬菜与设施蔬菜成本利润率均呈明显下降态势，降幅明显（图 9-21）。其中，露地蔬菜平均成本利润率由 2013 年的 139.10%降至 2017 年的 55.18%，降幅达 60.33%，设施蔬菜平均成本利润率由 2013 年的 74.58%降至 2017 年的 30.85%，降幅达 58.64%。

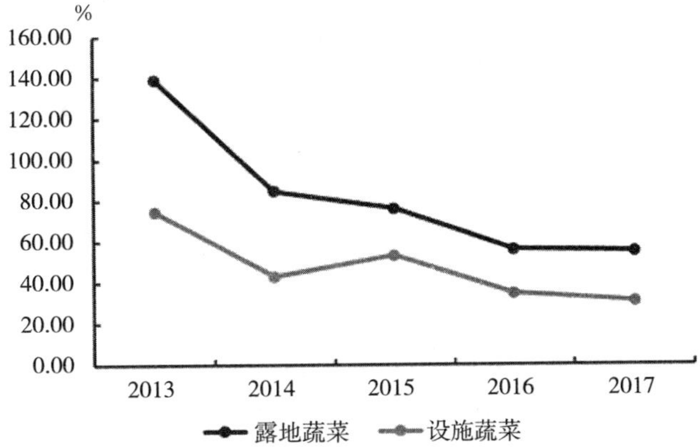

图 9-21　2013—2017 年河北省露地与设施蔬菜平均成本利润率变动情况

3. 河北省与其他主产省露地蔬菜成本构成比较

2017 年全国蔬菜平均总成本为 5 433.78 元/亩，其中人工成本 3 161.63 元，占比 58.18%；其次为物质与服务费用 1 896.20 元，占比 34.90%；土地成本 375.95 元，占比 6.92%（表 9-17）。

蔬菜主产省投入情况差异比较明显（表 9-17）。河北省露地番茄、黄瓜、茄子、菜椒比全国平均总成本高 1.6%、23.8%、4.6%、52.6%、16.4%，露地圆白菜、大白菜比全国平均总成本低 9.5%、8.6%；山东省露地蔬菜总成本低于全国平均总成本，其中露地黄瓜、茄子、菜椒、圆白菜、大白菜比全国平均总成本低 6.3%、9.3%、4.3%、24.1%；河南省露地蔬菜总成本相较于全国处于较高水平。

从各主产省份成本构成来看，蔬菜主产省物质与服务费用远低于全国平均水平，表明主产省份蔬菜集约化水平高，具有明显的规模收益优势。除河北省、山东省露地圆白菜人工成本比全国平均人工成本低 4.5%、30.1%，河北省、山东省、江苏省露地大白菜人工成本比全国平均人工成本低 3.2%、23.5%、23.4%外，三个省份的人工成本均显著高于全国平均水平。各主产省土地成本显著高于全国平均土地成本。河北蔬菜种植人工成本居高不下，黄瓜、茄子、菜椒等品种尤为明显，其中露地菜椒人工成本比全国平均水平高 2576 元，超出近 1.7 倍。统计表明，河北适龄劳动力比山东省、河南省少，人均耕地面积又多于河南省、山东省，因此劳动力短缺状况更为严重。河北在轻简化栽培、机械化生产、标准化管理等方面需增加投入，以缓解劳动力短缺造成的蔬菜成本高企，比较效益低的困境。

表 9-17　2017 年主要蔬菜不同省份成本构成情况

单位：元/亩

	地区	总成本	物质与服务费用	人工成本	土地成本
蔬菜平均	全国	5 433.78	1 896.20	3 161.63	375.95

（续）

	地区	总成本	物质与服务费用	人工成本	土地成本
露地番茄	全国	4 035.77	1 371.28	2 451.55	212.94
	河北	4 099.90	1 240.53	2 572.93	286.44
	山东	4 970.22	1 182.49	3 496.15	291.58
	河南	5 360.61	1 225.18	3 749.01	386.42
	新疆	5 418.98	1 469.13	3 657.97	291.88
露地黄瓜	全国	4 308.76	1 425.40	2 601.97	281.39
	河北	5 333.47	1 314.15	3 796.56	222.76
	山东	4 037.05	1 000.40	2 751.61	285.04
	河南	5 130.60	1 208.04	3 530.55	392.01
	辽宁	4 249.63	1 288.04	2 670.32	291.27
露地茄子	全国	3 851.33	1 833.27	1 734.81	283.25
	河北	4 029.21	1 055.03	2 616.57	357.61
	山东	3 491.17	912.00	2 299.04	280.13
	河南	3 959.58	1 051.78	2 570.08	337.72
	辽宁	4 406.17	1 625.75	2 341.36	439.06
露地菜椒	全国	3 341.54	1 588.85	1 543.52	209.17
	河北	5 097.27	777.19	4 119.52	200.56
	山东	3 197.41	868.21	2 018.27	310.93
	河南	4 151.07	1 055.62	2 760.83	334.62
露地圆白菜	全国	2 780.04	1 027.27	1 486.32	266.45
	河北	2 515.69	742.60	1 419.20	353.89
	山东	1 935.15	644.87	1 038.78	251.50
	河南	2 664.48	659.62	1 634.04	370.82
	江苏	3 076.00	1 078.88	1 691.25	305.87
	四川	3 377.44	946.57	2 098.17	332.70
露地大白菜	全国	2 532.24	866.84	1 417.07	248.33
	河北	2 314.26	597.95	1 372.34	343.97
	山东	1 922.77	523.88	1 084.27	314.62
	河南	2 583.51	572.25	1 635.07	376.19
	江苏	2 021.07	601.08	1 087.38	332.61
	四川	2 863.50	612.61	2 015.67	235.22

资料来源：《全国农产品成本收益资料汇编》（2018 年）。

4. 河北省与其他主产省设施蔬菜成本收益比较

从总成本看，河北省设施蔬菜总成本均高于全国平均水平（表 9-18），其中设施黄瓜总成本为 10 141.41 元/亩，比全国平均水平（8 914.96 元/亩）高 13.8%；设施茄子总成本 10 050.39 元/亩，比全国平均水平（8 318.03 元/亩）高 34.0%。河南、江苏、四川设施蔬菜总成本低于全国平均水平，山东设施番茄、黄瓜高于全国平均水平，辽宁设施茄子、菜椒高于全国平均水平。从成本构成看，河北省设施番茄、黄瓜、茄子、菜椒物质与服务费分别比全国平均水平高 14.4%、33.6%、65.9%、24.8%，设施黄瓜、茄子人工成本高于全国平均水平；设施番茄、菜椒人工成本与全国相比偏低，与其他主产省相比偏高。由此可见，河北省设施蔬菜成本高，主要原因是物质与服务费用投入高，不具有成本优势。

表 9-18　蔬菜主产省设施蔬菜成本收益情况

单位：千克/亩，元/亩，%

	省份	主产品产量	产值合计	总成本	物质与服务费用	人工成本	土地成本	净利润	成本利润率
设施番茄	全国平均	4 970.33	13 847.75	8 838.38	3 179.92	5 129.14	529.32	5 009.37	56.68
	河北	5 501.50	13 805.71	8 986.07	3 638.46	4 925.61	422.00	4 819.64	53.63
	山东	4 712.03	15 439.87	10 044.62	3 935.98	5 575.67	532.97	5 395.25	53.71
	河南	5 048.50	11 365.17	8 486.73	2 701.75	5 393.57	391.41	2 878.44	33.92
	江苏	4 343.89	14 319.34	8 471.74	2 717.00	5 363.55	391.19	5 847.60	69.02
设施黄瓜	全国平均	5 339.20	13 231.12	8 914.96	3 262.14	5 150.73	502.09	4 316.16	48.41
	河北	6 852.97	15 149.67	10 141.41	4 357.48	5 304.03	479.90	5 008.26	49.38
	山东	7 796.40	17 375.73	9 173.80	4 435.06	4 305.44	433.30	8 201.93	89.41
	河南	5 961.83	12 877.14	9 211.49	2 840.68	5 967.19	403.62	3 665.65	39.79
	江苏	5 972.63	14 254.95	8 590.34	3 399.11	4 558.55	632.68	5 664.61	65.94
设施茄子	全国平均	3 659.88	11 105.49	8 318.03	2 498.79	5 307.68	511.56	2 787.46	33.51
	河北	3 940.12	11 102.60	10 050.39	4 145.43	5 596.12	308.84	1 052.21	10.47
	江苏	3 607.01	9 478.70	5 534.22	1 843.51	3 146.39	544.32	3 944.48	71.27
	四川	5 368.43	13 988.76	6 668.57	2 096.91	4 213.67	357.99	7 320.19	109.77
	辽宁	8 927.56	19 669.37	13 465.72	7 017.74	5 817.98	630.00	6 203.65	46.07
设施菜椒	全国平均	3 572.58	9 008.16	6 861.60	2 058.03	4 408.91	394.66	·2 146.56	31.28
	河北	3 576.67	7 891.99	7 179.29	2 568.29	3 761.00	850.00	712.70	9.93
	江苏	3 027.93	7 910.96	6 775.80	2 440.70	3 886.62	448.48	1 135.16	16.75
	辽宁	3 252.10	9 248.93	7 800.87	3 695.38	3 436.10	669.39	1 448.06	18.56
	四川	4 501.15	8 639.57	5 979.38	1 734.03	4 008.05	237.30	2 660.19	44.49

注：蔬菜产量前五的省份为山东、河北、河南、江苏、四川。《全国农产品成本收益资料汇编》（2017）中设施蔬菜的成本收益部分蔬菜没有山东省。

资料来源：《全国农产品成本收益资料汇编》（2018 年）。

五、河北省蔬菜市场价格变动及趋势分析

（一）总体价格波动形势

1. 年均价格波动情况：先降后升，2018 年涨幅明显

2015—2018 年河北省 16 种主要品种蔬菜年均价格都维持在 2～3 元，整体呈现先下降后上升的态势（图 9-22），由 2015 年的 2.88 元/千克升至 2018 年的 3.06 元/千克，上涨 0.18 元/千克，涨幅 6.25%。其中，2015—2016 年年均价格基本持平，维持在 2.9 元/千克左右；2016—2017 年价格大幅度下降，由 2.95 元/千克降至 2.35 元/千克，下降 0.6 元/千

克，降幅 20.34%，到达价格波谷；2018 年蔬菜年均价格开始恢复性上涨，增至 3.06 元/千克，上涨了 0.71 元/千克，涨幅 30.21%。

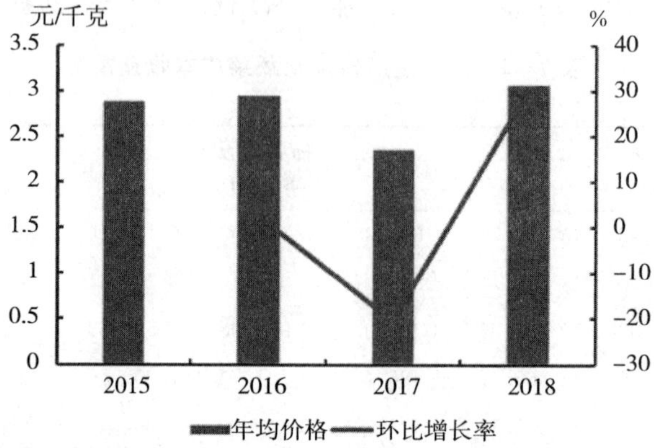

图 9-22　2015—2018 年河北省主要蔬菜年均价格变动情况

2. 月均价格波动情况：先降后升，季节波动特征明显

河北省 16 种主要品种蔬菜 2015—2018 年月均价格走势基本相同（图 9-23），整体而言，蔬菜年内价格走势呈现明显的“一峰一谷”季节性波动特征。波峰一般出现在 2、3 月，4 月价格持续性下滑，6、7 月达到价格波谷，7 月后价格开始恢复性上涨，9 月达到第二个价格波峰，之后开始下降。2018 年下半年蔬菜价格走势较往年有明显不同,受7月高温和8月多轮强降水影响,秋季蔬菜种植期推迟,被淹蔬菜需要重新补种，导致蔬菜供应紧张，2018 年 9 月价格上升明显，月均价格高于同期 1 元/千克以上。9 月过后，由于推迟种植期和重新补种的秋季早茬蔬菜开始进入收获期，秋季应季晚茬蔬菜上市，使得蔬菜供应宽松，蔬菜价格进入下降区间且降幅明显。12 月受到强降温影响，菜价有所回升，但仍有部分蔬菜较前月价格继续下降。

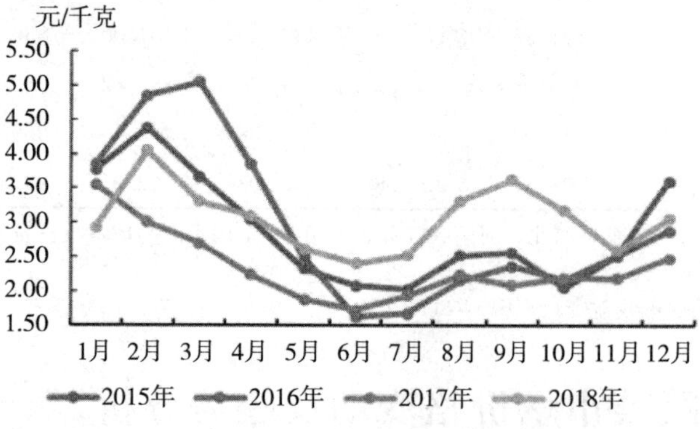

图 9-23　2015—2018 年河北省蔬菜月度价格变动

（二）黄瓜价格波动分析

1. 年度价格变动情况

黄瓜 2014—2018 年均价格先降后升，2018 年涨幅明显。河北省黄瓜年均价格由 2014 年的 3.37 元/千克涨至 2018 年的 3.79 元/千克，涨幅为 12.5%。2018 年黄瓜年均价格 3.79 元/千克，上涨了 0.83 元/千克，涨幅达 28%（图 9-24）。

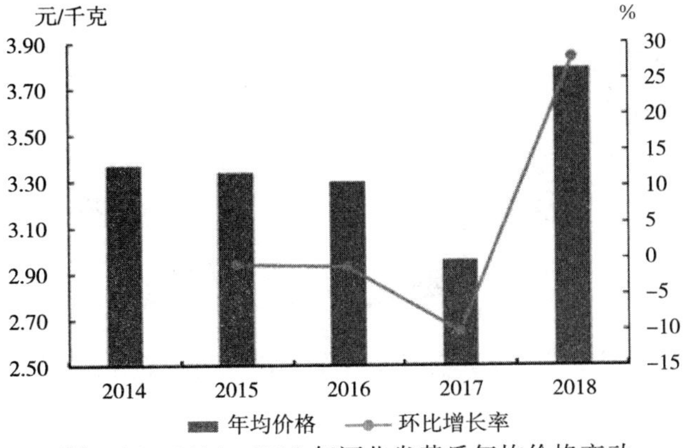

图 9-24　2014—2018 年河北省黄瓜年均价格变动

2. 月度价格变动情况

河北省黄瓜月均走势与全国黄瓜月均价格走势趋同，均呈明显“凹”形。2017 年河北省黄瓜价格偏低，导致 2018 年种植面积缩小上市期推迟，且河北产区的黄瓜提前退市，拉动黄瓜价格上涨。河北省 4 月至 7 月黄瓜价格偏低，秋冬时期价格有所上涨但涨幅不大，不具有价格优势（图 9-25）。

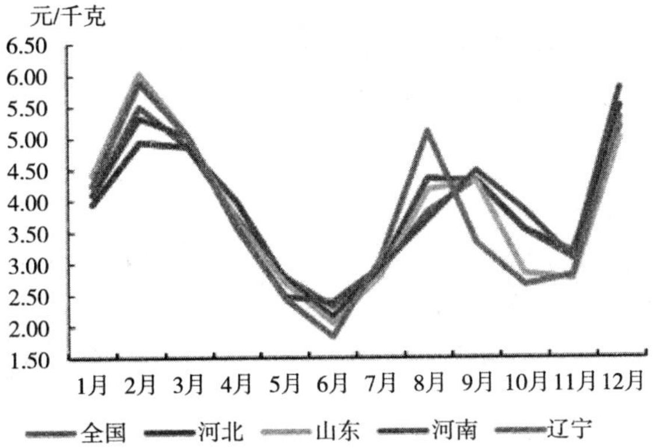

图 9-25　黄瓜主产省月均价格变动

3. 不同品种月度价格变动情况

密刺类黄瓜价格先降后升，河北省价格偏低；旱黄瓜价格走势呈明显“V”形，辽宁省价格优势明显（图 9-26、图 9-27）。

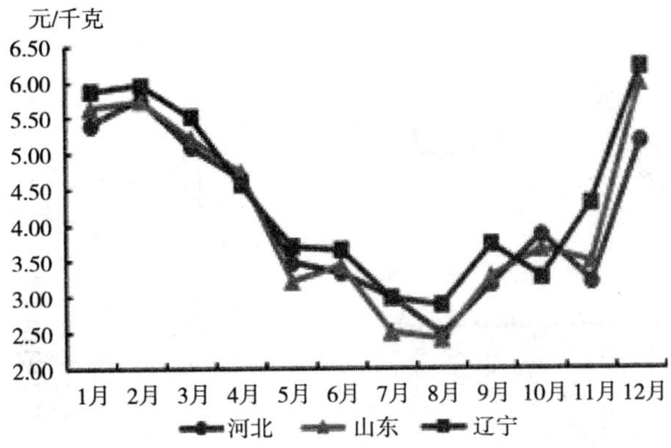

图 9-26　2018 年主产省旱黄瓜月均价格

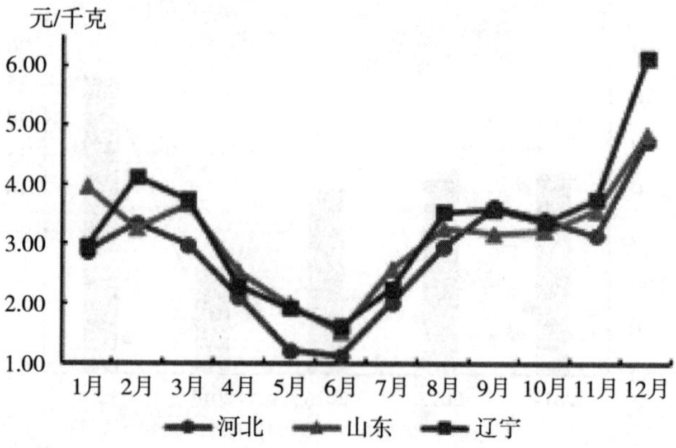

图 9-27　2018 年主产省密刺黄瓜月均价格

4. 不同茬口集中上市期价格

1—3 月为河北省日光温室越冬一大茬黄瓜集中上市期，在此期间黄瓜平均价格先增后降，价格相对较高，周均价格走势呈“凸”形；4—6 月为河北省日光温室越冬一大茬、冬春茬、塑料大棚早春茬集中上市期，在此期间多种茬口集中上市，黄瓜价格呈持续下滑态势；7—9 月为塑料大棚春夏秋一大茬、日光温室越冬连夏秋一大茬和越夏茬黄瓜集中上市期，在此期间黄瓜价格呈波动性上涨态势，涨幅明显；10—12 月为河北省塑料大棚秋延后茬、日光温室秋冬茬集中上市期，黄瓜价格先降后升，走势呈“V 形”（图 9-28 至图 9-31）。

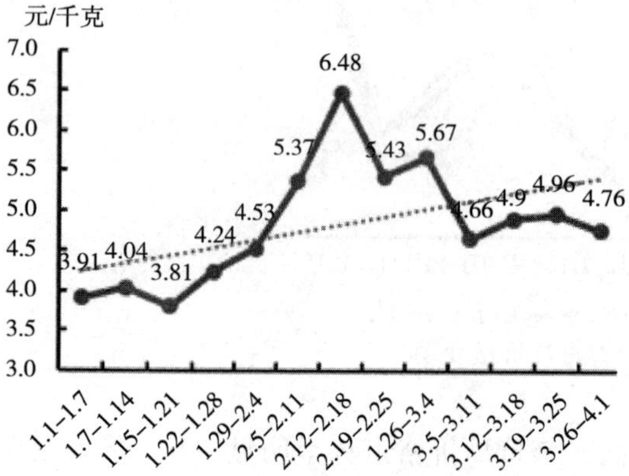

图 9-28　2018 年 1—3 月黄瓜周均价格走势

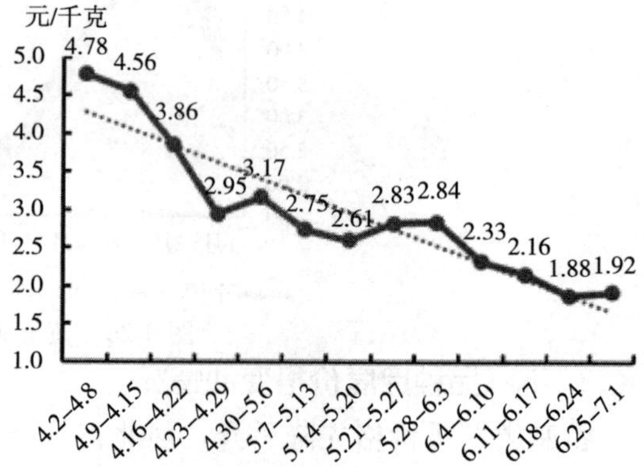

图 9-29　2018 年 4—6 月黄瓜周均价格走势

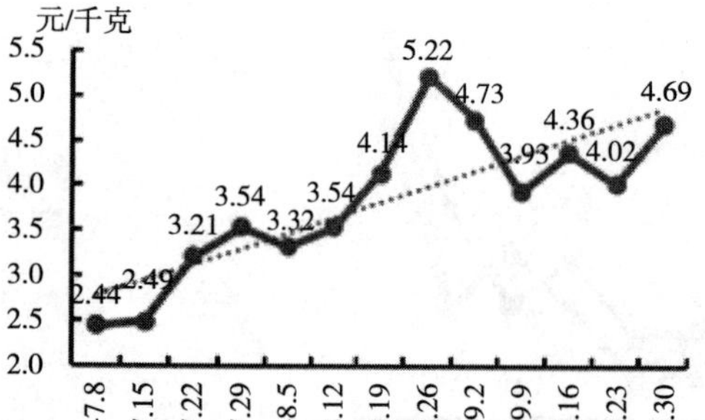

图 9-30　2018 年 7—9 月黄瓜周均价格走势

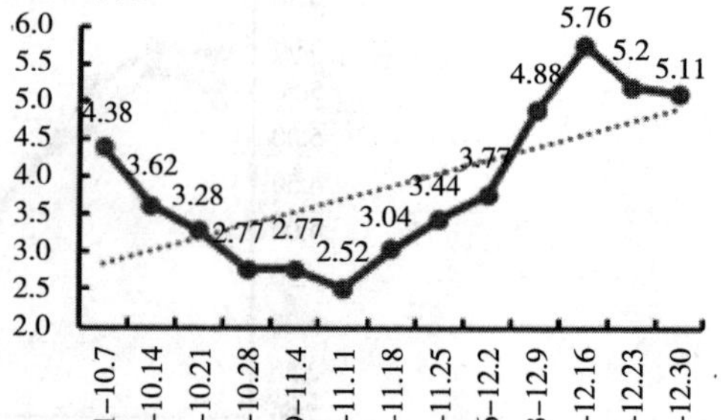

图 9-31　2018 年 10—12 月黄瓜周均价格走势

（三）甜瓜价格波动分析

1. 年均价格波动情况：波动幅度加大，年间差异明显

由图 9-32 可以看出，自 2014 年以来，甜瓜价格呈现明显的“V”形，表现出一年升一年降的价格变动特征，表明甜瓜价格波动比较频繁，杠杆效应不明显。具体来看，2014 年价格最高 5.45 元/千克，2017 年价格降至五年间的最低（3.52 元/千克），2018 年又涨至 4.45 元/千克，涨幅 26.42%。

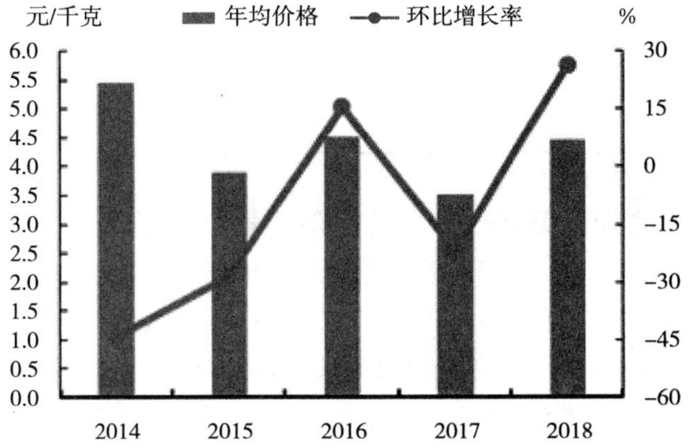

图 9-32　河北省甜瓜年均价格波动情况

2. 本年度月均价格波动情况：整体呈“V”形环比上涨

从图 9-33 可以看出，河北省 2018 年甜瓜月均价格走势呈较明显的“V”形，价格变动可分为三个阶段：第一阶段为 1—2 月，受春节消费影响，甜瓜价格呈上涨态势，由 1 月的 9.76 元/千克增至 2 月的 10.35 元/千克，达到全年价格峰值；第二阶段为 2—8 月，甜瓜价格降幅明显，由 2 月的 10.35 元/千克跌至 8 月的 2.02 元/千克，降幅高达 80.4%；第三阶段为 8—12 月，此时市场供应大幅减少，甜瓜价格开始上涨，由 2.02 元/千克增至 8.3 元/千克，涨幅高达 310.8%。

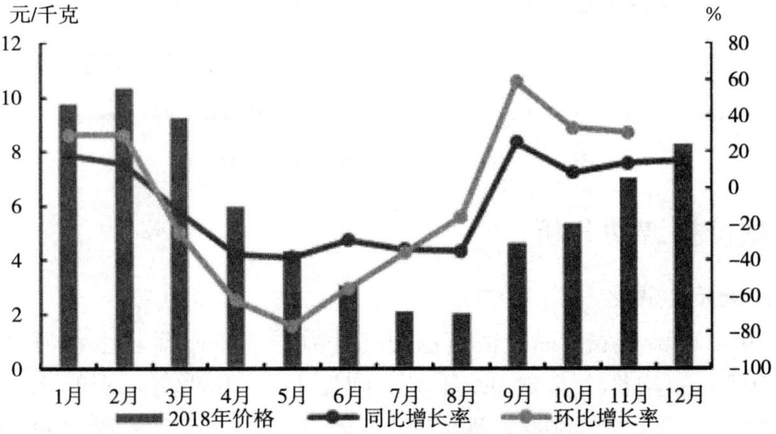

图 9-33　河北省甜瓜本年度月均价格波动情况

3. 不同品种价格波动情况：网纹瓜价格同比增幅最大

选取伊丽莎白瓜、网纹瓜、哈密瓜 2018 年市场平均价格进行比较（表 9-19），其中网纹瓜价格最高达 12.72 元/千克，是伊丽莎白瓜价格的近 3 倍。河北省 2018 年整体的瓜类价格较上年均有提升，其中网纹瓜增长 84.8%，哈密瓜增长 20%，伊丽莎白瓜价格变动不大，涨幅 2.93%。

表 9-19　河北省 2017—2018 年各类瓜果年均价格涨幅情况

单位：元/千克，%

品种	2017	2018	环比增长率
伊丽莎白瓜	4.43	4.56	2.93
网纹瓜	6.88	12.72	84.80
哈密瓜	4.10	4.92	20.00

资料来源：农产品价格信息网一农价云。

4. 主产省价格波动比较：走势一致，河北价格偏低

由图 9-34 可以看出，2013—2018 年河北省甜瓜价格与新疆、河南等 5 个主产区价格波动表现出明显的“异质性”。就价格变动趋势来看，其余省份价格比较平稳或者稳中有升，而河北则呈现波动下降趋势。从价格变动幅度来看，2018 年较 2013 年，全国甜瓜均价涨幅 40.4%，其中新疆 0.91%、浙江 21.3%、甘肃 88.7%、广西 170%、河南 247%，而河北甜瓜价格降幅为 54.4%。

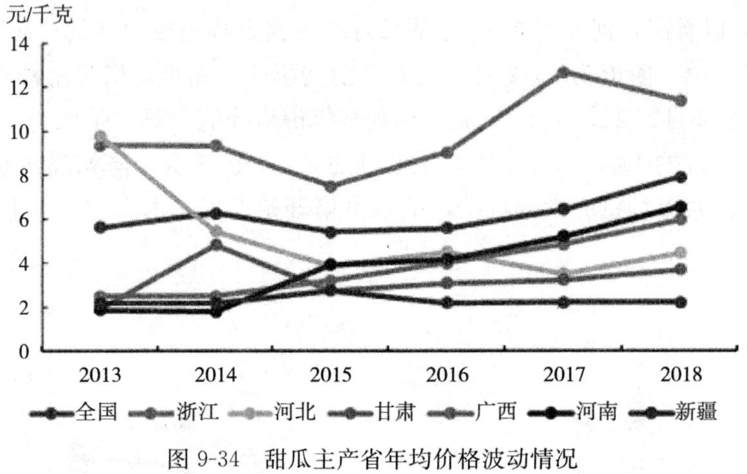

图 9-34　甜瓜主产省年均价格波动情况

（四）辣椒价格波动分析

1. 鲜辣椒市场波动情况

根据 2017 年至 2018 年农产品价格信息网统计数据，2018 年较上年河北省鲜辣椒价格整体呈现上涨趋势，年均价格 6.30 元/千克，同比上涨 20.92%，涨幅 1.09 元/千克。其中，9 月涨幅最大，上涨了 90.80%，涨幅 2.91 元/千克。除 1 月、12 月价格较上年下降之外，其余月份均高于上年同期，平均涨幅 43.23%（图 9-35）。

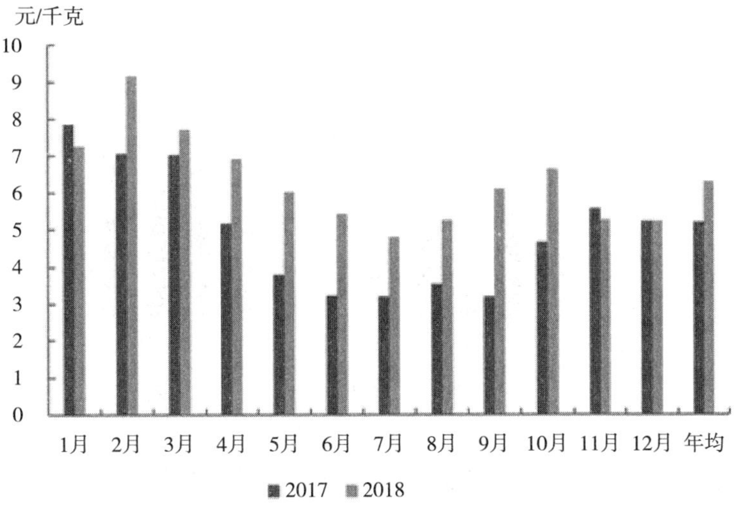

图 9-35　河北鲜辣椒批发市场价格

2. 主要鲜辣椒品种价格波动

河北省居民日常食用和市场上常见鲜辣椒主要品种有：红椒、青椒、绿尖椒、红尖椒，具有较强的市场代表性。2018 年河北批发市场主要交易的鲜辣椒价格显示，1—5 月红尖椒价格明显高于同期其他鲜辣椒，且 2 月创下了年内鲜辣椒最高价格 14.00 元/千克；6—12 月红椒价格明显高于其他鲜辣椒，且 10 月达到了价格最高点 10.45 元/千克；青椒价格明显低于其他鲜辣椒，且在 7 月达到年内最低价格 2.56 元/千克（图 9-36）。

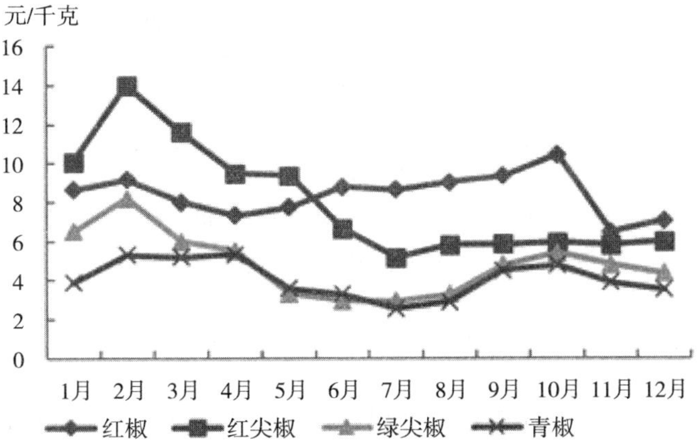

图 9-36　河北鲜辣椒主要品种批发市场价格

3. 干辣椒市场价格变动分析

中国辣椒网公布的市场信息显示，2018 年河北省干辣椒价格呈现上涨趋势，年均价格较上年上涨 19.17%，涨幅达 0.93 元/千克。年内有九个月价格呈现同比上涨，其中 11 月涨幅最大，达 2.46 元/千克。

4. 河北省辣椒价格和其他省份对比

以绿尖椒为例，选取河南、四川、山东、贵州、江苏五个辣椒大省与河北进行对比分析。就价格变动趋势来看，河北与其他主产区的辣椒价格走势基本一致，总体上呈现价格变

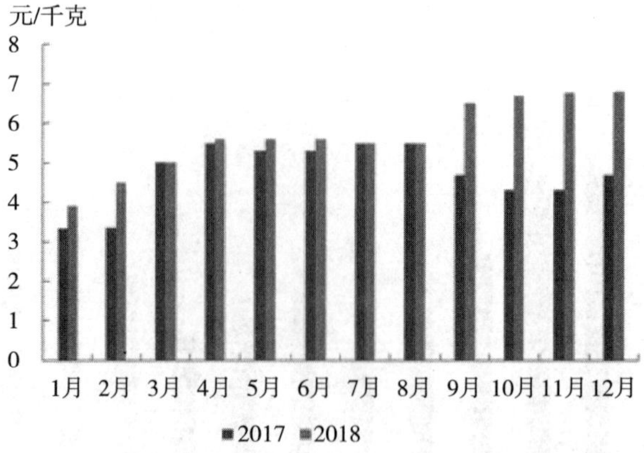

图 9-37　河北干辣椒批发市场价格

动的空间趋同性。就具体省份的价格差异来看，河北省辣椒价格低于全国平均水平，但高于辣椒优势区贵州。与经济发展水平接近、辣椒种植周期相近、自然生态环境类似的河南产区相比，价格呈现很强的一致性（图 9-38）。

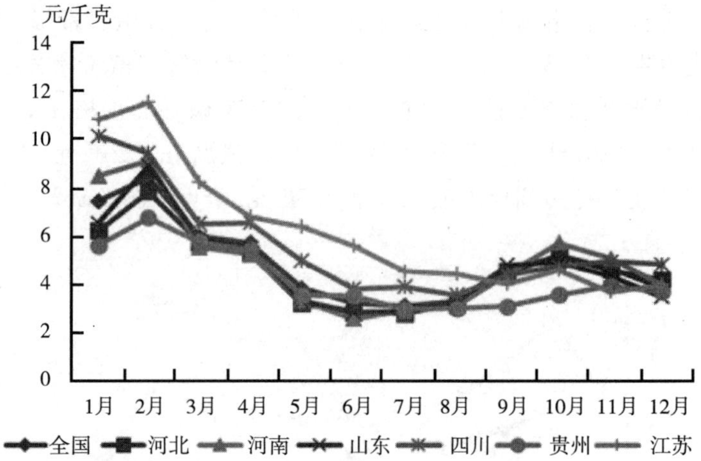

图 9-38　2018 年我国辣椒市场绿尖椒价格

（五）2019 年价格走势预测

2019 年蔬菜市场整体运行将符合常年规律，据世界气象组织信息预测，2018 年冬季、2019 年春季气温可能高于正常水平，预计此间若无重大气象灾害，蔬菜生产稳中有增、供应宽松的局面仍将保持，同时考虑环境保护工作相关措施可能对蔬菜加工需求的阶段性抑制影响，短期价格下行压力较大，综合考虑人力成本上涨等因素，预计河北省 2019 年蔬菜均价或同比小幅下降，降幅 2%左右。

就月度价格波动趋势而言，受传统节日和季节因素影响，预计 2019 年河北省蔬菜月均价格走势将仍呈现“凹”形。其中，1—3 月呈扩张性上涨，2 月受春节影响价格达到一年的第一个小高峰，4—6 月跌至波谷，7—9 月再次回升达到第二个小高峰，10—12 月开始平稳回落。

就主要品种来看，受秋季白菜丰收影响，市场供应量充足，预计2019年春季白菜价格相对偏低；番茄、黄瓜、大葱等蔬菜2018年市场行情好，预计2019年种植面积扩大，市场供应量增大导致价格会有所下降。2018年河北省“煤改源热泵”项目，使河北省内许多甜瓜产区育苗成本增加，增设“煤改清洁能源”育苗设施，致使甜瓜育苗成本增加，甜瓜价格相比2018年会略有上涨，但不会上涨过多。由于种植成本上升与辣椒需求量增加，我国辣椒价格将继续上涨。另外，受2018年全国干辣椒减产的影响，预计在2019年10月之前，干辣椒价格持续上的可能性较大。

六、河北省蔬菜产业发展存在问题分析

虽然河北省蔬菜产业产品质量水平稳步提升、流通渠道逐步完善、特色优势区建设成效显著，但仍存在水资源要素不足、市场供求失衡、绿色生产难度较大、生产主体抗风险能力弱和投入产出效益不高等问题，影响产业高质量发展。

（一）水资源成为制约蔬菜产业发展的重要因素

河北省由于南北差异大，地形地貌多样，适合发展不同季节、多样品种蔬菜的周年生产，包括露地栽培、地膜覆盖、塑料大棚、日光温室等生产形式，能够满足不同层次、时间的市场需要。但河北省是典型的资源型缺水省份，年超用量为46.3亿立方米，占实际用水量的23%。蔬菜生产用水比其他作物多，尤其叶菜类蔬菜，用水量远高于粮食作物。张承坝上地区是河北省重要的叶菜种植基地，夏季供应北京市场70%以上的叶菜。但坝上地区干旱少雨，植被较少，水分涵养能力降低，近年来水资源锐减与水质盐碱化问题严重，蔬菜产量的增长导致用水量的持续上升，致使坝上的水域面积减少，淡水湖泊向盐碱化发展。政府为了减少地下水的过度压采，2018年要求坝上地区压减灌溉面积1.33万公顷，到2021年实现水改旱2.67万公顷的目标。

（二）蔬菜市场供求矛盾导致价格波动频繁

蔬菜属于居民消费的必需品，收入弹性小，即使居民收入水平的提高以及“菜篮子”产品的日益丰富，城乡居民的蔬菜消费量也不会一直增长。在蔬菜市场趋近饱和的情况下，蔬菜供给的增加必然导致市场价格的下跌。当前蔬菜市场供求矛盾主要体现在低端产品的过量供给与有机蔬菜等高端产品供给不足所产生的市场失衡。河北省蔬菜年内价格走势呈现明显的“U”形结构，“一峰一谷”的季节性波动明显，波峰一般出现在2、3月，6、7月达到价格波谷，9月达到第二个价格波峰，之后开始下降，价格短期波动频繁且剧烈。更应引起注意的是，近年来部分蔬菜产品局部性滞销现象增多。蔬菜作为各地农业结构调整与产业扶贫的首选产业之一，新进入蔬菜产业的生产经营主体在对技术掌握不足与整体市场趋势缺乏准确判断的情况下进入市场，导致蔬菜集中上市，供求失衡引发滞销现象。

另外，河北省高端蔬菜供给相对不足。河北省区位优势突出，京津冀协同与雄安新区建设为河北省高端蔬菜发展提供机遇。为此，河北省提出将部级蔬菜标准化创建与大力推动

“河北省供京津蔬菜示范园”建设相结合，扶持 38 个有一定规模、生产基础较好、蔬菜产品主要供应北京和天津的设施规模园区。但目前河北省从事有机蔬菜出口的仅邯郸企美一家企业，省内超市无河北省绿色、有机蔬菜专柜，河北省供京津的蔬菜产品也以普通蔬菜为主，高端供给不足。

（三）蔬菜绿色生产技术推广难度较大

节水、节药、节肥的绿色蔬菜生产模式应是未来的蔬菜主导方向，但受多重因素制约，蔬菜绿色生产难度较大。一是蔬菜连作障碍严重，设施蔬菜多年连作，导致土壤酸化、次生盐渍化与土传病害严重。露地蔬菜菜田污染与废弃物也是亟待解决的重要问题。如望都辣椒连作导致病害持续发生，产量下降，效益减少，影响农户种植意愿。二是绿色生产技术普及面有待提升。根据对河北省蔬菜生产经营企业与园区调研发现，对水肥一体节水减肥增效技术、集约化穴盘育苗技术和病虫害绿色防控减药增效技术是最急需的蔬菜生产技术。三是小农户分散化生产下绿色技术接受度不高。个体农户的小规模生产仍然是蔬菜种植的最主要生产模式，蔬菜生产以传统种植观念与习惯为主导，产品难以实现标准化。并且，在小农户对接大市场过程中，由于信息不对称问题，绿色蔬菜产品无法实现优质优价。

（四）蔬菜生产经营主体抗风险能力较弱

蔬菜生产经营主体抗风险能力不强是影响其种植意愿的重要因素，2018 年度自然灾害、病虫害频发与价格波动导致蔬菜生产经营主体收益下降。由于蔬菜生产经营主体风险管理体系不完善，使得 2018 年 1 月莲藕滞销、5 月底大蒜收获期价格下跌的市场风险，以及高温、暴雨、病害等自然灾害风险全部由蔬菜种植主体承担。通过对邯郸蔬菜种植户调查发现，峰峰矿区种植大户和蔬菜园区对蔬菜灾害保险非常渴望，希望政府部门或保险公司能够制定相关政策和保险制度，使蔬菜种植能够有所保障。但目前河北省尚未制定政策性蔬菜灾害保险和价格保险等政策。中国人保在河北省开展相应的日光温室灾害商业保险业务，但因保费偏高，农户与园区难以接受。目前省内蔬菜价格保险也是商业保险，以安华农业保险公司推出的黄瓜价格保险为例，标准是每千克 3.6 元，时间是每年 12 月至翌年的 3 月，保费每亩 600 元，价格超出农户可承受范围。

（五）特色蔬菜投入产出水平不及其他主产区

河北省露地蔬菜生产成本低于全国平均水平，但设施蔬菜种植方面，河北省种植成本则高于全国平均水平，成本优势不足。另外，由于河北适龄劳动力少于山东省、河南省，但人均耕地面积较高，因此劳动力短缺状况更为严重，使得河北省露地与设施蔬菜的人工成本均高于全国平均水平。

由于人工与土地成本居高不下，以辣椒为代表的特色蔬菜产业受成本因素影响更为显著，产品竞争力明显不及其他地区。近年来，鲜食辣椒产量稳定，市场需求量大，收益水平较高，种植面积呈扩大态势，但河北、甘肃等产区受辣椒成本上升、收益不稳定等因素影响，种植面积呈下降态势。

七、河北省蔬菜产业发展对策建议

（一）统筹空间布局与资源整合，提升蔬菜特优区创建质量

一是加大政策支持，出台有针对性的优惠支持政策，按照“渠道不乱、用途不变”的原则，整合部门资金，重点支持特优区建设。二是创新体制机制，建立、完善信贷支持和农业保险中介体系，撬动更多金融和工商资本投入特优区建设，逐步建立特优区应对巨灾风险的长效机制。三是全面统筹生产、加工、物流、研发、示范、服务等功能板块，立足全产业链发展，组织、引导各县（市）制定、落实特色优势农产品产业发展方案和发展规划。

（二）加强生产加工与仓储物流，提高增值潜力和流通效率

一是优化政策环境，抓住京津冀协同发展、北京企业外迁机会，在京津、雄安新区周边打造一批蔬菜加工基地，着力培养一批竞争力强的龙头蔬菜加工企业。二是整合各类蔬菜加工产业集聚园区，积极开发以蔬菜为原料的功能性食品，推动蔬菜产品及其加工副产物综合循环利用，提升农产品增值空间。三是发挥毗邻京津区位优势，就近建设产地收储设施，鼓励各大农产品电商平台在产地建设蔬菜电商服务站点，配套建设仓储、物流、冷链设施，发展具有集中采购、跨区域配送能力的现代化配送中心，建立完善冷链物流体系，提高蔬菜商品流通效率。

（三）推动绿色发展与科技创新，夯实发展理念与产业动能

一是依托高等院校、科研院所、创新性企业等主体，加大科技创新力度，加快特色蔬菜产品全产业链研发、创新和示范，推进新品种、新技术、新成果的转化应用。二是全面推进蔬菜绿色生产发展，实施资源保护和废弃物治理，大力开展耕地地力提升行动，推广测土配方施肥、有机肥替代化肥和病虫害物理生物防治技术，实施农药地膜秸秆清洁生产回收再利用工程，促进农业绿色可持续发展。三是完善旱作农业体系，研发旱作新品种、新技术、新模式，推广节水技术和水肥一体化技术，解除缺水地区水资源短缺对蔬菜产业的制约。

（四）发挥园区示范和龙头引领，提升产业效率和质量效益

一是引导龙头企业向优势产区集中，自建原料基地，推动包装仓储、冷链物流、电子商务等配套产业发展，形成相互配套、功能互补、联系紧密的产业集群。二是支持龙头企业加大科研投入，开发多功能、多系列、高附加值新产品，推进产品结构和产业结构升级，提高产品附加值和品牌美誉度。三是培育壮大新型农业经营主体，同构供应量、产业链、物流连和价值量，与康养、旅游、度假和餐饮产业有机结合，形成种养加一体，一二三产业融合，上下游紧密合作的生产经营主体，提升市场竞争力。

（五）依托资源特色和标准体系，打造知名品牌和特优产区

一是围绕蔬菜优势区和产业园的主要特征和文化内涵，支持龙头企业强化质量控制，全面提高蔬菜产品质量，打造蔬菜区域公用品牌和企业品牌。二是针对全产业链各环节制定标准评价体系，加强科技支撑，引领蔬菜产品规模化、产业化、标准化发展，提升蔬菜产品品质和档次。三是设立蔬菜产品品牌建设和推广专项资金，策划建立蔬菜产品集群展示平台、电子商务平台、各种展览会等公共营销渠道，提高蔬菜品牌影响力。

（六）创新组织领导和体制机制，带动主体参与和利益共享

一是创新社会化服务机制，农科教产学研结合，构建各类主体之间相互依存、紧密协作、共融共生的新型经营体系，提高资源配置效率。二是引导龙头企业与合作社、家庭农场、种植大户建立稳定合作关系，发展农业产业化联合体，促进家庭经营、合作经营、企业经营协调发展，实现合作共赢。三是创新金融服务机制和风险补偿机制，推广蔬菜自然灾害保险，建立农业保险制度，设立农业保险风险基金，减少自然灾害对蔬菜生产的影响，提高农民参与经营的积极性。

撰稿人员：宗义湘　乔立娟　王东平　刘　妍　杨江澜　宋　焕　赵帮宏
指　　导：申书兴
参编人员：狄政敏　滕桂法　陈雪平　严立斌　范凤翠　李博文　邸垫平
王向红　闫立英　乜兰春　董灵迪　王明秋　高华山　毛向宏
李劲松　龚贺友　孙梦红　宋立彦　王艳霞　车寒梅

第十章　2018年度河北省食用菌产业发展报告

2018年的河北省食用菌产业在抵抗住大雪冰雹、罕见高温、洪涝灾害以及木屑涨价、菌棒感染、烧棒等事件的冲击之后，取得非常大成就。错季香菇的价格竞争力和资源禀赋竞争力充分显现，规模持续扩大；具有资源禀赋优势的平菇，缺少了价格竞争优势，规模和水平仍在不断下降，金针菇和杏鲍菇受工厂化技术和设备影响，产量和规模也是持续下降；黑木耳和双孢菇虽然不具有资源禀赋优势，但价格竞争力足以促使其保持稳定发展水平，珍稀食用菌灵寿的秀珍菇和迁西的栗蘑已经形成规模，2018年产量均超过万吨，水平已经接近白灵菇和姬菇。全省食用菌"六位一体"产业化发展模式得到了较大范围的推广，有效促进了小农户与大市场的顺利衔接，发挥科技支撑引领作用，打好绿色有机牌，河北省食用菌产业将得到健康、稳定、持续发展。

一、河北省食用菌产业发展现状

（一）产业规模稳定增长

从规模总量来看，2000年河北省食用菌种植面积仅有0.43万公顷，到2018年河北省食用菌种植面积达2.21万公顷，增长了4.14倍；2000年河北省食用菌总产量为27.5万吨，2018年增加到302万吨，增长了9.98倍；2000年河北省食用菌总产值为12.8亿元，2018年增加到228亿元，增长了16.8倍。从全国排名来看，2000年河北省食用菌产量排名第10位，2013年排名第6位，2015—2016年均排名第4位，2017—2018年均位居第5位。其中，白灵菇产量居全国第一，香菇和平菇产量均居全国第二。河北省食用菌年产值超过亿元的县有26个，占种植业产值的比重超过5%，成为典型的支柱产业，河北省食用菌产业越做越强（表10-1）。

表10-1　2000—2018年河北省食用菌生产规模情况

年份	面积（万公顷）	产量（万吨）	产值（亿元）	主栽品种（个）	排名
2000	0.43	27.5	12.8	12	10
2001	0.53	32.25	16.00	15	9
2002	0.67	39.97	25.00	18	8
2003	0.87	52.27	30.00	21	6

（续）

年份	面积（万公顷）	产量（万吨）	产值（亿元）	主栽品种（个）	排名
2004	1.13	72.05	35.00	22	6
2005	1.33	86.18	37.12	23	5
2006	1.6	112.61	44.38	25	5
2007	1.87	134.03	60.05	26	4
2008	1.18	154.19	73.25	28	4
2009	1.54	190.71	100.39	17	4
2010	1.64	189.36	115.98	17	5
2011	1.66	207.79	119.86	20	6
2012	1.83	210.09	126.34	20	6
2013	1.73	209.70	126.80	18	6
2014	1.74	230.00	150.00	19	6
2015	1.97	270.84	202.83	20	4
2016	2.00	276.20	216.89	20	4
2017	2.13	291.89	220.03	22	5
2018	2.21	302.00	228.00	23	5

资料来源：河北省农业厅环境保护站。

从近十年变化趋势来看，河北省食用菌栽培面积不断扩大，从 2008 年的 1.18 万公顷扩大到 2018 年的 2.21 万公顷，年均增长 6.44%；产量从 154.19 万吨增加到 302 万吨，年均增长 6.95%；产值也从 73.25 亿元增加到 228 亿元，年均增长 12.02%。

（二）品种结构逐步优化

河北省食用菌产业经过多年快速发展，逐渐形成了品种多样化、产业层次化、产品多元化的食用菌产业发展格局。在栽培品种方面，河北省既大力发展传统菇类，如香菇、平菇、金针菇以及杏鲍菇等的规模生产，又投入大量资源用于辅助补充菇种，如双孢菇、白灵菇、鸡腿菇、北虫草、银耳等，同时积极探索开发珍稀特色菇种，逐渐开发了秀珍菇、毛木耳、栗蘑、灵芝、羊肚菌等，食用菌品种结构逐步优化。

1. 主栽品种发展趋势差异大

香菇、平菇、金针菇、杏鲍菇和滑子菇作为河北省食用菌产业的主导品种，在 2011—2018 年，产量占比都曾超过或接近 10%，产量之和占到了河北省食用菌总产量的 85%左右，基本代表了河北省食用菌产业的总体发展水平，这些菇种产量的变化也直接影响着河北省食用菌产业格局。

在 2011—2018 年期间，产业结构变化较大，特别是香菇产业发展速度惊人，产量从 2011 年的 16.59 万吨快速增长到 2018 年的 151.05 万吨，年均增幅达 37.10%，产量增长 9 倍多，成为河北省食用菌产业中的“龙头”。平菇产业则一直在走下坡路，产量从 2011 年的 88.51 万吨下降至 2018 年的 55.62 万吨，降幅达 37.26%，平菇产业规模和水平持续下滑。

金针菇与杏鲍菇的发展态势与平菇类似，金针菇产量从2011年的47.86万吨下降到2018年的15.05万吨，降幅达到68.56%，杏鲍菇产量从2011年的14.81万吨下降到2018年的13.55万吨，降幅8.7%。滑子菇产量从2012年的23.4万吨下降到2018年的6.18万吨，降幅达到73.59%（表10-2）。

表10-2　2011—2018河北省主要菇种产量变化情况

单位：万吨

年份	香菇	平菇	金针菇	杏鲍菇	滑子菇
2011	16.59	88.51	47.86	14.81	4.24
2012	53.31	83.06	15.52	5.76	23.40
2013	60.28	77.83	13.84	6.87	20.79
2014	83.18	86.86	12.62	6.14	23.97
2015	112.32	85.44	16.14	7.18	18.64
2016	144.97	67.59	14.27	8.71	14.07
2017	163.18	73.57	14.10	8.33	16.54
2018	151.05	55.62	15.05	13.55	6.18

资料来源：河北省农业厅环境保护站。

2. 辅助品种发展速度缓慢

双孢菇、白灵菇、黑木耳、鸡腿菇、姬菇作为河北省食用菌产业的一部分，产业规模小，产量占比集中在1%～5%，处于河北省食用菌产业总体结构中的次要地位，具有增加产业层次、丰富产品类型、提升产业竞争力的辅助作用，属于河北省食用菌产业的“补充成分”。但不同菇种发展情况也有一定差异，双孢菇产业总体发展处于上升趋势，产量从2011年的3.78万吨，上升到2018年的6.82万吨；黑木耳产量基本稳定在4万吨左右；白灵菇和姬菇产量下降速度较快，在2018年产量约为1.5万吨；鸡腿菇产量从2011年的5.02万吨下降到2018年的500吨（表10-3），已经不能称其为辅助型品种产业，有“退场”现象。

表10-3　2011—2018河北省辅助菇种产量变化情况

单位：万吨

年份	双孢菇	白灵菇	黑木耳	鸡腿菇	姬菇
2011	3.78	15.51	4.20	5.02	2.52
2012	3.56	5.53	3.65	1.64	10.56
2013	4.47	5.29	3.39	1.26	9.19
2014	10.03	7.62	2.39	2.00	10.40
2015	7.36	3.03	2.76	0.25	6.69
2016	7.95	3.20	2.62	0.04	6.73
2017	7.69	2.99	3.81	0.04	4.10
2018	6.82	1.62	3.66	0.05	1.52

资料来源：河北省农业厅环境保护站。

3. 珍稀品种发展不均衡

珍稀品种产量占河北省食用菌总产量的比重不足 1%，且多为地方特色品种或药用品种，如栗蘑、秀珍菇、羊肚菌、灵芝等。这些菇种大多是农户分散经营，其生产行为具有自发性的特点，生产周期不连贯，生产规模起伏不定，受非市场因素影响较大。珍稀菇种多处于产业发展萌芽期，尚未形成一个成熟、完整的市场，没有形成规模效益。但灵寿的秀珍菇和迁西的栗蘑发展非常迅速，在 2018 年两个品种年产量均超过万吨（表 10-4），产量水平已经接近白灵菇和姬菇。珍稀食用菌的发展，为河北省食用菌产业提供了多元化选择。

表 10-4　2011—2018 年珍稀菇种产量统计表

单位：吨

品种	2011	2012	2013	2014	2015	2016	2017	2018
秀珍菇	100	3 278	28	—	7 090	6 725	7 920	10 682.5
毛木耳	—	—	—	—	6 163	3 784	3 308	3 000
栗蘑	155	6 480	5 880	6 480	8 680	10 673	12 708.5	13 683.5
灵芝	6 120	96	96	—	—	252.35	331.7	182.73

资料来源：调研整理所得。

（三）技术水平不断提升

首先，产业技术研发推广机构不断完善。自 2013 年成立了河北省食用菌产业创新团队，团队紧紧围绕着产业发展现状和技术瓶颈，提出需要解决的共性和关键性技术问题，在育种、栽培、设施、循环利用等方面开展食用菌技术研发工作，取得了显著的成绩。各市县也纷纷组建了食用菌研究院或研发中心，例如河北省平泉以“一院一中心”（河北省食用菌产业技术研究院、国家食用菌体系产业技术研究中心）为核心，建设了全市共享的产业技术研发中心，进行新技术、新模式、新品种的研发与推广。河北省还积极探索多种形式的产学研结合机制，建立了产业技术创新、研发中心—技术示范推广试验站—大型科技园区—成果转化基地—新型经营主体示范推广—职业农民培训的一条龙产业技术承接平台，不断推进科研成果及时转化并示范推广。

其次，产业技术相关人员大幅增加。从专家总数看，自 2011 年以来，河北省食用菌产业专家人数一直处于较快增长的趋势，从 2011 年的 169 名增加至 2017 年的 445 名，增幅达 263%，2018 年专家 284 名，数量有所降低主要是因为统计数据口径变化，以及农民土专家未列入统计范畴，食用菌产业专家对于河北省食用菌产业的技术、产业经济、试验等方面发挥了有效的指导作用。从专业技术人员数量看，2018 年河北省拥有食用菌专业技术人员 3 288名，各类技术人员在食用菌技术推广与应用中发挥着至关重要的作用（表 10-5）。

表 10-5　2011—2018 年河北省食用菌产业技术人员变动情况

年份	专家（名）	各类技术人员（名）
2011	169	6 378

（续）

年份	专家（名）	各类技术人员（名）
2012	180	5 277
2013	183	5 928
2014	383	6 198
2015	366	5 634
2016	525	3 805
2017	445	5 656
2018	284	3 288

资料来源：河北省农业厅环境保护站

再次，接受培训的菇农人数稳定增长。通过河北省2010—2018年食用菌劳动力的统计（表10-6），可以发现河北省食用菌劳动力数量呈逐年下降趋势，自2010年的163.5万人下降至2018年的39.3万人，虽2015年至2018年间稳定在约40万人的水平，但与2010年的160多万人相比仍减少了四分之三，这在一定程度上反映了河北省食用菌生产过程中技术、管理以及机械设备等生产要素对于劳动力的替代作用。河北省每年都在坚持进行食用菌生产培训，稳定地向行业输出劳动力；从培训菇农占菇农人数比例来看，2010年接受培训菇农占菇农总数的比例是17.5%，2018年，接受培训菇农占菇农总数的比例是26.84%，接受培训菇农比例的增高也在一定程度上说明产业技术的进一步普及。

表10-6　2010—2018年河北省菇农培训统计表

年份	种菇农户（户）	菇农（人）	培训菇农（人）	劳动生产率［万元/（人·年）］
2010	450 530	1 634 990	286 360	0.71
2011	368 102	801 573	134 606	1.50
2012	327 802	742 107	219 555	1.70
2013	316 226	656 279	238 069	1.93
2014	264 167	581 535	226 406	2.58
2015	145 573	373 295	144 191	5.43
2016	154 601	361 081	100 822	6.01
2017	140 949	395 752	106 608	5.56
2018	127 706	393 345	105 567	5.80

资料来源：河北省农业厅环境保护站 。

最后，从劳动生产率来看，每一个菇农创造的价值是逐年递增的，从2010年每个菇农每年创造0.71万元到2018年的5.8万元，充分体现了科学技术对食用菌产业发展的贡献。

（四）经营模式日益成熟

经过 30 多年的发展实践，河北省积极创新产业经营主体融合发展路径，根据产业发展基础、经营主体特征和风险环境差异特征，形成了三种高效的产业经营模式：以农户为支点的“三零”模式、以园区为支点的“六位一体”模式和以龙头企业为支点的“非市场安排”模式。三种模式均是市场和企业相结合的准企业经营，产业龙头组织通过生产资料赊销、免费技术指导和最低收购价等非市场行为，促成市场交易内部化，强化了龙头企业与贫困农户的利益联结机制。

河北省 70%贫困山区县以食用菌产业作为扶贫产业，取得了稳定的成效。平泉县依靠食用菌产业带动了 64.2%的贫困农民实现脱贫，阜平县食用菌产业带动了 63.8%的贫困农民实现脱贫。食用菌产业的劳动密集兼技术密集型特征，有利于龙头企业、专业合作社与农户的一体化联合，带动小农户进入现代产业化产业链条，食用菌产业已逐渐成为农户致富的首选产业。

1. “三零”模式

针对贫困户分布零散化、无资金技术、怕风险的实际情况，平泉县食用菌产业化扶贫，探索了让贫困户“零成本”生产、“零风险”经营、“零距离”就业的“三零”产业扶贫模式。“三零”扶贫模式是以农户为支点，将资金、政策等杠杆直接作用于贫困人口，通过解决资金困难和经营风险问题，激励贫困农户积极参与产业化链条，分享产业化利润，实现脱贫致富（图 10-1）。

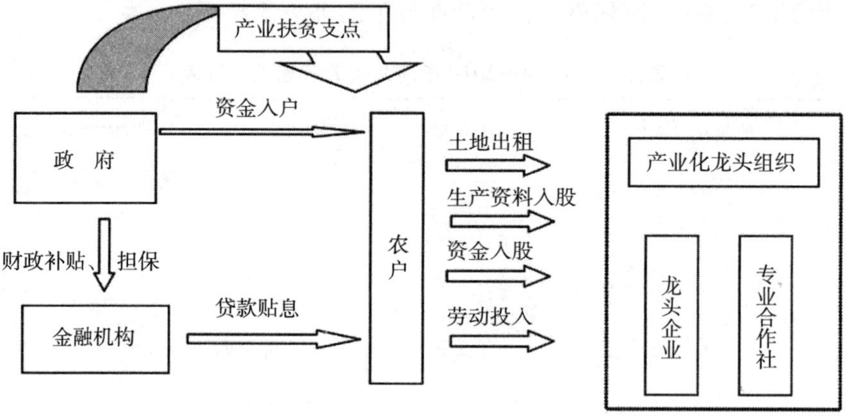

图 10-1 “三零”模式示意图

2. “六位一体”模式

阜平县在食用菌产业上，建立“政府+金融+科研+园区+企业+农户”六位一体产业联盟。“六位一体”是指企业、农户、政府、金融、科研部门，依托产业园区形成紧密型的利益联合体，其中产业园区是载体，企业是龙头，农户是主力军，政府是黏合剂，金融机构是推手，科研机构是引擎。阜平县“六位一体”扶贫模式是以“园区”为支点，将资金、政策杠杆直接作用于园区，通过完善园区条件、大力扶持园区发展，从而引导企业、激励农户进入园区，形成产业化经营（图 10-2）。

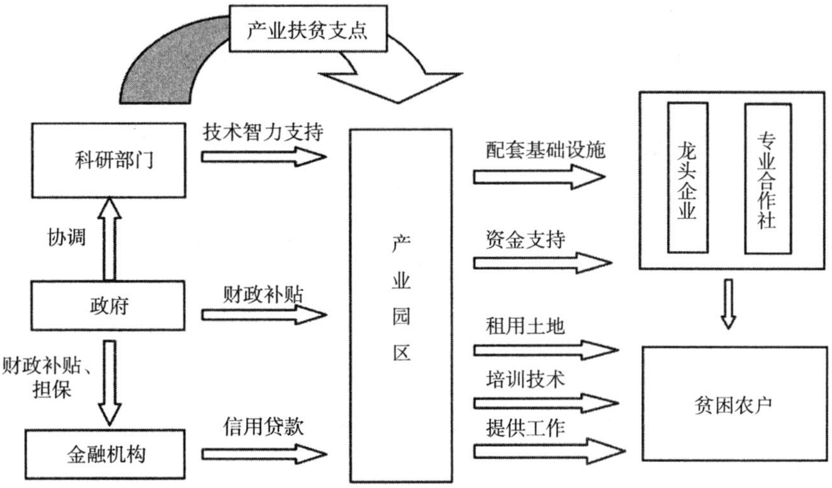

图 10-2　“六位一体”模式示意图

3. “非市场安排”模式

易县食用菌产业发展过程中，采用“非市场安排”的产业扶贫模式。“非市场安排”是指龙头企业为农户提供的不以市场交易原则为特征的咨询和帮助，比如为农户提供资金贷款担保、保护价收购农户产品、无偿或低偿服务、免费使用生产设备、低价赊销生产资料等。这种安排对小规模农户或刚刚进入行业的农户具有较强的吸引力。易县“非市场安排”的产业扶贫模式，具体运作是企业、农户、政府部门，依托产业园区形成紧密型的利益联合体，联合体内实行“统分结合”的运作模式（图 10-3）。

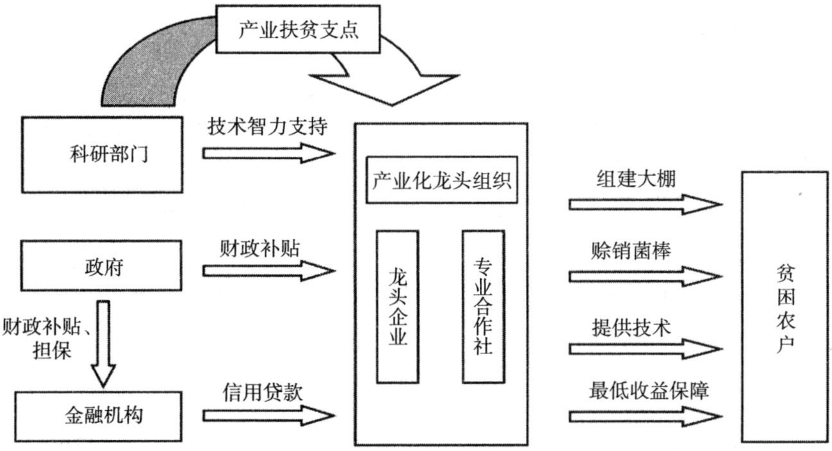

图 10-3　“非市场安排”扶贫模式图

二、河北省食用菌产业竞争力分析

（一）要素竞争力

1. 生产要素资源丰富

作为传统农业大省的河北省，其传统农业的发展为河北省食用菌产业发展提供了良好的基础，传统农业所产生的秸秆、畜禽粪便等能够作为食用菌栽培的基料，这种生产资源就地转化利用的循环发展模式既提高了资源的利用效率，减轻了环境压力，又节约了食用菌生产原材料从其他地区购买的运输成本。

河北省粮食作物栽培量较大，其作物附属品生产量逐年增加，为河北省食用菌产业竞争力提升提供了巨大的原材料支持。河北省的秸秆综合利用量由 2012 年的 4 824 万吨增长到 2017 年的 5 656 万吨，综合利用率由 2012 年的 78%增长到 2017 年的 96.8%。河北省从 2012—2018 年年均利用畜禽粪便为 9.9 万吨、年平均转化秸秆为 10.07 万公顷、菌糠直接还田 2 377 万立方米、菌糠加工饲料 1.46 万吨、菌糠加工有机肥 3 498 万立方米（表 10-7）。河北省丰富的秸秆和粪便资源为河北省食用菌产业的发展提供了良好的资源竞争力。

表 10-7　河北省食用菌生产资源统计表

年份	秸秆收集量（万吨）	综合利用量（万吨）	综合利用率（%）	转化利用秸秆（万亩）	利用畜禽粪便（万吨）	开发利用盐碱荒地（万亩）	菌糠直接还田（万立方米）	菌糠加工饲料（吨）	菌糠加工有机肥（万立方米）
2012	6 176	4 824	78	240.39	18.04	2.60	99.69	8 301.63	189.05
2013	6 180	5 130	83	203.03	13.97	0.55	93.01	7 063.19	317.86
2014	6 176	5 366	86.80	164.61	9.86	1.85	109.63	3 385.68	197.61
2015	5 960	5 635	95	100.38	9.11	0.46	184.90	38 477.5	41.47
2016	5 688	5 440	95.60	117.20	8.40	0.68	6 313.24	12 975	16 085.99
2017	5 842	5 656	96.80	102.63	6.53	0.46	8 336.97	25 739.54	5 126.31
2018	5 880	5 660	96.80	129.52	3.71	0.37	1 505.00	5 923	2 528.31
均值	5 986	5 387	90.29	151.11	9.95	1	2 377	14 552	3 498

2. 气候、区位条件优越

优越的气候条件为河北省食用菌产业发展提供了良好的基础。河北省属于温带大陆性季节气候，年温差较大，全年平均气温介于－0.5～13.9℃之间，由南向北、自东向西逐渐降低；降水季节分配不均匀，冬季寒冷降雪量少，春季干旱风沙多，夏季高温多雨，秋季天气晴朗。总的气候特点是日照充足，四季分明，昼夜温差大，非常适合变温结实的菌类生长。

从地理位置上看，南方省市食用菌栽培原料大部分来自北方，生产成本、物流成本相对较高，山东食用菌鲜菇运销成本明显较高，河北省环绕京津，原料生产、运输、物流成本相对较低，具有明显的区位优势。

（二）价格竞争力

1. 香菇具有一定价格竞争力

通过对河北省香菇月平均价格与全国及主产省份河南、辽宁、浙江、福建、湖北等地的月平均价格进行对比发现（图 10-4），不同的地区存在明显的差异。河北省香菇的价格在多数月份低于全国的平均价格，及河南、浙江、湖北香菇价格，但高于辽宁、福建的价格。河北省香菇的产量在全国排名第二，规模性生产导致其价格较低，由于价格因素诱导，大量的收购商来河北省收购香菇。对于香菇出口，由于河北省因本身具有一定的区位优势，临近日韩，有很大的出口市场，再因其价格具有优势，有利于未来国际市场的扩大，特别是河北省夏季错季香菇价格具有较强的竞争力。

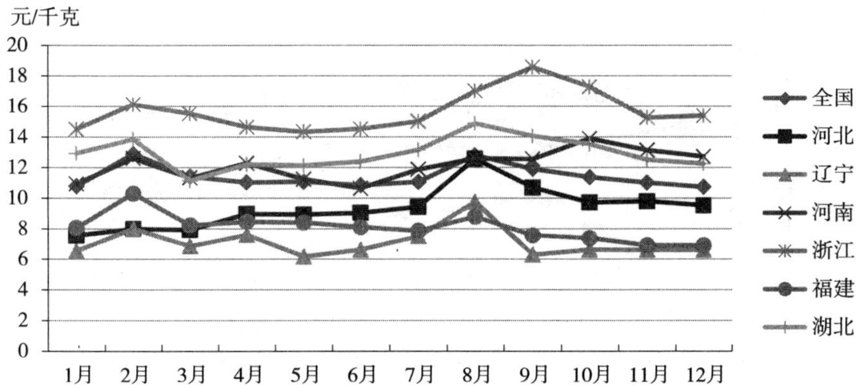

图 10-4　2018 年河北省与其他省份香菇价格比较

2. 平菇价格不具优势

河北省平菇虽然在产量上有优势，但是价格较低，不仅低于全国平均水平，也低于邻近的山东、河南等省份，与其他平菇生产省份相比，河北省平菇价格不具竞争优势。在 27 个平菇种植省份中，上海平菇的平均价格最高为 10.15 元/千克，四川次之，为 8.87 元/千克，而河北省的平菇价格仅为 4.57 元/千克，2018 年 12 月河北省平菇价格排在全国最后一位。

河北省 2018 年平菇平均价格为 4.57 元/千克，其中 11 月价格最低为 2.92 元/千克，8 月价格最高为 7.36 元/千克。从总体来看，河北省平菇价格明显低于全国价格水平，河北省平菇均价相比全国每千克低 1.87 元，其中，价格差距在 2 月达到最大，2 月河北省平菇价格为 4.21 元/千克，全国价格为 7.06 元/千克，二者相差 2.85 元。在邻近的省份中，山东省平菇价格相对较高，和全国平菇月价格波动趋势最接近（图 10-5）。

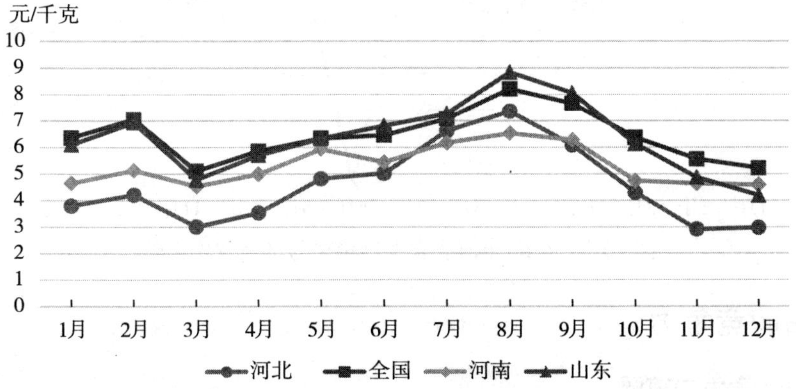

图 10-5　2018 年河北省平菇价格与其他省份比较

3. 黑木耳价格高于全国平均价格

2018 年黑木耳全国平均价为 52.02 元/千克，山东黑木耳平均价为 82.04 元/千克，黑龙江黑木耳平均价为 77.14 元/千克，河北黑木耳平均价为 69.13 元/千克，吉林黑木耳平均价为 65.82 元/千克，北京黑木耳平均价为 65.61 元/千克。河北黑木耳均价高于全国平均价格，低于山东、黑龙江地区黑木耳价格，高于吉林、北京地区黑木耳价格（图 10-6）。

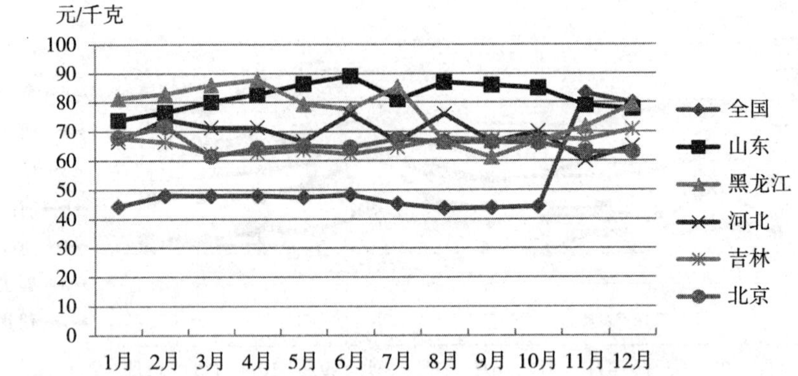

图 10-6　2018 年河北省黑木耳价格与其他省份比较

4. 双孢菇价格优势明显

比较分析全国和北京、山东、江苏、浙江、河北几个典型省份双孢菇月平均价格，不同的地区存在明显的差异。河北省双孢菇 1—4 月的平均价格高于全国的平均价格；5、6 月低于全国平均价格，但差价基本保持在 1 元/千克之内；7 月开始价格上升，9—11 月高于全国平均价格。相对于其他典型区域，河北 2018 年双孢菇月均价格排在第二位，仅次于北京（图 10-7），具有明显的价格竞争优势。

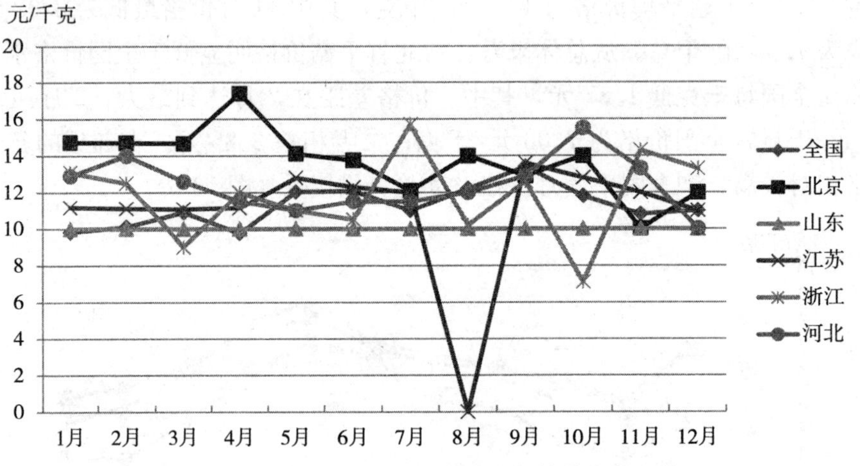

图 10-7　2018 年河北省平菇价格与其他省份比较

（三）品牌竞争力

1. 品牌总体竞争力较弱

近几年，河北省各地区食用菌龙头企业或合作社积极进行绿色产品认证、无公害认证、GAP 认证、申请农产品地理标志认证，并申请了很多企业品牌。但总体来看，河北省食用菌产品虽然品牌数量较多，品牌混杂，大多数品牌仅仅是一个商标，知名度不高，造成商标闲置、无人问津。而且同一地区的厂家、种植大户和专业合作社对同一品种打造不同品牌，他们之间相互压价，造成恶性竞争。

从河北省食用菌品牌经济附加值看，没有体现品牌的营销作用，缺乏消费者“忠诚度”“利润增长”等一系列的价值延续，品牌价值效应不显著。河北省大多数地区食用菌品牌建设前后价格无明显区别，大多主产区、经营主体没有抓住品牌建设商机，也没有稳固消费群体、扩展消费市场、增加区域（企业）竞争力。

从品牌建设主体看，不同主体各自为政，建设差异大。河北省食用菌品牌建设主体类型众多，农民专业合作社、食用菌企业、家庭农场、种植大户等为主的各类新型经营主体都逐渐建立了自己的品牌。目前，河北省食用菌已建立食用菌品牌的主体有百余家，如涞水县天河食用菌种植有限公司、张北县兴农食用菌农民专业合作社、平泉县义达食用菌专业合作社、迁安市利益食用菌标准园等。但这些主体各自为政，覆盖全产业链和专业化加工的主体很少，更是缺乏主体间的品牌联合，使得品牌打造、宣传、推广方面浪费大量资金且无成效。

2. 香菇品牌竞争力突出

在中国优秀的香菇品牌中，庆元香菇、西峡香菇、灵宝香菇、平泉香菇、惠民香菇、大村香菇、金寨香菇名列前茅。在 2018 年的香菇品牌评比中，通过对资源禀赋和比较优势进行分析，对是否产出品质优良、特色鲜明，拥有较好产业基础和相对完善的产业链条及带动农民增收能力进行评比，最终确定资源禀赋、产业发展、科技支撑、质量控制、品牌建设、利益机制、绿色发展、管理保障等八个方面 47 项指标，在最终的投票评比中，平泉香菇名列品牌榜第三位。在食用菌人眼中菜菇数庆元，白面数河南，秋花在随州，大花在泌阳，春花数卢氏，夏菇在平泉。平泉香菇的夏季菇由于其产量大、质地好，尤为具有品牌效应。

平泉香菇，被农业部批准为“地理标志认证产品”，被国家质检总局评为“生态原产地产品”，经国家工商局核准平泉香菇为“地理标志证明商标”，2017 年中国农产品品牌价值评估为 13.36 亿元，于 2018 年 11 月 4 日，作为河北唯一品牌入选为“中国好香菇”。河北省平泉县香菇由于区域规模效应，连同品牌效应，全县食用菌平均价格比其他同类食用菌基地县高出 1～2 元/千克。

（四）区域竞争力

研究借用资源禀赋系数（EF）分析法来研究我国食用菌生产的区域竞争优势，分析河北省香菇产业的优势地位。根据资源禀赋系数（EF）＝（某区拥有的食用菌产量/全国拥有的食用菌产量）/（该区国内生产总值/全国国内生产总值），计算河北省食用菌资源禀赋系数。

1. 香菇资源禀赋优势明显

根据香菇主产区分布特点，选择 9 个省份的香菇种植区与河北省进行比较，主要涉及东南地区（福建、浙江）、华中地区（湖北、河南）、东北地区（辽宁、吉林）和西南地区（四川、重庆、云南）四大主产区，这 9 个省份的香菇产量占全国香菇总产量的 78.67%。从 10 年的 EF 平均值来看，EF 值大于 1 的有六个省份，其中，河南省的 EF 平均值最高为 3.92，湖北省 EF 平均值为 3.08 排行第二，河北省 EF 平均值为 2.37 排行第三，之后还有辽宁省、福建省、浙江省，表明这几个省份香菇产业资源禀赋具有一定的比较优势，可以形成带动经济发展的动力，具有区域竞争力。EF 平均值小于 1 的有吉林省、四川省、云南省、重庆市，说明这 4 个省份不具有香菇资源禀赋优势。河北省 EF 平均值虽然排在第三位，但用近三年的数据比较来看，河北省香菇产业资源禀赋优势越来越明显，自 2014 年以来 EF 值从 2.93 增加到 3.64（表 10-8），上升趋势非常强，表明河北省香菇产业具有非常强的资源禀赋竞争优势。

表 10-8　2008—2017 年河北省与其他省份资源禀赋计算结果

地区	2008	2009	2010	2011	2012	2013	2014	2015	2016	2017	平均值
河北	1.7	2.63	2.11	0.72	1.75	1.72	2.93	2.96	3.51	3.64	2.37
福建	4.32	2.93	2.42	2.19	1.65	1.45	0.27	1.37	1.02	0.99	1.86
浙江	1.95	2.05	1.68	1.53	1.24	1.17	0.06	0.68	0.65	0.65	1.17
湖北	2.98	2.89	4.23	4.89	3.08	3.27	0.59	2.91	2.96	2.94	3.08
河南	2.39	2.9	2.37	2.84	6.82	5.84	—	5.77	5.16	5.16	3.92
辽宁	2.34	4.47	2.58	3.19	2.13	1.68	0.79	1.37	1.45	1.47	2.15
吉林	0.53	0.29	0.29	0.28	0.34	0.2	3.11	0.53	0.42	0.25	0.62
四川	0.51	—	0.42	0.42	0.4	0.39	0.34	0.34	0.37	0.35	0.35
重庆	0.25	—	0.09	—	—	—	0.3	0.54	0.56	0.5	0.22
云南	0.02	0.11	—	—	—	0.95	0.09	0.73	0.86	0.56	0.33

资料来源：《中国农村统计年鉴》《食用菌年鉴》，食用菌协会统计。

2. 平菇资源禀赋系数最高

选取河北、山东、吉林、四川、江西、江苏、内蒙古、湖南、广西、陕西、云南、山西、河南 13 个省份的食用菌种植区进行分析，这些食用菌种植地区平菇产量占全国平菇总产量的 87.67%，也是我国平菇相互竞争的主要产区。从 10 年的 EF 平均值来看，河北省的 EF 值最高为 2.83，吉林省 EF 值排行第二，为 2.78，河南省 EF 值为 2.80 排行第三，山东省 EF 值为 2.47 排行第四。剩下依次为广西、江西、四川、江苏、内蒙古，EF 平均值值小于 1 的有山西、陕西、湖南和云南（表 10-9）。表明河北省的平菇资源禀赋具有较强的比较优势和区域竞争力，对河北省食用菌产业具有举足轻重的作用，可以形成带动河北省的经济发展的动力。

表 10-9　2008—2017 年河北省与其他省份平菇资源禀赋计算结果

地区	2008	2009	2010	2011	2012	2013	2014	2015	2016	2017	平均值
山东	1.49	1.49	2.38	2.39	3.08	3.28	1.62	3.04	3.13	2.81	2.47
河北	2.51	3.21	2.82	3.11	3.57	3.04	0.88	3.33	3.13	2.71	2.83
吉林	1.79	1.75	2.20	2.28	2.16	2.69	0.01	3.42	5.29	6.24	2.78
四川	0.89	1.02	0.88	0.00	1.76	1.57	0.79	1.04	1.79	1.64	1.14
江西	1.59	1.57	1.51	1.44	1.62	1.52	1.59	1.68	1.90	2.10	1.65
江苏	1.63	1.51	1.30	1.09	1.10	0.95	2.26	0.70	0.43	0.38	1.14

（续）

地区	2008	2009	2010	2011	2012	2013	2014	2015	2016	2017	平均值
内蒙古	—	—	—	—	—	—	0.02	1.04	1.48	1.75	1.07
湖南	1.06	0.75	0.64	0.60	1.10	0.76	0.63	0.62	0.79	0.76	0.77
广西	0.34	0.72	0.73	0.96	0.72	0.80	10.89	0.94	1.24	0.81	1.81
陕西	1.43	0.91	0.76	0.75	—	0.75	0.07	0.75	1.11	1.03	0.84
云南	0.28	0.15	—	—	—	0.31	0.19	0.89	1.20	1.31	0.62
山西	0.91	0.68	0.96	0.76	1.04	0.96	0.69	1.07	1.32	1.12	0.95
河南	0.27	2.72	5.99	2.23	—	—	—	—	—	—	2.80

资料来源：《中国农村统计年鉴》《中国食用菌年鉴》，食用菌协会统计。

3. 黑木耳资源禀赋位居末位

选取全国黑木耳主产区黑龙江省、吉林省、河南省、四川省、广西区、陕西省、湖北省、福建省、山东省、浙江省、河北省测算黑木耳资源禀赋系数。EF 均值最高的是黑龙江，为 17.78，其次是吉林省，平均值为 9.26，除此之外只有河南省和四川省 EF 大于 1，其他省份均小于 1，但河北省资源禀赋均值为 0.16（表 10-10），与其他黑木耳主产省份相比均具有较大差距，在全国生产黑木耳的地区中处于下游水平，说明河北省黑木耳不具有资源禀赋优势。

表 10-10　2008—2017 年河北省与其他省份黑木耳生产资源禀赋计算结果

地区	2008	2009	2010	2011	2012	2013	2014	2015	2016	2017	均值
黑龙江	18.11	22.97	0.79	19.38	17.11	18.29	17.83	21.03	20.53	21.71	17.78
吉林	9.14	12.18	0.75	11.51	8.03	7.03	9.26	10.71	12.31	11.7	9.26
河南	1.34	1.3	1.03	0.93	4.18	3.63	2.14	2.5	2.26	2.21	2.15
四川	1.53	0.16	1.55	0.17	0.37	0.32	10.34	0.31	0.34	0.32	1.54
广西	1.06	0.32	3.32	0.46	0.48	0.48	2.12	0.5	0.6	0.41	0.98
陕西	1.47	1.17	1.25	1.05	0.95	0.69	0.01	0.72	1.09	1.01	0.94
湖北	2.48	1.45	1.71	0.35	0.31	0.26	0.03	0.15	0.75	0.73	0.82
福建	0.7	0.83	0.84	0.21	0.23	0.41	3.14	0.33	0.27	0.26	0.72
山东	0.43	0.44	0.97	0.35	0.33	0.31	2.5	0.41	0.41	0.44	0.66
浙江	0.45	0.51	0.88	0.78	0.59	1.02	0.61	0.52	0.36	0.53	0.63
河北	0.15	0.11	0.17	0.24	0.16	0.13	0.34	0.1	0.09	0.13	0.16

资料来源：《中国农村统计年鉴》《中国食用菌年鉴》，食用菌协会统计。

4. 双孢菇不具资源禀赋优势

选取江苏、广西、山东、福建、湖北、江西、河北、浙江、湖南、四川 10 个省份的双孢菇栽培区进行分析，这些地区双孢菇产量占全国双孢菇总产量的 79%，具有较好的代表性。从 EF 平均值来看，广西的 EF 值最高为 7.77，其次为福建 3.27、江苏 2.11、江西 1.95 和山东 1.66，河北省位于第 9 位，EF 值为 0.52，略高于浙江省（表 10-11），表明河北省的双孢菇资源禀赋，目前尚不具有比较优势。

表 10-11　2008—2017 年河北省与其他省份双孢菇资源禀赋计算结果

地区	2008	2009	2010	2011	2012	2013	2014	2015	2016	2017	均值
江苏	2.09	2.18	2.12	2.1	2.14	1.96	1.77	1.72	2.52	2.49	2.11
广西	6.77	8.89	8.74	8.56	10.07	10.71	0.32	7.24	10.66	5.78	7.77
山东	1.4	1.16	1.24	1.46	1.7	1.71	3.22	1.37	1.75	1.54	1.66
福建	3.87	4.4	4.27	4.23	4.02	3.69	1.08	2.85	1.89	2.43	3.27
湖北	0.58	0.42	0.35	0.09	0.31	0.43	0.74	0.04	2.08	2.68	0.77
江西	2.51	2.09	2.66	2.42	2.93	1.63	0.75	1.21	1.32	2	1.95
河北	0.65	0.34	0.34	0.31	0.33	0.39	1.02	0.5	0.72	0.58	0.52
浙江	0.25	0.28	0.27	0.28	0.32	0.64	0.83	0.31	0.36	0.44	0.40
湖南	0.52	0.54	0.6	0.52	0.57	0.57	1.03	0.39	0.51	0.67	0.59
四川	1.09	0.97	0.94	0.77	1.08	0.95	1.9	0.02	0.04	0.07	0.78

资料来源：《中国农村统计年鉴》《中国食用菌年鉴》，食用菌协会统计。

三、河北省食用菌发展风险与存在问题

（一）产业发展存在的风险

随着产业的快速发展和扩张，食用菌产业在菌种源头、生产过程和市场销售中面临诸多风险因素，主要表现在以下几个方面：

1. 菌种外来与低质量风险

河北省对食用菌菌种申请鉴定和专利保护意识较差，河北省农业主管部门尚未对食用菌新品种开展认定或登记工作，同时食用菌菌种选育基础较为薄弱，从事育种工作的科研人员较少，缺少具有自主知识产权的食用菌品种。另外，生产者常常自留种，造成菌种退化，或者从技术水平差的单位引进劣质菌种，严重影响产量和品质。部分菇农为节约生产成本，自行制种或图便宜到家庭作坊式菌种场购种，因其技术水平低，配套设施不完善，容易造成菌种退化或感染病虫害而难以发现，结果这些劣质菌种一旦应用于生产则损失惨重。

2. 产业资金链面临断裂风险

食用菌产业作为全省重点扶贫产业，受到各级政府的高度重视，产业发展拥有较稳定的财政资金和信贷担保支持。尤其在发展初期，政府财政支持较大，产业发展主要依靠外源资金，产业链条的内源资金明显不足。随着产业发展进入成熟期，特别是实现脱贫之后，一旦政府资金和担保出现断裂，习惯于接受扶持的企业可能面临资金缺失，农户种植积极性将遭受打击，产业发展将面临较大的潜在风险。

3. 产业增长出现拐点信号

随着科技含量的不断提高，食用菌产业快速发展，农业贡献率、土地产出率和劳动生产率也不断提升。2005—2016 年，食用菌产业对现代农业贡献率从 1.68%提高到 3.51%，劳动生产率从 0.32 万元/（年·人）提高到 6.01 万元/（年·人），食用菌土地产出率从 2.05 万元/

（年·亩）提高到 7.23 万元/（年·亩）。但到了 2017 年，这些指标均出现拐点，产业边际增长出现下降趋势，农业贡献率、劳动生产率和土地产出率分别下降了 5.41%、10.32%和 15.77%（图 10-8），这可能是河北省食用菌产业发展出现危险的三个拐点信号。

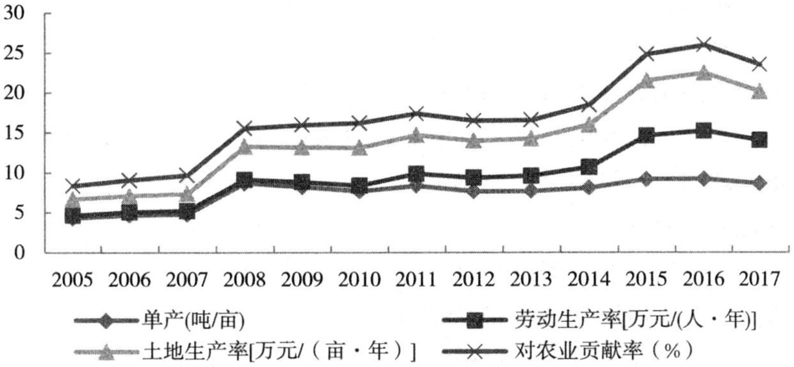

图 10-8　2005—2017 年河北省食用菌生产效率变化趋势

（二）河北省食用菌产业发展问题分析

1. 原料和人工成本上涨，利润下滑严重

2018 年对于河北省食用菌产业是处境艰难的一年。原材料、人工、土地租金等成本不断上涨，使成产成本越来越大，在市场下行的情况下，投资与回报不成比例。全省有很多食用菌企业处于亏损状态，亏损原因是食用菌的核心技术、设备更新和管理创新没能较好地化解成本增加带来的冲击。

2. 环保压力不断增大，企业经营步履维艰

2018 年黑木耳种植户给木耳打药的视频在食用菌行业引起轰动，成为食用菌行业为数不多的恶性事件，给河北省食用菌产业也带来巨大负面影响。食用菌行业面对的环保问题主要是灭菌和废料处理，用生物质锅炉、燃气锅炉或电锅炉替代燃煤锅炉灭菌给食用菌企业带来了较大压力；企业处理废弃菌袋的技术和水平没有明显提高，随意丢弃的现象仍旧普遍存在。

3. 各种灾害频发，市场波动加大

2018 年河北省高温天气增多，导致部分品种出现出菇率下降、杂菌感染，甚至出现烂棒烂袋等问题；产量扩大和集中出菇造成了部分品种烂市现象加重；全省多个食用菌品种市场价格在上半年都是处于下滑趋势，受“温比亚”台风影响，山东降雨量增大产生水灾，导致蔬菜供应偏紧，价格上涨，也连带金针菇、杏鲍菇、平菇、香菇等价格出现了上涨，对全省食用菌产业也造成一定影响。

四、河北省食用菌产业发展形势与对策建议

（一）河北省食用菌产业发展形势判断

1. 食用菌产业化开发前景极为广阔

中国食用菌行业需求进入了高品质时代，可是食用菌产品却没有达到高品质时代的标

准。食用菌产品价格相较国外低，而国外的产品却受到消费者的追捧。不是我们的产品没有市场，而是我们的品质达不到国外的要求。国家加快推进农业品牌建设和供给侧结构性改革，这就要求食用菌产品也应该提升品质，做好食用菌种植链条的品质管理，通过高品质的产品满足消费者对高端、有品位的食用菌的需求。食用菌市场处于优胜劣汰，适者生存的变革时期。过去靠一家一户生产、靠低价促销、靠产量博效益的时代一去不返，小产业不再适应大市场的需求。食用菌产业的重新洗牌必将淘汰的是：没有质量保障的小菇农、没有经营理念的经销商、没有特色产品的小厂家，没有危机意识的大企业。经过洗牌，食用菌产业将面临产业结构重新调整，市场整合会向集中化、专业化、产业化发展。河北省食用菌产业化已经具备一定的发展成效，“六位一体”产业化发展模式得到了较大范围的推广，进一步开发产业化模式和机制，能够有效促进小农户与大市场的顺利衔接。

2. 香菇是河北省食用菌产业升级的突破点

河北省作为食用菌的主产省份，食用菌栽培主要以木腐菌为主，香菇、黑木耳和平菇为优势品种，在杏鲍菇、金针菇等栽培技术和种植装备方面明显滞后于南方省份。香菇栽培面积、产量和产值在全国稳居第二位，并在平泉、遵化、阜平等地形成了国家知名区域公用品牌，具有较强的竞争力。河北省香菇产业发展迅速，同时也掩盖了资源短缺、成本上升、品牌缺乏等一系列问题，特别是 2018 年的大雪冰雹、罕见高温、洪涝灾害以及木屑涨价、菌棒感染、烧棒等事件对香菇产业发展造成了较大影响。香菇价格竞争优势和资源禀赋优势明显，种植基础深厚、种植区域广泛、种植经验丰富，尤其是夏季错季香菇，弥补了南方市场短缺，在全国市场地位不可动摇。河北省香菇产业将成为食用菌产业发展的突破口，只有打造好香菇全产业链条，发挥杠杆作用，才能带动其他品种做大做强，促进河北省食用菌产业健康持续稳定发展。

3. 国家“一业一品”扶持政策支持倾向明显

尽管食用菌产业发展由快速增长向中低速换档，但贫困地区主要分布在山区，有资源优势、气候优势和地理优势，而且食用菌栽培技术是劳动密集型产业，在解决劳动就业方面有着非常重要作用，政府把食用菌作为贫困山区扶贫的主要选择产业。我国云南、甘肃、陕西、大别山区、太行山区等地的产业扶贫的首选项目是食用菌。阜平县成功打造了食用菌产业精准扶贫模式，为当地的脱贫致富做出积极贡献。河北省应该抓住机遇，利用精准扶贫，助推食用菌产业发展。京津冀一体化中，河北省农业定位为绿色、节水、生态特色农业。大力发展食用菌产业，打好绿色有机牌，凸显生态、高效、循环、富民特征，食用菌产业将获得更多支持。

4. 食用菌消费市场出现重大转折

随着中国城乡居民收入的不断增长，购买力的提升，全面健康意识和消费理念的转变，消费者对食品的需求已不再以温饱为首要条件，更为关注食品的安全、营养和保健功能。基于公众对健康生活的追求，食用菌产品在消费者膳食结构中的地位日益提升。随着人类科研水平的不断提高，人类生活水平的增长，人们对食用菌的认识也在不断提高。作为世界卫生组织和粮农组织推荐的“一荤一素一菌”的人类健康膳食结构的组成部分，食用菌消费量也随之日益增长。目前，我国食用菌消费增长迅速，按保守 4%的需求增长速度，到 2020 年，我国食用菌市场需求量达到4 000万吨。按照7%的国外需求增长速度，到2020年，我国食用菌出口量达到200万吨。同时，随着速冻、冷冻、休闲和保健品加工业对食用菌需求旺盛，市场空间还将扩大。

（二）河北省食用菌产业发展对策建议

1. 通过科技创新，实现“科技强菌”

加快河北省食用菌产业科技创新，组织攻关团队。稳定对农业科研机构的支持力度，逐年增加科研经费投入，针对菌种提纯复壮、新品种选育等技术集中力量攻关，创新科技引领产业发展方向；对制种、制棒、栽培等关键技术进行指导，提高科技成果转化效率，促进菇农增产增收。提高食用菌科技成果转化率，提高菇农生产技术水平，提高食用菌生产科技含量，实现化解食用菌产业技术风险和部分自然风险的目标。

科技融入生产流通环节，发挥科技强菌效益。“互联网＋”时代下，依托物联网技术，研发食用菌生产管理系统，使得食用菌的生产变得更加简单便捷。利用食物菌物联网，收集食用菌的实时数据，通过传感机和发射器发送到电脑或者手机上，农户通过电脑和手机了解大棚里面的温度和湿度的状况。农民利用智能手机随时随地管理食用菌大棚，更加科技化、便捷化，同时也对产业化升级产生促进的作用。同时，利用电子商务平台，打造线上和线下相结合的营销模式，减少中间成本，拓宽经销渠道，提高生产者利润。

2. 通过结构优化，推进产业转型升级

对河北省种植规模大的香菇种植面积的扩张进行控制，将栽培面积稳定在现有的水平，对发展趋势好的黑木耳、羊肚菌选择条件好的地区逐步扩大生产规模，对下降趋势明显的平菇、金针菇加快研发新品种，研究创新销售渠道和模式，优化食用菌产业结构，变食用菌产业的高速增长为高质量发展，创新食用菌产业供给，用新动能推动新发展。

积极发展食用菌产业三产融合，促进产业升级。利用历史人文景观，发掘食用菌文化底蕴，建设精品菌文化产业园和旅游、观光采摘基地，打造集生产、加工、贸易、人才培养、餐饮、博览、生态观光于一体的食用菌产业和文化聚集中心，强力推进“大健康”产业发展。

3. 通过组织创新，防控各类市场风险

加快河北省食用菌产业组织创新，引导食用菌产业链条不同节点上的龙头企业、农民合作社、社会化服务组织和农户，通过股份合作、工序衔接、产销对接等方式，形成大联合、大合作、大组织，在各经营主体间建立紧密的利益联结机制，共同应对自然、技术和市场风险，实现抱团发展、互利共赢。

大力发展“产业园区＋生产龙头＋加工龙头＋销售龙头＋农户”的产业一体化经营模式，不断创新主体间利益联结机制，鼓励支持生产龙头通过“非市场安排”加强与农户联结，实现“六统一分”生产经营，强化生产龙头、加工龙头与销售龙头之间的兼并或股权联结，形成紧密的利益共同体，构建稳定优质的食用菌产业链条，稳定价格，提高市场话语权。

4. 强化精深加工，打造河北名优品牌

借助国家加快扶贫攻坚进程和深化农村产权制度改革的有利契机，有序推进农村土地承包经营权确权颁证、流转抵押、参股经营等工作，扩大食用菌加工基地建设，培育规模以上食用菌加工龙头企业，推进食用菌产业精深加工，开发高档精深食用菌加工产品；进一步完善市场流通体系，培育销售运输队伍，发展第三方冷链物流业，不断延伸市场销售半径，扩大利润空间。

以产品品质为基础，挖掘食用菌品牌文化，确定产品核心价值、卖点定位、名称定位、品牌标识定位，从而制定品牌运营战略。河北省食用菌品牌应建立以区域品牌为主体，企业品牌为补充的食用菌品牌发展战略。基本思路是农户加入合作社、企业等生产龙头，进行标准化生产；各生产龙头作为营销龙头企业股东，统一品牌、统一对外销售；政府协调营销龙头与各股东联合打造产品品牌。

撰稿人员：张润清　白　丽　李守勉　于　洁

指　　导：李　明

第十一章 2018年度河北省中药材产业发展报告

一、河北省中药材产业发展背景与政策环境分析

2018年河北省中药材业发展政策环境良好，产业形势整体向好，未来发展潜力巨大，其综合竞争力也将逐渐提升。

（一）乡村振兴战略为中药材种植模式提供新思路

党的十九大报告提出，实施乡村振兴战略，促进农村一二三产业融合发展。“产业兴旺、生态宜居、乡风文明、治理有效、生活富裕”为农业农村发展提供了方向。河北省地形多样，气候适宜，中药材资源丰富，中药材产业是河北省农业特色产业，可探索“中药材+药企+康养+旅游”的农业融合发展模式，促进中药材产业全产业链升级、全价值链升值，逐步实现乡村美、产业强、百姓富。

（二）生态环境建设为中药材种植带来机遇

2016年国务院出台《“十三五”生态环境保护规划》，提出系统推进生态修复与环境治理，确保生态环境质量稳步提升，提高优质生态产品供给能力。一方面，河北省担负着保护京津生态环境的重要政治责任，发展大宗道地药材种植，能充分利用丰富的自然资源，在产区形成乔、灌、藤、草多重植被，利于防风固沙、涵养水源、优化环境，生态环境建设为中药材生态种植带来机遇。另一方面，由于过度采挖野生优质药材，造成野生资源蕴藏量急剧下降，造成部分野生药材资源濒临枯竭，同时一些生态型药材的乱挖滥采，导致草场等植被生态遭到严重破坏，生态环境建设的需求为濒危中药材资源的保护带来契机。

（三）“健康中国”战略要求发挥中医药独特优势

2016年8月习近平主席主持召开中共中央政治局会议，审议通过《健康中国2030》规划纲要，“健康中国”已成国家战略，健康产业将成为我国经济发展的支柱性产业。近年来，我国出台一系列政策支持健康产业发展，2013年国务院出台《关于促进健康服务业发展的若干意见》，2015年出台《中药材保护和发展规划（2015—2020）》，2016年发布了《中医药发展战略规划纲要（2016—2030）》，2016年8月在全国卫生与健康大会上，习近平主席指出：没有全民健康，就没有全面小康，要把人民健康放在优先发展的战略地位，以普及健

康生活、优化健康服务、完善健康保障、建设健康环境、发展健康产业为重点，加快推进健康中国建设。中医药作为我国独特的卫生资源、潜力巨大的经济资源，具有原创优势的科技资源、优秀的文化资源和重要的生态资源，在经济社会发展中具有越来越重要的地位和作用，中医药整体观、系统论、辨证论治和预防保健“治未病”的特色和优势越来越显现出来，越来越被学术界、产业界以及国际社会所认同和重视。中医药在“健康中国”建设中必定大有可为。

（四）京津冀协同发展助推中药材产业发展

京津冀一体化，河北省具有明显的地域优势，2016年“京津冀中医药产业创新联盟”在“药都”安国成立，京津冀一体化发展加速，河北对接京津，中医药企业纷纷落户河北，增强了河北产业发展动力，借助于北京、天津的人才优势、创新优势，通过协同发展，大大提升了河北中药材产业的竞争力。同时，河北省担负着保护京津生态环境和引领京津周边脱贫致富的重要政治任务，京津冀协同发展和脱贫攻坚为中药材产业发展提供了新机遇。京津冀一体化给河北中药材产业提供了更广阔的发展平台，地域优势助推产业发展。

（五）扶贫攻坚利用中药材效益比较优势

2019年河北省农业农村厅出台文件《河北省农业产业扶贫技术服务体系建设方案》（冀农科发〔2019〕1号），提出充分发挥农业技术在农业产业扶贫中的支撑引领作用，加快贫困地区农业特色产业发展，重点依托中药材等18个省级产业技术体系创新团队，指导贫困县农业扶贫产业。目前我国中药工业产值已经突破8 000亿元，健康产业达到1.5万亿规模，全国中药工业已连续7年产值平均增速超过20%，作为原料保障基础的中药材产业也随之快速发展，种植平均亩收益3 000元以上，正常情况下与大田作物效益之比是3∶1，成为农业结构调整、农民增收致富的新兴特色产业。中药材生产多在山区、贫困地区，目前河北太行山中药材产业带、燕山中药材产业带成为中药材产业发展最为重要的区域，也是打造中药材产业扶贫的重点区域。随着扶贫攻坚的不断深入，中药材产业必将成为贫困山区农民脱贫致富的重要抓手，迎来了新的发展机遇。

（六）“一带一路”拉动中药材出口

《中医药“一带一路”发展规划（2016—2020年）》，支持中医药机构参与“一带一路”建设，扩大中医药对外投资和贸易，开启中医药以服务贸易带动货物贸易的机遇。在“一带一路”的政策下，2018年，已在“一带一路”沿线国家建设16个中医药海外中心，受到沿线民众的欢迎。“一带一路”国家中药材出口相应暴增，尤其对东盟、印度及部分中东国家。东盟和“一带一路”地区成为中药材国际贸易的市场风向标。

（七）《全国道地药材生产基地建设规划》全面提升道地中药材产业发展水平

2018年农业农村部、国家药品监督管理局、国家中医药管理局联合出台《全国道地药材生产基地建设规划（2018—2025年）》（农农发〔2018〕4号），提出建立道地药材标准化生产体系，基本建成道地药材资源保护与检测体系，加快建设覆盖道地药材重点产区的生产基地，全面加强道地药材质量管理，良种覆盖率达到50%以上，绿色防控实现全覆盖。加强基础研究，推进育种创新，推进集成创新，提升道地药材生产科技水平；健全标准体系，推进按标生产，推进优质优价，创响道地药材品牌，提升道地药材标准化生产水平；加强现代化加工基地建设，推进加工工艺创新，大力培育知名品牌，加快构建道地药材流通网络，提升道地药材产业化水平；推广绿色生产技术，加强质量追溯体系建设，加强产品质量检测，提升道地药材质量安全水平，推进道地药材区域产业发展。

二、河北省中药材产业发展现状

（一）中药材播种面积继续增加，规模化程度逐渐提高

2018年河北省中药材种植面积达到17.33多万公顷，形成了燕山、太行山产业带和冀中、冀南平原、坝上高原产区“两带三区”产业发展格局，各地区纷纷建设中药材种植示范园区和种植基地，规模化程度逐渐提高。

根据河北省中药材产业技术体系张承试验站数据，截至2018年12月底，承德市中药材新增面积0.6万公顷，总面积达到5.91万公顷，其中道地药材黄芩面积稳定在1.73万公顷，北苍术0.17万公顷，同比增长12.4%，北柴胡0.14万公顷，保持稳定。承德、张家口中药材综合试验推广站协同全市农牧系统，2018年，在全市新创建了10个千亩以上的中药材种植示范园区，示范区总面积达到0.16万公顷，实现了良种、良法的示范与推广，同时为建设规模化、规范化中药材种植基地发挥了引导示范作用。协助承德市农牧局抓好中药材种子种苗繁育基地建设，2018年全市新增中药材种子种苗繁育基地面积594公顷，总面积达到2 248公顷。通过建立高标准良种繁育基地，为打造品质优、产量高、效益好的中药材种植基地奠定了坚实保障。

根据安国试验站数据，2018年安国中药材种植总面积达1.03万公顷，比2017年增长29.8%，其中防风、天花粉和半夏等中药材种植面积增幅均在1倍以上。2018年中药材总产量4.95万吨，比2017年增长34.8%。2018年中药材产值约8亿元，比2017年增长32.4%。安国通过建设和扶持三个规模示范基地建设，引进、试验、示范菊花、薄荷、栝楼、桔梗、丹参等新品种，推广标准化种植技术、测土配方施肥技术、病虫害综合防控技术、适时采收技术等一系列新技术、新成果，示范推广了以“八大祁药”为主的优势品种综合配套无公害生产技术0.39万公顷。现有中药材种植基地数量4个，园区数量10个，合作社300家（国家级1家，省级7家），种植大户380户，药企112家。

根据邯郸试验站数据，截至2018年年底，涉县建设中药材园区10个，中药材基地10个，农业合作社20家，中药材企业8个，中药材种植大户22个。建设柴胡种子繁育基地33.33公顷，连翘基地10公顷，柴胡生态化栽培基地6.67公顷，建成柴胡生态化种植面积66.67公顷，建设连翘育苗基地3.33公顷。

根据秦皇岛试验站数据，秦皇岛市2018年中药材种植面积0.95万公顷，比2017年增

长 5.4%，其中黄芩 0.33 万公顷、柴胡 400 公顷、枸杞 0.13 万公顷、黄芪 0.1 万公顷、北苍术 0.11 万公顷、其他 0.23 万公顷。2018 年中药材总产量 5.4 万吨，比 2017 年增长 7.4%。2018 年中药材总产值 4.4 亿元，比 2017 年增长 8.2%。占地 66.67 公顷以上规模化园区数量 11 个，青龙县中药材产业进入了全省中药材产业大县行列。

（二）道地品种规模扩大，影响力提升

河北省已形成十大道地中药材产业大县，包括：涉县柴胡连翘、巨鹿县金银花、邢台县酸枣仁、内丘县酸枣仁王不留行、安国市八大祁药、隆化县北苍术桔梗、围场满族蒙古族自治县桔梗黄芪、滦平县黄芩桔梗、青龙满族自治县北苍术和蔚县知母防风，产业区域布局规模和优势凸显。

全省种植面积在 0.67 万公顷以上的品种 7 个，0.33 万公顷以上的 14 个，0.2 万公顷以上的 20 个，万亩以上种质品种达到 35 个。其中：万亩以上的品种种植面积达 16.01 万公顷，占全省种植面积的 91.6%；0.33 万公顷以上的品种有黄芩、柴胡、山药、金银花、酸枣、枸杞、山楂、黄芪、连翘、桔梗、苦参、知母、防风等 14 个品种，面积达 12.19 万公顷，占全省种植面积的 69.8%。其中黄芩种植面积最大为 3.4 万公顷，主要在宽城县、隆化县、滦平县、围场县、承德县、平泉县、青龙县、蔚县等县种植。

部分地区实现了“一区一品”或“一园一品”，道地药材品种形成区域化、规模化发展，一些品种正在形成全省，甚至是全国特色药材优势产区，如涉县柴胡、巨鹿金银花、邢台酸枣仁、承德热河黄芩、安国八大祁药、青龙北苍术等已经成为河北省特色药材优势产区；很多道地药材品种在全国产销中占有重要位置，酸枣仁、天花粉、王不留行、祁紫菀、山杏等占全国总产量的 60%以上，太行山连翘、北柴胡、金银花等占全国总产量的三分之一。还有一批强势发展品种正在迅速崛起，有金莲花、河北枸杞、北苍术、猪苓、口防风、荚膜黄芪、知母、祁沙参、祁山药、祁白芷等。可见，河北省道地药材品种出现规模化、区域产业化发展，影响力不断提升。

（三）中药材产业大会增进交流合作

通过 2013 年启动中药材示范园建设以来，2016 年、2017 年、2018 年连续三年组织召开了京津冀中药材产业发展大会，有力促进了河北省中药材产业快速发展。

2018 年 8 月 9—11 日，以“绿色、生态、健康、共享”为主题的“第三届京津冀中药材产业发展大会”在承德市滦平县成功召开。据省农业农村厅统计，大会共达成产销合作意向 14.1 万吨，涉及柴胡、连翘、黄芩等 30 多类，金额约 24.2 亿元，其中承德市药企与采购商达成购销意向超过 3 万吨。大会成功举办，进一步增进了京津冀三地在中药材产业转型升级、创新融合发展等方面的交流合作，对承德市打造“京津水源涵养地·承德道地好药材”品牌形象起到了极大宣传作用。

（四）冀药品牌形成影响力

安国紫菀、祁山药、祁菊花、涉县柴胡、涉县连翘、巨鹿金银花等获得国家地理标志认

证；灵寿丹参、青龙“祖山柴胡”获得国家地理商标认证；涉县连翘、灵寿丹参、唐山金银花等获得有机农产品认证；河间华奕牡丹产业基地，康保黄芪、防风等多个种植基地获无公害农产品认证。中药材初加工和饮片企业注册“保承”“祁菊”等中药材商标近 30 个。90% 的中药材基地开展了产地环评、产品质量监测和药用成分检测，药材质量均符合《中国药典》标准。安国“祁菊”菊花、涉县“涉柴”柴胡等品牌在省内外已具有较高知名度。道地药材品牌化正在形成，冀药品牌在全国影响力不断提升。

（五）中药材产品优势区建设初见成效

2018 年，安国市中药材入选第二批“中国特色农产品优势区”。安国市中药材、巨鹿县金银花、涉县柴胡、清河县山楂、邢台县酸枣入选首批“河北省特色农产品优势区”，河北省十大道地药材产业县占 4 个。药材的道地性决定了不同区域发展不同的特色品种，目前河北省已形成“三区两带”产业发展格局，即太行山中药材产业带、燕山中药材产业带和冀中平原安国八大祁药产业区、冀南平原巨鹿金银花和枸杞产业区、坝上高原特色药材产业区。

1. 太行山中药材产业带

重点打造涉县、武安、内丘、邢台县、灵寿、行唐、井陉、涞源、涞水和阜平等 10 个县，重点发展柴胡、连翘、酸枣、王不留行、知母、丹参、紫苏、皂角等品种。

2. 燕山中药材产业带

重点打造滦平、隆化、宽城、平泉、兴隆、承德、蔚县、赤城和青龙等 9 个县，重点发展黄芩、黄芪、金莲花、北苍术、防风、款冬花、桔梗、苦参、关黄柏等品种。

3. 冀中平原产区

以安国为中心，重点发展安国“八大祁药”祁花粉、祁沙参、祁菊花、祁紫菀、祁白芷、祁山药、祁荆芥、祁薏米。

4. 冀南平原产区

以巨鹿县为中心，重点发展金银花和枸杞。坝上高原产区重点打造沽源、康保、丰宁和围场等 4 个县，重点发展黄芩、黄芪、金莲花、北苍术、防风、板蓝根等品种。

同时，根据河北省气候、环境、土壤、区位，以及资源禀赋、产业规模、历史文化、品牌效应、企业拉动、全国市场占有率等综合考虑，河北省太行山南部涉县柴胡、冀南平原巨鹿金银花、太行山中南部邢台酸枣仁、冀中平原安国八大祁药、冀北燕山山区承德热河黄芩可成为河北省第一批中药材特色品种发展优势区，这五大特色优势区与中药材“三区两带”产业格局高度吻合，通过优势区打造，整体带动中药材产业做大做强做精，树立“冀药”品牌，推进产业发展。目前巨鹿金银花、安国中药材通过了国家中药材优势区认证，涉县柴胡、巨鹿金银花、邢台酸枣、滦平中药材等获得河北省特色产业优势区认证。

（六）中药材产业扶贫初见成效

河北省 62 个贫困县，其中 10 个深度贫困县、206 个深度贫困村主要分布在太行山和燕山山区。河北省62个贫困县中，43个县将中药材作为特色产业发展。由于道地药材对生态环境和气候条件的区域性要求明显，不同品种的道地中药材必须生长在特定的区域内，使得中药材成为产业扶贫的中坚力量。2017年国务院扶贫办、国家工信部、农业部和国家中医药管理局等部门，联合下发了《中药材产业扶贫行动计划（2017—2020年）》，提出“以提高质量、促进增收脱贫”为核心的中药材产业扶贫计划。2018年河北省农业厅印发了《关于在全省深度贫困地区加强农业技术帮扶的指导意见》，要求产业技术体系创新团队加大科技服务力度，实行科技支撑到县、产业帮扶进村、技术指导入户，力图充分发挥中药材产业优势，凝聚多方力量推进精准扶贫、精准脱贫。

按照河北省中药材“两带三区”区域化布局，以河北省十大道地中药材产业县（涉县、巨鹿、邢台、内丘、安国、隆化、围场、滦平、青龙、蔚县）为核心示范区，以河北省确定的64个道地中药材作为主推品种，因地制宜，适地适种，进一步优化种植结构，精准帮扶，全产业链打造中药材产业，促进农民增收，带动农民脱贫致富。

1. 太行山贫困地区

太行山产业带北部区域包括阜平、唐县、涞源、顺平、涞水、望都、易县、曲阳，该区域适宜发展的品种有：柴胡、黄芩、知母、酸枣、北苍术、防风、猪苓。太行山中部区域包括行唐、灵寿、平山、内丘、临城、赞皇，该区域适宜发展的中药材品种有：酸枣、连翘、皂角、丹参、知母、蒲公英、猪苓、决明子、王不留行等。

2. 燕山贫困地区

燕山产业带贫困县包括承德县、平泉、隆化、滦平、兴隆、赤城、青龙，适宜发展的药材品种有：北苍术、柴胡、黄芩、桔梗、射干、猪苓、黄精、五味子、枸杞、山楂、山桃、山杏、黄柏、穿山龙等。

3. 坝上贫困地区

该区域贫困县包括丰宁、围场、沽源、康保，适宜发展的药材品种有：黄芪、黄芩、苦参、防风、知母、桔梗、金莲花、猪苓等。

4. 张家口贫困地区

该区域贫困县包括宣化、张北、尚义、蔚县、阳原、怀安、万全、涿鹿、崇礼，适宜发展的药材品种有：防风、知母、黄芩、射干、苦参、金莲花、板蓝根等。

5. 黑龙港流域贫困地区

该区域贫困县包括南和、魏县、巨鹿、新河、广宗、平乡、威县、馆陶等，适宜发展的药材品种有：金银花、枸杞、菊花、天花粉、银杏等。

（七）质量追溯体系建设平台初见成效

为了提高中药材质量，各中药材产地对接省级中药材大数据平台，纷纷建设中药材质量追溯平台。目前安国市已建成3个质量追溯平台；邢台市建设邢台县、内丘县和清河县3个县级中药材产品质量追溯体系平台，先期有6家企业（园区）入住平台；承德市建设1个质量追溯平台；邯郸基本建成县级“河北省中药材质量追溯体系”，完善引导涉县以岭、涉县擎阳种业和河北兴科等5家中药材生产企业，加入县级平台。

（八）中药材产业技术创新获得新进展

1. 中药材种质创新及应用

一是中药材种质资源评价及新品种选育研究。针对中药材资源种质混杂、良种缺乏等问题，以抗逆和品质优为主要育种目标，培育中药材新品种。重点搜集了柴胡、连翘、丹参、薄荷、紫苏等种质资源，进行整理、保存及种质资源评价研究，筛选获得优良种质类型。

二是中药材脱毒种苗繁育技术研究。针对中药材病毒感染、品质退化问题，建立了柴胡、丹参、地黄、菊花的中药材脱病毒技术体系和脱毒种苗繁育技术体系。

三是中药材优良品种引进与示范。针对生产中良种缺乏问题，引进中药材新品种，包括柴胡、金银花、薄荷、地黄、甜叶菊、金花葵和黄菊，并进行了种苗（种子）繁育及示范应用。

四是中药材标准体系的建设及应用。通过系统研究，制定中药材标准体系，包括河北省中药材种子种苗质量标准、河北省中药材无公害生产技术规程、河北省中药材种子种苗繁育技术规程、河北省中药材产地加工技术规程等河北省地方标准，以及相关的国家行业标准、中国中药协会团体标准、市级地方标准等。

2. 中药材生产技术创新及应用

一是研发出玉米柴胡套种模式（太行山南部）。制定、完善、推广和实施栽培技术规程标准，选育柴胡优良品种，集成和总结“柴胡＋玉米”套种技术模式，有效解决柴胡种植中出苗难的问题，实现玉米柴胡双丰收。

二是研发出酸枣生态栽培技术模式（太行山南部）。通过实验、总结以确定酸枣最佳采收期，制定、完善、推广和实施相应的栽培、质量鉴定和控制规范规程，推进酸枣基地标准化建设，开展经济效益分析，并在适宜地区根据市场前景加以推广示范。

三是研发出山地连翘野生抚育模式、皂角与香猪种养结合模式（太行山中部）。完善“利用嫁接提高连翘果实产量的方法”技术，制定、完善、推广和实施太行山连翘特色栽培技术规程，实现连翘质量稳定可控，打造了涉县连翘、井陉连翘品牌。充分发挥野生连翘资源优势。利用太行山丰富的野皂角资源，通过嫁接改良皂角，大大提高了皂角和皂刺的产量。目前，在井陉大青山已建皂角基地333.33公顷，同时基地引入野香猪1 000多头，每年能繁猪崽约500头。香猪以皂角和皂角叶为食，同时粪便为皂角树生长提供营养，二者形成一个微生态链。通过皂角与香猪的种养结合，每年效益可达200多万元。该技术模式成为利用当地资源优势发展资源型产业，带动农民脱贫致富的有效途径。

四是猪苓仿野生栽培技术集成（太行山北部、燕山西部）。针对河北省太行山、燕山山区猪苓野生资源优势，通过系统研究，建立了蜜环菌材高效培养体系，专利《一种提高猪苓苓种与蜜环菌接菌率的方法》显著提高了猪苓苓种的接菌率，制定了《中药材种苗质量标准 猪苓》和《道地中药材栽培及产地加工技术规范 河北猪苓》地方及团体标准2项，为猪苓仿野生栽培和产业发展提供了技术支撑，在涞源、赤城等贫困县建立了示范基地并应用。

五是八大祁药“两减一节”规范化栽培技术集成。针对平原药材区肥水投入量大，药材有效成分含量降低和不稳定等关键问题，以“八大祁药”祁山药、祁沙参、祁紫菀等品种为重点，建立基于栽培模式、土壤地力、养分需求和供给的产量质量并重的规范化栽培指标体系，研发化肥减施、生物有机肥替代及配施，合理轮作，节水和水肥一体化等栽培关键技术，集成“两减一节”规范化栽培技术体系和优质高产高效技术模式并示范推广，为安国中药材特优区建设提供技术支撑。

六是金银花“减肥提质”规范化栽培技术集成。针对河北省金银花品种产量较高，二、三茬花的有效成分含量降低或不达标的突出问题，开展金银花花芽分化与生理调控、养分需求与配方施肥、产量质量形成与整形修剪等栽培关键技术研究，建立化肥减施、生物有机肥配施、平衡增产和提质增效的规范化栽培技术，集成不同生长阶段金银花“减肥提质增效”栽培技术体系并示范，提升金银花品质和品牌。

七是促进中药材种植生态化发展。目前，中药材生产中过分追求产量、忽视质量的现象比较突出，种植过程中化肥、农药、生长调节剂、农膜等农业投入品日趋增多，并缺乏科学有效管理，导致中药材农残、重金属、激素等外源污染物超标问题日益突出。通过中药材生产技术创新、示范和应用，发展“拟境栽培”与现代农业规范化种植相结合的生态种植，大力推广中药材生态种植模式和绿色高效生产技术，加大有机肥施用和降低化肥施用量，严格控制化学农药、激素、农膜等投入品使用，不断提升中药材质量。

3. 中药材生产机械研发与应用

2018 年以来，尤其是二期产业技术体系建立以来，机械、农机具研究与应用岗位的加入，为中药材产业尤其是山地中药材发展起到的推动作用逐渐显现，部分山地作业机具为首创机具、填补了国内空白。

第一，岗位团队研制的系列中药材山地套作播种机，为体系研制的太行山南部“玉米＋柴胡套种”解决了机械化短缺的瓶颈问题，对该模式的落地和推广起到了巨大的推动作用。

第二，岗位团队通过 4U 系列根茎收获机的再设计，使目前平原区根茎收获机械故障率高、可靠性差、效率低的通病逐步得到解决。

第三，中药材机械标准的制定，使国内中药材机械生产企业的产品质量稳定提升，规范了生产流程和产品性能，改变了中药材机械无标准可依的现状。

第四，岗位团队本着先急后缓的原则，首先解决共性和制约生产瓶颈的机械问题，再解决特种机械问题，为逐步推进中药材生产全程机械化起到了关键作用。2018 年，机械、农机具研究与应用岗位团队组织参加开展展示观摩展览培训活动 16 次，解决技术问题 15 个，合作示范推广“玉米＋柴胡”套作机械化种植面积 40 余公顷，辐射 666.67 公顷，与生产企业联合研制的重型根茎采挖机生产 169 台，销售 150 台，作业面积 1 000 公顷。

4. 制定绿色防控技术方案进行试验示范

对山药“水疗”病害进行了系统研究，从提高预警能力入手，针对种薯和土壤是山药线虫病的主要传播源，重点控制种薯及土壤线虫，强调早期诊断，加强农业技术和非化学控制技术及节药型防控措施的应用，应急技术措施与长效治理技术相结合，高新技术与常规技术相结合，形成山药线虫病新型高效防控技术体系，并在 6 县（市）进行了示范应用，取得了良好效果，为山药病虫害防控提供理论基础和实践依据。

5. 采收和产地加工技术创新及应用

中药材采收加工技术相对落后，特别是产地加工环节，加工粗放、技术缺乏，直接影响药材质量。《中国药典》（2015年版）对二氧化硫污染制定了明确的限量标准，但目前部分药材如半夏、南星、白术、山药、地黄等药材品种传统硫黄熏蒸加工方法还在使用，为减轻和避免二氧化硫对药材污染，采收与加工岗位团队重点开展了河北地产药材硫黄熏蒸问题的调研，地产药材不同采收期有效成分含量研究，地产药材无硫加工、无矾加工技术研究。建立了山药冷冻干燥无硫加工、天南星无矾加工、半夏无硫加工、白术烘干、金银花杀青烘干等加工方法，提高了药材质量，在中药材产地加工方面形成创了新技术，对减少或避免中药材中 SO_2、AL3＋有害物质残留起到重要作用，无硫加工、杀青烘干、冷冻干燥技术等一批产地新型加工技术在产区推广应用，收到良好效果。

6. 中药材质量监控数据库建设和质量安全技术

一是继续完善和优化河北省道地药材质量数据库。按照河北省道地中药材优势区打造规划和实施方案要求，充分利用“农业农村部农产品质量安全风险评估实验室”“河北省农林科学院质量安全研究中心”和“药用植物研究中心”三大技术平台，建立、完善和充实、更新河北省优势道地中药材质量与安全数据库，为监测和控制中药材产品奠定了良好基础。

二是加快质量安全控制技术研究。开展河北省优势道地中药材（柴胡、酸枣仁、金银花、黄芩等）有效成分分析、农药残留、重金属和生物毒素等危害物的检验检测，监测不同区域中药材质量差异，监控质量变化趋势，并制定相关标准，提高产品质量。

三是建立中药材质量追溯体系和全程质量监控。研发完成中药材质量追溯平台软件开发，并进行安装调试。建立中药材种苗繁育、田间栽培、采收、产地加工、综合利用、储运等生产全过程数据采集和上传系统。率先在河北省十大道地药材产业县（涉县、巨鹿县、邢台县、内丘县、安国市、隆化县、围场、滦平县、青龙和蔚县）建立优势品种质量追溯体系，从产业链条的每一个环节，利用“互联网＋中药材技术”开展产品生产过程质量追溯技术研究与应用研究，实施全程质量监控，促进产销衔接。

7. 中药材深加工和综合利用

开展药食同源特色药用植物在功能性食品、大健康产品深加工利用的研究，例如开展酸枣肉、枸杞、柴胡等药用植物深加工过程中提取和干燥技术研究，创新提取工艺，提高活性成分含量，开发系列功能食品和大健康产品，比如酸枣肉固体饮料、柴胡花叶茶、枸杞颗粒冲剂，等等。开展中药材和非药用部位在饲料、中兽药、植物源农药、有机肥等方面的资源化应用研究，例如以酸枣仁加工过程中废弃物酸枣肉为原料开发纯植物源有机肥，开发柴胡、桔梗等非药用部位秸秆饲料，中药渣有机肥、饲料，等等。拓展中药材应用领域和范畴，提高资源利用率，延长产业链，提高中药材产业经济效益。

三、河北省主要中药材品种市场走势分析

近年来，河北省中药材产业发展规模不断扩大，产值不断增加，产品竞争力不断增强，但中药材价格的波动会极大影响药农的种植意愿，进而影响中药材产业的发展。基于此，本

研究对 2018 年河北省重点中药材品种的价格走势及后市预测进行了分析。

（一）2018 年度全国中药材市场价格变动趋势

1. 全国中药材市场价格变动趋势

进入 2018 年以后，全国中药材综合 200 价格指数（我国 200 种主要大宗中药材市场价格的综合加权）在延续 2017 年整体下降的趋势下，走势平稳，中途伴有震荡，但波动幅度较小，进入 6 月后，综合指数开始小幅上涨，从 8 月到 2018 年年底继续保持整体下降趋势（图 11-1）。

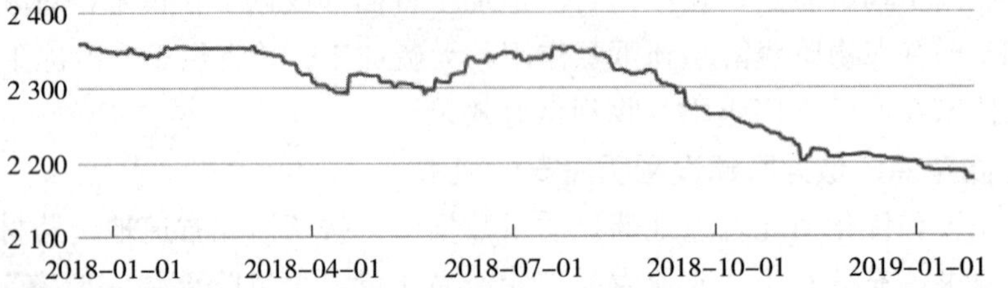

图 11-1　中药材综合 200 价格指数图

资料来源：中药材天地网。

2. 华北中药材市场价格变动趋势

从区域指数来看，2018 年上半年，华北价格指数表现稳中有升，2018 年下半年，波动幅度不大（图 11-2）。

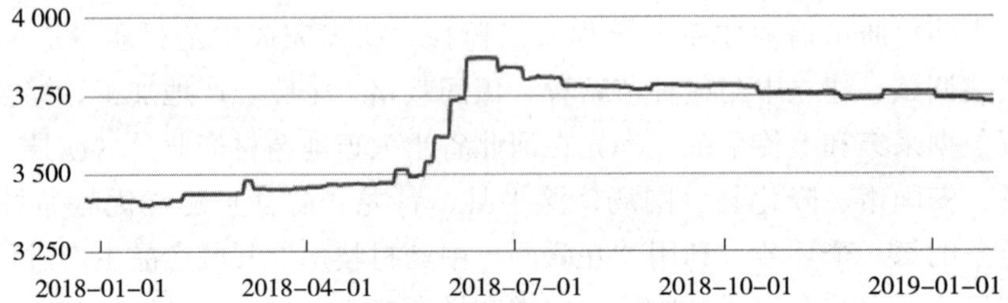

图 11-2　华北价格指数图

资料来源：中药材天地网

（二）主要中药材品种市场走势及预警分析

从总体上来看，北苍术、祁菊花、酸枣仁的价格未来一段时间将继续维持高位运行，且价格波动趋缓，但稳中上升态势将会持续。金银花、黄芩、柴胡的价格未来将较为平稳，波动不大。以下各中药材价格均来自中药材天地网 https://www.zyctd.com/。

1. 北苍术

从 2018 年 1—12 月来看，北苍术价格一路上涨，其中半撞皮个从 75 元/千克上涨至 100 元/千克，而光统个则从 90 元/千克上涨至 120 元/千克，并保持坚挺平稳（图 11-3）。

影响苍术价格上涨的因素，主要包括：野生资源破坏性采挖，产量逐年缩减；高价刺激家种发展，市场流通量变小；优胜劣汰，正品需求量增加。

未来苍术价格走势，一是突破 120 元/千克继续上行压力不小。首先，此价位已经属于苍术的较高价位，商家、药厂采购都不会大量存货。其次，家种虽未普及，但产量仍不能小

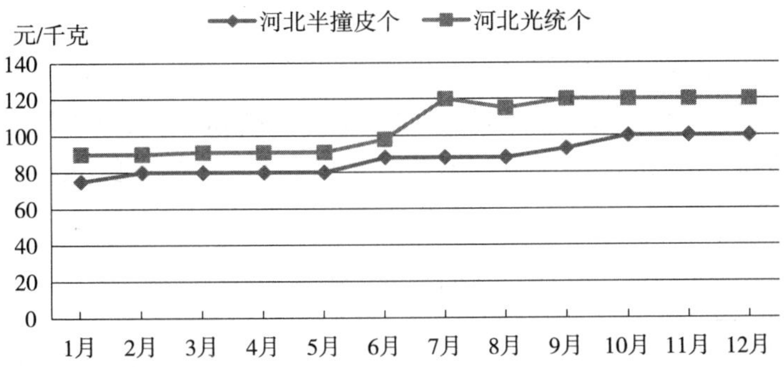

图 11-3 2018 年度不同规格北苍术价格

觑，价格继续上扬，不排除农户大量起挖家种资源的可能。二是行情大幅下滑可能性较低，因为首先，野生资源逐年缩减；其次，野生鲜货用做育苗使用，干货流通量减少；最后，苍术采挖、加工成本不断增加。

2. 祁菊花

从 2018 年 1—12 月来看，河北祁菊花价格在 2017 年跌破到 30 元/千克以下低价位后，2018 年在低价位波动中上涨。其中第 1 季度价格保持平稳，维持在 23 元/千克；第 2 季度发生了小幅下跌，由 23 元/千克跌至 22 元/千克；第 3 季度价格保持在 22 元/千克不变；第 4 季度价格则发生阶梯式上涨，由 22 元/千克涨至 26 元/千克（图 11-4）。

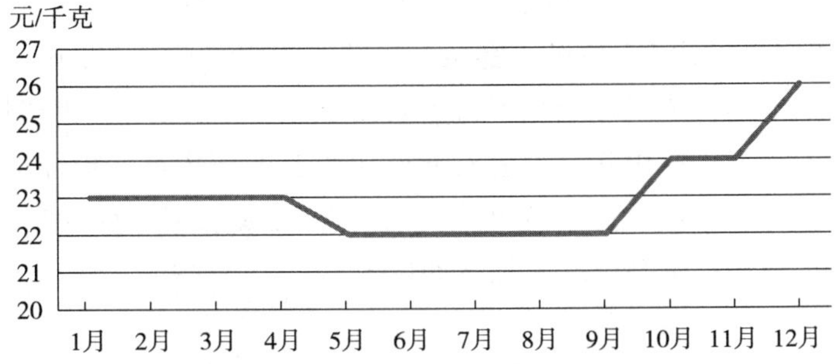

图 11-4 2018 年度河北祁菊花价格

价格上涨原因主要受生产因素、需求因素影响。安国及周边地区种植菊花历史悠长，正常年份种植面积在 666.67 公顷上下。经过漫长的种植时间，菊花的生长个性开始退化，菊花朵变小枝长苞，亩产量从过去的 150 千克左右，降到现在的 115 千克上下。又因前两年不如其他药材品种及树苗生产效益高，2018 年种植面积有所调减，加上前期生长雨水偏多，部分枝叶退落，形成种植量和产量双量减缩。而祁菊花为常用中药材，具有疏风清热、平肝明目、散风清热的功效。目前以菊花为原料的中成药产品已达 80 种左右，其总年用量已由过去的 6 000 吨左右，增加到现在 10 000 吨以上。由于祁菊花的社会需求在逐渐增加，其整体行情趋势和自身价值，又在逐步上行和抬高，加上生产效益没有其他品种刺激，生产兴趣不浓产量缩减，因而形成新货上市行情不降反坚。

祁菊花的整体行情趋势虽然看涨，但由于祁菊花繁殖快，生产周期短，未来行情不免发生波动。但随着祁菊花的新用途和需求量逐步增多，波动的底部支撑会越来越高，价格有望回归到 30 元/千克以上。

3. 金银花

从 2018 年 1—12 月来看，河北金银花价格在平稳中上涨。其中河北色青花第 1 季度维持在 160 元/千克，第 2 季度涨至 165 元/千克，第 3 季度和第 4 季度均维持在 230 元/千克；河北统花第 1 季度维持在 135 元/千克，第 2 季度涨至 145 元/千克，第 3 季度和第 4 季度均维持在 200 元/千克（图 11-5）。

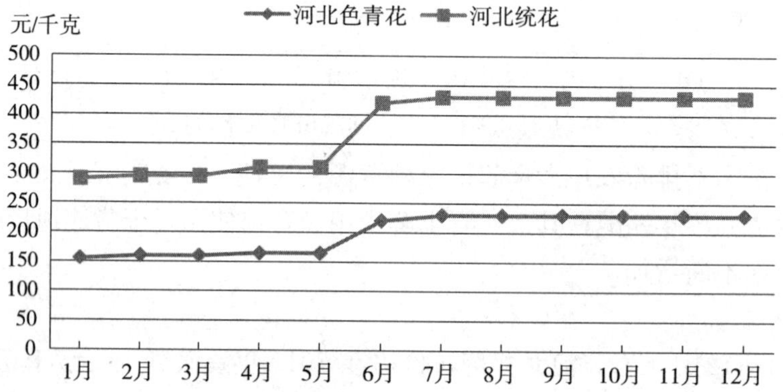

图 11-5　2018 年度不同规格金银花价格

价格上涨并保持平稳原因主要受需求因素、生产因素和气候因素影响。金银花的药用价值特别高，具有清热解毒、温病发热、增强免疫力等作用，还属于药食两用品种，尤其凉茶的需求量逐年攀升较快。目前金银花的需求量大约 1.3 万吨左右，其中凉茶保健品年用量约 6 500 吨，中成药年用量大约 5 500 吨，药妆、兽药等年用量在 1 000 吨。由于前几年低价，药农疏于管理，加上金银花树出现老化不再更新的现象，导致 2018 年产量下降，若加上库存，供求偏紧。又由于近年滥用除草剂造成金银花产能萎缩严重，再加上受暖冬气候影响，虽然影响不大，但综合起来，2018 年金银花产能下降已成事实，预计短期内河北省金银花价格将保持相对稳定趋势，不会出现大幅波动情况。

4. 黄芩

从 2018 年 1—12 月来看，河北黄芩价格保持不变。其中家种统个价格维持在 16.5 元/千克，未撞皮野统个维持在 27 元/千克，半撞皮野统个维持在 33 元/千克（图 11-6）。

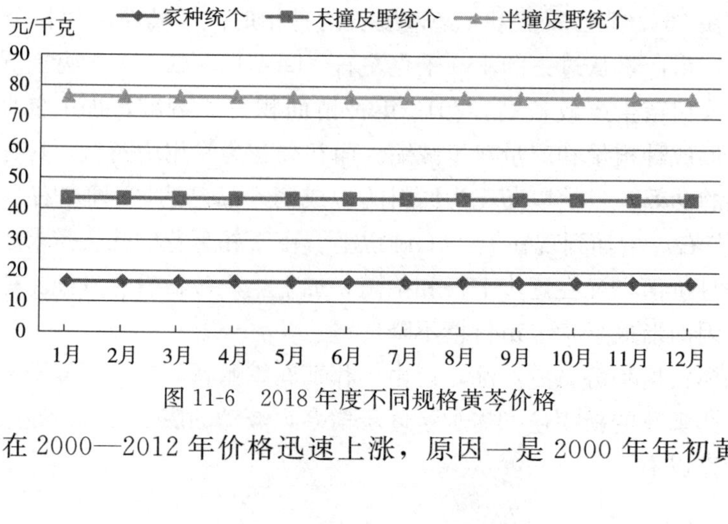

图 11-6　2018 年度不同规格黄芩价格

黄芩价格曾在 2000—2012 年价格迅速上涨，原因一是 2000 年年初黄芩栽培技术不够成熟，收益产量不高，采收加工费工时，导致药农不愿意种植黄芩，再加上野生资源减少，不足以提供正常的药用量。二是市场需求量的提高，促使黄芩价格连年攀升。在2012—2014 年价格保持平稳，在 2014—2016 年间价格曾阶梯式下降。原因一是由于黄芩价格不断攀升和种植技术的不断成熟，促使很多药农种植黄芩，种植面积迅速增大。同时由于没有统一生产标准，导致有些药农种植的黄芩含量不能够达标，导致市场上药材堆积，黄芩价格下降。在 2016—2018 年价格保持平稳上涨，由于前期上涨幅度大，2018 年价格维持高位运行。

由于黄芩的药用价值较高，市场需求量增加，同时野生资源不断减少，目前黄芩价格本身处于低价位，后市预期河北黄芩价格不会大幅下跌，保持稳定或者有一定上扬空间。

5. 柴胡

从 2018 年 1—12 月来看，柴胡价格变动不大。其中统根甘肃价格维持在 55～60 元/千克。统根山西价格和河北价格维持在 65～70 元/千克，黑柴胡根东北价格维持在 80～85 元/千克（图 11-7）。

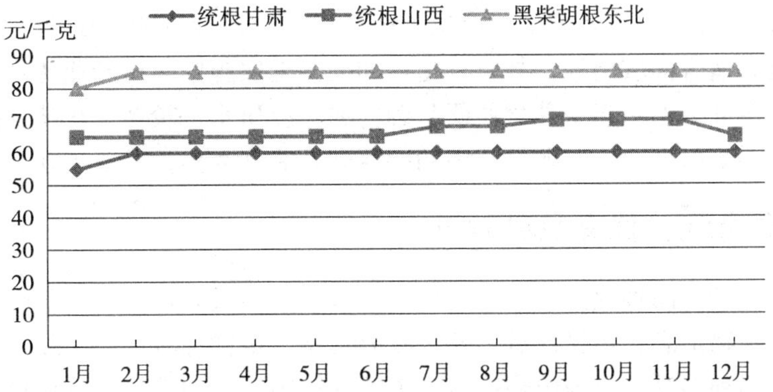

图 11-7　2018 年度不同规格柴胡价格

柴胡价格预期后市震荡下行概率较大。原因一是随着国家产业扶贫力度的不断加大，产地种植面积逐步扩大，2018 年产区风调雨顺，丰产可期；二是藏柴胡近年来对家种柴胡的冲击有扩大之势，药厂采购选择性大；三是目前柴胡价格处于相对高位，压货商投资谨慎；四是柴胡种类繁多，规格不一，难以聚集人气。

6. 酸枣仁

从 2018 年 1—12 月来看，河北酸枣仁价格保持稳中有升。其中前三个季度基本维持在170 元/千克，第 4 季度大幅涨至 250 元/千克（图 11-8）。

上涨原因一方面是由于 2018 年 8 月中下旬河北内丘及山东等地接连遭受连降雨影响，影响酸枣采收。雨水过多，鲜枣水分较大，造成加工出来的酸枣仁不饱满。另一方面是由于2017 年枣鲜果收购价基本在 3 元左右，酸枣仁成本 110 元左右，而卖价在 150 元以上，收益在 40%左右。而 2018 年价格更高，加工户加工积极性高，这是酸枣出现抢购、价格持续上涨的又一因素。

酸枣仁价格走势在高位已出现疲软，后期虽然价格仍可能会上涨，但也不可盲目乐观，市场走动较慢，后市震荡上扬可能性较大。

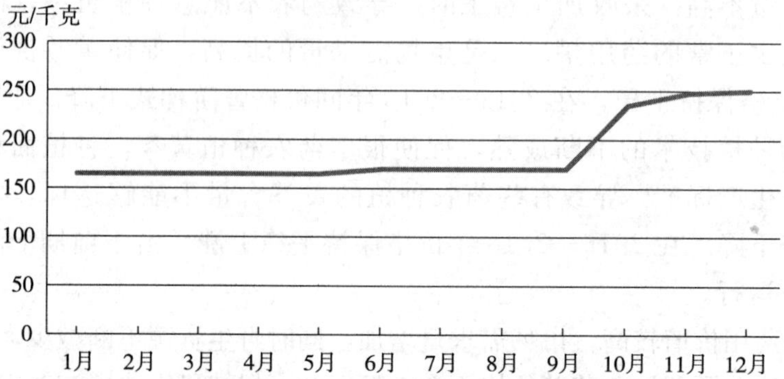

图 11-8　2018 年度酸枣仁价格

四、河北省中药材产业发展存在的突出问题

近年来河北省中药材生产发展迅速，并取得了较大成绩，中药材栽培面积突破 16.67 万公顷，野生抚育面积近 6.67 万公顷，形成了区域产业化发展规模。由于中药材与大田作物相比，效益明显，适宜岗坡山地、林下种植，加上各地实施中药材产业扶贫，大大推进了河北省中药材产业发展。但由于中药材科研基础薄弱，科研水平较低，科技支撑能力较差，滞后于快速发展的中药材产业，产业发展中的一些问题表现突出，主要表现在以下方面。

（一）种质杂乱，优良品种缺乏

中药材种质混杂、品种混乱，一种药材存在多个种质或栽培类型。不同种质或类型，因其基因型不同，植物形态、药材产量、药用成分含量、抗性均有不同，致使药材质量参差不齐。种质混杂、品种混乱，成为影响药材质量的关键因素，中药材种质评价、新品种培育是一个长期的基础工作。

优质种子种苗是提高中药材产量和质量的先决条件。目前，国内中药材种子企业较少，专业化的制种基地和种苗生产基地不多，繁种育苗技术落后，农户自繁自育比较普遍，品种混杂、退化严重，种子种苗质量差，掺杂使假等问题十分突出。而中药材种子种苗的种类繁杂、市场规模小、无序经营、监管不严，甚至很多地方没有监管。

（二）连作障碍突出，绿色生产技术有待突破

药材连年种植、多年重茬、病毒感染、病害严重、连作障碍突出；重大病害、虫害的绿色防控技术缺乏，化学农药使用缺乏规范和技术，一些地方高毒、高残留农药随意使用，基地环境缺乏必要的检测监控，药材重金属吸收规律不明，一些药材加工硫黄熏蒸仍然普遍，致使药材重金属、农残等有害物质超标现象突出，成为影响中药用药安全、质量和疗效的突出问题。

（三）生产无标准无规范，难以实施质量监控

目前虽然对于中药材质量，药材种子、种苗制定了部分标准，但由于执行不到位，因此

难以实施对中药材质量的系统监控。中药材种子质量游离在《种子法》之外，种子市场混乱、缺乏监管。中药材农药登记缺位，农药合理使用无依据无规范。

(四) 质量和安全水平亟待提高

中药材活性成分基本都是次生代谢物，逆境会促进有效成分的增加。第一，大水大肥大农药，在耕地上像种植农作物一样生产药材是造成药用成分含量普遍降低的主要原因。第二，加工混乱、硫黄熏蒸在一些药材上还经常使用。第三，传统产区中药材生产农药使用过度，一味追求防治效果，单纯施用化学农药防治，甚至过量施用或选用禁用农药品种，造成农药残留超标。2013年全国30个省抽检中药材及饮片45 297批，不合格率为36%。2016年全国抽检显示，中药材不合格率在27%。药材质量和安全水平亟待提高。2017年国家食药监总局（CFDA）发布了《总局关于39批次药品不合格的通告（2017年第186号）》中药材质量问题亟待提高。2017年CFDA共公布药品质量不合格通告39次，涉及790批次药品、涉及3 962个药品。在这些公告中涉及的药品质量不合格最多的为中药材，高达2 537个，占比64.03%，中药材的质量和安全水平需要进一步提高。

中药材质量是中医药产业的生命线，当前中药材质量管控面临着很多挑战，中药材可控性差、可溯性不强，中药材生产过程全程质量追溯还基本属于空白。而中药材追溯能让每个环节都可控，是解决中药材质量的关键。

(五) 中药材生产机械化水平低

中药材种类多，单品种种植面积相对较小，药材机械中药材专用机械少，目前生产中应用的中药材机械多是在原来农作物机械的基础上改进，或是借用农作物的播种或收获机械，且多适用于平原规模化药材种植区。针对山地或小规模中药材生产的机械研发与应用更为欠缺，特别是山地小型机械的严重缺失，生产成本居高不下，生产效率低下，限制了山地药材的生产发展。随着农村劳动力的大量减少和劳动力成本的大幅度上升，中药材农场化、基地化、规模化发展，中药材生产机械化是必然趋势。

(六) 药材优质优价机制还没有形成，影响药农生产积极性

目前我国大力推行中药材基地建设，落实中药材生产质量管理规范（GAP），中药材质量检测全覆盖。中药材生产由“量”向“质”转变，高品质中药材生产，从基地环评、种子种苗、绿色无公害生产、生产标准化等各个环节，增加了生产投入，成本大幅度提高，药材质量也明显提升。但药材价格受市场制约，多数药企为节约成本，依然采用低价药材，高品质药材销售不出好的价格，优质优价还没有形成供求机制，好药材卖不出好价格，影响高品质中药材的生产，影响药农中药材生产的积极性。

(七) 中药材综合利用水平低，资源浪费严重

目前中药材非药用部位基本处于浪费状态，中药材综合利用水平低，甚至造成严重的环境污染。在产业快速发展的同时，需要以全产业链思维，考虑产业健康均衡发展，加强对非

药用部位的利用，如废弃物秸秆畜牧饲料应用、中兽药应用、植物源农药应用、有机肥应用，以及开展功能性食品、药食同源类产品、大健康产品开发应用等。强化资源综合利用，避免环境污染，促进产业提质增效。

（八）第一产业独大，一二三产融合发展不够

河北省多数中药材基地、道地药材产区，均是第一产业独大，产品销售基本都是原料药材，产地精加工、深加工、健康产品生产、中医药健康旅游、产地仓储、产区市场和销售平台等综合发展不够，缺少龙头企业带动，缺乏一二三产融合，产业发展不健康。

五、河北省中药材产业发展的对策建议

（一）加强组织协调，优化产业布局

加强对中药材产业发展的组织领导，生产大县、重点产区，应成立专门的组织领导机构，加强产业调研，跟踪产业动态，把握产业趋势，研究制定促进中药材产业健康发展的具体措施。不同道地药材产区，确定重点发展品种，优化产业布局，避免盲目发展。

着力推动“两带三区”建设，聚焦金银花、黄芩、酸枣等大宗道地药材，指导重点县以道地品种、道地产区为主线，按照“一个品种打造一个道地药材产业基地”的思路，以科技农业、绿色农业、品牌农业、质量农业为方向，立足全产业链打造、全产业链提升，分品种编制产业发展专项规划和实施方案。积极适应健康养生消费升级需求，指导“两带三区”和其他县积极引种药食同源、莱药两用品种，建设规模化、标准化、专业化基地，培育新产业，形成新优势。

（二）改进扶持方式，引进社会资本

把中药材产业作为农业特色产业的重点，2019 年继续安排省级财政资金和中央支农资金扶持，结合财政支农资金整合和“大专项＋任务清单”改革安排，引导重点县把中药材作为“一县一业”的优先发展方向，给予重点支持。统筹推动现代农业园区、农业产业化、农业废弃物综合利用等项目向中药材基地倾斜。加强部门合作，积极争取科技研发、综合开发、农田水利、农村道路、土地整理、山区绿化、林下经济、产业扶贫、电子商务等项目向中药材产区安排，形成支持合力。鼓励有关市县制定出台中药材产业发展的政策措施，引导管好用好产业发展补助资金，有条件的县市可设立专门的支持资金；鼓励金融机构、风险投资基金、民间资本和外资加大对中药材产业的支持和资金投入，鼓励引进社会资本参与产业建设，推动保险机构尽快创设商业保险产品，拓展中药材产业范畴，推进一二三产融合发展。

（三）强化标准引领，提高产品质量

突出抓好大宗道地中药材的生产规范化、质量标准化和商品品牌化。加强现有质量标准和生产技术规程的贯彻实施，加快中药材生产使用农药登记的进程，开展全程质量控制，打

造中药材特优区和精品园区，带动提高道地药材标准化生产水平。依托省中药材现代产业体系创新团队，开展科技攻关和技术集成，结合国家药典要求和绿色食品、有机农产品生产技术规范，制定一批生产技术规程和质量标准，用标准规范和引领中药材产业发展，解决无标准无规范，难以实施质量控制的难题，增强河北省的市场话语权和竞争力。利用互联网、物联网等信息化手段，结合规范的生产流通管理规程，从中药材的种质、种植、采收、加工、仓储、质量检测、销售和流通等环节，实现全程的信息采集和监控，实现买卖交易主体及中药材品种、产地等相关信息的电子化，形成生产有规范、来源可追溯、去向可查证、责任可追究的中药材流通追溯体系和电子商务平台，从而保障中药材的安全、稳定、有效、可控。

（四）推进机械化生产，提高生产效率

中药材生产因缺少相应的生产机械设备，人工成本成为生产成本的主要组成，加强药材田间生产机械的研发与应用，特别是山地小型机械的研发，是降低生产成本，提高生产效率的关键，加强产地加工设备的研发与应用，解决产地加工落后、加工混乱的问题，提高产地生产加工机械化技术水平与能力。

（五）培育新型农业经营主体，延伸产业链条

培育新型经营主体，引导更多药农以多种方式参与合作经营，提高组织化程度。支持新型生产经营主体发展晾晒、烘干、脱水、切片等初加工，大幅度提高产品附加值和产业效益。支持企业开发酸枣、连翘、金银花、黄芩等功能产品，打造中药材功能茶大省。发展食药同源类药材种植和产品加工利用，开发多样化、个性化、功能化健康食品，提升人民健康水平，对接大健康产业，拓展中药材产业范畴。加强副产品循环利用研究开发，挖掘增值潜力。加大兽用中药开发，为健康养殖和抗生素替代提供物质基础，拓展中药材市场空间。推动中药材花海和主题产业园区建设，打造旅游观光养生基地，带动休闲农业和乡村旅游发展。支持重点县围绕中药材产业发展社会化服务和机械化作业，降低生产经营成本和劳动强度。

（六）加强产销对接，促进产业健康发展

政府层面应积极开展各种形式的产销对接活动，创建产区产销平台、质量追溯平台、电商平台、药材节、旅游节等，通过平台建设，搭建生产基地和药企对接的桥梁，促进产销紧密融合，以市场为导向，以效益为中心，以科技进步为推动力，依靠龙头企业带动，形成“产加销”一条龙的经营方式和产业组织形式，推进中药材产业健康发展。

（七）培植冀药品牌，推进产业优势区建设

重点针对河北知名道地药材品种，邢台酸枣仁、涉县柴胡、巨鹿金银花、热河黄芩、安国“八大祁药”等，树品牌、扩规模、提质量、强科技，集中力量打造特色药材品种全国优势区，推进产业集聚，形成一二三产融合发展态势，带动本区域中药材产业化发展。

（八）发展中医药健康旅游，拓展产业范畴

充分发挥我国中医药旅游资源优势，倡导中医药健康旅游新观念，推进旅游与中医药的融合发展，开创中医药健康旅游新模式，构建我国中医药健康旅游产业体系，传承我国悠久的中医药文化，提升旅游和中医药对国民经济和社会发展的贡献率，满足人民群众多层次多样化中医药健康服务需求。近年来，河北省中医药健康旅游发展迅速，承德野药谷、草原天路药用植物景观园区、井陉连翘国家公园、安国药博园、涉县药用植物公园、唐县北大中药产业园等一批中药健康旅游项目落地，社会资本广泛参与，拓展了产业范畴，促进了中药材产业发展。

（九）发展山地药材，推进产业扶贫

在“两带三区”优势区域内，积极推广中药材野生抚育、生态栽培，推广林药、果药、粮药等间作套种模式，培植酸枣、连翘、皂角等资源型产业，把资源优势转化为产业优势和经济优势，惠及更多山区农民参与；利用产业扶贫的政策，推进山地药材发展，支持制药加工企业建立药材基地，引导农民合作组织与中药企业建立产销关系，带动贫困地区农民参与药材基地建设，发展订单生产，采用统一种源、统一技术、统一收购，分户或分合作社管理的“三统一分”生产模式扩大生产规模，带动农民增收致富。

（十）强化科研攻关，推进中药材特色产业优势区建设

由于中药材产业发展起步晚、科研基础薄弱、科研积累少，在中药材产业快速发展的新形势下，面临很多重大共性问题，如品种及种子种苗、连作障碍、生态种植技术、质量追溯体系、药材生产加工机械化、非药用部位综合开发利用、大健康产品开发、生产实用技术升级、绿色生产技术、相关标准制定与推广应用、提质增效技术等，需要体系团队协作攻关，有计划有重点地开展攻关研究，突破技术瓶颈，支撑产业健康发展。同时，加强体系团队工作与产业主管部门和地方政府的发展重点和规划吻合起来。中药材产业的发展离不开产区政府的支持，产业体系团队技术成果的推广应用，应紧密与政府、主管部门配合，参与或帮助政府制定中药材发展规划，掌握政府产业发展导向，重点发展内容，将专家团队研究与政府规划内容对接，借助与主管部门、地方政府政策和资金的支持，将团队研发的技术成果应用到产业发展之中，推进中药材特色产业优势区建设。

撰稿人员：王建忠　谢晓亮　王　旗

参编人员：刘灵娣　杨太新　田　伟　何运转　郑玉光　及　华　范国昌
贺献林　宋香武　李树强　徐　鹏　王仲勇　王文青　欧阳艳飞
邢力元　王　斌　刘　丽　张冬艳　王佳越　王娅荣

第十二章　2018年度河北省水果产业发展报告

水果产业是河北省农业支柱产业。2016 年水果产值 552.30 亿元，占全省农业产值的 15.96%，占全省农林牧渔业总产值的 9.08%，产值比重稳居种植业第三位。为了实现河北省水果产业的持续健康发展，进一步发挥水果产业在农业增效、农民增收中的重要作用，河北省水果产业体系经济岗对河北省水果产业竞争力进行了研究。

本章所用数据资料来源于官方统计数据和团队实地调研，共分为三个部分：第一部分为河北省水果产业发展现状及形势，分析了水果产业地位、产量产能、区域布局、流通模式及增值情况和加工情况。第二部分为产业竞争力比较分析，主要从区域竞争力、市场竞争力、管理模式竞争力、技术竞争力和品牌竞争力 5 个方面进行分析。第三部分为存在问题、发展趋势及对策建议。

一、河北省水果产业发展现状及形势

（一）水果产业是河北省农业农村经济的重要支柱产业

水果产业是河北省农业支柱产业，产值比重稳居种植业第三位。2010—2016 年，河北省水果产值整体呈增长趋势，占全省农业和农林牧渔业总产值的比例也呈现扩大趋势（表 12-1）。其中，2014 年水果产值最高，达到 580.94 亿元，占全省农业产值的 16.82%，占全省农林牧渔业总产值的 9.69%；2016 年水果产值 552.30 亿元，占全省农业产值的 15.96%，占全省农林牧渔业总产值的 9.07%，较 2014 年有所下降。产值超过食用菌、棉花和油料，在河北省农村经济发展中发挥越来越重要的地位（表 12-1、表 12-2）。

表 12-1　2010—2016 年河北省水果产值占农林牧渔业总产值及农业产值的比重

单位：亿元，%

年份	农林牧渔业总产值	农业产值	水果产值	水果占农林牧渔总产值比重	水果占农业产值比重
2010	4 309.42	2 470.11	368.91	8.56	14.93
2011	4 895.88	2 775.27	411.32	8.40	14.82
2012	5 340.11	3 095.29	457.61	8.57	14.78
2013	5 832.94	3 473.27	536.05	9.19	15.43
2014	5 944.79	3 453.42	580.94	9.69	16.82
2015	5 978.88	3 441.37	539.93	9.03	15.69
2016	6 886.86	3 459.37	552.30	9.07	15.96

资料来源：《河北农村统计年鉴》（2011—2017）。

表 12-2　2010—2016 年河北省各农作物产值占农业总产值的比值

单位：%

指标	蔬菜	粮食	水果	食用菌	棉花	油料
2010	41.03	25.52	14.93	4.7	6.71	3.16
2011	40.60	25.70	14.82	4.32	6.27	3.52
2012	43.09	24.37	14.78	4.08	4.2	3.26
2013	44.19	24.37	15.43	3.65	3.1	2.84
2014	41.23	25.01	16.82	5.15	2.94	2.54
2015	46.73	23.85	15.69	3.2	2.3	2.35
2016	47.19	22.78	15.96	3.4	1.9	2.26

资料来源：《河北农村统计年鉴》（2011—2017）。

（二）水果产量持续稳定增长，近两年果园面积在全国排名下降

根据河北省水果种植面积和产量的变化，河北省水果生产发展分为四个阶段：第一阶段 1980—1989 年，水果面积增长速度很快，产量递增；第二阶段 1990—1994 年，水果面积呈“U”形变化，先大幅度缩小后迅速恢复，产量逐年递增；第三阶段 1995—2005 年，水果面积比较稳定，增长趋势缓慢，产量增长快于面积增长；第四阶段 2006—2017 年，水果面积先缩小后恢复，与第二阶段相比变化较温和，产量仍持续增长（图 12-1）。

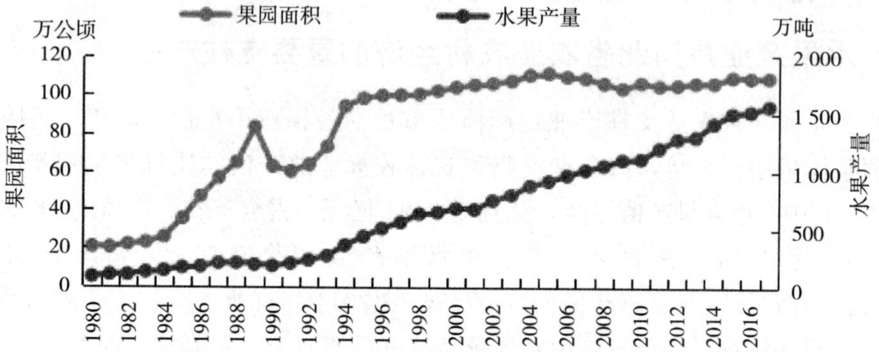

图 12-1　1980—2017 年河北省水果面积和产量变化

经测算，1980—2017 年，河北省水果种植面积年均增长率为 4.62%，产量年均增长率为 8.38%，单产年均增长率为 3.59%。河北省水果的面积、单产、产量的年均增长率各阶段差异较大。面积增长速度最快的阶段是 1980—1989 年，产量和单产增长最快是 1990—1994 年。2006—2017 年面积出现了负增长（表 12-3）。

表 12-3　河北省水果不同发展阶段面积、产量、单产增长率

发展阶段	面积增长率（%）	单产（%）	产量（%）
1980—1989 年	16.83	−6.05	9.77
1990—1994 年	10.72	7.83	19.39

（续）

发展阶段	面积增长率（%）	单产（%）	产量（%）
1995—2005 年	1.27	6.48	7.84
2006—2017 年	−0.05	4.55	4.50
1980—2017 年	4.62	3.59	8.38

资料来源：根据国家统计局公布数据整理计算得来。

根据第三次全国农业普查数据，2017 年，河北省果园种植面积 560 千公顷，比 2016 年增长 1.25%，占全国比重 3.35%，与 2016 年相比，尽管面积增长 6.93 千公顷，但占全国面积的比重和排名有所下降，全国排名第 11 位，排在前 7 名的省区有广西、陕西、广东、新疆、四川、江西和云南。2016 年果园面积占全国比重为 4.26%，在全国的面积排名为第 7 名，排在前 6 位的省区是陕西、广西、广东、新疆、四川和山东。相比于 2016 年，2017 年河北省果园面积与前 6 名省区差距拉大（表 12-4 和表 12-5）。

表 12-4 2016 年河北省及其他主产省区的果园面积情况

省区	果园面积（千公顷）	占全国比重（%）	排名	河北与其他主产省区的差距（千公顷）
河北	553.07	4.26	7	—
陕西	1 263.8	9.74	1	710.73
广西	1 232.6	9.50	2	679.53
广东	1 130.6	8.71	3	577.53
新疆	993.8	7.66	4	440.73
四川	663.2	5.11	5	110.13
山东	653.3	5.03	6	100.23

资料来源：第三次农业普查数据。

表 12-5 2017 年河北省及其他主产省区的果园面积情况

省区	果园面积（千公顷）	占全国比重（%）	排名	河北与其他主产省区的差距（千公顷）
河北	560	3.35	11	—
广西	1 761.6	10.55	1	1 201.6
陕西	1 630.3	9.76	2	1 070.3
广东	1 440.8	8.63	3	880.8
新疆	1 043	6.24	4	483
四川	1 040.6	6.23	5	480.6
江西	869.1	5.20	6	309.1
云南	855	5.12	7	295

资料来源：第三次全国农业普查数据。

1. 2016—2017 年河北省苹果产量小幅增长，产量居全国第 7 位

2016 年，河北省苹果产量 217 万吨，占全国比重 5.38%，2017 年产量为 228 万吨，比

2016年增长11万吨，增长5.1%，占全国比重5.51%，产量居全国第7位。2016—2017年，苹果产量排名前6位的依次是陕西、山东、山西、河南、甘肃和辽宁，2017年相对于2016年，河北省苹果产量与排名第一的陕西省差距拉大，但与山东、山西、河南相比差距有所缩小（表12-6和表12-7）。

表12-6 2016年河北省及其他主产省的苹果产量情况

省份	产量（万吨）	占全国比重（%）	排名	河北省与其他主产省的差距（万吨）
河北	217	5.38	7	—
陕西	10 33	25.58	1	816
山东	937	23.21	2	720
山西	463	11.45	3	246
河南	442	10.95	4	225
甘肃	282	6.98	5	65
辽宁	240	5.94	6	23

资料来源：第三次全国农业普查数据。

表12-7 2017年河北省及其他主产省的苹果产量情况

省份	产量（万吨）	占全国比重（%）	排名	河北省与其他主产省的差距（万吨）
河北	228	5.51	7	—
陕西	1 092	26.39	1	864
山东	940	22.70	2	712
山西	445	10.75	3	217
河南	435	10.50	4	207
甘肃	311	7.52	5	83
辽宁	241	5.82	6	13

资料来源：第三次全国农业普查数据。

2018年上半年全国部分地区发生严重倒春寒，随后多地发生冰雹，形成一定程度的后期低温，对苹果产量有一定程度影响，产量约减产20%左右，优质果率下降明显。

2019年，在自然条件正常、不发生较大自然灾害情况下，苹果产量比2018年将有稳定提高，优质果率将上升，同时价格下行压力比较大，优质优价现象将会更加明显。

2. 2016—2017年河北省梨产量占全国比重略有下降，产量稳居全国第一

2016年，河北省梨产量333万吨，占全国比重20.86%，2017年，河北省梨产量342万吨，比2016年增长9万吨，增长2.7%，占全国比重20.84%，产量居全国第一位。2016—2017年，产量位列全国前五位的除河北外，还有辽宁、安徽、新疆和河南，2017年相对于2016年，其他省份梨产量与河北省差距拉大（表12-8和表12-9）。

表 12-8　2016 年河北省及其他主产省区的梨产量情况

省区	产量（万吨）	占全国比重（%）	排名	其他省区与河北省的差距（万吨）
河北	333	20.86	1	—
辽宁	121	7.58	2	209
安徽	120	7.52	3	213
河南	118	7.39	4	215
新疆	112	7.02	5	221

资料来源：第三次全国农业普查数据。

表 12-9　2017 年河北省及其他主产省区的梨产量情况

省区	产量（万吨）	占全国比重（%）	排名	其他省区与河北省的差距（万吨）
河北	342	20.84	1	—
安徽	124	7.56	2	218
新疆	123	7.50	3	219
河南	122	7.43	4	220
辽宁	116	7.07	5	226

资料来源：第三次全国农业普查数据。

河北省梨种植面积排名前三的区域是石家庄、沧州和衡水。2016 年，三市种植面积占河北省种植面积的 43.3%。三市总产量占河北省总产量的 56%。种植品种呈多元化发展趋势。传统优势品种鸭梨和雪花梨的产量稳步增加，同时，皇冠梨、黄金梨等新品种的市场占有率也在逐年增加。

2018 年受春天天气影响，梨减产较为严重。通过对河北省梨主产区晋州、辛集、魏县、赵县、泊头等林业局的调查，2018 年，梨减产将近 2/3，优果率降低，但甜度整体有所提高。通过对河北省梨主产区的跟踪监测，晋州市梨产量大约 16 万吨，减产三分之一左右，入库量大约 11 万吨，基本和 2017 年同期持平，冷库已经没有旧梨。辛集市梨产量 40 多万吨，比 2017 年减产 40%左右，糖度达到 13～14。魏县梨减产 30%左右，黄冠梨入库量大约在1 000吨，比 2017 年减少 50%。赵县黄冠梨种植面积4 020公顷，产量大约 50 多万吨，减产 50%左右，果形较大，含糖量提高 0.5%～1%，大多在 12～13，冷库入库量是正常年份的 50%多一点。泊头梨产量减产 30%，品质比往年有所提升。

2019 年，河北省梨仍然处在提质增效的关键节点，随着威县等新型栽培模式梨产区进入挂果到盛果期，梨的总产量将比 2018 年稳定上升，价格比 2018 年将会有所下降，梨果的种植面积将在 20 万公顷左右。考虑到近 10 年来 4.53%的平均增长速度，预计 2019 年产量将达到 373.69 万吨。但是同样考虑到“倒春寒”可能带来的后果，预计产量将达到 350 万～390 万吨。

3. 2016—2017 年河北省桃产量略有增长，产量排名略有下降

2016 年，河北省桃的产量为 118 万吨，在全国占比 9.36%，排在第三位，仅次于山东省和河南省；2017 年，河北省桃的产量为 121 万吨，比 2016 年增长 3 万吨，增幅 2.54%，在全国占比9.09%，排名下跌到第四位，位于前三位的依次为山东、河南和山西。2017年相对于2016年，河北省产量与其他省份差距拉大（表12-10和表12-11）。

表12-10 2016年河北省及其他主产省桃的产量情况

省份	产量（万吨）	占全国比重（%）	排名	河北省与其他省差距（万吨）
河北	118	9.36	3	—
山东	289	22.82	1	171
河南	127	10.07	2	9

资料来源：第三次全国农业普查数据。

表12-11 2017年河北省及其他主产省桃的产量情况

省份	产量（万吨）	占全国比重（%）	排名	河北省与其他省差距（万吨）
河北	121	9.09	4	—
山东	295	22.16	1	174
河南	134	10.64	2	13
山西	124	9.31	3	3

资料来源：第三次全国农业普查数据。

河北省是我国传统的五个桃生态产区之一，又是我国桃产业三大产业带之一。桃种植区域较广，优势种植区域基本形成。2017年总产量超过3万吨的县有30个，其中，顺平、乐亭和深州三个县总产量占河北省桃总产量的39.25%。北部产区主要集中在唐山、秦皇岛，具体包括昌黎、乐亭等产区，适合耐寒品种及设施桃的种植，耐寒品种主要有“绿化九”“春蜜”等，设施桃主要品种有“春雪”“金奥”“金辉”“中油11”“中桃红玉”等。中南部气候适宜，适合多种品种栽培，其中“深州蜜桃”更是我国具有悠久种植历史的优质品种，其他主栽品种有“大久保”“大京红”“绿化九”“晚久保”“早艳”“雨花露”“金奥”等。

2018年受早春低温影响，河北省中南部花期花器受冻，影响了一部分产量，大约减产20%左右，不同地区、不同地势也有差异。2010—2017年，河北省桃面积的年平均增长率为1.68%，预测2019年河北省桃树的种植面积将达到9.97万公顷。测算了2010—2017年桃产量的平均增长速度为5.26%，预计2019年河北省桃的产量将达到134.06万吨。同样，考虑到“倒春寒”可能带来的后果，预计产量将达到120万～150万吨。

4.2016—2017年河北省葡萄产量略有增长，产量居全国第三位

2016年，河北省葡萄产量为110万吨，在全国占比8.67%，排名第三，仅次于新疆和云南；2017年，河北省葡萄产量为112万吨，比2016年增长2万吨，增幅1.82%，在全国占比8.53%，产量排名没有变化；2016—2017年，新疆和云南葡萄产量分别位居全国前两位，2017年相对于2016年，河北省产量与新疆差距拉大，与云南产量差距缩小（表12-12和表12-13）。

表 12-12 2016 年河北省及其他主产省区的葡萄产量情况

省区	葡萄产量（万吨）	占全国比重（%）	排名	河北与其他省区的差距（万吨）
河北	110	8.67	3	—
新疆	243	19.21	1	133
云南	137	10.81	2	27

资料来源：第三次全国农业普查数据。

表 12-13 2017 年河北省及其他主产省区的葡萄产量情况

省区	葡萄产量（万吨）	占全国比重（%）	排名	河北与其他省区的差距（万吨）
河北	112	8.53	3	—
新疆	249	19.05	1	138
云南	126	9.67	2	15

资料来源：第三次全国农业普查数据。

2018 年葡萄产量规模稳定，生产形势稳中向好。部分区域果农种植积极性较高，对葡萄产业新技术、新产品关注度高、需求性强，果农收益较高。预计未来几年河北省“阳光玫瑰”“夏黑”等葡萄品种栽培面积将不断扩大，设施栽培尤其是大棚葡萄栽培面积将增加。由于 2018 年部分地区遭受冰雹危害，防雹网架设施面积有望增加；鸟害逐渐被果农认识，并成为成熟期葡萄主要问题之一，防鸟网架设施面积亦可能增加。面对 2018 年的自然灾害，葡萄由于再生能力强，在自然灾害发生时，有一大部分葡萄未出土，因此受灾较轻。

经测算，2010—2017 年，葡萄种植面积平均增长速度为 3.44%，2019 年葡萄的种植面积将达到 6.85 万公顷。考虑到 2010—2017 年葡萄产量年平均增长速度为 7.32%，预计 2019 年河北省葡萄的产量将达到 129 万吨。同样，考虑到“倒春寒”可能带来的后果，预计产量将达到 100 万～150 万吨。

（三）水果区域布局逐步优化，特色优势产区逐步形成

河北省 11 个地区均生产水果，其中产量比较大的地区有 3 个，分别为石家庄、保定、衡水，水果产量占全省的比重均在 10%以上，分别为 14.73%、12.02%、10.97%，水果产量比重之和为 37.72%。果园面积比较大的地区有石家庄、保定、承德、沧州，果园面积占全省的比重均在 11%以上，果园面积比重之和为 52.65%（表 12-14）。

表 12-14 2017 年 11 个地区水果产量和果园面积占全省的比重

地　　区	面积所占比重（%）	产量所占比重（%）
石家庄（含辛集）	14.93	14.73
唐山	5.93	9.73
秦皇岛	4.69	5.73
邯郸	4.17	5.96
邢台	7.51	8.32

（续）

地　　区	面积所占比重（%）	产量所占比重（%）
保定（含定州）	12.6	12.02
张家口	10.19	5.41
承德	11.67	8.95
沧州	13.45	9.6
廊坊	5.97	4.27
衡水	6.56	10.97

资料来源：河北林业网（http：//www.hebly.gov.cn/）。

1. 苹果种植区域较为分散，面积和产量的集中度较低

河北省苹果种植区域较广。根据河北林业网（http：//www.hebly.gov.cn/）数据，河北省13个地市都有苹果种植。从产量看（表12-15），承德市的产量居于全省首位，2017年，承德市苹果产量达811 854吨，占全省总产量的21.86%，位列其后的是衡水市、秦皇岛市、唐山市，分别占全省总产量的15.05%、11.87%和11.86%，分别为559 013吨、440 858吨、440 689吨。从种植面积看，2017年，承德市苹果占全省种植面积的比例达21.9%，其次分别是张家口市、衡水市，种植面积近3年均超过了2.5万公顷。从平均结果率看，2017年，河北省8个市的平均结果率超过80%，石家庄市平均结果率最低，仅有56.14%。

张家口苹果产业发展值得关注，张家口市苹果种植面积排名第2位，产量排名第11位。原因可能是，一是，张家口市气温较低，苹果产量较低，不是苹果的优势生长区域；二是，随着产业扶贫的推进，可能新发展了部分果园，目前还没有进入盛果期，对张家口苹果产业发展应该引起足够的重视。

从种植县域看（表12-16），2017年总产量超过10万吨的苹果种植大县有8个。其中，种植面积最大的是承德县，2017年占全省种植面积的比例达6.43%，县域排名第二、三的分别为青龙县和平泉县，种植面积在近3年均超过了8 000公顷。

表12-15　2017年全省11个地市苹果面积、产量、比重情况

地区	产量（吨）	产量比重（%）	地区	面积（公顷）	面积比重（%）	平均结果率（%）
承德市	811 854	21.86	承德市	53 728	21.9	69.27
衡水市	559 013	15.05	张家口市	29 434	12	63.56
秦皇岛市	440 858	11.87	衡水市	28 538	11.63	93.50
唐山市	440 689	11.86	秦皇岛市	25 037	10.21	80.65
邢台市	314 917	8.48	邢台市	21 599	8.81	90.93
石家庄市	258 029	6.95	石家庄市	19 588	7.99	56.14
邯郸市	218 295	5.88	唐山市	18 985	7.74	79.46
保定市	195 626	5.27	保定市	12 431	5.07	67.95
沧州市	136 398	3.67	沧州市	10 794	4.4	92.76

（续）

地区	产量（吨）	产量比重（%）	地区	面积（公顷）	面积比重（%）	平均结果率（%）
廊坊市	114 832	3.09	邯郸市	10 632	4.33	85.93
张家口市	100 150	2.7	廊坊市	9 612	3.92	90.64
辛集市	94 130	2.53	辛集市	4 210	1.72	99.83
定州市	29 110	0.78	定州市	693	0.28	96.68

资料来源：河北林业网（http：//www.hebly.gov.cn/）。

表 12-16　2017 年河北省苹果主要种植地区的种植面积及产量

地　区	现有面积（公顷）	结果面积（公顷）	总产量（吨）
承德县	15 773	11 830	232 104
青龙县	14 453	11 334	190 000
平泉县	9 066	6 353	140 485
围场县	8 416	7 403	302 971
深州市	8 413	8 203	245 800
抚宁区	4 366	3 711	110 969
邢台县	4 117	3 432	126 913
乐亭县	3 451	3 442	160 166

资料来源：河北林业网（http：//www.hebly.gov.cn/）。

2. 梨种植优势区域比较集中，全省一半产量集中在石家庄、衡水和沧州市

河北省是中国传统的梨果种植大省，栽培历史悠久，种植面积、产量居全国首位，种植优势区域相对集中。种植面积最大的区域是石家庄，其次是沧州和衡水。2017 年，三市种植面积占河北省种植面积的 43.29%，产量占河北省总产量的 56.25%。种植品种呈多元化发展趋势，传统优势品种鸭梨和雪花梨的产量稳步增加，同时，皇冠梨、黄金梨等新品种的市场占有率也在逐年攀升。

河北省梨的主产区中（表 12-17），2017 年，产量居于全省首位的是石家庄，产量达1 492 373吨，占全省总产量的 29.11%，位列其后的是衡水市和沧州市，分别占全省总产量的 14.77%和 12.37%。2017 年，石家庄、衡水和沧州种植面积均超过了 2 万公顷。12 个地市的梨产量均超过了 10 万吨，占全省梨总产量的比例高达 99%，张家口梨的生产总量很低，为33 657吨。

表 12-17　2017 年河北省梨主产区的面积、产量及占比

地区	面积（公顷）	总面积占比（%）	结果面积（公顷）	年平均结果率（%）	产量（吨）	产量占比（%）
石家庄市	38 314	19.22	35 213	91.91	1 492 373	29.11
沧州市	26 064	13.07	24 607	94.41	634 226	12.37
衡水市	21 933	11.00	20 888	95.24	757 041	14.77
承德市	21 182	10.63	12 944	61.11	194 626	3.8

（续）

地区	面积（公顷）	总面积占比（%）	结果面积（公顷）	年平均结果率（%）	产量（吨）	产量占比（%）
邢台市	18 905	9.48	15 292	80.89	436 711	8.52
廊坊市	16 059	8.06	9 604	59.80	208 955	4.08
邯郸市	13 624	6.83	11 463	84.14	356 793	6.96
辛集市	12 830	6.44	12 747	99.35	339 827	6.63

注：年平均结果率=结果面积/种植面积。

资料来源：河北林业网（http：//www.hebly.gov.cn/）。

从种植县域看，2017年，全省梨总产量342万吨，总产量超过30万吨的梨种植大县有6个。赵县梨种植面积1.67万公顷，产量62万吨，面积和产量均位居全省第一位；产量排在第二、三位的是晋州和泊头县，种植面积也超过了1万公顷（表12-18）。

表12-18　2017年河北省梨主要县域种植面积、产量

县　域	现有面积（公顷）	结果面积（公顷）	总产量（吨）
赵　县	16 667	16 632	620 000
晋州市	12 055	12 055	616 532
泊头市	13 852	13 810	439 338
深州市	9 347	9 275	412 600
辛集市	12 830	12 747	339 827
宁晋县	8 885	8 752	305 018

资料来源：河北林业网（http：//www.hebly.gov.cn/）。

3. 葡萄七成以上的种植区域分布在张家口、邢台、廊坊、唐山、保定5个地市，面积集中度较高

河北省是我国葡萄五大产区之一，隶属于渤海湾葡萄种植区，既种植大量的鲜食葡萄品种，又种植酿酒葡萄品种。河北省各地区（11地市及省辖市辛集、定州）均有葡萄种植。其中，张家口市、邢台市、廊坊市、唐山市、保定市等是主要的葡萄种植区，总面积占比达73.41%。其中，张家口市葡萄种植的面积、产量都稳居首位，葡萄种植面积占全省近四成，葡萄产量在全省占比超过三成，是河北省葡萄产业发展优势区。

河北省葡萄种植模式有露地种植和设施种植，种植品种多元化，既有鲜食品种又有酿酒品种，优势种植区域基本形成。饶阳县以设施葡萄为主，2017年产量达到7.9万吨。随着葡萄酒行业竞争压力逐步增大，且葡萄酒产业集群发展具有西移趋势，对河北省酿酒葡萄生产规模造成了一定压力。2014—2017年，秦皇岛市葡萄产量连年下跌，4年间产量累计降低了5.6万吨，产量占比由2014年的12.46%下降到2017年的7.75%。同时，秦皇岛市葡萄种植面积也在3年内累计缩减了1 101.48公顷。

2017年，河北省各县域葡萄种植面积超过3 000公顷的共有5个（表12-19），形成了以怀来、涿鹿为代表的酿酒葡萄产区，以威县、永清、饶阳为代表的鲜食葡萄产区。

表 12-19　2017 年河北省各主要葡萄种植县域的面积和产量

县　域	现有面积（公顷）	结果面积（公顷）	总产量（吨）
怀来县	16 756	10 000	186 520
涿鹿县	14 945	8 496	330 853
威　县	5 500	5 000	82 040
永清县	4 734	4 270	93 070
饶阳县	3 217	3 217	78 943

资料来源：河北林业网（http：//www.hebly.gov.cn/）。

4. 桃种植面积和产量集中度较高，主要分布在保定、唐山和衡水三市

河北省是我国传统的五个桃生态产区之一，又是我国桃产业三大产业带之一，种植区域较广，种植优势明显。2017 年，保定市桃产量达 566 872 吨，占全省总产量的 27.07%，位列其后的是唐山市和衡水市，分别占全省总产量的 23.6%和 13.22%。保定、唐山、衡水、廊坊、邯郸、秦皇岛的桃产量均超过了 10 万吨（表 12-20）。

2017 年，保定市、唐山市、衡水市和廊坊市的种植面积均超过了 10 000 公顷，其中保定市种植面积为 21 091 公顷，位列河北省区域第一。在平均结果率方面，2017 年，河北省有 9 个市的平均结果率超过 80%，辛集市高达 96.77%，石家庄市 2017 年平均结果率最低，仅有 44.23%（表 12-20）。

表 12-20　2017 年河北省主要区域桃种植面积、产量及占比

地　区	面积（公顷）	面积占比（%）	年平均结果率（%）	产量（吨）	产量占比（%）
保　定	21 091	21.89	82.04	566 872	27.07
唐　山	15 693	16.29	86.44	494 188	23.60
衡　水	12 940	13.43	93.17	276 894	13.22
廊　坊	12 047	12.50	77.63	173 309	6.86
邯　郸	8 022	8.33	87.80	164 646	7.86
秦皇岛	8 152	8.46	80.72	143 662	8.28
石家庄	6 009	6.24	44.23	73 603	3.51

资料来源：河北林业网（http：//www.hebly.gov.cn/）。

2017 年，桃总产量超过 5 万吨的县有 7 个（表 12-21），占全省总产量的 53.54%，其中，顺平、乐亭和深州三个县产量超过 20 万吨，占全省总产量的 39.26%。顺平县桃产量 339 350吨，位居全省各县域之首，排在第二、三位的是乐亭县和深州县，三县的种植面积均在 5 000 公顷以上。

表 12-21　2017 年河北省桃总产量 5 万吨以上的县域

地　区	现有面积（公顷）	面积占比（%）	结果面积（公顷）	总产量（吨）	产量占比（%）
顺平县	9 863	10.24	8 450	339 350	16.21
乐亭县	5 850	6.07	5 813	260 547	12.44
深州市	8 807	9.14	8 589	222 100	10.61

（续）

地　区	现有面积（公顷）	面积占比（%）	结果面积（公顷）	总产量（吨）	产量占比（%）
满城区	4 203	4.36	3 620	93 450	4.46
昌黎县	2 980	3.09	2 831	75 850	3.62
临漳县	3 100	3.22	3 065	74 400	3.55
滦南县	2 427	2.52	2 177	55 517	2.65

资料来源：河北林业网（http：//www.hebly.gov.cn/）。

（四）河北省典型水果流通模式特征调查

1. 梨流通模式

泊头有“中国鸭梨第一乡”的美称，2018 年被评为“河北省泊头鸭梨特色农产品优势区”。2018 年 11 月，选取了泊头的齐桥镇、王武镇、洼里王镇三个乡，对泊头的流通模式进行了实地调研。每个乡选择了三个行政村，每个村调查 4～8 户，共调查 54 户农户、3 户种植大户，1 个合作社和 2 个企业（表 12-22）。

表 12-22　泊头调查对象数据统计情况

镇	村	数量
齐桥镇	乌屯子村	7
	王庄	5
	大炉子村	4
洼里王镇	三岔河	6
	贾庄	8
	常教	7
王武镇	金马村	4
	簸箕张	8
	崔庄	5
合计		54

经调研发现，泊头梨流通模式主要分为以龙头企业带动、经纪人带动和自销三种。以龙头企业带动的模式主要为“农户＋合作社＋企业”“农户＋经纪人＋企业/外地客商”等形式，以经纪人带动的为“农户＋经纪人＋外地客商”。其中自销的农户的种植面积是 0.2 公顷。具体如表 12-23 所示。

表 12-23　不同销售模式在 54 户农户中的分布情况

	农户＋收购点＋经纪人	农户＋合作社＋企业	农户＋收购点＋企业/经纪人	自销
户数	18	28	7	1
百分比（%）	33.33	51.85	12.96	1.85

注：农户＋中介＋企业/外地客商模式中，企业和外地客商基本各占二分之一。

经纪人带动的流通模式在泊头地区比例较低，主要来自山东滨州、德州、天津、辛集、赵县，极少部分来自南方。龙头企业带头的流通模式在泊头地区处于十分重要的地位，流通模式中的企业主要以泊头亚丰果品有限公司和泊头东方果品有限公司为主。

2. 桃流通模式

通过对顺平县、深州市、满城区、辛集市、乐亭县、昌黎县、滦南县等 11 个示范县实地调研，调查了 680 份问卷，总结出河北省鲜食桃流通的主要模式，如表 12-24 所示。

表 12-24　鲜食桃流通主要模式

流通模式	优缺点	比例（%）
桃农直销模式	优点：流通环节少桃农成本低收益高 缺点：风险大	18
以批发市场为主导的流通模式	优点：参与流通组织多样化市场较规范 缺点：信息不对称	70
以超市为核心的“农超对接”模式	优点：流通环节少桃农成本低收益高 缺点：终端价格高	2
电子商务模式	优点：流通环节极少桃农成本低收益高 缺点：高质量桃果高标准物流链	10

资料来源：根据调查问卷整理。

（五）水果储藏初、精深加工规模相对较小，加工效益增长缓慢

1. 水果加工整体情况

初级加工方面。全省用于存贮水果的冷库数量已超过 20 000 多个，气调贮藏能力已接近 10 万吨，显著提升了本地区果品贮藏技术水平。

在精深加工方面，河北全省果品精深加工企业约有 1 200 多家，加工产品以果汁、罐头、果脯、果酱、葡萄酒、果干等为主。其中河北国投中鲁果蔬汁有限公司、唐山东辰食品饮料有限公司、河北绿诺食品有限公司、赵县旭海果汁有限公司、保定市味丰食品有限公司，保定天川食品有限公司等数十家企业年加工水果能力均在万吨以上，主要加工产品有果汁、罐头、果酱等。

与河北省相比，山东省贮藏加工能力具有明显优势。从储藏能力来看，2017 年，山东省各类果品分级包装流水线 800 余条，年处理能力 450 多万吨；果品储藏能力 480 万吨，其中气调储藏 120 万吨。从企业的生产能力来看，山东省市级以上果品产加销龙头企业 300 多家，其中省级龙头企业 52 家，国家级龙头企业 5 家。其中每家企业的生产能力均在年生产 20 万吨以上。

2. 水果生产（加工）基地发展分析

(1) 河北省水果生产（加工）基地逐年缓慢增加，各地区发展存在差别。2012 年全省有 90 个水果生产（加工）基地，2016 年增加到 109 个，平均每年增长近 5 个基地，年平均增长速度 4.9%。

从全省 11 个地区来看（表 12-25），各个地区发展情况存在差异。2016 年，保定市水果

生产基地28个，是全省水果基地最多的区域。邢台地区水果生产（加工）基地增加速度最快，2012—2016年，水果生产（加工）基地由5个增加到13个，共增加了8个。5年间，唐山市水果基地减少了1个。

表12-25　2012—2016年11个地区水果生产（加工）基地个数

地区	2012	2013	2014	2015	2016	增加数量
石家庄	12	12	12	12	12	0
唐山	5	5	4	4	4	−1
秦皇岛	6	6	7	7	7	1
邯郸	3	3	3	3	8	5
邢台	5	8	10	11	13	8
保定	25	26	26	26	28	3
张家口	4	4	4	4	4	0
承德	5	5	5	5	6	1
沧州	9	9	9	10	9	0
廊坊	7	7	7	8	9	2
衡水	9	9	9	9	9	0

注：农产品生产基地的统计标准为销售产值500万元以上，或种植面积335公顷以上，加工基地的统计标准为销售产值2 000万元以上且基地内不够企业标准的个体加工户数达1 000户以上，商品率在90%以上。

资料来源：历年《河北农村统计年鉴》。

（2）全省水果生产（加工）基地的总体效益波动中略有增长，平均效益稳中有升。2014—2016年，全省水果生产（加工）基地总体效益略有增长，增加535 110万元，水果生产（加工）基地个数两年间增加了13个，平均效益变化较小，略有增长，平均增加1 383.97万元（表12-26）。

表12-26　2014—2016年全省水果生产（加工）基地的总效益和平均效益

	2014	2015	2016
水果加工基地效益（万元）	2 837 594	2 824 805	3 372 704
水果加工基地个数（个）	96	99	109
平均效益（万元）	29 558.27	28 533.38	30 942.24

资料来源：历年《河北农村统计年鉴》。

（3）11个地区的水果加工效益呈现波动性，且增长程度差异大。2014—2016年，水果（加工）基地总效益呈下降趋势的地区有2个，分别为石家庄、邢台；承德、廊坊、保定三个区域总效益呈上升趋势，其他区域加工效益存在波动（表12-27）。2014—2016年，出现负增长量的地区有4个，分别为石家庄、秦皇岛、邢台和沧州。水果加工基地总效益增长量最大的是张家口市，2016年相比于2014年增加了377 007万元。水果加工基地总效益下降最多的是沧州市，2016年相比于2014年下降了90 317万元。

表 12-27　2014—2016 年 11 个地区的水果生产（加工）基地的总效益

单位：万元

地　　区	2014	2015	2016	定基增长量
石家庄市（包含辛集市）	404 505	456 382	334 532	−69 973
唐山市	369 184	368 847	376 156	6 972
秦皇岛市	174 836	76 825	167 466	−7 370
邯郸市	52 532	37 281	130 012	77 480
邢台	214 646	209 598	200 435	−14 211
保定市（包含定州市）	500 335	538 145	574 698	74 363
张家口市	291 253	182 895	668 260	377 007
承德市	89 751	116 483	151 407	61 656
沧州市	319 846	411 406	229 529	−90 317
廊坊市	75 248	85 659	137 883	62 635
衡水市	345 458	341 284	402 326	56 868

资料来源：历年《河北农村统计年鉴》。

二、河北省水果产业竞争力比较分析

（一）区域竞争力

1. 区位竞争力优势显著

河北省毗邻京津，区位优势明显。2015 年国家审议通过了《京津冀协同发展纲要》，2017 年提出成立雄安新区，为河北省水果产业发展带来了前所未有的政策及市场机遇。根据自然气候条件，河北省地处温带—暖带地区，属温带大陆性季风气候，大部分地区四季分明，适合种植多种水果品种，是全国重要水果产区。根据水果交易场所的便利程度，河北省处于华北平原最为平坦的区域，环京津、沿渤海的区位优势，便于利用京津的科技资源、人才资源和交通资源，营造有利于创新创业的氛围，交通线路发达，易形成大规模的商品化水果基地。《京津冀协同发展纲要》中明确定位河北省要打造商贸物流基地，北京新发地市场已经落户河北高碑店，且河北省有 40 多个农业农村部定点农产品批发市场，农产品批发市场密度大，为河北省水果跨区域流通起到了决定性作用。

2. 水资源缺乏，生态环境竞争压力大

河北省是典型的资源型缺水省份，尤其是黑龙港区域，是全球范围内的大漏斗区。全省总用水量中 78.2%来自地下水，年超用量为 46.3 亿立方米，占实际用水量的 23%，超用量主要来自超采地下水，河北省水资源环境问题非常严峻。水果生产过程中耗水量较大，水资源约束是河北省水果产业发展的重要瓶颈因素。

河北省自然灾害较多，温高雨少、干旱、冰雹、寒潮等气象灾害对水果生产带来较大影响。2018 年春天的寒潮、冰雹和高温天气，对水果的产量和品质都带来较大影响，例如造成苹果平均减产 20%，且优质果率下降很多。部分梨主产区基本绝产，对果农和产业发展

带来较大影响。

3. 政策环境竞争力

《河北省农业供给侧结构性改革三年行动计划推进方案》《河北省特色优势农产品区域布局规划（2018—2020 年）》等以提质增效为导向的一揽子政策的出台，对河北省水果产业的发展提供了强有力的政策支持。2018 年 1 月，河北省政府出台《关于开展质量提升行动加快质量强省建设的实施意见》中提出，坚持把标准作为提升质量的基础支撑，把品牌作为提高供给质量的重要抓手，把信誉作为质量发展的价值体现，以标准提升质量，以质量铸就品牌，以品牌树立信誉，以信誉拓展市场。2018 年 11 月，出台《做大做强农业产业化龙头企业的意见》，其中提出 70%以上的省级重点龙头企业拥有“三品一标”认证，挂牌上市的龙头企业达到 100 家以上。政策支持给河北省水果产业带了新的发展机遇。如与北京园林绿化局、天津林业局协作，整合中国农业大学、北京林业果树研究院、河北农业大学、天津农学院等京津冀三地果树科技资源，成立了“京津冀果树产业科技创新联盟”，建立了“聚集资源、联合创新、共同发展”的协作机制，共同推进京津冀林果产学研结合，引领京津冀林果技术进步，提升了京津冀林果产业核心竞争力。2017 年 8 月，京津冀果树产业创新联盟在北京市平谷区举办了“首届京津冀果园机械推介会”，有 25 家果园机械经销商，携带包括病虫害防治、树体管理、果品收获等 6 大类 105 款最新产品，为京津冀 300 多家果品生产企业和大户进行了展示咨询，有效推动京津冀三地果品产业向规模化、集约化、高效化发展。

（二）市场竞争力

1. 省内需求市场挖掘潜力呈现下滑态势

2016 年中国农村居民鲜瓜果的消费量为 33.8 千克/人，城镇居民为 52.6 千克/人。同期，河北省农村居民鲜瓜果的消费量为 44.75 千克/人，城镇居民为 62.72 千克/人，均高于全国平均水平。2014 年国务院办公厅印发《中国食物与营养发展纲要（2014—2020 年）》，明确了食物消费量目标，其中，水果 60 千克/人，河北省城镇居民的水果消费水平已经超过了此目标。随着产量的继续增加，省内市场消费需求增长趋势将变缓，省外水果主产区大量优质果品对河北省市场形成较大的竞争。

2. 产量和果园面积比较优势并不突出

相对规模竞争力，通过规模优势系数和资源禀赋系数来反映。

$$规模优势系数=(C_i/D_i)/(E/F)$$

式中，C_i 表示 i 省的水果种植面积，D_i 表示 i 省的所有农作物种植面积，E 表示全国水果的种植面积，F 表示全国农作物的种植面积。

该系数反映一个地区或者国家某种资源在生产规模上的优势，其值大于 1，说明在生产规模上具有比较优势，小于 1，说明处于劣势地位，该系数值越大，说明生产规模优势越明显，反之亦然。

$$资源禀赋系数=(B_i/B)/(Y_i/Y)$$

式中，B_i 表示 i 省的水果产量，B 表示全国水果产量，Y_i 表示 i 省的农林牧渔总产值，Y 表示表示全国的农林牧渔总产值。该系数可以反映一个地区或者国家某种资源的相对丰富程度，其值越大，说明该地区或者该国的这种资源相对越丰富。

利用这种方法计算了 2016 年水果产业的规模优势系数和资源禀赋系数。河北省水果规模优势系数为 1.61，大于 1，具有一定的生产规模比较优势，但是，从全国各省区市来看，种植面积比较优势并不突出，河北省的规模优势系数仅在全国排第 9 名，前 8 名依次为：北京、陕西、广东、福建、新疆、广西、海南、浙江。河北省水果产业资源禀赋系数为 1.39，大于 1，排名全国第 8 名，河北省水果产量的比较优势较弱，水果资源禀赋相对缺少（表 12-28）。

表 12-28　31 省区市水果产业的规模优势系数和资源禀赋系数

排名	地区	规模优势系数	排名	地区	资源禀赋系数
1	北京	4.46	1	陕西	2.67
2	陕西	3.79	2	宁夏	2.45
3	广东	3	3	新疆	2.38
4	福建	2.99	4	山西	2.17
5	新疆	2.58	5	甘肃	1.64
6	广西	2.57	6	广西	1.62
7	海南	2.5	7	河南	1.46
8	浙江	1.85	8	河北	1.39
9	河北	1.61	9	山东	1.38
10	甘肃	1.43	10	广东	1.12
11	宁夏	1.37	11	海南	1.06
12	山西	1.23	12	北京	0.92
13	辽宁	1.2	13	浙江	0.91
14	重庆	1.1	14	安徽	0.89
15	江西	0.95	15	云南	0.83
16	云南	0.93	16	重庆	0.82
17	天津	0.9	17	福建	0.81
18	四川	0.88	18	江西	0.78
19	湖南	0.78	19	辽宁	0.72
20	山东	0.76	20	上海	0.7
21	贵州	0.74	21	湖南	0.68
22	上海	0.73	22	湖北	0.64
23	湖北	0.69	23	四川	0.57
24	河南	0.4	24	天津	0.49
25	江苏	0.35	25	江苏	0.49

（续）

排名	地区	规模优势系数	排名	地区	资源禀赋系数
26	安徽	0.19	26	内蒙古	0.45
27	青海	0.17	27	吉林	0.35
28	西藏	0.16	28	贵州	0.31
29	内蒙古	0.12	29	黑龙江	0.2
30	吉林	0.11	30	青海	0.05
31	黑龙江	0.04	31	西藏	0.03

3. 成本增长速度较快，成本利润率下滑，竞争力下降

（1）苹果总成本增加，净利润下降，成本价格竞争压力变大。2017年，河北省苹果种植成本为58 489.40元/公顷，全国平均水平72 949.40元/公顷，河北省苹果种植有成本优势。比较主产省份50千克苹果平均市场价格，河北省苹果价格为142.09元/50千克，低于全国平均水平及山东省，河北省苹果没有价格优势；2017年河北省苹果的净利润为21 734.93元/公顷，低于全国平均水平，也低于苹果生产大省山东省和陕西省的净利润，不具有明显的净利润优势（表12-29）。

表12-29　2017年河北省苹果种植成本和市场价格与其他省份比较

省份	总成本（元/公顷）	平均出售价格（元/50千克）	净利润（元/公顷）
北京	6 576.51	284.4	89 201.34
河北	58 489.40	142.09	21 734.93
山西	61 687.01	96.3	9 028.51
辽宁	65 182.84	149.51	12 798.81
山东	112 399.55	188.08	35 111.19
河南	76 802.69	111.6	11 203.58
陕西	60 521.94	219.07	59 544.78
甘肃	110 176.12	194.6	18 065.97
宁夏	36 525.67	76.14	15 020.45
平均	72 949.40	161.1	28 501.64

资料来源：《全国农产品成本收益资料汇编》（2018年）。

（2）梨总成本增加，成本利润率下滑幅度较大，竞争压力较大。2014—2016年，梨的成本利润率和净利润持续下降（表12-30）。2014年，梨的净利润为60 594.63元/公顷，2016年，下降为10 215.52元/公顷。总成本从2014年的62 524.78元/公顷上升为2016年的70 374.63元/公顷。以鸭梨为例，2014年价格为每50千克127.08元，2015年下降为每50千克99.76元，2016年进一步下降为每50千克84.26元，三年下降幅度为33.70%。这导致梨果净利润大幅下降。

表 12-30　河北省梨每公顷平均成本收益情况

年份	产值合计（元）	总成本（元）	物质与服务费用（元）	人工成本（元）	土地成本（元）	净利润（元）	成本利润率（%）
2014	123 119.40	62 524.78	22 496.57	33 685.82	6 342.39	60 594.63	96.91
2015	92 914.33	70 662.84	22 101.64	42 598.21	5 962.99	22 251.49	31.49
2016	80 590.15	70 374.63	22 694.48	41144.48	6 535.67	10 215.52	14.52

资料来源：《河北省农村统计年鉴》（2015—2017）。

（3）葡萄产投比在全国排名迅速上升，2013 年排名全国第三，经济效益方面竞争力突出。产投比是衡量葡萄生产过程中经济效益的指标，它是葡萄销售总收益与投入总成本之间的比值，其值越大，表明经济效益越好。

根据国家葡萄产业技术体系公布的数据，2009 年河北省葡萄的产投比是 1.25，在全国 23 个省份中排名第 14 位，2013 年产投比是 2.02，排名升至第 3 位，仅次于山东省和内蒙古，产投比在全国排名处于上升趋势，河北省葡萄生产在经济效益方面的竞争力越来越强（表 12-31）。

表 12-31　全国各地葡萄生产的产投比

种植区域	省份	2009	2011	2012	2013
华北及环渤海葡萄种植区	北京	1.25	1.28	1.5	1.73
	天津	0.95	1.15	1.28	1.93
	河北	1.25	1	1.19	2.02
	辽宁	1.78	1.82	1.57	2
	山东	2.58	2.27	1.82	2.35
东北、西北冷凉气候葡萄种植区	吉林	1.56	1.79	1.89	1.83
	黑龙江	—	1.14	0.96	1.32
秦岭、淮河以南亚热带葡萄种植区	上海	0.83	1.1	0.94	1.82
	江苏	2.11	1.79	2.18	1.45
	浙江	1.62	1.7	1.43	0.97
	安徽	—	1.43	1.22	1.94
	福建	—	1.12	1	1.47
	河南	0.88	1.34	1.24	1.73
	湖北	1.88	1.84	1.45	1.89
西北及黄土高原葡萄种植区	山西	2.29	1.97	1.48	2.01
	内蒙古	2.5	1.93	1.92	2.17
	山西	1.59	1.37	1.29	—
	甘肃	1.07	0.91	1.09	1.51
	宁夏	0.54	0.64	0.76	1.3
	新疆	1.29	1.25	1.6	1.86

（续）

种植区域	省份	2009	2011	2012	2013
云贵高原及部分川西高海拔葡萄种植区	广西	1.65	1.38	0.9	1.09
	四川	1.5	0.99	1.12	1.29
	云南	—	0.84	0.99	1.81

资料来源：穆维松，冯建英等，《中国葡萄产业经济研究》，中国农业出版社，2015。

（4）桃高投入，生产成本较高，成本竞争力减小。根据 2017 年顺平县、深州市、满城区、辛集市、乐亭县、昌黎县、滦南县等 11 个示范县桃生产成本的调研数据，露天桃园的生产成本平均为 110 863.73 元/公顷，其中，物质成本为 34 561.94 元/公顷，占比为 31.18%，人工成本为 76 301.79 元/公顷，占比 68.82%。温室大棚桃园总生产成本为 223 776.12元/公顷，其中，物质成本为 145 447.77 元/公顷，占比为 48.85%，人工成本为 78 328.36 元/公顷，占比 35%（表 12-32）。

表 12-32　河北省每公顷桃园的生产成本

单位：元

	物质成本		人工成本		合计
	直接成本	间接成本	雇佣劳动力	自有劳动力	
露天桃	23 617.16	10 944.78	33 267.61	43 034.18	110 863.73
设施桃	71 044.78	74 402.99	46 089.55	32 238.81	223 776.12

资料来源：调研数据整理。

4. 出口水果品种单一，抗风险能力较弱

2018 年，河北省水果出口只有梨和少量的葡萄，其中梨出口量 240 934.309 吨，出口金额 178 888.4 美元。葡萄出口量为 23.1 吨，出口金额为 0.7 万美元。2015 年和 2016 年河北省梨出口总量分别占到了其水果出口量的 87.55%和 89.74%。2017 年全国梨产品出口 57.11 万吨，河北省出口量达到 26.943 万吨，出口总量市场占有率为全国的 47.17%，出口金额占全国梨产品出口金额的比重为 33.93%。2015—2017 年，河北省梨出口量国际市场占有率从 32.39%提高到了 47.17%，出口金额的比重从 22.03%提高到了 33.93%。出口量呈逐年增长的态势，且增长幅度比较大，出口量远远高于山东、云南、陕西等省，河北省是梨果最具有出口竞争力的大省（表 12-33）。

表 12-33　2015—2017 年中国梨产品主要省份出口情况

单位：万吨

省区	2015	2016	2017
河北	13.88	21.598	26.943
山东	11.164	11.322	10.682
云南	3.431	5.698	7.231
陕西	3.481	2.565	3.518
安徽	1.671	1.736	1.662

（续）

省区	2015	2016	2017
广东	1.783	1.125	0.902
福建	1.307	0.622	0.507
新疆	1.397	1.283	0.986
江苏	1.163	1.427	0.909
山西	0.89	1.188	1.143

资料来源：中国海关数据网（http：//www.haiguan.info/）整理得来。

5. 河北省四大主栽水果品种价格较低，缺乏竞争力

（1）2017—2018年，河北省苹果价格低于全国平均价和主要主产省价格。河北省苹果价格位于全国和各主产省的最低水平，2018年最高价格为9月的4.72元/千克，最低价格为6月的3.37元/千克，涨幅为40.06%；2017年最高价格为8月的3.8元/千克，最低价格为11月的2.93元/千克，跌幅22.89%（图12-2）。各主产省苹果价格有明显差距，全国的苹果价格波动平稳，位于6～7元/千克，价格高于山东省和河北省，低于山西省。山西省的苹果价格最高，2018年最高价格为10月的8.92元/千克，最低价格为6月的7.05元/千克。河南省的苹果价格波动最剧烈，2018年1—9月价格水平较低，最低价为1月的5.24元/千克，10—11月价格快速反弹，11月价格升至7.85元/千克，相比于1月上涨49.81%。山东省苹果价格波动比较平缓，稳定在4～6元/千克，仅高于河北省苹果价格。

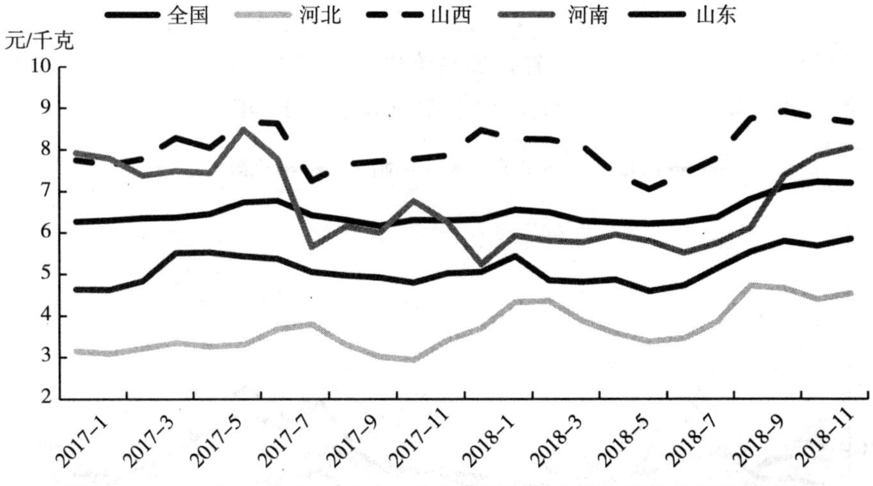

图12-2　2017年1月至2018年11月全国和各主产省苹果月度价格走势

资料来源：农产品价格信息网—农价云。

（2）河北省鸭梨价格远远落后于全国和山东省。2017—2018年，河北省鸭梨价格最低，与全国和山东鸭梨价格差距较大，平均价格差为1元/千克，2018年最高价为11月的2.98元/千克，最低价为7月的2.26元/千克（图12-3）。全国和山东鸭梨价格基本持平，总体价格波动不大，2018年全国鸭梨的最高价格为11月的4.33元/千克，最低价格为8月的3.24元/千克，最高价和最低价相差1.09元/千克；2018年山东鸭梨价格最高价格为11月的

4.39 元/千克，最低价格为 3 月的 3.46 元/千克，价差为 0.93 元/千克。

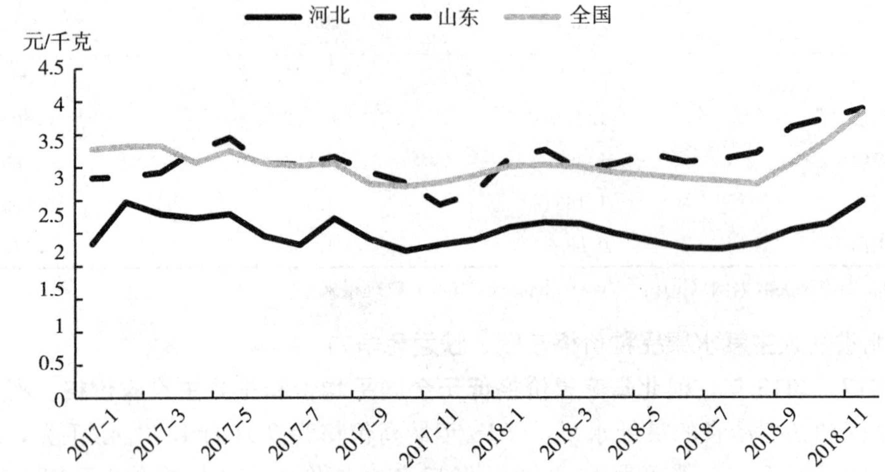

图 12-3　2017 年 1 月至 2018 年 11 月全国和各主产省鸭梨月度价格走势

资料来源：农产品价格信息网—农价云。

（3）全国和各主产省葡萄价格走势趋同，河北省葡萄价格相对较低。 2017—2018 年，全国和各主产省葡萄价格总体差距不大。全国葡萄价格波动相对稳定，2018 年 5 月价格达到波峰，为 15.71 元/千克，9 月价格降至波谷，为 8.01 元/千克。2018 年山东省葡萄价格较高且波动较剧烈，5 月达到最高价格 24.52 元/千克，10 月为最低价 7.32 元/千克，降幅为 7.01%（图 12-4）。2018 年浙江省葡萄价格相对平稳，大多数月份处于各省份中最低价格，11 月价格最高，为 10.67 元/千克，2 月价格最低，为 5.39 元/千克。2018 年河北省葡萄价格与全国基本持平，仅高于浙江省，最高价格为 3 月的 14.25 元/千克，最低价格为 10 月的 6.26 元/千克，降幅 56.07%，波动幅度明显高于 2017 年。

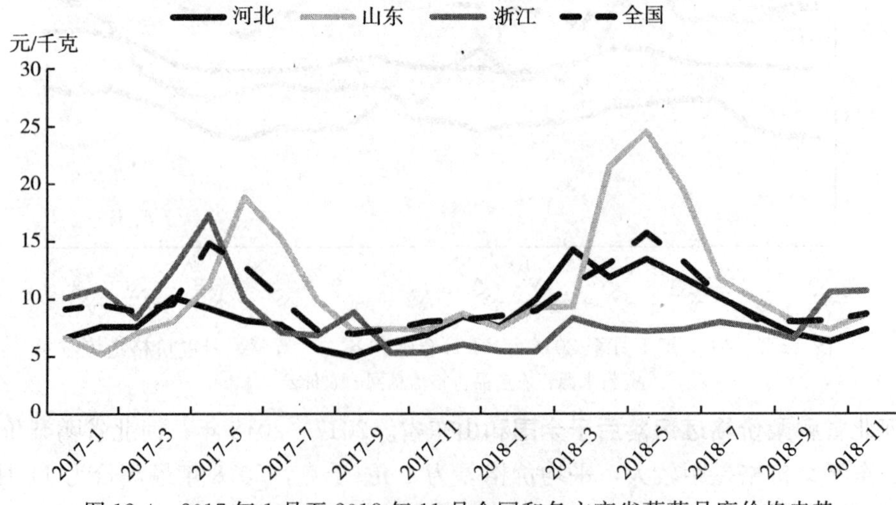

图 12-4　2017 年 1 月至 2018 年 11 月全国和各主产省葡萄月度价格走势

资料来源：农产品价格信息网—农价云。

（4）2018 年河北省桃价格较低，大多数月份低于全国平均价格和山东省价格。 2017—2018 年，全国和河北省、山东省桃价格走势趋同，价格差距较小（图 12-5）。2018 年，全国桃子平均价格相对平稳，价格最高的是4月的12.15元/千克，最低是7月的5.1元/千克。山东桃子平均价格较高，波动也比较大，1—5月价格较高，3月价格最高达到20.92元/千克，6月价格开始下降，8月价格最低，为4.91元/千克，最高价和最低价相差16.01元/千克。

河北省价格处于较低水平，可能的原因：一是河北省人均消费水平较低，农产品批发市场以低端市场为主；二是京津市场有大量的高端消费群体，部分高品质的桃通过基地直采、采摘、私人订制、电商、直营店等新兴模式进入到京津市场；三是长期的种植习惯、品种不能及时更新，栽培模式落后，品质不高。

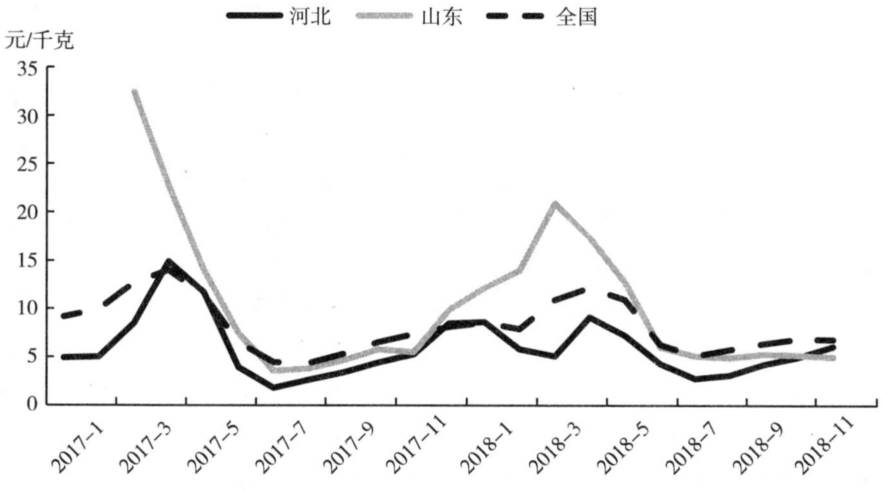

图12-5 2017年1月至2018年11月全国和各主产省桃月度价格走势

资料来源：农产品价格信息网—农价云。

（三）管理模式竞争力

1. 水果产业新型经营主体的数量规模增长速度较快，以种植大户、家庭农场、合作社和企业为主，水果的储存、加工主要是企业主体

根据2016—2018年《河北省水果种植行业企业名录》统计数据，近三年，水果种植行业企业数量一直保持着较大幅度的增长。2016年，河北省有1 786家水果种植行业企业，2017年增至2 607家，2018年全省水果种植行业企业为3 745家。该系列数据是在工商登记资料的基础上，通过呼叫中心、专家分类等方法获得，覆盖了各县水果种植行业企业的99%以上。根据名录的统计数据，2017年比2016年水果种植行业企业增加821家，增长率为46%，2018年比2017年增长44%。

河北省水果主产区已经建立了一批国家、省级农业产业重点龙头企业。例如，泊头亚丰果品有限公司、泊头东方果品有限公司、河北省晋州市长城经贸有限公司、河北天丰农产有限公司、河北天波工贸有限公司、河北吉东果业有限公司等。不同区域存在很大差异。邯郸市现代农业园区内的企业总数量达467个，农产品加工企业总数346个，国家级龙头企业数量4个，省级龙头企业数量41个，园区内合作社总数603家，其中的1/3是从事与水果相关的企业或合作社。沧州地区有一定规模的梨果龙头企业30多家，其中国家级1家、省级6家；合作社等110多个，廊坊区现有各类果树专业协会、合作社组织29家等。

2. 经营模式以家庭经营为主，合作社和龙头企业的引领作用日益增强

目前，一家一户的家庭式自主经营在经营主体中仍占据绝大比例，生产大多采用传统栽培模式，用工量大，受市场影响较大。流转土地进行水果生产的企业普遍具备很多劣势，在土地成本、人工成本等方面，明显高于农户，加重了企业经营成本，亏损企业比较多。与流通、服务等挂钩实现了产业融合的新型经营主体比单纯种植果品的合作社或者企业主体效益要好。例如，昌黎刀巴合作社，把鲜桃卖到上海，已经具备一定的市场份额。廊坊市有些合作社采用“合作社＋基地＋农户＋超市”的经营模式，利用靠近京津的地理和区位优势，建立起多个休闲旅游观光采摘园，在节假日观光采摘，创造了可观的经济效益。顺平望蕊鲜桃农民专业合作社是国家级示范社，合作社对引进新技术、新模式的社员进行补贴，为社员提供冷库，组建桃树修剪工作队，开展对外服务，合作社社员效益较好，带动了当地贫困户脱贫增收。泊头东方、泊头亚丰、泊头庞龙以及河间中鸿等梨果龙头企业采用“龙头企业＋科技＋合作社＋农户”的经营模式，与全国 20 多个省区市建立了长期营销关系，培育出“金马”“泊洋”“广龙”“玉娇”“美玉”“古塘湾”等梨果品牌。“泊头鸭梨”被国家质检总局批准为原产地域保护产品。苹果和葡萄生产经营新型主体有：唐县丹凤山太行驿站（苹果）、曲阳绿阳水果产业园（苹果）、顺平茂丰家庭农场（苹果）、河北鸿志果品开发有限公司（涿鹿，经营 100.5 公顷葡萄）、涿鹿龙珠葡萄酒有限公司（自建葡萄生产基地 100.5 公顷）、涿鹿县国营苗圃联合县林业局主建涿鹿县现代林果科技示范园（矮砧密植苹果 23.45 公顷）。在种植基础上，各园区进行了冷藏、加工及自主品牌的完整产业链条建设，生产经营情况良好。

3. 新型经营主体三产融合的深度、广度还有待进一步提高

目前，新型果业经营主体群体大，规模小，仅靠单一经营主体实现三产融合的难度还很大。河北省水果种植区域分散，新型经营主体发育不完善，各区域之间缺乏合作，不能支撑加工企业发展，精深加工企业难以形成规模，在国内、国际的水果市场上难以形成核心竞争力。例如，苹果和梨贮藏量为水果总量的 30%，且气调贮存的仅占总冷藏量的 5.0%左右。用于加工的果品不足总产量的 20%，绝大多数为落果和残次果，优质加工材料严重匮乏。从全省水果行业来看，冷链物流应用程度较低，有的甚至全程无冷链，导致早上卖 10 元晚上卖 5 元甚至更低的现象出现，严重影响了消费者的体验和水果的利润水平。沧州市梨果贮藏冷库 500 多个，贮藏能力达 27 万吨，其中机械制冷贮藏能力 26 万吨，气调贮藏能力仅 1 万吨；年梨果加工能力达 1 万吨，主要加工产品以梨汁为主。石家庄、衡水地区苹果、梨主要是鲜食，加工较少，80%以上的水果主要依靠经纪人销售，观光采摘的比例较低。

（四）技术竞争力

1. 新优品种呈多样化发展

（1）苹果。经过培育、引用、试栽与筛选苹果新品种，河北省北部寒地苹果产区有“寒富”“岳阳红”“岳冠”“红国光”等；燕山南麓、冀东、太行山区有“红富士”“红嘎啦”等；冀中南有“中秋王”“红富士”“信农民”“浓黄”“中幸”等优势新品种。

（2）梨。除了传统的鸭梨、雪花梨外，“玉露香”“雪青”“新梨 7 号”等新品种面积逐渐增加。

（3）桃。由于自然环境差异，形成了河北省北部与中南部不同的品种分布特点。北部产区主要集中在唐山、秦皇岛，具体包括昌黎、乐亭等产区，适合耐寒品种及设施桃的种植，主要品种有“绿化九”“春蜜”等，设施桃主要品种有“春雪”“金奥”“金辉”“中油11”“中桃红玉”等。中南部气候适宜，适合多种品种栽培，其中“深州蜜桃”更是我国具有代表性的种植历史悠久的优质品种，其他主栽品种有“大久保”“大京红”“绿化九”“晚久保”“早艳”“雨花露”“金奥”等。

（4）葡萄。河北省葡萄主栽品种是“巨峰”，但栽培品种多样化的趋势已日益明显。在设施栽培中多以“夏黑”和“维多利亚”品种为主。“阳光玫瑰”葡萄品种种植规模呈迅速上升发展势头。

2. 栽培制度正在向省力化栽培转变

（1）苹果。宽行密株的栽培模式、矮化砧的应用、高光照树形、果实套袋、绿色果品生产等管理技术已广泛推广应用。

（2）梨。未来梨园发展将注重“四化”栽培模式，即通过采用矮化密植栽培技术体系，实现梨园标准化、规范化管理，简约化、机械化生产，实现节本增效。

（3）桃。宽行密植桃园开始发展，密度为（1.25～2.0）米×（4～5）米。树形原来一般以开心形为主，近年来“Y”形和主干形开始较多。

（4）葡萄。通过固定调节新梢基部的开张及顶部的收拢，改良“Y”形葡萄架式，使葡萄篱架两侧的果穗保持在一条水平线上，在保证产量、品质的基础上，增强“Y”形架式的观赏性。

3. 构建了果品绿色生产关键技术创新体系

为实现安全果品生产，优化生态，确立了果品安全生产的环境条件、关键限制因素，构建了果品全程安全质量监控体系；创新果园病虫害精准防控关键技术，制定了果园安全、友好型防控综合策略；构建了果园安全水肥管理技术体系，果园绿肥替代技术、化肥控失增效关键技术；建立了产地区域、产品流程编码相结合的安全溯源全程监控体系，部分果园已经成熟应用。

4. 农机农艺融合程度逐渐提高

随着河北省老旧果园改造及新建园都采用宽行密植栽培模式等省力化栽培技术，果园机械例如移栽机、打药机、割草机、枝条粉碎机、开沟施肥机、旋耕机、果园作业平台、无人植保机、套袋机和电动果树剪等应用越来越广。

5. 商品化处理不够，精深加工技术落后，难以打造名优品牌

河北省水果贮藏冷库数量位于全国前列，近年来，随着水果种植规模扩大和产量提高，贮藏企业逐渐增多，但是规模较小，资金投入少，技术水平有限，缺乏高精端的采后分选分级、清洗、包装、贮藏等专业生产线，采后现代化商品化处理占有量不足10%。导致果品分级方式不规范，着色不整齐，内在品质不一致，难以打造名优品牌，缺乏国内乃至国际市场竞争力。目前，世界范围内水果加工产品主要是罐头、果汁和果酒（以葡萄酒为主），其次为鲜切水果、果酱、果泥、果醋、果膏、果干和蜜饯等。近几年来，河北省果品加工业发展较快，出现了果汁、罐头、果脯、果酒等加工企业，虽在国内市场具有较强的竞争力，但与国外先进水平相比，无论是加工能力还是硬件装配都存在较大差距。

（五）品牌竞争力

1. 农产品区域公用品牌创建，提升了水果竞争能力

水果产品市场的竞争是质量、品牌的竞争。其中，品牌是影响水果产业竞争力的核心因素。2016—2017年，河北省农业厅连续分别评选了河北省十佳农产品区域公用品牌和河北省名优农产品区域公用品牌。河北省十佳农产品区域公用品牌中果品品牌8个，名优农产品区域公用品牌4个（表12-34）。

表12-34　河北省水果入选区域公用品牌和名优区域公用品牌情况

	十佳农产品区域公用品牌		名优农产品区域公用品牌	
	2016年	2017年	2016年	2017年
品牌	承德国光苹果 沧州金丝小枣 深州蜜桃	黄骅冬枣 赵县雪花梨 兴隆山楂 满城草莓 威县威梨	晋州鸭梨 阜平大枣	梨乡水城鸭梨 易县磨盘柿

在相关政策的支持下，河北省果品品牌的竞争力得到了提升。首先是入选国家地理标志的果品品牌数量占全省农产品品牌数量的比重比较大，尤其是国家质检总局批准的果品国家地理标志数量占到全部农产品数量的31.11%（表12-35）。

表12-35　2018年上半年河北省国家地理标志农产品数量情况

	农业部批准	国家质检总局批准	国家工商总局批准	合计
农产品品牌（个）	33	45	53	131
果品品牌（个）	4	14	15	33
果品品牌占农产品品牌比重（%）	12.12	31.11	28.30	25.19

2. 农产品特色优势区打造，助力水果产业转型升级

河北省特色农产品优势区第一批共55个，其中水果13个，分别是泊头鸭梨、晋州鸭梨、赵县雪花梨、威县威梨、魏县鸭梨、怀来葡萄、饶阳设施葡萄、深州蜜桃、乐亭设施桃、内丘富岗苹果、满城草莓、黄骅冬枣、清河山楂等，占比达到23.63%（表12-36和表12-37）。

表12-36　河北省特色农产品优势区水果类

	优势区产品
苹果	富岗苹果
梨	晋州鸭梨、赵县雪花梨、威县威梨、魏县鸭梨、泊头鸭梨
桃	深州蜜桃、乐亭设施桃
葡萄	怀来葡萄、饶阳设施葡萄
草莓	满城草莓

表 12-37　河北省特色农产品优势区类别比重

品类	个数	占比（%）
水果类	13	23.63
蔬菜类	7	12.73
菌类	3	5.45
干果类	7	12.73
中药材	5	9.09
杂粮谷类	6	10.91
瓜果类	4	7.27
畜产品	4	7.27
薯类	3	5.45
水产品	3	5.45

3. 公用品牌的竞争力依然较弱

近年来，河北省果品品牌发展取得了一定成绩，但与其他果品生产大省相比，仍然存在一定的差距。如由中国国际农产品交易会组委会组织评选的2017年百强农产品区域公用品牌，河北省虽有3个农产品品牌入选，但却未涉及到果品，这与河北省是水果生产大省的地位极不相称，而且其他水果生产大省均有水果品牌入选，如表12-38所示。

表 12-38　2017百强农产品区域公用品牌部分省份入围果蔬品牌情况

	河北	辽宁	云南	陕西	新疆	广西	山东
入围的农产品公用品牌数量	3	4	3	3	3	4	5
果品入围品牌（个）	0	2	1	3	3	2	1

中国优质农产品开发服务协会和中国农产品市场协会评选出了2017年最受消费者喜爱的中国果蔬类农产品区域公用品牌41个，河北省没有入选果蔬区域公用品牌。由浙江大学中国农业品牌研究院主办评选的2017中国果品区域公用品牌价值榜，在有效评估的148个区域公用品牌里，河北省仅有3个品牌入选，其中，牛奶葡萄是唯一入选的果品品牌。2018年中国果品区域公用品牌价值榜中，河北省则没有果品品牌入选，陕西省15大水果区域公用品牌全部入围“2018中国果品区域公用品牌价值榜”百强榜单。

三、河北省水果产业存在问题、发展趋势及对策建议

（一）存在的问题

1. 市场供给与消费需求结构性矛盾凸显，产业波动风险加大

2018年春季自然灾害较往年严重，水果供给与需求矛盾出现新变化，价格增长幅度较大，但不是价格变化常态。随着国内水果生产总量和国外水果进口数量的稳定增加，面对开

放的国际和国内市场，未来水果市场供给与消费需求结构性矛盾将越来越突出，水果滞销风险与产业波动风险加大。如何把河北省水果生产的数量优势转变为质量优势，实现河北省水果新旧动能转化，进一步推动河北省水果高质量发展，是当前水果产业发展亟待解决的重要问题。

2. 生产要素成本尤其是人工成本上升趋势明显，省力化技术适用性有待提高

要素成本持续上涨、科技要素投入不足、果农老龄化及劳动力结构性紧缺，已成为制约产业发展的瓶颈因素。河北省水果栽培面临着由劳动密集型向技术密集型方式转变。目前河北省老旧果园比例较大，小户分散经营是主体，农机和农艺结合度较低。水果省力化技术发展缓慢，疏花、疏果技术主要依靠劳动力，出现了关键节气，劳动力难求的局面；省力化机械运用，主要集中在运输、喷药机械，割草、施肥等作业环节，以新建园区应用为主。从促进河北省水果栽培方式转型升级的角度考虑，亟须省力化综合配套技术与机械装备的研发与推广应用。

3. 预警防控体系不健全，农业保险等灾后补救措施缺位

2018年春季，雹灾、冻灾等气象灾害对果园影响较大，水果技术体系与政府部门紧密协作，组织及时施救，但仍造成一定减产，不同树种、不同区域减产情况存在差别，优质率有所下降，反映了河北省果园预警防控体系不健全。灾害应对措施不到位、果园基础设施差、农业保险等灾后补救措施缺位等，气候变化及其所带来的气象灾害对水果产业发展（布局、产量、质量等）的影响日趋加大。建立健全预警防控体系，加强农业保险等，缓解气候变化及其灾害影响应得到业界高度关注。

4. 农资废弃物回收利用率低，绿色生产有待加强

在果园管理中，纸袋、反光膜等废弃农资得到有效回收处理的比例不高，对果园环境与生态造成影响。需要进一步完善农资废弃物回收体系与机制，注重农业生产组织、资源管理模式和服务供给模式的创新，实现田间收集处理、收购站点、储存运输等环节的有机衔接，引导和教育从业者提高合理处理农资废弃物的意识和能力，有效推进绿色生产。

5. 低效果园总量大，改造任务仍然艰巨

河北省传统老旧果园面积大，树龄老化、郁闭和管理粗放。改造过程中存在农户接受程度低，缺乏配套改造集成技术等问题，改造任务仍然艰巨。

（二）2019年水果产业发展趋势

1. 绿色发展推动水果产业新旧动能转化

坚持绿色发展，从拼资源拼消耗向科技强果的动能转化，着眼创新驱动和科技进步，促进水果产业高质量发展成为基本趋势。主要包括：依托科技进步，创新品种及栽培模式、推广绿色防控技术、配方施肥技术、水肥一体化技术、省力栽培化技术等；改善果园生态环境，着力提高水果质量和产业持续发展能力；依托创新驱动，加快构建现代水果产业体系、生产体系和经营体系，形成产出高效、产品安全、资源节约、环境友好的河北省现代水果产业。

2. 三产融合加快水果高质量发展

从水果生产单环节向全产业链拓展，从水果产业内部向外部拓展，深入推进产业供给侧结构性改革，以龙头企业为引领，围绕产业链，打造创新链，实现价值链，以现代果园为载体，促进水果生产、加工及储藏、运销及中介服务深度融合。

3. 新型商业模式和新业态发展较快

“互联网＋”和新型零售等现代商业模式的兴起，各类电商交易平台以及线下果品便利店发展迅速，极大促进了果农与市场之间的互联互通，充分调动了果农、企业和社会各方面的积极性，催生“互联网＋果业”的新型水果经营业态，融合电子交易平台和果品质量监管，促进果业要素市场与产品市场的深度整合。

4. 农村土地制度改革为水果适度规模经营提供了制度保障

农村承包地“三权”分置改革，为细碎化和分散化果园整合，果农土地流转，以及水果专业大户、水果合作社、龙头企业等经营主体发展，营造了良好的市场环境，为水果现代产业技术体系研发工作深度融入水果产业，提高实验与示范、推广与服务效率，营造了良好的产业环境。

（三）对策建议

1. 制定科学的发展战略体系，强力推行水果产业提质增效方案

根据河北省水果产业提质增效实施方案，加快实施“转变、拓展、提升”三大战略体系。转变战略：转变产业发展方式，创建资源节约、环境友好，产品优质、高效、安全的产业体系；拓展战略：拓展水果产业发展领域和途径，延伸产业链，拓展产业功能，充分发挥其食物营养功能、工业原料功能、生态保障功能、观光旅游和文化传承等功能；提升战略：提升水果产业的整体素质，提升产品质量水平和安全水平。

2. 推动果业供给侧改革，打造果品优势区

基于区域农业资源禀赋、水果产业发展基础和环境适宜性原则，因地制宜优化品种特性及配置，注重提高水果品质和效率，注重发挥市场配置资源的基础性作用，深入推进水果供给侧结构性改革。在区分优生区、适生区、次生区的基础上，注重整合和优化配置支持水果产业发展的科技政策、财政政策、信贷政策、保险政策、市场规制政策，引导技术、资本、人才等先进要素向优势区聚集，有效控制非优势区的水果产能，形成合理的产业布局和规模。

3. 建立健全综合预警体系，信息共享，保障产业安全，强力助推技术升级及产业转型

建立包括气象灾害、病虫害、市场波动等的综合预警体系，实现主要种植区防灾体系全覆盖，降低产业风险。结合水果产业自身特点，落实农业保险政策，配套有效农业保险产品，减轻种植户灾后损失。针对水果灾害发生状况及市场风险情况，研究制定水果产业风险管理防控方案，保障水果产业安全。强化政策扶持、示范带动、科技支撑、机制创新、督查指导，保障果业生产安全、质量安全和生态环境安全。大力推广高效节药植保机械和低风险农药的同时，强力引导果业生产技术升级，加快果业绿色转型。加大信息技术及网络技术的推广力度，构建销售信息、技术信息等多种信息共享平台，促进信息技术、网络技术、管理

工程技术与果业资源、果业生态、果业环境治理一体化，促进产业资源整合和市场资源整合，强化产业发展信息服务功能，注重披露产业发展、市场价格、库存及产能等信息，强化水果产业监测与水果市场风险管理功能，有效克服果农与市场间的矛盾。

4. 转变理念，实现技术供给的市场化转型

随着生产成本的逐年上升，要素成本控制变得十分重要，应转变理念，改变以提高产量为唯一目的的品种和栽培技术供给体系。应逐步将劳动密集型转为资金、技术、机械设备密集型，研发以肥水一体化管理为核心的品质提升技术，研发集成全程机械化和自动化的省力栽培技术体系，最大限度地实行机械化、标准化和自动化，提高果农抗风险、抗灾害能力，实现良种多样化转为良种满足市场化需求。

5. 扶持培育新型果业经营体系，提升产业化经营水平

分散化、小规模的水果种植户向专业化、规模化、组织化的新型经营主体转变是创新生产技术、应对市场风险、提高生产效率的有效举措。通过创新农业经营组织形式，整合产业链上下游资源，共同分担专用性资产投资及其市场风险。重点支持水果优势产区和果品集散地的批发市场、新型市场业态培育等基础设施建设，支持各类新型经营主体开拓国内外市场，鼓励充分利用国内外市场资源和信息，促进产业的国内外衔接。

6. 稳步推进低效果园改造，实现产业提质增效

因地制宜，以提供现金、技术培训或农资补贴等形式，适当加大政府支持，提高农户参与改造意愿；以河北省现代水果产业技术体系为依托，增强技术推广力量，突破果园重茬障碍克服技术；做好水土保持和土壤管理工作，增加水肥供应，稳步推进低效果园改造，实现水果产业提质增效。

撰稿人员：王俊芹　石会娟　马永青　苑甜甜　张丽明
指　　导：张建军　杜纪壮　段鹏伟
参编人员：杜纪壮　张立斌　李建成　杜国强　许建峰　程玉豆　李建平
张学英　李敬川　刘玉祥　张立树　王英俊　李林英

第十三章　2018年度河北省生猪产业发展报告

河北省是养猪大省，是全国生猪主产区之一。2017 年年底，全省生猪存栏 1 957.8 万头，出栏 3 605.6 万头，生猪出栏在全国位列第七。2018 年是我国改革开放 40 周年，是全面贯彻党的十九大精神、实施乡村战略的开局之年。面对上半年生猪产业产能过剩市场价格触底、反制美国贸易战饲料成本上升，下半年非洲猪瘟使生猪跨省流通受限，以及畜禽养殖环保压力加大等一系列严峻挑战，我国生猪市场的稳定受到了极大挑战，河北省生猪市场亦成跌宕起伏态势。应对新形势新要求，河北省生猪产业各主体主动适应畜牧业经济增速“换挡”新常态，2018 年河北省生猪规模化发展以及生猪产业技术的不断创新，使河北省生猪产业在继续保持稳定供给的基础上，实现了生产效益的逐步提升和发展方式的进一步转变。

一、河北省生猪产业发展现状及形势分析

（一）河北省生猪产业发展的国际和国内背景

1. 世界生猪产业发展状况

（1）世界生猪存栏和出栏情况。 世界生猪存栏情况如图 13-1 所示，近年来世界存栏量在 78 000 万～80 000 万头间波动，2013 年达到峰值 80 220 万头，2017 年下跌到 76 905 万

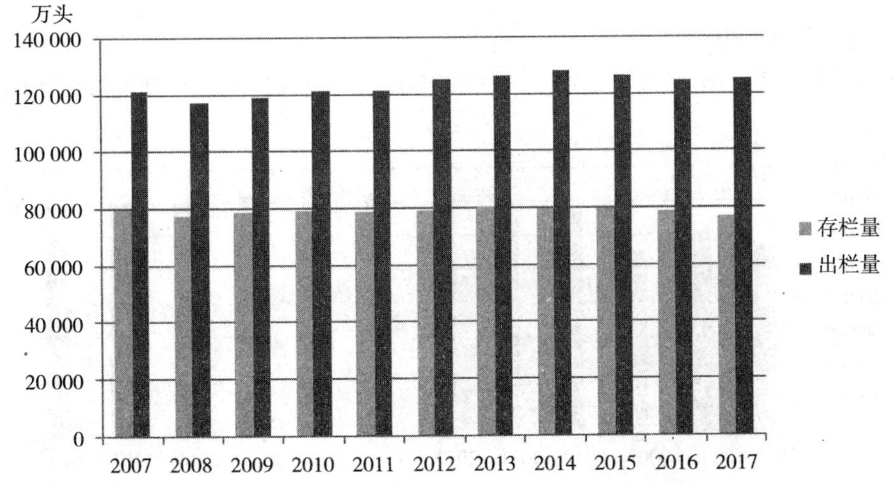

图 13-1　2007—2017 年世界生猪存栏出栏情况

头，较2016年下降了2.01%。中国、欧盟28国及美国的存栏总量占全球存栏量的比重为85.01%，比2016年略有下降。其中，2014年中国的存栏量占到世界存栏量的56.97%，从2014年后连续下降；2017年欧盟（28国）存栏量占世界的比重为19.15%，美国为9.30%，欧美存栏量从2014年开始连年上升。

如图13-1所示，近年来世界生猪出栏量大体维持在125 000万头，2014年达到峰值127 996万头，2016年的124 872万头为近几年来的波谷值，2017年出栏量为125 411万头，较2016年上升5.20%。中国、欧盟（28国）及美国的出栏量占世界的85.56%，较2016年有所下降。其中，中国的出栏量占世界的比重为54.10%，比2016年上升了2.09个百分点；欧盟（28国）和美国的出栏量占比分别为21.15%、10.31%，欧盟和美国的份额都有所下降。

（2）世界猪肉产量情况。近年来，世界猪肉产量如图13-2所示，2009年世界猪肉产量突破10 000万吨，2014年突破11 000万吨，2017年达到11 103万吨，较2016年增长2.62%。中国、欧盟（28国）、美国的猪肉总产量占世界的79.82%，比2016年有所下降。其中，中国占48.18%，较2016年下降0.79个百分点；欧盟（28国）占21.07%，较2016年有所下降；美国占10.56%，较2016年有所上升。

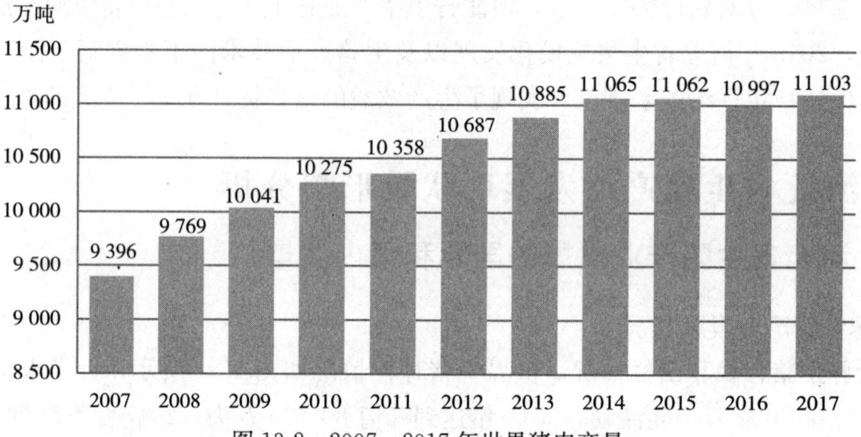

图13-2　2007—2017年世界猪肉产量

2. **我国生猪产业发展状况**

（1）我国生猪存栏和出栏情况。2007—2018年我国生猪存栏和出栏情况如图13-3所示，

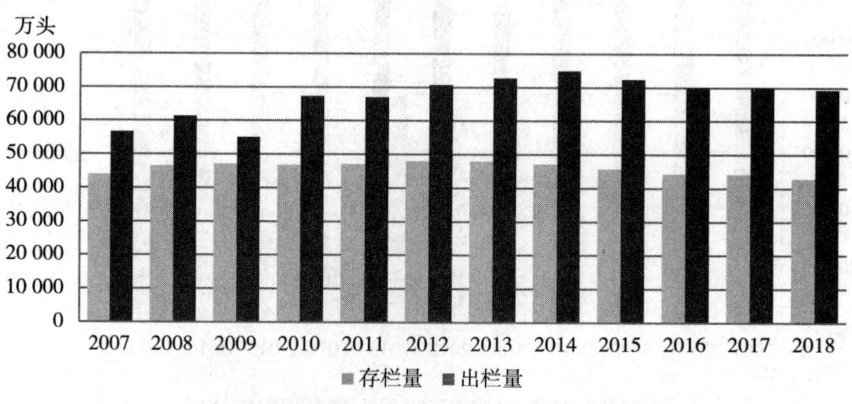

图13-3　2007—2018年中国生猪存栏出栏情况

2012 年我国生猪存栏量达到 48 030.2 万头，随后逐年下降，2016 年跌破 45 000 万头，2018 年进一步下降为 42 817.0 万头，较 2017 年降低 3.0%，更是 2007 年以来最低值。2012 年以来我国生猪年出栏量在 70 000 万头浮动，2014 年达到近年来的最高值 74 951.5 万头，2018 年为 69 382.0 万头，较 2017 年下降 1.2%，是近几年来的最低值。

（2）我国猪肉产量情况。2007—2018 年我国猪肉产量如图 13-4 所示，2010 年我国猪肉产量突破 5 000 万吨，2014 年更是达到 5 820.8 万吨，最近三年稳定在 5 400 万吨，2018 年为 5 404 万吨，较 2017 年下降 0.9%。

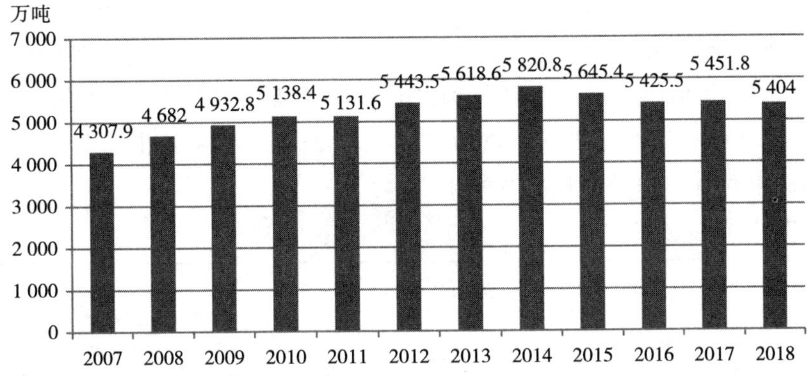

图 13-4　2007—2018 年中国猪肉产量

（二）河北省生猪生产基本情况

1. 生猪存栏量和出栏量

如图 13-5 所示，河北省生猪存栏量与出栏量变化趋势大致相同，从出栏上看，生猪出栏量近 10 多年来大多保持在 3 200 万～3 600 万头。从 2010 年到 2014 年，出栏量的总体趋势是逐渐增加的。2014 年河北省生猪出栏量达到 3 638.4 万头，2015 年出栏量相较 2014 年下跌 2.4%，但依然达到 3 551.1 万头，2017 年出栏量为 3 785.3 万头，较上年小幅增长 1.14%。同时，河北省十年来生猪存栏数量大体在 1 800 万～2 000 万头之间波动，2008 年达到高峰 2 015.2 万头，随后开始下降，到 2010 年存栏量回落到 1 846 万头。从 2010 年存栏量开始回升，2011 年达到 1 885.2 万头，但 2012 年生猪存栏量又小幅回调，相比 2011 年

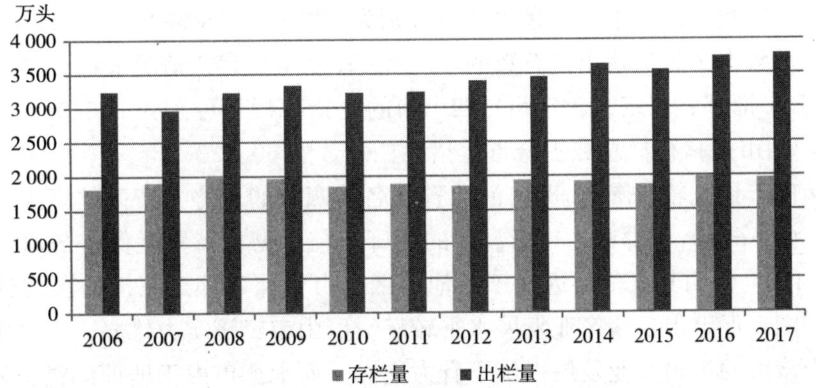

图 13-5　河北省生猪存栏量与出栏量变化趋势

下跌2%，随后再次回升，在2013年达到1 932.9万头，2015年减至1 865.65万头，2017年河北生猪存栏量为1 957.8万头，较上年微降1.25%。

2. 猪肉产量

如图13-6所示，2017年河北省猪肉产量为291.50万吨，2006—2017年年均猪肉产量保持在260.40万吨。2006—2017年期间生猪产量呈现波浪形的发展态势，与生猪出栏量变化趋势保持一致。河北省猪肉产量在2006—2017年期间，仍维持在较高水平，占比大约为60%，其变化区间较小，由于猪肉产量受到生猪出栏量的影响，猪肉产量占全省肉类产量的比重由2006年的60.76%，下降为2007年的56.92%，同比减少3.84个百分点，2015—2017年猪肉占比呈现上行趋势，2016年突破60%，达到61.27%，2017年进一步升至61.72%。2006年河北猪肉产量占全国猪肉产量比重为5.31%，2016年猪肉产量所占其比重为5.33%，2017年猪肉产量占其比重为5.35%，表明近年来河北省生猪产业在全国生猪产业中竞争力稳中有升，保持在良好水平上。

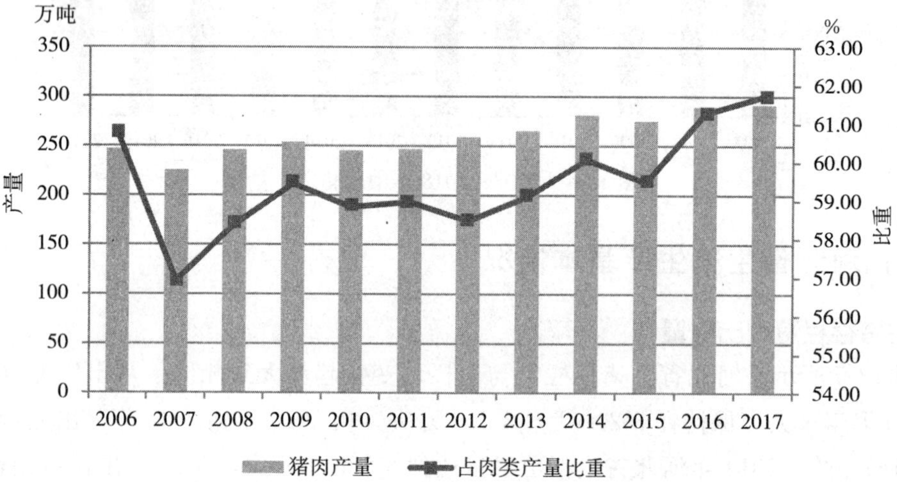

图13-6　2006—2017年河北省猪肉产量变化趋势

3. 生猪养殖区域布局

近年来，河北省生猪养殖业在发展中逐步形成了以唐山、石家庄、邯郸、保定为核心的四大优势产区。如图13-7所示，从生猪出栏情况来看，2017年唐山、石家庄（含辛集）、邯郸、保定（含定州）四个市的生猪出栏量分别为622.96、456.91、463.13、606.52万头，四市生猪出栏总数占全省生猪出栏总数的58.82%；从生猪存栏情况来看，2017年唐山、石家庄（含辛集）、邯郸、保定（含定州）四个市的生猪存栏量分别为346.08、277.01、237、316.92万头，四市生猪存栏总数占全省生猪存栏总数的60.12%。

从各市猪肉产量比较（图13-8），河北省排名前四位的优势主产区是唐山、保定（含定州）、石家庄（含辛集）和邯郸，排名靠后的为廊坊与承德。特别是保定与唐山猪肉总产量占全省的32.4%，说明其竞争力远高于其他市区，由于保定邻近京津的区位优势，高档消费市场前景广阔，保定市生猪产业发展水平较好。唐山市经济实力雄厚，人民生活消费水平较高等因素为该市的生猪产业发展提供了有力支撑。而承德市由于地理位置、环保、气候等因素导致生猪产业发展缓慢；廊坊市距离北京较近，在国家生猪环保政策的高压下，生猪产业发展受限，猪肉产量所占比重最小。

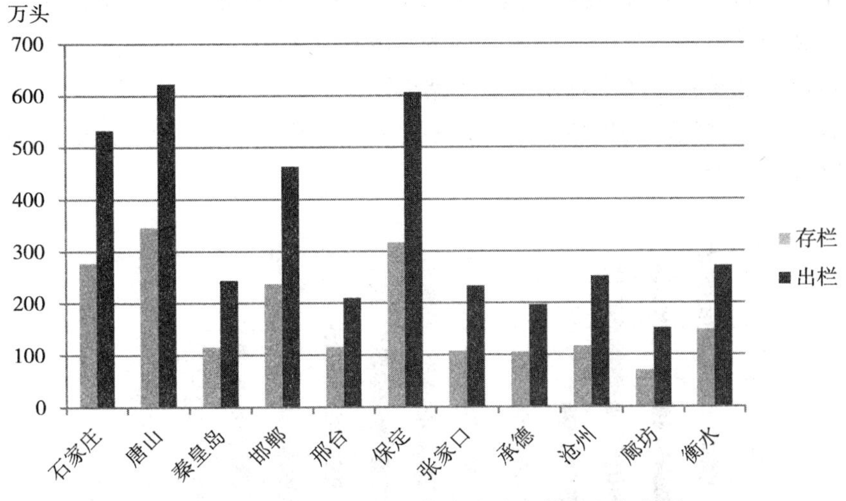

图 13-7　2017 年河北省各市生猪出栏量和存栏量

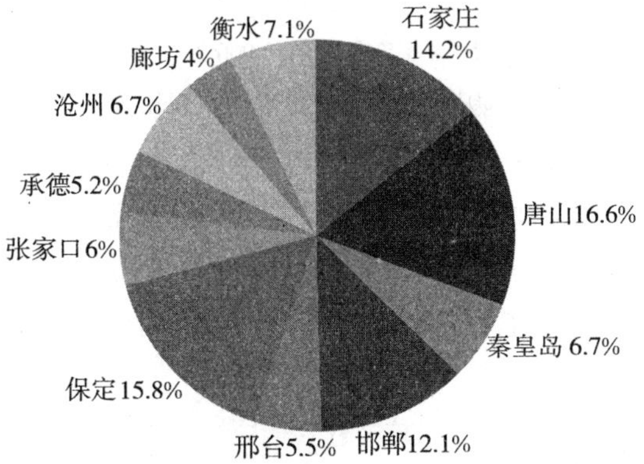

图 13-8　2017 年河北省各市猪肉产量所占比重

4. 规模化养殖程度

河北省生猪养殖主要分为农户散养、养殖小区、规模化养殖三种形式，随着河北省生猪养殖规模化的进程加快，生猪规模化养殖已凸显一定的优势，其生产效率与经济效益同农户散养模式相比显著提高，尤其是大规模生猪养殖场凭借规模经济以及先进的生产技术等条件，使得生产效率大大提高。

如图 13-9 所示，伴随规模化养殖企业的大量进入和中小散户的逐步退出，河北省生猪规模化养殖比重不断上升，据 2016 年河北省主要畜牧统计数据显示，2016 年河北省生猪年出栏 500 头以上的规模养殖场为 10 435 个，2016 年全省生猪年出栏 500 头以下占比 57.79%，年出栏 500～10 000 头占比 33.52%，年出栏 10 000 头以上占比 8.69%。衡水和唐山两市生猪规模化养殖比例最高，年出栏 500 头以上占比分别达 66.68%和 59.54%；衡水和廊坊两市大规模养殖比例最高，年出栏 10 000 头以上占比分别为 23.27%和 13.94%，其次，是唐山和张家口，分别为 10.46%和 10.18%；但河北省万头以上猪场年出栏生猪占全省比重仅有 8.69%，5 万头以上占 1.68%，规模化和产业集中度有待进一步提升。全省年出栏万头以上的养殖场数量在 2014—2016 年期间有所减少，主要是由于 2014 年国家生猪养殖环保政策的收紧以及生猪限养、禁养政策的实施，使得规模养殖场由于历史选址不合理、生猪污染物处理不达标等因素造成生猪养殖场被迫关闭，从而使得大规模养殖场数量略有下降。相对比大规模养殖场下降趋势，生猪养殖小区由于当时选址缺乏科学依据，考虑土地面积因素较多，与之配套的生猪生产设备不完善，对疾病防控不重视等因素导致生猪养殖小区数量下降幅度更大。

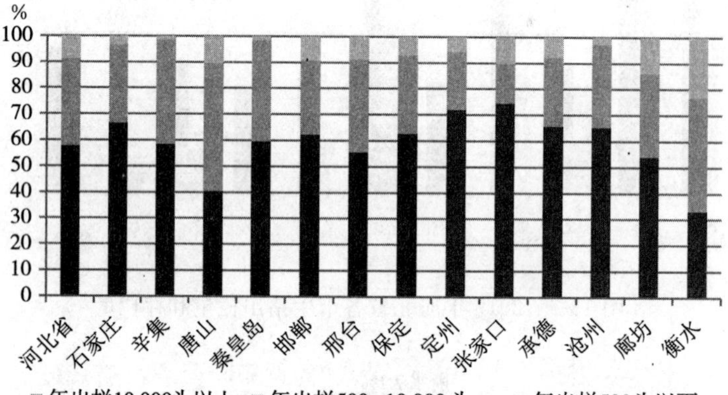

图 13-9　2016 年河北省各市生猪规模养殖情况

此外，从国家级生猪养殖示范场数量侧面考量河北省规模化养殖程度来看，据农业农村部公布的数据，截至 2018 年 4 季度末，全国各省区市国家级生猪养殖标准化示范场共计 262 家，其中河北省国家级生猪示范场 14 家，居全国第 5 位，如图 13-10 所示。河南、山东（含青岛）等 10 省标准化示范场合计 164 家，占全国总量的 62.60%。

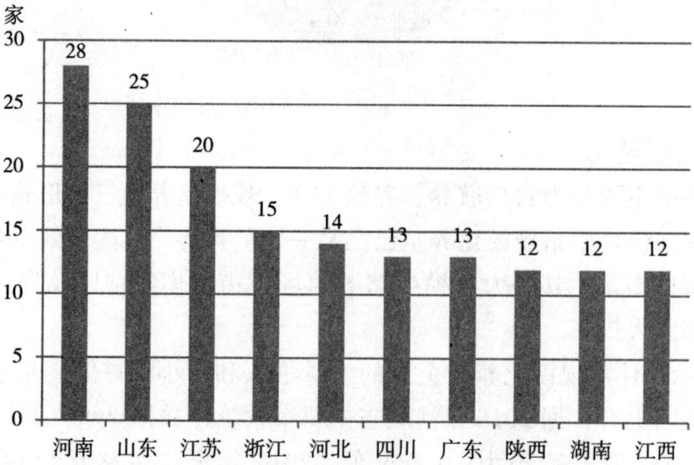

图 13-10　国家级生猪养殖标准化示范场情况

5. **养殖新业态、新模式**

近年来，河北省生猪养殖发生了新变化，出现了一些新业态、新模式。

（1）种养肥一体化生态养殖模式。廊坊市天鹏牧业、邯郸市磁县华威、武安市智寿源林牧、永清县胜利等养殖企业对养殖场内粪污经处理后变废为宝，灌溉公司种植的蔬菜、林果、藕池、花卉等农作物，实现生猪养殖和农作物种植的有机结合，改善了周边生活环境，从而达到良性循环，实现了生猪养殖带动生态种植业的产业链延伸。

（2）实施数字化养殖新模式。武安市智寿源林牧有限公司投资建设数字化种猪场，引进先进的 GPS 管理软件，从供料饲喂、舍内环境控制、母猪群养饲喂到种猪测定和母猪发情鉴定等全部实施智能化自动控制，24 小时监控，全场实现智能化、数字化远程管理，从而做到精细化生产。

（3）农牧结合的旅游观光模式。廊坊市广阳区润宝合作社以农牧结合的方式为依托，通过养殖园区的建设，带动种植园区、采摘园区建设，吸引游客观光旅游采摘；邢台南和县森焱家庭农场以种植、养殖、观光采摘、餐饮住宿、良种培育、技术开发、体验店、线上＋线下销售为一体，打造现代化可视农业生态园区。

（4）以养殖为基础延伸产业链。廊坊市欧华农牧公司对商品猪进行屠宰加工，形成自己的猪肉品牌“欧华香猪”，为连锁店提供乳酸菌冷冻肉、生鲜肉、分割肉、猪副产品。另外，公司通过沼气设施对猪场粪污进行处理和资源化利用，生产的有机肥达到 NY525—2012 行业标准，可直接用于农业生产，并且创建了自己的有机肥品牌“丰饶”。

（5）创建网上交易平台。借助移动互联网及电子商务技术，大北农集团以唐山市为基地推出猪交所，该所为全国性平台，能有效解决猪交易过程中交易链条过长、品质无法保证、质量不可追溯、交易成本居高不下、交易体验差等问题。秦皇岛北方宏都生猪网络交易有限公司建立了国内运行良好的生猪电子交易平台，改变了传统的商品猪收购模式。

（6）“公司＋农户”模式。温氏股份有限公司在河北盐山县大力发展“公司＋农户”模式。即公司将商品猪的育肥阶段以“托管”的方式交由农户负责，并为农户提供先进的技术指导、优质饲料和疫苗的采购服务等。丰宁县丰鑫公司开展“龙头企业＋科研院校＋合作社＋家庭农场＋农户”模式，实施生态黑猪产业项目，支持带动 60 多家规模养殖场走规模发展、效益发展之路。

（7）整县推进粪污资源化利用。安平县依托京安公司建设畜禽粪污集中处理中心，形成“畜禽粪污—沼气、电、热—有机肥—农作物—饲料—养殖”的大循环产业链条，将畜禽粪污变废为宝，为“养殖＋环保”的新能源产业发展奠定了良好基础。玉田县实施整县推进畜禽粪污资源化利用模式，全县建立 3 个粪污处理场，收集全市 43 家大型畜禽养殖场的粪污，通过发酵处理制作生物有机肥，远销山东、内蒙古、辽宁等省区。

综上，新业态的出现和发展是促进生猪产业转型升级的重要途径；生态农业园区模式则将一二三产业进行了有机融合；“公司＋农户”模式有利于农民增收致富；新业态提高了资源利用化水平，减少了环境污染。

（三）河北省生猪市场价格分析

1. 生猪价格波动情况

受“猪周期”的影响，2018 年伊始河北省待宰活猪价格延续 2017 年“跌跌不休”的态势，继续持续下跌。从 2018 年 1 月的 15.12 元/千克下跌到 5 月的 10.04 元/千克，不少地市甚至突破 10 元关口。进入 6 月，随着产能过剩释放完成，全省生猪价格开始反弹，9 月生猪价格已升至 13.38 元/千克，上升幅度达 33.3%，如图 13-11 所示。但由于 8 月初全国非洲猪瘟疫情的蔓延，河北省生猪价格 9 月后开始掉头下降，至 12 月已经跌至 11.85 元/千克，与 9 月相比下跌 11.4%。

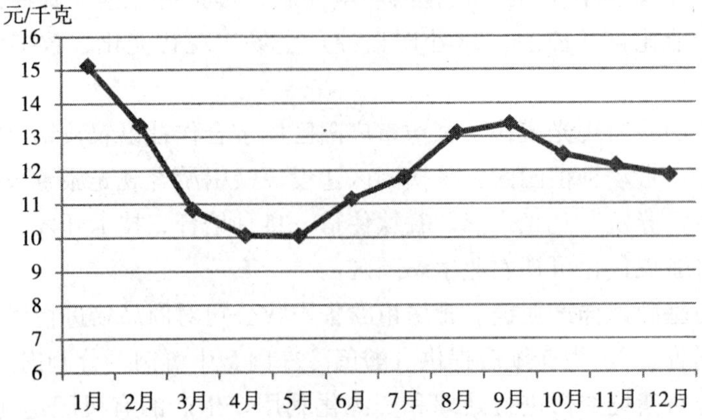

图 13-11 2018 年 1—12 月河北省活猪价格

2. 猪肉价格波动情况

与生猪价格相似，2018 年河北省猪肉价格也呈现出明显的波动。往年春节前旺盛的需求拉动价格上涨并没有在 2018 年春节得以延续，2018 年春节河北猪肉价格不升反降，2 月为 23.07 元/千克，环比下降 4.3%，5 月跌破 17 元/千克关口，猪肉均价下跌至 16.99 元/千克，较年初相比下跌 29.5%，如图 13-12 所示。进入 6 月，全省生猪价格开始反弹，猪肉价格达到 17.55 元/千克，7 月升至 18.25 元/千克，原本预示着一个新“猪周期”的开始。但随后 8 月初非洲猪瘟疫情在全国开始蔓延，9 月上旬活猪禁运政策出台后，京津猪肉需求刺激河北省猪肉价格上升至 21.74 元/千克，疫情的负面影响在 10 月后开始显现，10 月猪肉均价为 21.29 元/千克，12 月已降至 20.35 元/千克。

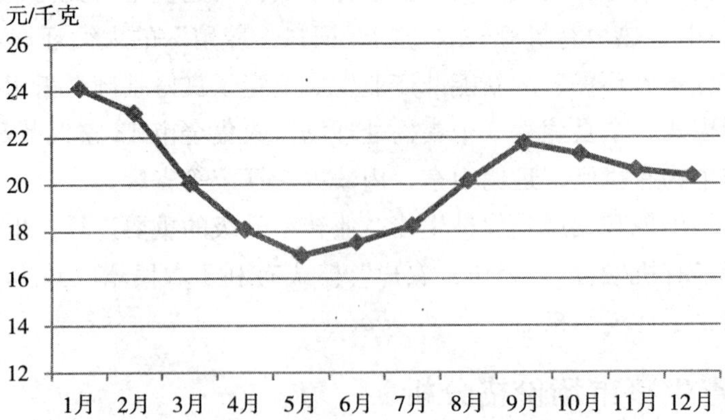

图 13-12 2018 年 1—12 月河北省猪肉价格

3. 仔猪价格波动情况

2018 年河北省仔猪价格波动情况如图 13-13 所示，仔猪价格在 2018 年前期也是一路走低，1 月均价 30.14 元/千克，5 月跌至 23.34 元/千克，跌幅达 22.4%，而后仔猪价格缓慢上升至 7 月的 23.94 元/千克，8 月更是升至 25.44 元/千克。但 8 月初开始全国各地发生非洲猪瘟疫情后，活猪禁运政策开始实施，生猪价格下跌明显，加之上半年价格始终在下调区间，许多养殖户大多处于观望态度，补栏积极性较低，仔猪价格跌幅明显，至 12 月仔猪均价为 18.25 元/千克，较 8 月下跌 28.3%，较 1 月下跌近 40%。

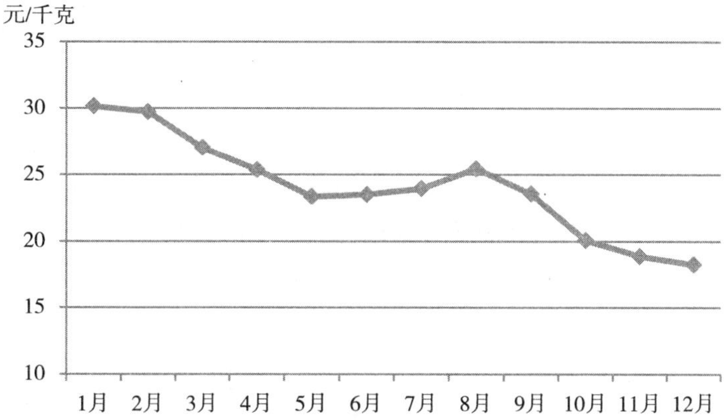

图 13-13　2018 年 1—12 月河北省仔猪价格

(四) 河北省生猪产业发展形势分析

1. 生产形势分析

2018 年，我国生猪养殖业在上半年的周期性亏损和下半年的非洲猪瘟共同影响下，整体存栏水平呈现出较为明显的下降趋势。从农业农村部公布的数据来看，我国能繁母猪存栏持续下降，截至 2018 年 12 月，能繁母猪存栏占比已经降至 9.5%左右，低于 10.5%的“供需平衡健康线”。全国能繁母猪存栏首次跌破 3 000 万头，同比下降 8.3%，环比下降 2.3%，减少 75 万头。生猪存栏同比下降 4.8%，环比下降 3.7%，减少至少 1 280 万头。这意味着 7 个月后出栏肥猪数量将大幅度减少，从而极大影响 2019 年 7 月后的生猪出栏价格。

河北省的能繁母猪存栏和生猪存栏也是明显下降，特别是 8 月初发生非洲猪瘟疫情，全省养殖场户加快出栏，产能集中释放，导致出栏增加、存栏下降。原因有二：一是疫情扑杀会持续，非疫情猪场会担心疫情的影响，而将肥猪在 90 千克甚至更小体重出栏；二是母猪补栏和仔猪补栏的积极性大幅度降低，从而影响生猪存栏的有效增加。根据河北省畜牧站监测数据显示：2018 年 6 月 421 家规模场（年出栏 500 头以上）生猪存栏同比减少 8.0%，出栏肥猪同比减少 27.0%，出售仔猪同比增长 25.9%。据统计局数据，截至 2018 年 6 月底，生猪存栏 1 632.6 万头，同比下降 3.0%，较 2018 年 1 季度下降 5.7%。其中，能繁殖母猪存栏 162.9 万头，下降 4.0%。另一方面，2018 年上半年河北省生猪出栏 1 850.7 万头，增长 7.5%。出栏增加导致猪肉产量增加。2018 年上半年河北省猪肉产量 142.3 万吨，增长 7.5%；牛肉产量 28.8 万吨，增长 3%；羊肉产量 14.5 万吨，增长 3%。由此可见，2018 年上半年河北省猪肉产量增幅较快，明显高于牛羊肉增幅。

能繁母猪存栏的波动将对河北省的生猪生产产生较大影响。预期 2019 年春夏全省肥猪出栏量将会有一个明显下降过程，受母猪淘汰及补栏低迷的影响，2019 年能繁母猪存栏预计将继续下滑，预计 2019 年猪肉产量也存在下滑空间，去产能将继续，生猪养殖行业产业集中度将提升。同时，非洲猪瘟对消费端也产生一定的负面影响，加之由于居民收入水平的提高，肉类消费需求多样化，猪肉消费比重有所下降，鸡肉、牛羊肉等替代品消费逐年提高。供求矛盾的加剧使得短期内猪价走势不容乐观，养殖场户需要密切关注。

2. 生猪产业链条各经营主体分析

（1）养殖场户难获利，部分养殖企业存在资金链断裂风险。

受“猪周期”的影响，2018 年上半年猪粮比价一路下跌，养殖企业在亏损中煎熬，原本从 6 月开始猪粮比价重回 6：1 以上，达到 6.1：1，如图 13-14 所示，养殖户迎来盈利的转机，但 8 月初的非洲猪瘟大范围的蔓延造成猪粮比价在 10 月升至 7.01：1 后掉头下行，至 12 月下降为 6.28：1，养殖户重新进入微利和盈亏平衡时期。压栏、银行借贷收紧和社会资金减少造成养殖企业资金回款出现一定困难。目前部分养殖企业已经出现资金紧张，甚至饲料厂赊账及借贷的情况。有的养殖企业已经资不抵债，仅疫苗一项欠款就达到 80 万。周转资金困难将会是部分养殖企业面临的普遍问题。

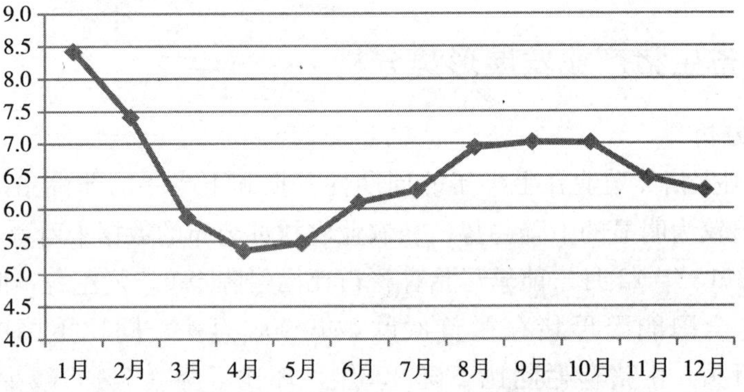

图 13-14　2018 年 1—12 月河北省猪粮比价趋势图

（2）屠宰企业收益颇丰，白条库存增加。屠宰加工企业掌握着待宰活猪收购价格的话语权，特别是 2018 年秋季非洲猪瘟疫情发生后，屠宰企业盈利颇丰得益于以下两个方面：一是非洲猪瘟疫情导致生猪价格偏低，而屠宰后销区价格较高，利差变动更大。二是白条冷链运输的成本低于毛猪运输，经综合测算，白条运费较调运活猪的费用低 0.2～0.3 元/千克。由于活猪禁运的限制，省内多数屠宰场均满负荷运行。屠宰企业在获取高收益的同时对行业未来整体看好，看 2019 年下半年行情，不少屠宰企业冻肉库存几乎满库，准备 2019 年 5、6 月猪价上涨时考虑抛出。

（3）猪肉经销商收益稳定。猪肉经销商作为生猪产业链的最后环节，借助于对市场需求信息的有效掌控攫取了产业链中大部分利润。经销商通过向屠宰加工企业加收赞助费、开户费、陈列费、宣传费等费用，从中获得高额利益。经销商随猪肉价格的波动随行就市获取稳定收益。非洲猪瘟疫情发生后，终端对猪肉消费有所抑制，短期内白条猪肉价格涨幅明显放缓，随着居民对疫情恐慌的逐渐消退，猪肉有效需求得到释放，猪肉经销商开始补货，猪肉上市量已经恢复正常。

3. 生猪产业发展趋势分析

（1）行业集中度提高，规模化养殖进程加快。近年来随着养殖成本的提高以及环保监管等因素的影响，加之非洲猪瘟疫情在全国范围内扩散，散养户退出明显，全省生猪养殖规模化的程度正在明显提升。未来一段时间内，规模化养殖将是生猪养殖行业的主要趋势，中小散养户退出的市场空间，将由大型的规模化企业来填补。

（2）种猪养殖产业化。随着养猪产业化及养猪业分工的进程，种猪产业化将是未来的必然趋势。外三元市场份额将会迅速减少，而以内三元为主的杂交配套系将会快速发展，市场份额会显著提高。省内一些核心种猪场实现联合育种，也是全省提高猪育种水平、育种效率、完善良种繁育体系最有效的手段。人工授精站将扮演更重要的遗传改良角色。

（3）食品安全日益受重视，促进高端猪肉品牌的树立。政府监管部门无法对散养户进行全面监管，猪肉质量和安全无法保证，在客观上将促进国内高端猪肉品牌的发展。一是规模化的养殖企业有实力打造高端猪肉品牌；二是规模化的养殖企业具备更高的养殖和育种水平，可根据市场需求培育出肉质和口感更好的肉猪，以迎合消费者需求。

（4）生猪标准化养殖和精细化饲养趋势。标准化养殖场基本做到对猪舍的精细设计，在品种改良、饲料营养、母猪繁殖等环节上精细管控，在清洁消毒、疫苗接种、药物保健等疫病防控环节上精细把握，并且非常重视专业人才的培养。未来几年，随着中小散养户的退出和规模化企业的扩大，标准化和精细化将是生猪养殖行业的发展趋势。

（5）环保压力凸显，生态养殖另辟蹊径。近几年国家相继出台旨在加强环境保护力度的系列法律法规和政策，畜牧养殖行业整体进入了环保高压期。为解决生猪养殖带来的环境污染问题，对养殖粪污资源化利用进行探索，尽可能将养猪的污染问题降低到最小范围，生态养殖实现了生猪养殖和农作物种植的有机结合，改善了周边生活环境，从而达到良性循环，实现了生猪养殖带动生态种植业的产业链延伸。

二、非洲猪瘟对河北省生猪产业发展的影响

（一）疫情对河北省生猪产业的影响

1. 活猪调运全面受限，生猪流通方式发生巨变

2018年8月31日农业农村部明确了对活猪及其产品的调运限制，并开始强化屠宰管理，9月上旬开始活猪调运量明显降低。10月18日国务院通知运输生猪等活畜禽的车辆不再享受鲜活农产品“绿色通道”，10月下旬开始全国活猪调运量同比下降97.9%，全国活猪调运几乎瘫痪。根据京津生猪团队提供的数据，2017年北京市出栏生猪242万头，需求1 000万头，缺口为758万头；天津市出栏350万头，需求550万头，缺口200万头。北京调入生猪中河北省约占40%，天津调入生猪中河北省约占50%。据此测算因跨省禁运后会导致河北省403.2万头活猪无法调入京津市场。政策导向“调猪”向“调肉”改变，“点对点”生猪产销合作逐步扩大。按生猪出肉率为75%，平均出栏体重为120千克，测算可得由于跨省禁运政策京津市场会为河北带来36.29万吨猪肉的外销机会，占河北省2017年猪

肉产量的 13.19%。

2. 猪价二次探底，养殖户难以获利

由于“猪周期”规律作用，2018 年 5 月河北省生猪价格出现近 8 年来的低价，按照往年规律，9 月猪价应呈上升趋势，双节（中秋、国庆）后逐渐下降。但由于疫情的发生，9 月生猪价格不升反降，尤其是 9 月 8 日启动“跨省禁运”政策后，生猪价格震荡下行进行了 2018 年二次探底，后趋于稳定，如图 13-15 所示。据全省 28 个生猪价格监测县日报告数据分析：截至 11 月 15 日，全省活猪平均收购价 12.19 元/千克，同比下降 11.79%，与 8 月均价对比下降 7.09%；猪肉集贸市场平均交易价 20.54 元/千克，同比下降 7.44%，与 8 月均价对比上涨 1.88%。猪价二次探底导致养殖场（户）盈利能力下降，据相关调查的数据显示，2018 年 4 季度河北省生猪出栏盈利只有 20 元/头左右，大多养殖户只能做到盈亏平衡。

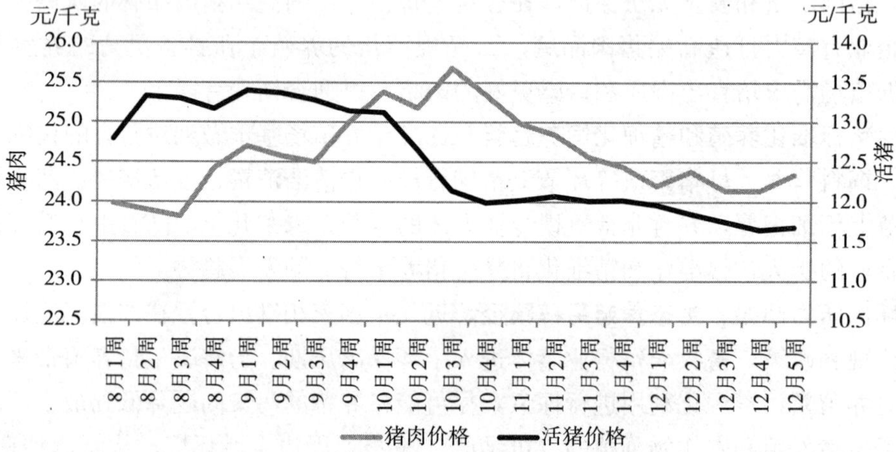

图 13-15　疫情发生后河北省生猪价格走势图

3. 母猪淘汰量增加，养殖户补栏意愿不高

受 2018 年上半年猪价探底，特别是下半年非洲猪瘟全国大范围频发的影响下，母猪和仔猪市场均受到较大冲击。一是母猪淘汰增加，存栏下降。河北省 2018 年后备二元母猪销量较 2017 年下降四至五成，平均销售体重增加 10 千克以上，受疫情影响部分种猪场种猪甚至作为育肥猪卖掉。受疫情干扰能繁母猪养殖风险加大，淘汰量增加，淘汰胎龄减小，留种标准提升，全年补栏减少，能繁母猪存栏同比下降。二是养殖户补栏积极性不高。市场仔猪滞销，养殖户仔猪成本下降，2018 年 8 月开始养殖户外购成本低于自繁自养成本。部分种猪场和自繁自养商品猪场购买种猪需求降低，开始压减能繁母猪存栏，使得种猪销售受阻。如石家庄中山牧业 2017 年存栏能繁母猪 1 500 头，2018 年 9 月后不足 900 头。玉田牧富种猪公司 2018 年 9 月销售种猪 98 头，比正常情况减少 80%。仔猪价格持续下跌。全省仔猪价格自 2018 年 8 月至 11 月初下滑速度很快。全省 28 个生猪价格监测县日报告数据显示：11 月 8 日，全省仔猪平均出售价 18.49 元/千克，同比下降 38.12%，与 8 月均价对比下降 27.32%。11 月 15 日，全省仔猪平均出售价 18.84 元/千克，与上周水平基本持平（图 13-16）。

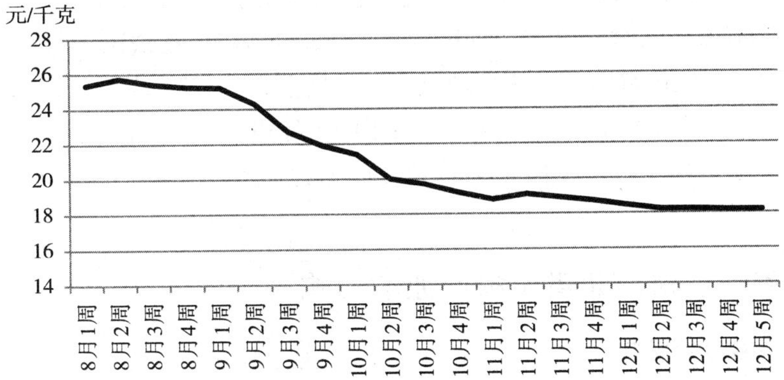

图 13-16　疫情发生后河北省仔猪价格走势图

4. 散户加速退出，产业结构调整进一步深化

一是在大市场趋势和上半年猪价探底作用下，2018 年散户生产积极性本来就不高，加上非洲猪瘟疫情影响，在市场低迷和“跨省禁运”政策期限不明朗的情况下，许多散户都在等待观望。二是取消生猪交易市场后，使得散户的销售受阻，生猪出栏困难、大猪积压严重，而且比规模化养殖场的售价普遍偏低 0.6～0.9 元/千克，养殖效益明显下降，已经开始亏损。疫情风险、资金压力以及环保限制等诸多因素叠加使得散户淘汰加快。三是规模化猪场凭借其更小的边际成本弹性，更完善的生物安全防控体系，更强的抗风险能力，出栏量稳中有增，同时在资金承压和疫情风险下，规模养殖企业布局放缓。总体而言，河北省生猪产业结构调整进一步得到深化。

5. 猪肉消费下降，替代品价格上涨

非洲猪瘟发生以来，猪肉消费下降，据调查全省 2018 年 9—12 月猪肉消费量同比下降 6%～10%，预计全年猪肉消费量下降 2%左右。鸡蛋、鸡肉、牛羊肉、水产品等替代品消费量增加，特别是牛羊肉和鸡肉价格涨势迅猛，如图 13-17 所示。2018 年 8 月初非洲猪瘟发

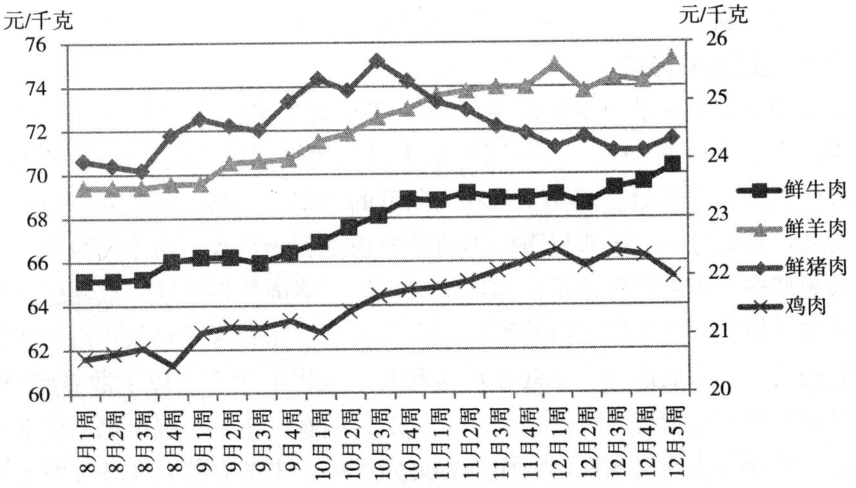

图 13-17　2018 年非洲猪瘟后河北省肉类价格趋势

生初期，由于中秋、国庆“双节”临近，鲜猪肉价格震荡上行，但2018年4季度跌幅明显，根据河北省物价局的统计数据，从10月第3周的25.68元/千克跌至12月中下旬的24.14元/千克，跌幅达6.0%；鸡肉价格从8月第4周开始上行，12月均价（22.27元/千克）较8月均价（20.64元/千克）上涨7.90%；鲜牛肉12月均价为69.40元/千克，较8月均价65.10元/千克上涨6.60%；鲜羊肉8月均价69.44元/千克上涨到12月均价74.52元/千克，涨幅为7.32%。

（二）跨省禁运对河北省生猪产业的影响

1. 对生猪净调出的影响

根据相关数据测算，河北省外销生猪占总出栏量的比例是30.74%，外销猪肉占总猪肉产量的7.66%。根据2017年数据，从外省调入324.54万头（检疫数据），调出1 097.81万头（按照2017年河北省总出栏量3 571.3万头核算），两项相减河北省净调出773.28万头。据此得出由于跨省禁运政策会导致河北省773.28万头生猪的外销压力。另外，按生猪出肉率为75%，平均出栏体重为120千克可以测算出由于跨省禁运政策将造成河北省69.59万吨猪肉的外销压力，占2017年猪肉产量的25.31%。

2. 对生猪价格的影响

一是短期内导致省内生猪价格降低。由于生猪跨省禁运在生产端会导致省内市场生猪供应量激增和猪肉外销压力加大；在消费端部分消费者受甲型H1N1流感的心理暗示以及对非洲猪瘟存在误解，会减少对猪肉和猪肉制品的消费，在供给增加和消费减少的情况下，可能导致河北省生猪价格和猪肉价格走低。二是长期内可能导致省内生猪价格逐渐走高。生产主体受前期猪肉价格走低和对疫情恐惧的影响，部分养殖主体的补栏意愿下降，小规模养殖户恐慌清栏，致使全省生猪产量会有所下降，猪肉供给减少；在消费端，随着宣传的开展，消费者对非洲猪瘟的误解将逐步消除，猪肉消费量会逐渐恢复。此外，在生猪禁运的情况下，京津屠宰企业的生猪屠宰数量会减少，京津对河北省猪肉的需求量随之上升，全省生猪和猪肉价格会逐渐走高。

3. 对生猪养殖行业的影响

一是加速小型养殖场和散户退出市场。2017年全省生猪饲养规模分布情况是万头以上规模养殖场提供出栏生猪占23%，万头以下千头以上规模养殖场提供出栏生猪占20%，千头以下养殖散户提供出栏生猪占57%。500头以下的小型养殖场，和散养户防疫意识差，感染风险高。因此，跨省禁运对千头以下的养殖散户来说影响较大，由于养殖散户减栏、清栏速度加快造成短期内全省生猪供给量大幅度增加，致使猪肉价格下跌，散养殖户的经济效益会受到较大影响。另外，千头以下散养殖户是全省重点检测和管理对象，由于非洲猪瘟会增加养殖场的防控成本，从而进一步压低养殖场利润，这将加速千头以下散养殖户退出市场。二是中长期对提升全省生猪规模化养殖利好。从中长期看生猪养殖规模化、标准化、清洁化是必然趋势，大型规模化养殖场在这方面具有更大优势，中型养殖场在各方面压力下，想要继续发展必将在规模化、标准化、清洁化上投入更多，这对全面提升全省生猪规模化养殖是个利好。

4. 对生猪屠宰企业影响

一是短期内屠宰企业效益增加。非洲猪瘟彻底灭除须打持久战，活猪调运可能长期被禁，这意味着养殖大省想要消化生猪，就必须借助屠宰场来消化当地的产能。由于生猪无法外运只能在省内屠宰，依据 2017 年数据分析，由于生猪跨省禁运导致省内屠宰企业平均每月要增加约 64 万头屠宰量。河北省原来是调出活猪大省，全省 434 家生猪定点屠宰企业年实际屠宰量仅有 1 300 万头左右，仅占全省出栏量的 36%。非洲疫情发生后，受地缘因素影响，京津市场对河北省猪肉的需求量猛增，省内各大屠宰企业每日屠宰量大幅增加，外销压力加大。据调查，石家庄双鸽肉联厂每天屠宰生猪由原来的 700 头增加到现在的 1 500 头，其中近一半供应京津市场。二是中长期生猪屠宰企业可能出现过大投资冲动。随着对生猪养殖和屠宰本地化处置，以及对环保的进一步要求，小规模的屠宰厂的竞争力越来越差。此外，产能过剩也将集中出现在小规模的企业中，大规模的企业集聚产能将成为趋势。对于屠宰来说，量越大越有话语权，行业集中度将提升。在当期业务量激增的情况下，生猪屠宰企业可能会出现扩张规模的冲动。假如临时性的生猪移动监管取消，到时候生猪屠宰企业的业务量也会减少，如果此时过于扩张会造成后期设备闲置，造成固定资产贬值。

（三）非洲猪瘟背景下河北省生猪市场预测

截至 2018 年年底，我国因疫情扑杀生猪数量占全国存栏总量不足 0.1%，整体上看疫情不会对我国生猪产业造成太大冲击，但这一影响持续多久不好预测，具体经济损失也难以估计，主要看疫情的控制程度，参考国际上对于类似疫情的控制至少需要两到三年，意味着河北省 2019 年到 2020 年都会受到非洲猪瘟的影响，但也可能因为其他因素持续更久时间。

2019 年我国生猪市场将继续笼罩在非洲猪瘟的阴影下，疫情对于生猪市场长期性的影响体现在母猪减少导致的育肥猪数量减少，进而对消费端猪肉产品供给量有所调减，2019 年生猪供给量的相对下降或将推动价格上涨。河北省生猪生产除满足省内需求外，主要供应京津市场，在省内不发生疫情的情况下，短期生猪生产不会有大的波动，但因疫情发展有较大的不确定性，生猪市场不稳定因素增加。由于整体供应下滑幅度超过消费下降幅度，预计 2019 年全年呈现上涨状态，供给或在下半年更为偏紧。非洲猪瘟对家庭消费的负面作用基本探底，预计随着猪产品流通新模式的运行，流通对消费的制约效应逐渐消失，消费会在低迷中逐步回升。预计 2019 年第 1 季度，受调运管控的影响，生猪及猪产品出现积压，市场继续维持低迷，第 2 季度市场将出现好转，下半年出栏价格有望突破 14 元/千克，高点可能位于 16 元/千克附近。

三、河北省生猪产业竞争力分析

（一）河北省生猪产业竞争力的测度与评价

1. 河北省生猪产业比较优势分析

利用综合比较优势指数法对河北省生猪产业比较优势进行测算，结果如表 13-1 所示，可以看出自 2006 年以来效率优势指数均大于 1，说明与全国平均水平相比，河北省生猪生产具有效率优势。其中效率优势最大的是2007年，指数值为1.021，2006年、2015年和2016年相同，都为最低值1.007，效率优势最小。自2006年以来河北省生猪产业规模优势指数值均小于1，说明与全国平均水平相比，河北省生猪产业不具备规模优势，其中劣势最明显的是2007年。自2006年以来综合优势指数均小于1，说明与全国平均水平相比，河北省生猪产业不具备综合比较优势，其中劣势最明显的也是2007年。

表13-1 河北省生猪产业优势指数值

年份	效率优势指数	规模优势指数	综合优势指数
2006	1.007	0.949	0.978
2007	1.021	0.895	0.956
2008	1.015	0.916	0.964
2009	1.013	0.931	0.971
2010	1.012	0.927	0.969
2011	1.008	0.928	0.968
2012	1.010	0.912	0.960
2013	1.014	0.925	0.968
2014	1.013	0.927	0.969
2015	1.007	0.945	0.975
2016	1.007	0.946	0.976

资料来源：根据《河北农村统计年鉴》和《中国农业年鉴》数据计算所得。

由此看来，与全国平均水平相比，河北省生猪产业并不具备规模比较优势，其生猪生产还主要以散养为主，规模化程度较低，还是粗放式的增长模式。但与全国平均水平相比，河北省生猪产业具有效率优势，今后应继续加大科技投入，提高河北省生猪产业综合生产能力。

2. 猪肉出口竞争力的省际比较分析

这里所提到的猪肉是HS编码前四位是0203的鲜或冷藏猪肉。近年来我国猪肉出口较多的省（市）有湖南省、广东省、云南省、河南省、重庆市、四川省、山东省、吉林省等，剔除存在有些年份猪肉出口为零的云南省和吉林省，选取与河北省比较的对象是湖南省、广东省、四川省、山东省、河南省和重庆市，近年来这6个省（市）的猪肉出口额占全国猪肉出口额的比重大于80%，具有一定代表性。

选取国际市场占有率、贸易竞争力指数、显示性比较优势指数、出口质量升级指数、出口贡献率等竞争力评价指标，对样本省份猪肉出口竞争力进行比较，考虑到数据的可获得性，仅对2006年至2013年数据进行计算比较。

经计算各省（市）上述指标2006年至2013年的均值如表13-2所示，可以看出除出口产品质量升级指数外，其余各项指标均值都是湖南省最大，说明湖南省在所研究的各省（市）中猪肉出口竞争力最强。除河北省外其他各省（市）出口猪肉的质量竞争优势明显，质量竞争力不断上升。出口产品质量升级指数排名第一的是河南省，说明河南省出口猪肉的质量竞争优势最强且优势不断上升。各项指标均值都是河北省最小，说明在所研究的各省

（市）中，河北省猪肉在国际市场不具有竞争优势，比较劣势明显，猪肉出口对本地总出口的贡献接近零，猪肉出口缺乏竞争力。

表 13-2　各省（市）猪肉出口竞争力各指标 2006 年至 2013 年均值

省（市）	国际市场占有率（%）	贸易竞争力指数	显示性比较优势指数	出口产品质量升级指数	出口贡献率（%）
湖南省	0.313 8	1.000 0	5.696 3	1.907 5	0.977 5
广东省	0.212 5	−0.0375	0.070 0	1.787 5	0.012 5
四川省	0.263 8	0.978 8	3.075 0	1.856 3	0.517 5
山东省	0.066 3	0.100 0	0.112 5	1.806 3	0.017 5
河南省	0.096 3	0.410 0	1.351 3	1.990 0	0.228 8
重庆市	0.052 5	0.935 0	1.046 3	1.955 0	0.182 5
河北省	0.000 1	−0.475 0	0.001 0	0.230 0	0.001 8

资料来源：据《中国农业年鉴》《中国统计年鉴》和联合国贸易统计数据库数据计算所得。

利用表 13-2 中数值，运用主成分分析法对 7 省（市）猪肉出口竞争力进行综合打分，结果见表 13-3。其中综合得分最高的是湖南省，得分最低的是河北省。说明这 7 省（市）中，猪肉出口综合竞争力最高的是湖南省，最低的是河北省。上述情况的出现受多种因素的影响，如各省（市）猪肉产量变化、出口价格变化、出口市场较为集中，进口国或地区技术性贸易壁垒的限制、人民币汇率变动、运输方式、食品安全等。

表 13-3　各省（市）猪肉出口竞争力综合得分及排名

省（市）	综合得分	排名
湖南省	3.133 6	1
广东省	−0.743 4	5
四川省	1.671 1	2
山东省	−1.154 8	6
河南省	−0.124 8	4
重庆市	−0.025 1	3
河北省	−2.756 6	7

（二）河北省生猪产业资源竞争力分析

迈克尔·波特的钻石模型表明，一国的国内经济环境对企业开发其竞争优势有很大影响，其中影响最大、最直接的因素有四项：要素条件、需求条件、相关和支持产业及企业战略、组织结构与竞争状态。此外，政府和机遇也会起到相当大的作用。迈克尔·波特的钻石模型为河北省生猪产业资源竞争力的分析提供了较好的分析框架。

1. 要素条件

波特把生产要素分为初级生产要素和高级生产要素。初级生产要素包括自然资源、地理位置、气候、非熟练或半熟练劳动力等。一是河北省地处北温带，气候条件适宜多种畜禽品种养殖，也适合小麦、玉米等粮食作物的种植，2017 年河北省粮食作物播种面积及产量均居全国第六位。大量的粮食作物不仅可以满足人类需求，也是生猪饲料的主要来源。二是河北省地处南北枢纽、东西要道结合处，环抱京津，地理、市场环境优越。可以利用京津地区对猪肉产品的巨大需求积极抢占其猪肉产品市场，建立环京津的生猪生产、加工基地，与京津建立稳固的购销关系。三是河北省劳动力资源丰富，虽然农村人口占河北省总人口比重不断下降，但该比重一直保持在 76%以上。同时劳动力文化素质普遍较低，如图 13-8 所示，2016 年河北省农村居民家庭初中、小学和未上过学的劳动力达到 81.57%，这些劳动力对一些新鲜事物及新技术接受起来较困难。

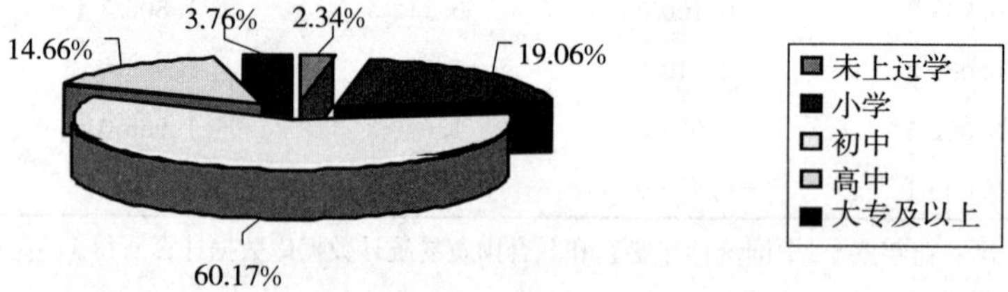

图 13-18　2016 年河北省农村居民家庭劳动力文化程度

资料来源：《河北农村统计年鉴》（2017 年）。

高级要素包括现代化的基础设施、高级人才和高新技术等。一是交通方面，境内交通较发达。全省公路通车里程不断增加，截至 2017 年达到 18.9 万公里（包括村路），比上年增长 0.6%。其中，新增高速公路 29 公里，高速公路通车里程达到 6 531 公里；农村公路总里程达 16.4 万公里。河北省有唐山港、秦皇岛港和黄骅港三大港口，为发展农产品物流配送、开拓国内和国际市场提供了极为有利的条件。二是通信方面，2017 年河北省电话普及率达到 100%。互联网宽带接入用户数和互联网宽带接入端口数均不断增加，截至 2017 年年底，河北省网民规模达 4 183 万人，互联网普及率为 56%，超过全国平均水平。农村电商网络发展迅速，截至 2016 年年底，河北省共建成村级服务站 47 754 个，县级服务中心 164 个，县级配送中心 162 个，农村电子商务实现了县域公共服务体系、双向流通渠道和应用普及三个全覆盖。这为农产品市场信息的快速传递及购销提供了便利条件。三是农业科技方面，河北省农业科技进步率整体呈上升趋势，被派驻到农村生产一线的科技特派员和特色鲜明的农业科技园区不断增加，以加速农业科技成果转化实施多项农业科技工程，科技创新正成为河北省农业发展的新支撑。但也存在农业科技人才总量不足，结构不合理，科研经费缺乏等问题，从而约束农业科技的创新。

2. **需求条件**

国内需求状况的不同会导致各国竞争优势的差异。河北省在肉类消费方面，总量逐年增加，猪肉始终是肉类消费的主体，占肉类消费总量的 60%以上，且城乡差距较明显。如表 13-4 所示城镇人均猪肉消费量普遍高于农村，但随着农村经济的不断发展和农民收入水平的提高，城乡猪肉消费差距整体呈不断缩小的趋势。通过对河北省农民家庭畜产品及其他农产品消费情况的调查，发现河北省农民家庭对农产品消费的成熟度和挑剔性都比较低。波特指出，本地客户的本质非常重要，特别是内行而挑剔的客户。假如本地客户对产品、服务的要求或挑剔程度低，不易激发出该地区企业的竞争优势。

表 13-4　河北省居民人均猪肉消费情况

单位：千克

项　　目	2000	2005	2010	2015	2016
农村居民人均猪肉消费	6.63	7.15	7.12	11.26	10.72
城镇居民人均猪肉消费	9.97	13.68	13.49	13.64	13.70
农村与城镇差距	3.34	6.53	6.37	2.38	2.98

资料来源：《河北经济年鉴》。

3. 相关与支持产业

相关与支持产业是指为主导产业提供投入的国内产业。有国际竞争力的产业，通常也会带动相关产业的国际竞争力的提高，因为这些产业之间可以合作、分享国际市场的信息，这种关系形成相关产业在技术、流程、销售、市场或服务上的竞争力，被迈克尔·波特称为相关产业之间存在的“拉升效应”，产业链条上的某些产业可以依托产业链条上的那些有很强竞争力的相关产业的拉升而提高自身的竞争力。河北省生猪产业的相关及支持产业发展较慢，竞争力还比较弱。此处以与生猪产业密切相关的饲料加工业和动物疫病防治为例加以说明。

首先是饲料加工业，2016 年河北省饲料工业企业共 952 家，比上年增长 16.10%，总产值为 353.07 亿元，比上年下降 13.27%。2016 年企业生产配合饲料中猪饲料产量占 26.59%，浓缩饲料中猪饲料产量占 51.63%，添加剂预混合饲料中猪饲料产量占 32.70%。经计算，2015 年河北省饲料总产量居全国第三位，其中配合饲料中猪饲料产量居全国第九位；浓缩饲料中猪饲料产量居全国第四位；添加剂预混合饲料中猪饲料产量河北省在全国排名较靠后。可见，与全国平均水平相比，河北省饲料加工业具有一定的竞争力，对生猪产业的发展具有一定拉升效应。

其次是动物疫病防治。目前，河北省已经形成了省、市、县、乡、村五级动物疫病防治体制，承担兽医公共服务职能，如表 13-5 所示。2015 年基层乡镇畜牧站有 1 444 个，在全国排名第三，为乡镇和村提供防疫服务。如表 13-6 所示，各市县级动物卫生监督机构数在各市的分布较不平衡，其中最多的是保定市，最少的是定州和辛集两个县级市，且各市的监督机构很大部分是没有工作经费的。从各机构具有的动物检疫设备和监督执法设备来看，张家口最多，分别是 490 套和 79 套，其次较多的是邯郸，分别为 158 套和 65 套。可见河北省动物疫病防治的机构和基础设施等在不断发展和完善，但河北省生猪疫病防治还存在基层防疫机构经费不足、监督执法设备落后、疫病防疫专业人员短缺等问题，影响生猪产业竞争力的提升。

表 13-5　2015 年河北省畜牧站情况表

不同级别机构	机构个数（个）	在编职工数（人）	大专及以上学历职工（人）
省级畜牧站	1	48	47
地（市）级畜牧站	12	270	168
县（市）级畜牧站	173	3 512	2 300
乡镇畜牧兽医站	1 444	7 080	3 029

资料来源：《中国畜牧业年鉴》（2016 年）。

表 13-6　2015 年河北省各市县级动物卫生监督机构情况表

区域	监督机构个数（个）	人员数（人）	有工作经费单位个数（个）	无工作经费单位个数（个）	动物检疫设备套数（套）	动物监督执法设备套数（套）
保定	26	200	12	14	81	79
沧州	18	201	10	8	132	4
承德	12	131	11	1	106	28
定州	1	23	1	0	1	3
邯郸	20	161	6	14	158	65
衡水	13	150	3	10	67	26
廊坊	11	123	7	4	43	18
秦皇岛	9	126	6	3	24	10
石家庄	23	301	9	14	78	11
唐山	18	229	12	6	41	27
辛集	1	16	1	0	10	3
邢台	21	195	7	14	39	30
张家口	20	470	9	11	490	79
合计	193	2 326	94	99	1 270	383

资料来源：调研数据整理所得。

4. 企业战略、组织结构与竞争状态

农产品生产者采取的竞争战略能直接影响农产品生产的管理水平、市场的应变能力和农业经营规模的大小，进而影响农产品的国际竞争力。河北省生猪生产主要以农户小规模散养为主，规模化程度及行业集中度较低，但规模化养殖场（户）的数量越来越多（表 13-7 所示）。2015 年出栏头数低于 500 头的养殖场（户）所占比重达到 98.82%。河北省主要畜牧统计数据显示，2016 年河北省年出栏 500 头以上的养殖场总数为 12 884 个，高于以往年度。随着 2015 年新的《环境保护法》的实施，规模小、环保配套不达标的养殖场将加速退出行业，规模化养殖场在行业中的市场份额会进一步提升。规模化养殖带来的高效益吸引生猪养殖业的上下游企业纷纷延长产业链进入到该行业，一些实力雄厚的公司通过兼并整合全产业链来减少各个环节的相互制衡，以全产业链联动的方式共同抵御市场风险，实现稳定利润，使生猪产业竞争日益激烈，这进一步促进了生猪产业竞争力的提升。

表 13-7　河北省生猪饲养规模场（户）数情况

单位：个

年出栏数	2005	2010	2015	2016
1～49 头	—	1 363 177	987 066	
50～99 头	81 036	80 174	48 849	—
100～499 头	28 991	42 293	31 222	

（续）

年出栏数	2005	2010	2015	2016
500～990头	2575	8 155	8 695	12 884
1 000～2 999头		2 648	2 984	
3 000～4 999头	199	515	581	
5 000～9 999头		225	286	
10 000～49 999头	66	182	196	
50 000头以上	3	6	9	

资料来源：2005、2010和2015年资料来源于《中国畜牧业年鉴》，2016年资料来源于《河北省主要畜牧统计数字》（2016年）。

在农户小规模分散生产、加工销售商的经营规模和市场集中程度较低的情况下，实施合作制有利于增强生猪产业的竞争优势。河北省生猪产业合作社发展迅速，截至2018年年初，河北省有6 726家养猪专业合作社，但大部分还集中在养殖阶段，在加工、销售等环节上的较少，且仍存在思想认识不高、运行管理不规范等问题，这减缓了生猪产业竞争力的提升。

5. 政府和机遇

国家和河北省出台了有关生猪养殖、屠宰、运输、废弃物处理、疫病防治等方面一系列政策，如2015年10月河北省农业厅、省财政厅印发《2015年畜禽标准化养殖项目实施指导意见》，推进河北省畜禽标准化养殖。意见提出，项目向采用健康养殖方式的养殖场倾斜，重点支持生态养殖、标准化健康养殖等养殖模式。根据意见，符合条件的补助对象，生猪年出栏5 000～9 999头规模场，每个场补助资金50万元；年出栏10 000～50 000头规模场，每个场补助资金100万元。2018年年出栏500～999头的规模养殖场，生猪补贴为20万元，1 000～1 999头为40万元，2 000～2 999头为60万元，3 000头以上为80万元。此外，还陆续出台了《河北省农业农村厅关于开展全省兽药残留抽检及兽药管理督导检查的通知》《农业农村部办公厅、交通运输部办公厅、公安部办公厅关于切实加强生猪调运监管工作的通知》《农业农村部办公厅关于组织做好生猪运输车辆备案等有关工作的通知》《农业农村部办公厅关于印发〈打击生猪屠宰领域违法行为 做好非洲猪瘟防控专项行动方案〉的通知》《农业农村部办公厅关于印发〈兽用疫苗生产企业生物安全三级防护检查验收评定标准〉的通知》《河北省农业厅、河北省环境保护厅、关于印发〈河北省畜禽养殖废弃物资源化利用工作考核办法（试行）〉的通知》《河北省2016年重大动物疫病防控实施方案》《2016年河北省主要动物疫病免疫工作方案》等，为生猪产业的健康发展提供了强有力的政策保障。

机遇可以影响以上四大基本要素发生变化。当前，我国生猪产业正处于由传统养殖向现代养殖转变的快速转型期，这是生猪业发展的一个新阶段和新起点，面临着前所未有的机遇。一是有利的政策形势为生猪业发展提供了良好的环境。二是猪肉消费需求的持续增长。城乡居民的畜产品消费水平差距很大，随着农村经济发展和农民收入不断提高，占总人口较大比重的农村居民的畜产品消费必将进入一个新的高峰期。三是转变生猪产业发展方式面临新契机。标准化、规模化、产业化的快速发展，为加快生猪产业发展方式转变创造了良好条件。畜牧业作为农业农村经济的支柱产业，已经成为各地加快现代农业建设的工作重点，加快转变生猪产业发展方式、建设现代畜牧业迎来新的发展机遇。

（三）河北省生猪产业生产效率分析

生猪产业生产效率在一定程度上反映了生猪产业的竞争力，本研究在对河北省生猪产业成本收益进行分析的基础上，采用数据包络分析法（DEA 方法）对河北省生猪产业生产效率进行进一步分析。

1. 河北省生猪产业成本收益分析

如表 13-8 所示为 2011 年至 2016 年河北省不同规模生猪生产的成本收益表。需要说明的是：对不同规模生猪的分类采用的是《全国农产品成本收益资料汇编》的分类标准，即饲养头数小于等于 30 头为农户散养、饲养头数大于 30 头小于等于 100 头为小规模养殖、饲养头数大于 100 头小于等于 1 000 头为中规模养殖、饲养头数大于 1 000 头为大规模养殖。

（1）河北省生猪产业成本变动分析。就散养生猪来说，如表 13-8 所示，2011 年至 2016 年其总成本呈波动变化，整体呈上升趋势，2014 年成为一个拐点，改变前期上升的趋势，呈现一定幅度的下降，之后又呈上升趋势。就具体成本项目来看，散养生猪的每头物质与服务费用呈波动上升趋势，人工成本呈直线上升趋势，土地成本均为零。

就小规模生猪来说，如表 13-8 所示，2011 年至 2016 年其生产总成本呈波动变化，整体呈上升趋势，由于总成本中物质与服务费用所占比重较高，所以总成本的变化趋势与物质及服务费用的变化趋势基本一致，两者均是在 2012 年达到一个小高峰后下降，之后又呈直线上升态势。人工成本呈直线上升趋势，土地成本的变化有所波动，但整体也呈上升趋势。

就中规模生猪来说，如表 13-8 所示，2011 年至 2016 年其生产总成本的变化趋势和物质及服务费用的变化趋势基本一致，两者均整体呈上升趋势，不过在 2012 年至 2015 年期间，两者变化均相对平稳，变化幅度不大，2016 年大幅度上升。人工成本呈直线上升趋势，土地成本的变化有所波动，但整体也呈上升趋势。

就大规模生猪来说，如表 13-8 所示，2011 年至 2016 年其生产总成本的变化趋势和物质及服务费用的变化趋势也基本一致，两者均整体呈上升趋势，不过在 2012 年至 2015 年期间，两者变化幅度较小，2016 年大幅度上升。人工成本呈直线上升趋势，土地成本的变化有所波动，但整体也呈上升趋势。

由此看到，生猪生产成本增加已经成为无法扭转的事实，进一步分析其增加的最主要部分是饲草料投入。通过对不同规模生猪生产的成本进行比较，发现随着生产规模的不断扩大，每头生猪的总成本不断下降。大规模生猪生产的物质与服务费用明显低于其他规模生猪生产。随着生产规模的不断扩大，每头生猪的人工成本不断下降。除了散养生猪土地成本为零，其他规模生猪生产的土地成本基本也是随着规模的不断扩大而下降。由此看来，要降低生猪生产的投入，需要加大规模化生产的力度，实现家庭用工折价和雇工费用投入的最小化。

（2）河北省生猪产业收益变动分析。就每头产值来看，如表 13-8 所示，随着生产规模的扩大，生猪每头产值呈下降趋势，2011 年至 2016 年各种规模的生猪产值均呈现先降后升的变化趋势，且均在 2014 年达到研究期内的最低点，这主要受 2014 年养殖产能过剩和生猪价格下跌的影响。就每头净利润来看，随着生产规模的扩大，生猪每头净利润呈上升趋势，2011年至2016年各种规模的生猪生产净利润的变动趋势基本一致，都是先降后升的变化趋势，2014年达到研究期内的最低点。

表13-8 河北省不同规模生猪生产成本收益表

单位：元

项目		2011	2012	2013	2014	2015	2016
散养	每头产值	1 818.99	1 653.28	1 694.96	1 465.85	1 706.22	2 085.45
	每头总成本	1 428.38	1 630.60	1 658.89	1 613.27	1 686.52	1 959.84
	每头物质与服务费用	1 191.02	1 292.47	1 285.23	1 235.62	1 257.05	1 495.37
	每头人工成本	237.36	338.13	373.66	377.65	429.47	464.47
	每头土地成本	0.00	0.00	0.00	0.00	0.00	0.00
	每头净利润	390.61	22.68	36.07	−147.42	19.70	125.61
小规模	每头产值	1 775.67	1 618.58	1 606.70	1 441.31	1 684.99	2 061.83
	每头总成本	1 290.63	1 434.34	1 420.92	1 440.95	1 499.09	1 762.17
	每头物质与服务费用	1 174.73	1 274.48	1 229.82	1 241.13	1 286.21	1 542.15
	每头人工成本	113.72	157.58	188.61	197.14	209.64	217.30
	每头土地成本	2.18	2.28	2.49	2.68	2.64	2.72
	每头净利润	485.04	184.24	185.78	0.36	185.90	299.66
中规模	每头产值	1 728.47	1 593.53	1 570.90	1 438.90	1 627.99	1 994.84
	每头总成本	1 222.45	1 381.95	1 351.65	1 390.77	1 385.88	1 653.14
	每头物质与服务费用	1 147.02	1 286.48	1 226.02	1 252.55	1 241.43	1 489.96
	每头人工成本	73.06	93.08	123.29	135.81	141.97	160.65
	每头土地成本	2.37	2.39	2.34	2.41	2.48	2.53
	每头净利润	506.02	211.58	219.25	48.13	242.11	341.70
大规模	每头产值	1 659.66	1 533.00	1 529.00	1 358.82	1 563.22	1 929.81
	每头总成本	1 155.60	1 296.12	1 264.82	1 249.98	1 262.61	1 540.27
	每头物质与服务费用	1 100.43	1 228.75	1 190.23	1 169.21	1 181.15	1 439.74
	每头人工成本	53.07	65.30	72.34	78.47	79.05	98.16
	每头土地成本	2.10	2.07	2.25	2.30	2.41	2.37
	每头净利润	504.06	236.88	264.18	108.84	300.71	389.54

资料来源：《全国农产品成本收益资料汇编》。

2. 河北省生猪产业生产效率的实证分析

利用《全国农产品成本收益资料汇编》中投入产出数据，以产品总产值（元/头）作为产出指标，以每头的物质与服务费用（元/头）、每头人工成本（元/头）、每头土地成本（元/头）作为投入指标，采用数据包络分析法对2011年至2016年河北省生猪不同养殖规模的Malmquist指数进行测算，结果如表13-9、表13-10、表13-11、表13-12所示。

（1）河北省散养生猪生产效率分析。如表13-9所示，2011—2016年河北省散养生猪的综合技术效率、纯技术效率和规模效率值均为 1，说明这期间河北省散养生猪的技术应用效率和规模效率变化不大，对广大生猪散养户来说，虽未掌握先进的生产技术，但能充分发挥现有技术的优势，且通过扩大散养规模提高生猪生产效率的空间几乎没有。全要素生产率呈波动变化，与 2011 年相比，其值下降了 0.92%，且与技术进步指数的变化完全同步，两者之间的相关系数为 1，这说明河北省散养生猪生产的全要素生产率变化主要源于技术进步。全要素生产率的均值为 0.972，低于全国平均的 1.170，与有效值 1 相比，低 0.028，这说明河北省散养生猪生产的投入和产出还不匹配，各投入要素未达到最优组合。技术进步指数的均值也为 0.972，低于全国平均的 1.170，说明河北省散养生猪生产还需要新技术的投入。

表 13-9　2011—2016 年河北省和全国散养生猪生产效率测度与分解

年份	综合技术效率		技术进步		纯技术效率		规模效率		全要素生产率	
	河北	全国	河北	全国	河北	全国	河北	全国	河北	全国
2011	1.000	1.000	1.088	1.982	1.000	1.000	1.000	1.000	1.088	1.982
2012	1.000	1.000	0.731	0.282	1.000	1.000	1.000	1.000	0.731	0.282
2013	1.000	1.000	0.978	0.985	1.000	1.000	1.000	1.000	0.978	0.985
2014	1.000	1.000	0.877	0.762	1.000	1.000	1.000	1.000	0.877	0.762
2015	1.000	1.000	1.082	1.523	1.000	1.000	1.000	1.000	1.082	1.523
2016	1.000	1.000	1.078	1.485	1.000	1.000	1.000	1.000	1.078	1.485
均值	1.000	1.000	0.972	1.170	1.000	1.000	1.000	1.000	0.972	1.170

（2）河北省小规模生猪生产效率分析。如表 13-10 所示，2011—2016 年，河北省小规模生猪生产的综合技术效率、纯技术效率和规模效率的均值均为 1，这和全国的平均水平是一致的，进一步计算得到河北省综合技术效率与纯技术效率的相关性系数为 0.699，综合技术效率与规模效率的相关性系数为 0.997，这说明综合技术效率的变化主要来源于规模效率的变化。2011—2016 年，纯技术效率均大于等于 1，说明河北省小规模生猪生产的现有技术是最有效率的，规模效率除了 2014 年和 2015 年小于 1 外，其余年份均大于等于 1，说明 2014 年和 2015 年通过适度扩大规模可以提高小规模生猪生产效率，其余年份不适宜扩大小规模养殖的规模。全要素生产率呈波动变化，2011 年较高达到 1.195，最低的是 2012 年为 0.836，其均值为 1.016，高于全国平均水平。全要素生产率与技术进步指数的相关性系数为 0.998，与综合技术效率的相关性系数为 0.321。与 2011 年相比，2016 年全要素生产率下降了 14.39%，技术进步指数值下降了 13.64%，综合技术效率仅下降 0.70%。这说明全要素生产率的变化主要来源于技术进步。

表 13-10　2011—2016 年河北省和全国小规模生猪生产效率测度与分解

年份	综合技术效率		技术进步		纯技术效率		规模效率		全要素生产率	
	河北	全国	河北	全国	河北	全国	河北	全国	河北	全国
2011	1.012	1.000	1.180	1.103	1.002	1.000	1.010	1.000	1.195	1.103
2012	1.002	1.000	0.835	0.810	1.000	1.000	1.002	1.000	0.836	0.810
2013	1.000	1.000	1.024	0.947	1.000	1.000	1.000	1.000	1.024	0.947

（续）

年份	综合技术效率		技术进步		纯技术效率		规模效率		全要素生产率	
	河北	全国	河北	全国	河北	全国	河北	全国	河北	全国
2014	0.991	1.000	0.896	0.888	1.000	1.000	0.991	1.000	0.889	0.888
2015	0.990	0.995	1.139	1.118	1.000	1.000	0.990	0.995	1.128	1.113
2016	1.005	1.005	1.019	1.128	1.000	1.000	1.005	1.005	1.023	1.133
均值	1.000	1.000	1.016	0.999	1.000	1.000	1.000	1.000	1.016	0.999

（3）河北省中规模生猪生产效率分析。如表13-11所示，全国中规模生猪生产的综合技术效率、纯技术效率和规模效率的值均为1，均是有效的。河北省中规模生猪生产的纯技术效率为1，说明当期技术得到有效发挥，而综合技术效率与规模效率值相同，说明综合技术效率的变化主要来源于规模效率的变化，且规模效率的均值为0.999，小于全国平均水平，说明通过扩大中规模生猪养殖的规模来提高生产效率的空间狭小。河北省中规模生猪生产的全要素生产率和技术进步指数的均值均大于1，但小于全国的平均水平，进一步计算得到全要素生产率与技术进步的相关性系数为0.999，全要素生产率与综合技术效率的相关性系数为0.662，说明河北省中规模生猪生产的全要素生产率的变化主要来源于技术进步，需加强技术创新来提高中规模生猪生产效率。

表13-11　2011—2016年河北省和全国中规模生猪生产效率测度与分解

年份	综合技术效率		技术进步		纯技术效率		规模效率		全要素生产率	
	河北	全国	河北	全国	河北	全国	河北	全国	河北	全国
2011	0.998	1.000	1.185	1.185	1.000	1.000	0.998	1.000	1.182	1.185
2012	0.990	1.000	0.829	0.824	1.000	1.000	0.990	1.000	0.821	0.842
2013	1.002	1.000	1.026	0.987	1.000	1.000	1.002	1.000	1.028	0.987
2014	0.994	1.000	0.901	0.914	1.000	1.000	0.994	1.000	0.896	0.914
2015	1.002	1.000	1.139	1.153	1.000	1.000	1.002	1.000	1.141	1.153
2016	1.006	1.000	1.024	1.164	1.000	1.000	1.006	1.000	1.030	1.164
均值	0.999	1.000	1.017	1.038	1.000	1.000	0.999	1.000	1.016	1.041

（4）河北省大规模生猪生产效率分析。如表13-12所示，2011—2016年河北省大规模生猪生产的综合技术效率、纯技术效率和规模效率值均为1，这和全国平均水平一致，说明这期间河北省大规模生猪生产的技术应用效率和规模效率变化较稳定，现有技术和规模达到较优的状态。全要素生产率呈波动变化，最高的是2015年的1.124，最低是2012年的0.814，整体变动幅度较大，与2011年相比，其值下降了1.80%，且与技术进步指数的变化完全同步，两者之间的相关系数为1，这说明河北省大规模生猪生产的全要素生产率变化主要源于技术进步。全要素生产率的均值为0.993，低于全国平均水平的1.191，这说明河北省大规模生猪生产的投入和产出也存在不匹配的情况，各投入要素未达到最优组合。技术进步指数的均值也为0.993，说明河北省大规模生猪生产还需要新技术的投入。

表 13-12　2011—2016 年河北省和全国大规模生猪生产效率测度与分解

年份	综合技术效率		技术进步		纯技术效率		规模效率		全要素生产率	
	河北	全国	河北	全国	河北	全国	河北	全国	河北	全国
2011	1.000	1.000	1.109	1.207	1.000	1.000	1.000	1.000	1.109	1.207
2012	1.000	1.000	0.814	0.838	1.000	1.000	1.000	1.000	0.814	0.838
2013	1.000	1.000	0.962	0.956	1.000	1.000	1.000	1.000	0.962	0.956
2014	1.000	1.000	0.860	0.895	1.000	1.000	1.000	1.000	0.860	0.895
2015	1.000	1.000	1.124	1.119	1.000	1.000	1.000	1.000	1.124	1.119
2016	1.000	1.000	1.089	1.191	1.000	1.000	1.000	1.000	1.089	1.191
均值	1.000	1.000	0.993	1.034	1.000	1.000	1.000	1.000	0.993	1.034

（5）不同规模生猪生产投入要素调整分析。在现有产出水平下，各要素投入如何调整才能使生猪生产达到最优？利用投入导向的数据包络分析方法对 2016 年河北省不同规模生猪生产的生产效率进行分析，计算结果如表 13-13 所示。可以看出在产出不变的情况下，2016 年河北省散养和大规模生猪生产的各要素投入均不存在过量或不足的问题，其成本无需调整。而小规模和中规模生猪生产的各要素投入均存在不同程度的过量问题，其中小规模生猪生产每头物质与服务费用、人口成本和土地成本分别过量 22.36 元、3.15 元和 0.96 元，改进幅度分别达到 1.45%、1.45%和 35.29%，每头物质与服务费用、人口成本和土地成本分别调整为 1 519.79 元、214.15 元和 1.75 元仍能达到每头 2 061.83 元的产值；中规模生猪生产每头物质与服务费用、人口成本和土地成本分别过量 11.48 元、1.24 元和 0.49 元，改进幅度分别达到 0.77%、0.77%和 19.37%，每头物质与服务费用、人口成本和土地成本分别调整为 1 478.48 元、159.41 元和 2.04 元仍能达到 1 994.84 元的产值。因此，在保持每头生猪产值不变的情况下，小规模和中规模生猪生产的物质和服务费用、人工和土地成本均存在一定的节约空间。

表 13-13　2016 年河北省不同规模生猪生产投入要素改进参考值

项目名称		原值（元）	调整值（元）	目标值（元）	改进比例（%）
散养	每头产值	2 085.45	0.00	2 085.45	0.00
	每头物质与服务费用	1 495.37	0.00	1 495.37	0.00
	每头人工成本	464.47	0.00	464.47	0.00
	每头土地成本	0.00	0.00	0.00	0.00
小规模	每头产值	2 061.83	0.00	2061.83	0.00
	每头物质与服务费用	1 542.15	−22.36	1519.79	1.45
	每头人工成本	217.3	−3.15	214.15	1.45
	每头土地成本	2.72	−0.96	1.75	35.29
中规模	每头产值	1 994.84	0.00	1 994.84	0.00
	每头物质与服务费用	1 489.96	−11.48	1 478.48	0.77
	每头人工成本	160.65	−1.24	159.41	0.77
	每头土地成本	2.53	−0.49	2.04	19.37

（续）

项目名称		原值（元）	调整值（元）	目标值（元）	改进比例（%）
大规模	每头产值	1 929.81	0.00	0.00	0.00
	每头物质与服务费用	1 439.74	0.00	0.00	0.00
	每头人工成本	98.16	0.00	0.00	0.00
	每头土地成本	2.37	0.00	0.00	0.00

通过以上对河北省生猪产业生产效率的分析可知：一是河北省不同规模生猪生产的全要素生产率变化主要源于技术进步，且除了小规模生猪生产全要素生产率均值高于全国平均水平外，其余规模生猪生产全要素生产率均低于全国平均水平，说明河北省生猪生产投入要素综合利用效率整体低于全国平均水平。二是研究期内河北省散养生猪和大规模生猪生产的综合技术效率、纯技术效率和规模效率值均为1，说明这两种规模生猪生产的现有技术和规模已达到较优的状态。而小规模生猪生产纯技术效率只有2011年不为1，其余年份均为1，中规模生猪生产纯技术效率为1，说明这两种规模生猪生产当期技术得到有效发挥，这两种规模生猪生产综合技术效率的变化主要来源于规模效率的变化。三是研究期内除了小规模生猪生产技术进步指数河北省大于全国平均水平外，其余规模下技术进步指数河北省均低于全国平均水平，且散养和大规模生产下，技术进步指数均值小于1，这说明河北省生猪生产过程中还没有完全利用好技术，还需要新技术投入。四是对2016年河北省生猪生产效率分析表明，在保持每头生猪产值不变的情况下，小规模和中规模生猪生产的物质和服务费用、人工和土地成本均存在一定的节约空间。

四、河北省生猪产业存在的问题及原因分析

（一）非洲猪瘟防控宣传工作有待进一步强化

自疫情发生以来，河北省委省政府高度重视防控工作，在全省设立公路动物卫生监督临时检查站（点），工作人员日夜坚守一线；县乡政府和农业部门坚持“双轨排查制”排查养殖场（户）、生猪交易市场、生猪屠宰场和生猪无害化处理厂；实施乡镇干部防控包联制，督促养殖场落实“八要八禁止”封闭管理；及时建立京津冀联防联控升级机制等。尽管河北省各级党委政府高度重视，使得河北省是2018年少数几个没有发生疫情的省份，但针对疫情防控工作仍存在以下问题：一是专业知识宣传不到位。相关部门仅仅下发养殖户防控药品，对非洲猪瘟疫情宣传不到位，还有一些养殖户特别是散户不清楚非洲猪瘟和普通猪瘟的区别，导致其在落实防控措施方面消极怠工，存在侥幸心理，影响了防控工作的效果。二是疫情防控专业技术宣传不足。在疫情防控过程中，一些地方政府采取的措施简单，专业性不强。没有形成专家和政府部门共同制定方案，专业防控的局面。而往往是行政一刀切的命令方式，使得防控措施的落实既不专业，成效也不显著。三是地方上扬大抑小策略有待商榷。当前许多专业人士认为规模猪场的生物安全级别较高，发生疫情的可能性较低，因此应鼓励规模化猪场的发展，逐步淘汰散养户。目

前有地方上正在鼓励和支持大型养殖企业集团在省内布局全产业链，引进牧原、温氏、唐人神等集团在省内建设大型生猪规模养殖场。但现实情况是，规模猪场发生疫情则经济损失更大；且规模猪场投资大、风险高，加之环保政策的高压，其扩群意愿并不强烈，若坚持限制散养户，未来市场猪肉的供应和保障堪忧。

（二）育种工作亟须加强

河北省是养猪大省而非养猪强省，一个重要的原因就是自主育种严重滞后，目前全省种猪产业仍处于非常初级的阶段，育种基础设施设备落后，性能测定工作刚刚起步，截至 2018 年年底仅有裕丰京安、河北双鸽美丹、安平浩源、中道牧业 4 家国家级核心育种场，全省育种工作落后于多数生猪养殖强省，种猪来源多依靠国外及国内种猪产业发达省份，生猪产业一直沿用“引种—扩繁—销售—退化—再引种”的发展模式，真正的“中系”主流商业生产猪种非常缺乏。虽然目前很多大型企业已经开始意识到育种的重要性，而且在育种工作上也有了一定的基础，但联合育种需要他们实行资源和技术共享，联合选育肉质和生长速度俱佳的生猪品种。全省目前的情况是种猪企业多，相互之间竞争激烈。无论是种猪场的建设环境、原始种猪质量、技术力量、育种水平、管理水平、运作体系等都存在较大偏差，因而很难实现信息的真正沟通与交流，所以即便在国家级核心育种场，育种场间的遗传关联率也极低，育种场没有充分的遗传交流，育种场之间的遗传关联也就无法建立。另外，对地方猪种资源的研究不够，对地方猪种的利用、开发相当不足，缺乏主导市场的自主培育品种。地方猪数量不断减少，质量下降。这些猪种养殖分散封闭，群体规模小，血统狭窄，杂化严重，且缺乏对其种质特性的应有认识，生产方向不明确，产品质量难以保持稳定。急需对这些地方猪种（类群）遗传资源开展评价，并在有效保种基础上进行开发利用。优秀的地方猪种质资源，需要得到保护和传承。同时，随着社会发展，市场的需求和作用逐渐凸显。为此，种质资源的改良和发展，需要结合社会和市场需求培育新的改良品种。这样不仅能增加养殖场收益，还能提高其“保种”的积极性。

（三）粪污处理任务重

近年来，河北省生猪产业发展突飞猛进，规模化、集约化养殖方式逐步占据主导地位，改变了农家散养或小规模养殖模式。但养殖规模增大，粪污的产出也随之集中，增大了无害化和资源化利用的难度。具体来说，一是养殖户环保意识不强，资金投入不足。目前大多数养殖户还是将精力主要放在经济效益上，忽略社会效益和生态效益，这是生猪养殖污染问题难解决的主要因素。在粪污处理设施的投入上，不仅养殖企业资金不足，政府对环保设施投入也较少，对有机肥加工企业无特殊补贴。二是种养脱节，资源利用难度大。当前城市周边的大型养殖企业不断增加，用以消纳这些企业所产粪污的农田严重不足，导致种植业和养殖业日渐分离，农牧脱节现象严重，加之便捷高效的化学肥料几乎完全替代传统的有机肥，使得资源化利用难度加大。三是粪污处理技术有待破解。当前急需围绕粪污的减排与无害化处理的新工艺模式、共性关键技术、配套设施和装备方面实现重大突破，并通过集成示范效应，引领全省生猪产业向清洁化生产方面发展。四是有机肥生产成本高，无竞争优势。据测算，企业生产有机肥的价格为700元/吨，按每亩1吨有机肥的平均施用量为700元。而化肥的现行价格约为每吨2 500元，亩使用150千克成本仅为375元。有机肥在市场上很难有竞争优势，加大了生猪粪污资源化利用的难度。五是规模养殖点多面广，难以统一治理。河北省规模化生猪养猪户达到了4万多户，分布在河北省的各个地市，这些地方生猪养殖粪污处理的方式方法和环境保护的意识有很大的差距，政府对粪污处理的政策和标准不一，生猪规模化养殖点多面广，难以形成统一的管理，治污压力大。

（四）养殖效率有待提高

一是养殖方式落后。河北省大部分养殖场采用的是初级的、高密度、传统集约化养殖方式，而现代化养猪的内涵是在集约化的基础上实现程序化，其生产工艺以“周”为单位，要求按计划按批次做到“全进全出”。二是养猪场设施设备普遍落后，大多数养猪场缺乏基本的养猪设施，或是设施设备不规范，从而降低了养猪效益及生产水平。三是小规模养殖户占比较大，万头以上出栏的比例仅占8.6%左右，小规模养殖在防疫和管理方面都有很大难度。四是猪场饲养的品种、饲料营养水平、环境条件、保健措施及防疫等相互之间脱节、不配套，使生产水平受限制并造成极大浪费。五是从业人员文化素质低。很多猪场没有专业的技术人员，甚至高中生都很少，加之落后的养殖观念导致了猪场在饲养管理、卫生防疫等措施上不到位，疾病多、死亡率高、猪场生产成绩差。近10年来，虽然全省生猪养殖效率整体水平有了很大提升，2017年全省PSY较10年前水平增加超过15%。但由于上述诸多因素的制约，“小规模、大群体”的饲养方式在全省依然占主导地位，猪场饲养的品种、饲料营养水平、环境控制、保健措施相对不足，疫病风险较大，养殖效率不高，环境污染较为严重，全省平均每头基础母猪年提供商品猪数量不到17头，养殖效率与欧美发达国家乃至我国发达省份差距甚大。需应用猪舍的工艺设计、环境控制技术以及先进实用的养猪设备对猪舍进行改造升级；综合配套饲养管理、环境控制、疫病综合防控等技术以提高养猪生产水平及效益。

（五）产业链条各环节融合度差

由于生产、屠宰、加工、冷链运输等各环节联系松散，生猪产业链条各环节利益分配不合理成为制约养猪产业快速发展的重要因素。主要问题集中在以下两点：一是品牌与营销环节薄弱。河北省猪产品结构依然是“四多四少”（白条肉、冷冻肉多，分割肉、冷鲜肉、小包装肉品种少；生肉制品多，熟肉制品少；高温制品多，低温制品少；粗加工产品多，精深加工产品少）。在农贸集市上绝大部分猪肉都是以简单分割、无包装、无品牌、无差异的热鲜肉形态出售给消费者。少部分优质猪肉通过直销摊点、超市等渠道以“放心肉”“无公害猪肉”等认证和一定的品牌身份，以及冷却肉、冷冻肉、热加工猪肉制品等形式在市场上销售，但远未形成猪产品市场销售的主流。销往外地（主要是京津）的产品以活猪为主要形式，以产品差异和满足特殊消费需求为基础的品牌与营销寥寥无几。二是加工和流通严重滞后。猪产品加工发展对于延伸生猪产业链，使其摆脱仅提供猪肉、初级产品的处境和提高经济效益有着重要作用。河北省猪肉加工环节较薄弱，设备简单落后，造成产品单一，加上畜产品具有品种复杂，易腐败变质、难保鲜的自然属性，同时又受目前生产方式落后、流通方式纷繁复杂等因素限制，导致畜产品在流通环节的二次污染，严重影响了河北省的猪产品销售情况。

（六）信息化建设滞后

一是市场监测与预警滞后。目前，河北省生猪生产的资料来源主要是统计部门依靠确定基点调查的方式来推算全省生产数据，经基层逐级统计上报的数据进行调整，这些数据与实际情况误差较大。生猪产业缺乏统筹协调，管理存在条块分割，农业部门管生产，商贸部门管屠宰加工和销售，物价和工商等部门管市场秩序，部分环节存在着管理脱节，同时生产部门缺乏市场信息来源，商务部门又缺乏生产情况的把握。因此，目前基本没有整合发布生猪生产的相关预警信息，不能实现产销对接，不能做到生产和供给的平衡协调，也不能有效指导生猪生产。二是生产经营信息化滞后。目前全省猪场生产经营在饲料和营养管理、生产信息管理、环境信息监测、猪场环境控制、猪场设备等各个方面依然采用传统、落后方式方法，不能采用信息化技术构建数学模型计算出优化饲料配方；不能运用计算机来分析大数据估测育种值选择最优培育方案；管理者不会利用信息化和物联网技术对猪场的运行、生产、经营等加以科学的管理；还不能采用信息化技术监测猪场的二氧化碳、氨气、空气温湿度、气压、噪声、粉尘、光照强度等环境数据和自动获取生猪生长、生产状况信息；猪场饲养设施设备缺乏信息化、智能化、自动化。三是交易流通手段信息化滞后。目前发展较快的是电子商务平台建设，具有发现价格、规避风险、合理调整存出栏等多种功能的生猪期货市场还未搭建，对养殖、运输、屠宰加工、销售整个产业链进行产品质量追溯的统一编码技术还未实现。

五、河北省生猪产业发展的对策建议

（一）切实加强非洲猪瘟等疫病防控

一是地方政府特别是县乡基层相关部门开展非洲猪瘟防控技术科普知识宣传，不仅要张贴疫情防控宣传单、发放明白纸，还要邀请专家讲解非洲猪瘟，指导和培训养猪场（户）做好生物安全管理工作，正确引导生猪养殖、贩运等相关从业人员增强防控意识。二是建议各级地方政府拿出专项基金，对厨余垃圾进行统一处理，防止厨余垃圾无法处理时偷偷蔓延到猪场。三是建议建立地方行政首长和专家联席制度，由专家拿出专业性方案，配合地方政府首长执行，使非洲猪瘟的防控和病猪的处理措施更加专业有效。四是针对猪场规模建议参考饲料企业的做法，采取生产许可证制度。猪场也好，散户也好，无论规模大小，只有硬件和软件达到防疫要求，才能下发《生猪养殖生产许可证》，而不再以规模大小来确定谁可以养、谁不可以养，这样既可提高养猪业的生物安全防控质量，又可避免未来生猪供应不足。

（二）政府扶持做好京津冀联合育种

畜牧业发达国家的动物种业，发展初期均以国家扶持为主，取得一定成效后，国家更多从宏观层面上进行政策导向，具体运作由公司化的育种组织进行，良性循环后，政府角色逐渐弱化。一是育种场设定共同目标。育种是费时费力的工作，需要打破藩篱将京津冀种猪场结合在一起，设定统一的育种目标，用同一套系统，共同完成。场间关联可以通过公共公猪站（最主要措施）、场间遗传交流、中心测定站来建立。二是初期的育种工作必须强化政府的扶持。在育种工作中该品种所产生的经济效益，解决疾病、饲料、环境等一系列其他问题对企业来说，要花更多的精力和人力，高成本转化为高价值需要政策支持。此外，为保障优秀的种猪能够得到更好的推广，顺利推进生物安全的体系建设、技术研发，都需要相关政策的完善和支持。

（三）密切产业链各环节链接

一是建立合理的利润分配机制。通过实践经验建立健全河北省生猪产业链各环节利益分配机制，保障生猪养殖环节、屠宰加工环节、销售环节各个经济主体科学、合理的利益分配，避免各环节相互侵占利益，保证生猪产业价值链健康运行。二是提高生产效率，促进整体利润水平的提高。政府部门可通过经济手段对生猪养殖行业的产前、产中、产后环节进行激励，稳定省内生猪市场价格，保障养殖者收益；生猪屠宰加工应主动进行技术升级，提高生产效率，同时通过合理的厂址规划和选取，优化运输路线，降低运输费用等。三是提高养殖主体市场谈判能力。鼓励和扶持生猪养殖合作社的发展，为他们的小生产与大市场之间搭建一个平台，增强养殖者市场价格谈判能力和抗御市场风险的能力。四是加强信息共享。销售商、屠宰加工企业和养殖场（户）共享产品的市场需求，屠宰加工企业针对最新的市场需求而制定生产计划，养殖户以此调节生猪的生产。

（四）积极推进生产方式转变

继续推动适度规模养殖，积极推进生产方式转变是提升河北省生猪产业竞争力的必然要求。一是要提高生猪产业生产规模化、标准化程度。2013 年中央 1 号文件首次提及“家庭农场”的概念，鼓励和支持承包土地向专业大户、家庭农场和农民合作社流转，发展多种形式的适度规模经营。因此养猪投资者可以根据自身实力及对资源和市场等的综合考虑，选择适合自己的产业发展模式，由传统的农户分散养猪方式向产业化养殖转型，推行标准化养殖和生态养殖，实现规模经济效应和提高畜牧业环境效应。二是解决散户在养殖中遇到的难题，这就需要提高散户的组织化程度，即在传统产业化模式中支持养猪户发展自己的专业合作组织，改变其弱势地位。三是完善生猪产业链，构建以产业链的龙头企业为主导的“饲料、种猪、商品猪、屠宰、加工、分销”一条龙的品牌产业链模式，产业链越健全，抗风险和盈利能力就越强。

（五）不断提高科技水平

一是要针对生猪养殖的高效利用，实施一批重大科技项目，组织全省优势科研力量开展联合攻关，力争突破一系列关键技术难点，尽快提升生猪产业科技水平。二是进一步完善生猪产业各环节技术推广服务体系，加强技术人员的培养和培训，调动省农业大专院校、行业协会和专业合作组织的积极性，深入各散养户进行技术指导和服务。三是提高猪肉精深加工技术水平，大力发展猪肉加工业，提高猪肉产品附加值，促进产业结构升级，延长产业链条。四是利用网络、智能标识等现代化技术对猪肉生产、运输过程进行质量跟踪和溯源，提高猪肉产品的质量安全水平。五是在加快先进技术应用的同时，要加强设备设施改造、提高管理水平和精细化程度，这样才能真正发挥规模效应，实现节本增效目标。

（六）推动资源化、标准化治污

一是对河北省各县区内所有生猪规模化养殖场和养殖户推广“生猪养殖—粪污治理—有机肥生产、沼液还田—农作物生产”等生态养殖和循环经济模式。实施生猪养殖大县资源利用促进项目建设，打造生猪养殖业发展绿色示范县。二是对生猪养殖污染行为有必要建立严格的规章制度，采取有效措施预防和控制养殖场污染，采取强制措施，达到达标排放。三是严格落实生猪养殖环境保护制度。应制定生猪养殖的防控规划，确定粪便污染防治目标，确定重点控制区，完善污染防治措施，改善猪粪污染综合治理水平。四是构建资源化利用循环经济发展新机制。对于生猪养殖规模超过土地承载力的县，提出了承载能力的预警，并在规定的时间内减少养殖总量。五是充分利用猪粪和肥料的特性，支持大中型猪场和有机肥专业化、社会化的服务机构生产有机肥，支持中小猪场采取堆肥发酵的方式返田利用。

（七）利用大数据加强信息引导

生猪价格波动剧烈是市场变化信号严重滞后的反映。因此进行国内、国际生猪及产品市场风险分析，及时发布市场预警分析报告、科学预测市场和消费需求走势刻不容缓。省农业信息化相关部门要充分运用现代网络技术，充分利用大数据建立生猪生产网络平台，继续健全和完善生猪市场监测和预警体系，在生猪主产区和主销区建立市场信息监测点，逐步形成覆盖全省的生猪市场监控体系，并加强对生猪生产、流通、销售各环节的监测，及时发布全省乃至全国生猪出栏量、存栏量和价格预警信息，合理引导生产和流通，适时调整养殖规模，准确把握补栏、出栏时机，减少养殖户生产的盲目性，引导养殖户准确把握市场规律，稳定市场心理预期，规避市场风险，促进生猪养殖业平稳发展，促使市场猪肉价格平稳运行。

（八）积极推进生猪交易新模式

由于生猪生长周期较长，中小散户很难有效研判未来的行情，导致亏损时缺乏资金周转，所以盲目投产和被动的淘汰母猪是造成猪周期的主因。由于缺乏避险工具，一旦生猪价格进入下跌周期，生猪相关企业经营压力极大。2018年中国证监会正式批复大连商品交易所的生猪期货立项申请，揭示我国将引入生猪期货平抑“猪周期”，作为我国最大的农业品种，生猪期货将为我国生猪养殖企业提供有效的风险管理工具。河北省生猪养殖规模化和标准化程度较高，具备开展期货交易的现货基础。全省应积极引导规模猪场适时参与生猪期货交易，帮助养殖企业更好应对生猪价格大涨大跌带来的风险。深入推进生猪期货期权市场建设，稳步扩大“保险＋期货”试点，降低经营风险。引导养殖户通过农业企业或合作社等逐步参与期货市场，提高自身风险意识和风险管理能力。

撰稿人员：路　剑　张红程　邵红岭　周勋章　杨向辉　杜英娜　彭紫瑞　梁　帆
指　　导：苗玉涛　李广东
参编人员：孟宪华　李　龙　刘　璞

第十四章　2018年度河北省奶业发展报告

2018 年是我国奶业发展历史上重要的年份，既适逢奶业振兴的重大机遇，又遭遇中美贸易战的严重冲击，成为“三聚氰胺”事件 10 年后河北省奶业浴火重生、率先振兴的重要契机。在错综复杂的发展背景下，2018 年河北省奶业发展政策环境良好，产业形势整体回暖，未来发展潜力明显，其综合竞争力也将逐渐提升。

一、河北省奶业发展现状及形势分析

（一）奶牛养殖现状

1. 奶牛存栏量

2017 年全省奶牛存栏为 124.6 万头，同比下降 31%，在全国的位次由 2016 年的第 3 位，滑落到第 4 位，且有继续下滑的趋势（表 14-1）。据调研，2018 年奶牛存栏量有继续下降态势。根据河北省畜牧兽医局奶站全数监测，截至 2018 年 6 月底，全省共有奶站 982 家，同比减少 16.6%；涉及养殖场户数2 064家，同比减少 39.5%。奶站存栏奶牛 92.9 万头，同比下降 12.0%。

表 14-1　河北省奶牛存栏量

单位：万头

年份	奶牛存栏量
2010	180.79
2011	188.70
2012	196.30
2013	191.20
2014	198.08
2015	196.00
2016	180.60
2017	124.60

资料来源：《中国奶业统计年鉴》。

2. 奶牛单产水平

根据 2018 年《中国奶业统计资料》，河北省奶类总产量 2017 年为 465.4 万吨，同比上升 3.9%，牛奶产量 458.1 万吨，同比增长 4%。2017 年河北省泌乳牛平均单产达到 7.3 吨以上，比 2008 年提高近 2.5 吨，高于全国 0.3 吨。

河北省各地奶牛养殖水平差异较大，如图 14-1 所示。根据 2018 年各试验站提供数据，河北省成母牛日均产奶量约为 23 千克。其中廊坊和保定成母牛日均产奶量最高，为 27.02 千克，邢台最低，为 18.05 千克。此外，不同的奶牛养殖规模成母牛日均产奶量也呈现明显差异化。0～500 头的养殖场为 21 千克左右，500～1 000头的养殖场为 23～30 千克，1 000～5 000 头以上的养殖场为 27～30 千克，5 000 头以上的养殖场为 30 千克左右。从养殖水平以及后期治污成本来看，1 000～5 000 头的适度规模经营为最优。随着奶牛养殖机械化与规模化程度的提高，河北省奶牛养殖单产会继续提高。

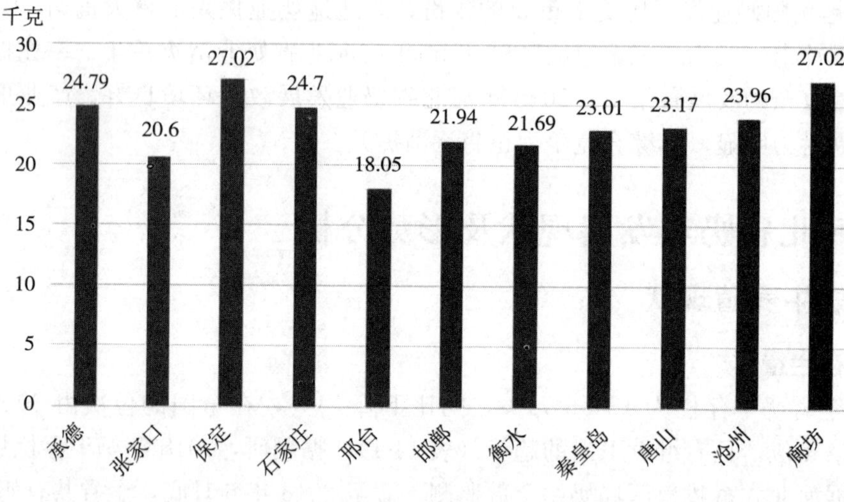

图 14-1　河北省各市成母牛日均产奶量

3. 生鲜乳质量

对所有收购站、运输车实施严格检查制度，市级半年、县级每季度进行 1 次现场检查和抽检。加强对奶牛养殖场、生鲜乳收购站、运输车三个重点环节监管，着力构建严密的全产业链质量安全监管体系。生鲜乳各级检测机构三聚氰胺、皮革水解蛋白等违禁物质检出率连续 9 年保持零记录。据河北省农业农村厅数据显示，2017 年全省生鲜乳蛋白达到 3.2%以上，脂肪达到 3.6%以上，规模场菌落总数 15 万以内，体细胞 25 万以内，主要卫生指标高于全国 5 个百分点，达到发达国家水平。

4. 养殖场规模化水平

河北省奶牛规模化、标准化养殖水平全国第一。据河北省农业农村厅数据显示，2017 年年底全省有 1 070 个奶牛养殖场（区），其中规模养殖场 958 个，奶牛（合作社）小区 122 个，规模养殖场占比达 89%，300 头以上奶牛养殖场（区）存栏比例占 98%，高于全国 40 个百分点。其中，万头以上奶牛场 11 个，奶牛存栏 19 万头，占全省总量的 15%；500 头以上奶牛养殖场（区）592 个，奶牛存栏占全省总量的 83%，全省奶牛标准化养殖水平全国最高。河北省奶牛养殖呈区域性发展，石家庄、唐山、张家口、保定四大奶业优势区的奶牛存栏、生鲜乳产量均占全省总量的 70%以上。黑龙港流域的土地和饲草饲料资源丰富，奶业发展潜力较大，逐渐成为河北省奶业发展新的增长极。

奶牛养殖场硬件设施以及智能化水平大幅提高，奶业信息化、智能化水平在全国名列前茅。据河北省农业农村厅数据显示，2018 年河北省奶牛养殖场（区）网络视频监控比例达到 70%，高于全国 40 个百分点；采用全混合日粮饲喂、奶牛卧床比例均达到 90%以上，养殖场全部实现了管道式机械化挤奶；使用信息化管理软件比例达到 40%以上。河北省数字奶业信息服务平台在 2018 年年底完成石家庄市、保定市、廊坊市三个试点市的试点部署，实现三个试点市奶业数据信息采集与整合。

5. 租赁托管牧场发展情况

河北省 2013 年出现了中鼎公司、赛科星集团托管中小牧场的模式，在 2014 年倒奶事件后发展非常快，到 2016 年 8 月中鼎牧业整合管理牧场 200 多座，其中河北省 50 多家，随后赛科星集团也依托租赁托管的牧场兴起。但是 2017 年租赁托管速度有所减缓，2018 年很多牧场退出托管。调研发现，被中鼎收购之前这些牧场大部分处于亏损或盈亏平衡阶段，中鼎公司租赁牧场后，每年给原牧场所有者一定租金，承诺若干年后归还约定的牛群和牧场。通过中鼎牧业的托管，牧场奶牛的单产和品质都有明显提升，但是 2018 年由于管理成本太高，奶价持续走低，不能弥补亏损，所以对于经营局面没能扭转的牧场进行了退回，中鼎集团培育的很多农场主也退出了奶牛养殖行业。

6. “粮改饲”工程推进情况

“粮改饲”工程，为推动奶牛养殖业“降成本、补短板”、提高奶业生产和质量安全水平带来了良机。立足种养结合循环发展，引导种植全株青贮玉米和优质牧草，将单纯的粮仓变为“粮仓＋奶罐＋肉库”，将粮食、经济作物的二元结构调整为粮食、经济、饲料作物的三元结构。2015 年，中央补贴 3 亿元在 10 省区 30 个县启动“粮改饲”试点，以全株青贮玉米为重点，推进草畜配套，河北省作为首批试点省，开始启动“粮改饲”工程。到 2017 年，全省青贮玉米、苜蓿、燕麦、饲用小黑麦、甜高粱等优质饲草料种植面积达到 13.33 万公顷以上，保有万亩示范区和千亩示范片分别不少于 10 个和 100 个，试点范围进一步扩大。

2018 年“粮改饲”工程持续推进，面积不断扩大，节本增效显著。比如，唐山 2017 年“粮改饲”面积共完成了 4.11 万公顷，完成青贮玉米收贮 190 万吨，落实“粮改饲”万亩示范区 6 个，千亩示范区 30 个，粮经饲比例由 2016 年的 55∶41∶4 调整到 2017 的 53∶42∶5，逐步形成了粮经饲统筹、种养加一体、一二三产融合的新型现代农业结构，2018 年通过完成 1.87 万公顷的试点任务，拉动全市粮改饲面积达 4.67 万公顷以上，收贮全株青贮玉米 230 万吨。再如，邯郸 2018 年根据本地区实际调整种植结构，在保障和提升粮食综合生产能力的基础上，调减非优势产区籽粒玉米面积达到 26.67 万公顷，改种青贮玉米、苜蓿等优质牧草 13.33 万公顷，促进种植结构调整，种植环节增收 5%以上；引导奶牛养殖从玉米籽粒饲喂向全株青贮玉米饲喂转变，促进奶业产业节本增效，降低饲养成本 5%。

7. 粪污处理主要方式

调研发现，河北省奶牛养殖场粪污处理方式主要实行机械干清粪、每个牧场均配备装载机、吸粪车、运输车，同时具有雨污分流沟、厌氧池和堆粪场。在处理方式上，“干清粪+还田”占比最高，为 47.47%，干湿分离占 19.44%，还田占 16.64%，生成沼气所占比例为 8.27%，有机肥占 4.08%，其他方式占 4.81%，如图 14-2。

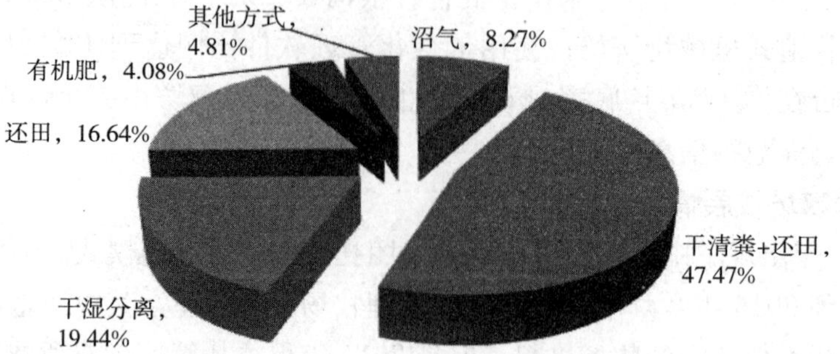

图 14-2　奶牛养殖场粪污处理方式

（二）乳制品加工现状

近年来，河北省乳制品企业不断引进先进技术、工艺和生产线，扩大生产规模，调整产品结构，加大产品研发升级力度，加强品牌建设，取得了可喜成绩。2017 年河北省乳制品产量达 372.85 万吨，位居全国第一位。2018 年 1—11 月，乳制品产量为 358.40 万吨，同比增长 6.80%，发展势头良好。

1. 乳制品生产变化情况

目前，河北省具有乳制品生产许可证的企业有 43 家，其中君乐宝品牌占 8 家，蒙牛品牌占 7 家，伊利品牌占 4 家，三元品牌占 3 家，完达山品牌占 2 家。生产的乳制品主要分为液态奶、配方奶粉、其他乳制品（干乳制品）三大类。

（1）液态奶产量变化情况。根据中国奶业统计资料，2009—2017 年，河北省液态奶产量总体呈上升趋势（图 14-3）。从 2009 年的 179.84 万吨上升至 2017 年的 362.03 万吨，8 年间增加 182.19 万吨，增长率达 101.31%。2017 年全国液态奶产量 2 691.66 万吨，河北省占全国总量的 13.45%，位居全国之首。从年均增长量来看，2009—2011 年 3 年间的年均增长量为 39.83 万吨，增速较快；2012 年产量小幅下降，而后以年均 24.49 万吨的速度稳步增长，表明液态奶销售市场发展良好。2013—2017 年河北省液态奶产量不断增加，分别为 274.38 万吨、323.06 万吨、335.44 万吨、361.18 万吨、362.03 万吨，连续五年位居全国第一位。

国家统计局数据显示，2018 年 1—10 月全国液态奶产量 2 037.48 万吨，同比增长 4.62%，其中 10 月产量 206.64 万吨，同比减少 1.05%。10 月液态奶产量 10 万吨以上的有 5 个省份，其中内蒙古、山东、河南产量下降，5 省份合计 10 月产量 97.15 万吨，同比减少 1.51%，占全国总产量的 47.01%，1—10 月累计产量 948.59 万吨，同比增长 1.98%，占全国总产量的 46.56%。河北省 10 月液态奶产量 32.43 万吨，同比增长 8.39%，占全国总产量的 15.69%，1—10 月累计产量 320.88 万吨，同比增长 6.84%，占全国的 15.75%，位居全国第一（表 14-2）。

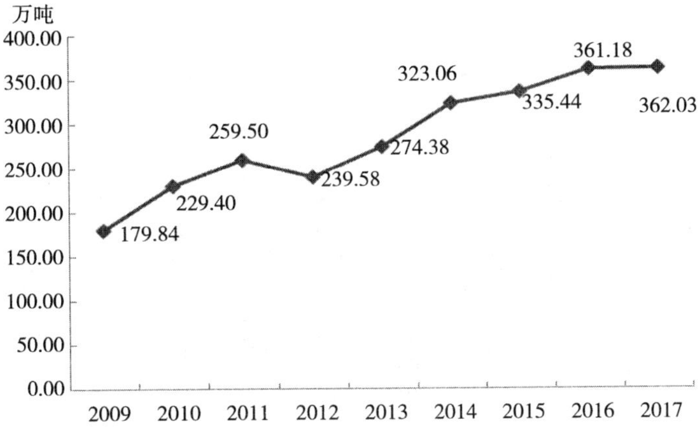

图 14-3　河北省液态奶产量变化情况

表 14-2　2018 年 1—10 月主产省液态奶产量

单位：万吨，%

地区	10 月产量	同比增减	1—10 月累计	同比增减
河北	32.43	8.39	320.88	6.84
内蒙古	23.16	−1.38	194.35	−4.38
江苏	13.61	4.15	135.86	2.50
山东	17.50	−14.66	194.44	1.58
河南	10.46	−10.43	103.07	0.46
五省合计	97.15	−1.51	948.59	1.98
全国合计	206.64	−1.05	2 037.48	4.62

（2）奶粉产量变化情况。根据《中国奶业统计资料》，历经三聚氰胺的冲击，河北省奶粉产量到 2010 年才有所增加，达到 4.8 万吨，比 2009 年增加近一倍多（图 14-4）。但 2010 年到 2013 年期间，奶粉产量又出现下降趋势，由 2010 年的 4.8 万吨下降至 2013 年的 3.48 万吨，产量减少了 1.32 万吨。从 2013 年开始河北省奶粉产量呈现逐年增加的趋势，2014 年和 2015 年产量分别为 4.39 万吨、6.01 万吨，环比增长速度分别为 26.15%、36.90%，呈现良好的增长趋势。但 2016 年之后奶粉产量又有所下降，2016 年为 5.06 万吨，2017 年为 5.05 万吨，这与国外奶粉的冲击不无关系。

国家统计局数据显示，2018 年 1—10 月全国奶粉产量 80.01 万吨，同比减少 0.33%，其中 10 月产量 8.11 万吨，同比减少 10.77%。10 月内蒙古、黑龙江、陕西 3 个主产省份中，黑龙江产量同比下降，3 省份合计 10 月产量 5.90 万吨，同比减少 11.47%，占全国总产量的 72.81%；1—10 月累计产量 55.38 万吨，同比增长 9.06%，占 69.21%。黑龙江产量第一，10 月产量 3.22 万吨，同比下降 26.87%，占全国总产量的 39.67%；1—10 月累计产量 29.60 万吨，同比增长 2.78%，占 36.99%。

（3）其他乳制品（干乳制品），**产量变化情况。**根据《中国奶业统计资料》，由图 14-5

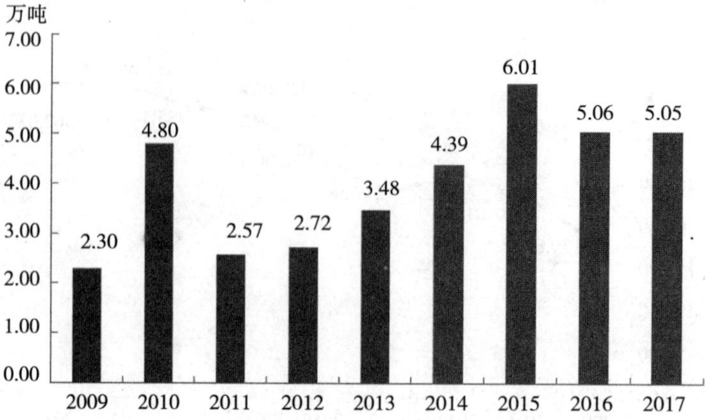

图 14-4　河北省奶粉产量变化情况（2009—2017）

可以看出，河北省干乳制品产量总体呈现波动趋势。2000 年产量仅为 9.99 万吨，到 2005 年增长到 26.11 万吨，增长了 16.12 万吨。2010 年、2013 年干乳制品产量呈下降趋势，分别下降了 0.07 万吨、2.3 万吨。2014 年产量更是急剧下降，仅一年产量就下降了 17.85 万吨。到 2015 年产量虽有所回升，增加到 10.56 万吨，但产量仍然较低，与 2005 年、2010 年、2013 年相比差距悬殊。2016 年较 2015 年产量又有所下降，降至 10.08 万吨，2017 年小幅回升为 10.82 万吨。

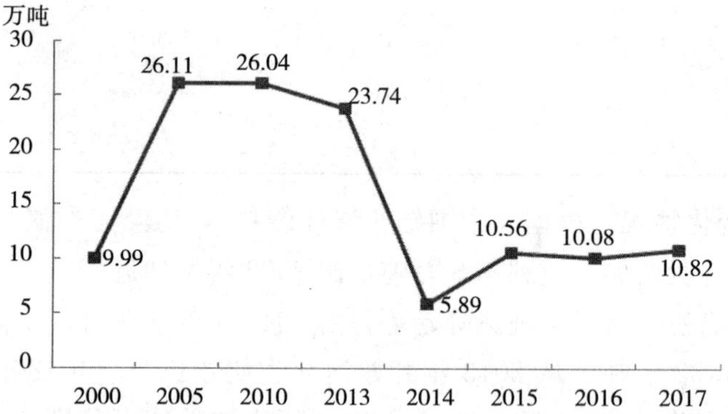

图 14-5　河北省干乳制品产量变化情况（2000—2017）

根据《中国奶业统计资料》，2017 年全国干乳制品产量前 10 的省份中，河北省以 10.82 万吨位居第 8 位，与 2016 年相比上升了一个位次，占全国总量的 5.47%，与排在第一位的黑龙江相比相差 33.70 万吨（图 14-6）。

国家统计局数据显示，2018 年 1—10 月全国干乳制品产量 151.87 万吨，同比增长 6.47%，其中 10 月产量 14.87 万吨，同比增长 0.76%。10 月，干乳制品产量超过 1 万吨的有 5 个省份，依据产量排名依次是内蒙古、黑龙江、山东、广东、陕西。5 省份合计产量 9.81 万吨，同比减少 2.73%，占全国总产量的 66.00%；1—10 月累计产量 95.01 万吨，同比增长 10.54%，占 62.56%。黑龙江产量第一，10 月产量 3.25 万吨，同比减少 26.97%，占全国总产量的 21.88%；1—10 月产量 30.29 万吨，同比增长 2.21%，占全国总产量的 19.94%。河北省与这 5 个省份相比，干乳制品产量不高。

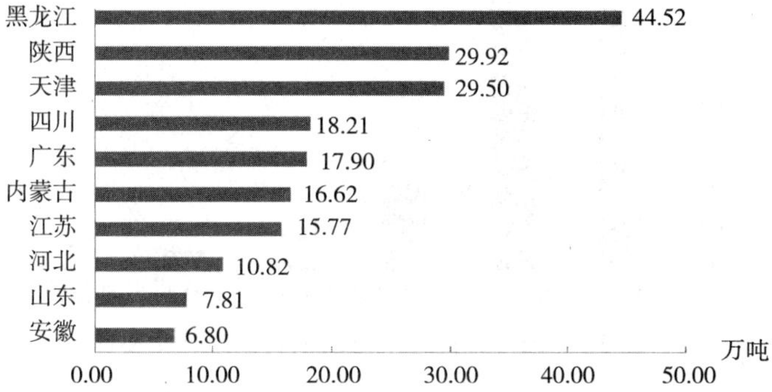

图 14-6　2017 年全国干乳制品产量前 10 的省份

2. 乳制品行业经营状况分析

国家统计局数据显示，2018 年 1—10 月进入统计范围的企业有 588 家，比 1—9 月数据增加 1 家，其中亏损企业 139 家，比 1—9 月数据减少 13 家，亏损比例 23.64%。1—10 月，全国乳品加工业销售收入2 819.73亿元，同比增长 10.12%，利润总额 205.37 亿元，同比增加 7.73%。与 1—9 月数据相比，销售收入增幅缩小了 0.37 个百分点，销售成本增幅缩小了 0.41 个百分点，但由于销售费用增幅扩大，利润总额增幅缩小。

（1）君乐宝奶粉市场销售情况。作为河北省的龙头乳企，君乐宝奶粉 2018 年 1—11 月销售额已经超过 40 亿元，提前完成君乐宝公司定的目标，正在向 50 亿目标迈进。

（2）伊利、蒙牛等六家上市乳企经营情况。蒙牛、伊利、光明、中国圣牧、现代牧业与西部牧业等六家企业是国内乳品行业龙头。根据各家企业公布的 2018 年中期财务报表显示，2018 年 1—6 月伊利、蒙牛盈利水平稳定增长。

在营业收入规模方面，六家奶企一直保持“伊利股份＞蒙牛乳业＞光明乳业＞现代牧业＞中国圣牧＞西部牧业”的排位。2018 年 1—6 月，伊利股份、蒙牛乳业营业收入分别达到 399 亿元和 344.7 亿元（图 14-7）。

图 14-8 数据显示，伊利股份盈利较稳定，2018 年 1—6 月实现 34.5 亿元的归属净利润[①]；光明乳业的归属净利润在 2015—2017 年一直保持小幅增长，2018 年 1—6 月实现 3.4 亿元。蒙牛乳业在 2016 年净亏 7.5 亿元之后恢复盈利，2018 年 1—6 月净利润超过 2017 全年，达 24.8 亿元。

在净亏损的三家企业中，中国圣牧由于自有品牌有机液态奶产品销量下降、生物资产减值等因素出现亏损，高达 10.7 亿元。现代牧业、西部牧业由于资产减值、销售渠道扩张成本及联营/合营公司等原因造成净亏损。

蒙牛乳业、伊利股份和光明乳业在净利润方面与其他三家企业形成了两个不同的阵营，

① 归属净利润：即“归属于上市公司股东的净利润”。上市公司合并报表上的净利润反映的不止是上市公司本身的净利润，还包括其控制的子公司的净利润。

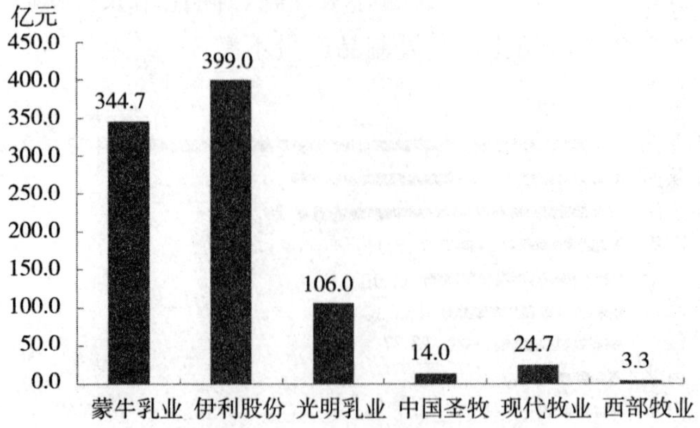

图 14-7　2018 年 1—6 月六家奶企营业收入

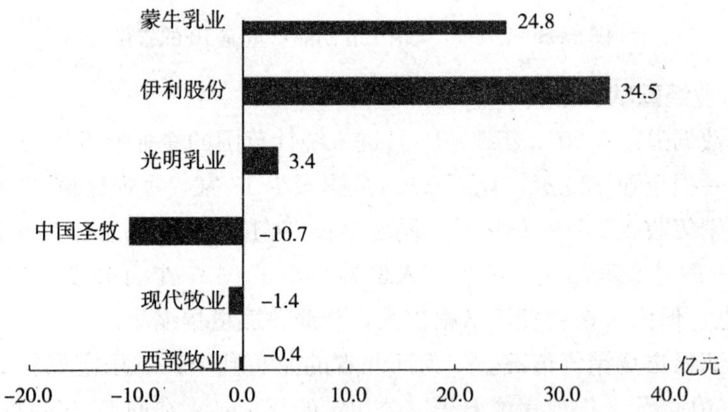

图 14-8　2018 年 1—6 月六家奶企净利润

这三家企业净利率处于增势，而另三家由于亏损、行业竞争激烈等原因，亏损程度加剧。

（三）乳制品贸易形势分析

1. 全国乳制品进口情况

如表 14-3 和图 14-9 所示，2018 年 1—3 季度我国各类乳制品进口量共计 197.82 万吨，同比增加 5.73%，其中，进口干乳制品 148.46 万吨，同比增加 7.85%；进口液态奶 49.36 万吨，同比下降 0.16%。2018 年前 3 个季度大部分奶制品进口量呈同比增长趋势，其中奶油的增长率高达 34.05%，远远超过其他奶制品，婴配粉、乳清、奶粉均有较高增长，其他涨幅不大。奶酪进口量同比下降 3.77%，包装奶进口量也有所下降 0.25%，下降幅度较小。

表 14-3　2017 年、2018 年 1—3 季度中国乳制品进口总体状况

单位：万吨

项　目	2018年				2017年				同比增长（%）
	1季度	2季度	3季度	合计	1季度	2季度	3季度	合计	
乳制品	72.48	62.38	62.96	197.82	63.07	59.41	64.62	187.10	5.73

（续）

项　目		2018 年				2017 年				同比增长（%）
		1 季度	2 季度	3 季度	合计	1 季度	2 季度	3 季度	合计	
干乳制品	合计	56.01	46.42	46.03	148.46	50.33	42.73	44.59	137.66	7.85
	奶粉	29.81	15.8	17	62.65	27.05	15.85	17.02	59.91	4.57
	婴配粉	6.16	8.28	8.47	22.91	5.29	6.90	7.99	20.82	10.04
	炼乳	0.58	0.57	0.74	1.89	0.52	0.66	0.70	1.88	0.53
	乳清	13.6	15.45	13.71	42.84	12.27	13.95	13.52	39.74	7.80
	奶油	3.12	3.39	3.49	10	2.40	2.32	2.75	7.46	34.05
	奶酪	2.67	2.85	2.64	8.16	2.81	3.05	2.61	8.48	−3.77
液态奶	合计	16.46	15.97	16.94	49.37	12.91	16.67	20.03	49.45	−0.16
	包装奶	15.64	15.2	16.16	47	12.31	15.99	18.99	47.12	−0.25
	酸奶	0.82	0.77	0.78	2.37	0.60	0.68	1.04	2.33	1.72

注：表中数据根据《中国奶业统计资料》（2018 年）和《奶业经济观察—中国奶业贸易月报》整理。

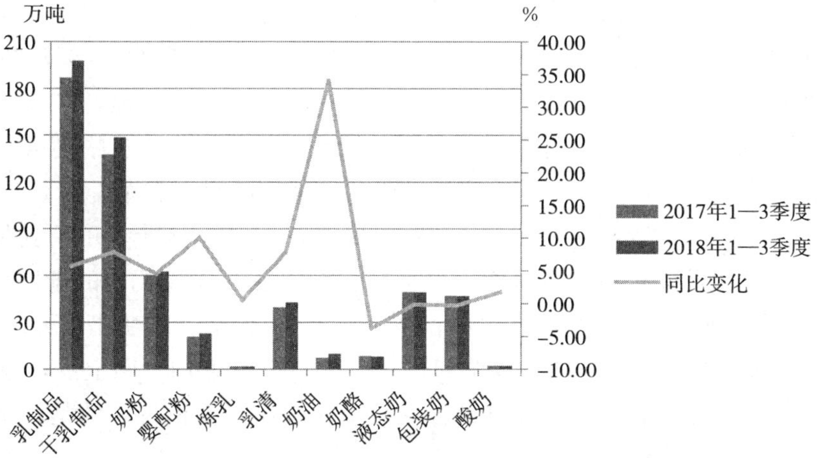

图 14-9　2017 年、2018 年 1—3 季度中国乳制品进口总体状况

（1）全国液态奶进口情况。 2018 年 1—3 季度进口液态奶 49.37 万吨，同比下降 0.16%。其中，共进口包装奶 47 万吨，同比下降 0.25%，进口酸奶 2.37 万吨，同比增加 1.72%（表 14-3）。

从图 14-10 至图 14-12 来看，液态奶 2017 年进口量持续增长，增长率不断上涨，2018 年前 3 个季度进口量趋于稳定，总体呈上升趋势。2017 年包装奶、酸奶前 3 个季度进口量持续增长，第 4 季度进口量出现骤降。2018 年前 3 个季度包装奶和酸奶的进口量变化较小，包装奶进口量波动增长，酸奶的进口量呈下降趋势。

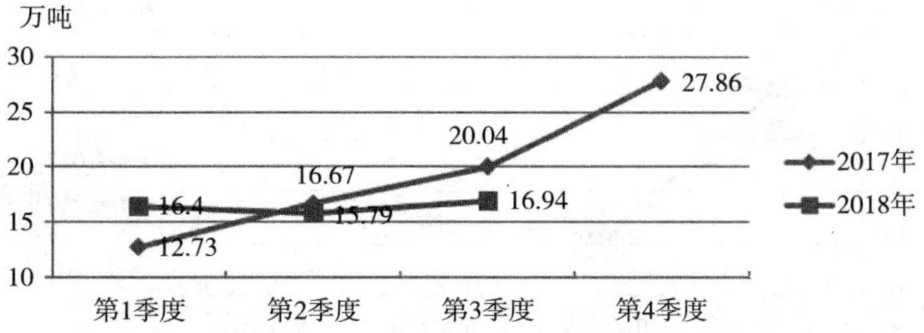

图 14-10　2017 年与 2018 年液态奶进口量对比

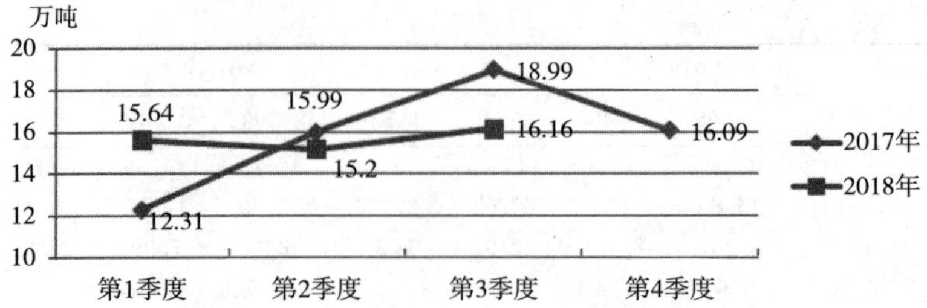

图 14-11　2017 年与 2018 年包装奶进口量对比

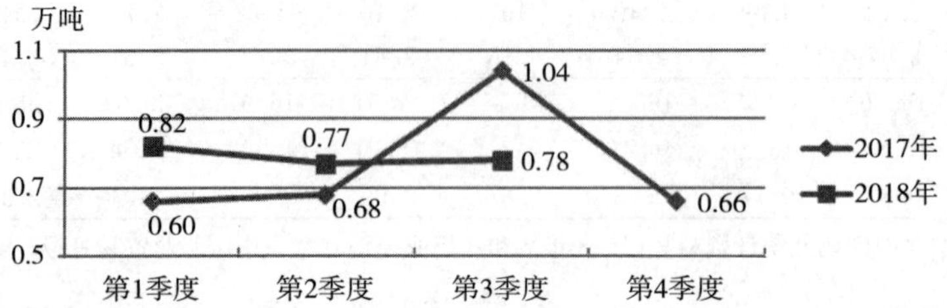

图 14-12　2017 年与 2018 年酸奶进口量对比

（2）干乳制品进口情况。2018 年 1—3 季度进口干乳制品 148.46 万吨，同比增加 7.85%，主要三大类：奶粉 62.65 万吨，占 42.2%；乳清 42.84 万吨，占 28.9%；婴配粉 22.91 万吨，占 15.4%。其中，奶油进口量同比增长 34.05%，增长幅度大，婴配粉、乳清、奶粉分别增长 10.04%、7.8%、4.57%，奶酪的进口量同比下降 3.77%（表 14-3）。

图 14-13 至图 14-19 显示出，2017 年 4 个季度和 2018 年前 3 个季度干乳制品进口量均呈下降趋势，2017 年下降趋势更为明显。2017 年、2018 年各季度奶粉的进口量相近，均呈现出逐季度进口量下降趋势。根据 2017 年和 2018 年前 3 个季度的变化，可以预测 2018 年第 4 季度奶粉的进口量将继续下降。婴配粉进口量前 3 个季度均不断上涨，但 2017 年第 4 季度显著下降。其他几类干乳制品进口量各季度变化较小，值得说明的是，奶油的进口量 2018 年远高于 2017 年，且仍有上涨趋势。

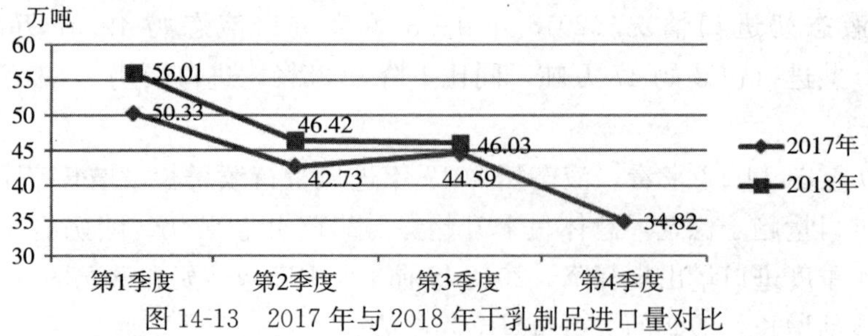

图 14-13　2017 年与 2018 年干乳制品进口量对比

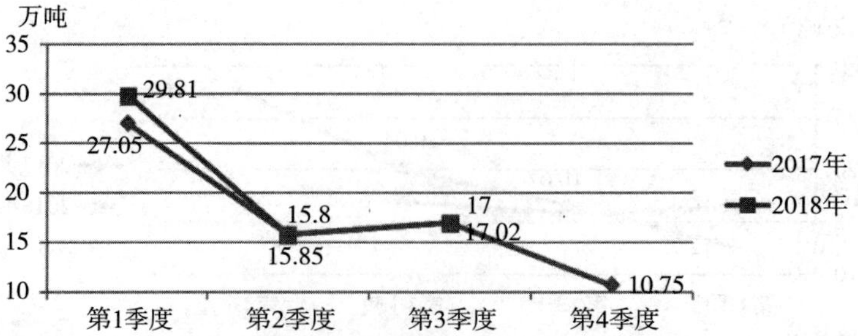

图 14-14　2017 年与 2018 年奶粉进口量对比

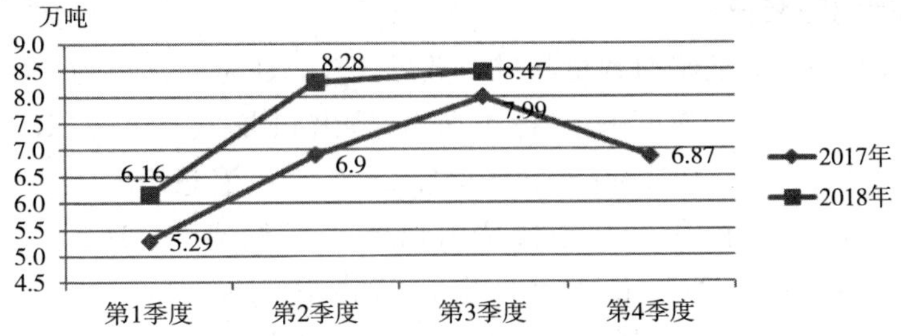

图 14-15　2017 年与 2018 年婴配粉进口量对比

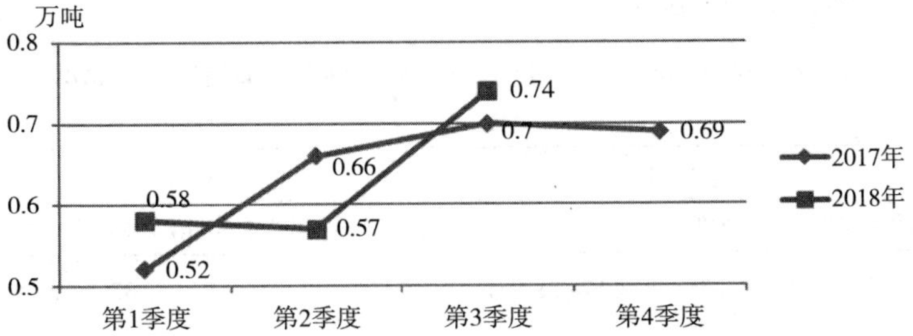

图 14-16　2017 年与 2018 年炼乳进口量对比

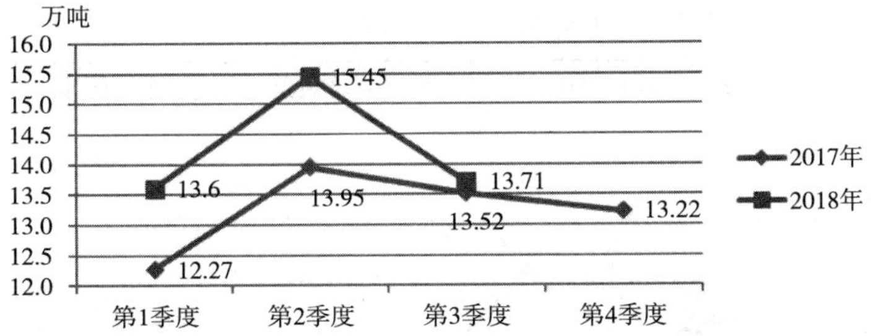

图 14-17　2017 年与 2018 年乳清进口量对比

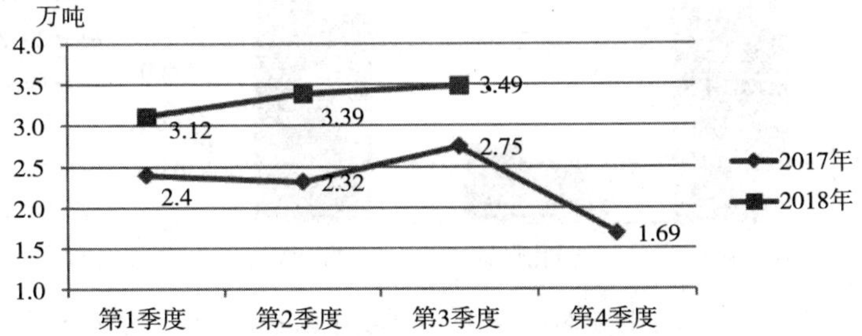

图 14-18　2017 年与 2018 年奶油进口量对比

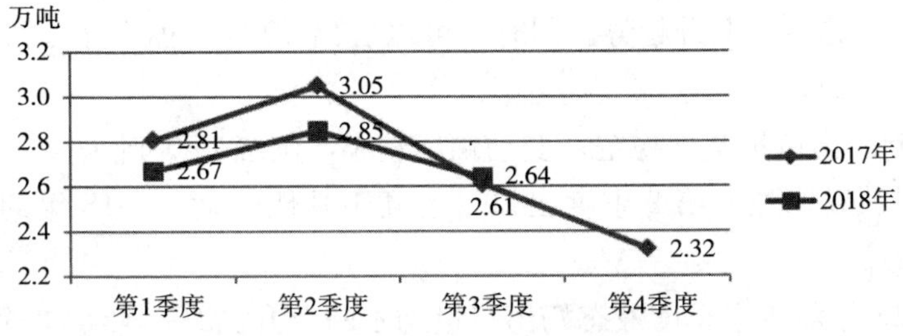

图 14-19　2017 年与 2018 年奶酪进口量

2. 全国乳制品出口情况

总体上讲，乳制品出口的绝对数量与进口数量比较，还是非常小的。如表 14-4 和图 14-20 数据所示，2018 年 1—3 季度我国各类乳制品出口量共计 28 821.95 吨，同比增加 22.91%；干乳制品出口量6 846.95吨，同比增加 26.07%；液态奶出口量21 975吨，同比增长 21.95%。2017 年前 3 个季度干乳制品出口量占乳制品 23.16%，液态奶出口量占 76.84%，2018 年前 3 个季度占干乳制品出口量占乳制品 23.76%，液态奶出口量占 76.24%，从该数据得知，中国乳制品出口以液态奶出口为主，干乳制品出口量较小。但是 2018 年干乳制品的同比增长率远高于液态奶。

表 14-4　2017 年、2018 年 1—3 季度中国乳制品出口总体状况

单位：吨

项　目	2018 年				2017 年				同比增长（%）
	第 1 季度	第 2 季度	第 3 季度	合计	第 1 季度	第 2 季度	第 3 季度	合计	
乳制品	7 956.91	10 839.04	10 026	28 821.95	6 722	8 141	8 587	23 450	22.91
干乳品	1 613.61	3 322.34	1 911	6 846.95	1 803	2 007	1 621	5 431	26.07
液态奶	6 343.3	7 516.7	8 115	21 975	4 919	6 134	6 966	1 8019	21.95

注：表中数据根据《中国奶业统计资料》（2018 年）和《奶业经济观察—中国奶业贸易月报》整理。

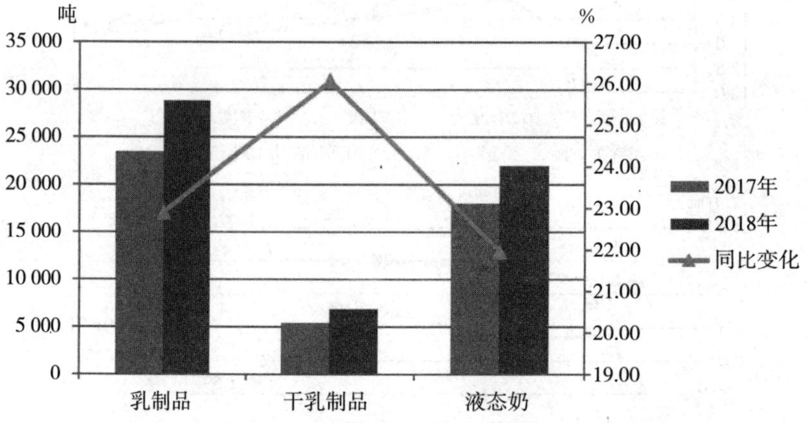

图 14-20　2017 年与 2018 年 1—3 季度中国乳制品出口总体状况

2017 年我国乳制品出口量逐季度增长，增长率放缓。2018 年前 3 个季度，我国乳制品出口量变化较大，但总体呈上升趋势。同时，可以看出 2018 年前 3 个季度乳制品出口量均高于 2017 年（图 14-21）。

2017 年干乳制品出口量基本稳定，变动幅度较小，围绕1 800吨波动。2018 年前 3 个季度干乳制品出口量波动剧烈，第 2 季度出口量远高于其他季度。2018 年的出口量总体高于 2017 年（图 14-22）。

2017 年和 2018 年前 3 个季度液态奶出口量均不断上升。2018 年前 3 个季度液态奶出口量远高于 2017 年，同比增长幅度大，说明中国液态奶出口势头良好（图 14-23）。

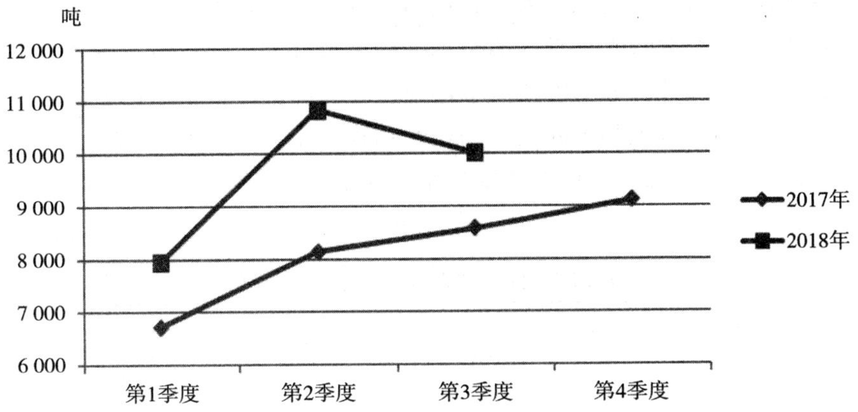

图 14-21　2017 年与 2018 年中国乳制品出口状况

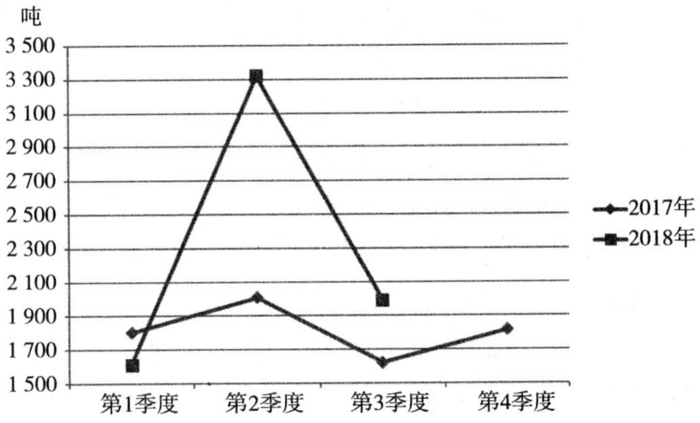

图 14-22　2017 年与 2018 年中国干乳制品出口状况

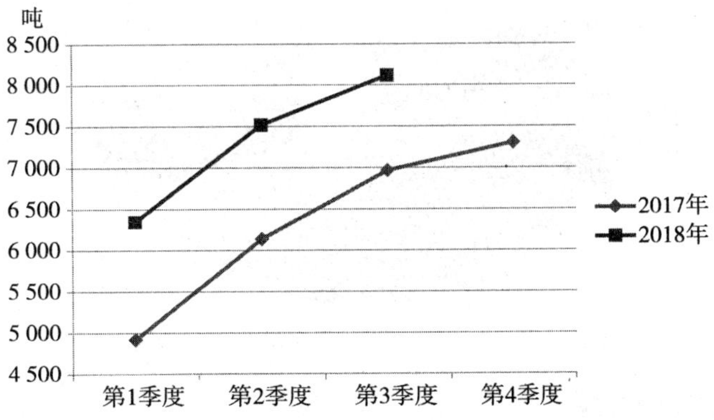

图 14-23　2017 年与 2018 年中国液态奶出口状况

（四）乳制品消费情况

乳制品消费具有分散性，我国各级政府和统计部门关于乳制品消费方面的统计数据极少，河北省更是如此，因此，本部分内容主要采用随机抽样调查的方式进行分析。问卷主要来源于 2018 年寒暑假本科教学实习期间的整体调研以及全年研究生在全省范围内的分散调研。超市消费者随机调研所占比重较大，农村消费者主要通过入户调研取得相关问卷。主要考虑到在不同地区，消费者收入水平、消费水平、消费观念、消费习惯等有所不同，可以反映不同地区和不同阶层对乳制品的消费需求，为政府部门进行决策提供依据。本次调查样本共计 783 个，覆盖了不同区域和不同层次的城镇居民。受访者的性别比例为：男性 368 人，占 47%；女性 415 人，占 53%；样本主要分布于河北省所有 11 个设区市的大、中、小城市及乡村（表 14-5）。

表 14-5　问卷调查样本地区分布情况

张家口	承德	秦皇岛	唐山	廊坊	保定	沧州	石家庄	衡水	邢台	邯郸	合计
95	55	53	86	63	108	37	79	38	76	93	783

1. 乳制品消费品种分析

与 2018 年上半年相比较，在各种乳制品消费中，虽然购买酸奶的消费者比重仍然最高，但相比而言仍有所下降，达到了 34.75%；其次，购买超高温灭菌奶（常温奶）的消费者比重有所上升，接近三分之一，达到了 32.63%；购买巴氏消毒奶的消费者比重仍然较低，为 14.13%；购买复原乳和奶粉的消费者比重最低，占 9.35%；乳饮料的消费比重很小，只有 6.23%；但营养价值比较高的奶酪及奶油等其他乳品，消费比重非常低，不到 3%（图 14-24）。这说明，河北省大部分乳制品消费者主要以酸奶和超高温灭菌奶为主要消费乳品，而对营养价值更高的巴氏消毒奶的消费量相对较少，与发达国家和我国发达地区有明显差距。当然，另一个主要原因就是各大乳企并没有把巴氏奶作为主要产品进行市场推广，与消费者对巴氏奶认识不足问题相叠加，共同造成了这种状况。

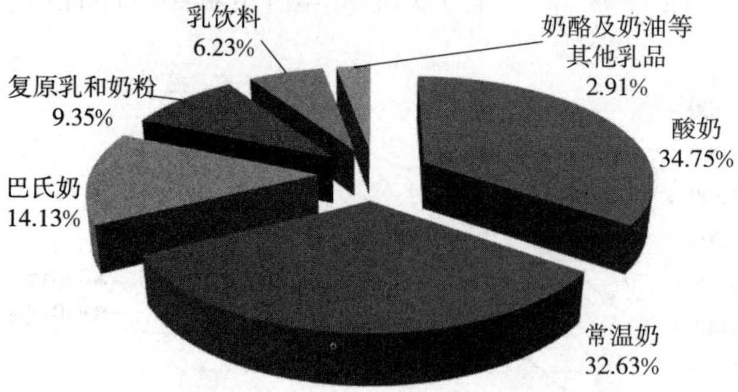

图 14-24　2018 年河北省各类乳制品消费情况

2. 消费者乳制品品牌选择

在乳制品品牌选择方面，相比上半年和 2017 年，全省调查对象选择蒙牛、伊利和君乐宝的受访者比例仍最高，三个品牌合计占到了 62%，三大乳业龙头占了一多半的消费市场（相比上年，君乐宝乳品消费比重提升很快）。选择光明和三元两个品牌的比例分别为 9.36%和 11.57%，新希望乳品的消费比例非常低，只有 6.11%；其他品牌的消费比例合计也只有 10.29%（图 14-25）。这说明消费者普遍比较信赖大品牌产品，对小规模地方品牌的购买动力明显不足。由于河北省自主品牌君乐宝，积极进行产品升级换代和品种结构调整，努力开拓电商销售渠道，取得了非常好的销售业绩。调查者在全省各大超市的调研发现，君乐宝系列产品在超市中就有超过 30 多种产品销售，尤其是在奶粉进口量持续增长的情况下，其奶粉销售增速明显。

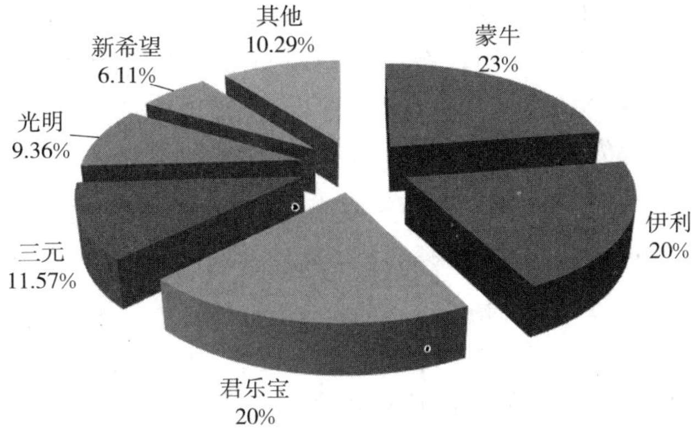

图 14-25　河北省消费者乳制品品牌选择情况

在品牌乳制品消费数量方面，选择消费多种品牌乳制品的消费者达到了 68.35%。只有 16.28%的被调查者只消费一种品牌的乳制品，对品牌无所谓的消费者比重最低，只有 15.37%。说明河北省城市居民在乳制品品牌选择方面具有一定的多样性，这也为河北省自主乳制品品牌销售市场的进一步扩展奠定了基础。

3. 消费者乳制品消费渠道分析

在消费者乳制品购买渠道调查中（图 14-26），与 2017 年相比，选择在超市和便利店等实体店购买的比例仍然最高，但略有下降，降至 58.73%。主要原因是牛奶属于易腐生鲜农产品，大多数消费者认为在实体店购买更为放心。选择在网上购买乳制品的消费者也越来越多，比例比上年同期调查比例高了 3.56 个百分点，达到了 21.18%。目前，选择订奶渠道购买乳制品的比例有所上升，上升到了 12.06 %。可见，河北省订奶渠道发展仍然缓慢，目前仅有三元、新希望等乳企有订奶配送业务，而且由于多是巴氏消毒奶，需要冷链运输，价格较高，订奶消费者比例很低。但随着巴氏消毒奶的营养价值被越来越多的消费者认可，订奶渠道将会成为乳品企业将来重要的销售渠道。本次调研结果显示，购买散装奶的消费者比例仍有 8.03%，且多是年龄较大、收入较低的老年人。随着公众对乳品营养价值认识程度的加深，这一比例仍会进一步下降。

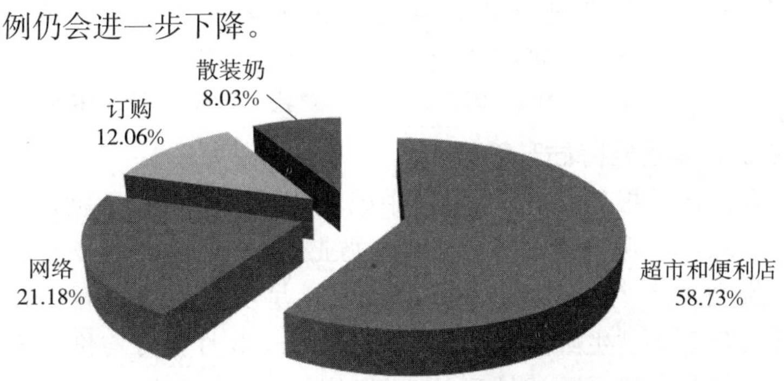

图 14-26　河北省消费者乳制品消费渠道情况

（五）奶业相关市场价格分析

1. 主要饲料价格同比增长明显

根据《中国奶业经济月报》和2018年《中国奶业统计摘要》数据，主要饲料玉米和豆粕价格全年微幅波动，较为稳定。饲料费用占物质与服务费用的80%以上，是物质与服务费用的主体。而玉米与豆粕等主要饲料价格的波动直接影响奶牛养殖成本的变化，进而引发生鲜乳价格的波动，奶业的发展对玉米和豆粕产业有依赖性。

由图14-27可以看出，玉米价格波动幅度相对于豆粕来说比较小，2018全年呈现出“上涨—下跌—上涨”的趋势，趋势明显，波动幅度小；全年最高价格达到2.07元/千克，最低价格为1.98元/千克；10月价格为2.04元/千克，与9月持平，同比增长4.62%。并且2018年玉米价格相对于2017年均同比增长，均高于2017年同期价格，且2018年的最低价格1.98元/千克，高于2017年的最高价格1.97元/千克。

由图14-27可以看出，豆粕价格波动幅度较大，而且豆粕价格与鲜奶价格较为接近，自7月开始，出现了连续4个月的上涨。2017年豆粕价格上半年高于下半年的价格，而2018年豆粕价格下半年高于上半年的价格。2018年10月达到了全年最高价格，为3.63元/千克；而全年最低价格出现在2月和6月，为3.31元/千克，高于2017年的最低价格。与玉米相比，豆粕对生鲜乳价格的传导速度更快，强度更大。

受中美贸易战影响及澳大利亚干旱带的供应短缺、进口燕麦草和苜蓿上涨，其中美国苜蓿价最高涨1/3，最大涨幅超1 000元/吨；国产燕麦草和苜蓿的生产价格也被拉动，全线上涨，上涨幅度约200～300元/吨，且存在缺草风险。千克奶的成本增加0.15元。

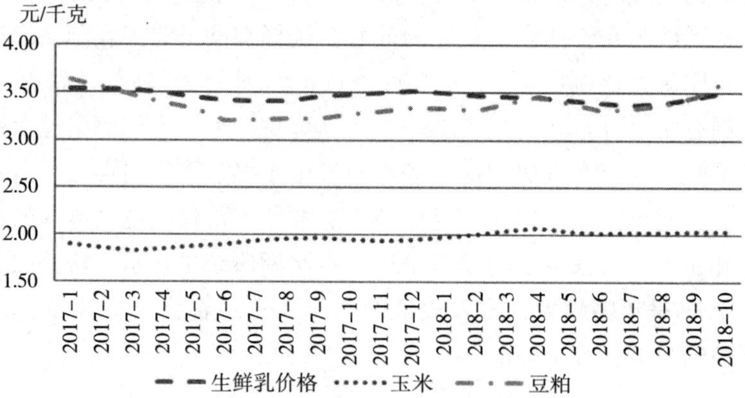

图14-27　2017年1月至2018年10月生鲜乳、玉米、豆粕价格曲线

2. 生鲜乳收购价格呈现先降后升趋势

根据《中国奶业经济月报》和2018年《中国奶业统计摘要》数据，2018年1—7月生鲜乳收购价格环比下跌，呈现季节性回落。随着奶业生产旺季和消费淡季的到来，我国主产省生鲜乳收购价格实现了7个月连续微幅下跌态势，呈现季节性回落；从8月开始，在中秋、国庆节日效应的带动下，生鲜乳收购价格开始上涨，8月全月均价3.39元/千克，环比上涨0.5%；9月和10月仍然呈现连续环比上涨的趋势，10月均价3.51元/千克，环比上涨1.7%。

生鲜乳收购价格季节性波动明显，图 14-28 数据显示，自 2015 年以来，生鲜乳回收价格年度波动高度相似，在每年的 2 月开始下降，在 7 月跌倒谷底，然后开始回升，到次年 1 月达到峰值。同时，可以看出这几年生鲜乳收购价格相对比较稳定，但峰值略有下降，由 2015 年的 3.56 元/千克略降到 2018 年的 3.50 元/千克。

河北省畜牧兽医局数据显示，2018 年 1—9 月生鲜乳收购价格同比均呈现下跌趋势，且均低于 2016、2017 年同期价格，奶农盈利空间有所下降。但在 10 月生鲜乳价格却出现了逆袭，同比增长了 0.85%。表 14-6 为 2018 年各季度河北省生鲜乳交易协调价格，整体呈上涨趋势。

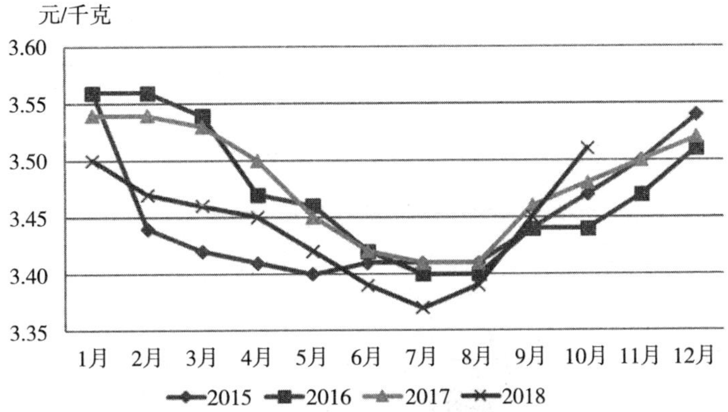

图 14-28　2015 年以来主产省生鲜乳价格走势

表 14-6　2018 年河北省生鲜乳交易协调价格

单位：元/千克

第 1 季度		第 2 季度		第 3 季度		第 4 季度	
参考价	最低价	参考价	最低价	参考价	最低价	参考价	最低价
3.59	3.30	3.59	3.30	3.5～3.8	3.4	3.5～3.8	3.4

3. 鲜奶和进口奶粉零售价同比增长趋势明显

根据中国价格信息网，由图 14-29 显示，2018 年全年城市鲜奶价格较为稳定，波动幅度在 0.03 元/500 克，8—10 月连续三个月保持稳定不变，平均零售价 5.30 元/500 克，同比均有增长；全年 5 个月平均价格持平，为 5.28 元/500 克；10 月城市鲜奶的平均零售达到 5.30 元/500 克，环比不变，同比上涨 0.76%。其中，袋装鲜奶波动幅度也比较小，跟鲜奶波动幅度相类似，在 2018 年的 8—10 月连续三个月保持稳定不变，平均零售价 4.88 元/500 克；袋装鲜奶价格同比均有增长，10 月同比增长 1.24%。盒装鲜奶价格最高，价格较为稳定，2018 年 10 个月的数据中有 8 个月的价格均为 5.72 元/500 克，同比不变或者增长。

根据中国价格信息网检测数据显示及图 14-30 可以看出，进口奶粉的平均价格明显高于城市奶粉和国产奶粉的价格，价格优势明显。进口奶粉呈现出上涨和下跌交替出现的规律，而且上涨持续时间长于下跌时间；同比增长幅度明显，除了 10 月，连续 9 个月同比都出现了增长；2018 年 10 月进口奶粉出现环比和同比双下跌的情况，价格为 107.85 元/500 克；国产奶粉价格波动幅度较小，同比增长趋势不明显，在 10 月达到了目前的最低价格为 81.18 元/500 克；城市奶粉平均价格跟进口奶粉的价格趋势类似，在 10 月达到了目前的最低价格，为 94.52 元/500 克。可以看出，进口奶粉对城市奶粉价格的影响大于对国产奶粉价格的影响。

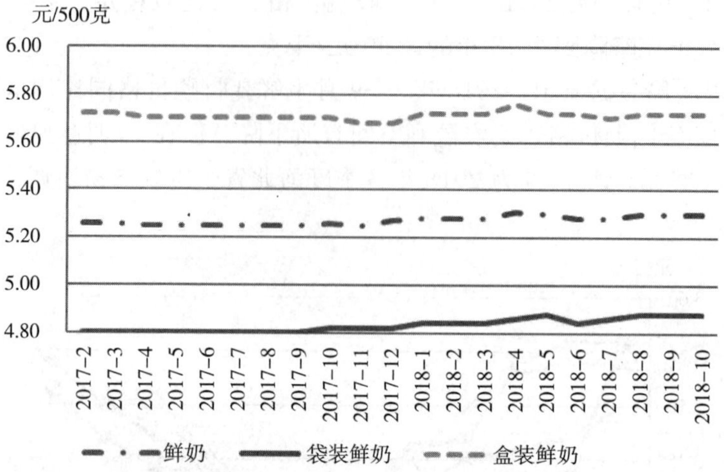

图 14-29　2017 年 2 月至 2018 年 10 月鲜奶价格曲线

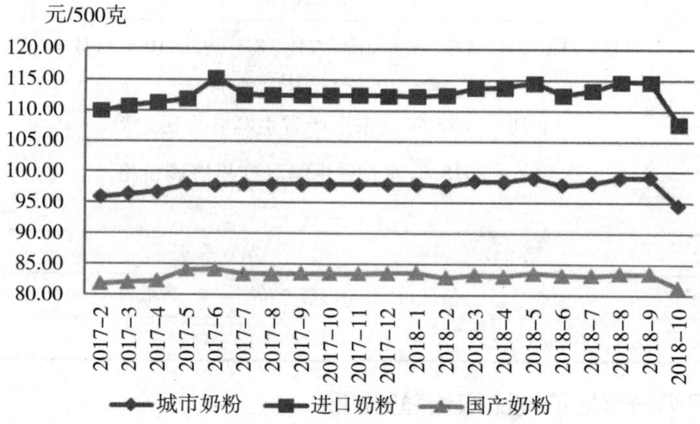

图 14-30　2017 年 2 月至 2018 年 10 月奶粉价格曲线

二、河北省奶业发展政策与技术形势分析

（一）政府极其重视，开启奶业振兴新时代

国家密集出台文件，推进奶业振兴。2018 年 6 月 3 日，国务院办公厅印发《关于推进奶业振兴保障乳品质量安全的意见》，成为指导今后一个时期我国奶业发展的纲领性文件，标志着我国奶业迈进全面振兴的新时期。9 月 27 日全国奶业振兴工作推进会议召开，胡春华副总理在会议上强调发展以奶农为主体的生产经营体系，加快推进奶业转型升级。12 月 26 日，农业农村部、发展改革委等九部委印发《关于进一步促进奶业振兴的若干意见》，支持奶农发展乳制品加工，支持加工企业反哺奶农。

河北省政府积极落实奶业振兴工作，促进奶业率先振兴。2018 年 5 月 25 日省长许勤主持召开省长办公会，专题研究《河北省人民政府加快奶业振兴行动计划》，提出“四个一流”

战略目标，力争到2022年，河北奶业发展进入世界先进行列。6月6日，国务院副总理胡春华来河北调研奶业振兴问题，提出加快推进河北奶业振兴，打好河北奶业翻身仗，提升国际市场竞争力。12月9日，河北省委常委会审议了《河北省奶业振兴规划纲要（2018—2025年）》。

（二）中美贸易摩擦长期存在，既是挑战也充满机遇

2018年6月15日，美国宣布将对500亿美元中国进口商品加征25%的关税。针对美国这一做法，2018年7月6日起，中国决定对原产于美国的农产品、汽车、水产品等约340亿美元进口商品加征25%关税，包括紫花苜蓿和豆粕在内的主要奶牛"口粮"均在此次加征之列。目前我国年进口苜蓿量139.8万吨，其中130.7万吨是从美国进口的，占93.5%。如果加征关税，我国每头奶牛的日粮成本要提高3%，如果加上大豆进口关税，日粮成本提高会超过6%。养殖成本的增加对于本身养殖水平不高的养殖场来说无疑是雪上加霜，生产成本的上升进一步压缩了奶牛养殖的利润空间。尤其是目前牧场受制于乳制品企业，本来就利薄甚至亏损，贸易战使牧场养殖风险和压力进一步扩大，一些规模小、养殖效益低的牧场会被迫退出奶牛养殖行业。

然而，从另一角度看，中美贸易战也为我国奶业发展带来了机遇。为了应对征税带来的成本上升，种植业和养殖业结构调整将进一步深化，推动"粮改饲"和饲料本土化进程，加速奶业产品方案和技术创新，加快产业转型升级。同时，进口苜蓿的减少，为河北省燕麦、小黑麦等多样化饲草产业发展提供了机遇，这样既可弥补饲草总量的不足，还可降低单一饲草种植受国家政策、进出口贸易等多因素影响的风险。从长远来看，如果河北省能以此次贸易战为契机，积极应对，苦练内功，将有利于整个奶业产业结构优化与可持续发展。

（三）乡村振兴战略指引，打造奶业三产融合新模式

党的十九大报告提出，要实施乡村振兴战略，促进农村一二三产业融合发展。2018年中央1号文件提出实施乡村振兴战略，需培育各类专业化市场化服务组织，推进农业生产全程社会化服务，帮助小农户节本增效。奶业是农业现代化的标志性产业，是一二三产业协调发展的战略性产业。打造一二三产业融合的生态循环奶业基地，以集成现代农业种植、养殖技术和智慧农业为手段，以农产品品质和种植、养殖效率提升为核心，提供线上线下结合、涵盖农业生产全过程的现代大农业综合解决方案，最终实现农业产业链提升和种植、养殖效益提升。

（四）环保治理持续高压，加速养殖场转型升级

禁养限养政策加速了养殖场搬迁和退出。近年来，国家陆续出台了《畜禽规模养殖污染防治条例》、新的《中华人民共和国环境保护法》等政策法规，环保问题对奶业发展的约束越来越紧。水源地、河流沿岸、白洋淀大道两侧1公里等地区被列为禁养区，在禁养区内禁止新建养殖场，对原有合法养殖场采取鼓励迁移政策。2017年河北省加大了养殖场迁移力度，2018年对没有搬迁完的奶牛养殖场进行继续搬迁。禁养限养政策对奶牛养殖场产生了

重要影响，加速了其转型升级。有些养殖场不得不搬迁，甚至关停；有的开始养肉牛，只留部分母牛，根据具体的情况再确定下一步行动；有的处置现有资产彻底退出。

环保税的征收将推高奶牛养殖成本。《中华人民共和国环境保护税法》2018年1月1日起施行，根据环保税法规定，对存栏规模大于50头养殖场征收环保税。奶牛场对环境的影响主要在于粪污排放，按照河北省发布的征收标准水中的其他污染物执行每污染当量5.6元（是环保税法规定的税额幅度下限的4倍）计算，每头牛每月应缴纳56元环保税，每年672元/头，按照全群规模收取环保税。以千头牧场为例，泌乳牛存栏50%，牧场单产10吨计算，每年缴纳环保税67.2万元，使每千克原奶成本增加0.134元，进一步加重了奶牛养殖场的负担。

（五）"四个一流"建设和《河北省奶业振兴规划纲要（2018—2025年）》，明确了河北省奶业振兴方向

2018年5月25日，省长办公会专题研究《河北省人民政府加快奶业振兴行动计划》，提出我们要按照新时代高质量发展的要求，科学谋划、精准施策，努力建设世界一流奶源基地，打造世界一流乳品加工企业，形成世界一流乳品品质，创建世界一流乳品品牌，力争到2022年，河北奶业发展进入世界先进行列。12月9日，河北省省委常委会审议了《河北省奶业振兴规划纲要（2018—2025年）》，提出要把河北奶业振兴放到全国奶业发展的大格局和全球化大市场中去审视、谋划和推动，深化供给侧结构性改革，大力培育发展本地奶业龙头企业，做大做强做优君乐宝等河北奶业品牌，努力开拓国内外市场。要坚持绿色优先，深入推进坝上地区退耕还草，积极调整山前平原、黑龙港流域农业种植结构，大力发展优质奶业基地。要切实加强质量监管，压实企业主体责任和有关部门监管责任，建立健全质量追溯体系，确保乳制品质量安全。"四个一流"的建设目标明确了河北省奶业振兴的定位，规划纲要则为河北省奶业振兴提供了行动路线图。

（六）奶牛遗传育种形势分析

1. 建立了较为完善的奶牛生产性能测定技术体系

河北省奶牛品种主要是荷斯坦，占群体的99%以上，德系西门塔尔、娟珊牛等奶牛品种极少。截至2018年年底，参加奶牛生产性能测定的奶牛场达到535个，参测个体达到46.4万头，其中连续测定6次的个体达到30.7万头。利用十年时间，初步建立起较为完善的奶牛生产性能测定技术体系，达到发达国家技术水平。2018年参测奶牛达到19.7万头，参测比例为17.1%，而美国为47%左右，与国外相比参测比例较低。

2. 初步建立起种公牛后裔测定技术体系

2010年，在全国畜牧总站、中国奶业协会和中国农业大学的指导下，河北与山东、宁夏、山西等5省区联合发起并组织成立了"中国北方荷斯坦牛育种联盟"，制定了联盟章程和工作细则。8年来，河北省37头青年种公牛参加了全国6个省市的青年公牛后裔测定，发放来自6个省市的545头青年公牛后测冻精，回收完整后测记录2 092条。2018年全省完成7 075支后测冻精发放，回收配种记录3 619条，妊检记录1 773条，妊娠记录1 032条，

产犊记录 825 条，活母犊数 333 头。

3. 奶牛线性鉴定体系稳定运行

河北省自 2010 年开始筹备建立奶牛线性鉴定队伍以来，逐年在参加奶牛生产性能测定的奶牛场开展线性鉴定工作，目前拥有国家级线性鉴定员 6 名，每年开展 3 000 头的鉴定任务，2018 年完成 103 个牛场 8 759 头。

4. 品种遗传水平改良效果凸显

30 多年来，河北省一直使用荷斯坦公牛对本地黑白花奶牛进行改良，目标是将本地黑白花奶牛改良成荷斯坦奶牛，对原有荷斯坦牛群，则进行本品种繁育，目标是保持荷斯坦的“纯种”水平。实践证明：这是增加荷斯坦奶牛数量比较经济而有效的方法。尤其是近十年来，随着全基因组选择技术的广泛应用，通过大范围的使用验证公牛和全基因组验证公牛精液，大幅提高改良效果，不仅仅改良品种，更注重公牛遗传信息采集，为河北省奶牛遗传资源利用带来持续性的遗传改良效果，群体遗传改良水平逐年提高。2018 年全省 340 个奶牛场 19.8 万头奶牛生产性能测定结果表明：测定日平均奶量 30.49 千克，群体 305 天产奶量 8 797 千克，平均乳脂率 3.94%，平均乳蛋白率 3.35%，体细胞 29.64 万/毫升，平均产犊间隔 412 天。

5. 公牛家系遗传改良深入实施

一是 10 年前随着国家奶牛良种补贴项目的实施，国外进口精液大量涌进河北省，这些公牛是北美和欧洲的明星公牛家族的后代，系谱完整，公牛遗传信息完整，其父母经过严格的遗传评估，其后代遍布省内各规模奶牛场。二是国内各种公牛站，尤其是国家重点的 8 家种公牛站，在国家良补项目和种公牛培育项目的扶持下，通过进口欧美等国家育种胚胎的方式，繁育种公牛，然后通过北美全基因组选择技术，选育后备公牛，这些公牛系谱完整，遗传信息完整，美国全基因组成绩达到 1 900 以上的公牛冻精在全省广泛使用。2018 年中国北方育种联盟将联合后测青年公牛全基因组成绩提高到 2 300 以上，家系遗传改良工作进入深水区，接近于欧美水平。

6. 个体遗传水平改良百花争鸣

随着奶牛生产性能测定工作的深入实施，中国奶协荷斯坦牛遗传评估数据库逐步完善，累积了大量的遗传基础数据。全国畜牧总站、中国农业大学深入挖掘中国荷斯坦牛遗传评估数据库资源，开展了种公牛遗传评估工作，2018 年度开始每年出版 2 期《中国乳用种公牛遗传评估概要》，引导国内奶牛个体选配更加目标化。针对某些特定性状，使用验证公牛对牛群进行改良。这些优秀公牛和母牛个体的遗传潜力已经十分清楚，奶牛场针对自己每头母牛的具体条件来选择不同的公牛。公牛站技术人员将母牛的有关数据输入计算机育种系统并给出育种目标参数，计算机再根据用户指令在其庞大的公牛资料库中遴选出一组与该母牛最适配的公牛，奶牛场最后再从中挑选中意的公牛为该母牛配种，这就是电子化的有目标的选种选配系统，打破了国外选配基础数据库的垄断。在这个水平上，我们才能真正将适合我国的优秀个体的基因在群体中扩散，像发达国家一样，使群体获得最大限度的改良。近 5 年来，该项技术逐步在全省推广，必将带来奶牛遗传资源开发的巨大转变。

（七）奶牛疫病形势分析

1. 动物疫病发病率情况

据河北省动物疫病预防控制中心对 2018 年全省各地上报的牛病发生情况统计，未发生口蹄疫等一类动物疫病；发生了牛出败、牛巴贝斯虫病、布鲁氏菌病、炭疽等 5 种二类动物疫病，发病率 1.41%、病死率 2.05%；发生了牛病毒性腹泻、牛流行热、放线菌病、肝片吸虫病、牛皮蝇蛆病等 5 种三类动物疫病，发病率 5.44%、病死率 3.61%；犊牛腹泻等其他疫病发病率 5.44%、病死率 4.24%。

2. 多发病毒性疾病情况

据河北省动物疫情分析预警专家会议交流的信息显示，奶牛场常见多发的病毒性疾病包括病毒性腹泻/黏膜病、流行热、恶性卡他热、伪狂犬病、轮状病毒、细小病毒病等，细菌病包括巴氏杆菌病、沙门氏菌病、放线菌病、大肠杆菌病、李氏杆菌病、弯曲杆菌病、坏死杆菌病等，寄生虫病包括附红细胞体病、梨形虫病、螨病、球虫病、绦虫病等，并引发不孕、子宫内膜炎、乳房炎等，管理粗放、防疫条件较差的部分奶牛场总体发病率高达 50%，影响了奶牛群体健康和生产性能发挥。多种病原感染引起的腹泻，是造成犊牛死亡的最主要原因，部分奶牛场腹泻引起的犊牛死亡率达 20%～30%。

三、河北省奶业竞争力分析

依据《中国奶业统计资料》数据和调研数据，分析比较河北省奶业与全国和主产省的单产、价格、成本收益情况，进行比较优势分析。

（一）河北省成母牛单产水平分析

2017 年中国成母牛单产平均为 7 000 千克，而以色列、美国、加拿大、荷兰和德国依次为 12 025 千克、10 406 千克、10 528 千克、8 587千克和7 606千克。河北省奶牛单产7 300千克，超过了我国奶牛单产平均水平。但与上海市9 807千克、天津市8 015千克、北京市8 000千克、辽宁省7 492千克相比，仍有差距，排在第 5 位，且远远低于以色列、美国和加拿大。2017 年中国奶牛饲料转化率只有 1.2，而发达国家已达到 1.5。

按农业农村部2018年前 10 个月的监测数据，我国牛奶同比增加 2.6%，奶牛单产达到7 400千克。河北省奶牛平均单产7 660千克，北京市奶牛平均头年单产 8 吨，其中国有牧场奶牛头年单产 10 吨。单产水平与饲料转化率的差距主要源于奶牛育种、营养、防疫与管理等方面的差距，本质上是奶牛养殖科技水平与科技进步贡献率的差距。说明河北省奶牛养殖缺乏竞争优势。

（二）河北省生鲜乳千克奶成本分析

1. 纵向比较

2018 年第 2、3、4 季度千克奶成本呈现升高趋势。从保定、承德、定州、唐山、廊坊、石家庄、张家口7个实验站分别选取大、中、小型3家奶牛养殖场进行千克奶成本测算。各地区3家奶牛养殖场的第2、3、4季度的存栏量均值和产奶量均值如表14-7所示。测算的各地区2、3、4季度的千克奶成本如图14-31所示。

表14-7　监测样本牛场的基本情况

单位：头，千克

地　区	第2季度		第3季度		第4季度	
	存栏量	产奶量	存栏量	产奶量	存栏量	产奶量
承　德	440	150 000	759	285 656	747	273 822
定　州	1 197	414 038	809	289 585	839	303 425
廊　坊	664	209 723	658	214 190	829	283 333
石家庄	809	293 596	717	305 613	735	306 597
唐　山	1 095	380 960	750	281 221	1 166	486 968
张家口	899	326 903	967	279 476	933	303 189
保　定	1 156	540 787	907	520 298	1 163	546 978

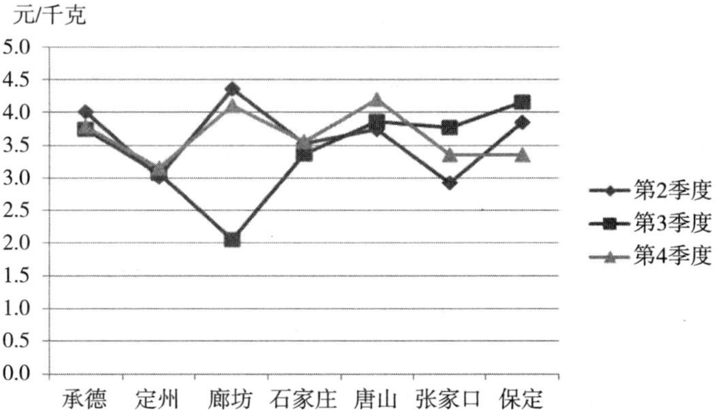

图14-31　2018年第2、3、4季度千克生鲜乳成本

第2季度除承德、廊坊地区的千克奶成本高于4元外，其他地区监测牛场的千克奶成本均在3.5元左右，均值为3.633元。第3季度的千克奶成本略有下降，8月最低为3.321元，9月最高为3.543元，均值为3.432元。第4季度大部分地区监测牛场的千克奶成本均有所上升，11月最高，达3.725元，均值为3.641元。千克奶成本价格高于4元的，一般是由于该地区监测牛场的经营管理水平较低，产奶量少，固定资产折旧太高、贷款利息较高等因素导致的。

2. **横向比较**

与京津两市相比，河北省生鲜乳收购价格偏低，具有价格优势。据农业农村部监测（图14-32），2018年我国奶业主产省生鲜乳收购价呈现出1—7月逐渐下降，8—12月逐月上升趋势。7月最低，为3.37元，12月最高，达3.58元/千克，全年均值为3.46元/千克。河北省、北京市和天津市的生鲜乳收购价也呈现出相同的变化趋势。但相比较而言，河北省生鲜乳价格低谷在6、7月，均为3.32元/千克，低于主产省和天津市的生鲜乳收购价全年最低值。同时，除12月外，河北省生鲜乳收购价均小于主产省份、天津的生鲜乳收购价。在一定程度上表明，河北省生鲜乳在生产成本控制上具有一定的竞争优势。

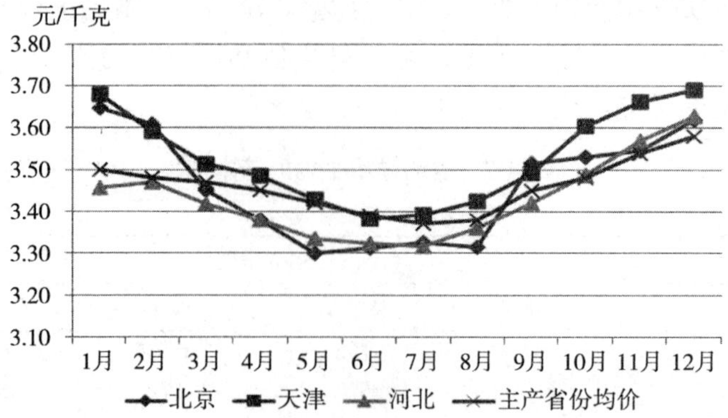

图 14-32　2018 年京津冀及生鲜乳主产省区收购价格比较

与其他主产省区比较，河北省千克奶成本偏高。黑龙江、上海和山东三省市均实行生鲜乳价格协商机制，即在监测奶牛养殖场千克奶成本测算的基础上产生每季度的生鲜乳收购价格。通过对比 2018 年的生鲜乳交易参考价格（表 14-8），发现除上海市外，河北省最高，黑龙江最低。可见，相比较山东省、黑龙江省而言，河北省千克奶成本偏高，不具有竞争优势。

表 14-8　四省市 2018 年生鲜乳协调价

单位：元/千克

地　区	第 1 季度	第 2 季度	第 3 季度	第 4 季度
黑龙江	中准价 3.45 最低价 3.1	中准价 3.40 最低价 3.1	中准价 3.29 最低价 2.94	中准价 3.27 最低价 2.94
上　海	3.75	3.75	3.92	3.92
山　东	3.3	3.25	3.40	3.42
河　北	平均 3.59 最低价 3.3	平均 3.59 最低价 3.3	3.5～3.8 区间 最低价 3.4	3.5～3.8 区间 最低价 3.4

（三）河北奶牛成本收益分析

据 2018 年《中国奶业统计摘要》统计数据，整理出 2016 年我国各省份规模化奶牛养殖场每 50 千克生鲜乳成本收益情况，如表 14-9 和图 14-33 所示。全国规模化奶牛养殖场每 50 千克生鲜乳平均出售价格为 191.643 元，河北省为 166.167 元，排在第 17 位。江苏最高，达 335.230 元。每 50 千克生鲜乳总成本全国均值为 149.220 元，河北省为 115.593 元，排在第 26 位。我国规模化奶牛养殖场每 50 千克生鲜乳成本利润率均值为 28.43%。福建省最高，达 73.86%。河北省为 45.47%，排在第 7 位，远大于全国均值。由此可见，相比较其他省份而言，河北省规模化奶牛养殖场奶牛成本收益具有一定的优势。

表 14-9　各省份规模化奶牛养殖场每 50 千克生鲜乳成本收益情况

单位：元

省份	平均出售价格	总成本	净利润
福建	191.643	149.220	42.423

（续）

省份	平均出售价格	总成本	净利润
湖北	173.140	119.020	54.120
广西	185.607	122.510	63.097
山西	160.390	136.447	23.943
吉林	182.910	146.330	36.580
天津	187.340	125.355	61.985
河北	166.167	115.593	50.573
黑龙江	328.963	189.217	139.747
北京	169.957	128.603	41.353
湖南	99.390	133.390	52.500
江苏	335.230	208.285	126.945
河南	172.907	191.547	−18.640
新疆	169.205	151.035	18.170
四川	131.675	126.640	5.035
平均	169.025	117.860	51.165
辽宁	181.910	123.630	58.280
广东	216.890	182.400	34.490
上海	208.485	157.720	50.765
内蒙古	212.700	193.375	19.325
甘肃	208.960	181.420	27.540
安徽	157.745	141.805	15.940
青海	233.180	227.730	5.450
云南	216.250	167.135	49.115
山东	159.970	150.390	9.580
浙江	153.265	130.955	22.310
陕西	180.360	138.240	42.120
宁夏	210.000	122.220	87.780
重庆	275.000	222.120	52.880
贵州	194.990	170.130	24.860
平均	191.643	149.220	42.423

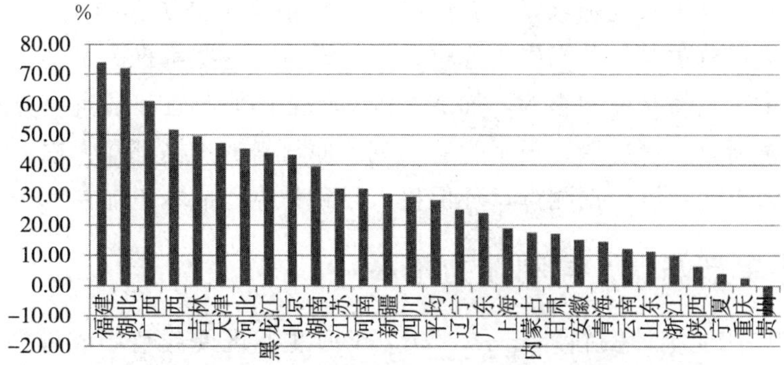

图 14-33　2016 年各省份每 50 千克生鲜乳成本利润率比较

（四）河北省奶业比较优势指数计算

奶业显示性比较优势指数（简称RCA，代表一个产业整体竞争力水平）是指一个区域内生鲜乳产值占该区域内畜牧业总产值的份额与全国畜牧业总产值中生鲜乳产值所占份额的比例。经测算各省份奶业的显示性比较优势指数，前5名为内蒙古、黑龙江、上海、北京、新疆，RCA分别为3.99、3.76、3.22、3.16和1.73。河北省为1.72，排全国第6名，虽高于全国平均水平（RCA=1），但只相当于内蒙古的43.1%，说明河北省奶业竞争优势与先进省份差距较大。

四、河北省奶业发展存在的问题

（一）养殖退出加剧，奶牛存栏锐减

全省奶牛存栏2015年年底为196万头，2016年年底为180.6万头，下降7.9%，到2017年年底存栏为124.6万头，降幅高达31%，2017年牛奶产量458.1万吨，泌乳牛平均单产达到7.3吨。2018年6月底，全省共有奶站982家，同比减少16.6%；涉及养殖场户数2 064家，同比减少39.5%。奶站存栏奶牛92.9万头，同比下降12.0%。

据调研，2018年全省共有135家奶牛养殖场退出经营。其中，唐山退出39家，占比最大，高达28.88%。其次，张家口退出24家，占比17.77%。保定19家，占比14.07%；承德15家，占比11.11%；石家庄12家，占比8.88%；衡水9家，占比6.66%；邯郸7家，占比5.18%；秦皇岛5家，占比3.70%；廊坊3家，占比2.22%；邢台和定州均1家，占比0.74%，沧州没有牛场退出。退出养殖场数量生鲜乳交售乳企情况如下：交售到蒙牛的有31家，占比34.06%；交售到伊利的共29家，占比31.86%；交售到光明的牛场7家，占比7.69%；君乐宝5家，占比5.49%。交售到其他乳企的占比20.90%。退出奶牛养殖场日单产最高达30千克，最低仅为7.3千克，均值为19.68千克。生鲜乳收购价格最低为2.9元/千克，最高达3.8元/千克。退出经营的奶牛养殖场25.96%为家庭牧场。

（二）养殖成本居高不下，严重影响持续发展

奶牛主要的饲料是玉米、大豆和草，由于河北省农业机械化程度低、成本高、综合效益低，农产品价格高于欧美农业国家，而农产品的高价格又推高了养殖业的饲料价格。此外，奶农还需要大量进口苜蓿饲料、奶牛、冻精、机械设备，这些都推高了奶牛养殖成本。2018年6月以来，受中美贸易摩擦的影响，加征关税对奶业的影响逐步显现，养殖饲料成本逐渐上升，以豆粕、苜蓿草、燕麦草、玉米为主的饲料原材料的价格都在大幅上涨。另外，奶牛养殖业的环保压力也在剧增，据测算，环保投入导致千克奶成本增加在0.1元/千克以上。

（三）奶牛单产偏低，盈利能力不高

2018年《中国奶业统计资料》显示，2017年河北省规模养殖场成母牛头年单产7 300千克。北京市2017年奶牛总存栏8.4万头，成母牛头年单产8 000千克。天津市2017年奶

牛总存栏 12 万头，成母牛头年单产 8 015 千克。上海市 2017 年奶牛总存栏 3.7 万头，成母牛头年单产 9 807 千克。据美国奶业资深专家 Frank Delfino 博士介绍：美国成母牛平均单产 11.6 吨，最高单产达到 35.5 吨。

由于养殖场单产水平不高，加上生鲜乳价格长期低迷，养殖场效益普遍较低。据调研，在当前奶价形势下，50%以上的奶牛场处于亏损状态，35%处于无盈利状态，15%处于盈利状态。1 000 头左右的规模化奶牛养殖场大部分处于盈亏平衡的状态，1 000 头以下的规模化奶牛养殖场多处于亏损状态。对于租赁托管的奶牛养殖场，多半已经退出租赁托管，奶牛养殖小区几乎全部处于亏损的状态。万头牧场由于土地成本、环境治理成本较高，加上固定资产投资成本比较大，目前也处于亏损状态。

(四) 硬件设备的升级改造，导致固定资产占比过大

乳企过分强调养殖设备升级。有些乳企不考虑养殖场的地理位置和环境条件，强行要求奶牛场按照统一的标准进行基础设施设备升级改造。根据 21 家牛场的各项成本汇总，剔除异常数据后，得出每千克奶成本的构成，如表 14-10 所示。对千克奶成本影响最大的为饲料成本，其次为人工费、固定资产折旧、成母牛折旧、银行贷款利息。且通过对比，发现第 3 季度的饲料成本、固定资产折旧大于第 2 季度，其他科目变化不大。

表 14-10　千克奶成本构成

单位：元

项　　目	7月	8月	9月	10月	11月	12月
固定资产折旧	0.165	0.135	0.165	0.303	0.308	0.307
饲料成本	2.078	2.065	1.976	2.055	2.082	2.081
人工费	0.307	0.305	0.296	0.304	0.305	0.303
防疫、兽药及消毒费	0.077	0.076	0.075	0.071	0.072	0.066
管理费	0.049	0.051	0.040	0.042	0.043	0.041
水电费	0.086	0.093	0.088	0.076	0.085	0.084
煤等燃料	0.014	0.016	0.016	0.032	0.024	0.025
配种及改良	0.049	0.046	0.043	0.052	0.049	0.048
设备维修	0.043	0.041	0.035	0.049	0.047	0.043
奶厅消耗	0.047	0.047	0.044	0.050	0.049	0.048
运输费	0.097	0.098	0.095	0.091	0.095	0.090
生鲜乳检测费用	0.012	0.012	0.011	0.024	0.024	0.022
成母牛折旧	0.140	0.173	0.135	0.153	0.156	0.154
银行贷款利息	0.187	0.183	0.177	0.149	0.142	0.145
土地成本	0.029	0.031	0.028	0.042	0.042	0.041
奶牛保险费用	0.058	0.057	0.057	0.025	0.025	0.025
奶牛死亡损失费用	0.022	0.024	0.018	0.022	0.023	0.019
其他	0.000	0.000	0.000	0.004	0.004	0.006
千克奶成本	3.459	3.453	3.299	3.544	3.575	3.549

（五）缺乏技术指导，奶牛养殖水平落后

河北省奶牛存栏品种主要是荷斯坦，占群体的 99%以上，德系西门塔尔、娟珊牛等奶牛品种极少。河北省荷斯坦奶牛平均单产 7 300 千克。在 DHI 中心参加测定的 339 个奶牛场中，10 000 千克以上的奶牛场达到仅有 22 个，奶牛平均单产 30.47 千克，其中单产 9 000 千克以上的高产奶牛达到 7 万多头，仅占河北省奶牛存栏量的 7%。虽然以规模化奶牛场、中高产奶牛群为主体的生产体系初步形成，并初步建立起较为完善的奶牛生产性能测定技术体系，达到发达国家技术水平。但截至 2018 年年底，参加奶牛生产性能测定的奶牛场达到 535 个，参测奶牛达到 19.7 万头，参测比例为 17.1%，而美国为 47%左右，与国外相比参测比例较低。

总体而言，全省奶牛养殖场从业人员的素质较低，缺乏专业知识和技术指导，先进饲养技术不能充分应用，良种覆盖率低，近亲繁殖严重，饲料转化率低，产奶期短，淘汰率高，疫病多发。从 2018 年度参加 DHI 测定指标可以看出，305 奶量达到 9 吨以上的牛场基本是参加 DHI 测定的老牛场，这些牛场的技术场长对 DHI 报告有一定水平的解读能力和相当高的认识。

（六）管理人员素质偏低，养殖场经营管理水平较差

全省奶牛养殖场管理人员的素质较低，专业知识缺乏，先进饲养技术不能充分应用，良种覆盖率低，近亲繁殖严重，饲料转化率不高，产奶期短，疫病多发。对智能设备使用的接受能力较弱，对先进设备不能有效利用。比如：牧场在升级改造之时，投资购进 TMR 搅拌机、自动挤奶设备等先进机械设备，目的是协助牧场提升生产水平，但许多牧场表示，效果并不如宣传的那么明显。这与操作工人的责任心有很大关系，但也与设备本身的保养维护有着直接关系。如 TMR 搅拌机的计量应定期校准，若计量出现偏差，将改变奶牛日粮配方，从而影响奶牛生产水平。

（七）大型乳企垄断，挤压奶农权益

大型乳企依靠其垄断地位，长期将生鲜乳购销合同“单方保管”，奶价长期低于河北省生鲜乳价格协调委员会制定的指导价格，单方面调整收购量。调查的所有养殖场均反映，乳企都存在不同程度的限收拒收，月均拒收 2.3 次。有的乳企还大量减少偏远地区中小养殖场的收购量，导致区域性的奶牛场退出情况。比如，张家口沽源县和怀安县近 17 家奶牛养殖场由于此种情况被迫退出。更有甚者，某垄断乳企要求在《生鲜乳购销合同》外出具“不可撤销承诺函”，强迫养殖场承诺一系列不公平的条件。

（八）乳企管控过多，养殖场持续低迷

奶牛养殖场作为产业链中的弱势群体，基本没有话语权。在对 2017 年退出养殖场的调查中，有 64.28%的养殖场认为，在与乳企的合作中他们得不到基本尊重，乳企实行各种管控，给他们带来了巨大的精神和经济压力。一是乳企频繁变化评级标准。有的乳企依据养殖场基础设施设备情况进行评级，且标准变化频繁，并以此进行阶梯式定价。有的乳企将未按照要求升级改造的奶牛养殖场的奶价降为 2.5 元/千克，导致这些奶牛养殖场严重亏损。二是乳企强推

强卖兽药、饲料、设备和消耗性材料。有的乳企不管养殖场的用量，强行配售消耗性材料，并直接发通知单从奶款结算中扣除。退出经营的奶牛养殖场一致认为，生鲜乳成本居高不下的原因之一是乳企强推饲料兽药等消耗性生产资料。比如，承德某养殖场购买了1万元乳企规定厂家生产的兽药，但因未从乳企指定渠道购买，生产批次不同，被罚款2 000元。

（九）融资贷款困难，资金要素支撑不足

随着河北省奶牛养殖场规模化、标准化和智能化水平进一步提升，以及环境治理对养殖场的土地规模、环保设备等提出更高的要求，养殖场未来资金投入将大幅增加。据保守估计，一个奶牛养殖小区完成牧场化改造，每头奶牛要多投入约1万元。因此，原来靠自有资金和亲友借贷远远不能满足现代化牧场的金融需求。通过2018年调研分析，90%以上养殖场未来有贷款需求，五成以上希望贷款的额度在300万～1 000万之间，主要用途依次是扩大养殖规模、改良养殖品种、提高养殖技术。然而，缺少相应的抵押物和担保、手续复杂成为制约养殖场贷款的重要因素。从现实情况来看，获得过贷款的农户仅占46%，贷款额度大多在300万以下，年利率在5%～12%不等，贷款期限为1～3年。通过银行信贷供求均衡分析，发现目前信贷远远不能满足养殖场的资金需求。

（十）乳企结构和产品供需结构不平衡

河北省具有乳制品生产许可证的企业有43家，大型乳制品企业中本地企业君乐宝品牌只占8家，外埠企业蒙牛品牌占7家，伊利品牌占4家，三元品牌占3家，完达山品牌占2家。其他都是区域性中小企业。乳制品产品结构单一，90%为普通液体乳，干乳制品、奶粉产量较低，科技含量高的特色产品少、低脂无糖产品少、奶酪黄油等高附加值产品不多。据国家统计局数据，2018年10月，河北省液态奶产量32.43万吨，同比增长8.39%，占全国总产量的15.69%，位居第一。1—10月河北省液态奶累计产量320.88万吨，同比增长6.84%，占15.75%。全省奶粉产量仅为4.613万吨，干乳制品产量为0，与黑龙江、内蒙古、山东和陕西等主产省相比较，差距仍旧比较大。

五、促进河北省奶业发展的对策建议

（一）以夯实奶牛养殖为根本，加快完善奶业利益联结机制

养好牛，产好奶，是奶业产业链持续发展的基础。针对目前奶牛存栏量持续下降的现状，应逐步建立和完善奶农和奶企的利益联合机制，使二者形成利益共同体，实现风险共担、利益共享。奶农和奶企共同做大奶业这块大蛋糕，推动河北省奶业的健康、有序发展。

1. 完善原料奶价格形成机制

河北省的奶业现在处于快速上涨和转型升级的重要时期，维持生鲜乳价格的正常波动，减少其价格的剧烈波动，对维持市场稳定，保护奶农利益，维护奶业市场的健康发展具有重要的意义。有些波动不可避免，因此，建立科学的价格预警机制，制定有效的应急措施，减少生鲜乳价格大震荡对市场的负面影响，提高奶业抗风险和冲击的能力就显得尤为重要。

首先，建立第三方检测制度和价格协调机制，奶农和奶企在尊重市场的前提下，通过搭建生鲜乳价格协商机制平台，实现奶农和奶企的价格协商对话，协商制定收购价格，提高奶农整体议价能力，消除奶企的“一言堂”现象，让奶农更多分享奶业发展中的增值收益。其次，建立信息共享机制。奶农和奶农之间、奶农和乳企之间信息共享，使相关的利益主体能随时了解市场动向，了解市场供需的情况，从而快速调整应对市场变化带来的影响。

2. 对原料奶实行以质论价

加强对消费者的引导和教育，采用标识法区分复原乳和生鲜乳，是强化乳业利益联结长效机制的根本途径。台湾地区在20世纪80年代也曾遇到过与目前类似的情形，他们采取了明确标识的做法，复原乳和生鲜乳制品粘贴不同的醒目标识，实行不同的价格，同时加大宣传。这一措施有效地抑制住了大包奶粉对奶牛养殖业的冲击。我国目前用复原乳和生鲜乳生产乳制品的价格基本相同，消费者不了解复原乳与生鲜乳的区别因此无法辨别产品的质量差异。

3. 支持加工企业反哺奶农

奶牛养殖是奶业全面振兴的根本，乳企应从产业链角度认识到养殖环节的基础性地位，密切和创新利益联结机制，让奶农更多分享奶业发展的增值收益。引导龙头企业参与种养环节的生产，并通过入股、信贷担保、技术支持等方式与农户、合作组织等生产经营主体深度合作，提高彼此的信任度。采用养殖圈舍和奶牛入股、补贴资金入股等方式，鼓励加工企业通过二次分红、溢价收购、利润保障等支持奶农，切实保障奶农合理收益，引导养殖向专精发展。

规范合同文本、明确双方权责关系，强化企业与农户的诚信意识，平等互利、友好协商，形成稳定的购销合作关系，大力推进订单农业的发展。培育壮大奶农专业合作组织，发展并创新“龙头企业＋合作社”或“龙头企业＋家庭牧场”的经营模式，完善企业与农户的利益联结机制，通过订单生产、合同养殖、品牌运营、统一销售等方式延伸产业链条，实现生产与市场的有效对接。

（二）以降成本补短板为重点，提高奶牛养殖水平

1. 实现粗饲料本地化

河北省饲料成本占牛奶总生产成本70%，部分规模养殖场仅进口苜蓿就占50%，而美国总体为50%，爱尔兰不到20%。建议加大“粮改饲”力度，大力发展饲草料产业，扶持培育种养结合的新型农业经营主体，按照奶牛养殖规模，配套扩大种植青贮玉米、苜蓿、燕麦等优质牧草，有效降低成本。建立与国际接轨的饲草产品质量体系，完善饲草产品质量快速测定技术、农药残留和重金属含量监测技术，保证优质饲草的生产。围绕提高单产，普及TMR全混合日粮饲喂技术，提高饲料转化率。

2. 强化以科技和人才支撑

开展河北省奶业竞争力提升科技行动，引导本地推动奶业科技创新，在奶牛养殖、乳制品加工和质量检测等方面，提高先进工艺、吸纳先进技术和职能装备应用水平。加强乳制品新产品研发，满足多元化需求。建立技术推广和人才培训体系，提升从业者素质。通过相关报纸、杂志、网络、广播、电视等各种渠道加大奶业技术的宣传力度和范围，建立基层养殖人员对新技术、新知识的感性认知。同时针对不同知识结构和水平的群体，选取适宜的培训

方式，更有利于基层人员对新技术、新管理理念的掌握、应用和推广。支持河北省相关学会、协会等社会团体组织的奶业专家服务团深入基层帮扶活动，把先进的奶牛养殖技术和管理观念送到最基层，为广大奶农解决实际困难，切实提高奶牛饲养管理水平。

3. 完善社会化服务体系

改变国内奶牛养殖场繁育、饲喂、挤奶、兽医、保健、TMR 制作等全方位统筹统管、效率低、竞争力弱的模式，建立牧场社会化服务体系，实现产出高效、资源节约的目标。可以借鉴以色列的“整合＋托管”模式，牧场只负责饲喂和挤奶工作，其他诸如配种繁育、粪污处理、兽医保健等由社会化服务体系中的繁育中心、粪污处理中心、兽医服务中心等专业化组织提供完善服务。通过饲料统一采购供应、原料奶统一收购销售、繁育兽医技术统一提供升级，可以保障中小型牧场的养殖繁育的科学合理性，在很大程度上提高单产，降低牛奶生产成本，减少生存压力。

（三）以生产生态协调为目标，引导牧场高质量发展

1. 牧场规模适度化

发达国家的经验表明，奶牛的适度规模养殖是奶业发展的趋势和必然选择。美国和欧盟各国奶牛养殖基本是具有与养殖量相匹配土地的家庭牧场，饲养规模多在 100～300 头。我们的调研结果显示，奶牛养殖成本随着养殖规模的扩大而增加，河北省奶牛养殖场投入产出比从高到低依次为，奶牛养殖小区 98.9%、家庭牧场 92.7%、规模化牧场 78%、租赁牧场 73.1%、万头牧场 73%。建议下一步重点发展与饲养规模相匹配的家庭牧场，以养带种，生态循环。开展奶牛养殖标准化示范创建，支持奶牛养殖场改扩建、小区牧场化转型和家庭牧场发展，引导适度规模养殖。应改变当前扶持政策对大规模牧场的偏向，以家庭牧场为重点完善奶业补贴政策，促进家庭牧场改扩建和设施设备改造升级，尤其加大对新一代职业奶农的培育和扶持。

2. 牧场种养一体化

在整体思路上应遵循因地制宜、农牧结合、种养平衡的原则，坚持生态循环的理念，采用发达国家普遍采用种养结合的模式，以种定养，科学布局和合理规划养殖业，鼓励通过土地流转等方式扩大种植业规模，为沼肥大规模利用提供经济可行的种植业基础。结合沼气工程产业发展需求，在工程装备方面进一步提高原料预处理、沼气发酵、气体净化、产品利用等环节装备设计标准化、成套化水平，进一步提高沼气工程装备自动化水平，降低运行成本。在“三沼”综合利用方面进一步加强沼渣沼液中有害物质监测、去除等方面研究，制定沼渣沼液农田施用规范。从奶牛养殖源头控制摄入品，坚持科学饲养，控制抗生素使用，严控饲料中重金属上限，降低奶牛粪污经处理还田后对土壤污染的风险。积极推广清洁养殖工艺和技术，大力发展标准化、规范化规模养殖。围绕就地就近用于农村能源和农用有机肥，加快发展农村沼气和生物天然气，畅通还田渠道，促进种养结合、农牧循环的绿色发展，多形式推进养殖废弃物资源化利用。

3. 牧场布局集中化

依托现有产业发展基础和区域布局特点，形成产业集中、优势突出、质量最好、效益最佳的奶源主产区，建设世界一流的优质奶源基地。引导奶牛养殖企业向饲草饲料丰富、生态

容量大的区域转移，乳品加工企业向奶源基地转移，集中打造坝上、山前平原、黑龙港流域三大奶业聚集区。

（四）以金融要素为支撑，助推牧场转型升级

1. 开发适宜的金融产品

金融机构应更新理念，服务河北省乡村振兴和奶业振兴战略，积极开发适宜的金融产品，提升服务水平。在信贷部门可以设立专业农村信贷部门，独立运营，并采取对畜牧业针对性较强的运行机制和经营理念。在业务品种方面，金融机构应适度降低信贷门槛，开发一些简单易懂、手续简便的金融产品，并及时做好宣传工作，更好地服务奶牛养殖场。金融机构可以进行信贷放款试点，通过带有检验功能的小额贷款直接测试借款人的信用状况，达到降低借贷风险的目的。

2. 创新善抵押担保机制

政府应进一步加强对畜牧业担保公司的扶持力度，健全担保风险补偿机制。设立畜牧业担保专项补贴基金，对贷款量较大、社会效益明显但经营亏损的担保公司实行亏损补助。拓宽确权登记抵押、生物活体抵押、农业机械抵押、土地经营权抵押、存款抵押、宅基地抵押等贷款抵（质）押范围，开展产品订单质押、固定资产租赁等业务，盘活畜牧业金融要素，推动畜牧业资产资本化。以产业链为基础，建立奶业产业化联合体，由省、地方财政共同出资成立畜牧业贷款担保基金，鼓励产业龙头企业为养殖户提供贷款担保，或龙头企业独立组建担保公司，与财政资金主导建立的担保公司一道，共同支撑畜牧养殖贷款担保任务。

3. 完善养殖业保险政策

首先，提高政策性奶牛保险覆盖率。奶牛养殖保险是我国政策性农业保险的重要险种，是奶牛养殖风险管理的重要手段。通过对养殖户调研发现，55%的农户认为农业保险对奶牛养殖的作用很大，仅有2%养殖户认为没有作用。81%的养殖场购买了奶牛养殖保险。大部分养殖户认为奶牛养殖的主要风险是价格风险和疫病风险，而且价格风险要大于疫病风险，包括饲料价格上涨和牛奶收购价格波动。目前国际贸易形势复杂多变，奶牛养殖面临越来越多的市场风险，目前很多农户应对价格风险的选择就是缩减生产规模，奶牛保险对养殖业的风险保障作用有待进一步发挥，未来应探索开展生鲜奶目标价格保险，规避奶农市场风险。

其次，探索生鲜乳目标价格保险。农产品目标价格保险是防范价格波动风险的重要手段，对保障农民收入、稳定农业生产和推进农业现代化具有重要作用。目前很多地方也结合实际主动开展农产品目标价格保险试点，试点品种包括生猪、蔬菜、粮食作物和地方特色农产品共4大类。生鲜乳价格波动较大，奶农面临市场风险高，成为制约奶牛养殖乃至奶业振兴的重要因素。河北省应充分发挥目标价格保险的市场风险分散作用，率先鼓励地方探索发展生鲜乳目标价格保险，总结生鲜乳目标价格保险试点经验，完善产品模式，推进农业信息数据共享和价格发布平台建设。加大财政对生鲜乳目标价格保险的支持力度，符合条件的可纳入地方特色险奖补范围。

再者，建立奶农收入保险制度。可借鉴美国的“牛奶利润保护计划”等保护奶农收入的政策措施，建立奶牛政策性保险制度。对于因市场波动导致的奶农利润大幅度波动，可以采用利

润保护计划应对，其实质为养殖场的利润进行保险。奶牛养殖场自行选择投保的利润门槛和产量比例，当实际利润低于投保的利润门槛时，按门槛利润与实际利润的差额、奶牛养殖场选定的产量补贴比例以及历史产量核算补贴金额。同时，按照自己选定的保费标准承担与投保产量成正比的保费。该措施能在一定程度上实现牛奶生产利润相对稳定和波动幅度下降的效果。

（五）以兼并重组为手段，做优做强乳品加工业

1. 培育发展本地奶业龙头企业

坚持对标国际一流、加快兼并重组，重点培育一批销售收入超百亿元的乳品集团，促进产业集群集聚发展。大力发展培育发展本地奶业龙头企业，做大做优君乐宝等河北奶业品牌，努力开拓国内市场，形成骨干龙头企业带动、产业集群发展的新格局。建议相关部门从顶层设计上加大对大型标准化、规模化乳品企业自建牧场种植牧草，建设自给奶源基地的扶持力度，对中小型乳品企业给予税收和信贷优惠政策，对重点企业和重点建设项目加大资金扶持和投入，对获得名牌产品的企业，给予奖励。切实提高对企业技术改造、结构升级、兼并重组等的扶持效果，提升河北省乳业产业结构和核心竞争力，打造更具竞争力的本土乳品企业。

2. 创建名优乳品品牌

在市场秩序不尽规范背景下，乳品消费者对食品质量安全要求日益提高，乳制品对于消费者来讲是一种典型的信任品。为减少消费者的不信任感，进一步开拓市场，各乳品企业除了在品味及营养保健成分上积极开拓营销概念创新，以满足购买者消费偏好、口味以及收入水平方面的差异外，还应通过广告宣传、赞助公共事件等方式建立知名度和美誉度较高的品牌形象。君乐宝乳业是全国唯一一家通过国际权威BRC、IFS认证的乳品企业。婴幼儿乳粉率先在香港、澳门销售。要继续瞄准国际市场，着力打造骨干产品和拳头产品，争创国际知名品牌。有关部门要落实双创双服，加大帮扶力度，培育更多龙头企业参与国际竞争、开拓国际市场。对于区域型中小型乳品企业来说，只有通过发挥自身本土化区域化优势，聚焦“新鲜”，才可能在未来的发展过程中，提升核心竞争力，成为区域的强势品牌，和全国型乳品企业形成相对稳定的竞争关系，共同掘金中国乳业市场。

（六）以市场需求为导向，进一步优化乳制品结构

目前我国的常温奶市场在经历高增长后将逐渐饱和，低温奶市场将持续增长，预计年增长率在8%以上，功能性酸奶和有机牛奶年增长率在10%以上，未来我国的奶酪市场空间极具潜力，预计年均增长率在20%以上。二胎政策放开，婴幼儿奶粉市场年均增长率预计可能超过7%。90后和00后的崛起，中国奶制品消费需求正向高端化、多元化和个性化过渡。高端奶市场每年有30%的增速，奶盖茶、咖啡消费量的增长带动了奶制品的消费。基于乳制品同质性强的特点，消费者对不同品牌乳品的消费偏好，主要受乳品口味、品牌、广告等因素的影响。乳企产品结构升级已经成为收入增长的最主要来源，产品差异化和高端化成为乳制品市场竞争的焦点，中高端产品驱动公司及行业增长。因此，为提升企业产品竞争力，各乳企应通过不断加强产品科技创新，在产品差异化上塑造产品的高端定位和自身的品牌形象。在大力加强酸奶和高端白奶市场的同时，乳企还需积极向新兴乳品品类、非乳品品类、

健康消费新品类布局。

1．大力开发功能性乳制品

随着居民收入及生活水平的提高，人们对于健康问题日益关注，对于奶制品的功能性要求也越来越多元化。有机、纯天然、非转基因、无色素添加剂等概念已成为消费者挑选产品的重要标准。乳品本身的健康以及添加具有健康功能的添加物以丰富口味，已成为乳企创新发展的方向。鉴于此，乳企在乳制品创新研发中，要注意把健康始终放在第一位，同时注重产品轻盈的质感和高蛋白含量，努力为消费者带来愉悦的体验。充分利用各自的资源、技术等优势条件，研发常温乳酸菌饮料、低温酸奶等品类，成为乳制品企业竞争中的热点。

2．提升婴幼儿配方奶粉品质

2018 年 1 月 1 日，国家食药监总局发布的《婴幼儿配方乳粉产品配方注册管理办法》全面实施。根据要求，未取得注册的企业不能再继续生产婴幼儿配方乳粉。国务院办公厅于 2018 年 6 月印发《关于推进奶业振兴保障乳品质量安全的意见》提出，大力提倡和鼓励使用生鲜乳生产婴幼儿配方乳粉，支持乳品企业建设自有自控的婴幼儿配方乳粉奶源地。9 月 7 日，为贯彻落实《国务院办公厅关于推进奶业振兴保障乳品质量安全的意见》精神，进一步提升婴幼儿配方乳粉质量安全保障水平，工业和信息化部消费品工业司在北京召开婴幼儿配方乳粉企业质量安全追溯体系建设工作座谈会。9 月 17 日中国标准化研究院携手飞鹤乳业共同发布飞鹤新鲜乳粉标准体系，即依托全产业链构建两小时生态圈，保证牧场新鲜生牛乳一次成粉，最大程度保留牛奶的营养价值；同时通过精细化管理，实现最快 9～28 天内从挤奶到送达消费者手中。君乐宝乳业集团、三元食品有限公司、旗帜婴儿乳品股份有限公司以及张家口察哈尔乳业公司应在以上政策、标杆范例基础上进一步提高对新形势下保障婴幼儿配方乳粉质量安全重要意义的认识，持续强化婴幼儿乳粉奶源基地养殖场标准化建设，提高婴幼儿配方奶粉的产量和品质。

3．加快奶酪等干乳制品的研发和生产

新一代人群逐渐成为奶酪消费的主力军，且在多元化、个性化的诸多诉求中，健康与零食迷你餐化仍会在很长一段时间内占据主导地位。消费者对于健康奶酪产品需求的不断增长使得高品质、高营养、高蛋白、低脂、无麸质、无乳糖等将会成为乳制品企业创新奶酪产品的重点发展方向。预计 2020—2025 年我国将迎来第二个乳品行业黄金高峰期，伴随着“吃奶”教育引导不断深入，以及家庭式烘焙兴起及迅速发展，将推动奶酪、黄油、奶油等深加工产品市场需求继续保持高速增长。河北省应以此为契机，加快奶酪等干乳制品的研发和生产。

（七）以重塑消费者信心为宗旨，引导正确的消费观念

1．引导消费巴氏灭菌奶

调查发现，大部分消费者对不同种类乳制品营养价值的差异不甚明了，导致消费者更多地单纯从口感和价格上选择消费品种。这就需要政府部门和乳企对广大消费者（尤其是农村消费者）加强宣传，普及牛奶营养知识，倡导科学健康消费。使消费者真正了解不同类型的乳制品，引导消费者更多地消费巴氏灭菌奶。同时借鉴发达国家相关经验，鼓励乳企大力发展巴氏灭菌乳制品，加强宣传，转变原有营销策略，探索建立有效的乳企—居民小区订奶渠道。

2. 重建消费者对国内乳品信心

当前是乳品质量安全监管最严格的时期，也是我国乳品质量安全水平最好的历史时期。2017 年，我国生鲜乳抽检合格率达到 99.8%，三聚氰胺等重点监控违禁添加物抽检合格率已经连续 9 年保持 100%。婴幼儿配方乳粉抽检合格率 99.5%，乳制品总体抽检合格率 99.2%。这些主要指标都达到历史最好水平。然而目前消费者对国产乳制品，尤其是婴幼儿配方乳粉还缺乏信心，导致乳制品进口量激增。加强奶业宣传引导，重塑消费者对国内奶业的信心。建立政府、乳企、养殖场、消费者信息共享平台，及时发布乳品质量检测信息。增加抽检范围和频次，强化婴幼儿配方乳粉监管。

3. 积极开拓农村乳制品消费市场

农村乳制品消费市场开发潜力巨大，乳业应积极开拓农村市场，一方面，要积极开发适合农村居民消费观念的新产品，丰富农村乳制品市场，加快产品升级，创新营销理念。另一方面，国务院办公厅发布的《关于推进奶业振兴保障乳品质量安全的意见》中明确提出“支持有条件的养殖场（户）建设加工厂”。养殖场、养殖小区和牧场大都建立在农村地区，省政府应积极鼓励养殖场建立加工厂，就近销售，确实是开拓农村市场的有效渠道。

六、2019 年奶业市场展望

（一）生产预测

1. 奶源供应相对紧张

河北省奶业发展进入向质量效益型转变的关键时期。2018 年奶业生产总体保持稳定，生鲜乳产量同比小幅增长，“卖奶难”状况得到改善，奶牛存栏继续呈现减少趋势，生鲜乳价格触底回升，养殖效益趋于正常；产业素质持续提升，小散户加快退出奶牛养殖，标准化规模养殖场加快发展，奶牛单产稳步增加，生鲜乳质量安全状况良好，乳制品消费增长潜力大。预计 2019 年奶源供应相对处于紧平衡。

2. 养殖场规模化程度进一步提升

目前河北省奶牛养殖组织模式主要是规模化牧场，包括中小规模和大规模奶牛养殖场。规模化牧场有多种组织模式，包括公司制牧场、乳品企业自建牧场、租赁牧场、合资牧场等，其中也还有一小部分奶牛养殖小区。奶牛养殖小区由于受技术、观念、资金、土地等多种因素的限制，在小区选址、牛场布局、饲料生产、小区管理等各方面都存在一定的不足，朝着规模化奶牛养殖场转变的速度在增快。截至 2018 年 6 月，奶牛养殖小区都是亏损的状态，数量大幅度减少，预计在 2019 年年底全部退出奶牛养殖行业。小规模散养的农户数量将会大幅度减少，养殖户的养殖观念会发生彻底的转变，他们会在奶牛养殖的饲料、环保、机械设备以及人力资本方面加大投入，实现奶牛养殖的科学化和精细化管理。

3. 牧草供给本土化程度提高

通过国外发达国家奶牛养殖经验来看，优质的牧草供给是提升奶牛养殖水平、确保牛奶品质的一个关键因素，加上中美贸易战，中国反制对进口苜蓿加征关税 25%。这为河北省奶牛养殖带来挑战的同时，也为河北省奶业发展带来了机遇。为了应对征税带来的成本上升，种植业和养殖业结构调整将进一步深化，推动“粮改饲”和饲料本土化进程，加速奶业产品方案和技术创新，加快产业转型升级。同时，进口苜蓿的减少，为河北省燕麦、小黑麦等多样化饲草产业发展提供了机遇，这样既可弥补饲草总量的不足，还可降低单一饲草种植受国家政策、进出口贸易等多因素影响的风险。

（二）价格预测

1. 主要饲料价格同比还会持续上涨

2018 年 11、12 月作为主要饲料的豆粕和玉米的价格还会有一个小幅度的持续增长，但玉米的增长幅度会较小；豆粕在 2018 年 10 月迎来了一个大幅度的增长，在接下来两个月增长幅度会放缓或保持不变。

预计 2019 年，玉米的波动幅度仍然比较小，还表现为周期性的波动，但是 2019 年的价格较 2018 年的价格仍然会有一个增长，同比增长趋势明显，但增长幅度比较小。同时，豆粕波动幅度依然会比玉米的波动幅度大，也表现为周期性的波动，同比增长趋势明显，而且比玉米的增长幅度略大。

2. 生鲜乳收购价格继续保持周期性变化

2018 年 11、12 月生鲜乳收购价格上涨态势明显，会延续前几个月上涨的态势，继续上涨。根据生鲜乳收购价格的季节性特点，以及历史数据的分析，2018 年 7 月生鲜乳的价格达到了全年的最低水平，已经触底；随着生产淡季的到来、加工需求和消费旺季的到来；随着牧场数量的减少，奶制品需求的增加，部分地区下半年出现了奶荒的现象，生鲜乳供应明显不足。因此，生鲜乳收购价格继续出现上涨的可能性非常大，8 月以来生鲜乳价格持续上涨，这一上涨的态势会持续到 2019 年 1 月。从 2019 年 1 月开始再迎来新一轮的下降，进入新一轮的周期性变化。

同时，通过分析 2018 年下半年强有力的上升态势，2019 年生鲜乳的回收价格相对于 2018 年的整体水平会略有增长，会给养殖企业带来一个较大的利润空间，为进一步优化养殖结构，维护奶农利益打下了基础。

3. 鲜奶、奶粉零售价格温和上涨

2018 年 11、12 月鲜奶的变动幅度会比较小，为与 10 月持平，或微幅上调。2019 年会保持上涨的态势，但上涨幅度不会太大，鲜奶在市场中的竞争力会进一步加强。2018 下半年 10 月开始，奶粉的平均零售价格都出现了反常性下跌，11、12 月下跌趋势会放缓，或者跟 10 月水平持平。但预计在 2019 年上半年开始缓慢上涨，奶粉的竞争日趋激烈。

撰稿人员：李　彤　赵君彦　祝丽云　王　洁　张晓忠　张艳新　刘宇鹏　牛林伟
指　　导：倪俊卿
参编人员：马亚宾　邱殿锐　高艳霞　余文莉　路广计　马　林　郑百芹　蒋桂娥
　　　　　刘志勇　武二斌　张秀江　徐　华　范京惠　李素霞　吕彦英

第十五章　2018年度河北省肉牛产业发展报告

随着社会经济和人们生活水平的提高，消费者对动物蛋白来源的肉及其制品更加青睐，特别对牛肉的需求明显上升，牛肉需求量次于猪肉居第二位。我国是世界第三大牛肉生产国，牛肉生产和消费市场大。2015年农业部印发了《关于促进草食畜牧业加快发展的指导意见》（农牧发〔2015〕7号），目的是通过优化农业种植结构，转变农业发展方式，促进粮经饲三元种植结构协调发展。2016年国家首次制定并发布实施了《全国草食畜牧业发展规划（2016—2020年）》，强调发展肉牛产业等草食畜牧业是国家建设现代畜牧业的重要内容。河北省是全国养牛大省，深入分析河北省肉牛产业发展中存在的问题，以期探索推进河北省肉牛产业持续、快速、健康发展之策。

一、河北省肉牛产业发展基本状况

河北省是我国肉牛的主产区之一。据统计，2017年年底，肉牛存栏196.38万头，居全国第16位；出栏340.49万头，居全国第4位，2017年牛肉产量55.64万吨，较2016年增加2.5%。胴体重大约250千克左右，屠宰率57%左右，净肉率47%左右。

（一）河北省肉牛生产情况

1. 种肉牛场和种公牛站

（1）种肉牛场发展。河北省种肉牛场数量非常少。自2008年以来，最多的年份是2010年达到了4个种牛场，大部分的年份只有二、三个，而先进省份一般多达30～50个，而且这种状况一直没有明显改观。2016年河北省肉牛场数排在全国倒数第8位。河北省种肉牛场数量少，造成河北省种肉牛存栏量也不会很多，2016年只有174.9万头，排在全国倒数第10位。同样，能繁母牛数量也较少，2016年只有949头，位于全国倒数第10位。河北省当年出场的种牛数自2008年以来变化幅度较大。自2010年以来隔年有出场种牛，而且各年出场数量差异加大。但是总体上，河北省在全国种牛出场数明显落后。2016年出场的种牛数只有196头，排在全国第17位。即使出栏最多的2014年，也仅仅排在全国第11位。然而，河北省肉牛场当年生产胚胎数却在全国名列前茅。自2011年生产胚胎以来，当年生产胚胎数一直保持在全国前三水平。

（2）种公牛站发展。河北省种公牛站数比较稳定，自2009年以来一直保持在2～3个。

除了在 2015 年湖北和重庆出现突然陡增外，其他年份，河北省种公牛站数在全国位居第 2～3位。虽然河北省种公牛站在全国范围位居前列，但由于每个种公牛站饲养规模较小，因此种公牛站年末存栏数并不多。2016 年只有 274 头，仅居全国第 8 位。同样受到饲养规模的限制，河北省种公牛站生产的精液也不是很多。2016 年只有 291.2 万份，居全国第 5 位。

2. **肉牛存栏量和出栏量**

（1）全省肉牛存栏、出栏情况。自 2008 年以来，河北省肉牛年末存栏变化幅度不大。总体上看来，有一定程度的增长。2008 年只有 131.4 万头，到 2017 年增长到 196.38 万头，增长了 49.45%。而肉牛出栏量变化幅度更小，总体上是一种小幅下降趋势。2008 年出栏量为 354.1 万头，2017 年仅为 340.49 万头，仅为 2008 年出栏量的 96.16%。虽然河北省肉牛存栏量一直不高，但呈缓慢增长趋势，始终占全国约 2%～3%的份额。2016 年河北省肉牛存栏量仅为 174.91 万头，在全国排在了第 16 位。相对于存栏量，河北省的出栏量自 2018 年以来一直名列前茅，保持 320 万～370 万头的出栏量，始终排在全国第 3～4 位（表 15-1、表 15-2）。

表 15-1　肉牛存栏量统计表（2009—2017 年）

单位：万头

年份	2009	2010	2011	2012	2013	2014	2015	2016	2017
河北	174.38	157.85	154.53	155.00	153.11	158.83	171.77	174.91	196.38

资料来源：河北省畜牧兽医局。

表 15-2　肉牛出栏量统计表（2009—2017 年）

单位：万头

年份	2009	2010	2011	2012	2013	2014	2015	2016	2017
全国	4 602.17	4 716.82	4 670.68	4 760.9	4 828.15	4 929.15	5 003.37	5 110.04	5 161.93
河北	344.33	361.2	338.98	340.33	325.3	320.6	325.4	331.9	340.49

资料来源：国家统计局网站、河北省畜牧兽医局。

从河北省肉牛出栏量和年末出栏量的关系可以看出，河北省在肉牛养殖模式上是以购买架子牛育肥为主。全国平均肉牛出栏与年末存栏之比为 0.69，而河北省肉牛出栏与年末存栏之比高达 1.96。这与河北省本地养殖习惯、饲料秸秆资源丰富等多种因素有关。

（2）各市肉牛存栏、出栏情况。河北省肉牛养殖区域分布总体上比较均衡，从 2013—2017 年的统计数据看，承德市、唐山市肉牛出栏量始终排在前两位。石家庄和张家口紧随其后。秦皇岛市、邢台市在地级市中始终排在最后两位（表 15-3）。

表 15-3　河北省各市肉牛出栏统计表（2013—2017 年）

单位：万头

年份	石家庄	唐山	秦皇岛	邯郸	邢台	保定	张家口	承德	沧州	廊坊	衡水	定州	辛集
2013	39.15	45.35	12.50	19.41	15.72	22.79	33.37	45.96	30.83	28.39	22.74	6.44	2.60
2014	37.19	45.58	12.56	19.01	16.36	23.64	35.29	44.72	26.52	27.97	22.23	6.93	2.62
2015	36.83	45.47	12.48	18.96	16.91	24.23	35.66	49.60	25.68	26.75	21.89	8.22	2.74

（续）

年份	石家庄	唐山	秦皇岛	邯郸	邢台	保定	张家口	承德	沧州	廊坊	衡水	定州	辛集
2016	37.26	46.46	11.08	19.65	17.37	26.66	38.18	57.91	19.20	24.16	22.49	8.36	3.15
2017	46.66	49.89	10.93	24.19	17.69	24.49	41.79	59.59	18.50	14.88	24.17	5.00	2.71

资料来源：河北省畜牧兽医局。

从 2014—2016 年河北省各地市肉牛存栏量统计数据看，承德市始终排在第 1 位，2014 年沧州排在第 2 位，但沧州市自 2015 年肉牛存栏量下滑严重。石家庄、唐山、衡水、邯郸肉牛存栏量基本处于第 2～6 位。但与承德市肉牛存栏量差距较大。秦皇岛市、邢台市、保定市、张家口市、廊坊市存栏量相对都较低（表 15-4）。

表 15-4　河北省各市肉牛（含役用牛）**存栏统计表**（2014—2016 年）

单位：万头

年份	石家庄	唐山	秦皇岛	邯郸	邢台	保定	张家口	承德	沧州	廊坊	衡水	定州	辛集
2014	36.24	34.15	16.75	30.97	18.08	16.75	20.68	66.08	45.04	25.88	32.22	0.17	0.18
2015	36.24	29.01	14.03	29.32	17.90	16.69	18.55	66.18	39.64	22.38	31.59	0.10	0.18
2016	33.60	31.63	11.76	28.33	16.52	16.15	16.04	68.82	25.70	16.38	28.72	0.10	0.18

资料来源：《河北农村统计年鉴》（2016 年、2017 年）。

石家庄市、承德市、唐山市属于河北省肉牛养殖强势大市。数据同时也表明：石家庄市、唐山市肉牛养殖的重点在于购入架子牛育肥。

3. 肉牛规模养殖

（1）规模养殖总体情况。从 2016 年全国不同省份规模化养殖程度看，河北省肉牛养殖规模化程度处于全国中等偏下水平，散户和规模化养殖场户占比也与全国平均水平基本相当。除了上海这一特殊区域没有肉牛养殖和西藏全部为散养外，北京市和天津市的规模化养殖水平远远高于其他省市。河北省自 2008 年以来，经过震荡调整和反复，总体上规模化程度略有下降，到 2009 年河北省肉牛规模化养殖场户数占比达到 7.58%，而 2016 年河北省肉牛规模化养殖场户数降为 6.32%。

（2）各市肉牛规模养殖状况。河北省各市规模养殖状况差异较大。2017 年规模养殖（出栏 10 头以上）出栏数占比为 53.87%。而廊坊市规模养殖出栏数占比高达 92.99%，廊坊市的散养非常少，基本达到规模养殖。衡水市紧随其后，规模养殖出栏数占比也高达 72.39%。排在第 3 位的是辛集市，规模养殖出栏数占比为 70.87%。规模养殖出栏数占比最低的是张家口市，规模养殖出栏数占比只有 17.07%。可见张家口市肉牛养殖基本上以散养为主，而且一家一户养几头肉牛比较普遍。廊坊市肉牛规模养殖中大规模所占比重明显高于其他市，年出栏 100 头以上的占比达 66.77%，年出栏 500 头以上的占比达 51.00%，年出栏 1 000 头以上的占比达 32.15%。其他市与之相比相去甚远。

4. 肉牛养殖单产及成本收益分析

（1）肉牛养殖单产分析。就肉牛单产来看，河北省和黑龙江省的单产水平一直处于全国前两位，自 2015 年以来，河北省更是超越黑龙江省跃升至第 1 位，大于出栏大省河南，并且大大高于全国平均水平。表明河北省有着养殖传统和丰富的养殖经验。近些年来，更是不断提升架子牛育肥水平，使单产水平不断突破。但从另一方面，也折射出河北省更注重架子牛育肥，而忽视了种牛饲养和良种繁育等基础工作。

（2）肉牛养殖成本收益分析。从 2016 年河北省及主要省份的肉牛养殖成本收益来看，河北省肉牛养殖的成本收益水平不高，河北省成本利润率为 24.15%，全国平均的成本收益率为 28.03%，比全国平均水平略低。与先进省份差距较大。河南高达 47.63%，陕西和宁夏也有 39.59%和 38.62%。从统计数据可以看出，河北省肉牛养殖走的是一条高投入、高产出、低收益的路子。2016 年河北省肉牛养殖总成本为每头牛 10 191.94 元，比全国平均 8 429.34元，高出 20.91%，而河北肉牛养殖产值为每头牛 12 653.03 元，只比全国平均水平每头牛 10 792.39 元高出 17.24%。而与先进省份差距很大。在成本支出中，仔畜费支出占比较大，明显高出全国平均和其他省份，从而导致总成本上升。由此可以看出河北省肉牛养殖仍然具有较大利润提升空间。

从河北省近些年成本收益统计数据看，自 2008 年以来，肉牛养殖总成本不断攀升，由 2008 年的 5 851.78 元一直上升到 2016 年的 10 191.94 元，而产值也由 2008 年的 6 835.76 元上升到 2016 年的 12 653.03 元。主要原因为牛肉价格上升导致肉牛价格上升，以及养殖投入要素价格上升。而肉牛养殖产值和成本结构却发生了一些变化，如与不断攀升的肉牛主产品产值截然相反的是副产品产值不断缩减，2008 年副产品产值为 90.77 元，而 2016 年只有 32.72 元。人工成本占比不断提高，这与劳动力成本提高有关。精饲料费占比稍有下降，这与精饲料合理使用和节约相关。成本和产值共同作用的结果显示：自 2008 年以来，河北省肉牛养殖成本收益率，除了 2012、2013 年由于牛肉价格高导致收益率偏高外，其他年份在震荡中小幅上升。

（二）河北省牛肉产量

1. 全省牛肉产量

河北省是肉牛养殖（育肥）大省，同时也是牛肉生产大省。这主要源于自身养殖的肉牛就地屠宰，还因为从外省购买肉牛回河北屠宰。2008 年前，河北省牛肉产量一直排名河南、山东之后，位居全国第三名，直到 2016 年内蒙古以微弱优势超越河北省，把河北挤出前三名。总体上说，河北省作为全国牛肉生产大省的地位没有动摇。而且十几年以来，河北省牛肉产量一直稳定在 52 万～59 万吨，2017 年为 55.6 万吨。这对于河北这一人口大省的牛肉消费至关重要（表 15-5）。

表 15-5　河北省及全国牛肉产量统计表（2009—2017 年）

单位：万吨

年份	2009	2010	2011	2012	2013	2014	2015	2016	2017
全国	626.2	629.1	610.7	614.8	613.1	615.7	616.9	616.9	634.6
河北	55.3	58.08	54.46	55.3	52.3	52.4	53.2	54.3	55.6

资料来源：国家统计局网站。

2. 各市牛肉产量

河北省各市牛肉产量差异较大。2013—2017 年的统计数据显示：除了廊坊市、沧州市牛肉产量持续下降外，其他地市牛肉产量年度间变化不大。各地市中，承德市、唐山市、石家庄市牛肉产量始终名列全省前三位。秦皇岛和邢台市牛肉产量始终排在地级市最后两位（表 15-6）。

表 15-6　河北省各市牛肉产量统计表（2013—2017 年）

单位：吨

年份	石家庄	唐山	秦皇岛	邯郸	邢台	保定	张家口	承德	沧州	廊坊	衡水	定州	辛集
2013	6.30	7.29	2.01	3.12	2.53	3.66	5.36	7.38	4.96	4.57	3.66	1.04	0.42
2014	6.08	7.45	2.05	3.11	2.67	3.86	5.77	7.31	4.34	4.57	3.63	1.13	0.43
2015	6.02	7.43	2.04	3.10	2.76	3.96	5.83	8.11	4.20	4.37	3.58	1.34	0.45
2016	6.09	7.59	1.81	3.21	2.84	4.36	6.24	9.46	3.14	3.95	3.67	1.37	0.52
2017	7.63	8.15	1.79	3.94	2.89	4.00	6.83	9.74	3.02	2.43	3.95	0.82	0.44

资料来源：河北省畜牧兽医局。

（三）河北省牛肉消费量

从肉类消费总量看，除了四川省外，其他省的消费水平无论城镇还是农村，各省之间差异不大，相对来说，城镇居民肉类消费稍多于农村居民。牛肉的消费除了新疆和青海外，其他省份城镇居民牛肉人均消费量大大高于农村地区。

从各省牛肉消费来看，无论城镇还是农村，牛肉消费占肉类消费的比重，新疆和青海都遥遥领先，分别排名第一、二位。这与他们的民族特点、生活习惯有很大关系。

河北省牛肉消费在全国处于中等偏下水平，城镇牛肉消费占肉类消费之比为 8.15%，农村牛肉消费占肉类消费之比为 2.34%。可见，河北城镇居民对牛肉的消费能力和消费水平远远大于农村居民。原因一是农村居民消费习惯购买猪肉和鸡肉；二是农村居民收入水平偏低，对价格相对较高的牛肉消费不足。这一状况说明目前河北省牛肉消费对肉牛养殖业发展拉动能力不强。

（四）河北省肉牛市场价格分析

1. 主要饲料价格波动分析

2018 年，肉牛养殖主要饲料玉米、豆粕价格均出现较大的波动。玉米由 1.76 元/千克上涨至 1.97 元/千克，涨幅达 11.93%。豆粕由 3.18 元/千克上涨至 3.58 元/千克，涨幅达 12.58%，年底回落至 3.32 元/千克，涨幅 4.4%。与京津地区相比，河北省饲料价格上涨幅度居中（图 15-1）。

2. 牛产品价格变动分析

回顾 2018 年牛产品价格走势，全年平均价格仍基本遵循季节性变化规律，且处于历史高位。

图 15-1　主要饲料周价格

资料来源：天津市农业农村委员会官方网站。

活牛价格全年稳中有升，较 2017 年同期普遍上涨 1.8 元左右，年最低价格出现在 27 周即 7 月上旬左右，最高价格出现在年末 12 月下旬左右，夏冬季节差异较明显。全年涨幅 7.64%，高于豆粕价格涨幅，低于玉米价格涨幅（图 15-2）。

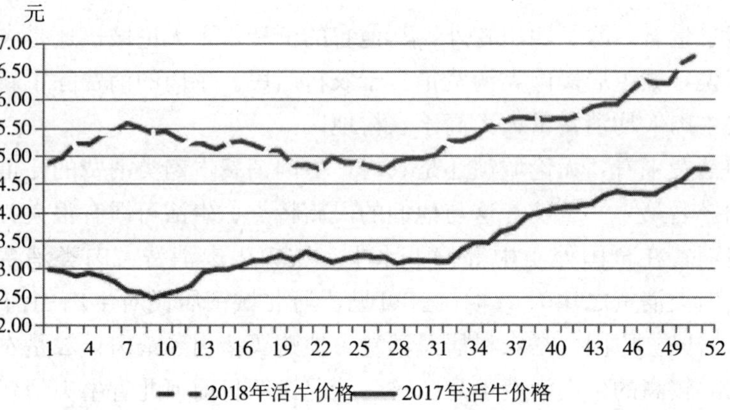

图 15-2　河北省活牛周价格

资料来源：天津市农业农村委员会官方网站。

2018 年牛肉价格较 2017 年同期普遍上涨 4.4 元/千克左右，年最低价格出现在第 1 周和 24 周，即 1 月上旬与 6 月中旬左右，最高价格出现在年末 12 月下旬，夏冬季节差异较明显。全年涨幅 6.44%，低于活牛价格涨幅（图 15-3）。

3. 京津冀牛产品价格对比分析

相对于北京市和天津市，河北省牛肉价格较为平稳，波动较小，全年涨幅 6.44%，远低于天津市 13.64%、北京市 11.87% 的涨幅。河北省活牛价格全年涨幅较高，达到 7.64%，高于天津市 5.77%（图 15-4、图 15-5）。

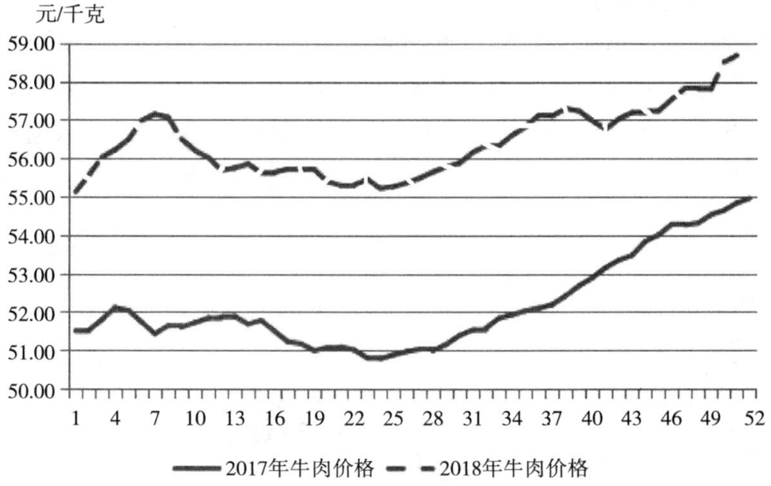

图 15-3　河北省牛肉周价格

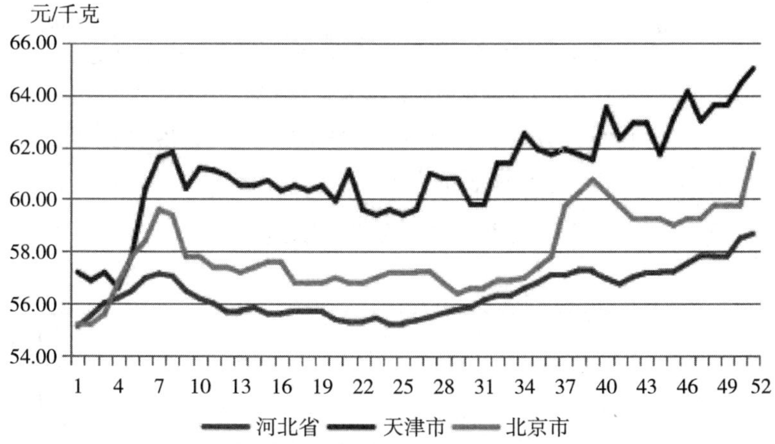

图 15-4　河北、天津、北京牛肉周价格比较

资料来源：天津市农业农村委员会官方网站。

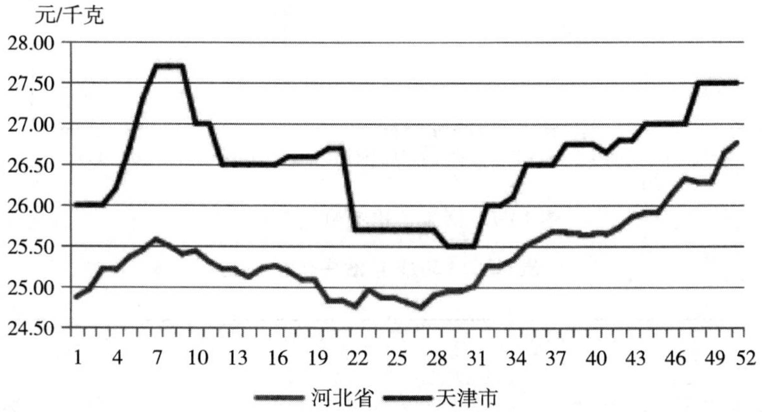

图 15-5　河北、天津活牛周价格比较

资料来源：天津市农业农村委员会官方网站。

4. 活牛及牛肉价格走势预测

2019 年我国活牛及牛肉市场价格将继续遵循往年规律呈现季节性走势，且全年均价依然不会出现明显变化。2017—2018 年河北省牛肉与活牛价格呈曲线上升态势，每年上半年价格稳中有降，下半年价格快速攀升，季节变化较为明显（图 15-6）。依据这一特点以及收集的相关数据，本节将运用指数平滑法 2019 年活牛和牛肉进行价格预测。

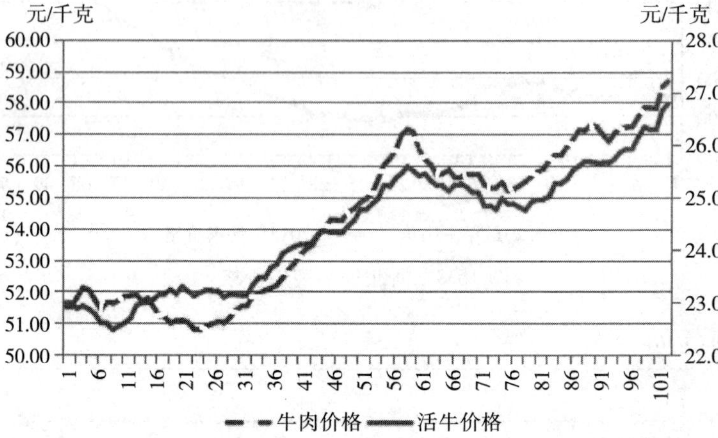

图 15-6　2017—2018 年河北省活牛与牛肉周价格走势

图 15-7 显示预测模型与实际观测值拟合较好，2019 年活牛价格会在 2 月、4 月达到小高峰，随后逐渐下降，7 月降至最低点，随后稳步上涨至 28.49 元/千克左右（表 15-7）。

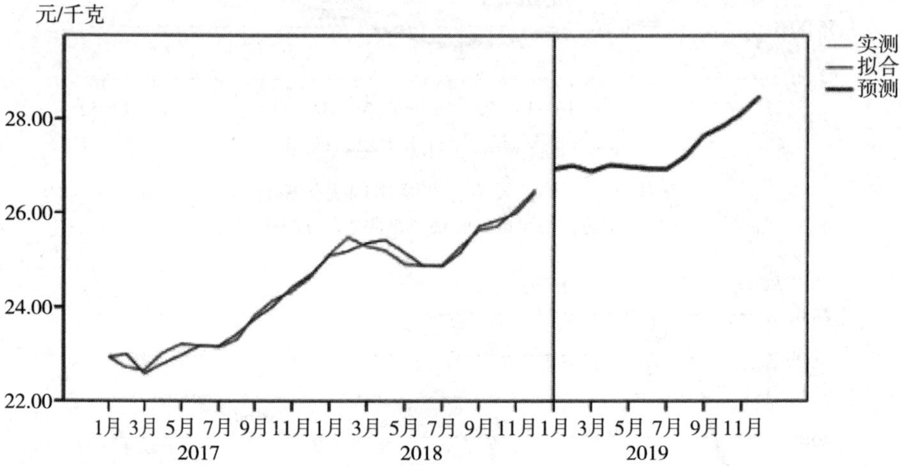

图 15-7　活牛价格预测模型拟合图

表 15-7　2019 年活牛价格预测

单位：元/千克

月份	1	2	3	4	5	6	7	8	9	10	11	10
预测值	26.95	27.01	26.89	27.03	26.99	26.95	26.94	27.21	27.65	27.85	28.13	28.49

图 15-8 显示预测模型与实际观测值拟合较好，2019 年牛肉价格会在 2 月达到小高峰，随后逐渐下降，6 月降至最低点，随后稳步上涨至 62.56 元/千克附近。

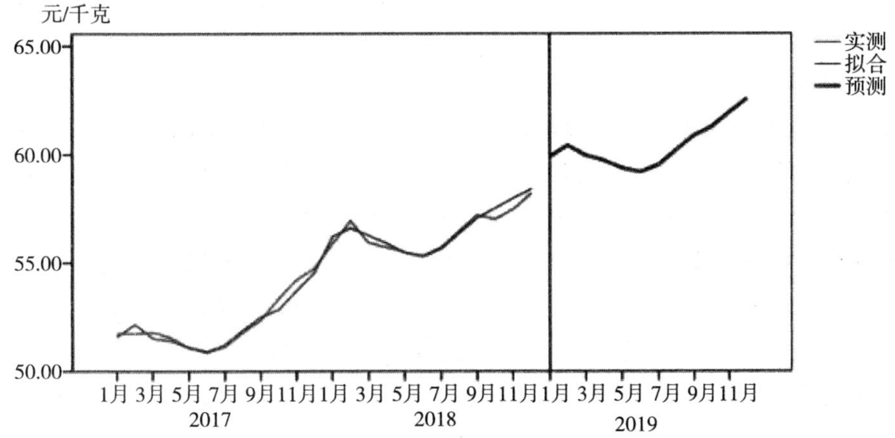

图 15-8　牛肉价格预测模型拟合图

表 15-8　2019 年牛肉价格预测

单位：元/千克

月份	1	2	3	4	5	6	7	8	9	10	11	10
预测值	59.90	60.41	59.95	59.72	59.37	59.18	59.51	60.21	60.86	61.26	61.93	62.56

总体来看，随着人们生活水平、消费观念、健康意识的持续提升，肉牛市场的发展将会越来越广阔。在饲料成本与牛肉产品需求不断上升的推动下，2019 年肉牛产品价格将分别保持持续上涨的态势，但是波动幅度不会太大。

（五）河北省肉牛疫病调查分析

2018 年 3—12 月肉牛疫病岗位团队成员在秦皇岛市（昌黎县、青龙县、卢龙县、抚宁区）、唐山市（乐亭县、玉田县、滦南县、滦县）、廊坊市（三河市、文安县、永清县）、承德市（围场县、丰宁县）、沧州市孟村自治县、石家庄藁城市等部分市县采集肉牛鼻腔拭子、肛拭子、腹泻粪便、血液等样品进行了部分疫病调查，并进行了汇总分析。

1. 疫病调查

（1）口蹄疫免疫情况调查。采集的 110 个牛场血液样品 984 份，分别进行口蹄疫 O 型（正向间接血凝法）血清抗体检测，口蹄疫免疫密度达 100%，O 型口蹄疫疫苗免疫血清抗体合格率平均达 90%以上，免疫用疫苗为金宇保灵生物药品有限公司、内蒙古必威安泰生物科技有限公司生产。

（2）布鲁氏菌病免疫调查。采集的 40 个肉牛场血液样品 600 余份，用虎红平板凝集实验检测：只有 10 个牛场做布鲁氏菌疫苗免疫，即只有 25%的肉牛场做布鲁氏菌疫苗免疫，免疫后 21 天检测肉牛布鲁氏菌抗体合格率达 41%。

（3）腹泻发生情况调查。

①寄生虫性腹泻。微孢子虫感染率为 8.5%，隐孢子虫感染率为 7.9%，球虫感染率 4.5%。

②细菌及病毒性腹泻。检测到轮状病毒、冠状病毒、黏膜病病毒感染率分别为 3.8%、

4.8%、4.9%；分离到 32 株溶血性大肠杆菌、20 株沙门菌、25 株志贺菌，感染率分别为 5.3%、3.3%、4.2%。部分菌株对庆大霉素、阿米卡星、新霉素、林可霉素等不同程度的耐药，对环丙沙星、蒽诺沙星、乙酰甲喹敏感。

（4）运输应急综合征发生情况调查。 分别采集了来自河北省廊坊市、唐山市、承德市、秦皇岛市、藁城市等地区 40 个肉牛场共 600 份鼻腔拭子样品。共分离出 300 株优势菌株，测序结果表明共检出 30 株多杀性巴氏杆菌，检出率为 10%；检测 20 株溶血性曼氏杆菌，检出率为 6.7%；检测肺炎克雷伯菌 30 株，检出率为 10%；检测绿脓杆菌 30 株，检出率为 10%；检出莫拉菌属 50 株，检出率为 16%；检出葡萄球菌 36 株，检出率 12%，其他未定菌株 104 株，占 34%。分离鉴定的多杀性巴氏杆菌、溶血性曼氏杆菌、肺炎克雷伯菌、绿脓杆菌、葡萄球菌等 5 种菌对实验动物小鼠均有较强的致病性。多杀性巴氏杆菌、溶血性曼氏杆菌、肺炎克雷伯菌、绿脓杆菌、葡萄球菌等 5 种菌是引起肉牛运输应急综合征的主要病原菌。

2. 疫病预警

口蹄疫检测结果表明免疫密度达 100%。免疫血清抗体合格率平均达 90%以上，说明肉牛养殖场还是重视口蹄疫免疫的。

布鲁菌病属二类动物疫病，是重要的人畜共患传染病。大部分肉牛养殖场的肉牛一般不做该病的疫苗免疫。不经检疫肉牛的自由贸易、交换和流动是该病广泛感染发病的原因之一。

微孢子虫、隐孢子虫、轮状病毒、冠状病毒、溶血性大肠杆菌、沙门菌、志贺菌等均为人畜共患疾病，有着重要的公共卫生意义。因此，应防止病牛粪便污染食物和饮水，加强牛舍卫生消毒管理，控制传染源并注意环境卫生。

一般场内肉牛运输应急综合征发病率约 20%～60%，冬春季节更替引进牛时发病率会更高，有时达 100%。随着冬季的气温下降，牛场引进牛时应加强防范，减少肉牛呼吸道病的发生。

（六）河北省肉牛产业技术创新分析

1. 肉牛产业品种创新及应用

自 20 世纪 80 年代以来，河北省引进并推广了多个世界优秀肉牛品种，其中利用最广的主要有西门塔尔牛、夏洛莱牛、利木赞牛、安格斯牛、海福特牛、蒙贝利亚牛、黑毛和牛等。通过以上优秀肉牛品种冻精的推广，实施黄牛杂交改良，外来牛种遗传物质在河北省生产牛群中的比重迅速提高，并形成了具有区域特点的杂交组合，为河北省肉用基础母牛生产性能提高奠定了基础。在张承两地、燕山、太行山区，通过多年利用西门塔尔肉牛进行杂交改良，级进杂交的西杂基础母牛含有 85% 以上西门塔尔牛血统。通过进一步杂交改良，并对后代进行有目的地选育和提高，有望培育出河北的兼用牛品种。利用引进的和牛或安格斯牛与本地母牛进行杂交，提高后代育肥牛的肉用品质，有望创建牛肉品牌。

2. 肉牛产业技术创新及应用

（1）全混合日粮在肉牛产业中的应用越来越广泛。 TMR 饲养技术已经非常成熟，最先在以色列、美国、加拿大等国家奶牛上推广使用，效果非常好。目前在我国和许多国家的规模化肉牛场多数都在使用这一技术。

(2) 不断开发利用可代替低质粗饲料资源。肉牛养殖饲料成本几乎占到养殖总成本的70%左右，所以对饲料成本的控制直接关系到肉牛的养殖效益。开发和利用当地可作为饲料原料利用的一切资源尤为重要。过去被认为是废弃物的一些农副产品或废料，经过加工处理都可变成肉牛的饲料。例如，甜菜渣经过处理后可作为氮源饲喂肉牛，苹果渣与玉米秸秆混贮饲料作为肉牛主要粗饲料等。

(3) 开发肉牛专用微生物发酵饲料。微生物发酵产生的微生物单板不仅可以弥补饲料中氨基酸的缺乏，而且能使其他粗饲料原料营养成分迅速转化，达到增强消化吸收利用效果。因此，通过研发和推广适宜于肉牛养殖的发酵饲料对肉牛产业技术创新将带来巨大效益。

(4) 随着粮改饲推广，全株玉米青贮在肉牛的利用率越来越高。有条件的地区可以结合“粮改饲”项目，大力发展肉牛产业，也是河北省肉牛产业发展的途径之一。通过“粮改饲”，做到高产、优质、高效均衡供应饲草料，是保证肉牛产业稳定、快速发展的关键。

(5) 开发及应用高品质肉牛专用添加剂及预混料。在肉牛日粮中添加质量好的添加剂或预混料，可以起到补充肉牛需要的各种微量元素和维生素的作用，使饲料的营养丰富、平衡，可防止牛发生营养缺乏症；能够加快肉牛育肥速度。因此，在未来的肉牛产业技术创新发展中应加大肉牛专用添加剂和预混料的研发与推广应用。

(6) 精细化饲养管理不断加强。推广母牛低成本养殖技术，优化配制经济日粮，即使母牛保持适度的膘情、保证胎儿正常发育，又使母牛能正常产犊和哺乳，通过营养调控使产后母牛尽早恢复体况，适时配种，确保一年一胎。

3. 肉牛产业工艺创新及应用

《国务院办公厅关于加快推进畜禽养殖废弃物资源化利用的意见》等推进畜禽养殖废弃物资源化利用的政策相继出台，推动了肉牛粪污资源化利用工艺的创新和应用，更多的新建、改扩建规模肉牛场采取了雨污分流设计，高效堆肥工艺及高效沼气利用工艺日渐成熟，膜覆盖堆肥、发酵仓工艺研发不断取得突破，更多的牛场采用了粪污高效处理工艺及干湿分离技术。

4. 肉牛产业创新方向和重点

基于河北省肉牛改良现状和基础，结合国家肉牛遗传改良计划的继续推进，制定出针对河北省不同区域和地理特征的全省肉牛遗传改良规划，进一步通过加大优秀牛种冷冻精液和胚胎的进口及推广应用提高肉牛良种覆盖率，筛选适宜杂交组合，指导肉牛主产区群体选配和生产。理清当前肉用牛种遗传现状，建设肉牛育种核心群，开展种牛登记和性能测定，对后备种公牛实施后裔测定，提高河北省自主培育种公牛的能力。

建立牛肉生产可追溯体系，让消费者放心消费。相比欧美等发达国家，我国畜禽养殖废弃物资源化利用工作起步晚，畜禽养殖废弃物工艺创新的空间大，近期相关技术和工艺的创新和研发仍是农业科研的热点。在推广方面，雨污分流工艺以及防水、防渗、防溢流的粪污储存设施等实用工艺将大面积推开，这个过程会一直持续到 2020 年左右。更多的实用、低成本的创新性工艺会被采用，今后一段时间是肉牛新工艺的研发和推广的爆发期。

（七）河北省肉牛产业经营主体分析

1. 经营主体生产经营、加工状况

据河北省肉牛产业技术创新团队品质品牌与产品加工岗位实地调研发现，受肉牛市场供应短缺等因素的影响，大量社会资本开始投入肉牛养殖行业，肉牛养殖规模呈逐渐扩大趋势。

作为在肉牛生产链中增值幅度最大的屠宰加工环节，河北省牛肉生产呈现以下特点：肉牛育肥以生产普通牛肉为主，屠宰肉牛品种相对集中，以西门塔尔杂交牛为主，淘汰奶牛屠宰成为牛肉生产的重要补充来源。肉牛胴体重在 200 千克左右，与发达国家和国内养殖水平高的地区相比相对偏低，屠宰率在 40%～50%左右，低于行业 53%～55%的平均水平，肉牛胴体品质有待提高。肉牛屠宰企业普遍未使用牛肉品质分级标准，销售以四分体、冻品为主，屠宰加工企业的产品销售以批发商、农贸市场等以价格为导向的低端市场为主，市场消费层级低。目前，河北省高档肉生产受技术与资金制约相对较少。

当前，河北省牛肉市场总体竞争格局主要表现为大量小屠宰商贩（屠宰场）与少量规模肉牛屠宰加工企业并存。受牛源紧缺影响，规模肉牛屠宰企业普遍开工不足。主体牛肉商品为屠宰摊点、村户产品，屠宰加工条件简陋，存在掺杂使假、以次充好等违法行为，存在一定食品安全隐患，但价格相对低廉。中大型商超中的牛肉主要来源于国内和省内规范定点屠宰企业，牛肉价格相对较高，食品安全性比较有保障。

我国肉牛规模屠宰企业甚至是产业龙头企业普遍存在初加工产品多、精深加工产品少，产品类型以酱卤、高温制品为主；加工工艺缺乏创新，产品同质化严重。销售区域差异较大；销售市场以批发商、农贸市场为主，个别品牌好的建有直营店或进超市，企业品牌构建能力普遍不足，影响力小；产品形态单一，高附加值产品少的现象。由此造成企业盈利能力普遍偏弱。

2. 产业经营模式发展趋势

随着肉牛产业的发展，养殖企业向屠宰加工等上游产业链延伸，或屠宰加工企业向种、繁、养等下游产业链延伸，全产业链生产模式逐步成为发展方向。为了获取更大的利润，肉牛屠宰加工行业越来越重视产品的差异化开发。针对产品的不同市场定位，在推行精细分割技术的基础上，开发具有文化品位特色的牛肉制品。

相对于传统业态模式，信息技术革命、产业升级、消费者需求倒逼下的肉牛产业新业态模式将成为新的产业增长点。原有产业模式中的规模化屠宰加工厂建设转向城市街区加工分割中心；规模化食品加工厂建设转向中央厨房配送中心；由屠宰加工向形象、连锁餐饮店面延伸；提升与发展网络牛肉食品，将牛肉由传统菜肴转向方便、快捷型快消品的商业定位等，逐渐引起各屠宰加工企业重视。

（八）河北省肉牛产业发展模式分析

河北省作为肉牛繁育与牛肉生产大省，多年的发展孕育了多种依托当地资源禀赋的肉牛产业发展模式，在带动产业发展、促进农民增收、保障市场牛肉供应等方面发挥了重要作用。

1. 肉牛产业主要发展模式

（1）“育肥场＋农户繁育”龙头企业带动型发展模式。该模式主要是以承德市隆化县北戎农业科技有限公司探索的肉牛产业发展模式为代表。其模式运行特征如下：由育肥场集中饲养育肥牛和农户散养母牛并提供架子牛的方式进行养殖，农户重点进行繁育后将小牛或者架子牛出售给育肥场，既节省了养殖成本又增加了农民收益；成立养牛专业合作社，建立了合作社与养牛户的稳定合作机制；与污染处理企业建立合作关系，建设了牛粪无害化处理设施，提升了环境治理与生态平衡能力，形成了“母牛繁育—育肥牛—屠宰加工—牛粪无害化处理—生物有机肥—生态种植”的循环经济产业链；与肉牛加工企业、销售企业合作，不仅提升了加工能力，而且还开拓了国内、国际大市场，形成了稳定的优质育肥场的产加销一条龙产业化发展模式（图 15-9）。

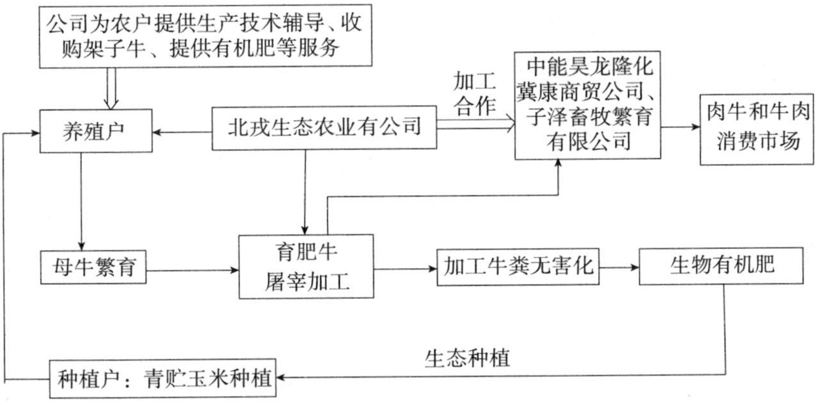

图 15-9　以“育肥场＋农户养殖”的龙头企业带动型肉牛产业发展模式

（2）“品种改良为核心”科技引领型发展模式。该模式以河北天和肉牛养殖有限公司的肉牛品种改良养殖及产业化发展为代表。其运行特征：第一，胚胎生物技术的研究与推广是公司的核心任务；第二，公司具备先进的实验技术条件；第三，公司拥有实力雄厚的研发、生产管理及其教学团队；第四，积极开展与国内外著名产学研机构的长期合作（图 15-10）。

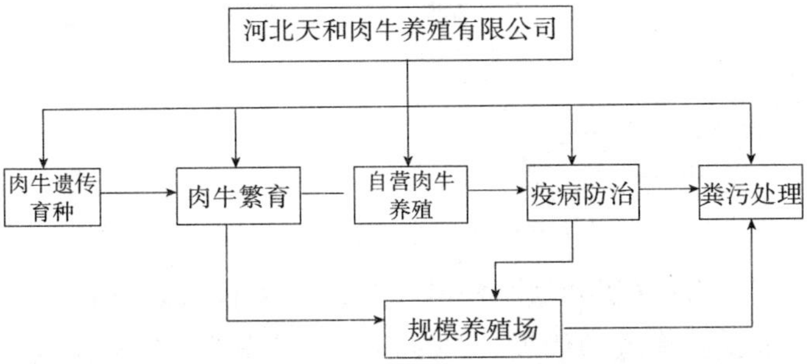

图 15-10　以“品种改良为核心”的科技引领型肉牛产业模式

（3）以“屠宰加工为核心”产加销一条龙发展模式。该模式主要是以廊坊市大厂县、三河市等地的肉牛屠宰加工企业为代表。以河北福成五丰食品股份有限公司为例，其模式运行特征：第一，屠宰加工企业是产加销一条龙肉牛产业发展模式的引领性企业；第二，延长产业链条，形成产加销一条龙产业体系；第三，注重基地建设，保证屠宰加工牛源供给；第四，上市融资规模较大，完成了资本积累和规模扩张；第五，注重产品的市场开拓（图 15-11）。

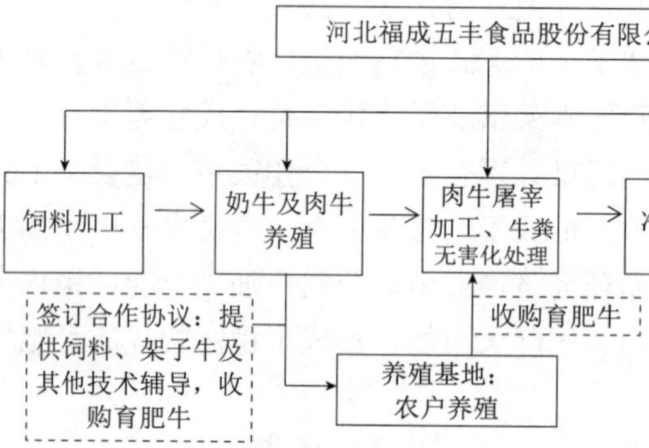

图 15-11　以“屠宰加工为核心”的龙头企业带动型肉牛产业模式

（4）“育肥场＋养殖小区”的育肥场龙头企业带动发展模式。该模式以承德隆化县华商恒益农业开发有限公司的肉牛养殖为代表。其模式运行特征：第一，形成了以肉牛育肥为核心的肉牛繁育、养殖、饲料加工、粪污处理、生态有机种植的良性循环生态产业链，养殖与种植有机农产品于一体，实现了农业全产业链经营；第二，以租赁方式为当地养牛户提供标准化牛舍，形成养殖小区模式；第三，实现了肉牛养殖与生态农业发展的有机结合（图 15-12）。

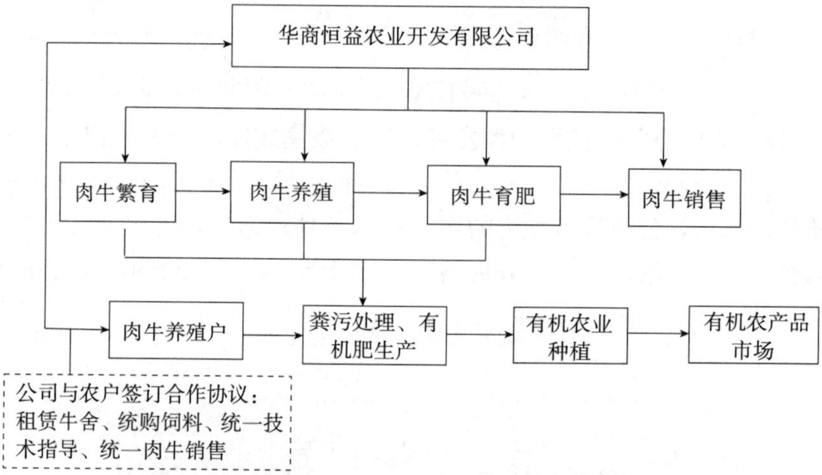

图 15-12　“育肥场＋养殖小区”的育肥场带动型肉牛产业模式

（5）“肉牛养殖＋牛棚顶光伏项目”精准扶贫式发展模式。以张家口禾牧昌畜牧养殖有限公司创建的肉牛产业扶贫模式为代表。张家口禾牧昌畜牧养殖有限公司是一个具有一定资金实力和发展潜力的市级养殖业龙头企业。项目的具体做法如下：贷款供建设单位项目投资使用，项目建设单位为贫困户做贷款担保保障，并负责贷款的还本结息（政府每年给予一定的贴息补贴支持）。该项目将肉牛养殖与精准扶贫相结合，带动当地贫困户脱贫并走向富裕之路。

(6)“肉牛生产与文化相结合”发展模式。以承德隆化创建的隆化肉牛文化创意产业园为代表。深入拓展“文化＋科技＋产业”深度融合的发展新空间，积极培育牛文化、牛科技、牛创意等产业，推动传统肉牛产业的转型升级。大力培育肉牛产业明星企业，申报中国驰名商标、河北省著名商标、承德市知名商标企业及新参加产品认证、管理体系认证、第三方检测机构认证的企业进行一定的资金以奖代补扶持。龙头企业到北京、天津、上海等大城市开设特色馆，北戎公司在北京创办了生态牛肉展销中心——九号公社。

2. 肉牛产业发展模式优化选择取得的经验

(1) 践行农业产业化经营的理念至关重要。农业产业化经营在我国已经推行了 40 多年，但是河北省肉牛养殖仍然处于散和点状的状态，没有形成产业链条，影响了经济效益的提升，这是肉牛产业不强的根本原因。可喜的是有的企业已经开始尝试将产业链条向前向后延伸，并取得了不错的效果。

(2) 不断开拓牛肉营销新渠道。河北省牛肉销售市场主要有批发市场、农贸市场、早市、牛肉品牌连锁店、超级市场，也有快餐连锁店、星级宾馆饭店、机构购买者等其他零售渠道。

(3) 肉牛养殖服务体系不断健全是肉牛产业发展的保障。建立了县、乡、村三级动物防疫服务体系，形成了覆盖了所有行政村的良种繁育体系。饲草饲料保障体系完备。部分地区依托国家、省肉牛产业技术体系，农户可享受到国家、省肉牛产业技术体系专家的直接指导。“基层农技人员知识更新”项目的实施，理论实践结合，组织学员进园入场参观考察，消化培训成果，收到了实实在在的效果。“新型职业农民培训项目”的实施，2017 年培训农民 3 000 余人。

二、河北省肉牛产业发展竞争力分析

（一）肉牛产业竞争力指标体系构建

产业竞争力是研究某一个特定产业与其他产业相比或者同一产业与不同国家或地区相比能够更好的获利和发展的能力，是一国或地区比较优势与竞争优势的综合体现。比较优势从资源禀赋视角决定主体国家或地区的分工和角色，而竞争优势决定在市场冲突中的竞争能力，比较优势与竞争优势共同决定主体国家的产业竞争力。因此，肉牛产业竞争力的衡量指标选取比较优势、竞争优势和竞争力表现三个指标。

1. 比较优势指标选择

生产要素、需求条件和相关支持产业是某特定产业形成的基础条件，也是构成产业竞争力的资源条件。肉牛存栏量是生产要素综合作用的体现，并且在数量上具有可对比性，因此选择肉牛存栏量作为生产要素的对比分析指标。需求条件选取了肉牛制品消费量作为对比。相关支持产业选取肉牛制品加工企业为比较对象，通过对比加工企业数量及其经营能力来分析肉牛制品加工业对肉牛养殖产业的带动能力。

2. 竞争优势指标的选择

竞争优势的本质是一种策略行为，它通过对生产要素进行整合以在市场上获取更多的利润。考虑到数据的可得性和可比性，选取肉牛单产、成本收益和肉牛制品质量三个指标对肉牛养殖产业的竞争优势进行分析。

3. 竞争力表现指标选择

竞争力表现指标选取市场占有率和显示性比较优势指数（RCA）。市场占有率是产业竞争力强弱的直接表现。不同于工业生产，肉牛市场供应受自然规律限制，短期内不会出现大幅度增长现象，因而用肉牛市场占有率衡量肉牛养殖业竞争力相对比较客观。显示性比较优势指数是指一个区域内生肉牛产值占该区域内畜牧业总产值的份额与全国畜牧业总产值中肉牛产值所占的份额的比率。本章借鉴美国经济学家巴拉萨的显示性比较优势指数（RCA）方法来对各个区域肉牛养殖产业竞争力进行比较。

（二）河北省肉牛产业比较优势分析

1. 肉牛存栏量比较

总体上看，中国肉牛存栏量主要集中在云南、河南、四川、西藏、内蒙古、甘肃、吉林七个省（自治区），这些地区普遍拥有较悠久的肉牛养殖历史和习惯。河北省肉牛存栏量 2008 年和 2009 年排在全国第 16 位，自 2011 年以来，河北省肉牛存栏量一直排在全国第 14 位，2017 年河北省肉牛存栏量有较大幅度提升，达到 198.4 万头，增长 13.4%（数据来自河北农调总队）。但肉牛存栏量的排位不会有大幅上升。因此，河北省在肉牛存栏方面没有比较优势。

2. 需求条件分析

从肉类消费总量看，新疆和青海城镇和农村牛肉消费都遥遥领先，分别排名第一、二位，这与他们的民族特点、生活习惯有很大关系。

河北省牛肉消费在全国处于中等偏下水平，城镇牛肉消费占肉类消费之比为 8.15%，农村牛肉消费占肉类消费之比为 2.34%，可见，河北城镇居民对牛肉的消费能力和消费水平远远大于农村居民。

3. 肉牛屠宰加工业比较

河北省肉牛屠宰加工业企业以中小型企业为主，规模加工企业不多，大部分屠宰加工企业目前面临的主要问题是牛源问题，即无牛可杀，致使许多屠宰加工企业花很大精力到省外买牛，造成开工不足。而且，总体上加工水平参差不齐，大部分屠宰加工企业以屠宰分割为主，加工深度不高。加工水平过剩需要反过来深思肉牛养殖问题。

（三）河北省肉牛产业竞争优势分析

1. 单产和成本收益分析

单产和成本收益分析已在第一节中进行了阐述，分析表明，河北省肉牛养殖的成本利润率处于中等偏下水平，说明河北省散养肉牛养殖盈利能力不强。

2. 肉牛制品质量分析

河北省肉牛制品以大众化制品为主，加工企业以中小企业居多，加工制品的加工深度低，以屠宰分割为主，附加值低，基本没有形成全国知名品牌。因此。河北省肉牛制品质量无明显优势。

（四）河北省肉牛产业竞争力表现分析

1. 市场占有率分析

内蒙古和黑龙江的市场占有率非常高，二者合计市场占有率，从2010年的27%，到2014年达到47.23%，近两年虽然稍有下滑，但也一直保持在44%以上。因此两省区肉牛产业竞争力优势明显。其他西部省份市场占有率普遍较低。尤其四川省市场占有率逐年下滑，已由2010年的12.76%下降到2016年的5.58%。

河北省肉牛市场占有率除了2011年和2012年较低外，其他年份均保持在8%～9%。应该说，河北省肉牛养殖从市场占有率看也表现出一定竞争力，但与内蒙古和黑龙江相比，还有较大差距。

2. 显示性比较优势分析

从牛肉产值占牧业产值比重看，全国占比为12.07%，而西藏占比达到了40.30%，也就是说，西藏牧业产值的40%多是肉牛贡献的，因此，比较优势系数高达3.42。吉林和甘肃的占比分别达到了29.37%和25.59%，比较优势系数分别为2.43和2.12。而河北省牛肉产值占牧业产值比重只有13.13%，比较优势系数仅为1.09，仅高于全国平均水平，主要是因为河北生猪、奶牛、蛋鸡、肉鸡等对畜牧产值贡献较大。

（五）河北省肉牛产业竞争力结论

1. 肉牛产业比较优势较弱，肉牛产业发展基础条件不佳

肉牛存栏量长期处于较低水平，在全国处于中等偏下；河北省牛肉消费能力不强，对肉牛养殖业发展拉动能力较弱；河北省肉牛屠宰加工业企业以中小型企业为主，规模加工企业不多，总体上加工水平参差不齐，大部分屠宰加工企业以屠宰分割为主，加工深度不高，无法实现对肉牛养殖产业的带动作用。

2. 肉牛产业竞争优势偏弱，无法支撑肉牛产业发展

河北肉牛单产大大高于全国平均水平，但从另一方面也折射出，河北省更注重架子牛育肥，而忽视了种牛饲养和良种繁育等基础工作。河北省肉牛养殖的成本利润率处于中等偏下水平，说明河北省散养肉牛养殖盈利能力不强；河北省肉牛制品质量无明显优势。

3. 肉牛产业整体竞争力不强

具体通过市场占有率和显示性比较优势体现出来：河北省肉牛市场占有率近些年份均保持在8%～9%。应该说，河北省肉牛养殖从市场占有率看也表现出一定竞争力，但与内蒙古和黑龙江相比，还有较大差距。河北省牧业产值较高，牧业体量比较大，但肉牛产值处于中游水平，因此，显示性比较优势系数仅相当于全国平均水平，肉牛养殖对牧业产值贡献较小。

三、河北省肉牛产业发展中存在的问题

（一）肉牛生产发展基础薄弱，支撑力度不强

肉牛产业的主要发展基础是种公牛站和种肉牛场发展情况。河北省种公牛站数比较稳定，自 2009 年以来一直保持在 2～3 个，河北省种公牛站数在全国位居一般第 2～3 位。但由于每个种公牛站饲养规模较小，因此种公牛站年末存栏数仅仅位居全国第 8 位。同样受到饲养规模的限制，河北省种公牛站生产的精液也居全国第 5 位。河北省种肉牛场数量非常少，大部分的年份只有二三个。2016 年河北省种肉牛场数排在全国倒数第 8 位。河北省种肉牛场数量少的情况下，造成河北省种肉牛存栏量排在全国倒数第 10 位。河北省在全国种牛出场数明显落后。2016 年出场的种牛数排在全国第 17 位。即使在出栏最多的 2014 年，也仅仅排在全国第 11 位。因此，从种公牛站和种肉牛场的各项技术指标看，支撑河北肉牛产业发展的基础薄弱。这些指标意味着河北省肉牛繁育中“重育轻繁”，结果导致必须大量外购架子牛，这不仅会导致运输成本的上升，更重要的是长途运输会伴随着肉牛的应激疾病发生，从而进一步影响肉牛养殖的经济效益。

（二）肉牛良种化程度不高，日增重效益低

随着各地对牛种进行杂交改良，许多地方牛品种的纯种基因难以保留，优良性状损失较为严重。以隆化县郭家屯镇河南村的肉牛养殖为例。河南村是典型的户养母牛繁育村，全村 200 多户人家，几乎家家户户都养肉牛；养殖数量每户 30～50 头不等，长期采取山区放牧与圈养相结合的养殖方式；养殖品种主要是当地传统黄牛，或者是已经经过几代杂交的所谓的优良品种；母牛繁育方式主要是本交，很少采用人工授精。从 2018 年开始，县畜牧局下达禁牧令后，养殖户的养殖收益受到很大的影响。收益受影响的一个重要原因是，肉牛养殖品种改良落后的问题。尽管当地黄牛和多代改良牛的成长速度、品相不佳带来的市场价格远远赶不上优良品种，但是，因养殖成本低农户出售一头牛也能赚到 1 000 元左右，禁牧后只能圈养，当地黄牛的养殖低成本优势尽失，农户养殖意愿大大受挫。

（三）肉牛繁育场户规模不合理，难以实现规模效益

肉牛繁殖和育肥应具有不同适度肉牛饲养规模原则，肉牛繁殖应采取相对小的适度规模，即散户繁育较好。而肉牛育肥则相反，一般应该较大规模饲养。但河北省肉牛繁殖和育肥与养殖规模恰恰不协调。河北省肉牛繁殖场户规模偏大、肉牛育肥规模偏小。虽然河北省肉牛发展重点在育肥，但依然存在肉牛繁殖规模过大问题。2016 年河北省肉牛规模化养殖场户数降为 6.32%，肉牛养殖规模化程度处于全国中等偏下水平。

（四）生产方式和技术落后，资源环境约束趋紧

虽然我国肉牛生产方式比过去有了明显转变，但尚未形成高度专业成熟的生产模式，养殖方式仍较落后，区域布局不合理，种养结合不紧密，许多地区仍延续放牧等粗放饲养方

式，肉牛生产养殖总体上仍以农户为单位的小规模饲养方式为主，缺乏规范化、科学化的养殖管理方式和饲草料加工利用，难以提高肉牛质量与肉牛饲料利用效率和育肥效果。牛肉产品品质和数量与国外差距较大，牛肉生产成本均高于国际平均水平一倍以上，严重影响河北省牛肉产品的竞争力。同时，肉牛标准化养殖粪便综合利用率不高，局部地区环境污染问题突出，环境保护压力较大。

（五）饲料价格波动较大，肉价及涨幅与周边地区相比较低

2018 年肉牛养殖的重要饲料玉米、豆粕价格波动幅度较大，远高于活牛价格和牛肉价格涨幅，挤压肉牛养殖者、生产者的利润空间。

2018 年河北省牛肉价格、年内上涨幅度均低于京津地区，结合饲料价格的大幅上涨，河北省牛肉生产者收益要远低于京津地区。随着国民生活水平的提高及消费方式的转变，经济发达地区对高档、精品牛肉的需求倾向越发明显，对高档牛肉价格的接受度逐步提高。而河北省低端牛肉产品比重较高，仍以传统牛肉为主，同质化严重。在京津冀协同发展的趋势下，如何利用好河北省的区位优势提高牛肉生产效益，是亟待解决的问题。

（六）牛肉冷链物流不发达，影响产业进一步提升

有关数据显示，进口冷冻牛肉的均价低于国产牛肉价格约 50%，而从澳大利亚进口到中国的冷鲜牛肉比进口冷冻牛肉价格高约 25 元/千克，比各国进口冷冻牛肉均价高约 28 元/千克，比国产牛肉低约 4 元/千克。在发达国家的生鲜肉消费中，冷鲜肉已达 90%以上。由此可见，冷鲜肉作为档次更高的牛肉产品，价格也明显高于冷冻产品。目前我国冷鲜肉的市场份额占比极小，发展潜力巨大，应作为河北省品牌牛肉企业破解价格与技术瓶颈的主攻方向之一。

（七）肉牛产业竞争力较低，市场影响有限

河北省肉牛存栏量 2008 年和 2009 年排在全国第 16 位，自 2011 年以来，河北省肉牛存栏量一直排在全国第 14 位，2017 年河北省肉牛存栏量有较大幅度提升，增长 13.4%（数据来自河北农调总队）。但肉牛存栏量的排位不会有大幅上升。因此，河北省在肉牛存栏方面没有比较优势。河北省主要以农牧户为单位分散养殖，肉牛规模化程度还较低。2017 年河北省肉牛规模化养殖率分别是 20.7%（出栏 50 头以上）。大部分地区肉牛生产标准化水平整体较低，养殖场设施条件简陋，机械化生产程度低，标准化、智能化养殖技术水平不高。饲养管理粗放，粪污处理、疫病防控等设施设备配套跟不上，导致疫病风险大、养殖效益低。同时大量的中小养殖户既没有跟龙头企业有效联结，也没有通过合作社组织起来。河北省牛肉消费在全国处于中等偏下水平，这一状况说明目前河北省牛肉消费对肉牛养殖业发展拉动能力不强。河北省肉牛市场占有率除了 2011 年和 2012 年较低外，其他年份均保持在 8%～9%。应该说，河北省肉牛养殖从市场占有率看也表现出一定竞争力，但与内蒙古和黑龙江相比，还有较大差距。河北省牛肉产值占牧业产值比重只有 13.13%，比较优势系数仅为 1.09，仅高于全国平均水平。所有这些都集中反映出河北省肉牛产业竞争力不足。

四、促进河北省肉牛产业健康发展的对策

（一）多措并举，夯实肉牛生产发展基础

首先，必须改变河北“重育轻繁”的肉牛产业发展思想。长期以来，之所以河北省肉牛产业发展基础不稳，很重要的一个原因就是人们根深蒂固的思想。河北省是一个肉牛出栏大省，却是一个肉牛存栏小省。必须解放思想，从目前的“重育轻繁”转变为“繁育并重”。其次，制定出台财政、税收、金融、保险、土地等各方面鼓励和扶持政策。发改委、农业厅等部门利用各种项目利用财政资金通过补贴、贴息、参股等多种方式支持种肉牛场和种公牛站的建设和发展，不仅增加数量，还要提升规模建设。在省级政府优惠范围内，加大对种肉牛场和种公牛站的各种税收、收费优惠力度。农业发展银行通过低息措施引导种肉牛场和种公牛站发展。创新开发种肉牛和种公牛政策性保险产品，提高种肉牛场和种公牛站抗风险能力。对种肉牛场和种公牛站的建设实行更为宽松的土地使用政策。

为调动全省肉用母牛饲养积极性，增加基础母牛数量，提高肉牛标准化规模养殖水平，2014年起，河北省政府就实施了《肉牛基础母牛扩群项目实施方案》，对肉牛基础母牛存栏3万头以上的母牛养殖大县和肉牛基础母牛存栏500头以上大型肉牛养殖场实行补助。实践中，河北省99%的肉牛养殖户肉牛存栏量在10头以下。母牛的小规模家庭或养殖场养殖会带来收益，而较大规模养殖反而收益较低，甚至亏损。所以，建议基础母牛扩繁工程的实施对象扩大到小规模养殖农户和养殖场。

（二）实现适度规模的肉牛繁育，提升肉牛繁育质量和效益

肉牛繁育应采用不同发展思路：肉牛繁殖采取适度小规模，尤其适合有条件的农村地区一家一户饲养，如张家口、承德农村地区，土地、草场、秸秆资源丰富，通过“合作社＋养殖户”方式把农民组织起来，进行肉牛繁殖。也可以利用“小母牛项目”的方式，结合农村扶贫，解决养殖户的资金不足问题。但这两种方式必须保证对农户养殖进行技术支撑和技术跟进，化解疫病风险。肉牛育肥要适度大规模化，在满足环境、环保、疫病防治等基本约束下，提高肉牛养殖规模。尤其对河北省规模化较低的市，农业部门应该在深入调研的基础上，研究提升肉牛养殖规模水平的具体政策和措施。标准化规模养殖是肉牛产业调结构、转方式的重要抓手，应继续扩大肉牛标准化规模养殖项目实施范围，进一步支持适度肉牛规模养殖场的升级和改造，提升标准化生产水平。新形势下，落实新的环保理念，处理好生产发展和环境的关系，加快粪便收集环节工艺研究，提高规模养殖场粪污处理利用基础设施设备配备率，鼓励企业完善粪便污水综合处理利用技术，发展差异化生态工程处理模式。

（三）强化肉牛产业化科技支撑与推广服务，提高产业科技含量

集聚现代肉牛产业技术体系、科研院所和企业力量，加强肉牛核心技术与设施装备的联合攻关和研发，突破关键领域的技术瓶颈，提升产业竞争力。加强基层畜牧技术推广体系建设，提升基层技术推广骨干的服务能力，提高基层推广机构和人员的能力素质，加强科研攻

关和成果转化。特别针对肉牛整体遗传水平不高、良种化程度低、品种培育缓慢等问题，在有条件场区，应加大新培育的专门化肉牛新品种和新技术示范推广。

（四）推进肉牛优良品种选育和良繁体系建设，推广牛肉深加工技术

实施肉牛遗传改良计划，大力支持肉牛国家核心育种场建设。加强种畜禽遗传评估中心基础设施建设，提高遗传评估的准确性和及时性。加快主要肉牛育种进程，坚持引进与本地培育相结合，加强肉牛品种联合培育创新，挖掘地方牛品种资源，提高育成品种和引进品种的生产性能。加快推进肉牛联合育种，支持建设区域性联合育种站，健全肉牛遗传交流共享机制。建立标准化规范化肉牛屠宰加工体系，推广牛肉深加工技术。目前河北省仍存在肉牛私屠乱宰现象，严重影响牛肉产品信誉，阻碍了河北省牛肉打开全国特别是京津市场，建立标准化、规范化肉牛屠宰加工体系，确保无菌、安全、规范化屠宰。推广牛肉深加工技术，对牛胴体实施精细化分割，提高牛肉附加值。

（五）加强关联市场预警调控，保证肉牛产品市场价格稳定

替代品、原饲料、进出口贸易和经济政策等因素不同程度的影响着肉牛产品的市场价格，为保证价格的稳定性，应该严密监控上述因素的发展变化，建立完善相关市场预警机制，积极防范不确定事件对牛肉市场及价格的冲击影响。

首先，完善替代品及原饲料市场预警与调控机制。将牛肉市场的预警调控与猪肉、鸡肉、羊肉等替代品，玉米、豆粕、小麦麸等原饲料的预警调控机制有效结合，确保整个畜牧业及价格系统平稳运行。其次，适时适度的实施相关经济政策。鉴于政府相关政策会影响到牛肉市场参与者的行为及其预期，在市场健康运行的情况下，应尽量减少市场干预。在实施必要的政策调控时，要确保政策的前瞻性、适时性和适度性。对于经济危机、畜禽疫病、自然灾害等不可控因素，理应结合现有机制，及时、合理调控市场，尽量减少该类不确定性冲击所产生的负面影响。再次，利用地域优势发展河北省牛肉品牌，提高生产者收益。河北省应充分利用地域优势，开发京津市场，通过农博会、展览会、洽谈会等形式，做优做精特色品牌，做大做强企业品牌，通过品牌营销进入市场消费领域，提供能满足现代生活需求的高品质牛肉产品。

（六）提升冷链物流组织化程度，拓展牛肉消费地域空间

2016 年，中国畜牧业协会与中国仓储与配送协会、中国蔬菜流通协会、中国果品流通协会、全国工商联水产业商会等 5 家协会共同成立了全国冷链运营联盟，目的是打通以“农业生产＋冷链物流”为核心的产业链上下游，形成全国冷链运营体系，完善有关标准，实现资源有效整合。在产业下游，以集中屠宰、品牌经营、冷链冷鲜为主攻方向，推进肉牛标准化屠宰，优化牛肉及其制品结构，加快推进肉品分类分级，扩大冷鲜肉和分割肉市场占有率。鼓励和支持企业收购、自建养殖场，延伸产业链，带动合作社、专业大户、家庭农（牧）场等经营主体，推进“龙头企业＋合作社”等经营模式，为农牧民提供资助，完善利益联结。积极探索“互联网＋”与各类肉牛养殖生产经营主体深度融合，构建多元产品流通

网络，加强产加销有序连接。冷链运输是连接冷鲜牛肉生产与流通销售的关键核心技术，鼓励河北省内品牌牛肉企业积极参与到该体系中来，扩大冷鲜牛肉市场份额，从而增强自主牛肉品牌核心竞争力积蓄能量。

（七）挖潜革新，增强河北肉牛产业核心竞争力

肉牛产业核心竞争力是牛肉产业全方位的整体体现，由于肉牛产业技术支撑不足，消费拉动力度不够，产业之间链接机制不协调，导致河北省肉牛产业竞争力不强。因此，必须采取如下措施：第一，培育适合河北地方养殖的肉牛品种。河北省目前几乎没有本地肉牛品种，大部分养殖企业盲目买来架子牛按照固定的饲料配方进行养殖，导致河北省肉牛养殖成本高，形成了高投入而没有高产出的资源浪费型的养殖模式，造成河北省肉牛养殖资源消耗大、成本收益率低的结果。因此，应加强适合河北地方的肉牛品种培育，并且深入研究开发本地秸秆等资源，“变废为宝”，支持河北肉牛养殖业发展。第二，推进肉牛养殖产业延伸。河北肉牛产业链发展不均衡，长期以来，肉牛养殖盈利能力差，部分企业亏损严重，致使部分肉牛养殖企业难以持续下去，也在一定程度上，无法保证屠宰加工企业对牛源的需求，甚至迫使部分屠宰加工企业去外地收购育肥牛。因此，需要推进肉牛养殖产业链延伸，加强肉牛产业之间的链接，建立产业间利益协同的运行机制。第三，加强技术创新和推广。探索低成本可繁母牛养殖及高效肉牛育肥集成新方案，加强精细化饲养管理，推广母牛低成本养殖。此外，已有肉牛育肥技术的综合、集成、适宜本地发展的新方案。提升肉牛养殖中的信息化系统应用，实现养牛环节的信息化管理。建立牛肉生产可追溯体系，让消费者放心消费。在推广方面，雨污分流工艺以及防水、防渗、防溢流的粪污储存设施等实用工艺将大面积推开。第四，探索肉牛新产业、新业态。目前河北省已经探索出了“育肥场＋农户”养殖模式、“饲草饲料＋肉牛养殖”循环经济模式、天和肉牛公司的科技引领模式、屠宰加工场加产品加工销售模式、优质育肥场的牛肉直销模式、肉牛生产与文化相结合模式、肉牛养殖加牛棚顶光伏项目精准扶贫模式等七种肉牛产业新业态。通过对这些新业态的优缺点分析，进行二次创新，并进行推广。第五，不断开拓牛肉营销新渠道。在市场多元化发展形势下，牛肉产品生产销售模式也应相应的发生改变。随着电子商务的发展和青年消费群体的不断壮大，牛肉由家庭传统菜肴转向方便、快捷型快销品的商业定位转型。同时，原有产业模式中的规模化屠宰加工厂建设转向城市街区加工分割中心；规模化食品加工厂建设转向中央厨房配送中心；由屠宰加工向形象、连锁餐饮店面延伸，这些都将是新业态下肉牛屠宰加工产业的发展方向。

撰稿人员：赵慧峰　马长海　王秀芳　高　彦　史秋梅　李秋风　谢　鹏
指　　导：李树静　曹玉凤
参编人员：赵博伟　王　昆　岳春旺　吕彦英　张秀江　徐　华　刘志勇
范京惠　李素霞　武二斌　姜国均　孟庆蕊　赵增元

第十六章 2018年度河北省蛋肉鸡产业发展报告

一、河北省蛋肉鸡产业发展现状及形势分析

（一）蛋鸡产业发展现状及形势分析

1. 蛋鸡产业发展现状

（1）养殖情况。 随着标准化规模养殖的大力推行，散户在大量退出，蛋鸡养殖业实现了由分散养殖转型规模化养殖的转折，进入了规模化生产、产业化经营的新阶段。据行业统计，2017 年 2 000 只以上规模的养殖场蛋鸡存栏量占总存栏量的 65.99%，1 万～5 万只规模场数量占 2 000 只以上规模场数的 11.05%，其存栏量占 27.69%；5 万～10 万只规模场数量占 2 000 只以上规模场数的 0.59%，其存栏量占 4.85%；10 万只以上规模场数量占 2 000只以上规模场数的 0.25%，其存栏量占 7.19%。总的来讲，2018 年蛋鸡养殖规模与 2017 年并没有较大变化。

（2）市场行情。 2018 年河北省鸡蛋价格起伏波动较大（最低价格为 3.62 元/500 克，最高价格为 5.15 元/500 克）。2018 年上半年（1—6 月）鸡蛋现货市场价格基本上以先下行后微幅调整为主，2018 年 1—2 月上旬河北省鸡蛋均价一直在 4 元/500 克线上，而春节作为一个分水岭，之后的省内鸡蛋平均价直线下行至 3.6 元/500 克左右，清明节过后小幅价格上涨至 4 元/500 克附近后，小幅调整延续至 6 月底。下半年（7 月以后）蛋鸡价格触底反弹后随节假日前后需求波动，进入第 3 季度以后，鸡蛋现货价格一改上半年萎靡不振形势，自 7 月伊始一路走高，由月初的 3.7 元/500 克步步走高至 9 月中旬高点 5.26 元/500 克，一个半月内上涨 1.5 元/500 克，涨幅高达 42.16%。之后，鸡蛋现货价格开始高位回落，鸡蛋均价为 4.46 元/500 克左右，回落 0.8 元/500 克，降幅 15.2%。

造成如此大的价格差距，究其原因是供需两端的阶段性失衡所致。春节过后至 6 月底鸡蛋现货价格一直处于下滑期，下行至 3.6 元/500 克底部后小幅反弹震荡调整运行，春节过后需求不振是鸡蛋价格走低的直接原因，同时 2017 年大量补栏的雏鸡于春节过后陆续进入开产，供应端产能逐步释放，蛋品供应增加，而需求低迷消沉蛋价顺势下跌，蛋价一直回落至 4 元/500 克，蛋鸡养殖利润触及底部，养殖户存有明显的抵触情绪，清明节后期蛋价小幅反弹后在 3.7 元/500 克波动。而 7、8 月产蛋鸡存栏分别为 10.79 亿只和 10.68 亿只，蛋鸡存栏仍属历年低位，而在此期间导致供应端持续偏紧的主因则是 7、8 月的高温酷暑天气下，蛋鸡高温应激反应明显，产蛋率大幅下降。需求端在 7、8 月进入传统的季节性回暖阶

段，多数食品厂为中秋节先行备货，产能不济的情况下，消费端大幅回升，蛋价一路攀高。国庆过后存栏偏低一度引领市场情绪，现货虽然进入需求淡季，但整体表现淡季不淡，且在非洲猪瘟持续发酵影响下，鸡蛋消费刺激性增长，鸡蛋现货价格持续围绕4.6元/500克运行。

总的来讲，准确掌握供需两端的阶段性平衡是蛋鸡企业盈利的关键。

2. 蛋鸡产业生产形势现状

随着社会经济的发展和人们生活水平的提高，各国对包括鸡蛋在内的畜牧产品的需求越来越大，世界鸡蛋产业不断壮大，也促进了世界鸡蛋生产水平和产量的上升。根据FAO的数据显示，在世界鸡蛋产量区域格局中占比重最大的是亚洲，其中我国的鸡蛋产量位居世界第一位。新中国成立以来，蛋鸡产业经历了缓慢期（1949—1978年）、初步发展阶段（1979—1990年）和快速发展阶段（1991—2000年）后，目前进入了稳步发展阶段。就我国各地区养殖情况看，主产区主要分布在华北、华东和东北等粮食主产区。目前鸡蛋产量排前5位的省份是山东省、河南省、河北省、辽宁省和江苏省。

河北省蛋鸡产业基础雄厚，发展起步早，饲养数量大，产业基础扎实。2017年全省蛋鸡存栏约2.71亿只，禽蛋总产量达到321.4万吨。自2013年以来，随着河北省蛋鸡产业持续推进战略转型，散养户加速退出，规模化养殖比重增加，养殖规模化程度不断提高。截至2017年，蛋鸡养殖规模化比例已经达到65.99%，主要分布在邯郸、石家庄、唐山和邢台地区。消费驱动生产，产业模式推陈出新，蛋鸡养殖企业发展重点从生产端向需求端转化，实现满足客户和消费需求的终端产品。2018年，河北省面临生产增长放缓和粪污治理持续高压的势态，全省以供给侧结构性改革为主线，深化产业结构调整，加快转型升级，有效地应对挑战，2018年上半年市场形势平稳，蛋鸡存栏回升，产业发展质量持续改善。

3. 蛋鸡产业形势分析

（1）蛋鸡生产情况分析。根据《河北省主要畜牧统计数字》，2013年到2018年6月河北省蛋鸡存栏和鸡蛋产量如表16-1所示。从表16-1可以看出，从2013年到2017年河北省蛋鸡存栏在2.5亿只到2.7亿只之间平稳发展，鸡蛋产量都位居全国第3位。虽然连续5年的年存栏量相对平稳，但根据河北省畜牧兽医局资料显示，2017年上半年蛋鸡养殖深度亏损，提前淘汰使得产蛋鸡存栏至低位，自2017年下半年开始盈利直到现在，已经持续1年，养殖户补栏较活跃，2018年上半年已经慢慢回升，截至6月底，石家庄、邯郸、邢台和唐山等地87个固定监测数据显示：养殖户数量同比减少6.3%，蛋鸡总存栏量同比增长0.9%。其中产蛋鸡存栏减少1.0%，后备鸡存栏增长9.2%，6月鸡蛋产量同比减少1.4%。

表16-1 蛋鸡存栏和鸡蛋产量

年份	存栏（万只）	鸡蛋产量（万吨）
2013	25 268.91	294.9
2014	26 320.40	309.4
2015	25 884.70	318.6
2016	26 920.10	331.1

（续）

年份	存栏（万只）	鸡蛋产量（万吨）
2017	27 100	321.4
2018 年 6 月	存栏 2.4 亿只，同比减少 1.6%	鸡蛋 146.6 万吨，同比持平

资料来源：《河北省畜牧统计数字》整理。

（2）蛋鸡养殖规模分析。

①蛋种鸡和商品蛋鸡。河北省蛋种鸡以海兰、罗曼、京白 939、大午粉、大午金凤和太行鸡为主，现有祖代蛋种鸡场 5 个，存栏 17 万套。父母代种鸡场 75 个，年存栏种鸡 390 万套，形成了以华裕、大午、河欣、赞皇天然和河北金凯为主的蛋种鸡供应体系。商品蛋鸡 2017 年存栏约 2.71 亿只，2017 年下半年的商品蛋鸡存栏量比上半年减少了 19.9%，蛋产量减少 21.7%。2018 年 1—5 月，平均存栏 919.77 万套，同比增长 25.28%。5 月，存栏 882.47 万套，同比增长 23.45%。2018 年 1—4 月，销售雏鸡 2.959 9 亿只，同比增长 22.82%，5 月销售 0.646 3 亿只，同比增长 46.01%，5 月监测企业平均销售价格为 3.19 元/只。

②规模企业的数量和规模化程度。围绕"养殖设施化、品种良种化、生产规范化、防疫制度化、粪污资源化和管理信息化"（以下简称"六化"）的要求，河北省各地区都在大力推进蛋鸡产业规模化发展，规模企业的数量不断增加，规模化程度也不断增加，截至 2017 年，全省蛋鸡规模化养殖率（年存栏超过 2 000 只以上）达到 65.99%，比 2016 年增加了 9.3 个百分点。整体蛋鸡养殖规模如表 16-2 所示。

表 16-2　蛋鸡规模养殖比重

单位：%

年份	年存栏数 499 只以下	年存栏数 500 只以上	年存栏数 2 000 只以上	年存栏数 1 万只以上	年存栏数 5 万只以上	年存栏数 10 万只以上	年存栏数 50 万只以上
2014	34.08	65.92	52.30	20.47	4.38	2.25	0.31
2015	31.92	68.08	54.04	21.27	4.46	2.12	0.31
2016	28.30	71.70	56.72	22.75	5.65	2.70	0.89
2017	19.23	80.77	65.99	26.22	7.95	4.74	1.20

资料来源：《河北省畜牧统计数字》整理。

③生产企业的粪污处理。随着蛋鸡养殖模式向规模化加速转变，养殖量快速增长，蛋鸡粪污问题也越来越突出，全省每年产生的畜禽粪尿总量达 1.8 亿吨，畜禽养殖业排放物化学需氧量 257.62 万吨，占全省总排放量的 69.5%。根据全省 211 个养殖单元的调查和实地调查，不同粪污处理模式资源化利用情况如表 16-3 所示，从整体上看，畜禽粪污产生量为 79.8 万吨，处理利用量为 50.4 万吨，粪污资源化利用率为 63.2%。从处理模式上看，采用堆沤还田利用模式的处理利用量为 38.7 万吨，占总处理利用量的 76.8%；采用肥料化利用模式的处理利用量为 5.4 万吨，占 10.7%；采用能源化利用模式的处理利用量为 6.3 万吨，占 12.5%；堆沤还田利用模式作为投资最少、运行成本最低的模式被广泛推广采用。

表 16-3　不同粪污处理模式资源化利用情况

县别	养殖场户数量（个）	粪污产生量（万吨）	堆沤还田利用（万吨）	肥料化利用（万吨）	能源化利用（万吨）
正定	15	15.2	9.1	—	—
安平	24	38.0	17.8	3.5	4.1
徐水	50	10.5	4.2	0.6	1.4
沙河	21	2.2	1.1	0.2	—
辛集	14	4.7	2.1	0.4	0.3
青龙	23	2.9	2.0	—	—
磁县	30	0.5	0.2	—	0.1
隆化	25	3.9	1.2	0.7	0.4
大厂	9	1.9	1.0	—	—
合计	211	79.8	38.7	5.4	6.3

可以看出，河北省畜禽粪污处理和资源化利用主要有三种模式，这三种模式都是充分利用畜禽粪污的资源属性，将养殖业与种植业及农村能源有机结合，通过生产农家肥、商品有机肥、沼肥、沼气、生物天然气及发电上网等实现资源循环利用，同时解决畜禽养殖污染问题，畜禽粪污资源循环利用体系已初步形成。另外，如按抽样调查得出的畜禽粪污资源化利用率，估算全省畜禽粪污资源化利用水平，还有约 0.4 亿吨的畜禽粪尿未得到有效处理和利用，在资源浪费的同时，给周边环境和居民生产生活带来不利的影响，这也说明了河北省畜禽粪污资源化利用任务艰巨。

(3) 鸡蛋产量分析。

①年度波动。根据《河北省统计年鉴》数据和《河北省蛋鸡产业报告》数据，2014 年到 2017 年禽蛋产量和鸡蛋产量如图 16-1 所示，图中实线代表每年禽蛋及鸡蛋实际产量，虚线代表禽蛋与鸡蛋产量变化趋势。可以看出，禽蛋产量和鸡蛋产量的趋势相似，河北省的鸡蛋产量占禽蛋总产量的 85%左右。2013 年河北省经历了速生鸡和 H7N9 禽流感风波，蛋鸡产业深陷亏损局面。2014 年到 2017 年鸡蛋产量处于稳步上升趋势，2017 年产量大幅降低，这一变化与年初 H7N9 疫情有重大关系，影响鸡蛋产量很重要的因素就是禽流感。

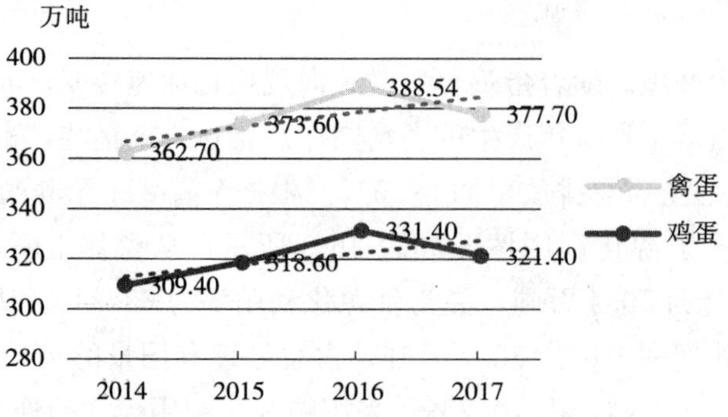

图 16-1　2014—2017 年禽蛋与鸡蛋产量

②季度波动。鸡蛋季度产量数据的获得较难，但根据图 16-1 中的数据显示，禽蛋产量中有约 85％来自于鸡蛋产量，鸡蛋产量波动与禽蛋产量波动趋势基本吻合，用禽蛋产量数据替代鸡蛋产量数据有一定的合理性。禽蛋产量 2014 年到 2018 年每个季度的变化趋势如图 16-2 所示。从数据波动趋势可以看出明显的季节性特征，每年的第 2 季度禽蛋产量最低，第 3 季度禽蛋产量最高，第 4 季度的产量略高于第 1 季度和第 2 季度。

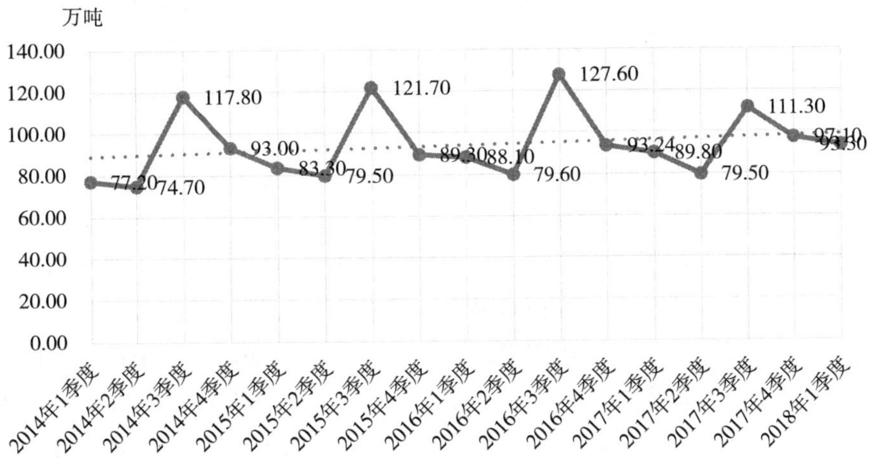

图 16-2　禽蛋产量变化趋势图

根据河北省鸡蛋集市价格统计数据（如图 16-3 所示），2013 年到 2018 年间鸡蛋的价格每年 2 月开始出现下滑，直到 4、5 月前后降低到最低水平，9、10 月鸡蛋的价格会达到高值，也呈现季节波动性。禽蛋产量的季节变化影响原因是多方面的，主要有季节气候、消费者偏好和节假日的消费影响。从产量和价格综合来看，春节对鸡蛋的需求带动作用较弱，中秋节和国庆节对鸡蛋的需求效应明显。

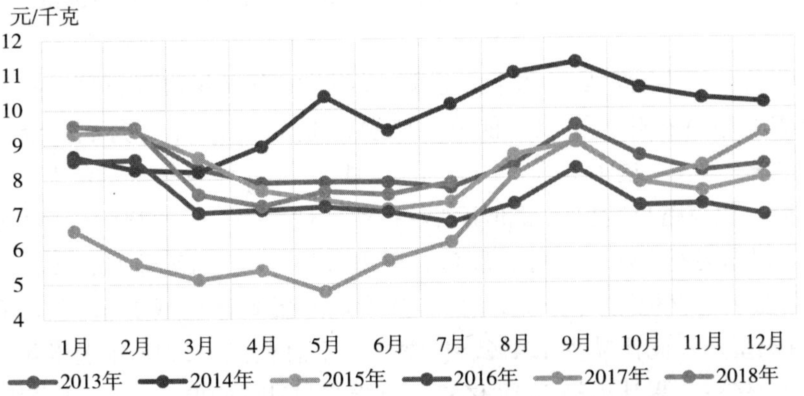

图 16-3　2013—2018 年鸡蛋价格季节趋势

（4）2018 年蛋鸡市场行情分析。2017 年，河北省蛋鸡养殖受到年初 H7N9 疫情和全省禁限养整改全面展开的影响，呈现上半年深度亏损，下半年蛋价上涨、养殖成本下降、效益提升的态势，全年整体呈微幅盈利状态。部分散户受蛋价波动影响退出市场，规模化企业则仍在扩张，产业内规模化程度提升，产业结构得以优化。

受2017年5月底后蛋价上涨、经济效益提升的影响，2018年河北省蛋鸡产业发展整体走势向好，市场供求趋于平衡，蛋价高位下调，但是行业仍保有一定利润空间。

①鸡蛋价格高位下滑，呈先增后减态势。2018年年初，受市场供应紧缩及季节性因素影响，市场延续了上一年年底的行情，蛋价短期处于高位，春节前一周集贸市场蛋价攀升至5.05元/500克，从春节之后也就是2月下旬开始，需求转弱，蛋价开始持续回落，集市均价从年初4.30元/500克一度跌至3月下旬3.51元/500克，跌幅高达18.37%，成为全国蛋价最低省份。3月底回调到3.6元/500克，从4—6月，蛋价维持低位震荡，调整幅度较小，多数时期处于涨跌两难的状态。6月底价格震荡反弹到3.79元/500克，同比上涨1.61%。

2018年春节后价格高位下滑的主要原因在于：第一，市场供给日趋充足。2017年下半年补栏鸡苗陆续进入产蛋期，且4月后气候转暖，产蛋率大幅提高，鸡蛋供应增加，市场供应紧张的趋势得到缓解，蛋价回落。第二，市场需求小幅减弱。首先，春节期间备货不及预期，由于上年亏损，春季前蛋商备货相对谨慎，受恶劣天气影响，销区备货推迟，产区形成一定积压，消化库存影响了后期市场需求；春节后，市场消费需求又出现季节性减退，春节后肉类消费代替了部分鸡蛋需求，猪肉交易量增长了8.4%，而鸡蛋交易量则下降了0.5%，生猪价格又处于历史低位，猪肉对鸡蛋的替代作用进一步增强。第三，地方性产业竞争日趋激烈，市场环境恶化。近年蛋鸡呈现养殖西进南下的趋势，大型蛋鸡项目持续布局，南方鸡蛋供应趋增，市场格局发生转变。2017年年底，广东四海、鹏昌、广西钱记禽业等企业均有大型项目启动，中小型市场也有拓展，南方市场持续扩容，对北方产品需求大幅削减，蛋鸡南下已不可逆转。由于蛋鸡养殖所需要的土地较多，东部沿海区域的蛋鸡养殖企业受当地土地管控、环评严苛等条件限制，也开始向西部欠发达的地区转移。目前，山西、内蒙古、贵州、云南、广西等地的蛋鸡存栏量上升速度均高于东部沿海，蛋鸡西进趋势日益成型。南部与西部市场的扩张使河北省的传统蛋鸡大省地位受到一定冲击，市场价格也在多方竞争下呈现下降之势。

②产能受蛋价回落影响，呈微弱下降趋势。2017年下半年市场行情上扬激发了养殖户补栏热情，蛋鸡苗市场火热，蛋鸡产能逐步恢复。截至2018年3月底，全省蛋鸡存栏约2.3亿只，同比增长2%。进入5月，2017年11月和12月补栏的蛋鸡苗大量投产，在产蛋鸡存栏有所上升，供应略显宽松，蛋价下滑，行业出现亏损，养殖户淘汰力度加大，补栏节奏趋缓。6月，根据对石家庄、邯郸、邢台、唐山等地87个固定监测村数据，养鸡户数同比减少6.3%，蛋鸡总存栏同比增长0.9%，其中，产蛋鸡存栏减少1.0%，后备鸡存栏增长9.2%；6月鸡蛋产量同比减少1.4%。根据数据汇总信息，2018年上半年专用型蛋鸡期末存栏量达3.33亿只，累计出栏1.48亿只，鸡蛋产量达2 008 364.63吨，均比2017年上半年有大幅上升。

③饲料价格攀升，盈利空间被挤占。2018年年初，随着吉林企业补贴的落实，东北产区玉米价格行情趋强运行，玉米和豆粕价格震荡中心均有所上移。根据农业农村部监测，国内豆粕3月均价每千克3.37元，环比上涨1.8%，同比下跌3.4%；国内大豆到港量下降，港口商检较为严格，部分压榨企业停机，截至3月第3周国内豆粕库存为79.0万吨，同比

减 5.9%。阿根廷干旱天气导致大豆大幅减产，市场主体担忧中美贸易因素造成大豆进口成本增加，饲料企业豆粕库存增至 21 天左右，国内豆粕均价小幅上涨。国内玉米 3 月均价每千克 2.04 元。环比上涨 1.7%，同比上涨 11.2%。吉林省和黑龙江省分别发布了配合饲料企业和深加工企业采购新季玉米的补贴政策，支撑玉米市场价格，同时大麦、高粱等原料进口量下降，带动国内玉米需求增加，国内玉米均价继续上涨。

第 2 季度，玉米与豆粕价格均小幅下降。国内玉米饲料企业收购均价每千克 2.05 元，环比下跌 0.9%，同比上涨 9.6%；临储玉米拍卖使得玉米市场供应宽松，大型饲料企业前期库存充足，加之生猪养殖仍处于亏损状态，终端需求不足，饲料企业采购转淡，玉米均价小幅下跌。国内豆粕 5 月均价每千克 3.44 元，环比下跌 0.2%，同比上涨 2.6%；4—5 月国内大豆进口约为 1 700 万吨左右，市场供给充足，国内豆粕价格迅速回落。

综合核算，2018 年上半年，每 500 克鸡蛋饲料成本上升至 2.9～3 元/500 克，完全成本（计算育雏均摊成本）上升至 3.5～3.6 元/500 克。企业盈利空间受到饲料成本挤占。

④蛋鸡养殖利润相对稳定。2018 年上半年蛋鸡养殖利润维持在历年同期高位，每羽蛋鸡养殖利润在 47.07～57.64 元区间波动。

蛋鸡苗均价 3.35 元/羽，期间补栏意愿较强时间段内蛋鸡苗价格上浮 0.03～3.38 元/羽，但总体来看，育雏鸡补栏量仍处高位，蛋鸡苗价格高位震荡。

配合饲料方面，上半年蛋鸡配合料 2.18～2.22 元/千克，原料玉米以及豆粕涨幅较大，但饲料价格对蛋鸡养殖产业的利润影响仍较有限。

2018 年上半年鸡蛋价格从 1 月初的 8.56 元/千克一路下跌至 6.08 元/千克，淘汰鸡价格高位回落，新年初期全国淘汰鸡均价 9.82 元/千克，后期逐步下调，当期淘汰鸡价格为 7.6 元/千克，淘汰鸡价格一路回落主因是一季度淘汰鸡数量增加，2017 年淘汰老鸡基本集中在春节前后淘汰，淘汰鸡数量增加，屠宰场收鸡较为顺畅，淘汰鸡价格随市而落。

整体来看，尽管 2018 年上半年鸡蛋价格以及淘汰鸡价格有所下降，但养殖户养殖利润下降幅度不大，蛋鸡养殖仍有利可收。

⑤规模化养殖程度加深，产业竞争力不断增强。2017 年市场行情疲软形成产业内新一轮洗牌，上半年深度亏损导致省内蛋鸡养殖散户大量退出，但规模化企业不退反进。另外，大资本开始进入蛋鸡行业。种鸡企业已经进入了“诸侯争霸”的时代，雄厚的资金支持也成为种鸡企业继续发展的必要条件，规模化、专业化养殖企业开始吸引大资本的运作。养鸡正从农村的副业，逐渐变成颇具吸引力的投资项目。由于近期鸡价的上涨，将会吸引更多的巨头扩张，散户的生存空间或比 2017 年更小。

（5）蛋鸡疫病分析。目前，引起河北省蛋鸡疫病发生的主要病原有非典型新城疫、大肠杆菌病、鸡支原体病、温和型禽流感、营养代谢病、传染性支气管炎和鸡心包积水综合征（安卡拉病），分别占上半年发病数的 18.89%、18.02%、14.23%、11.65%、6.37%、6.07%和 4.63%，其他疾病只占 20.14%。2018 年上半年蛋鸡疫病的发生主要有以下特点：

①温和型禽流感发病率较高。目前在养殖生产中，虽然死淘率较以前有所下降，但产蛋率下降时有发生，主要以温和型禽流感为主，尤其是禽流感 H9，单独发生时往往没有临床

症状，但随着气候应激、新城疫、大肠杆菌、支原体的混合感染，环境消毒不彻底，病鸡不及时隔离，环境污染严重，病情就会变本加厉，轻者轻微呼吸道症状，严重的采食量下降，产蛋率下降5%～20%，蛋壳质量变差，后期鸡呼吸困难，大多继发卵巢炎、输卵管炎、卵黄性腹膜炎导致死亡。

②高致病性禽流感新流行毒株预防。重视高致病性禽流感的免疫预防工作，尤其加强春防与秋防工作。疫病流行往往与侥幸心理有关。应该增加免疫次数，确保免疫质量。冬春季节每2～3个月加强免疫一次。夏季4～5个月免疫一次。同时高致病性禽流感做好当前疫苗同时，做好新毒株的预防工作。

③做好新城疫全面免疫。新城疫仍处于非典型症状、多发的态势，致死率不高，以慢性呼吸道、产蛋下降、蛋壳质量差为主。往往与多种疾病混合感染，仍是潜在威胁。只有防好新城疫，才能有效降低其他疾病的并发与继发。应该按照当地免疫程序及发病规律，及时调整，合理免疫新城疫，尤其重视首次免疫与二免的间隔时间，二免在免疫冻干苗的同时，必须注射新城疫油苗，增强免疫效果。开产后，定期抗体检测，根据抗体消减，及时免疫。

④关注滑液囊支原体。近两年来，滑液囊支原体病有所抬头，呈散发态势，应予以重视。无论引进雏鸡还是育成鸡，都要从支原体净化好的种鸡场进雏，减少垂直传播、水平传播，发现病鸡及时隔离，注意消毒工作，合理用药，早发现，早治疗。

⑤关注细菌性疾病。细菌性疾病仍以大肠杆菌、坏死性肠炎为主。大肠杆菌病以卵巢炎、输卵管炎、卵黄性腹膜炎以及肝周炎、心包炎、气囊炎为主。平时应该做好环境消毒工作，谨防病从口入。有条件的地区，应该根据药敏试验，以防延误病情。

（二）肉鸡产业发展现状及形势分析

1. 肉鸡产业发展现状

（1）基本情况。河北省肉鸡产业以白羽肉鸡为主，据相关部门数据显示：截至2016年，全省共有肉种鸡场39个，其中祖代及以上肉鸡场7个，父母代种鸡场32个；年出栏5万只以上的规模场出栏总数占比达42.38%；销往京津活禽3 085.8万只，占全省家禽出栏的8%，占当年外销量的94%。商品肉鸡存栏7 990.3万只，鸡肉产量77.7万吨，占肉类总产量的17%。饲养品种主要为罗斯308、AA＋，近年来肉蛋鸡杂交品种817发展较快。因2016年11月山东益生种畜禽股份有限公司引进哈伯德祖代1.6万余只，目前市场零星分布少量哈伯德品种。2017年河北省肉鸡行业上半年受H7N9事件及结构性产能过剩影响，效益不佳，下半年开始回暖。2018年受非洲猪瘟刺激，对巴西反倾销调查期延长，城镇化加速致使麦当劳、肯德基扩容速度加快，中式快餐如吉野家、真功夫崛起等因素影响，肉鸡产业整体利好。

（2）区域分布。祖代鸡养殖主要以河北飞龙家禽育种有限公司（邢台）、北京大丰（易县）为主。目前，河北三兴家禽育种有限公司祖代场（张家口）正在建设当中，2018年引入祖代投入使用。父母代种鸡以河北玖兴农牧发展有限公司、承德三融畜牧发展有限公司、河北滦平华都食品有限公司、秦皇岛中红三融农牧有限公司、秦皇岛正大有限公司、唐山中红三融畜禽有限公司等为代表，形成了沧州、保定、唐山、秦皇岛、承德为主的优势产区。随着环保压力的增大、产业结构调整、禁养区的划定、扶贫等因素影响，养殖区域多向偏远山区或非农耕用地转移。

(3) 养殖水平及规模。商品肉鸡标准化、规模化、机械自动化水平不断提高，三层肉鸡立体笼养饲养方式发展较快，实现了自动饮水、喂料、清粪以及环境控制等，大大节省了劳动力资源，生产技术水平不断得到提高。鸡只健康水平、饲料报酬逐步提升，生产效率已接近国际先进水平，部分养殖场商品肉鸡料肉比甚至可达 1.5∶1 左右。同时，随着土地资源越来越紧张，饲养规模也不断加大。单栋鸡舍尺寸主要为以下几种类型：长 90 米、宽 15.6 米，饲养量为 2.8 万只左右；长 70 米、宽 13.4 米，饲养量为 1.7 万只左右；长 72 米，宽 15 米，饲养量为 2 万只左右。

(4) 主体成本。肉鸡养殖饲料费用占总成本的 65%～70%左右，饲料原料主要是玉米、豆粕，但受粮改饲及粮改豆调降种植面积、工业用粮增加、中美贸易摩擦、不良气候现象以及新兴经济体货币大幅度贬值等因素影响，饲料价格升降难以预判。目前，2018 年饲料价格仍保持了 2017 年的低价位运行，生产成本整体下降。

(5) 消费情况。肉鸡产品消费市场不景气，仍然存在供给端与需求端不相适应的问题，这是全国白羽肉鸡消费的共性。而且鸡肉消费受突发事件的影响较大，如肉鸡激素、速生鸡、H7N9 流感等事件，严重打击了消费者积极性，这也是当下影响国内鸡肉消费的一个关键因素。如何保障产品质量安全，打造优质产品满足国人消费喜好是目前产业亟待解决的问题。

(6) 品牌与文化理念。河北省肉鸡产品主要以冷、鲜为主，占肉鸡消费的 60%以上，风味深加工与调理品的半成品欠缺。此外，创建品牌的意识不足，大部分企业重产量、轻质量，以销售初级产品为主，品牌建设和宣传力度不够，在京津及全国大中城市高端市场知名度较低，京津冀资源利用率低，产品市场竞争力不强，大大制约了肉鸡产业的发展。目前有些企业也开始逐步意识到此类问题，如河北玖兴农牧发展有限公司在保定高铁站建立了玖兴产品专卖店，并通过高速路口树立广告牌、利用微信等公众平台开展企业文化传播，已经初步产生了品牌效应。

(7) 粪污处理及资源化利用。国家的环保政策日益严格，《中华人民共和国环境保护法》《中华人民共和国大气污染防治法》《中华人民共和国水污染防治法》《畜禽规模养殖污染防治条例》《基本农田保护条例》《国务院办公厅关于加快推进畜禽养殖废弃物资源化利用的意见》《农业部关于印发〈畜禽粪污资源化利用行动方案（2017—2020）〉的通知》等一系列法律法规、政策文件相继出台，河北省农业厅、河北省环保厅也下达了相关环境保护政策与文件，在生产、生活环境得到改善的同时，也为肉鸡企业带来更大的生产与成本压力。

2. 肉鸡产业生产形势现状

鸡肉是人们日常生活中主要肉食来源之一。世界鸡肉产量从 2005 年的 6 433 万吨增长至 2016 年的 8 873 万吨，自 1961 年以来，美国、中国和巴西一直是世界肉鸡产量前三位的国家。目前全球鸡肉产量、消费量增长趋势未发生重大变化，但增速明显放缓。我国是世界生产大国，肉鸡出栏量世界第一，鸡肉产量世界第二。我国肉鸡产业经历了缓慢增长阶段（1961—1978 年）、快速增长阶段（1979—1996 年）、产业结构化调整（1997—2006 年）和现代畜牧业转型阶段。2005—2012 年，我国鸡肉年产量及消费量增长明显，2013 年以来受宏观经济增速放缓和疫情影响，鸡肉年产量和消费量明显下降，2016 年，我国鸡肉的产量、消费量分别为 1 230.00 万吨和 1 234.00 万吨。

河北省肉鸡产业链条已基本形成，产业化程度较高，养殖场（户）收益比较稳定。近几年由于受到疫情以及其他政策性因素影响，河北省家禽养殖出现下降，鸡肉产量略有下降。2017 年，全省肉鸡规模化养殖（超过 2 000 只以上）的百分比为 84.37%，存栏 5 万只以上规模企业数量占总数量的 52.38%，超过 50 万只的企业数量占 17.20%，超过 100 万只的企业数量占 9.43%。根据规模化养殖情况显示，河北省肉鸡养殖方式已经从旧作坊养殖走向规模化标准养殖。

3. 肉鸡产业形势分析

（1）肉鸡生产情况分析。根据《河北省主要畜牧统计数字》，2013 年到 2018 年 6 月河北省肉鸡存栏、活鸡出栏、禽肉产量和鸡肉产量如表 16-4 所示。从表 16-4 可以看出，从 2013 年到 2017 年河北省肉鸡存栏在 8 000 万只左右，2014 年的肉鸡存栏量最高，这几年河北省肉鸡存栏量平稳；2013 年到 2017 年活鸡出栏量都在近 50 000 万只，活鸡出栏量平稳；禽肉产量在近 90 万吨，鸡肉产量在 75 万吨左右，从数据上看，都比较平稳。

表 16-4　肉鸡类品的数量

年份	肉鸡存栏（万只）	活鸡出栏（万只）	禽肉产量（万吨）	鸡肉产量（万吨）
2013	8 148.50	48 070.44	86.6	74.40
2014	8 433.70	48 935.66	88.2	75.80
2015	8 071.05	47 956.95	87.01	74.75
2016	7 990.34	49 875.23	90.49	77.74
2017	8 152.60	48 877.72	88.68	76.19
2018 年 1—6 月	2 234.82	出栏家禽 2.7 亿	41.2	—

资料来源：《河北省畜牧统计数字》整理。

（2）肉鸡养殖规模分析。随着蛋鸡产业规模化发展，河北省肉鸡规模以上企业的数量也不断增加，规模化程度也不断增加。截至 2017 年，河北省肉鸡规模化养殖（超过 2 000 只以上）的百分比为 84.37%，存栏 5 万只以上规模企业数量占总数量的 52.38%，超过 50 万只的企业数量占 17.20%，超过 100 万只的企业数量占 9.43%。根据 2018 年河北省保定市的数据显示 1 季度以来，肉鸡价格稳中有升，6 月第三周集贸市场价格 14.08 元/千克，环比下降 0.1%，同比上涨 15.6%；商品代肉用雏鸡 3.03 元/只，环比下降 0.7%，同比上涨 74.1%。由于肉鸡生产主要是合同生产，产业化程度高，生产保持相对稳定，终端消费态势比较稳定。具体的数据见表 16-5 所示。

表 16-5　肉鸡规模养殖比重

单位：%

年份	年出栏数 1～1 999 只占合计数比重	年出栏数 2 000 只以上占合计数比重	年出栏数 1 万只以上占合计数比重	年出栏数 3 万只以上占合计数比重	年出栏数 5 万只以上占合计数比重	年出栏数 10 万只以上占合计数比重	年出栏数 50 万只以上占合计数比重	年出栏数 100 万只以上占合计数比重
2013	20.70	79.30	65.52	—	31.74	17.44	6.15	1.13
2014	29.89	70.11	58.30	—	33.49	20.76	6.75	2.23
2015	24.36	75.64	65.74	52.44	39.04	27.17	11.65	6.20
2016	19.75	80.25	69.50	57.43	42.38	29.77	14.21	7.99
2017	15.63	84.37	74.49	65.86	52.38	39.63	17.20	9.43

资料来源：河北省畜牧局。

（3）肉鸡产量分析。

①年度波动。根据《河北省统计年鉴》数据和河北省畜牧局数据，2013 年到 2017 年禽肉产量和鸡肉产量如图 16-4 所示，从图中可以看出，禽肉产量和鸡肉产量的趋势相似，河北省的鸡肉产量占禽肉总产量约 86%。由图 16-4 可以看出，2013 年到 2017 年鸡肉产量处于平稳的趋势，图中的虚线代表的是根据已有数据推测的趋势，图中的实线是每年实际的产量数据，年度数据表示鸡肉产量处于稳定状态。

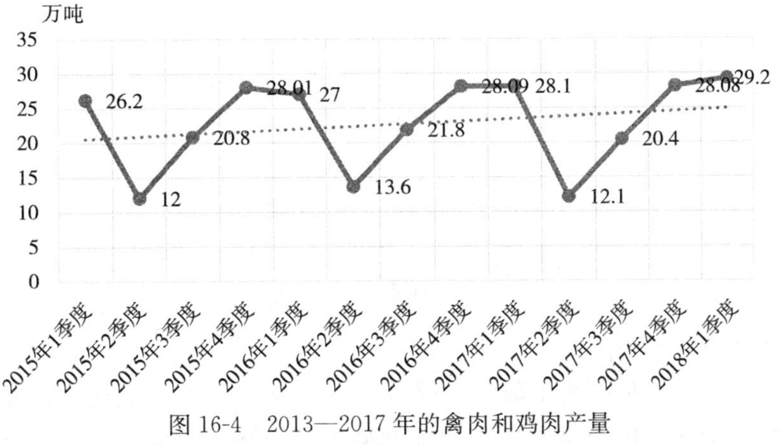

图 16-4　2013—2017 年的禽肉和鸡肉产量

②季度波动。根据图 16-4 中的数据显示，禽肉产量中有约 86%来自于鸡肉产量，由于统计年鉴中没有统计每一个季度的鸡肉产量且 2015 年前的统计数据中没有单独的禽肉，只有所有肉类的数据，因此用 2015 年后的禽肉产量数据替代鸡肉数据有一定的可借鉴性。为了便于比较禽肉产量的变化趋势，将 2015 年到 2018 年每个季度的数据置于图中（图 16-5 所示）。从数据波动情形可以看出明显的规律性特征，也就是说禽肉产量有季节性性变化，每年的第 2 季度禽肉产量最低，每年的第 3 季度稍微高于第 2 季度，每年的第 1 季度和第 4 季度产量都处于高位。根据河北省活鸡集市价格数据（图 16-6 所示），2013 年到 2018 年间活鸡的价格每年 3 月开始出现下滑，直到 5、6 月前后降低到最低水平，9 月至翌年 1 月活鸡的价格会达到高值，也就是说鸡肉的价格也有季节波动性，从图 16-6 中还可以看出 2014

年的活鸡价格趋势跟其他年份均不相同。可见禽肉的产量季节性变化影响原因是多方面的，消费者的消费偏好和节假日的消费影响是季节规律形成的主因。

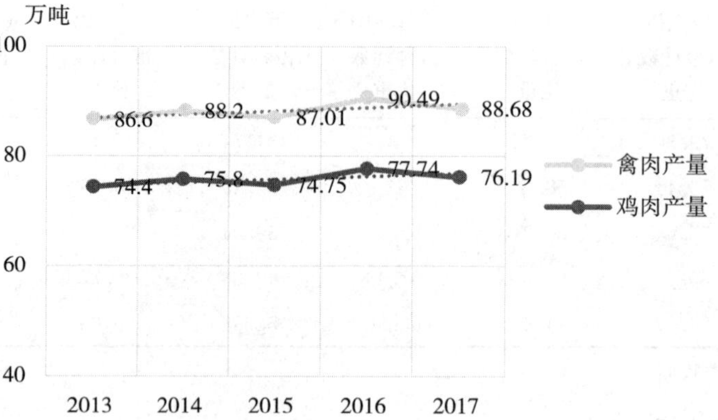

图 16-5　2015—2018 年禽肉产量变化趋势图

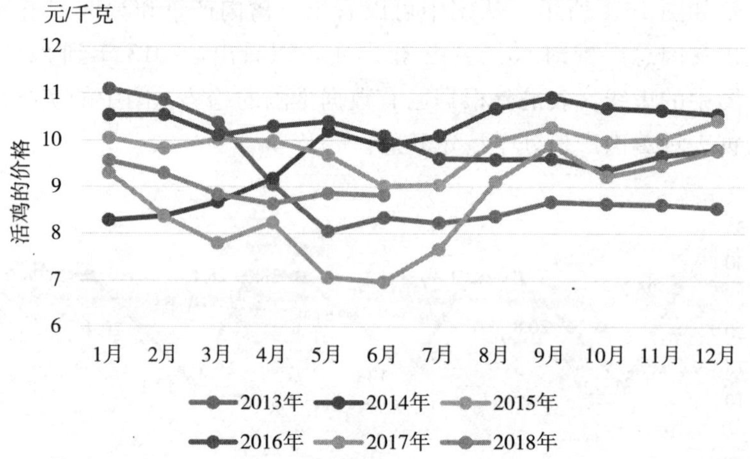

图 16-6　2013—2018 年活鸡价格季节趋势

（4）肉鸡市场行情分析。

①供求关系转换，引种继续受限。2017 年白羽肉鸡市场价格低迷，父母代种鸡企业亏损严重，通过提前淘汰、提前强制换羽和强制换羽延长饲养期穿插进行来调节产能。5—6 月及 10—11 月的常规在产种鸡存栏偏低至 2 500 万套，全年常规在产父母代种鸡平均存栏 2720 万套，同比下降 8.8%。种鸡调节造成鸡苗销量不断波动，2017 年毛鸡出栏量上半年高，下半年低，其中 2 月毛鸡出栏量最高，达 4.2 亿羽；8 月和 12 月出栏量最低，仅达 3.2 亿羽，高低差额极大。全年肉鸡出栏量达 42.6 亿羽，同比下降 5.0%。

2015—2017 年，国际禽流感形势严峻，我国祖代鸡引种渠道和引进品种占比不断变化。2017 年，波兰与西班牙分别于 1 月底及 2 月底暂停进口；从 4 月起，新西兰进口恢复，全年引种量和引种企业数量减少；下半年，国内开始繁育哈伯德祖代鸡。2018 年祖代鸡引种仍受限，全年祖代鸡引种更新量继续保持在 70 万套以下。

到 2018 年为止中国可引种的国家只有新西兰和波兰，其中新西兰有安伟捷和科宝两个白羽肉鸡育种企业，供给罗斯 308、爱拔益加和科宝三个品种，波兰供给哈伯德品种，2018 年前 5 个月中国祖代鸡引种量不到 17 万套。新西兰以前并不是主要祖代鸡供种国，近两年由于美国、法国和英国封关的原因，中国才于 2015 年与新西兰签订引种协议，将新西兰推到了供种的第一线，但其产能有限且新西兰祖代鸡以供给泰国、日本、韩国为主，因此新西兰可供给中国的祖代鸡量无法满足中国需求，2018 年全国祖代鸡引种和更新量仍在 70 万套以下。2018 年祖代鸡引种 48.3 万套，国内繁育约 18 万套，更新量共 66.3 万套，同比上涨约 6%。

②父母代种鸡供给短缺。2018 年 6、7 月父母代鸡苗报价已经上调。从企业沟通情况来看，2018 年父母代鸡苗供给非常紧缺，祖代场每个月的订单量都远超过其产能，父母代鸡苗的价格持续高位。具体报价方面，祖代场现在是把一产祖代种鸡和换过羽的祖代种鸡产的父母代鸡苗分开报价，换过羽的祖代产的父母代鸡苗比一产的价格略低一些。根据中国畜牧业协会的数据，6 月初全口径下的父母代鸡苗均价已经止跌回升。

2018 年商品代肉鸡供给短缺的局面并未扭转，主要基于：第一，2015—2017 年连续三年祖代鸡引种量不超过 70 万套；第二，近两年引种来源国单一且祖代频繁换羽的负面影响已经大面积暴发，父母代死淘率上升、产蛋率下降，且支原体等垂直传染疾病比较严重，在产父母代种鸡存栏量的下降，2018 年商品代肉鸡产量下滑 20%～30%；第三，从 2017 年 12 月开始全行业父母代种鸡都面临着缺种公鸡的难题，种公鸡不足一方面影响了父母代种鸡场的选育，另一方面使得父母代换羽受限。

③鸡苗与毛鸡价格始终处于高位，市场行情向好。2018 年年初，受市场供应紧缩及春节需求旺盛等因素影响，市场扭转 2017 年不景气的市场行情，毛鸡价格处于高位。2018 年年初至 6 月初，商品代鸡苗和毛鸡价格一直都保持在比较理想的水平，其中商品代鸡苗价格最低为 1 月中旬的 1.75 元/羽，商品毛鸡的价格最低为 3 月中旬的 6.8 元/千克，价格中枢整体抬升，鸡价淡季不淡，核心原因就是供给短缺。2018 年鸡价整体表现出了淡季不淡的特征。

主要原因在于：第一，历史上商品鸡苗和毛鸡的价格一般在 7、8 月会上涨，2012—2017 年主产区鸡苗价格 7 月企稳、8 月回升，主产区肉毛鸡价格 7 月和 8 月持续上涨，原因在于 7、8 月为白羽肉鸡消费旺季；第二，2017 年 12 月初到 2018 年 3 月父母代鸡苗周产量基本都不超过 80 万套，而每周 100 万套的产量才是比较合适的，这部分父母代 6 月开始提供商品鸡苗，整个 6—10 月商品鸡苗毛鸡供给都会比较少；第三，目前屠宰企业和经销商的库存还比较低，随着消费旺季到来经销商补库需求增加，将带动鸡产品、毛鸡、鸡苗价格上涨。

（5）肉鸡疫病分析。目前，引起河北省肉鸡疫病发生的主要病原有禽流感、新城疫、传染性支气管炎、传染性法氏囊、心包积液综合征等传染性疫病（其中 H9N2 亚型流感病毒与其他病原的混合感染或继发感染是引发肉鸡疫病感染的主要病原）；鸡白痢、白血病等垂直传播性疾病，肉鸡腹水综合征、腿病、猝死、真菌毒素等营养代谢病和中毒性疾病；免疫抑制性疾病和细菌性疾病。2012 年以来商品肉鸡感染率最高的是 H9，如果将 H9 与 H5 加起来，总的感染率达到 82.21%，这表明导致肉鸡死亡的原因有 82.21%来源于禽流感，由其他疾病导致的只占17.79%。2018年上半年肉鸡疫病的发生主要有以下几个特点：

①肉鸡传染病的种类较多，危害严重。肉鸡疾病种类较多，但危害严重的还是传染性疾病，尤其是病毒性疫病造成的损失更大。传染病病症随着宿主、环境变化和免疫选择压力等临床表现复杂多样，从而出现非典型化；病毒的毒力不断增强，变异频率加快，免疫失败现象加重，毒力增强突破原来能获得有效保护的抗体水平。

②肉鸡疫病混合感染和多重感染普遍存在。在河北省肉鸡场发生的传染病病例中，基本上都存在混合感染、继发感染和出现复合症，使病情复杂化，诊断治疗难度加大，发病率和死亡率增高，如：弱毒型禽流感（H9）＋大肠杆菌等细菌混合感染后，增强了弱毒禽流感（H9N2）的毒力，禽流感病毒又增强了大肠杆菌等细菌的致病性，两者相互作用使肉鸡死亡率增高、饲料转化率降低及增重减慢，药物治疗不理想。

③免疫抑制性疾病较为普遍，危害严重。这也是免疫失败的根源，传染性法氏囊病（IBD）、马立克氏病（MD）、禽白血病（AL）、传染性贫血（CIA）、网状内皮增生症（RE）、新城疫（ND）、呼肠孤病毒（REO）、禽真菌毒素中度等这些是肉鸡的主要免疫抑制性疾病。这些疾病主要损害禽只的免疫器官和免疫系统，造成体液免疫和细胞免疫抑制，以及对其他疾病易感性增高，从而加重其他疾病的危害。特别需要强调的是鸡传染性法氏囊病（IBD）中偏强毒力活疫苗的普遍使用，鸡群的免疫系统受到暂时性或永久性损害，从而导致免疫应答低下，对疾病控制极为不利。

④细菌性疾病危害越来越大，防控难度加大。目前肉鸡细菌性疾病多达20余种，常见有10种，并且有增多的趋势；由于药物的大量使用和不合理使用，细菌的耐药性不断增强，出现了多药耐药现象和临床无药使用的尴尬局面。

⑤营养代谢性疾病时有发生。由于目前肉鸡产业片面的追求肉鸡生长速度快，饲料转化率高。这种做法严重影响了肉鸡体内的生理平衡，导致营养代谢病的发生率呈上升趋势。常见的营养代谢性疾病主要有肉鸡腹水综合征、猝死症及腿病等。

⑥老病未少，新病增多。马立克氏病、新城疫和传染性法氏囊等老病没有减少且仍在持续发生，同时每年不少新病或者老病新变异的情况不断出现，例如2016—2017年的肉鸡支气管栓塞就属于这种情况。

二、河北省蛋肉鸡产业竞争力分析

（一）河北省蛋鸡产业竞争力分析

河北省是我国传统蛋鸡养殖大省，虽然近年该产业有向东向南扩展的趋势，但随着京津冀协同发展战略布局的实施，京津冀三地产业布局形成重大调整，京津两市蛋鸡养殖产业发展受到严格限制，河北省成为该区域鸡蛋产品的主要供应地，同时河北省还是向区域外省份乃至海外供应鸡蛋产品的重要省份，其国内蛋鸡养殖重心的地位仍然不可撼动。近年来，国内经济发生深刻变化，党的十九大提出了新时代“创新、协调、绿色、开放、共享”的全新发展理念，指导产业经济转型与发展。适应国家发展战略和本地产业经济发展的需要，河北省蛋鸡养殖产业突破传统发展模式，向内涵式、可持续发展转型，竞争力水平不断提升，已成为当地农业领域的支撑行业，在农业农村经济发展以及扶贫工作中发挥着重要的引领和带动作用。

1. 产业集中化和生产标准化水平大幅提升，发展空间较大

（1）产业集中化和生产标准化的发展。目前，河北省蛋鸡养殖依然保持“小规模、大群体”特征，小规模低水平的饲养方式仍占相当大的比重，但与 2013 年相比，已呈现集中化、规模化养殖的典型趋势。5 年间年末存栏数少于 500 只的家庭养殖户所占比重由 30.8%下降至 19.2%，这意味着以“散、乱、小”为特点的非专业家庭零散养殖正逐渐退出市场，年末存栏量 2 000～10 000 只的小型养殖场占比上升明显，年末存栏量 5 万只以上的中大型养殖企业所占比重则出现成倍增长，至少 60%的鸡蛋由具备一定生产与技术条件的蛋鸡养殖场提供，其中年末存栏 10 万～50 万只的大型养殖企业已达 73 家，年末存栏 50 万只以上的养殖企业有 6 家，年末存栏超过 10 万只的企业在总企业数量中所占比重虽微乎其微，但承担了行业内 5%的鸡蛋产量（图 16-7）。这些企业生产设备与技术先进，经营理念与管理科学化水平高，部分龙头企业实现了全产业链生产，有效整合了生产资源，实现了循环经济和规模经济效益。这些企业生产的标准化程度不断提升，成为符合“养殖设施化，品种良种化，生产规范化，防疫制度化，粪污资源化和管理信息化”要求的示范场，带动河北省中小型蛋鸡养殖企业实现规模化经营及标准化规范化管理，有效促进了河北省蛋鸡产业的转型升级，提升了河北省蛋鸡产业的竞争力水平。

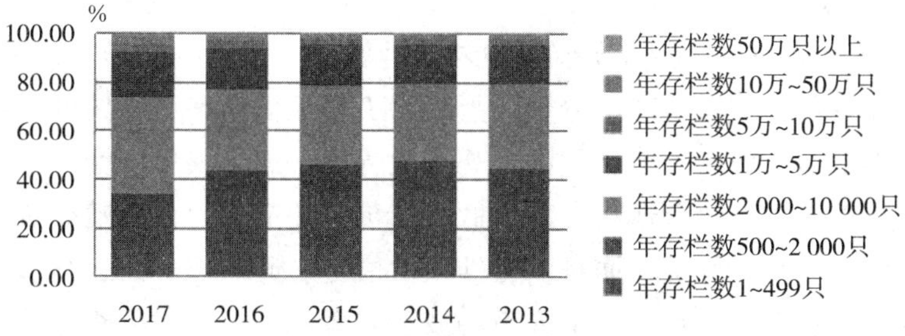

图 16-7　河北省蛋鸡规模养殖比重变化趋势图

（2）产业集中化和生产标准化提升的成效。河北省规模化与标准化养殖的效益已初步显现，促进蛋鸡养殖规模的扩张，目前蛋鸡存栏量与鸡蛋产量均有了较大幅度提升，即使在 2017 年遭遇重大疫情的情况下，蛋鸡存栏量仍保持了较大增长，但是鸡蛋产量受市场需求冲击略有下滑。虽经过 2017 年上半年蛋鸡市场的低迷，但下半年伊始，蛋价开始回升，蛋鸡养殖竞争格局加剧，2017 年 9 月后市场开始了长达 5 个月的高位运行，养殖开始扭亏为盈，养殖企业（户）补栏意愿高涨，止损减量后纷纷再次补栏，因而 2017 年末存栏状况仍高于 2016 年。2018 年上半年，我国蛋鸡养殖在国家畜禽禁养限养的环保政策实施下，禁养、限养区内中小规模养殖户加速退出，蛋鸡期末存栏量呈现稳中下降趋势。

2. 企业养殖科技化程度不断提高，但与发达地区相比仍存在差距

（1）养殖方式出现科学化趋势。目前省内主要的蛋鸡饲养模式是阶梯式笼养和层叠式笼养，采用层叠式笼具结构的养殖场逐渐增加，层叠式蛋鸡笼养成套设备占地面积小、空间利用率高、鸡粪分层清理，基本满足了鸡群的生物习性要求，提高鸡舍环境质量。此外，结合

全封闭环境控制模式，蛋鸡养殖可实现高效益管理模式。随着劳动力和土地资源的日趋紧张，蛋鸡层叠式笼养优势将越发明显，不仅降低了劳动强度和劳动成本，而且大大降低了疫病的发生率。

（2）粪污处理的机械自动化达到一定规模。蛋鸡养殖场清粪方式有机械、人工两种方式，目前省内机械清粪养殖场户约占 45%，如邯郸市邱县、磁县已实现全部机械化清粪。采用层叠式笼具饲养的蛋鸡养殖场，采用履带清粪系统，鸡粪全程不落地可改善舍内环境，自然风干后进行无害化处理，不仅提高劳动效率，而且有利于土地利用率的提升。

（3）蛋鸡养殖的饮水自动化程度高。目前省内蛋鸡养殖场多数已实现饮水自动化，应用饮水、喂料、集蛋自动化系统，相较于传统模式，不仅降低了水质、饲料的污染，而且减少了资源的浪费。为进一步保障鸡舍的环境质量，提高鸡群的健康水平，部分中大型养殖企业使用节能高效的风机、湿帘，合理设计通风系统，如：冬季均匀进风口的设置，污道一端排风，并在排风口安装净化处理设备等。

（4）蛋鸡养殖的整体自动化、机械化水平仍较落后。虽然生产的自动化和机械化水平纵向来看有所提升，但是与国内后起的发达地区、尤其是与国外相比，河北省蛋鸡养殖的自动化和机械化水平仍然偏低。目前蛋鸡养殖仍主要以阶梯笼养为主，集中笼养情况下由于受到养殖习惯和改善养殖方式成本较大等因素的影响，养殖主体在改善养殖设备方面的投资较大，河北省规模化养殖比重偏低，在蛋鸡养殖收益不稳定的情况下，推行蛋鸡养殖自动化和机械化比较困难。

3. 产业链条不断延伸，内涵式发展成为大势所趋

蛋鸡产业涉及育种、饲料生产、养殖、蛋品加工、运输仓储、市场推广等环节。长期以来，由于缺乏生物工程等技术支持，我国蛋鸡产业育种、加工及市场推广等产业链两端发展羸弱，将生产主要集中于养殖和运输仓储等低附加价值环节。而在养殖环节，企业不仅要承担疫情、市场价格波动等高风险，而且因为处于价值链的低端环节而丧失市场定价权和获益权，维持着较低利润水平，一旦有疫情或市场波动，养殖场（户）、尤其是小微型养殖户将面临亏损，在市场竞争当中极为脆弱。但是近两年，随着市场集中度的不断提高，大型养殖企业的迅速崛起，这种“只大不强”的局面正在得到改善，产业链条的延伸已成为大趋势。

首先，国内育种企业市场份额迅速扩大，国内外品种开始平分秋色，甚至国内品种超过半数并有快速有上升趋势。目前进口品种主要有海兰系列、伊莎系列和罗曼系列；国产品种有京红、京粉、农大三号、大午金凤、太行鸡、北京油鸡等，进口与国产品种市场份额接近 1∶2。从河北省育种行业看，省内现有祖代蛋种鸡场 5 个，存栏 17 万套，父母代蛋种鸡场约 75 个，存栏量约 390 余万套，孵化场有 80 多家，年孵化能力在 3 000 万以上的有 2 家，1 000万以上的 5 家，其余大都在 1 000 万以下，最小的年孵化能力也有 200 万羽。现在国内品种从生产性能方面与国外品种并无区别，国内品种环境适应性好、抗病能力强、产蛋率高逐渐被行业所接受，市场占有率不断扩大。

其次，一些大型企业开始谋求全产业链发展。以河北省大午集团为例，现在已经成为集种植、养殖、农产品加工、农业观光旅游、民办教育、医疗养老等行业为一体的全产业链发展模式。该集团建立种禽有限公司，开发了金凤等本地品种，公司下设国家级蛋鸡核心育种

场、曾祖代鸡场、祖代鸡场、父母代种鸡场、育雏育成场，饲养原种鸡 3 万只，祖代鸡 8 万套，父母代种鸡存栏 80 万套。公司把握市场先机，建立了宠物食品科技有限公司，开发宠物猫粮狗粮；建立饲料有限公司，开发鸡、猪、牛、羊等畜禽粉状颗粒配合饲料、浓缩饲料等产品。同时，科学利用旗下养殖企业产生的粪污建立了肥业公司，形成了集技术研发、生产、销售技术服务于一体的现代肥料企业，开发生产复混肥、BB 肥、生物有机肥等产品。除此以外，该集团还建立了食品公司，并涉足旅游公司、教育、医疗等服务行业。全产业链发展是企业集约化、规模化经营的有效路径，也是整合行业资源、充分发挥大企业科技、管理优势的重要手段。

再次，产业内的饲料加工、粪污处理附产品生产、产品深加工等配套行业也得到不同程度的发展，相关企业随着养殖企业规模的不断扩大和市场的不断集中，也如雨后春笋般开设和成长起来。产业链条的完整化不仅使省内蛋鸡养殖产业形成更坚实的发展基础，能够承受更强的市场冲击，避免出现 2015 年因美国等国家疫情突发封关而引发引种危机等尴尬局面，同时又能够促进整个产业的转型升级，提高产业整体竞争力水平，促进产业健康快速发展。

最后，蛋品的深加工技术水平落后，蛋品加工业仍需奋起直追。西方发达国家蛋鸡产业深加工蛋品种类繁多，广泛用于食品加工企业，如蛋粉、液态蛋、冰蛋、特种蛋制品等。液态蛋中，有全蛋液、蛋白液、蛋黄液、加盐蛋黄液、加糖蛋黄液、酶改性蛋黄液等。美国一些大型加工企业利用技术优势生产的蛋加工品深受国际市场欢迎，不仅出口北美，还大量远销至东亚及其他国家或地区。据统计，美国鸡蛋深加工比例达到 30%左右，而中国鸡蛋主要以国内鲜蛋消费为主，蛋品深加工量只有 1%，蛋加工品在国际上没有竞争力。河北省鸡蛋加工业则处于尚待开发的初级阶段，根本原因在于中国鸡蛋加工品的市场潜在需求容量过小。受制于进口国严格的“门槛”限制壁垒，鸡蛋加工品的出口缺乏吸引力，因此，市场需求驱动力严重不足，成为影响中国鸡蛋加工业发展的瓶颈。而且中国的蛋品加工企业数少、产品加工能力小，在中国蛋鸡产业发展的关键阶段，行业缺乏观念、市场、技术以及运作模式的创新，制约了鸡蛋加工业的发展。

4. 养殖效益偏低，产业竞争力仍需进一步提升

目前，河北省养殖企业普遍成本偏高。蛋鸡养殖成本主要受蛋鸡品种、饲料价格、蛋鸡产蛋周期、料蛋比等因素影响。近年来，鸡苗、人工成本和土地租金等多项成本大幅度上涨，同时养殖户和养殖企业缺乏议价能力，无法通过定价转移成本，利润空间压缩，利润得不到保证。养殖科技水平、生产管理水平、饲料品质等因素又直接影响蛋鸡产量和蛋料比，造成生产效率偏低，进一步限制了省内企业的盈利空间。

同时，养殖场（户）又面临较高养殖风险，易形成风险损失，这些风险主要表现在以下两个方面：一是价格的不确定性。蛋鸡养殖与市场供应之间存在着一定的时间差，蛛网模型特征鲜明，不了解市场规律的小微型养殖户易受价格短期波动干扰，短期决策随行就市，但生产周期的存在易导致市场供给与市场需求逆向波动，引发市场更大波动。同时，市场价格本身具有很大的不确定性，波动频繁，具有较强的季节性特征，且市场供需弹性大，疫情、政策变化、宏观经济环境等因素都会对市场价格产生较大影响，养殖户一旦对市场趋势把握不准，很容易造成亏损。鸡蛋价格常年保持季节性波动规律，疫情暴发等突发性事件又易产生市场冲击，导致如2017年上半年整体市场的低迷，并产生连锁反应，使养殖户经营亏损。二是疫情和疾病的威胁。目前，河北省蛋鸡疫病发生的频率仍然较高，疫情一旦暴发蛋鸡养殖效益会受到很大的影响，疫情传播会导致在产蛋鸡规模下降，蛋鸡及其副产品的价格也会因此产生波动，进而降低养殖户补栏意愿，影响市场供求，最终给蛋鸡养殖产业发展带来很大的阻碍。此现象的发生一方面是因为我国蛋鸡养殖企业不重视养殖环境改善与保护，饲养模式不科学，养殖密度高，养殖场内缺乏有效的卫生管理及安全隔离制度，没有安全的排水系统，用药安全未能引起足够重视，这些养殖管理过程中的问题增加了疫病发生的概率，加速了疫情传播；另一方面小微养殖场（户）在疫病防控技术方面又存在很大欠缺，很多养殖户对于疫病知识了解不够深入，发现疫情不能及时处理，导致疫病更大规模的扩散，造成更大损失。

5. 河北省蛋鸡产业需各方合力，实现协同发展

（1）营造良好市场环境，促进规模化、标准化经营的进一步发展。建立蛋鸡养殖的示范场，将规模化、标准化经营的成功经验在不同层次企业进行推广。充分利用“互联网＋”“大数据”等信息平台与信息资源，扩大养殖技术与市场信息的传播，探索传统农业与现代市场经营模式的结合与协同发展。

（2）建立完整的产业链条，促进产业的可持续发展。重点扶持蛋肉鸡产业设备制造、育种、深加工和副产品开发与生产企业的发展，在蛋鸡产业集聚区域提供政策优惠，引导、鼓励大型养殖企业形成全产业链经营模式，以率先发展起来的大集团、大企业为龙头，带动当地产业协同发展，形成产品研发、经营模式创新的市场氛围。

（3）加大对创新型蛋鸡企业的扶持，提高蛋鸡产业科技含量。一是提高蛋鸡产业的规模化和产业化，培育龙头企业，加强高效养殖等综合配套技术的研发和推广；二是加大对分子育种技术的研究，培育出我国自己的优良种鸡品种；三是加大对生物疫病防治的研究，加快研制推广新疫苗、新药剂、快速诊断等技术，以及时控制疫病蔓延；四是加强鸡蛋保鲜与深加工技术的研发，重点研发鸡蛋保鲜、深加工和长距离运输等技术，大力提高鸡蛋加工品的多样性与卫生安全质量；五是科学测算饲料转化效率，提高饲料转化效率以降低饲料成本，跟踪饲料生产、饲用等环节，提升饲料转化效率。搭建高效运转的产学研平台，研发适合中国蛋鸡养殖业的饲料配方，形成适用于不同品种、不同养殖区域的饲料配方体系。

（4）建立市场预警机制，防范市场波动冲击。发挥政府管理部门、基层科研机构、各地实验站的重要作用，开展针对养殖企业、尤其是小微规模养殖户的技术与市场培训，开展定期市场预警并利用网络平台、移动平台及时有效发布市场信息。

（二）河北省肉鸡产业竞争力分析

河北省肉鸡产业分布区域，祖代鸡养殖主要以河北飞龙家禽育种有限公司（邢台）、北京大丰（易县）为主。目前，河北三兴家禽育种有限公司祖代场（张家口）正在建设当中，预计2019年引入祖代投入使用。父母代种鸡以河北玖兴农牧发展有限公司、承德三融畜牧发展有限公司、河北滦平华都食品有限公司、秦皇岛中红三融农牧有限公司、秦皇岛正大有限公司、唐山中红三融畜禽有限公司等为代表，形成了沧州、保定、唐山、秦皇岛、承德为

主的优势产区。随着环保压力的增大、产业结构调整、禁养区的划定、扶贫等因素影响，养殖区域多向偏远山区或非农耕用地转移。

1. 产业环境竞争力分析

（1）自然条件环境。

①气候环境。河北省地处京津冀经济开发圈，地理区位优越，省内发达的交通运输条件也有利于农产品销售和流转，为河北省肉鸡销售提供了巨大的市场。

河北省境内名胜古迹较多，如有清西陵、东陵、白洋淀、避暑山庄、直隶总督署等以及太行山脉连片的景区，旅游业较发达，为肉鸡的销售开辟了更广阔的市场。

河北省气候条件好，适合养鸡。且自古以来人们就有养鸡的习惯，经过长期的饲养，积累了大量的经验，为肉鸡健康养殖提供了保障。

②饲料资源丰富。河北省是我国重要的粮食主产区，饲料工业从 20 世纪 70 年代开始起步，1994 年跨入全国饲料工业大省行列，至今全省饲料总产量保持在全国前 5 位。兴达、凯特、希望、正大等品牌饲料均有生产加工厂在河北，丰富的饲料资源为肉鸡养殖业快速发展提供了可靠保证。近年来，河北省作为蛋肉鸡养殖和饲料生产大省，蛋鸡存栏和鸡蛋产量在全国排名居前 3 位，肉鸡存栏和鸡肉产量居全国第 6 位，饲料产量排名基本处在全国第 3～5 名的水平。

（2）社会条件环境。产业扶贫政策方面，河北省康保县作为国家级深度贫困县，2018 年康保弘爱集团，免费发放坝上长尾鸡 10 万羽，带动了 1225 户贫困农户养殖，户均增收 840 元。2018 年公司通过“互联网＋”的模式，启动“五保鸡窝”销售 APP，通过佩戴脚环建立养殖户可追溯机制。2019 年启动地方特色产业百万坝上长尾鸡扶贫免费发放项目，可以带动 5 000 户以上贫困户参与坝上长尾鸡生态养殖，实现经济收入 1.125 亿元，使贫困户收入 2 250 万元，户均增收 4 500 元。利用坝上长尾鸡养殖，启动扶贫粮仓项目，带动 2 万余户农户种植 2.74 万公顷土地，可加工 4 106.25 万千克粮食，可挽回农户直接粮食损耗 328.5 万千克，通过与阿里巴巴签订的供货合同，销售贫困户养殖的土鸡系列产品。地方特色产业坝上长尾鸡林下养殖，为康保农民提供了新的就业机会，同时也带动了相关产业发展，对发展当地经济精准扶贫具有极强的推动作用。

2018 年年初，张家口市绿色田园禽业科技有限公司在崇礼区委、区政府的支持下启动“金鸡特色产业扶贫工程”，在石嘴子乡一带建设年产 4 亿枚精品鸡蛋、2 000 万只优质宫廷黄鸡、10 万吨有机肥，集地方鸡品种繁育、产业化开发、饲料生产、肉蛋食品精深加工（与德国巴德集团合作）、农业废弃物沼气、发电、肥料综合利用为一体的农业特色循环产业集群。“金鸡特色产业扶贫工程”运营期 25 年，每年可为贫困人口增收 1 500 万元。工程实施可使全区提前两年完成贫困人口的脱贫致富，为有效繁荣农村经济和推动特色产业发展做出积极贡献。

2018 年康保县政府规划依托乾信牧业产业模式，通过政府引导，推动种植大户和乾信牧业合作，鼓励种植户用有机肥种植生产高端农产品，乾信牧业回收副产品（利用有机肥种植出的亚麻榨油后留存的亚麻饼作为饲料生产原料），打造种养结合模式，既减少了化肥的使用率，保护了生态环境，又形成了生产绿色高端农产品的产业模式。为经济发展夯实基础，带动农民脱贫致富，守住生态和发展两条底线，实现“生态美”“百姓富”目标，力推“大扶贫”和（生态农业、生态旅游）“大生态”战略相互融合、相互促进，打造生态脱贫攻坚示范区。2018年5月省级财政扶贫专项资金6 000万元入股企业肉鸡养殖项目，东小白旗乡槽碾沟村发展肉鸡产业年饲养能力70万只，顺道地村发展果树16.67公顷，满杖子乡西北沟村发展肉鸡产业，年饲养能力100万只，果树10公顷。直接带动全县8个乡镇110个非贫困村的7 500户贫困户脱贫，涉及14 494名贫困人口。2019年新建的两个养殖小区包括饲料、肉品厂可直接提供就业岗位110个，增加就业人员工资400万元左右；调理品车间可增加地方就业岗位500个，扩大就业扶贫成果。

承德三融畜牧有限公司年回收农民养殖的肉鸡4 000多万只，平均每只鸡纯利润2元，增加农民收入8 000多万元。吸纳45个贫困户入厂，年取得劳务收入142万元。承担了承德县政府“资金收益扶贫肉鸡养殖场建设项目”，县政府第一期投资5 000万元，建设4层笼养肉鸡养殖场20栋，承包期15年，承包期共交纳承包金8 500万元，流转土地14公顷，安排农村劳动力110名，年增加收入330万元，按每年每个贫困户分红入股资金1 200元计算，项目可带动4 700个贫困户。

环境保护方面，2018年三融畜牧有限公司投资2 800万元建设区域循环农业项目，分8个区域收集农民养殖场粪污，进行集中处理，实现养殖废弃物的循环利用。河北乾信牧业股份有限公司投资2 800万元在康保县土城子小庙洼建设区域循环农业项目，实现粪污无害化处理，实现10个养殖小区每批300万肉鸡粪污处理。河北芳草地牧业有限公司投资2 807万元，在尚义县满井镇炕塄村建设区域循环农业项目有机肥厂，年加工处理畜禽粪便5.65万吨，年产4万吨有机肥，预期2019年将陆续投入生产。

2. 市场需求竞争力分析

（1）产业发展优势。河北省肉鸡由于利益关系紧密的链条经济基本形成，产业化程度较高，养殖场（户）收益比较稳定。近几年由于受到疫情和中央八项规定等因素的影响，河北省家禽养殖出现下降，鸡肉产量略有下降。河北省存栏5万只以上规模企业数量占总数量的半数以上，超过100万只的企业数量约占10%。根据规模化养殖情况显示，肉鸡养殖方式已经从旧作坊养殖逐步走向规模化标准养殖的转变期。2018年唐山和秦皇岛地区的肉鸡规模化发展明显，从养殖规模来看，肉鸡年出栏30 000只以下的规模场在减少，比2017年同期减少了66.5%；肉鸡出栏30 000只以上的规模户在增加，比2017年同期增加了56.5%。

①生产效率接近国际水平。商品肉鸡标准化、规模化、机械自动化水平不断提高。鸡只健康水平、饲料报酬逐步提升，生产效率已接近国际先进水平，部分养殖场商品肉鸡料肉比甚至可达1.5∶1左右。同时，随着土地资源越来越紧张，饲养规模不断加大。单栋鸡舍尺寸主要为以下几种类型：长90米、宽15.6米，饲养量为2.8万只左右；长70米、宽13.4米，饲养量为1.7万只左右；长72米，宽15米，饲养量为2万只左右。

②特色地方鸡在燕山山脉适度发展。河北优质地方鸡太行鸡主要在唐山、秦皇岛两市的玉田、丰润、遵化、迁西、迁安、青龙、卢龙等燕山山地养殖，存栏200万只。2018年5月遵化美客多集团引进3 000只北京油鸡，代替三黄鸡生产参鸡汤，效果明显。2018年8月23日，美客多集团公司与北京农科院畜牧兽医研究所合作建设北京油鸡曾祖代保种基地项

目签约。

（2）需求方面分析。长期以来，我国大多数居民有消费鸡肉的习惯，鸡肉生产出来后基本用于食用。美国人均消费鸡肉50千克以上，日本人均消费鸡肉40千克以上，目前我国人均消费鸡肉10千克以上。根据2017年国家统计局数据，河北省常住人口数量约为7 520万人，其中城镇人口3 302万人，乡村人口占河北总人口的54.4%。

2016年二胎政策全面放开后人口出生率也仅有12.95‰，2017年又出现下降趋势，回落至12.43‰。人口增长速度放缓意味着劳动力升值，而市场需求方面需要提高人均肉鸡消费。因此在新时期，供需关系成为影响肉鸡价格和养殖收益最大的决定因素。

3. 企业竞争力分析

（1）全省蛋鸡养殖企业总体实力竞争力。

①规模化程度。随着社会经济的不断发展，散养及小规模养殖加快退出，万只以上规模发展迅速，全省蛋鸡产业的规模化程度逐年提高。据行业统计，肉鸡年出栏量2 000只以上的，近5年每年规模化提高5%。而市场调查数据显示，目前全省存栏100万只以上肉鸡年出栏量约占全省出栏量的10%。

②设备水平、自动化程度。商品肉鸡标准化、规模化、机械自动化水平不断提高，三层肉鸡立体笼养饲养方式发展较快，实现了自动饮水、喂料、清粪以及环境控制等，大大节省了劳动力资源，生产技术水平不断得到提高。

（2）企业经济实力及影响力。

①种鸡养殖影响情况。2018年张家口地区河北三兴家禽育种有限公司在宣化区贾家营镇双营子村北投资1 700万元新建两座祖代肉鸡舍，9月14日引进AA祖代肉用雏鸡1万套，16 600只。2018年是肉鸡产业几十年不遇的好市场：达到父母代种鸡价格75元、商品鸡价格8.7元的高峰。鉴于2016年以来连续三年祖代鸡引种低于80万套，肉鸡产业将迎来近年更好的机会。2019年，河北三兴将计划投资1 500万元新建一座年入孵1 500万元枚种蛋的孵化场，新建一座3万套祖代场，合计投资约2 500万元。2019年3月、9月分别引种2万套；预计可销售父母代雏鸡74万套，满足部分市场需求。

2018年承德地区现有父母代肉种鸡场5家，分别是河北滦平华都食品有限公司付营子种鸡场、河北滦平华都食品有限公司偏桥种鸡场二区、河北滦平华都食品有限公司偏桥种鸡场一区、承德融融禽业、承德三融畜禽有限公司。年底存栏父母代肉种鸡33.3万只。张家口地区现有父母代肉用种鸡场4家，分别是怀来县茂源养殖有限公司、怀来鑫东肉鸡养殖家庭农场、怀来县新保安镇科康达养鸡场、涿鹿的张家口一舟禽业有限责任公司郭庄养鸡场。年底存栏AA父母代肉种鸡23.3万只。预计2019年可销售商品肉鸡8 500余万只，基本能够满足本区域商品肉鸡场购买雏鸡能力。

②区域企业肉鸡发展情况。2018年上半年统计结果显示，张家口地区商品肉鸡饲养场58家，预计年度出栏商品肉鸡1 486.3万只。其中依据河北乾信牧业股份有限公司企业调查，目前有7个养殖小区投产，每批存栏200万只。尚义县河北芳草地牧业有限公司套里庄乡元卜洞村有14栋鸡舍，满井镇三盖脑包村鸡舍20栋鸡舍也于11月投入生产，2018年度出栏预计900万只。2019年康保县康保镇丁家营村合计10栋鸡舍（笼养）、康保县闫油坊

乡白围子村合计 10 栋鸡舍（笼养）、康保县邓油坊镇东村合计 10 栋鸡舍（笼养）建成投产，每批存栏量将达到 90 余万只。赛罕不落村 12 栋鸡舍，预计 2019 年开始建设，年底投入使用。张家口地区肉鸡产业发展将迈上新的台阶，向集约化、产业化、规模化方向发展。2018 年上半年调查数据显示承德地区现有商品肉鸡养殖场 245 家，预计年度出栏商品肉鸡 4 000 余万只。

③产业基地促进肉鸡企业发展。2018 年承德三融畜禽有限公司投资 1 800 万元对肉鸡屠宰加工厂、饲料加工厂进行技术改造，技改扩能项目完成后年可生产饲料 16 万吨，屠宰肉鸡 4 000 万只。同时，该企业认真贯彻落实《环境保护法》，积极响应党和政府打好“蓝天保卫战”和“绿水保卫战”的要求，投资 200 万元淘汰了两台燃煤锅炉，更换了 2 台燃气锅炉，屠宰加工厂的污水处理厂在处理后的排放物完全达到国家标准的情况下，安装了在线监测设备，能实时监测污染物的排放情况，从而有效的降低了大气污染物排放，使污水达标排放。

2019—2020 年承德三融计划在 2 年内新建自动化、标准化四层笼养肉鸡养殖场 5 处（40 栋鸡舍），新建年孵化 5 000 万只雏鸡的雏鸡孵化场 1 处，存栏 10 万套父母代种鸡场 1 处，年屠宰 5 000 万只的屠宰加工厂 1 处，将促进所在区域肉鸡产业的稳步发展。河北乾信牧业为满足肉鸡产业的发展需要，增加投入进行技改扩能，2018 年为了保证全部回收当地农民饲养的肉鸡，投资 1 800 万元对肉鸡屠宰加工厂、饲料加工厂进行技术改造，技改扩能项目完成后年可生产饲料 16 万吨，屠宰肉鸡 4 000 万只。

2018 年尚义县套里庄乡元卜洞村利用扶贫资金建设鸡舍 14 栋，满井镇三盖脑包村新建肉鸡舍 20 栋，目前已经投入生产。河北芳草地牧业有限公司 2019 年计划总投资 74 019.6 万元，其中：投资 33 264 万元新建 10 个白羽肉鸡养殖小区（150 栋现代化养殖鸡舍，固定资产投资 25 307 万元，流动资金投入 7 957 万元），年出栏白羽肉鸡 2 000 万羽；投资 25 898.75万元，建设 5 000 万羽屠宰加工厂厂房，完成 3 000 万羽白羽肉鸡屠宰及深加工链条建设；投资 3 216.9 万元建成年出栏 3 000 万只雏鸡孵化场；投资 2 869 万元建成年产 12 万吨颗粒饲料厂；投资 8 770.95 万元建成年出栏 24 万种鸡的 3 个种鸡场。

项目建成后，经济效益、社会效益、生态效益十分显著，能够有效提高农民收入。随着养殖场、孵化厂、屠宰加工厂、有机肥厂的陆续建成，能有效促进当地贫困人口就业，提高人均年收入，还能辐射带动种植业的发展。该项目通过“统一供雏、统一供料、统一供药、统一防疫、统一回收”的模式推行规模化、产业化养殖，培养了一大批产业发展带头人和技术人才，带动全区域肉鸡产业规模化发展，极大地促进了现代化农业整体扩容提质。

4. 产品竞争力分析

（1）产品品牌。2018 年 11 月 18—20 日北京国际农业农产品展览会上，河北乾信牧业的产品“生态鸡”荣获农产品（食品）金奖。品牌的建立需要时间沉淀，实现精品战略，给客户提供高质量产品，2019 年将协助三兴打造“远行禽业”种鸡品牌，继续加强“坝上长尾鸡”品牌建设，进一步促进多家企业取得“无公害农产品认证证书”。通过产品提升，可提高企业的市场占有率，增强企业竞争力，为发展地方经济和带动农户脱贫提供保障。

（2）产品质量。河北省境内有优良的地方品种——太行鸡和坝上长尾鸡。2018 年前三个季度的禽肉产量 63.9 万吨，同比增长 3.6%，其中鸡肉约占 85%左右，约 55 万吨，近几年河北省鸡肉产量稳定。

地方鸡种主要采取生态放养方式，生产的产品因其品质优良深受消费者喜爱。经测定太行鸡肌肉鲜红，干物质中蛋白质含量约 88%，脂肪含量约 3%，游离氨基酸含量高达 226.77 毫克/克。氨基酸丰富，且配比合适，有利于吸收。肌纤维直径细，为 25～26 微米，腿肌肌苷酸含量为 3%，硫胺素含量 2.42%～2.59%，牛磺酸含量为 1.9%～2.35%，这些风味物质显著高于快大型肉鸡。且口感醇香，滑嫩多汁，有咬劲，熬制的鸡汤风味更浓。太行鸡适于制作北方传统佳肴，市场前景看好。如石家庄洛杉奇用太行鸡公鸡生产加工的扒鸡以其肌肉弹力好、风味独特、口感香醇备受消费者青睐。还可用淘汰母鸡加工坛鸡、罐鸡、熏鸡、白斩鸡等。随着人们生活水平的提高，对优质鸡肉的需求量剧增，且河北省环绕京津两地，人口密集，高端产品消费群体大，太行鸡的发展前景广阔。

三、河北省蛋肉鸡产业存在的问题及成因分析

（一）育种依然是瓶颈问题

1. 蛋鸡自主培育品种市场占有率较低，地方优良种质资源保护和利用率低、繁育与推广体系不健全

河北省饲养的主要蛋鸡品种有海兰、罗曼等进口品种及农大 3 号、京红、京粉、太行鸡等。其中海兰系列蛋鸡存栏量约占 60%～70%；其次是京红京粉系列约占 10%；罗曼系列约占 7%；农大系列约占 7%；大午系列约占 5%；太行鸡及其他品种小于 1%。自主品牌市场占有率较低。

优良地方品种太行鸡、坝上长尾鸡遗传资源的保护力度需要加强，其高度适应力、抗病力、耐粗饲能力、抗旱力以及优良的蛋肉品质等特性急需开发利用。

目前河北省地方鸡品种生产还处于原始品种的低水平繁殖销售阶段，个体生长、繁殖、饲料利用率和肉品质低，市场占有率低。地方鸡种的肉用性状正在逐步退化，在肉用专业化开发方面没有形成配套系，缺乏长远的开发利用规划。坝上长尾鸡存栏量因养殖农户减少而导致逐年下降，保种已成了紧迫性任务。

2. 肉鸡种鸡供给短缺持续，祖代引种受限，父母代换羽严重，商品代质量不高

2014 年 11 月以来由于国际禽流感持续暴发，我国在 2015—2017 年相继对美国、法国和波兰的禽类及相关产品进口采取封关措施，引种严重受阻。2014 年以前，最主要是美国和法国；2017 年主要引种国为新西兰、西班牙、加拿大。加上全国肉鸡产业祖代场企业的自律，引种数量受控。祖代鸡养殖主要以河北飞龙家禽育种有限公司为主，河北三兴家禽育种有限公司祖代场（张家口）正在建设当中，2018 年引入祖代投入使用。河北飞龙家禽育种有限公司引种情况为：2013 年 9 万套；2014 年 6 万套；2015 年 2 万套；2016 年 4.4 万套；2017 年 2 万套；2018 年 6 万套；三兴引种 4 万套。

父母代种鸡以河北玖兴农牧发展有限公司、承德三融畜牧发展有限公司、河北滦平华都食品有限公司、秦皇岛中红三融农牧有限公司、秦皇岛正大有限公司、唐山中红三融畜禽有

限公司等为代表。父母代方面，受 2017 年 4 月、10 月全国性的两次产能调整，父母代强制换羽增加，造成商品鸡供应多，市场变弱。2018 年随着父母代仍供应紧张，虽然也做换羽，但市场目前看不会有大的调整。

受肉鸡祖代引进封关影响，白羽肉鸡祖代短缺，父母代换羽程度严重，导致后续商品代鸡苗质量参差不齐，总体均匀度较低，淘汰率相对较高。

（二）疾病防控形势依然严峻

1. 蛋鸡疾病防控问题及成因

虽然蛋鸡规模化程度在逐步提高，但就整体而言，存栏万只以下的养殖场（户）蛋鸡比重仍占 55.3%。这类群体普遍存在饲养管理不规范、疫病防控程序不完善、鸡舍较差等问题，且由于病毒变异快、来源复杂，疫苗研制滞后，同时外来动物疫病传入风险也趋增多，致使疫病防控压力大大增加。此外，近年来，部分父母代和商品代养殖场滑液囊炎支原体发生严重，还有部分鸡场白血病、非白痢伤寒类沙门氏菌感染严重。疫病防控形势依然严峻，不可放松。造成蛋鸡疾病难以防控的原因主要是：

（1）蛋鸡生产饲养模式较为复杂，生物安全水平普遍较差，过分依赖疫苗；饲养量大，环境复杂，利于病原微生物在环境中持续进化。

（2）监测、检测、诊断措施不到位，很难做到及时确诊、迅速控制。

（3）兽药、疫苗管理不规范，耐药菌、毒株的出现。

（4）从事养鸡生产的多数人员，缺乏处理生产中的实际问题的能力。

（5）免疫程序混乱，免疫效果不佳，使某些重大疫病时有发生。

（6）饮用水中的细菌数超标，这不但导致养殖场发生细菌性疾病，损害畜禽健康，同时影响养殖的经济效益。分析原因：一是水线净化不到位，无完整清洗流程；二是水线内稳定、温暖的环境给病原体提供了藏身之处和快速繁殖的条件；三是管道内微生物的大量聚集所产生黏性基质的菌膜，给各种病原菌提供适宜繁殖条件；四是利用水线添加的药物或维生素，在管内壁形成许多沉淀；五是对饮水系统的消毒剂清洗效果不清楚。

（7）部分鸡场缺乏粪污处理设施，粪污的综合利用程度低，尤其是专业户或养殖小区，粪便随意堆放，造成环境的严重污染。

2. 肉鸡疾病防控问题及成因

由于河北省家禽养殖量一直在高位徘徊，并且正处于产业结构调整的转型期，多种饲养方式并存，病原变异和毒力增加的速度越来越快，条件致病菌增加，使得河北省家禽养殖业的疫病防控形势越来越严峻。目前影响河北省肉鸡产业发展的主要问题：首先是 H9N2 禽流感、新城疫、传染性支气管炎、传染性法氏囊、强毒腺病毒心包积液综合征、大肠杆菌病等传染性疫病，尤其是 H9N2 亚型流感病毒与其他病原的混合感染或继发感染是导致肉鸡大量死亡的主要因素。2018 年检测显示，白羽肉鸡疾病发病率由高到低依次为大肠杆菌病（25.6%）、支原体病（16.40%）、营养代谢病（12.10%）、腺病毒感染（11.50%）、H9 亚型禽流感（6.80%）、沙门菌感染（5.2%）、肝破裂综合征（3.8%）、新城疫（2.6%）、传染性支气管炎（2.5%）。其次，鸡白痢、白血病等垂直传播性疾病感染问题也是制约肉鸡产业发展的关键问题。此外，腿病、猝死、真菌毒素等营养代谢病、中毒性疾病、免疫抑制性疾病和细菌性疾病也是影响肉鸡产业发展的重要问题。导致上述问题的关键因素是业界对河北省及周边区域肉鸡主要疫病病原，如H9N2禽流感病毒分子流行病学特征，尤其是基因变异情况不清，致使疫苗生产滞后，免疫效果不佳。此外，养殖场对生物安全重视程度不够，普遍存在饲养管理不规范、疫病防控程序不完善、鸡舍较差等问题；经济效益好的情况下，擅自减少空栏时间，增加批次，增加养殖密度；废弃物无害化处理不达标等方面的问题表明疾病防控形势依然严峻，不可放松。

（三）产品深加工及品牌建设有待加强

河北省是蛋鸡产业大省，在全国位居第三，2017年鲜蛋产量超过320万吨。产品主要以农贸市场销售为主，鸡蛋分级和加工利用率不足1%。鸡蛋深加工企业数量少，蛋品加工形式简单，技术落后，主要还是以卤蛋、咸蛋、松花蛋等产品为主，品种单一，销售渠道有限，大大制约了产业的发展。具有鸡蛋分级设备的企业有金凯牧业、万雉园和华润五丰等，而且规模较小。总体上河北省鸡蛋主要以鲜蛋消费为主，深加工蛋品产值低；多元化深加工链条尚未建立，缺乏相应的加工技术。

河北省是蛋鸡养殖大省，但鸡蛋品牌建设处于初始阶段，全国性知名品牌和区域强势品牌数量较少，消费者对品牌的认知度普遍不高。目前形成品牌的有：金凯牧业的天凯牌、万雉园的五谷牌、六旺川公司的桃木疙瘩牌和华润五丰公司的五丰牌等。鸡肉品牌有：大午、玖兴、美客多、刘美、金凤等。存在的问题是：一是创建品牌的意识不足，大部分企业重产量、轻质量，销售初级产品为主；二是品牌宣传力度不足，河北省品牌鸡蛋、鸡肉在京津及全国大中城市高端市场知名度低，产品市场竞争力不足，大大制约了产业的发展。

（四）蛋肉鸡消费市场问题依然突出

1. 鸡蛋食品安全存在隐患

受我国居民饮食习惯影响，目前国内鸡蛋消费仍以鲜蛋为主。鲜蛋不同于其他畜禽产品有相应的检疫程序来保障食品安全，鲜蛋检疫技术相对复杂。同时，我国的蛋鸡饲养以中小型养殖户为主，高额的检测和监控成本很难实现每批次鸡蛋出场前都进行官方检疫，单靠随机抽检来确保食品安全，无法保证每一批次鸡蛋的质量。因而，不时会出现鸡蛋食品安全问题，这种负面效应放大便可能影响整个产业发展。

2. 肉鸡产品消费市场供需不相适应

肉鸡产品消费市场不景气，供给端与需求端不相适应问题明显。这是全国白羽肉鸡消费的共性。而且鸡肉消费受突发事件的影响较大，如肉鸡激素、速生鸡、H7N9流感等事件，严重打击了消费者积极性，这也是当下影响国内鸡肉消费的一个关键因素。如何保障产品质量安全,如何打造优质产品,如何打造国人消费喜好等,是目前产业所面临的亟待解决的问题。

（五）粪污资源化利用形势依然严峻

肉鸡产业规模化、专业化、产业化发展加快，与之相对应的养殖粪污资源化利用却相对滞后，行业发展的环境约束压力日益加大。随着国家相关法律法规及政策性文件的相继出台，河北省也加快了养殖粪污资源化利用的脚步。虽然也取得了积极成效，但是依然存在较多问题。一是资源化利用任务依然繁重。虽然规模养殖场开始建设配套粪污处理设施装备，但是配套率也仅达到87%，配建水平低、管理不规范等问题突出，更不要说数量众多的小规模养殖场户，高质量实现粪污资源化利用任务繁重。二是种养结合不紧密，肥料化利用通道不畅。专业化分工的发展使养殖和种植相对独立，且粪便肥料化利用存在肥效缓慢、劳动力投入大、运输施用不方便等问题，加之种养主体间成本合理分担机制及政策支持体系还未形成，种植业生产者使用粪肥积极性不高，一些地区有机肥生产企业闲置，商品有机肥滞销，粪污还田利用"最后一公里"问题没有得到有效解决。三是长效运行机制缺乏，小规模养殖场户依然是难点。有一定规模的养殖场还是以自行处理为主，小规模场（户）缺少有效的处理手段。虽然建设了一批第三方集中处理中心开展社会化服务，但社会化服务专业化处理尚处于起步阶段，收储运体系市场化运行机制尚未形成，且小规模养殖场（户）普遍缺乏符合"三防"要求的暂存设施，污染风险较大。四是盈利模式缺乏，市场培育不充分。粪污资源化利用产品竞争力不足，市场对产品认知不充分，导致盈利能力缺乏，缺少合理的盈利模式。种养主体间粪污处理成本合理分担机制及政策支持体系还未形成，市场培育不充分，导致粪污资源化利用产品市场供需不匹配，养殖户缺乏积极性和主动性。

（六）机械化自动化水平仍待提高

在蛋鸡肉鸡养殖由传统粗放型的生产管理模式向现代化精细化的生产管理模式转变的过程中，如何缩小与国外在养殖设施与设备、环境调控、粪污处理与利用、福利化健康养殖技术等方面的差距，是我国目前蛋鸡肉鸡养殖业发展亟待解决的问题。

由于多数鸡舍为自营，鸡舍在原有水平上进一步机械化、自动化提升相对较困难；人工操作占比较高，仍存在手工清粪等耗费劳动力的养殖户（场），这不仅增加了人力消耗与成本，更不利于对环境的控制，且增加了鸡只的应激，影响了肉鸡的生长性能及产品品质。加上土地资源紧张、重建投入较大，机械化、自动化养殖对于以家庭为单元的小微型养殖户（场）较困难。

（七）肉鸡产业链不完整

在产业快速发展的同时，肉鸡养殖量虽然大，但是，屠宰加工严重不足，总体养殖量一半以上供应省外，省内屠宰量较低，不能满足行业发展需求，产业链缺乏完整性。目前具备加工能力的有：唐山中红三融集团、保定玖兴牧业、滦平华都食品、沧州大成食品（河北）等少数企业，产品主要是白条鸡和分割鸡肉，仅屠宰加工自己企业肉鸡，不收购社会鸡。除此以外，其他企业以养殖为主。由于屠宰能力不足，保定、石家庄、沧州、衡水、邢台、邯郸的肉鸡主要销往山东。具备熟食加工能力的企业有玖兴牧业、大午集团、美客多食品集团、刘美实业、弘爱集团、兰宝牧业等，但数量有限。因此整个肉鸡行业还是以养殖为主，生产初级产品，缺乏深加工的设施、技术和能力，产品的附加值比较低，盈利能力弱。

（八）肉鸡产业养殖模式单一，公司农户利益矛盾问题突出

经营模式中的各经营主体之间的利益联结机制务必要搞清楚。主要联结机制有三种形式："松散型"的买断式联结模式、"半紧密型"的合同式联结模式和"紧密型"的股份式联结模式。①买断式联结模式是龙头企业对农户生产的产品一次性收购，双方自由买卖，价格随行就市，这是利益联结的初级方式。②合同式联结模式是目前企业与农户主要的利益联结形式，它以契约为纽带，市场平均价格为基准实行保护价收购。③股份式联结模式是发达国家常用的一种比较理想的联结形式，农户以资金、技术、土地、设备等要素入股，在企业中拥有股份，参与经营管理和监督，充分调动了农户生产积极性。

河北省肉鸡养殖企业和养殖户目前的经营模式主要采取的是买断式和合同式利益联结机制，以合同式联结模式为主。买断式联结机制虽然在一定程度上解决了农户"卖难"的问题，但企业与养殖户关系既不稳定也互不负责，养殖户仍然是价格的被动接受者。合同式联结机制在很大程度上调动了养殖户参与生产的积极性，降低了养殖户参与市场竞争的风险，但并未从根本上改变养殖户是原料提供者的地位。目前，这两种利益联结机制是肉鸡产业经营模式中普遍存在的利益联结形式，但是均存在不同程度的问题，养殖户仍然是市场的被动者，无法充分参与到市场经营中，取得市场的主动性和相应的盈利。

养殖模式单一，公司农户利益联结问题突出。效益好的时候，公司会通过增加用药量和降低饲料品质等方式来提升更高的利润空间；效益不好的时候，虽然也让农户赚钱，但是要求比较苛刻。农户也会针对公司的要求采取一些自己的应对措施，来保证自己的利益，但是会导致肉鸡产品质量下降。对于实力薄弱的农户而言，受公司限制较多，只能采用降低肉鸡产品品质来获取一定的利益空间，这种情况对于肉鸡市场的良性发展非常不利。养殖模式亟须优化、更新。

四、河北省蛋肉鸡产业发展对策建议

（一）加强良繁体系建设

1. 逐步增加自足培育品种市场占有率、增强地方家禽保种能力

2018 年全省自主培育品牌蛋鸡销售大约 6 000 万羽，约占全国销量 6%左右，应继续加强河北省自主品牌在全国的市场占有率，力争每年增加 1%～2%。河北省地方品种祖代鸡存栏仅有 3.3 万套，供种能力偏小，与全国其他地方鸡品种相比，还缺乏明显竞争优势。此外，河北省还应根据充分挖掘地方品种鸡特色风味优势，加快培育新品种步伐，增强地方鸡企业保种能力。

2. 增强白羽肉鸡自主育种能力

2018 年继续受国外疫情影响，国内白羽祖代肉鸡进口受限，国内供种能力偏弱，即使在产种鸡强制换羽，也满足不了市场需求，白羽肉鸡行情持续上涨，到 12 月上旬鸡苗价格达到 9 元/羽，创历史新高，导致肉鸡鸡苗一苗难求。目前河北省白羽肉鸡也是依赖国外进口，这种情况下，一旦国外进口祖代鸡封关，势必造成国内肉鸡市场大涨，为维持国内肉鸡市场的稳定与我国鸡肉食品消费安全，河北省肉鸡企业需要加大自主育种进程，培育自主知

识产权的白羽肉鸡品种已势在必行。

3. 积极开展种禽疫病净化工作

在摸清种畜禽场疫病发生的种类和流行规律的基础上，提出种禽疫病净化工作方案。把所有蛋肉鸡祖代场、原种场纳入属地检测计划，对种畜场的重要动物疫病进行预警监测，加强疫病防治程序等配套技术的培训与指导，强化疫病检测手段和诊疗手段。各企业应积极配合，积极主动做好疫病净化工作，从生产源头提高种禽健康安全水平。

4. 完善地方鸡祖代场—父母代场—商品场良种繁育推广体系建设

支持祖代种鸡（原种场）改造升级，更新设施设备、引进先进技术、创新管理模式，建设国内一流种鸡企业。重点打造赞皇县天然农产品开发有限公司、张家口绿色田园有限公司两个原种鸡场，地方品种祖代鸡存栏达到4万套，父母代存栏达到10万套，供种能力提高10%以上，年提供种商品代达到1 200万以上。

（二）积极建立完善的疾病综合防控体系

一是组织高校科研院所加快重大疫苗研发进度，如农业部于2009年启动了中长期重大动物疫病防控战略规划专题研究，包括蛋鸡相关疫病研究。二是引导养殖场（户）加强饲养管理，树立防胜于治的理念。在实际生产中往往存在轻管理、重治疗的错误观念，实则二者有必然联系，饲养管理是防治疫病的基础和前提，要把功夫下到饲养管理方面。三是加强疫病防控培训，做好应急处理工作。对于中小养殖场（户），要定期加强疫病防控知识培训，一旦发生疫病，要按照主管部门规定，依法、依规按正规流程处理，切记随心所欲，私自处理。唯有多举并施，方能有效防控严峻疫病形势。

1. 蛋鸡疾病防控要点

（1）做好检疫工作，引进任何日龄和用途的鸡时，应进行疾病状况的调查，避免引进发病或携带病毒的鸡，必要时进行病原或血清学检测。

（2）加大生物安全意识，制定完善的隔离与消毒程序，并严格执行。

（3）实行全进全出的饲养方式，提供优质全价的饲料营养，以提高机体的抵抗力。此外，要提供健康的生活环境，好的空气质量、温湿条件，减少应激反应等。

（4）规模化场要建立疾病监测体系，结合养殖场的实际现状，制定适合本场的免疫程序，有效控制病毒性传染病的发生。

（5）加强细菌性疾病和支原体的防控，正确使用药物，严格遵守休药期，有条件的可根据药敏试验，选择敏感药物进行治疗。

（6）加强种鸡禽白血病的净化，逐渐建立无禽白血病的健康鸡群。

（7）制定一套完善的饮水系统清洗消毒程序，确保家禽的饮水卫生，保证家禽的肠道健康，以控制坏死性肠炎和其他肠道疾病的发生。

（8）加强粪便的综合利用与病死鸡无害化处理，发生疫情及时上报。

2. 肉鸡疾病防控要点

（1）需做好鸡舍环境控制。根据2014—2018年监测结果可看出，2019年禽流感H9发病率可能还会处于较高态势，并会在大多数养殖场持续反复感染存在，也为其他疾病创造有利条件而成为隐性杀手，所以养殖场要重视此病毒在本养殖场的动态变化，做好鸡舍环境控制工作，并根据其发展规律制定适合本场的可操作的具体的生物安全措施。此外，做好禽流感当前疫苗免疫同时，要适时关注流行毒株。虽然目前疫苗类型与流行毒株有较好同源性，但严重禽流感也存在变异株，所以要时刻关注疾病流行毒株及疫苗的更新情况，便于及时进行调整。推广重组禽流感病毒（H5＋H7）二价灭活疫苗。

经过对高致病性禽流感进行调查发现，产业评估是关键，在整个饲养过程中，受到环境因素和其他不可控因素的影响，可能存在异常等现象，因此在整个实施阶段，要求相关企业负责人做好产业评估工作，只有在现有操作平台上进行，做好产业评估工作，才能尽量减少损失。

（2）加强强毒型腺病毒防控。禽Ⅰ群腺病毒主要引起肉鸡及青年蛋鸡包涵体肝炎及心包积液肝炎综合征，在饲养环境及设施相对较差的一些中小型养殖企业经常发生，导致严重的经济损失。经过病毒分离和分子流行病学研究，目前认为以引起临床感染主要以血清4型为主，但鉴于禽Ⅰ群腺病毒具有12个血清型，因此目前尚未有有效疫苗进行防控。2019年，河北省应加强对禽Ⅰ群腺病毒防控，尤其相关疫苗的研制与开发十分迫切。创新团队积极开展相关研究，组织团队成员进行腺病毒防控相关技术培训，指导企业提高防控能力。

（3）加强监测，关注传染性支气管炎、非典型性新城疫发病情况。随着养殖场规模的加大，生物安全的缺失，不完全免疫状态将在各大规模化养殖场中存在，非典型新城疫依旧是新城疫疾病的主要表现，因此非典型新城疫的发病率仍然占有一定比例，其防控也需要根据具体的情况制定详细的生物安全措施。2019年应多关注由非典型性新城疫和传支引起的产蛋高峰期产蛋率低、产蛋不平稳等现象，因此对于规模化肉种鸡场加强新城疫、传支抗体水平的监测，特别是青年鸡场更应加大关注度。

（4）研发替代抗生素制剂是迫切需求。随着耐药菌株的越来越多，细菌性疾病或将成为肉鸡因病致死或继发感染致死的主要原因。同时由于国家减抗、无抗养殖的趋势，研究开发替代抗生素的酶制剂、生物制剂或植物提取物的研究成为迫切需求。

（5）关注和预防气候变化、温差应激环境下的鸡群免疫。发病日龄主要集中在青年鸡阶段，严重程度和病程受发病日龄、继发和并发感染、应激等多种因素影响。养殖场引进雏鸡时严格把关，保持鸡舍通风良好，降低饲养密度，加强消毒和检疫，应对支原体、致病性大肠杆菌等进行实验室监测筛查，坚持实行全进全出的饲养模式，免疫时使用SPF疫苗，在做好环境控制的同时，可使用敏感药物进行预防，对于污染严重区域，可使用商品疫苗进行早期免疫，在野毒感染之前建立良好的免疫力，避免野毒在鸡群中进行传播。

总而言之，疫情与养殖量呈正相关，短期内很难解决。从业人员专业化程度低，加上生物安全措施不到位，2019年养殖难度会进一步加大。为了将疫病带来的损失降至最低，加强环境控制是根本，增加机体的综合免疫力是基础，增加机体的特异性免疫力是关键，只有筑起机体的免疫长城，才能使养殖防线固若金汤，防患于未然。

（三）加强研发，培育品牌市场

当前，我国农业迎来了优质品牌化时代。近十年来，养禽业的标准化规模化程度快速推进，特别是近年来更加快了行业的整合。品牌经营是肉鸡产业取得突破的必经之路。随着国民生活水平的进一步提高，对鸡蛋鸡肉的关注集中在品质、安全和新鲜三个方面，价格敏感度相对较弱，消费者在购买和消费鸡肉产品时更加看中品牌。随着我国小康家庭数目的持续增长，品牌鸡蛋鸡肉的市场前景更加广阔。在未来的行业竞争中，蛋肉鸡企业必将走深加工和品牌化发展之路。

蛋鸡养殖企业应积极采取产学研相结合的方式，加快蛋品加工技术的研发，提高技术转化速度，扩大新产品生产规模，延伸产业链条，增加蛋品附加值。对于市场雷同的鸡蛋产品，可因地制宜推行多种养殖模式，走差异化品牌道路。一是在太行山和燕山地区发展地方鸡生态散养。充分开发山区的农业拓展功能，让鸡可以食用山区的自然食物，降低饲料用量，增强蛋鸡的绿色养殖水平，同时，鸡粪可以为山区林业作物提供养分，增强林木的生长能力。通过“养别墅鸡，产健康蛋”，从畜产品的源头及各个环节把好绿色产品质量关，确保向人们提供优质、健康的绿色食品，形成高端鸡蛋的品牌效应。同时，在别墅鸡舍周围空地种植果树，发展旅游观光经济，最大限度的利用柴鸡散养区的优势资源，提高场区的盈利能力，更好地促进一二三产业的融合发展，为蛋鸡产业链条的拓宽提供新的借鉴思路。二是在城郊地区推行生态养殖。实行“果园或林地＋养鸡＋鱼塘”的循环养殖模式，或旅游观光、亲子游等方式，提高产品附加值和经济效益。此外，在农村地区可实行“果园＋养鸡”的模式，提高土地利用率的同时还可增加农民的收入。

目前河北省品牌鸡蛋鸡肉还处于市场导入阶段，全国性知名品牌和区域强势品牌数量较少，消费者对品牌的认知度普遍不高，生产企业若能够准确把握消费者的需求，通过专业的品牌策划、营销推广，抢占消费者心目中优质鸡蛋鸡肉品牌的位置，就可能成为区域市场乃至全国市场中的强势品牌，甚至领导品牌。

（四）加强食品监管，提升消费引导

1. 因地制宜，加强食品监管

鸡蛋作为居民日常消费品，市场上的需求量非常大，产品的质量直接影响消费者的生活品质和安全问题。一是对于大型养殖场，可通过HACCP管理体系对蛋鸡养殖过程及蛋品加工过程全程控制，保证养殖过程中的每一个环节都会更加规范，最终蛋鸡产品质量也可以得到保证。二是对于中小型养殖场，除了加强抽检批次和力度外，还可以通过建立喷码追溯体系监管食品安全，鼓励蛋鸡养殖合作社创建自己品牌，通过品牌认知、舆论监督等多方措施确保鸡蛋食品安全。

2. 加强肉鸡健康养殖及消费科普宣传，推动肉鸡消费水平

鸡肉产品具有“一高三低”营养特点，我们要推广鸡肉产品有利健康的饮食理念，引导消费者科学消费；普及肉鸡养殖的科学知识，引导消费者用正确的态度认识和消费鸡肉产品；在开展肉鸡科普公益宣传的同时，依法加强监督、保障产品质量安全，打击恶意谣言，

让消费者透明消费，放心消费，提振消费者信心，消除消费者对肉鸡产品的担心和误解。同时，相关企业要严格自律，真正保障肉鸡的质量，才能做到企业、产业的稳固发展。

（五）进一步推进废弃物资源化利用

畜禽养殖废弃物资化利用制度框架体系已经建立，任务目标已经明确。针对存在的问题，积极推进蛋肉鸡养殖粪污资源化利用，着力补齐绿色发展的环境短板。

1. 加快种养循环

从长远来说，实施大农业可持续发展战略，按照以地定养、以养促种思路，统筹种养业发展，精准规划，逐步建立起种养平衡一体化农业生产系统。在现阶段，主要在强化粪污处理和利用两端协同发力上下功夫，引导养殖企业与种植业生产者建立互利互惠的合作方式，构建新型种养关系，探索农牧循环发展模式，推动转型发展。要严格畜禽规模养殖环境准入，必须满足配套的粪污消纳条件，落实资源化利用措施，促进粪污资源就地就近循环。同时，加快高效适用还田，利用机械装备推广应用，培育社会化服务组织，降低有机肥施用劳动强度和施肥成本。

2. 加强扶持引导

用好现有畜禽粪污资源化利用扶持政策，积极争取中央和各级财政资金支持，加快粪污处理设施装备建设。要创新投入机制，通过政府与社会资本合作、政府购买服务等方式，撬动金融和社会资本参与粪污资源化利用，建立可持续的长效运行机制。落实相关农机补贴、农业用电、税收优惠等政策，协调保障必要的粪污资源化利用用地。积极推动地方出台有机肥补贴政策，引导种植业生产者加大有机肥使用量。探索建立受益者合理付费，粪便置换有机肥等机制，保障收储运体系长期稳定运行。

3. 强化执法监管

加大畜禽养殖环境执法监管力度，明确粪污规范处理处置的要求，通过环保执法倒逼机制，督促养殖企业落实环保主体责任，将养殖粪污资源化利用作为生产经营的重要环节来对待。推进环保执法监管和农业技术指导、执法监督等有效衔接，加大对违法排污养殖企业的处罚，确保偷排漏排养殖企业得到严厉查处，以身边事教育身边人，提高粪污资源化利用水平。加快排污许可证核发工作，依法征收环境保护税，督促规模养殖场开展粪污综合利用。实施兽用抗菌药减量化行动，严厉打击违法行为。

4. 加强科技支撑

凝聚各方科技力量，组织开展饲料高效利用、养殖节水减排、综合除臭、粪便好氧发酵等关键技术攻关，加大技术集成配套应用力度。加快建立养殖粪污资源化利用标准体系，推广蛋鸡肉鸡配合饲料环保日粮新标准，从源头减少氮、磷排放；推广堆肥和粪水无害化处理还田利用技术标准，确保养殖粪污科学合理还田利用。组织开展典型模式示范推广，因地制宜树立一批标杆，示范带动粪污资源化利用水平的提升，引领整个行业转方式、调结构、增效益。

（六）推进信息化技术全覆盖，努力实现智慧养殖

未来 5～10 年，国内蛋鸡仍将是中小规模为主体，预计将占全国蛋鸡养殖的 50%～

60%。虽然大型规模养殖场发展较快，但目前占全国蛋鸡年存栏总量还不到 10%，将来 3～5 年内，预计这一数字可达 20%，但不会超过 30%。

因此，未来中国蛋鸡产业发展水平主要需看中小规模蛋鸡养殖的进步，而如何将这些养殖户带动起来是一大关键，不能让他们自发地去生产而要让他们有组织地去生产，鼓励龙头企业引领他们，用标准化技术去支撑，带动他们做好生物安全、食品安全、环境保护，这将有利于实现统一管理、统一销售，促进养殖业产业化发展，提高畜产品的种类和数量，进一步提高人们的生活水平。

1. 加快不同区域健康养殖工程工艺的研究

蛋肉鸡养殖工程工艺在其工程设计中起着承上启下的综合配套作用，要求在方案设计及其各级工程图纸，诸如功能分区、总图布置、房舍建筑、环境设施、设备选型等的工程技术方面均要做到技术到位，即工程技术符合动物养殖的生物技术要求。为确保我国养殖设备生产在激烈的国际竞争中能够持续健康地发展，必须采取一些措施来促进其研究与开发，尤其要重点加强适合于我国区域条件和特色的健康养殖工程工艺模式和成套养殖设备的研究开发和示范应用。

标准化养殖工程工艺与配套的养殖设备是我国现代化养殖生产健康持续发展的重要硬件支撑和保障，也是提升我国养殖业的重要前提基础。

2. 加强规模化养殖生产节能设备的研究开发

蛋肉鸡养殖规模越大对养殖设备自动化和智能化的需求就越高。随着外来资本的进入，带来的是资金多元化的理念，舍得在设施设备上投入，希望建现代化的养殖场，这对整个蛋肉鸡产业提升是有好处的。但同时也有一些问题，如专业化装备的生产厂家数量并不多，因此系列化、节能型装备的研发将是今后发展热点。如分布均匀的大风量柔风、低噪声畜牧用系列风扇，专用的低噪声、节能型的系列化消毒装备，环境友好的低压细雾化降温装备等。

3. 加强养殖设备及环境控制的信息化智能化研究

为适应我国蛋肉鸡规模化饲养的发展需求，提升蛋肉鸡饲养智能化和信息化水平，急需研发蛋肉鸡智能化饲养关键技术与全平台智能化高效精准饲养管理信息系统。未来的物联网传感技术的趋势所向必定是低成本、自适应、高可靠和微功耗，同时，专家系统趋于完善，测控器件向微型化、智能化、网络化、多功能集成化方向发展。因此，为了实现养殖场内智能监控视频、音频、环境参数和饲养管理流程的融合，今后主要研究发展方向有：①实现对蛋肉鸡养殖生产环境参数智能感知与自动化控制，采用物联网技术建立面向饲养环境关键因子的全程调控感知网络。②实现饲养设备物联网智能管理。③饲料转化率、死淘率等生产性能参数自动记录。④特种生物耗材传感器等先进扩展模块进行疫情感知、分析和预警，优化生产管理绩效资源配置。建立规模场免疫电子档案，形成覆盖生产全过程的疫病防控电子网络，及时掌握养殖场免疫情况。

4. 加强蛋肉鸡健康环境与福利养殖设施设备的研发

福利化养殖设施的开发关系到蛋业的可持续发展。欧盟的蛋鸡福利养殖技术发展越来越快，美国 2018 年蛋鸡非笼养的福利养殖模式也已占到 18%。与此同时，国际餐饮巨头、知名食品企业纷纷做出承诺称，将在 2025 年后只采购来自非笼养的福利养殖的鸡蛋。这种养殖模式的转型发展，已经逐步显示出它的优势。科学的技术体系研究，对有效保证畜禽健康，预防动物疫病有着重要作用。健康养殖是一大趋势，欧盟提出无抗生产，禁止抗生素用于蛋肉鸡养殖，其中最关键的措施就是利用福利养殖模式替代笼养，在改善蛋肉鸡生产环境的基础上更好地实施抗生素替代。因为只有鸡自身健康了，才可以不用喂药，而鸡的健康水平很大程度上是由它所处的鸡舍环境来决定的。也就是说，良好的生产环境是蛋鸡健康的前提。将养殖场环境控制、卫生防疫和防治污染技术集成的、适合我国畜禽养殖场所的综合技术体系是研究重点。

但是，蛋肉鸡福利化养殖的发展必将是个漫长的过程，不能完全按国际上对动物福利的要求而照搬照抄，必须适合中国具体国情，将蛋肉鸡生产效益和动物福利有机结合。中国必须要综合现有的生产力水平、地理位置、消费水平、经济效益等诸多因素，探索新的设施化、自动化蛋肉鸡福利养殖模式。

5. 提升政府层面对蛋肉鸡养殖智能装备和信息技术认识

随着我国对畜牧业的重视以及各方面政策的颁布和实施，新型蛋肉鸡产业得到不断发展，标准化、规模化与智能化装备的发展态势不可逆转，迫切需要现代智能装备及物联网技术的支撑，需要信息化技术的全覆盖。现代信息技术有机融合养殖设施—环境—装备，才能发挥协同共赢的效果，实现蛋肉鸡生产的网络化、智能化和服务现代化。

政府对蛋肉鸡智能装备及信息化技术应用的作用与发展前景的认识，在近些年提升到一定的高度，提出“信息化是现代农业的制高点”，但是从政府的配套政策上往往关注的还是品种的改良、生物技术应用等，导致信息技术、物联网技术，特别是智能装备技术应用规模小、分散，应用的环境单一，稳定的维护运行投入不足。在将来更需要设立养殖企业信息化与智能装备的专项政策补贴，全面提升企业的信息化与设备装备水平。

在未来的工作中，要进一步推广集成的先进技术以及养殖经验，使更多的农民掌握规模蛋肉鸡养殖的环境控制技术，并做好示范点的后期工作，及时发现养殖中存在的问题，积极探索解决的办法，切实解决实际问题，落实规模蛋肉鸡养殖环境控制技术推广工作，扩大推广范围，真正做到让农民受益。

（七）优化肉鸡产业链和经营模式，发展肉鸡深加工，加强研发高附加值产品

肉鸡产业在整个养殖业乃至大农业范畴中产业化程度最高，带动相关产业最多，是出口创汇最大的一个产业，具有生产周期短、饲料转化率高、经济效益显著等特点，与其他畜牧产业相比，特别是与传统种植业相比，更能发挥在农民增收、农业增效、企业盈利上的产业优势。

多年来，肉鸡产业长期处于“低成本扩张→鸡舍条件差→容易得病→生产性能低→产量不够→再低成本扩张”的恶性循环，规模化肉鸡养殖比例虽高，但大部分集中在出栏量较低的规模，肉鸡加工前几位企业的市场占比较低，养殖屠宰环节仍有待整合。

未来肉鸡消费量有望翻番，主要原因有：一是收入增长。人均收入在 5 000 美元以下时是肉类消费增长最快的阶段，目前，我国 95%的人口处在鸡肉消费收入弹性较高阶段，收

入提高会带动肉鸡消费增长。二是价格比较优势。鸡肉由于饲料转化率提高、生长周期缩短、占用土地资源少，对猪肉价格的比较优势明显，历史数据表明猪肉/鸡肉价格比值高时猪肉、鸡肉消费此消彼长。三是消费习惯变化。随着快餐业的快速发展及“白肉更健康”的理念逐步深入人心，居民消费鸡肉的机会和意愿在增加。

今后，肉鸡产业的肉鸡养殖和加工环节集中度降低，未来纵向一体化企业将会推动行业整合，其中“公司＋农户”模式必将成为主导模式。这一发展方式需要以肉鸡企业集团化为基础，大力发展肉鸡深加工，研发和生产高附加值肉鸡产品，促进鸡肉消费增长。

（八）优化公司农户利益联结机制，加强企业核心竞争力

河北省肉鸡产业经营模式有“公司＋农户”合同养殖模式、“合作社＋农户”合同养殖模式、产业链一体化自养模式、产业链一体化经营整合模式、生态养殖模式。其中，以“公司＋农户”的合同养殖模式、“合作社＋农户”合同养殖模式为主要养殖模式。虽然，合同养殖模式目前是主要的肉鸡产业经营模式，但是，合同养殖模式仍处在粗放阶段。在公司和养殖户之间利益分享和风险共担方面的安排仍有待进一步细化和完善，以提高整个模式运作的稳定性、规范性和有效性。通过不断地发展和走向精细化，来更好地平衡公司和农户之间的风险利益分配问题，最终使得这种养殖模式达到一种较为均衡和平稳的发展状态。

虽然河北省的肉鸡产业在畜牧养殖业中是规模化和产业化程度较高的子行业。然而，与欧美、日本等发达国家相比，无论从行业总量增长的层面，还是行业结构整合的层面，河北省肉鸡产业的规模化程度和行业集中度仍有更大提升空间，优秀的肉鸡企业也有较大的成长空间。

（1）无论从产业发展规律的角度还是从政策支持的角度来看，“公司＋农户”的合同养殖模式仍将是河北省肉鸡产业未来发展的主要模式，产业链一体化自养模式则是必要的辅助模式。从行业的发展角度看，单独分散的农户养殖模式不仅不利于产业做大做强，也不利于行业监管。从保护农户利益和社会稳定的角度看，如果全部实现企业产业链一体化自养模式，农户的利益无法得到有效的保护。同时，自养模式对企业规模、生产技术及管理水平等的要求都很高，并不适合普及。

（2）“公司＋农户”的合同养殖模式有望发展为“公司＋家庭农场”的合同养殖模式。家庭农场相对于传统农户而言，其养殖规模更大，经营主体更清晰，更有利于行业规范和监管。无论是从全球产业发展趋势的层面来看，还是国家政策驱动的层面来看，“公司＋农户”都有望延伸发展为“公司＋家庭农场”。

（3）肉鸡养殖应重点关注龙头企业。很多肉鸡生产企业都实现了产业链一体化经营，但是在不同的养殖模式下，企业对产业链的控制程度有较大的差别。一般而言，从产业链控制强弱的角度，产业链一体化自养模式＞生产合同养殖模式＞市场合同养殖模式＞开放式养殖生产模式（独立养殖的散养户）。从国外肉鸡产业的发展经验来看，只要具备实力与条件，产业链不同环节中的企业均可以担当起产业链整合者的角色，但饲料、商品代养殖和屠宰加工这几个环节的企业对产业链整合成功的概率可能比其他环节的企业要大。

（4）肉鸡产业经营模式中，需要重点关注肉鸡企业的核心竞争力问题。肉鸡企业的核心

竞争力主要体现在成本控制力、产业链控制力和屠宰加工环节的品质差异化能力。

（5）未来，“公司＋农户”模式依然会占据主导地位，“公司＋农户”“公司＋基地＋农户”“公司＋合作组织＋农户”等模式能够形成产加销相对完整的产业链。通过行业协会和农村合作组织把养殖户与龙头企业对接，化解养殖风险，加强公司与养殖户的协调沟通，顺应无抗养殖形势，提升产品质量，以长远利益为重，防止出现药物依赖的恶性循环。协会要制定养殖户加入条件，只有规模化、标准化程度较高，符合生物安全要求的养殖户才予以加入。通过利益驱动、政策引导、法制规范等加速蛋肉鸡产业向规模化、标准化过渡。

撰稿人员：王彦林　姜　华　顾　瑶　李大赛　刘玉芳　韩海银
指　　导：乔　健
参编人员：李佩国　王　斌　王学静　赵国先　刘聚祥　徐　彤
李丽华　刘　双　樊宝良　李祥龙　刘华格　刘文科
许利军　褚素乔　吕建国　谢建国　马金波　张立永
王振芳

第十七章 2018年度河北省羊产业发展报告

一、河北省羊产业发展基本情况

（一）羊存栏量、出栏量及区域分布

1. 羊存栏量和出栏量

2000—2018年，河北省羊存栏量呈下降趋势，受禁牧和环保政策限制、疫病风险、养殖成本上升、自然灾害、市场风险等因素的影响，有8年出现了负增长，一定程度说明了羊养殖效益低，养殖规模小，羊出栏量和羊肉产量增速缓慢。2014—2016年，河北省连续3年市场一直处于低迷亏损状态。养羊企业开始压缩养殖数量，抛售不养或转行，造成养羊总体数量减少。虽然2017年8月行情出现好转，但养殖量较2016年有所降低。2018年年底，全省肉羊存栏量为1 179.6万只，同比下降约4.0%；羊出栏量为2 201.8万只，同比增长约1.52%（表17-1）。

表17-1 河北省2000—2018年羊存栏量、出栏量和羊肉产量

年份	羊存栏量		羊出栏量		羊肉产量	
	数量（万只）	增速（%）	数量（万只）	增速（%）	数量（万吨）	增速（%）
2000	1 676.6	—	1 511.5	—	24.6	—
2001	1 639.5	−2.21	1 502.7	−0.58	25.4	3.25
2002	1 572.5	−4.09	1 609.6	7.11	28.1	10.63
2003	1 594.3	1.39	1 591.6	−1.12	29.3	4.27
2004	1 664.5	4.40	1 615.8	1.52	31.5	7.51
2005	1 679.1	0.88	1 695.5	4.93	33.7	6.98
2006	1 552.6	−7.53	1 726.4	1.82	35.37	4.96
2007	1 583.7	2.00	1 789.1	3.63	24.3	−31.30
2008	1 617.0	2.10	1 946.2	8.78	26.5	9.05
2009	1 565.1	−3.21	2 059.1	5.80	28.02	5.74
2010	1 408.6	−10.00	2 143.5	4.10	29.31	4.60

（续）

年份	羊存栏量		羊出栏量		羊肉产量	
	数量（万只）	增速（%）	数量（万只）	增速（%）	数量（万吨）	增速（%）
2011	1 457.2	3.45	2 050.7	−4.33	28.41	−3.07
2012	1 413.5	−3.00	2 071.5	1.01	28.7	1.02
2013	1 455.1	2.94	2 105.1	1.62	29.1	1.39
2014	1 526.4	4.90	2 189.3	4.00	30.4	4.47
2015	1 450.1	−5.00	2 255	3.00	31.7	4.28
2016	1 386.29	−4.40	2 303.8	2.16	32.37	2.11
2017	1 228.09	−11.41	2 235.0	−5.85	30.09	
2018	1 179.6	−3.95	2 201.8	1.52	—	—

资料来源：《河北农村统计年鉴》(2001—2017)，2017 年和 2018 年为调研数据。

羊出栏量在 2010 年经历一个高点 2 143.5 万只后，出现下降趋势，从 2012—2016 年又稳步增长，2017 年河北省羊出栏量约 2 235 万只，同比下降 3%，2018 年持续下降。

在河北省羊出栏量中，绵羊的变化趋势和山羊的变化趋势一致，都呈先上升再逐步下降的趋势。2013 年河北省绵羊出栏 1 438.1 万只，后一直上升，到 2016 年出栏 1 554.7 万只，2017 年降为 1 523 万只，同比下降 2.04%。山羊出栏量在 2013 年是 667 万只，后持续上涨，到 2016 年上涨为 749.1 万只，2017 年有所下降，为 711.6 万只，同比下降 5.01%（图 17-1）。

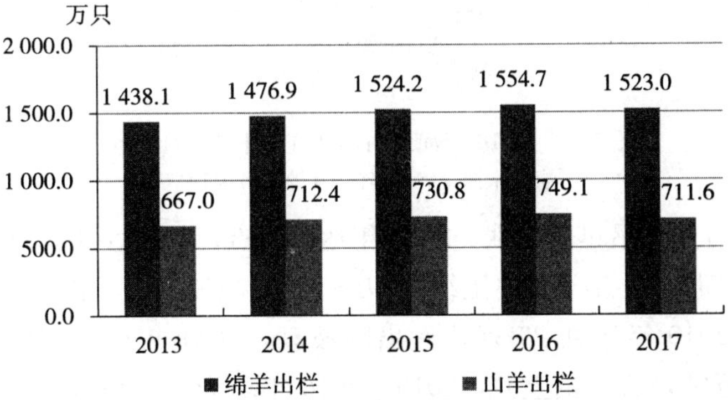

图 17-1　河北省近 5 年绵羊和山羊出栏量

2. 区域分布

河北省 11 个市均有羊产业，其中邯郸市、张家口市和保定市的羊存栏量和出栏量占比较高，其余市差别不大（图 17-2、图 17-3）。

3. 羊肉产量

河北省肉类产量也经历了一个波动增长的过程。2008 年为 421 万吨，2009 年达到一个高点，2010 年下降为 417 万吨，2012 年快速上涨为 443 万吨，2014 年达到高点，2015、2016 年出现小幅下降（表 17-2、图 17-4）。猪肉产量在 2009 年经历一个高点 254 万吨后，

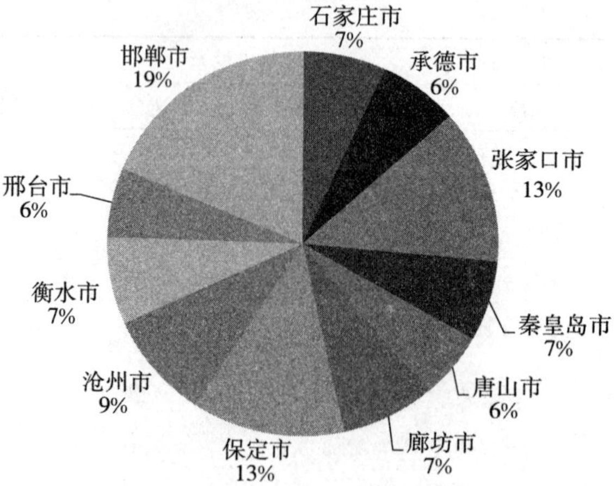

图 17-2　2016 年河北省各市羊存栏量占比情况

资料来源：《河北经济年鉴》（2017）。

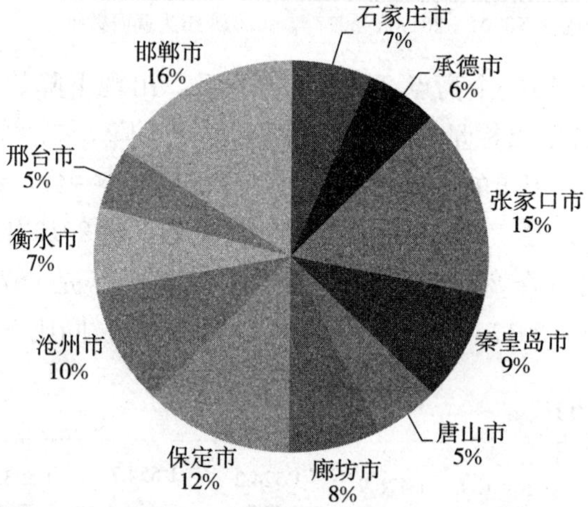

图 17-3　2016 年河北省各市羊出栏量占比情况

资料来源：《河北经济年鉴》（2017）。

2010 年下降为 245 万吨，后迅速上涨，2014 年达到高点，2015、2016 年下降，2017 年上升为 291 万吨。牛肉产量在十年间始终围绕 52 万～58 万吨波动。羊肉产量 2008 年达到 26 万吨，直线上升，到 2010 年达到 29 万吨后出现波动，2011 年产量下降为 28 万吨，2012、2013 年上升为 29 万吨，后小幅上升，2015、2016 年均为 32 万吨，2017 年为 30 万吨，同比降低 5.9%。

表 17-2　河北省猪、牛、羊肉类产量（2008—2017 年）

单位：万吨

指　标	2008	2009	2010	2011	2012
肉类产量	421	427	417	418	443
猪肉产量	246	254	245	247	259
牛肉产量	57	55	58	54	55
羊肉产量	26	28	29	28	29

（续）

指标	2013	2014	2015	2016	2017
肉类产量	449	468	462	458	472
猪肉产量	265	281	275	265	291
牛肉产量	52	52	53	54	55
羊肉产量	29	30	32	32	30

资料来源：《河北农村统计年鉴》。

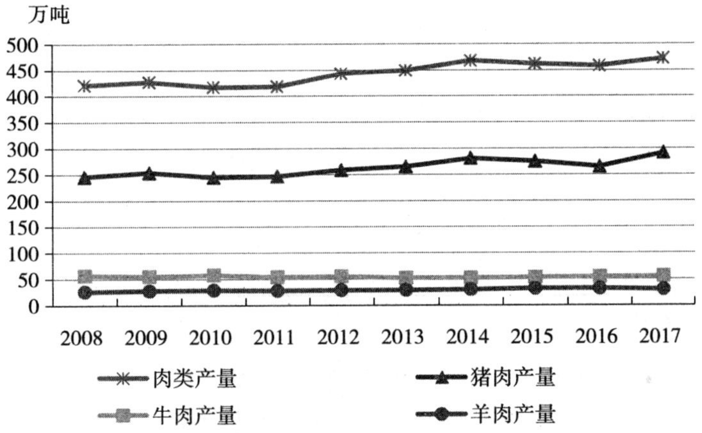

图 17-4 河北省猪、牛、羊肉类产量比较（2008—2017 年）

虽然河北省羊肉产量不断增长，但羊肉产量在肉类中却始终占据最小比重。从表 17-3 可以看出，猪肉产量始终在 57%～60%之间波动，牛肉产量一直居于 11%～15%之间，羊肉产量仅占肉类产量的 6%～7.1%，所占份额与猪肉、牛肉相比差距较大。

表 17-3 河北省猪、牛、羊肉产量占肉类产量比重（2008—2017 年）

单位：%

指　　标	2008	2009	2010	2011	2012
猪肉产量占肉类比重	58.37	59.44	58.84	58.97	58.48
牛肉产量占肉类比重	13.50	12.95	13.94	13.02	12.49
羊肉产量占肉类比重	6.29	6.57	7.03	6.79	6.48
指　　标	2013	2014	2015	2016	2017
猪肉产量占肉类比重	59.11	60.07	59.47	57.99	61.65
牛肉产量占肉类比重	11.65	11.19	11.50	11.85	11.65
羊肉产量占肉类比重	6.47	6.50	6.85	7.07	6.36

资料来源：根据《河北农村统计年鉴》及调研数据计算而成。

（二）羊的品种以绵羊养殖为主

从表 17-4、图 17-5 可以看出，河北省羊年底只数在近十年呈波动减少趋势。山羊期末数量下降较多，从 2007 年的 643 万只下降到 2016 年的 470 万只，下降 26.79%，2017 年下降到 409.2 万只，同比下降 12.99%。绵羊期末数量下降较少，在 2007 年为 940 万只，2017 年下降为 852.3 万只，同比下降 6.95%。

表 17-4　河北省羊年底存栏量和期末数量（2007—2016 年）

单位：万只

指　标	2007	2008	2009	2010	2011
羊年底只数	1 584	1 617	1 565	1 409	1 457
山羊期末数量	643	751	551	462	468
绵羊期末数量	940	866	1 014	946	990
指　标	2012	2013	2014	2015	2016
羊年底只数	1 413	1 455	1 526	1 450	1 386
山羊期末数量	450	451	482	476	470
绵羊期末数量	963	1 004	1 045	974	916

资料来源：《河北农村统计年鉴》。

与此相对应，山羊肉产量波动下降，绵羊肉产量稳步提升。河北省羊肉产量从 2009 年到 2016 年呈现波动上涨趋势，其中，山羊肉产量波动下降后，又呈现上涨趋势；绵羊肉产量在 2010 年由 17.7 万吨下降到 2011 年的 17.48 万吨，从 2012 年开始稳步增长，2016 年增长到 20.15 万吨（表 17-5、图 17-6）。原因是，绵羊成活率高、生长速度较快、抗病力强易于管理，绵羊肉对病人、老年人或产妇有补养身体作用；而山羊肉属于凉性，不适宜身体健康状况较差的人食用。

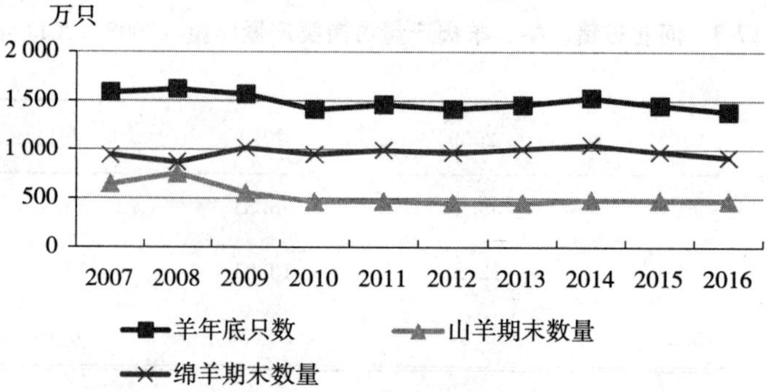

图 17-5　2007—2016 年河北省羊出栏量和期末数量

表 17-5　河北省羊肉产量及山羊肉和绵羊肉所占比例

单位：吨，%

指　标	2009	2010	2011	2012	2013	2014	2015	2016
羊肉产量	280 155	293 000	284 115	287 000	290 514	304 386	316 726	323 656

（续）

指　标	2009	2010	2011	2012	2013	2014	2015	2016
山羊肉产量	126 070	116 000	109 313	109 600	111 000	115 662	119 132	122 110
所占比例	45.00	39.59	38.47	38.19	38.21	38.00	37.61	37.73
绵羊肉产量	154 085	177 000	174 802	177 400	179 514	188 724	197 594	201 456
所占比例	55.00	60.41	61.53	61.81	61.79	62.00	62.39	62.24

资料来源：《河北农村统计年鉴》。

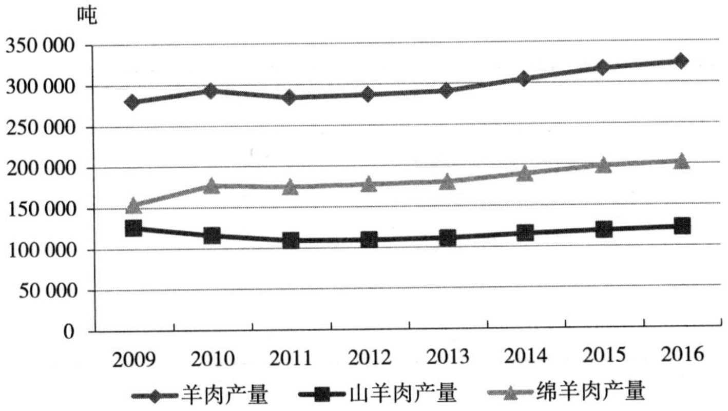

图 17-6　河北省羊肉产量及山羊肉和绵羊肉所占比例

河北省绒山羊养殖在秦皇岛青龙满族自治县养殖规模较大且具有特色。该县绒山羊主要以散户或小规模养殖户为主，表 17-6 所示，2017 年，年出栏在 100 只以下的规模养殖场（户）占比达 55.1%。全县现有规模化羊养殖场 324 个，建有绒山羊种羊场 21 个，其中省级种羊场 1 个，市级种羊场 20 个。虽然青龙县绒山羊养殖规模具有一定基础，但饲养量不足 20 万只，和全县超过 120 万只的养殖量相比，规模化养殖水平有待提高。

表 17-6　青龙县 2017 年绒山羊规模养殖场数

养殖规模	1～29 只	30～99 只	100～199 只	200～499 只	500～999 只	1 000 只以上
场（户）数（个）	9 136	3 016	257	346	195	71
年出栏数（只）	228 865	198 124	38 125	84 268	139 012	86 415
占总出栏量比例（%）	29.5	25.6	4.9	10.9	17.95	11.2

资料来源：青龙县畜牧站。

（三）绵羊毛和山羊粗毛产量较大，细毛较少

在羊产品产量中，绵羊毛产量从 2007 年到 2016 年呈现波动增长态势。2008 年和 2009 年增长速度最快，2008 年增长到 34 147 吨，与 2007 年相比增长 6.54%；2009 年增长到 34 588吨；2010 年、2011 年出现急速下降，2010 年下降到 29 290 吨，同比下降 15.32%；2011 年下降到 28 748 吨，同比下降 1.85%；后呈现快速增长趋势，2012 年增长到 30 663 吨，同比增长 7.96%；2013 年又迅速增长到 33 105 吨，同比增长 9.18%；2015 年略有增

长后，2016 年呈现下降趋势（表 17-7）。

表 17-7　河北省近十年羊产品产量变化情况

单位：吨

指　　标	2007	2008	2009	2010	2011
绵羊毛产量	32 051	34 147	34 588	29 290	28 748
细羊毛产量	6 844	7 009	6 228	3 945	4 122
半细羊毛产量	14 485	13 887	16 998	16 304	15 570
山羊毛产量	3 480	3 503	2 980	2 728	2 683
羊绒产量	789	701	676	776	776
指　　标	2012	2013	2014	2015	2016
绵羊毛产量	30 663	33 105	36 145	36 308	35 272
细羊毛产量	4 757	5 192	6 472	6 655	7 094
半细羊毛产量	17 076	19 327	22 798	22 956	22 909
山羊毛产量	2 698	2 995	3 153	3 115	3 088
羊绒产量	810	830	877	946	918

资料来源：《河北农村统计年鉴》。

图 17-7 显示，半细毛羊产量随着绵羊毛产量的波动而相应波动，变动方向基本趋于一致；细毛羊产量也出现了一些变动，但是变动方向并不完全一致。如 2008 年细羊毛产量是 7 009 吨，2009 年产量却下降为 6 228 吨，同比下降 11.14%；2010 年更是出现了急剧下降，下降幅度为 36.66%；后呈现恢复式增长，2012 年增长到 4 757 吨，同比增长 15.41%；2013 年增长 9.14%，2014 年实现跨越式增长，增长幅度为 24.65%。

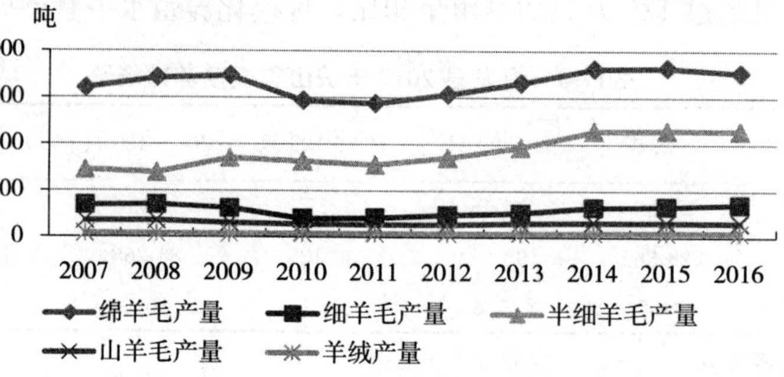

图 17-7　河北省近十年羊产品产量变化情况

山羊毛产量在 2009 年和 2013 年经历了一次较大的降幅和较大的增幅之外，其余年份变化比较平稳。2008 年山羊毛产量为 3 503 吨，2009 年降低到 2 980 吨，降幅 14.93%；后逐步下降。截至 2012 年产量开始增长到 2 698 吨，2013 年增长到 2 995 吨，同比增长 11.01% 吨。后呈现增长波动趋势。

羊绒产量与其他产量变化不同。2007 年羊绒产量为 789 吨，2008 年、2009 年持续下降，2010 年与 2007 年相比增长 100 吨羊绒，直接升至 776 吨，增幅为 14.79%，后呈现稳步增长态势。

（四）河北省羊养殖规模及出栏量变化总体情况

1. 河北省年出栏量为 1～29 只的养殖场（户）最多，30～99 只的居于第二位

表 17-8　按年出栏量分类的场（户）数

单位：个

分类指标	2013	2014	2015	2016	2017
年出栏量 1～29 只	503 093	525 774	513 639	525 255	454 560
年出栏量 30～99 只	131 884	127 976	118 652	117 942	109 079
年出栏量 100～499 只	14 133	15 365	20 809	20 266	15 095
年出栏量 500～1 000 只	1 935	2 182	2 368	2 149	1 638
年出栏量在 1 000 只以上	1 015	1 148	1 122	1 128	1 495

资料来源：根据统计资料计算而成。

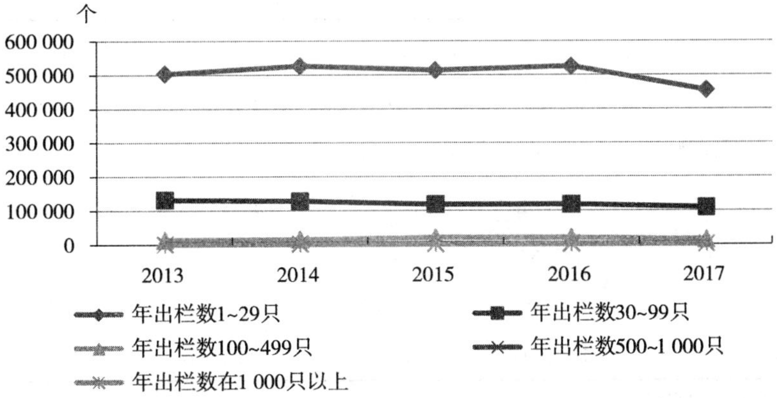

图 17-8　按年出栏量分类的场（户）数年出栏量变动情况

从表 17-8 和图 17-8 可以看出，年出栏量为 1～29 只的养殖场（户）数量，2013 年为 503 093 个，占总场（户）数的 77.15%；2014—2017 年占比分别为 78.19%、78.29%、78.78%和 78.12%；说明河北省各地区养羊仍然以小规模农户为主。

年出栏量为 30～99 只的养殖场（户）数，发展比较平缓且略有下降，从 2013 年的占总场（户）数的 20.23%下降到 2014 年的 19.03%、2017 年的 18.75%。

年出栏量为 100～499 只的养殖场（户）数，从 2013—2017 年呈现逐渐增长的趋势，但增长速度不大，2017 年比 2013 年多 962 个，说明养殖场规模出现逐渐增大的趋势。

年出栏量在 500～1 000 只的养殖场（户）数，2013 为 1 935 个，经过三年增长后，2017 年降低到 1 638 个。

年出栏量在 1 000 只以上的养殖场（户）数，在 2013 年为 1 015 个，后持续上升到 2017 年的 1 495 个，比 2013 年增长 47.29%。说明随着羊养殖技术的提高，羊产业的标准化、规模化和集约化生产所占比重越来越大。

2. 不同规模的羊养殖场年出栏量情况

表 17-9 和图 17-9 显示，河北省不同规模的羊养殖场年出栏量仍然以 99 只以下的为最多。年出栏数在 1～29 只的羊养殖场 2017 年出栏量为 800.04 万只，年出栏数在 30～99 只的羊养殖场 2017 年出栏量为 796.05 万只，两者分别占年出栏量总数的 32.04%和 31.88%，两者合计占总数的 63.92%。

排在第三位的是年出栏量在 1 000 只以上的养殖场，2017 年出栏量为 422.91 万只，占年出栏量总数的 16.94%，说明 1 000 只以上的规模养殖场数量逐年增加。

排在第四位的是 100～499 只的养殖场，2017 年出栏量为 349.03 万只，占出栏总数的 13.98%。年出栏量在 500～1 000 只的羊养殖场（户）占据第五位。

综上所述，河北省羊养殖场（户）的特点，一是仍然以 100 只以下的小规模农户为主，主要原因是农户将养羊作为一项副业，放养较多，饲料成本低，调整养殖数量能力强；二是千头以上的规模化、集约化羊养殖场的数量在逐步增多；三是 500～1 000 只的养殖场占比最低。

表 17-9 河北省不同规模羊养殖场年出栏量

单位：万只

不同年出栏规模	2013	2014	2015	2016	2017
出栏量 1～29 只	785.03	854.83	899.55	932.88	800.04
年出栏量 30～99 只	876.22	848.14	862.66	873.59	796.05
年出栏量 100～499 只	432.01	444.41	498.66	481.19	349.03
年出栏量 500～1 000 只	147.39	161.45	176.35	167.46	128.67
年出栏量在 1 000 只以上	277.20	320.30	257.52	278.28	422.91
合计	2 517.84	2 629.13	2 694.75	2 733.40	2 496.71

资料来源：根据统计资料计算而成。

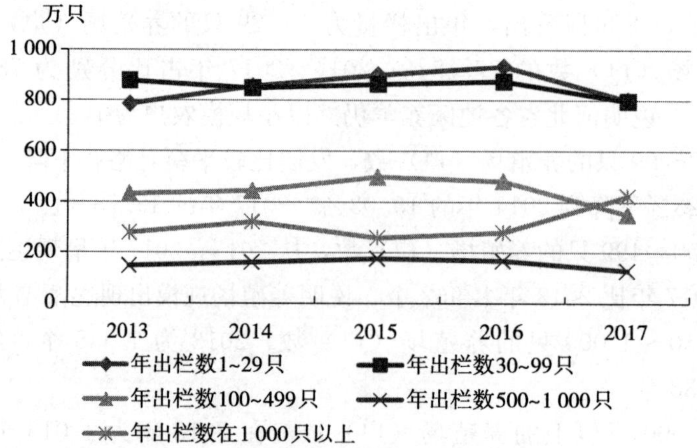

图 17-9 河北省不同规模养殖场年出栏量变化情况

(五) 河北省不同地区规模养殖场(户)情况

1. 年出栏量在1～29只的养殖场(户)邯郸、沧州、张家口分列前三位

表17-10、图17-10所示，出栏量在1～29只的养殖场(户)中排在第一位的是邯郸市，2013年出栏量在1～29只的养殖场(户)数为83 265个，以后随着羊肉价格的上升和下降养殖户数量也随之变化，2017年为83 966个。

表17-10 河北省各市年出栏量为1～29只的羊场(户)数变化情况

单位：个

序号	市名	2013	2014	2015	2016	2017
1	石家庄市	23 949	24 019	21 944	21 903	21 619
2	辛集市	7 766	7 766	7 768	7 768	7 763
3	唐山市	28 068	26 940	24 237	23 317	24 157
4	秦皇岛市	21 246	19 309	18 846	22 026	24 292
5	邯郸市	83 265	102 836	99 664	97 225	83 966
6	邢台市	23 911	23 797	21 672	17 990	15 685
7	保定市	58 324	71 907	75 014	73 078	58 179
8	定州市	9 236	9 238	9 638	9 637	5 848
9	张家口市	77 857	77 419	74 204	75 079	64 305
10	承德市	41 519	36 015	40 188	58 022	45 990
11	沧州市	90 676	89 903	88 194	87 023	77 296
12	廊坊市	19 845	19 437	11 365	9 902	9 163
13	衡水市	17 431	17 188	20 905	22 285	16 297

资料来源：实地调研。

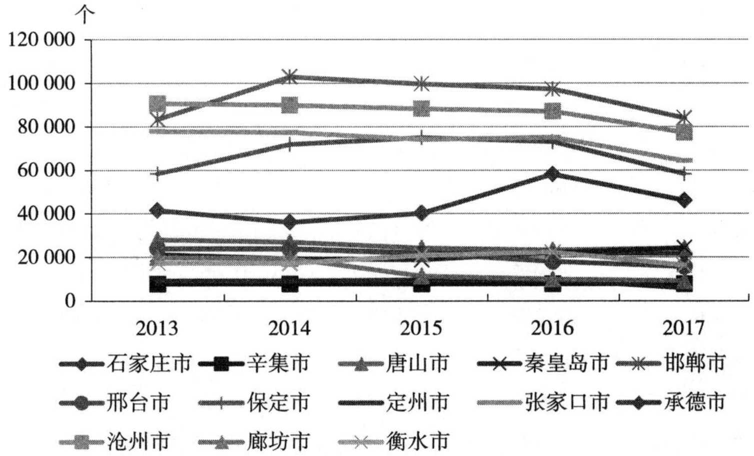

图17-10 河北省各市年出栏量为1～29只的羊场(户)数变化趋势

出栏量在 1～29 只的养殖场（户）中，排在第二位的是沧州，2013 年养殖户数是 90 676个，居于当年全省的首位；2014 年后持续下降，2017 年降到 77 296 个。

张家口市排名第三，主要原因在于张家口有较好的牧草资源，家庭养羊很普遍。2013 年出栏量为 1～29 只的场（户）数为 77 857 个，后逐步下降，2017 年减少到 64 305 个，比 2013 年降低 17.41%。

出栏量为 1～29 只的羊场（户）数排在第四、第五位的分别是保定市和承德市。保定市 2013 年为 58 324 个，2014—2016 年迅速增长，达到 7 万个以上，2017 年又下降到 58 179 个。承德市 2013 年为 41 519 个，2015 年后上升到 58 022 个，2017 年又迅速下降到 45 990 个。两市的共同特点是小规模养殖户在逐渐减少。

2. 年出栏量在 30～99 只的养殖场（户）前三位是邯郸、张家口、保定

表 17-11 和图 17-11 显示，在年出栏量 30～99 只的场（户）数中，邯郸市 2013 年为 30 545个，后直线下降，到 2017 年为 20 802 个，邯郸市一直处于第一位。

张家口市一直处于第二位，2013 年为 15 407 个，2014 年上升为 17 494 个，2015 年后呈现下降趋势，2017 年下降到 12 153 个。

保定市年出栏量在 30～99 只的养殖场（户）表现出较为强势的增长劲头，2013 年仅为 10 661 个，排在河北省第五位，2015 年后迅速跃居到第三位。

沧州市 2013 年为 14 257 个，排在第三位，经历了疫病风险和价格风险后，2017 年下降为 8 274 个，比 2013 年下降了 41.97%，由第三降到了第五位。

衡水市年出栏量 30～99 只的场（户）数在全省排名中比较平稳，2013 年为 12 282 个，后出现下降趋势，2017 年为 10 694 个，居于第四位。

表 17-11　河北省年出栏量 30～99 只的场（户）数变化情况

单位：个

序号	市名	2013	2014	2015	2016	2017
1	石家庄市	9 879	9 948	10 220	9 805	9 831
2	辛集市	827	827	827	827	827
3	唐山市	5 286	5 362	5 411	5 940	6 103
4	秦皇岛市	3 592	4 453	4 822	5 681	6 709
5	邯郸市	30 545	24 244	22 425	20 746	20 802
6	邢台市	8 163	7 731	7 424	7 664	7 571
7	保定市	10 661	11 036	12 275	12 039	11 102
8	定州市	3 652	3 656	2 608	2 607	913
9	张家口市	15 407	17 494	15 607	15 121	12 153
10	承德市	7 706	8 846	6 705	7 806	7 981
11	沧州市	14 257	13 384	12 244	12 318	8 274
12	廊坊市	9 627	8 833	7 576	6 738	6 119
13	衡水市	12 282	12 162	10 508	10 650	10 694

资料来源：实地调研。

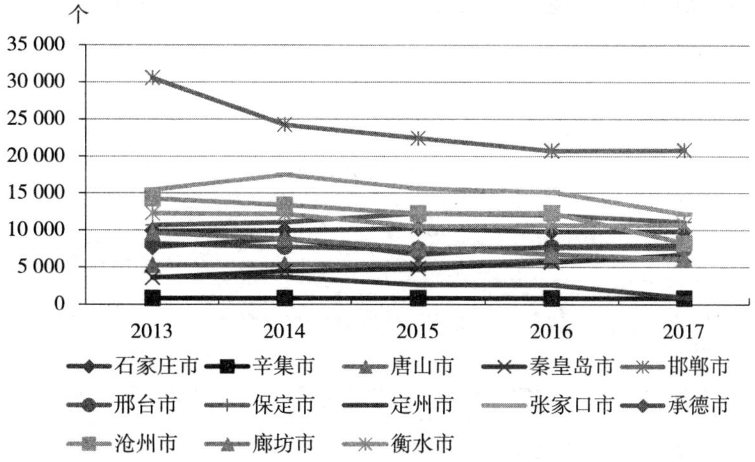

图 17-11　河北省各市年出栏量为 30～99 只的羊场（户）数变化趋势

3. 年出栏量 100～499 只的养殖场（户）数前三位是张家口、邯郸和邢台

表 17-12、图 17-12 显示，在年出栏量 100～499 只的养殖场（户）数中，邯郸市从 2013 年的 2 093 个排名第一逐渐下滑到 2017 年的 2 518 个，排名第二。张家口市则从 2013 年的 2 084个排名第二上涨到 2017 年的 2 778 个，跃居全省第一位。邢台市从 2013 年的 803 个排名第十位上升到 2017 年的 1 748 个，排名第三。

表 17-12　河北省年出栏量 100～499 只的场（户）数变化情况

单位：个

序号	市名	2013	2014	2015	2016	2017
1	石家庄市	811	826	1 032	954	1 036
2	辛集市	11	11	11	11	25
3	唐山市	828	937	941	1 048	856
4	秦皇岛市	1 079	1 023	1 097	1 258	1 254
5	邯郸市	2 093	1 936	2 470	2 707	2 518
6	邢台市	803	846	1 342	1 796	1 748
7	保定市	1 281	1 341	2 492	2 858	379
8	定州市	5	8	51	51	31
9	张家口市	2 084	2 417	2 399	2 242	2 778
10	承德市	756	1 720	3 003	2 185	1 123
11	沧州市	1 460	1 498	1 925	1 909	1 351
12	廊坊市	1 585	1 404	1 967	1 197	953
13	衡水市	1 337	1 398	2 079	2 050	1 043

资料来源：实地调研。

在出栏量 100～499 只的场（户）数中，起伏波动最大的是承德市，2013 年为 756 个，全省倒数第一；2014 年呈倍数增长，达到 1 720 个，2015 年迅速攀升到 3 003 个，成为全省第一；受价格的冲击，2016 年又回落到 2 185 个，2017 年迅速下降到 1 123 个。波动的原因是养殖户虽然有较强的养羊意愿，但是政府支持力度较小，在养羊业经历疫病和市场风险时，养殖户的应对能力差。

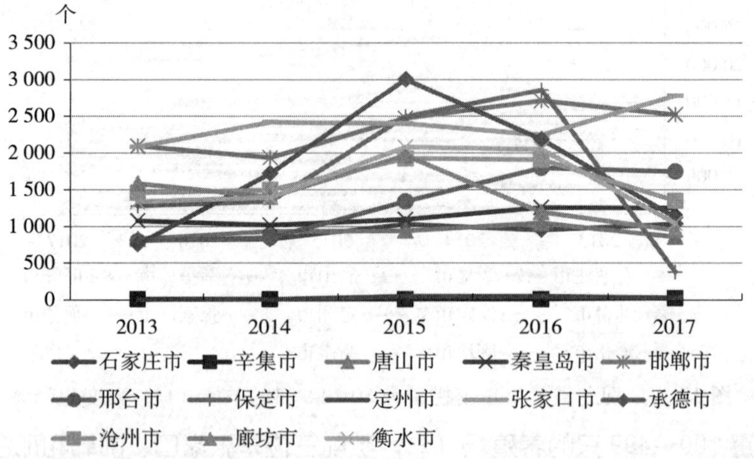

图 17-12　河北省各市年出栏量为 100～499 只的羊场（户）数变化趋势

保定市养羊业也是以散户为主，2013 年出栏量 100～499 只的场（户）数为 1281 个，位居全省第六，2015 年迅速扩张到 2 492 个，达到全省第二名。在 2015 年羊的价格低廉、很多地区的养羊户大量出售母羊的情况下，保定市仍然逆势向上，2016 年达到 2 858 个，位居全省第一，同比增长 14.69%。2017 年冬天羊的疫病较多，养羊利润日渐微薄，出栏量 100～499 只的养殖场（户）数迅速减少到 379 个，位于地级市的倒数第一名。

4. 年出栏量 500～1 000 只的养殖场数前三名为秦皇岛、张家口和保定

表 17-13、图 17-13 显示，在年出栏量 500～1 000 只的养殖场数中，秦皇岛市 2013 年为 501 个，2014 年后逐渐上涨，2017 年为 529 个，全省排名第一，这得益于秦皇岛市对绒山羊产业的扶持政策。

表 17-13　河北省年出栏量 500～1 000 只的场（户）数变化情况

序号	市名	2013	2014	2015	2016	2017
1	石家庄市	103	104	39	37	42
2	辛集市	0	0	0	0	9
3	唐山市	129	134	134	129	111
4	秦皇岛市	501	531	575	526	529
5	邯郸市	183	202	199	154	138
6	邢台市	30	102	69	96	82
7	保定市	175	188	365	347	158
8	定州市	1	1	4	4	1
9	张家口市	310	348	364	328	332
10	承德市	91	167	178	122	85
11	沧州市	168	200	192	182	48

（续）

序号	市名	2013	2014	2015	2016	2017
12	廊坊市	148	108	90	83	51
13	衡水市	96	97	159	141	52

资料来源：实地调研。

张家口市在年出栏量 500～1 000 只的场（户）数中排名第二，变动趋势与秦皇岛市非常相似，2013 年为 310 个，2014 年上涨，2015 年达到 364 个的高点后，2016 年下降，2017 年又上涨到 332 个。张家口畜牧业经历了从“捎伴产业”到“支柱产业”再到“主导产业”的发展过程。随着张家口市畜牧业结构调整力度不断加大，草地治理面积和牧草种植面积也在不断上升，小尾寒羊与无角道赛特、萨福克、夏洛来等国外优质种公羊杂交改良后，形成庞大的小尾寒羊杂交肉羊，主要分布在坝上四县和怀安、阳原 6 个县。通过加强饲草饲料体系、良种繁育体系、动物防疫体系建设，推进产业化、标准化进程，实现“三系两化”的精准产业扶贫路径，推进羊养殖业实现跨越式发展。

邯郸市、保定市在年出栏量 500～1 000 只的场（户）数中竞争比较激烈。首先，邯郸市 2013、2014 年分别为 183 个和 202 个，2015 年不断下滑，2017 年下降到 138 个，呈直线下降趋势。保定市 2013 年只有 175 个，2014 年上升，2015 年迅速增长到 365 个，2016 年后下降，2017 年下降到 158 个。

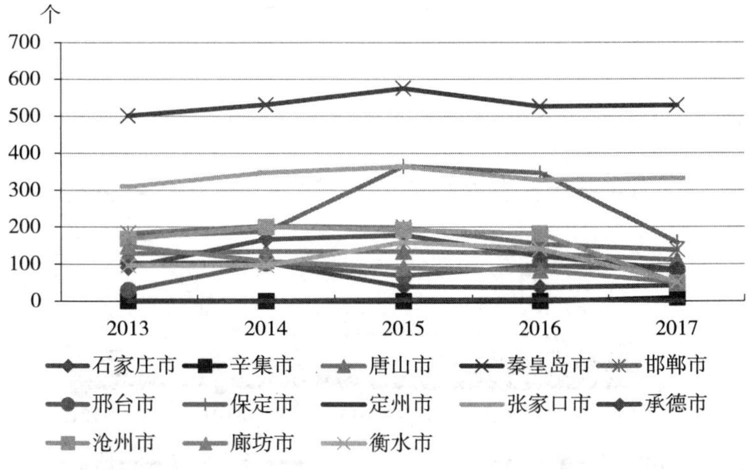

图 17-13　河北省各市年出栏量为 500～1 000 只的羊场（户）数变化趋势

5. 年出栏量 1 000 只以上的养殖场数以秦皇岛、保定市为主

表 17-14、图 17-14 显示，在河北省年出栏量 1 000 只以上的场（户）数中，秦皇岛市比较平稳，2013 年为 520 个，2016、2017 年始终保持在 523 个，近五年上下波动幅度不太大。说明秦皇岛市羊养殖场的养殖规模和养殖技术比较稳定，应对疾病风险和市场风险能力比较强，不纯粹以市场价格为导向，基本实现了标准化养殖。

保定市年出栏量 1 000 只以上的场（户）数在 2013—2016 年一直保持在 100 多个。2013 年为 116 个，2014—2015 年比较平稳，2016 年迅速上涨，2017 年达到 615 个，跃居第一位。原因是保定市养羊业主要以育肥为主，调节羊养殖量能力比较强。

其他市的养殖场数则远远低于以上两市的数量，都在 100 个以下。

表 17-14　河北省年出栏量 1 000 只以上的场（户）数变化情况

单位：个

序号	市名	2013	2014	2015	2016	2017
1	石家庄市	15	15	15	13	14
2	辛集市	2	2	5	5	4
3	唐山市	44	48	67	68	72
4	秦皇岛市	520	536	563	523	523
5	邯郸市	33	45	54	75	66
6	邢台市	15	34	39	61	22
7	保定市	116	143	145	161	615
8	定州市	1	1	8	8	8
9	张家口市	90	97	63	78	65
10	承德市	52	71	28	30	22
11	沧州市	30	47	48	33	16
12	廊坊市	64	78	49	30	23
13	衡水市	33	31	38	43	45

资料来源：实地调研。

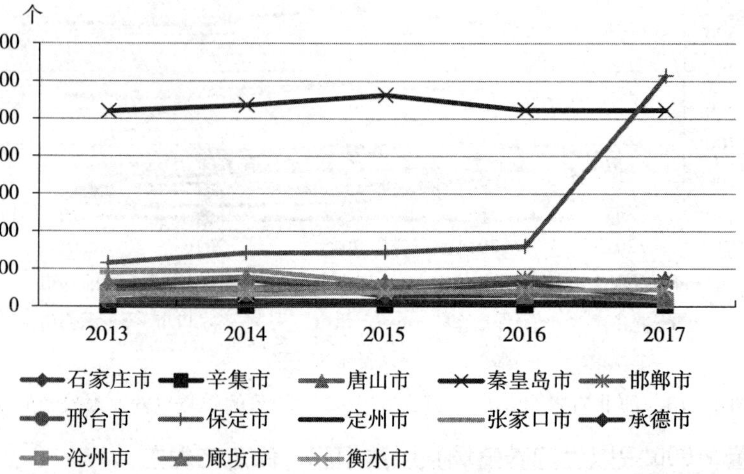

图 17-14　河北省各市年出栏量为 1 000 只以上的羊场（户）数变化趋势

（六）河北省不同地区不同规模养殖场（户）出栏量情况

1. 年出栏 1～29 只养殖户出栏量邯郸最多，保定、张家口、承德竞争激烈

表 17-15、图 17-15 所示，在出栏 1～29 只的羊养殖场（户）中，邯郸市在 2013 年出栏为 117.32 万只，在全省排第二名，以后始终保持在全省第一位，2017 年为 168.02 万只。

保定市 2013 年在出栏 1～29 只的羊养殖场（户）中，出栏量为 110.95 万只，2014—2016 年上涨，出栏量均排在全省第二位；2017 年出栏量下降到 103.88 万只，在全省排名第三。

承德市 2013 年在出栏 1～29 只的羊养殖场（户）中，出栏量为 59.66 万只，在河北省排名第五位；2014 年略有下降后 2015 年快速上涨，2016 年后超过保定市和张家口市，跃居到第二位。

张家口市 2013 年在出栏 1～29 只的羊养殖场（户）中，出栏量为 144.52 万只，在全省排名第一；2014 年为 141.13 万只，在全省排名第二；2015、2016 年出栏量虽有上升但排名第三；2017 年出栏量下降到 102.97 万只，排名第四位。

表 17-15　河北省各市出栏 1～29 只的场（户）年出栏量变化情况

单位：万只

序号	市名	2013	2014	2015	2016	2017
1	石家庄市	45.64	46.18	43.47	43.65	43.76
2	辛集市	11.96	11.97	11.60	11.60	9.80
3	唐山市	58.66	56.33	50.19	50.91	51.80
4	秦皇岛市	31.47	41.62	40.37	48.95	58.56
5	邯郸市	117.32	172.47	181.48	180.54	168.02
6	邢台市	43.96	48.60	45.33	34.40	35.71
7	保定市	110.95	121.97	153.07	151.99	103.88
8	定州市	6.91	6.97	7.89	7.89	3.09
9	张家口市	144.52	141.13	150.24	136.30	102.97
10	承德市	59.66	56.52	68.38	122.17	111.78
11	沧州市	79.09	78.07	76.16	76.43	58.26
12	廊坊市	39.44	37.71	26.18	22.56	20.67
13	衡水市	35.45	35.28	45.19	45.49	31.74

资料来源：实地调研。

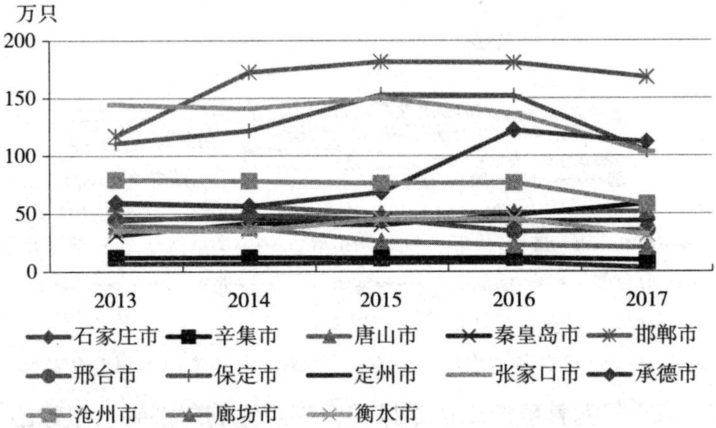

图 17-15　河北省各市出栏 1～29 只的场（户）年出栏量变化趋势

沧州市出栏 1～29 只的羊养殖场（户）出栏量始终保持在 70 万～80 万只之间，并逐年下降，排名由 2013 年的第四名下跌到 2017 年的第六名。

2. 年出栏 30～99 只养殖户出栏量排名前三名是邯郸、张家口和保定

表 17-16、图 17-16 所示，年出栏 30～99 只的养殖户中，邯郸 2013 年出栏量为 205.98 万只，2014 年后有所下降，2017 年为 156.89 万只，出栏量一直保持第一位。

张家口市 2017 年为 83.59 万只，始终居于河北省第二位。保定市 2017 年为 82.36 万只，始终稳定在第三名。

表 17-16 河北省各市出栏 30～99 只的场（户）年出栏量变化情况

单位：万只

序号	市名	2013	2014	2015	2016	2017
1	石家庄市	73.98	75.85	75.77	72.74	73.54
2	辛集市	3.38	3.38	3.38	3.39	3.40
3	唐山市	27.84	30.38	33.62	37.57	39.12
4	秦皇岛市	27.75	27.96	37.12	43.21	46.49
5	邯郸市	205.98	158.08	162.52	159.11	156.89
6	邢台市	52.74	57.84	55.82	56.48	59.21
7	保定市	81.27	80.36	94.95	94.46	82.36
8	定州市	20.03	20.62	18.70	18.72	3.47
9	张家口市	103.37	117.90	128.24	124.53	83.59
10	承德市	52.76	60.92	49.04	60.14	60.37
11	沧州市	86.67	80.88	76.73	80.70	61.65
12	廊坊市	76.09	67.68	61.07	54.52	50.72
13	衡水市	64.34	66.29	65.72	68.02	75.25

资料来源：实地调研。

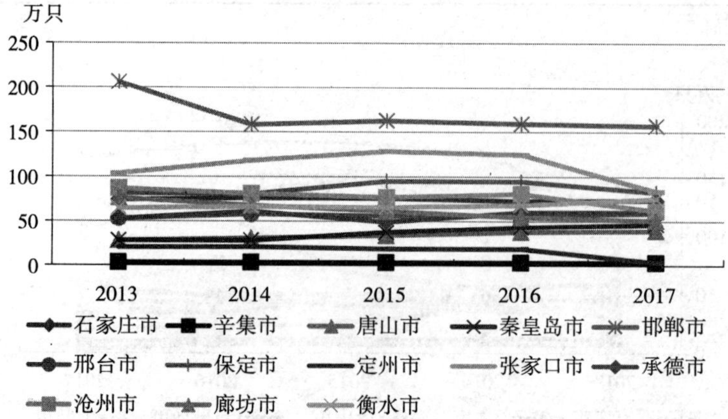

图 17-16 河北省各市出栏 30～99 只的场（户）年出栏量变化趋势

3. 年出栏 100～499 只的养殖户出栏量排名在前两位的是邯郸、张家口

表 17-17、图 17-17 显示，在年出栏 100～499 只的养殖户中，邯郸、张家口市仍然以平

稳的出栏量分列第一、第二名。邯郸市中小规模羊养殖户非常多，且养殖数量也比较稳定，说明养殖户有一定的养殖经验，对羊的市场价格波动和疫病风险，有一定的应对能力。张家口市 2017 年上升到 62.43 万只，超过了保定市和衡水市，位列第二名。

表 17-17　河北省各市出栏 100～499 只的场（户）年出栏量变化情况

单位：万只

序号	市名	2013	2014	2015	2016	2017
1	石家庄市	24.31	25.22	22.28	21.24	22.87
2	辛集市	0.29	0.29	0.30	0.30	0.55
3	唐山市	16.62	19.33	19.29	21.90	17.16
4	秦皇岛市	33.92	25.82	25.20	28.76	30.74
5	邯郸市	77.78	73.21	61.92	78.00	70.13
6	邢台市	20.82	23.03	26.55	36.44	36.14
7	保定市	40.09	43.99	63.52	70.78	8.70
8	定州市	0.12	0.20	1.13	1.12	0.59
9	张家口市	50.35	51.42	57.93	53.68	62.43
10	承德市	23.24	45.22	80.43	42.48	26.60
11	沧州市	43.54	44.43	47.23	47.58	33.26
12	廊坊市	43.30	32.54	37.66	27.11	20.99
13	衡水市	57.62	59.71	55.23	51.82	18.89

资料来源：实地调研。

衡水市、保定市则变化较大，年出栏量 100～499 只的养殖场 2017 年出栏量分别大幅度下滑到 18.89 万只和 8.7 万只，排名倒数第三和倒数第一。

沧州、廊坊、秦皇岛、石家庄、邢台等市在年出栏量 100～499 只的场（户）数中，出栏量比较稳定，但都处于低位运行。

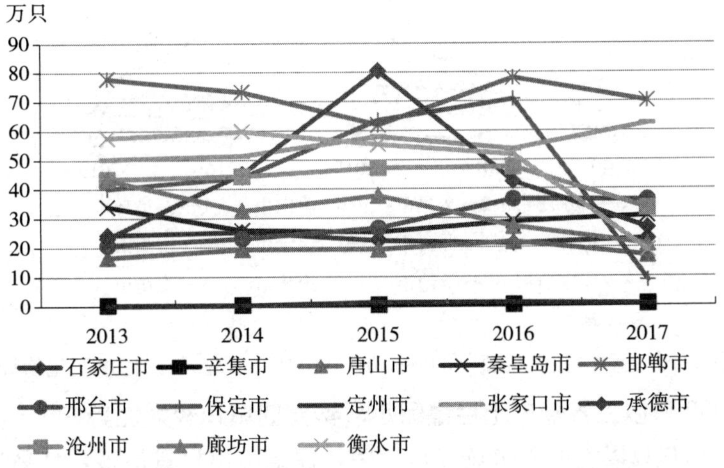

图 17-17　河北省各市出栏 100～499 只的场（户）年出栏量变化趋势

4. 年出栏 500～1 000 只的养殖户出栏量排名前三位是秦皇岛、张家口和保定

表 17-18、图 17-18 显示，在年出栏量 500～1 000 只的养殖场（户）中，秦皇岛市羊养殖场养殖规模较大，养殖数量比较稳定。张家口市排在第二位，2013—2017 年出栏量始终在 22 万～28 万只之间。由于张家口农村地处草原地带，形成了“放养＋圈养”相结合的高效养殖方式。保定市出栏量变化较大。

表 17-18　河北省各市出栏 500～1 000 只的场（户）年出栏量变化情况

单位：万只

序号	市名	2013	2014	2015	2016	2017
1	石家庄市	7.74	7.81	2.81	2.87	3.22
2	辛集市	0.00	0.00	0.00	0.00	0.60
3	唐山市	9.45	9.92	9.43	9.47	9.27
4	秦皇岛市	38.98	38.33	40.71	37.65	38.00
5	邯郸市	13.09	15.09	14.26	11.76	11.45
6	邢台市	2.08	6.90	4.75	6.86	6.08
7	保定市	14.56	15.73	31.06	30.15	13.42
8	定州市	0.07	0.09	0.28	0.28	0.09
9	张家口市	22.17	25.36	23.76	27.61	27.98
10	承德市	6.91	12.12	14.12	8.20	6.72
11	沧州市	12.50	14.56	15.44	14.50	3.71
12	廊坊市	12.01	7.78	6.82	6.20	3.60
13	衡水市	7.84	7.75	12.89	11.93	4.52

资料来源：实地调研。

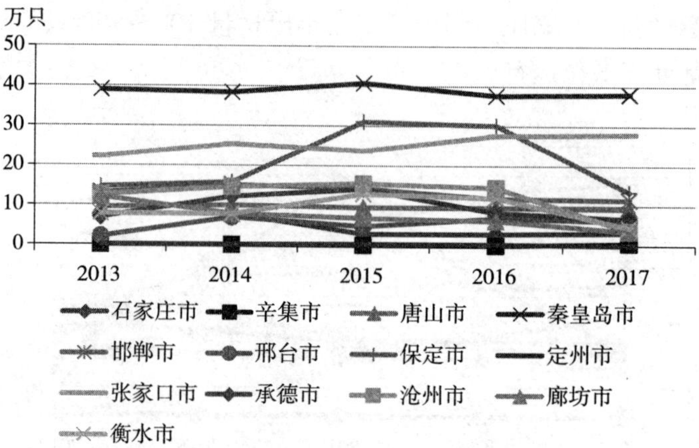

图 17-18　河北省各市出栏 500～1 000 只的场（户）年出栏量变化趋势

5. 年出栏 1 000 只以上养殖户出栏量保定、秦皇岛具有较大优势

在年出栏量 1 000 只以上的养殖场（户）中，保定市出栏量最多，且呈现快速上涨趋势（表 17-19、图 17-19）。由 2013 年的出栏量为 119.80 万只增长为 2017 年的 267.22 万只，说

明保定市羊养殖规模较大。秦皇岛市在年出栏量 1 000 只以上的场（户）中出栏量居于第二位，但呈平稳下降趋势。

表 17-19 河北省各市出栏 1 000 只以上的场（户）年出栏量变化情况

单位：万只

序号	市名	2013	2014	2015	2016	2017
1	石家庄市	3.31	3.37	3.23	3.08	2.83
2	辛集市	0.26	0.26	0.64	0.64	1.67
3	唐山市	6.92	7.64	10.66	11.04	11.66
4	秦皇岛市	84.78	87.36	74.57	69.68	65.25
5	邯郸市	7.13	8.53	8.50	16.79	16.40
6	邢台市	2.26	7.18	8.94	15.24	8.92
7	保定市	119.80	144.73	96.45	107.62	267.22
8	定州市	0.19	0.22	3.70	3.71	2.47
9	张家口市	13.93	13.79	14.74	17.84	16.02
10	承德市	14.22	15.89	7.14	7.30	5.84
11	沧州市	6.01	7.93	6.57	4.72	3.39
12	廊坊市	10.82	12.19	8.11	5.30	4.87
13	衡水市	7.59	11.22	14.27	15.34	16.36

资料来源：实地调研。

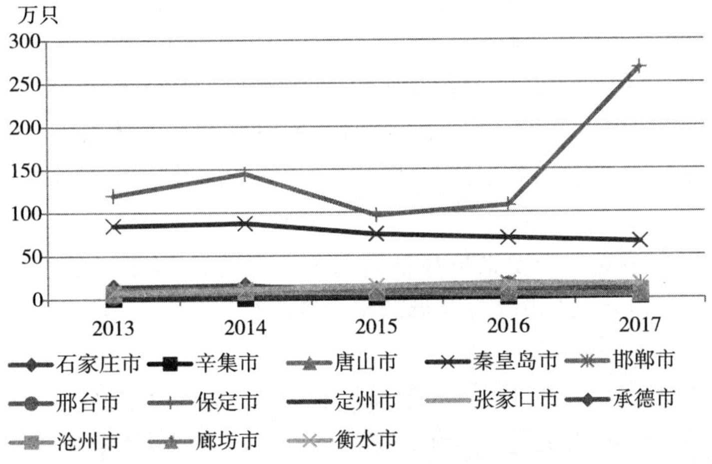

图 17-19 河北省各市出栏 1 000 只以上的场（户）年出栏量变化趋势

（七）小结

综上所述，河北省各地区羊养殖和出栏量表现为不同的特点：

一是河北省羊养殖规模以 100 只以下规模的小型养殖场（户）为主，年出栏量占出栏总数的 60%～70%。其中邯郸、沧州、张家口、保定市小规模羊养殖场（户）数较多。

二是张家口市年出栏量 100～499 只的场（户）数最多，邯郸、邢台分列第二、三位，介于散养和规模养殖之间，受政府的政策、技术、资金支持力度影响较大。

三是秦皇岛、张家口在年出栏量 500～1 000 只的场（户）数分列前两位。主要受产业扶贫政策支持力度的影响，养殖数量比较稳定，政府提供一定的资金、技术支持，养殖场（户）逐渐形成一定规模。

四是保定、秦皇岛市在年出栏量 1 000 只以上的养殖场数量最多，最有优势。

二、河北省羊产业发展形势分析

（一）生产形势分析

根据河北省畜牧兽医局统计资料，到 2018 年 6 月底，河北省羊存栏量 1 470 万只，同比增长 3%，累计出栏 1 067 万只，同比增长 5%，羊肉产量 15.2 万吨，同比增长 5%。养殖量呈现缓慢恢复趋势，羊出栏量和羊肉产量总体呈增长趋势，但增速缓慢，稳中略增。2017 年以来，由于饲养技术水平的提升、品种改良成效显现和政策支持，河北省养殖量呈现缓慢恢复趋势，2018 年养羊效益趋好，存栏量较 2017 年会有所增加，出栏量和羊肉产量增速缓慢，总体数量变化幅度不会太大。

（二）羊疫病调查及预测

1. 羊群疾病流行病学调查结果

调查的羊群以布鲁菌病（简称“布病”）、羊口疮、羊传染性胸膜肺炎、伪狂犬病、流产、母羊瘫痪、腹泻、尿结石 8 种疾病比较常见。口蹄疫、小反刍兽疫免疫效果良好，无重大疫病发生与流行。10 个未接种疫苗羊场布病阳性率 17.4%，其中母羊的感染率略高于公羊，种羊感染率高于羔羊、育成羊。与 2017 年同期相比，病毒性疫病总体稳中有降，细菌性疫病流行强度呈缓慢上升态势。母羊流产与瘫痪在种羊场呈上升态势，尿结石在专业育肥场仍较为常见。疫病主要发生于养殖较为密集的地区，流行情况与国内农区山东、河南等省份情况较为一致。

口蹄疫、小反刍兽疫免疫密度维持在较高水平，免疫效果较为理想，其中 O 型口蹄疫抗体阳性率达 92.2%。11 个规模化种羊场有 1 个场进行过布病免疫，其余均未进行免疫。

2. 存在的问题

一是疾病流行种类多，危害增加。目前流行的疾病包括小反刍兽疫、口蹄疫、布病、传染性胸膜肺炎、伪狂犬、附红细胞体、无浆体病、副流感、尿结石、羔羊不明原因拉稀、母羊流产瘫痪等。部分羊场因为疾病问题处于亏损或微利状态。建议羊场采取生物安全、免疫防控等综合性措施进行防控。

二是羊场生物安全防控意识淡薄。生物安全涵盖建筑性生物安全措施，即物理性屏障，包括羊场选址、布局、设施等。也涵盖观念性生物安全措施，即制度与计划，包括限制人员、全进全出、病死羊处理、消毒程序等。调查发现羊场从业人员普遍缺乏生物安全意识，简单地认为疫病防控主要靠疫苗与药物，缺乏生物安全防控意识。主管部门应加强宣传教育与技术培训。

三是疫病监测与检测不到位。羊场缺乏疫病监测与检测意识，发病乱投医，基本上靠经验进行临床诊治，而对发病羊疾病流行情况很少进行实验室诊断。大多数羊场更无主动监测意识，导致一些传染病在部分羊场仍然有发生与流行。羊场尤其应加强布病检疫，及时淘汰阳性羊只；种羊场自繁自养建立布病阴性羊群；高风险地区，商品羊可采用布病疫苗进行免疫。

四是活羊跨区调运仍然是疫病发生的导火索。目前河北省唐县、卢龙等地已形成专业羊只育肥，育肥羊大多数来自省外，免疫与感染背景不清楚，加之长途运输，到场后发病情况较多。应鼓励养羊企业自繁自养，尽量减少活羊跨区调运，政府部门应加强检疫，严查非法调运。

3. 羊群主要疫病流行动态预测

羊群重大疫病总体平稳，暴发、流行的风险较低。口蹄疫实行强制免疫，免疫密度较高，但口蹄疫病毒血清型较多，不同血清型之间交叉保护性差，其发生的风险依然存在。小反刍兽疫仍将处于较为理想的有效控制状态，出现暴发、流行的风险低，但活羊跨区调运仍然是该病发生的导火索。

（三）羊产业技术分析

河北省通过开展同期发情、超数排卵、人工输精、羔羊早期补饲断奶、短期育肥和TMR技术的示范推广，一定程度上提高了养羊生产的经济效益。但受传统养殖观念及粗放式生产方式影响，养羊业仍存在生产模式与产业发展不适应、品种的开发利用不科学、养殖技术推广及应用水平低等问题，影响养羊业发展。

1. 品种利用混乱，选种停留在表型阶段

地方品种存在生长速度慢、后躯不丰满、肉用体型欠佳等缺陷，杂交改良可以提高肉用性能的理念虽被广泛认可，但级进杂交、是母羊就留种的养殖观念仍普遍存在。随着级进代数增加，繁殖率、适用性、增重速度和饲料报酬均不尽人意。小尾寒羊和湖羊等地方品种高繁特性以及引进品种的肉用性能并未得到充分利用。目前选种还基本停留在表型阶段，即最初级的选种方法，造成遗传进展慢，羊群整齐度差，种羊标准还停留在“一、二、三级”水平上。此外，育种场数据资料也不健全，缺乏种公羊后裔测定和分析利用数据的能力，种羊选种目标也不明确，导致培育的肉羊品种缺乏竞争力，肉用性能不及父本，同时普遍存在育种群规模小，性能测定制度不完善，选育力度不够，种群遗传进展缓慢等问题。

2. 饲料开发利用水平较低，不能满足营养需求

受环境生态建设影响，目前大多数养羊场实施了舍饲养羊，但相应的管理、饲料并不配套，特别是在饲料的供给上，不能达到按需供应，只是随意添加，既不能保证营养需要，还造成饲料资源一定的浪费。在肉羊生产中缺乏饲养标准和常规饲料营养参数，导致肉羊饲料的配制无据可依。同时存在饲料品种单一，精饲料配方不科学，营养不全面的问题，由于对肉羊营养需要缺乏了解，未掌握肉羊日粮配合技术，加上缺乏科学配方、原料品种单一，不能满足肉羊的生产需求。

3. 产品加工链条短，品牌效应缺乏

现阶段羊产业发展链条短，特别是加工企业生产规模小、深加工能力弱，主营业务仍以活畜屠宰和胴体初级加工为主，生鲜冷却肉及加工制品所占份额小，产品附加值低。虽有现行的分级、分割标准，但没有进行市场化应用，目前市场上多为无品牌低端初级产品，同质化现象严重，不能满足差异化的消费需求，急需推进羊产业供给侧结构性改革。

4. 疾病流行种类多，安全防控和疫病监测意识淡薄

目前羊场流行的疾病包括小反刍兽疫、口蹄疫、布病、传染性胸膜肺炎、伪狂犬、附红细胞体、无浆体病、副流感、羊尿结石、羔羊不明原因拉稀、母羊流产瘫痪等。部分羊场因为疾病问题处于亏损或微利状态。羊场从业人员普遍缺乏生物安全意识，简单地认为疫病防控主要靠疫苗与药物，缺乏生物安全防控意识和疫病监测与检测意识，发病乱投医，基本上靠经验进行临床诊治，而对发病羊疾病流行情况很少进行实验室诊断。大多数羊场更无主动监测意识，导致部分传染病在部分羊场仍然有发生与流行，并且危及人类健康。

5. 羊场规划设计不规范，粪污清理不及时

（1）羊场规划和建筑不科学。很多羊场规划和生产建筑不科学、不规范，场内功能分区混乱，尤其是羊场扩（改）建时，随意性较强，羊场防疫难、管理不便的现象时有发生，导致羊群长期处于不良生长环境中，直接影响了羊群的生产和繁殖性能。有些羊场总平面规划不合理，粪污处理区和生产区界限不明显，甚至没有专门的粪污存贮和处理设施，粪便随意堆积在舍旁或舍内角落里，而且场内净道与污道部分交叉，清污不分。部分羊场的羊群结构混乱，分群不合理，造成圈舍设计不规范，如妊娠羊和空怀羊同处一栏，饲喂同一营养水平饲料，造成妊娠后期母羊的营养缺乏，引发病羔、弱羔和死羔。

（2）粪污清理不及时。羊舍内有害气体主要为氨气和硫化氢，由羊粪污、垫草、垫料以及饲料残渣发酵分解产生，多见于夏季、寒冷季节通风不良的密闭羊舍，以羊粪污影响最大。河北省大多数羊场尤其是配套设施不完善的羊场存在羊粪污清理不及时的情况，畜禽粪便大量长期堆积产生的恶臭和有害气体大多具有强烈的刺激性和毒性，直接影响羊的健康及生产性能，间接危害人类。水源在受到长期大量的羊粪污染时，可能会造成水体中的许多病原微生物和寄生虫病的流行，给人类的健康也带来严重影响。另外羊的布病、炭疽、血吸虫病和脑包虫病等人畜共患病，通过羊排泄物在一定的条件下可感染人类，对人类造成极大的危害。

（3）热应激。夏季高温天气不仅使羊场内病原微生物大量滋生，还会导致羊热应激，造成抵抗力降低、生产性能下降或疾病发生。高温会使公羊精子活力下降，正常精子数量减少，畸形精子数量上升，还会直接影响母羊着床期的受精卵，造成胚胎死亡，受到高温影响的妊娠期母羊，所产羔羊生活力较低，死亡率较高。持续高温天气还会引发羊呼吸疾病和中暑等疾病，重者可导致死亡。2018年7、8月，河北省南部地区普遍高温，某些羊场就因为高温并发支原体病而导致羊只死亡的现象，造成重大经济损失。

（四）羊产业加工状况

河北省肉羊屠宰加工建设滞后，尚处在粗加工阶段，精深加工水平低，多数羊肉卷、羊

肉串、羊排等加工制品由于没有品牌，市场辨识度不高。制约羊加工发展的技术瓶颈主要有五点：一是适应市场发展需求的羊肉产品加工企业集群的形成和可持续发展产学研技术创新平台构建不足；二是传统特色羊肉制品加工没有实现标准化、规模化和优质化生产，产品配方随意、质量安全不易控制、贮藏时间短等问题突出；三是物流冷链建设落后，制约了优质安全羊肉制品的生产和消费；四是屠宰副产物利用率不高、浪费严重和污染环境；五是没有形成羊肉标准化分割和分级统一的行业规范，追溯体系、卫生检疫制度不完善。

如唐县是河北省主要的羊肉集散地，唐县有三个定点羊肉屠宰厂，每个屠宰厂都有自己的养殖、屠宰、仓储、羊肉初加工、冷链配送和销售产业链，有自己的特色产品。如坐落在唐县的保定振宏食品加工有限公司致力于打造“清真”文化，屠宰活羊，从源头上制止了病死羊的流入，形成了“全程追溯、全程可控”的羊肉标准化生产，日屠宰量达到3 000只羊。唐县的羊肉产品直接供应到北京、天津、上海、武汉、南京、沈阳等各大餐厅或超市。唐县羊肉屠宰厂的发展不仅带动了本地区养羊业的发展，也带动了周边地区如阜平、易县、曲阳等地区养羊业的快速发展。同时，唐县的大量粗加工羊肉产品集散发往外省进一步深加工，其产品附加值低，品牌效应低，这也导致羊肉市场占有率相对较低。河北省拥有良好的肉羊养殖基础，羊肉产量稳居全国第四，但羊肉市场占有率却仅为4.46%。虽然近年来河北省羊肉市场占有率呈逐年增长趋势，但与内蒙古、新疆、甘肃等其他养羊大省相比竞争力优势仍不明显。今后推进肉羊产品深加工建设是河北省羊产业发展的重要环节。

河北省也存在羊绒产品市场占有率较低的问题，尤其自2011年开始，羊绒市场占有率呈下降趋势。2016年河北省羊绒产量为918吨，位居全国第七，但2016年河北省羊绒市场占有率仅为0.32%。造成这一现象的原因同样有羊绒加工缺乏深度加工的原因。

（五）河北省肉羊养殖场成本收益分析

河北省肉羊养殖主要有两种繁育模式：自繁自育模式和专业育肥模式。不同的繁育模式在成本投入上不同，成本核算方面也有很大差异。自繁自育（简称自繁育）也称为“自繁自养”，指养殖主体以能繁母羊作为畜群基础，在保持合理畜群结构（即能繁母羊、种公羊、羔羊、育成羊等各占一定比例）的条件下通过繁育羔羊、出售育成羊获得收入的传统肉羊养殖模式。专业育肥模式是随着我国肉羊产业化、规模化发展和饲养方式以及养殖区域的转变而出现的一种新型的养殖模式。这种模式下，养殖主体打破传统的养殖模式和畜群周转规律，购进架子羊（一般为2～3个月的羔羊）进行3～5个月的短期育肥，通常绵羊达到50千克左右、山羊达到30千克左右出栏销售的一种养殖模式。

1. 自繁育养殖模式成本收益分析——基于石家庄A养殖场的调研数据

（1）A养殖场自繁育肉羊养殖现状。石家庄市A养殖场位于石家庄市某区，成立于2014年7月，注册资本100万元，主要经营肉羊养殖业务，养殖场占地面积6.67公顷，其中养殖面积1.33公顷，专业养殖人员3人，主要养殖品种为杂交“寒泊”羊（以小尾寒羊为母本，杜泊为父本杂交品种），目前存栏量1 000只左右，其中种公羊5只，母羊700只，育肥羔羊300只。养殖场主要的销售方式为活羊（包括育肥羊、淘汰母羊、种公羊和羊羔）销售。

（2）自繁育养殖模式养殖成本构成。

①饲料类别。饲料是肉羊养殖的基础，是物质资料和服务费用的最主要成本，其质量和成本对肉羊的经济效益起着决定性作用。肉羊养殖的饲料构成分为三部分：粗饲料、精饲料和营养添加剂。河北省属于畜牧养殖的农区，保定以南，包括石家庄、衡水、邢台等地在内的养殖区域均属于平原区，粗饲料构成主要以平原区的玉米、花生秧、干草等为主，精饲料主要由豆粕、麦麸和全株玉米等构成，具体如表 17-20 所示。

表 17-20　自繁育肉羊养殖饲料成本构成及来源

饲料构成	粗饲料			精饲料			
	青贮	干草	花生秧	豆粕	麦麸	玉米	添加剂
来源	种植和外购	外购	外购	外购	外购	种植和外购	自产
市场价（元/吨）	300	1 200	1 200	3 250	1 400	2 100	—

资料来源：实地调研数据。

②育肥羔羊饲料成本。羔羊出生后 2 月龄以内以母乳为主，哺乳期适当添加开口料，以精饲料为主，2 月龄后断奶进入饲料育肥期，添加粗饲料，育肥至青年羊，精粗饲料比例平均为 4∶6，采食量一般按照体重的 2%计算。一般羔羊 2 月龄断奶体重平均达到 20 千克，育肥期四个月左右，平均体重达到 50 千克。具体日均采食量和成本如表 17-21 所示。

表 17-21　育肥羔羊饲料成本

月　龄	60～90 天		90～120 天		120～150 天		150～180 天		180～240 天	
饲料构成	粗饲料	精饲料	粗饲料	精饲料	粗饲料	精饲料	粗饲料	精饲料	粗饲料	精饲料
需要量（斤/日）	5.5	1.5	5.5	2	6	2.5	6	3	6	3
成本（元/日）	0.72	1.5	0.72	2	0.78	2.5	0.78	3	0.78	3
合计（元/日）	2.22		2.72		3.28		3.78		3.78	
总成本（元/只）	473.4									

注：1 斤＝500 克

资料来源：实地调研数据。

③基础母羊饲料成本。基础母羊的饲料成本在不同生理时期不同。按照青年羊空怀期一个月，妊娠期 5 个月，泌乳期 2 个月计算，一个生产周期共计 8 个月，每只母羊消耗饲料成本为 421.2 元，母羊平均两年三产，即每只母羊年消耗饲料成本为 421.2×1.5＝631.8 元。具体饲料成本构成如表 17-22 所示。

表 17-22　繁育母羊不同生理阶段饲料成本

月　龄	空怀期（30 天）		妊娠期（150 天）		泌乳期（60 天）	
饲料构成	粗饲料	精饲料	粗饲料	精饲料	粗饲料	精饲料
需要量（斤/日）	5.5	1.5	6.5	2.5	6.5	2.5
成本（元/日）	0.72	0.58	0.85	0.97	0.85	0.97
合计（元/日）	1.3		1.82		1.82	
总成本（元/只）	421.2					

资料来源：实地调研数据。

④基础设施和固定资产折旧费用（表17-23所示）。

表17-23　基础设施和固定资产折旧费用

固定资产	购买年份	数量	设备原值（万元）	折旧年限	年折旧额（万元）
羊舍	2014	3	20	—	国家补贴100%
青贮窖	2014	1	5	10	0.5
房屋建筑物	2014	1	5	10	0.5
电脑、打印机办公设施	2014	1	1	5	0.2
监控设施	2014	1	5	5	0.2
饲料搅拌设备	2014	1	5	5	0.5（国家补贴50%）
撒料机	2014	1	4	5	0.8
合计	—	—	—	—	2.7

⑤人工及其他间接费用。人工成本及其他间接费用包括：雇用工人工资、水电费、燃料动力费、防疫费和医药费、修理维护成本等，养殖场地租成本年均10万元。具体如表17-24所示。

表17-24　人工及其他间接费用

科　目	费用（万元/年）
人工成本	15
水电费	0.6
燃料动力费	0.6
防疫费和医药费	3
修理维护费	1
其他费用（地租）	10
合计	30.2

资料来源：实地调研数据。

（3）自繁育肉羊养殖成本收益分析。自繁育方式下，肉羊养殖的成本主要为维持繁育母羊、种公羊和育肥羔羊的基本生理机能及育肥生长的饲料消耗为主，另外包括人工等成本和其他费用等。据调研，目前A养殖场繁殖方式为一年配种一次，母羊两年三产，受胎率达到90%以上，产羔率在150%计算，羔羊成活率在95%以上，收益主要通过活羊销售获得。

①自繁育肉羊养殖总成本分析。自繁育肉羊养殖总成本包括：羔羊育肥饲料成本，母羊饲料成本，种公羊饲养成本。其中，种公羊饲料成本按照母羊饲料成本的1.5倍，母羊和种公羊饲养成本由育肥羔羊分摊。据调查，养殖场内母羊为两年三产，平均一只母羊一次产羔1.5～1.8胎，因此，一只母羊每年的产羔数量为2.7只，按照成活率为96%计算，一只母羊每年带羔约2.6只。

由表17-21可知，一只育肥羔羊饲料成本为473.4元，一只母羊饲料年均成本为631.8元，按照每只母羊年均带羔2.6只计算，一只育肥羔羊分摊母羊饲料成本为631.8/2.6=

243元/只，种羊饲料成本为母羊成本1.5倍，即单只种公羊饲料成本为947.7元，养殖场共5只公羊，配种比为1∶140，按照育肥羔羊700×2.6＝1 820只分摊，平均一只育肥羔羊分摊2.6元。即育肥羔羊每只的饲料成本共计719元。另外，人工及其他间接费用年均30.2万元（表17-24），基础设施和固定资产折旧费用，每年2.7万元（表17-25）。养殖总成本构成如表17-25所示。

表17-25　自繁育肉羊总成本构成

成本项目	羔羊育肥饲料成本（只/元）	育肥羊分摊母羊成本（只/元）	育肥羊分摊种公羊成本（只/元）	人工及其他间接费用（万元/年）	折旧费用（万元/年）
金额	473.4	243	2.6	30.2	2.7

资料来源：实地调研数据。

②自繁育肉羊养殖成本收益分析。经调研，目前羊肉市场行情稳定，河北省平原地区2018年上半年平均活羊价格为每千克24元，按照育肥6个月羔羊价格达到50千克计算，每只活羊收入1 200元，按照700只母羊年平均带羔率2.6只计算，总收入为700×2.6×1 200＝2 184 000元。

基于以上分析，测算养殖场整体收益如表17-26所示。

表17-26　养殖成本收益分析

单位：元

		单只平均	养殖场
收入	—	1 200	2 184 000
成本	饲料成本	719	1 308 580
	人工及其他间接费用	—	302 000
	折旧费用	—	27 000
收益	年收益额	—	546 420
	销售利润率	—	25.02%
	成本利润率	—	33.37%

资料来源：实地调研数据。

分析结果表明，在自繁育养殖模式下，以目前的市场行情计算，单只活羊销售的毛利为1 200－719＝481元，毛利率为40.08%，按照母羊规模700只计算，养殖场年利润额为54.64万元，销售利润率为25.02%，成本利润率为33.37%。

2. 专业育肥模式成本收益分析——基于保定市B养殖基地的调研数据

(1) B养殖基地肉羊养殖现状。保定市B肉羊养殖基地成立于2017年7月，由政府出资1亿元，委托龙头加工企业建造。该养殖基地占地面积11公顷，共110个国家标准化养殖大棚，每个棚面积1 000平方米，主要用于出租，作为附近养殖专业村各养殖户的集体性养殖场所。此养殖基地聚集了55个养殖专业户，平均每户租用2个大棚，全部为专业育肥模式，养殖产生的粪污由企业进行统一的收集处理，最大程度地减轻了对环境的污染。该养殖小区现肉羊集结了来自东北、内蒙古、新疆以及张家口坝上一带的多个品种肉羊，以公羊为主，存栏量为 88 000 只，预计本季度出栏量为 37 750 只。养殖大棚的月租为每平方米 45 元，每平方米政府补贴 30 元，养殖户每平方米自支付 15 元租金。养殖基地的主要销售方式为活羊销售，直接对接当地的龙头加工企业，形成了企业带农户的良好发展局面。

（2）专业育肥模式肉羊的养殖成本构成。在专业育肥模式下，养殖户无固定资产投入，肉羊养殖成本构成清晰，主要包括：外购架子羊成本、饲料成本、人工成本及其他间接费用三部分。

①饲料类别。饲料是肉羊育肥的关键，其质量和成本对肉羊的经济效益起着决定性作用，肉羊育肥的饲料构成分为三部分：粗饲料、精饲料以及营养添加剂。其中粗饲料构成主要以玉米秸秆、花生秧等为主，精饲料主要由麦麸和玉米等构成，具体如表 17-27 所示。

表 17-27　专业育肥肉羊养殖饲料成本构成及来源

饲料构成	粗饲料		精饲料		
	玉米秸秆	花生秧	麦麸	玉米	添加剂
来源	收购	收购	收购	收购	—
市场价（元/吨）	800	1 200	1 400	2 000	—

资料来源：实地调研数据。

②育肥各阶段的饲料成本。从外购入的架子羊一般为 3 月龄，经过 4 个月的专业育肥出栏，一年可育肥 3 批。4 个月的育肥阶段依据肉羊生长趋势和营养需求分为三个期间，分别为育肥前期（0～25 天）、育肥中期（25～80 天）和育肥后期（80～120 天）。在育肥前期，架子羊购入初期需要适应新的生长环境，粗饲料与精饲料的投喂比例为 7∶3；在育肥中期，粗饲料与精饲料的投喂比例为 1∶1；在育肥后期，粗饲料与精饲料的投喂比例为 3∶7。育肥各阶段每只肉羊的饲料总成本＝2.92×25＋3.4×55＋3.5×40＝400 元，具体如表 17-28 所示。

表 17-28　育肥各阶段肉羊养殖饲料成本

月　龄	育肥前期		育肥中期		育肥后期	
饲料构成	粗饲料	精饲料	粗饲料	精饲料	粗饲料	精饲料
成本（元/日）	2.04	0.88	1.75	1.75	1.05	2.45
饲料成本（元/日）	2.92		3.4		3.5	
总成本（元/只）	400					

资料来源：实地调研数据。

③人工及其他间接费用。在专业育肥模式下，养殖户多为家庭户，人工成本及其他间接费用构成简单，主要包含人工成本年均 8 万元，另外，每个养殖户的养殖场地租成本年均 3 万元，人工成本及其他间接费用年成本为 11 万元。

（3）专业育肥模式肉羊养殖成本收益分析。

①专业育肥肉羊养殖总成本分析。由表 17-28 可知，一只育肥羔羊饲料成本为 400 元，一只架子羊的外购成本为 800 元（2018 年 10 月行情计算），另外，人工及其他间接费用年均 11 万元，无基础设施和固定资产折旧费用，根据调研数据，每个养殖户存栏量为 1 600 只，每 4 个月平均出栏 650 只，每户年出栏量可达到 1 950 只，人工及其他间接费用摊销到每只出栏育肥羊为 56.41 元。肉羊养殖总成本＝400＋800＋56.41＝1 256.41 元/只。

②专业育肥肉羊养殖经济效益分析。经调研，该种专业育肥模式后期销售直接对接屠宰加工企业，收入分为羊肉、羊皮、下水和羊毛四部分。屠宰加工企业收购活羊的平均羊肉价格为每千克 46 元，每张羊皮为 45 元，每副下水为 105 元，每千克羊毛为 2 元，按照育肥 4 个月后每只达到出栏标准的羊可产羊肉 35 千克，可产羊毛 2 千克计算，每只活羊收入 1 764 元，基于以上分析，测算养殖场整体收益如表 17-29 所示：

表 17-29　养殖成本收益分析

单位：元

		单只平均	养殖户
收入	—	1 764	3 439 800
成本	饲料成本	400	780 000
	外购架子羊成本	800	1 560 000
	人工及其他间接费用	56.41	110 000
收益	年收益额	—	989 800
	销售利润率	—	28.77%
	成本利润率	—	40.40%

资料来源：实地调研数据。

分析结果表明，专业育肥模式下，以目前的市场行情计算，单只活羊销售的毛利为 1 764－1 200＝564 元，毛利率为 31.97%，销售利润率为 28.77%，成本利润率为 40.40%。

3. 两种模式的比较分析

从销售毛利率、销售利润率以及成本利润率来看，自繁自育模式和专业育肥模式下，养殖收益均较为可观。主要原因是受到良好的市场行情的带动，2017 年以来，羊肉市场价格持续上涨，带动了养殖收益的提高。两种模式相比较，自繁自育养殖模式下，活羊销售的毛利率较高，达到 40.08%，而专业育肥模式下的毛利率为 31.97%；从销售利润率和成本利润率来看，自繁自育养殖模式分别是 25.02%和 33.37%，均低于专业育肥模式（分别是 28.77%和 40.40%）。主要原因是由于自繁自育的养殖模式下，固定资产等投入较高，变动性生产成本相对较低，因此，毛利率高于专业育肥模式，但由于固定性成本投入较高，使自繁自育模式下销售利润率和成本利润率均低于专业育肥模式。

自繁自育的养殖模式，其优点是能够保证羊群的健康，避免通过外购架子羊育肥可能带来的疫病隐患，疾病防御能力较高，能够提高羔羊成活率。由于幼崽购进成本在肉羊生产过程中占有较大比重，因此，采用自繁自育模式的肉羊生产成本相对较低。另外，由于自繁自育养殖主体大多是周年均衡生产，目前养殖技术下，基础母羊两年三产，一定程度上可以抵御部分市场行情的波动，养殖收益相对比较稳定。其缺点是，与专业育肥模式相比，这种养殖模式的饲养周期较长，规模化养殖受到一定限制，对养殖主体的饲养技术要求较高。

专业育肥模式的优点是，养殖主体可以根据市场行情的波动选择是否购入架子羊进行育肥，经营方式相对简单，养殖的进入和退出门槛较低，羊群结构单一，对养殖成本的核算较为简单，羊舍、机器设备的投入较少，养殖周期较短，资金周转较快，肉羊生长速度较快，饲料投入的报酬率较高，有利于组织化、规模化、集约化管理。其缺点是架子羊的供应受到市场行情的影响，对外购的品种、质量和规格要求较为严格；外购架子羊容易带来疫病传播，疫病防控难以把握；每批购入架子羊需要一定的流动资金，对资金要求较高；成本收益容易受到市场波动的影响，利润率更易随架子羊购入成本和羊肉的市场价格变化而变化。

（六）河北省羊产业经营模式

1. 养殖小区专业化育肥模式

（1）该模式的发展由来。该模式以河北省保定市唐县为代表。唐县羊产业的发展最早起始于一批在北京从事羊肉贸易的唐县经纪人，他们从内蒙古运回羊屠宰后销往北京市，逐渐发展到专门从内蒙古购买架子羊或羔羊，在自己院子里育肥、屠宰，然后出售。改革开放后，由于养羊业易于管理，利润可观，唐县提出“一人养一只羊”的口号，大力提倡家庭经济，农民边种地，边放羊，规模不断扩大，开始进行舍饲圈养育肥的规模养殖，同时屠宰、销售，慢慢形成了一种家家养羊、家家杀羊的传统，出现“遍地是羊、遍地宰羊”的现象，卫生状况非常差，环境污染导致严重的卫生和食品安全问题。在这种情况下，20世纪90年代，唐县畜牧局实行了定点屠宰场管理，逐渐遏制了私宰的现象。目前唐县已经有三个规模较大的肉羊屠宰厂——唐发龙头企业、瑞丽食品、振宏食品加工有限公司。

唐县肉羊养殖主要采用外购羊短期育肥，活羊来源主要是新疆、内蒙古、东北等地区和河北沧州青县、阜平县、曲阳县和望都县，胴体销往沈阳、南京、武汉、北京、天津、上海等地区各大酒店或二级批发商。有些北京的羊肉加工厂直接从唐县购买活羊，自己屠宰，每年约50万～60万只。同时，唐县的活羊也远销新疆、内蒙古等地。唐县巨大的屠宰量和远近闻名的屠宰场，为本地养殖户和附近养羊业提供了销售保障。2017年，唐县羊出栏量达到400万只，屠宰量约300万只，回流近100万只。

为了解决环境污染问题，唐县县委县政府规划了羊养殖小区，将分散的养殖户集中在一定区域饲养，形成了以葛堡村为中心的短期舍饲育肥的养殖模式。共涉及3 700多个养殖户，7个乡镇。

（2）该模式的特点。

①政企共建养殖小区。由政府选择在符合环保要求和有养羊基础的村建设养殖小区。养殖小区由政府负责修路、水井等基础设施的建设，企业负责投资建设羊舍及配套设施，养殖

户进小区租羊舍养羊。如调研的唐发养殖小区占地26.67公顷，政府以2 000元/亩的租金流转土地，该小区建设了110多栋标准化羊舍，羊舍的月租为45元/平方米，其中政府补贴30元/平方米，养殖户自己承担15元/平方米的租金。

②依托当地屠宰加工企业带动养殖户养羊。养殖小区采用“全进全出”的饲养管理模式，通过“公司+农户”的经营模式，多数养殖户将育肥羊卖给当地羊肉屠宰加工企业，目前唐发、振宏等羊肉屠宰加工龙头企业都建设了养殖小区，并从养殖小区获取部分羊源。养殖产生的粪污由企业进行统一的收集处理，1天1清，最大程度地减轻了对环境的污染。

③科学的育肥技术与疫病防控。唐县的育肥羊品种选择适用能力强、耐粗饲、采食量低、上膘快的张北羊、赤峰羊、吉林羊和黑龙江羊。根据羊只大小，采食情况来确定采食量，通过采食情况观察羊的精神状态、食欲等进行科学饲喂。同时，唐县山场广阔、饲草及农作物秸秆资源丰富，秸秆青贮氨化技术比较成熟，为唐县肉羊生产提供了保障。

2. 以优良品种带动羊养殖业发展的绒山羊发展模式

该模式以秦皇岛青龙县为代表。青龙县的自然环境非常适宜绒山羊的生长，绒山羊品种以青龙本地山羊和辽宁绒山羊改良选育而成的“燕山”绒山羊品系为主，是经过长期的自然选择和人工选育而成的目前世界上产绒量较高、绒纤维品质较好的品种。该模式的特点如下：

（1）良种繁育体系的不断健全是绒山羊发展的基础。青龙县畜牧主管部门自1987年开始注重实施本地绒山羊改良选育，至今已有30多年历史，青龙县绒山羊良种繁育体系已基本建立，形成了以青龙本地绒山羊及改良羊为主的绒山羊品种，为今后绒山羊品种培育和创建品牌奠定了基础。2016年，由河北农业大学刘月琴教授牵头组织的“燕山绒山羊”品种选育工作在青龙县顺利实施，2018年年底通过验收并命名。

（2）集约化生产推动了绒山羊养殖数量的快速增长。随着秦皇岛市和青龙县政府对畜牧业的重视程度和鼓励政策不断加大，青龙县羊养殖业正在逐步向规模化养殖迈进。截至2017年年底，青龙县有规模化绒山羊养殖场324个，种羊场21个，其中省级种羊场1个，市级种羊场20个，2017年全县绒山羊饲养量120.9万只，羊肉产量9 580吨，山羊绒产量208吨。秦皇岛羊存栏数由2012年的120.44万只增长到2017年的133.97万只，其中绒山羊存栏数从2012年的43.45万只增长到2017年的50.48万只，而青龙县的绒山羊从2012年的31.57万只增长到2017年的47.50万只，青龙县绒山羊占全市比重从2012年的72.66%提高到了2017年的94.11%。由此可见，青龙县绒山羊养殖在秦皇岛市已经处于主导地位。

在规模化养殖场中，青龙县2017年绒山羊养殖数量在100～199只的年出栏数为38 125只，占总出栏量的4.9%；养殖数量在200～499只的年出栏数为84 268只，占总出栏量的10.9%；养殖数量在500～999只的年出栏数为139 012只，占总出栏量的17.9%；养殖数量在1 000～2 999只的年出栏数为86 415只，占总出栏量的11.2%。从表17-30可以看出，青龙县绒山羊虽然场户数以农民散养为主，但出栏量上基本散户和规模养殖场平分秋色。

表 17-30　青龙县 2017 年绒山羊规模养殖场统计表

养殖场年出栏量	1～29	30～99	100～199	200～499	500～999	1 000～2 999
场（户）数（个）	9 136	3 016	257	346	195	71
年出栏数（只）	228 865	198 124	38 125	84 268	139 012	86 415
占总出栏量的比例（%）	29.5	25.6	4.9	10.9	17.9	11.2

3. 产供销一体化的现代循环农业模式

该模式以衡水志豪畜牧科技有限公司为代表。该公司是衡水市农业产业化重点龙头企业，是一家集良种繁育、规模养殖、加工销售、种养结合为一体，科学研究、试验示范、服务推广、互联网发展为一身的现代化农牧企业。该模式在发展初期实行规模化养殖，发展过程中注重产业链延伸，逐渐实现产业融合。该模式的特点如下：

（1）良种繁育，规模化育肥。该公司以河北农业大学科研技术为基础，是农业农村部畜禽标准化示范场，省级种羊场，全国道寒杂交肉羊繁育及良种基地。公司实行规模化舍饲圈养，分群养殖，羊舍包括种公羊舍、种母羊舍、哺乳羊舍、育成羊舍，有饲草库、精料库、配料车间、青贮池，通过羊耳标电子记录肉羊生长防疫情况，注重饲料配方的改进。公司采用“公司＋合作社＋农户”的产业化模式，以低于市场价格将育种的羔羊卖给合作社育肥，再以市场价格收购回育肥的活羊，公司给养殖户免费提供技术和市场行情，带动周边农户养羊。

（2）采用标准化加工技术，发展肉制品加工。该公司建立了河北爱扬食品有限公司，进行羊肉产品的深加工、研发和销售，实现养殖向加工链条的延伸。公司生产酱卤肉制品、速冻生肉制品、速冻调理肉制品。通过全封闭无菌净化车间和标准化生产加工技术，保证产品质量安全。

（3）培育品牌羊肉产品，实行线下线上相结合的营销模式。该公司注重品牌建设，培育了自主品牌“好彼福”农产品系列、“爱尔杨”农产品系列；代加工品牌“冠扬”农产品系列、“美晨”农产品系列、“景农”农产品系列等。公司采取“直营店＋加盟店＋代理商＋微商平台”模式进行销售，在衡水开设冠扬羊肉直营店、超市卖场、加盟店，在天津设立冠扬羊肉代理商，进行线下销售；在衡水窝窝团购网和糯米团购网设立微商平台，在天津设立“贪吃的蜗牛”微商平台，依托“互联网＋”进行线上销售。

（4）种养结合，发展现代循环农业。该公司建有有机肥加工车间，对羊粪进行无污染和无害化处理。有机肥用于玉米和蜜桃种植，玉米为肉羊养殖提供青贮饲料，种植业和养殖业相结合，发展现代循环农业。

4. 标准化扶贫养羊模式

该模式以承德丰宁乐拓牧业有限公司为代表。该公司是承德市农业产业化重点龙头企业，承德市扶贫龙头企业。该模式的特点如下：

（1）标准化养殖促进产业发展。该公司建有标准化肉羊养殖示范基地，有标准化羊舍、青贮池、草料库、TMR 全日饲料混合机，引进国外种羊、基础母羊及当地小尾寒羊进行杂交育种。公司成立了宁聚养殖联合社，通过“公司＋合作社＋农户”的产业化模式，每年向合作社成员提供纯种公羊和杂交改良母羊，公司全程负责技术指导，签订回收协议，带动农户进行标准化肉羊养殖，缩短肉羊出栏时间，降低饲养成本。

（2）多元化扶贫模式带动农户增收。公司探索了七种扶贫养羊模式：①股份制合作养羊模式。公司把5个贫困村农户的3 000只基础母羊入股到公司，采取两种方式给农户分红。一是采取四年本利平的方式，让农户每年得到25%的利益分红，四年后让农户达到本利平；二是对于特别贫困的农户，采取五年本利平的模式，即公司每年给予农户20%的回报，每年年底分红。在利益联结上，公司采取公羊按市场价收购、母羊按重量四年本利平的方式向农户兑现收益。农牧局农业发展投资公司为入股农户进行担保。②股份合作制扶贫养羊模式。公司运用“政银企户保”的平台，从银行借款，当地政府给每个贫困户配套资金3万元，公司把这些资金集中用于购买种羊和基础母羊，每年给予贫困户分红，带动8个乡镇的贫困户脱贫。③产业扶贫养羊模式。公司对接11个乡镇，建设11个育肥扶贫羊场。每个育肥羊场每年固定用普通工人30人（在贫困户中选），并种植青贮玉米，带动11个乡镇的贫困户脱贫。④土地流转模式。公司通过租赁流转土地种植青贮玉米，安排附近贫困人口就业，带动3个贫困村的贫困户脱贫。⑤农户以羊舍入股模式。农户以现有的羊舍面积入股，公司为农户提供羔羊和饲草饲料，农户饲养羊只，公司按照高于市场价格回收，五五分成，10年后农户入股羊舍的面积为个人所有。⑥农户以扶贫资金入股模式。贫困户将扶贫资金入股到公司，公司按照每年每户20%给予农户分红，带动贫困户脱贫。⑦项目扶贫模式。公司利用“草原生态保护示范区”建设项目，对接3个乡镇贫困户，建设6个育肥扶贫羊场，按照投资额度的60%量化折股到企业所在地的贫困户上，年底分红。

5. 生态光伏养羊模式

该模式以张家口宣化兰海畜牧业养殖有限公司为代表。该公司是一家以种养选育、繁殖、肉羊育肥为一体的现代化农牧企业。该模式特点如下：

（1）资源禀赋优势生产优质羊肉产品。公司位于张家口宣化区贾家营镇西深沟村，紧邻宣化环城公路北环，距张家口市区不到30公里，地理位置优越，交通便利，气候条件较好，秸秆资源丰富，有发展舍饲养殖业的良好条件，并且当地农民世代养羊，有丰富的生产经验。公司以杜泊羊、萨福克羊和小尾寒羊杂交，生产优质羊肉产品。

（2）光伏养羊实现增产增效。公司建有集中式光伏发电中心，在羊舍顶部安装多晶硅组建光伏板，形成12兆瓦分布式光伏发电规模。紧邻山坡建设20兆瓦集中式光伏发电项目，距110千伏变电站仅4.8公里，产生电能直接可与国电电网并轨。在满足羊场日常用电的基础上，还能做到增产增效。

6. 科技支撑型养羊模式

该模式以邢台临城河北润涛牧业科技股份有限公司为代表。该公司是集养殖技术开发、种羊培育、肉羊繁育、饲草种植、有机肥加工于一体的科技型现代农牧企业。该模式的特点如下：

（1）为科研院所提供科技成果研发和转化平台。该公司是中国农科院、华中农业大学、河北农业大学动物科技学院、河北农业大学动物医学院、河北农业大学中兽医学院、邢台农科院等科研院所的教学实验、实习、研发基地。在饲草供应上，中国农科院农作物所提供青贮玉米种植技术，华中农业大学院士团队指导饲用油菜种植；在优化育种上，华中农大团队指导遗传育种工作，利用基因检测分子遗传标记育种，持续培育润涛多羔新品系；在品质提升上，河北农业大学实地跟踪指导，从饲养管理，到科学配方饲喂，提高羊肉的品质。

（2）为养殖场提供技术服务。该公司为中小羊场提供良种、完整的技术支持和管理方案，种羊全程跟踪服务（育种、档案管理、防疫治病、饲养管理指导、饲料配方设计等），为养殖场提供增收保障。

7. 与上游产业链结合的自繁自养模式

该模式以石家庄藁城海盛沃牧业有限公司为代表。公司董事长是北方学院畜牧专业的本科生，退休后聘请吉林大学的退休畜牧专家一起从事养羊。养殖场担心从外部买来的育肥架子羊携带传染病，实行自繁自养，自己繁殖的小羊卖给周边的养殖户。该模式的特点为：

（1）养殖场实行设施化自繁自养。养殖场建有标准化羊舍，有饲料棚、青贮坑、全日粮混合机、撒料车等配套设施，机械化养羊程度较高。羊舍内装有自动监控设备，防止羊只出现意外。养殖场有自动清粪设施，保证羊舍干净整洁，羊粪能及时有效的进行无污染和无害化处理。

（2）集养羊、饲料、防疫于一体，降低交易成本。该公司建有饲料厂和兽药厂，饲料厂为养殖场提供预混料，兽药厂提供养殖场的所有防疫设施和药品，对养殖场的羊进行预防、消毒、驱虫等，从源头上制止了羊病的传播。饲料厂、养殖场、兽药厂都实行独立核算。饲料、疫苗或兽药等均按照市场价格计算，保证饲料厂和兽药厂的利润。由于不需要增加外购的成本，养殖成本和交易成本大幅降低，羊发病率较少。

（七）河北省羊产业发展存在的问题

1. 羊养殖户大多数为小规模散户，现代化、规模养殖模式较少

河北省小规模羊养殖户仍然占据主导地位，现代化、规模化养殖场较少。秦皇岛青龙县的绒山羊家庭养殖户中，年出栏量在1～29只的有9 136户，是年出栏量1 000～2 999只养殖户的129倍；是500～999只养殖户的47倍。其他地区如邯郸、张家口、沧州、保定、廊坊、石家庄、承德等地区，也是小养殖户占据多数。小规模羊养殖户大多数实行放养与圈养相结合的方式，饲养管理水平不高，以自配饲料为主，防疫体系不健全，疾病防控能力差，羊成品参差不齐，羊产品议价能力弱，粪污处理不及时，但由于数量较多，逐渐由点源污染扩展到面源污染，最后演变成环境污染治理的重灾区，严重制约了河北省羊养殖业的发展。

在承德调查时发现，有的羊养殖户虽然养羊规模比较大，在400～600只，但是机械化、规模化饲养程度不高，饲草料缺乏，经常雇用当地农民到山上采摘树叶、树枝等作为羊饲料，加大了饲养成本，挤压了羊养殖的利润空间。

2. 羊以杂交品种较多，本地特色羊产品和种羊场渐进萎缩

虽然青龙县绒山羊已经形成了适合青龙县自然环境和气候条件变化的绒山羊品系，但还未培育命名为专业品种品系，缺少像“辽宁绒山羊”“内蒙古白绒山羊”一样的品种效应，导致种用羊销售价格极低，很多绒山羊被羊贩子低价收购后被当作辽宁绒山羊高价卖出。河北省羊业良种繁育体系不健全，地方品种的优良特性没有得到有效挖掘，主要原因在于种羊场繁育周期长，耗资巨大，成本高、利润少。尽管国家对养羊业支持力度在逐渐加大，但是在实际调查中，种羊场很少享受到省、市级的各种补贴，种羊场举步维艰，为了生存，逐步沦为育肥羊养殖场，本地特色羊产品和种羊场逐渐萎缩。

河北省地方品种较多，主要有小尾寒羊、大尾寒羊、承德无角山羊、武安山羊、太行山羊、河北奶山羊等。这些品种是河北省养羊业的基础。品种虽然多，但很多短期育肥的养殖户并没有深度挖掘。调查中唐县养殖户养的羊大部分来自内蒙古、新疆、东北等地区，羊养殖户以短期育肥为主，基本是根据当年架子羊价格定购入量和养殖量，哪一种价格低，就购买和饲养哪一种，没有固定的养殖品种。长此以往，养殖户的急功近利行为，既增加了运输成本，也会造成种羊场逐渐萎缩乃至消失。

3. 没有专门的羊肉、羊绒品牌，养殖户羊产品附加值低

除唐县有3个屠宰公司外，其他地区的养殖户大多数将活羊卖给当地的定点屠宰厂，或交给当地的回族阿訇屠宰。秦皇岛市羊养殖量虽然多，但是只有几个小型定点屠宰场，没有规模化、现代化的羊屠宰场，更缺少负责羊屠宰、分割、加工的龙头企业。青龙县羊养殖户将活羊销售到唐山市迁安、建昌营镇等外地县、市。产业链条短使得养殖户收入低，无法获得羊产品加工的增值利润。

绒山羊的主要产品山羊绒未经分离，常常与剪掉的羊绒羊毛等初级产品一起销售。虽然青龙县成立了以木头凳鸿源祥有限公司为龙头的羊绒交易市场，羊绒销售价格比其他地区的羊绒价格高20元/千克，但是大部分交易为原绒。没有诸如内蒙古“鄂尔多斯”、宁夏“圣雪绒”等自有品牌的羊绒产品，甚至初级羊绒加工的生产厂家也严重缺乏。养羊农民增收的环节仅仅停留在养殖环节，缺乏羊绒加工、羊屠宰、加工、销售等产业链延长机制是制约养殖户收入增长的主要因素。

4. 养殖小区或养殖户粪污处理效果较差，环境污染严重

河北省大部分地区属于小规模养殖，羊存栏量较少，养殖户资金缺乏，设施不完善，养殖场内粪便随意堆放，污水横流，废弃物遍地乱扔，饲料车、清粪车等随处乱放，臭气浓郁，不仅影响了羊的健康生长，也严重影响了人们的生产和生活环境。

在羊养殖小区，养殖户养羊数量较大，机械化程度不高，养殖户按照传统的养殖方式养羊、堆粪，配套设施跟不上，导致羊群密集，粪污堆积厚厚的一层，羊圈内人工小路清理不及时，羊粪较多。即使羊圈内羊粪被及时清理后，也会集中堆积、露天发酵，产生大量氨气、硫化氢等有害气体，羊粪味道极重，严重污染了空气质量。由于集中养殖，粪污处理不及时还会造成一些寄生虫的滋生和蔓延，威胁羊的身体健康，增加疾病传播机会。

还有些养殖户将羊粪发酵后直接排放到周围的农田或旱地中，作为有机肥长期使用，造成土壤污染；施肥后用水灌溉田地，又会造成地下水源的污染。

5. 政策扶持力度小，制约羊产业快速发展

我国对于肉羊标准化规模养殖小区（场）建设项目进行补贴的申报地区是：内蒙古、四川、西藏、甘肃、青海、宁夏、新疆以及新疆生产建设兵团，肉羊：300～499 只，15 万元；500～699 只，25 万元；700～999 只，35 万元；1 000 只，50 万元，河北省不在补贴范围内。2017 年中央财政补贴重点支持的畜牧业转型升级是：①选择部分生猪、奶牛、肉牛养殖重点县，开展畜禽粪污资源化利用试点；②在部分地区选择年出栏 500 只以上的生猪规模养殖场、兼顾奶牛、肉牛规模养殖场，支持建设和升级改造畜禽粪污收集、贮存、处理设施；③支持奶牛养殖（场）和奶农合作社开展优质苜蓿示范建设，等等。无一提及对羊的支持。即使第 4 条提到建设示范牛羊肉生产基地，也是针对南方畜牧业而言，与河北省的羊产业发展无关。

近年来河北省各级政府加大了对畜牧业的引导和支持力度，但与奶牛、肉牛、生猪、鸡产业相比，羊的支持很少。目前，秦皇岛市仅有青龙县 3 个养羊场得到了国家“菜篮子”畜产品扶持项目、1 个羊场得到了国家良种畜禽补助项目和 200 户省农业财政整合资金项目（每户仅补贴 4 万元）。而实施规模化标准化养殖、改扩建羊舍、购置先进设施设备、建设肉品屠宰绒毛加工企业等，都需要大量的资金支持，制约了羊产业的转化升级和快速发展。

在河北省其他地区，如石家庄、保定、廊坊、承德等市的调研中，养殖户并没有享受到养羊补贴或政策支持，更没有技术支持。首先羊养殖户不知道有什么补贴，他们只顾自己养羊、卖羊、宰羊；其次对创建标准化示范场的标准也不了解，基本是养殖户搭个棚子，就开始养羊。还有一些合作社性质的，大多是挂名，没有起到真正的作用。

（八）羊产品市场价格分析及预测

1. 羊价上涨且高于全国均价

图 17-20 所示，2000 年以来，河北省羊肉价格整体呈上升趋势，环比增长 9.25%，且低于全国羊肉均价。虽然受 2014 年小反刍兽疫等影响羊养殖效益下滑，羊价下跌，但 2017 年养殖量逐渐恢复，羊价开始回升。图 17-21、图 17-22 所示，2018 年前三季度，河北省羊肉价格呈现小幅波动态势，环比增长 0.55%，均价为 60.56 元/千克，2 月因为春节需求量大，所以羊肉价格高于其他月份。第 3 季度羊肉价格较平稳，维持在 61 元/千克左右，且高于全国均价。1、2 季度活羊价格维持在 23 元/千克左右，由于供需偏紧，3 季度以来活羊价格上行态势明显，9 月以来活羊价格涨至 24～26 元/千克。活山羊、山羊肉价格均高于活绵羊、绵羊肉价格，到 12 月底，全省羊肉、活羊均价分别达到 67.9 元/千克、26.6 元/千克，同比分别上涨 15.6%、13.5%，达到历史高位水平。预计 2019 年肉羊生产继续恢复，肉羊供给仍将保持偏紧局面，羊肉价格将持续上涨。

2. 羊肉批发价高于全国肉羊主产省

与全国肉羊主产省比较，2018 年前三季度，河北省羊肉批发市场价格平均 60.56 元/千克，高于农区肉羊主产省的山东（52.89 元/千克）、河南（54.67 元/千克），同时还高于牧区的内蒙古（50.59 元/千克）和新疆（56.94 元/千克），与我国肉羊主产省相比河北省羊肉

价格缺乏竞争优势（图 17-23）。

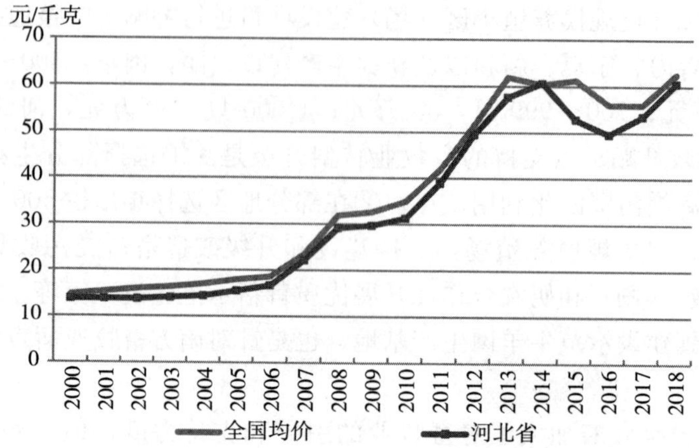

图 17-20　2000—2018 年 9 月河北省与全国带骨羊肉价格走势比较

资料来源：中国畜牧业信息网。

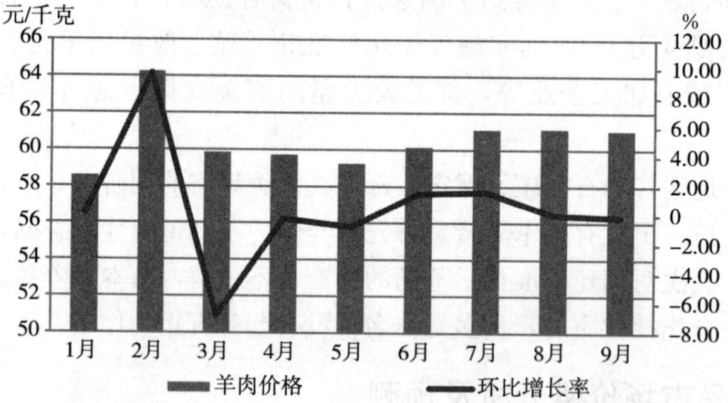

图 17-21　2018 年 1—9 月河北省羊肉价格变动趋势

资料来源：河北省农业厅农产品市场行情监测简报，中国商务部网站。

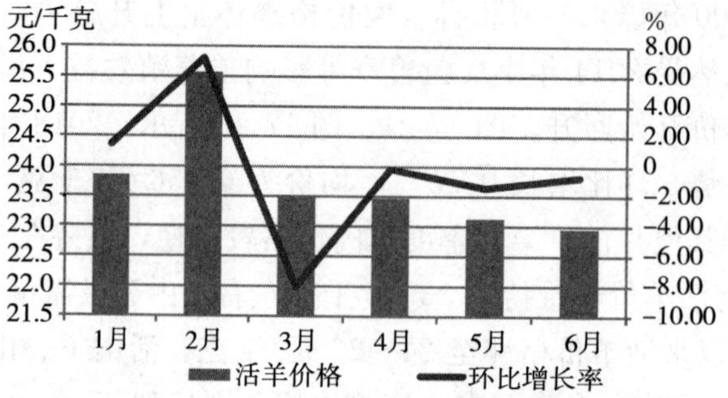

图 17-22　2018 年 1—6 月河北省活羊价格变动趋势

资料来源：河北省农业厅农产品市场行情监测简报，中国商务部网站。

3. 进出口贸易分析

（1）羊肉贸易为净进口。我国羊肉产量不能满足国内需求，自 1995 年以来羊肉贸易表现为净进口，羊肉进口量整体呈增长趋势。2018 年前三季度，我国进口羊肉量月度呈下降趋势，出口量较小且较稳定。

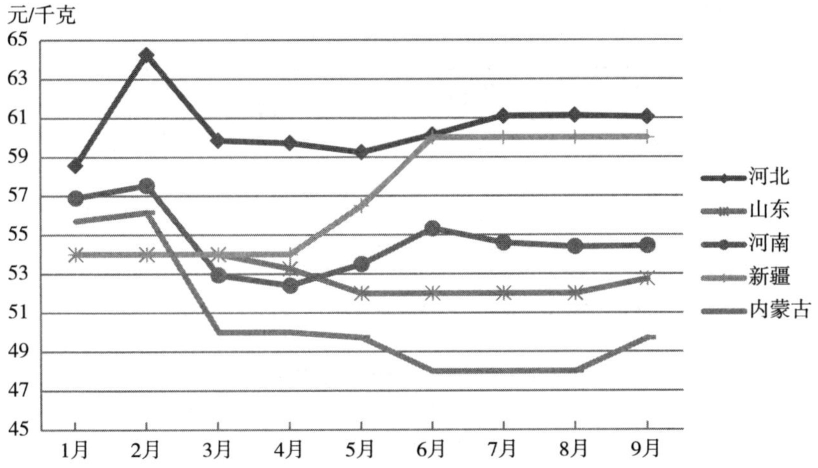

图 17-23　2018 年 1—9 月河北省与主产省羊腿肉批发市场价格比较

资料来源：中国商务部网站。

表 17-31　中国 2006—2017 年羊肉进出口贸易量

年份	进口量（万吨）	出口量（万吨）	进口额（亿美元）	出口额（亿美元）
2006	3.68	3.34	0.5	0.67
2007	4.66	2.22	0.79	0.54
2008	5.55	1.46	1.06	0.5
2009	6.65	0.95	1.39	0.42
2010	5.7	1.35	1.57	0.69
2011	8.31	0.81	2.76	0.53
2012	12.39	0.5	4.22	0.43
2013	25.87	0.32	9.46	0.31
2014	28.29	0.44	11.33	0.43
2015	22.29	0.38	7.3	0.34
2016	22.01	0.41	5.74	0.35
2017	24.9	0.52	8.78	0.46

资料来源：中国海关总署，联合国商品贸易统计数据库。

（2）进口羊肉市场冲击有限。进口羊肉量占我国羊肉产量的比重不大，我国羊肉需求仍主要依靠国内供给。进口羊肉产品中 96%为冷冻肉，冷鲜肉只占 4%，而我国以热鲜和冷鲜肉消费为主，所以进口羊肉并不能真正替代国内新鲜羊肉，但进口的优质羊肉产品会对国内高端羊肉市场有一定的冲击。2017 年，河北省羊产品出口额占全国的 21.45%，作为羊产业大省，进口羊肉对河北省羊肉供需从数量上看影响不大，但从品质上看会对高端市场有一定的影响，也为河北省发展高端肉羊养殖提供了契机。

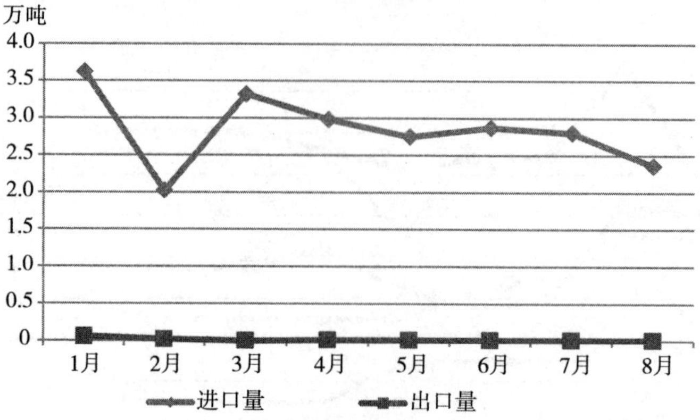

图 17-24　2018 年 1—8 月中国羊肉进出口贸易量

资料来源：中国海关总署。

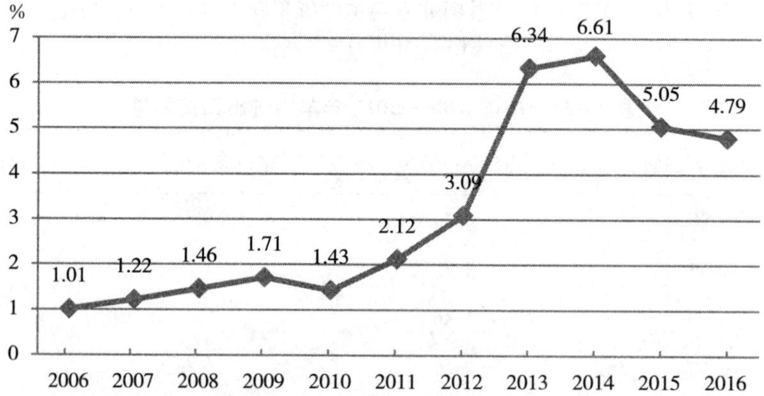

图 17-25　中国 2006—2016 年羊肉进口量占羊肉产量的比重

资料来源：联合国商品贸易统计数据库，《中国统计年鉴》（2016）。

4. 消费情况分析

随着城乡居民收入水平的提高，食品消费结构不断优化，羊肉以其高蛋白、低脂肪和低胆固醇的特性，需求日益增加。2000—2016 年，河北省农村居民的羊肉消费量上涨趋势明显，其人均羊肉消费量由 2000 年的 0.19 千克增至 2016 年的 0.9 千克，年均增长 11.49%。尤其是自 2008 年以来，农村居民人均羊肉消费量一直高于牛肉的消费量。城镇居民的户内羊肉购买量呈下降趋势，但户外消费量不断提升，而且羊肉户外消费比例高于猪肉和禽肉。此外羊肉消费的去季节化、去区域化也使得羊肉需求量显著提升。

表 17-32　河北省 2000—2016 年农村、城镇居民人均牛羊肉消费量

单位：千克

年份	农村居民人均羊肉消费量	农村居民人均牛肉消费量	城镇居民人均羊肉消费量	城镇居民人均牛肉消费量
2000	0.19	0.35	4.13	
2001	0.18	0.38	3.78	
2002	0.21	0.34	4.32	

（续）

年份	农村居民人均羊肉消费量	农村居民人均牛肉消费量	城镇居民人均羊肉消费量	城镇居民人均牛肉消费量
2003	0.23	0.29	4.32	
2004	0.31	0.43	5.08	
2005	0.37	0.47	2.34	2.67
2006	0.42	0.4	2.2	2.73
2007	0.43	0.44	1.94	2.47
2008	0.32	0.31	1.76	2.45
2009	0.38	0.31	2.05	2.63
2010	0.38	0.34	1.94	2.63
2011	0.48	0.46	1.74	2.11
2012	0.51	0.4	1.69	2.19
2013	0.51	0.29	1.16	1.79
2014	0.55	0.32	1.3	1.91
2015	0.83	0.44	1.9	2.15
2016	0.9	0.44	2.14	2.36

注：2000 年到 2004 年河北省城镇居民人均牛羊肉消费量统计年鉴数据为合计。

资料来源：《河北农村统计年鉴》（2001—2016），《河北经济年鉴》（2017）。

5. 后期市场走势预测

（1）肉羊产能继续恢复，但肉羊供需偏紧的状况仍将持续。河北省是活羊和羊肉输出大省，2017 年秋冬季肉羊生产开始恢复，尽管恢复的相当艰难，但由于羊养殖周期长、投资高、风险大、利润低、资金回收慢，羊存栏量、出栏量和羊肉产量增速缓慢。同时，受禁牧政策、环保压力的影响，河北省羊养殖方式逐渐由放牧改为舍饲圈养，长期看有利于羊产业结构调整，转型升级，但在饲养技术水平低、散户占主导的养殖模式下，短期内舍饲成本较高，养殖规模受限，增加了羊产品供应紧张的局面。因此，羊养殖规模扩大尚需一段时间。随着天气日渐转凉，秋冬羊肉消费旺季即将开始，并且随着元旦、春节的临近，节日效应将促进羊肉消费增加，预计河北省羊肉消费将继续增加。由于进口量占国内羊肉产量的比重较小，不足以影响全年羊肉供应偏紧的格局，因此，2018 年年底河北省肉羊供不应求的状况不会扭转，预计 2019 年，肉羊供给仍将偏紧。

（2）养殖成本上升，活羊价格、羊肉价格将继续上涨。目前全国肉羊出栏价格已回升至 2014 年以来的较高水平，预计肉羊出栏价格将继续上涨，年底达到历史最高水平也不是没有可能。受前期北方内蒙古、吉林的旱情，南方暴雨灾情，影响了饲草饲料的收成，引致草料、大豆、玉米价格上涨。中美贸易摩擦增加了苜蓿大豆的进口关税，进口苜蓿价格大幅上涨 600～800 元/吨，7 月豆粕价格为 3 300 元/吨，中秋节（9 月 24 日）过后，国内豆粕期现市场均出现不同程度大幅上涨的行情，部分西南地区豆粕价格突破 3 700 元/吨，使得羊饲养成本上升，羊价稳中上涨趋势仍将持续一段时间，并伴随小幅波动。预计 2019 年羊肉价格持续上涨，养殖效益持续保持高位。

三、河北省羊产业竞争力分析

产业竞争力是比较优势和竞争优势共同作用的结果，产业竞争力分析分为三部分：产业比较优势分析，产业竞争优势分析，产业竞争力表现分析。首先，羊产业竞争力比较优势指标，生产要素方面选择了畜产品产量和羊存栏量指标，需求条件方面，选择了人均肉羊需求情况，相关支持产业主要选择羊绒、羊毛等加工业进行比较分析。其次，羊产业竞争优势指标构建选择了肉羊单产和羊绒、羊毛产量指标。最后，产业竞争力表现指标选择了羊肉、羊毛、羊绒市场占有率和显示性比较优势指数（RCA）方法等对河北省羊产业的竞争力进行评价。

（一）河北省肉羊产业比较优势分析

1. 河北省畜产品产量在我国的地位及排名

河北省是畜牧业大省，2016年畜产品产量中肉类总产量为457.7万吨，占全国总量的5.36%，在31个省区市中排名第5位；山东、河南、四川、湖南分别以777.5、697.0、696.3、529.8万吨的总产量位居前四位。河北省猪肉总产量为265.4万吨，位居全国31个省区市第7位；牛肉产量为54.3万吨，位居第4位；羊肉产量为32.4万吨，位居第4位（表17-33）。由此可见，河北省在牛、羊产业发展中具有一定的养殖基础和养殖优势。

表17-33　我国畜产品产量前7位排名

单位：万吨

排序	猪肉		牛肉		羊肉	
	省份	产量	省份	产量	省份	产量
1	四川	494.5	河南	83	内蒙古	99
2	河南	450.6	山东	67	新疆	58.3
3	湖南	434.8	内蒙古	55.6	山东	38.4
4	山东	383.5	河北	54.3	河北	32.4
5	湖北	322.2	吉林	47.1	四川	26.9
6	云南	283.7	黑龙江	42.5	河南	26.4
7	河北	265.4	新疆	42.5	甘肃	21.1

资料来源：《中国统计年鉴》（2017）。

2. 河北省羊存栏量在我国的地位及排名

表17-34所示，中国羊存栏量较高的省份主要包括内蒙古、新疆、甘肃、宁夏等草原牧区省份，地处农区的舍饲养羊大省主要是山东、河北、河南、四川。其中，存栏量最大的牧区前三位分别是内蒙古、新疆和甘肃。存栏量最大的农区前三位分别是山东、河南和四川。河北省2010—2016年羊存栏量总体相对稳定，2016年河北羊存栏量为1 386.3万只，排名全国第九。由于2014—2016年长期亏损，弃养增多，繁殖母羊大量淘汰，羊的产能受到影响，2017年以来，随着市场对羊肉需求日增，羊肉价格猛涨，受效益拉动，养殖量呈现缓

慢恢复趋势，到2018年6月底，产能逐渐恢复，全省肉羊存栏1 470万只，同比增长3%；累计出栏肉羊1 067万只，同比增长5%。

表17-34　2010—2016年8个肉羊主产省份羊存栏量情况

单位：万只

地区	2010	2011	2012	2013	2014	2015	2016
宁夏	473.1	479.45	506.4	570.11	612	587.8	580.7
河北	1 408.6	1 457.2	1 413.5	1 455.14	1 526.4	1 450.1	1 386.3
河南	1 895.4	1 865	1 827.7	1 830.3	1 886	1 926	1 856.6
四川	1 658.5	1 661.72	505.3	1 689.19	1 750.7	1 782.3	1 761.3
甘肃	1 749.3	1 757.12	1 788.7	1 825.44	1 960.5	1 939.5	1 877.4
山东	2 138.88	2 150.9	2 163.8	2 158.05	2 174.6	2 235.7	2 197.7
新疆	3 013.37	3 016.41	3 502	3 363.22	3 884	3 995.7	3 915.7
内蒙古	5 277.2	5 275.95	5 144.1	5 239.21	5 569.3	5 577.8	5 506.2

资料来源：《中国畜牧业统计年鉴》(2011—2017)。

3. 需求条件分析

随着我国居民生活水平的提高和膳食结构的变化，羊肉的消费逐渐从过去的区域性、民族性和季节性转变为现在的全域性、全民族性和全季节性消费，消费量大幅增长。2017年，我国人均羊肉消费量超过3千克，羊肉消费占整个肉类消费比重的5%。2010—2016年中国羊肉消费量与人均消费量总体呈上升趋势。根据FAO数据测算，我国居民人均羊肉消费量从2000年的2.12千克上升至2016年的3.47千克，年均增长率2.4%。2016年我国羊肉消费量为480.60万吨，较2010年403.25万吨相比，年均增长率为2.97%。河北省是羊存栏量、出栏量、羊肉产量大省，近年来随着收入水平的提高，羊肉消费需求日益增加。2016年，河北省城镇居民主要肉类人均消费量为28.95千克，其中羊肉消费量0.8千克；农村居民主要肉类人均消费量为9.33千克，其中羊肉消费量0.19千克。从羊肉消费占比来看，目前城镇和农村居民羊肉消费量占肉类消费总量比重不高，分别是2.8%和2.03%。

4. 羊制品加工业比较

受肉羊养殖区域化的限制，羊肉加工企业分布具有一定的地域性，多分布在内蒙古、河北、甘肃、新疆等地。羊制品加工业包括羊肉、羊绒、羊毛加工企业。目前羊制品加工行业以小微企业为主，依据全国企业名录数据库，2016年，内蒙古、甘肃和新疆的羊制品加工企业都在50家以上，其中河北省共有36家，在所有参照省里位居第四。

（二）河北省肉羊产业竞争优势分析

1. 肉羊单产与全国水平比较分析

就肉羊单产来看，图17-26所示，2010—2016年，河北省肉羊单产低于全国平均水平，且低于黑龙江，与山东省相比，河北省肉羊单产具有一定的比较优势，尽管2010年以来，每年河北省肉羊单产均低于全国平均水平，但从2014年开始，到2016年，河北省肉羊单产水平较全国平均水平的差距逐渐缩小。河北省近年来在肉羊育肥水平方面不断改进，近年来，河北省在标准化养殖和架子羊育肥技术等方面不断努力，单产水平不断提升。

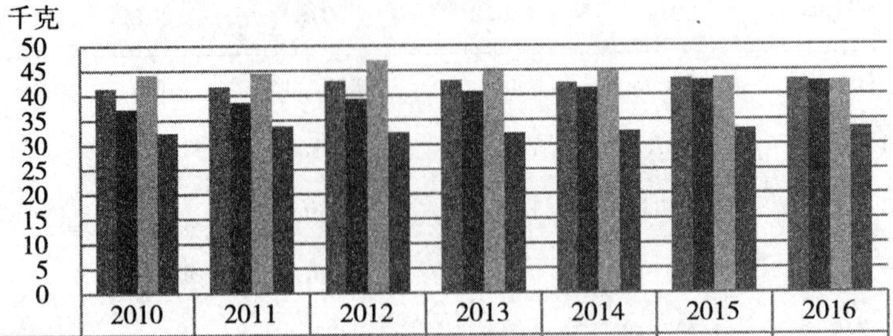

	2010	2011	2012	2013	2014	2015	2016
■全国平均	41.39	41.72	42.88	42.96	42.43	43.24	43.05
■河北	37.23	38.62	39.24	40.72	41.36	42.84	42.64
■黑龙江	44.15	44.43	47.00	44.80	44.76	43.40	42.78
■山东	32.44	33.82	32.49	32.29	32.60	33.10	33.43

图17-26　2010—2016年河北省肉羊与相关省份羊肉单产对比

资料来源：《全国农产品成本收益资料汇编》(2017)。

2. 河北省羊毛和羊绒产量在我国的地位及排名

在羊产业养殖中，河北省2016年绵羊毛总产量为35 272吨，占我国绵羊毛总产量的8.26%，在全国31个省区市中排名第三。前两名是内蒙古和新疆，产量分别为13.29万吨和10.12万吨。从绵羊毛、细羊毛、半细羊毛、山羊粗毛和山羊绒的产量看，内蒙古自治区始终位居第一，新疆在绵羊毛和细羊毛中位居第二；河北省在绵羊毛、半细羊毛和山羊粗毛中位居第三；在细羊毛和山羊绒产量中分别位居第五和第七（表17-35）。

表17-35　我国羊毛和羊绒产量排名

单位：万吨

排序	绵羊毛		细羊毛		半细羊毛		山羊粗毛		山羊绒	
	地区	产量	地区	产量	地区	产量	地区	产量	地区	产量
1	内蒙古	132 925	内蒙古	71 777	内蒙古	27 652	内蒙古	10 193	内蒙古	8 498
2	新疆	101 206	新疆	14 928	黑龙江	23 856	山东	3 339	陕西	1 887
3	河北	35 272	甘肃	10 147	河北	22 909	河北	3 088	山西	1 247
4	甘肃	29 828	吉林	8 011	新疆	16 509	新疆	3 058	新疆	1 121
5	黑龙江	27 417	河北	7 094	吉林	7 618	河南	2 951	辽宁	1 017
6	青海	17 506	宁夏	3 812	甘肃	6 823	陕西	2 326	西藏	971
7	吉林	15 645	黑龙江	3 561	青海	6 787	甘肃	1 986	河北	918

资料来源：《中国统计年鉴》(2017)。

内蒙古在羊毛羊绒产量方面表现仍然很突出，位居第一，新疆等地羊毛羊绒产量仅次于内蒙古。其他省份与内蒙古、新疆、黑龙江差距较大。河北省的羊毛羊绒产量与内蒙古、新疆相差较大，但与甘肃、山东、河南等省份相比，具有一定优势，说明河北省在羊毛羊绒产量方面，相对于内蒙古、新疆两个羊毛羊绒主产地来说缺乏竞争力，而相对于其他省份来说，具有一定竞争优势。

（三）河北省肉羊产业竞争力表现分析

1. 羊制品市场占有率比较分析

（1）羊肉市场占有率分析。如图 17-27 所示，2016 年内蒙古、新疆在国内羊肉供应市场上占据绝对优势地位。河北省有良好的肉羊养殖业基础，羊肉产量稳居全国第四，但河北省的羊肉市场占有率较低，仅为 4.46%。

从发展趋势上看，河北省羊肉市场占有率较低，反映出河北省肉羊养殖产业与国内其他省市相比竞争力优势不明显，市场占有率低但呈逐年增长的趋势。

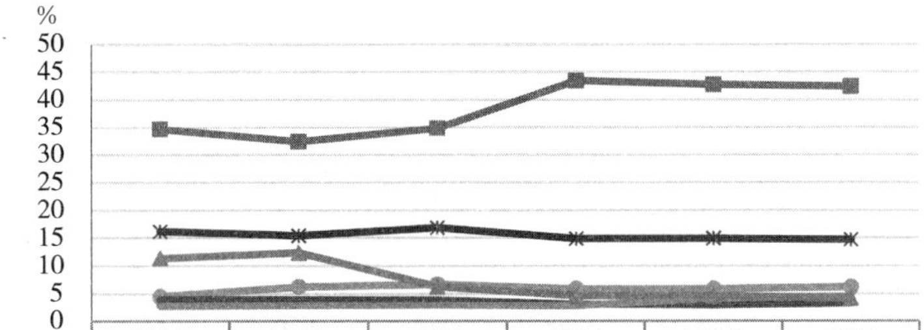

	2011	2012	2013	2014	2015	2016
内蒙古	34.67	32.37	34.85	43.44	42.71	42.43
新疆	16.23	15.44	16.88	14.90	14.93	14.72
甘肃	4.50	6.22	6.67	5.86	5.87	6.19
宁夏	3.99	3.94	3.85	3.08	2.90	3.22
河北	2.69	2.82	2.89	2.76	4.20	4.46
四川	11.37	12.34	6.27	4.63	4.62	4.08

图 17-27　2011—2016 年 6 省羊肉市场占有率对比

（2）羊绒市场占有率分析。2016 年河北省羊绒产量为 918 吨，位居全国第七，与内蒙古差距较大，且从 2011 年开始，河北省的羊绒市场占有率呈下降趋势。羊绒市场占有率见图 17-28。

（3）羊毛市场占有率分析。2016 年河北省羊毛产量为 38 360 吨，排名全国第三，在羊毛供应市场上占据绝对优势地位。羊毛市场占有率比较稳定保持在 6%左右，竞争优势相对明显。但是与内蒙古、新疆相比仍然存在较大差距：2016 年内蒙古羊毛市场占有率为 46.65%，是河北省的 8 倍；新疆羊毛市场占有率远低于内蒙古，但也比河北省多出了 4.8 个百分点，说明河北省羊毛产业发展亟待加强，具体市场占有率如图 17-29 所示。

从发展趋势上看，河北省肉羊养殖与其他省份相比具有一定竞争优势，但有两点值得关注：一是河北省与内蒙古、新疆仍然存在较大差距，与内蒙古差距有拉开的趋势；二是随着甘肃市场占有率的提升，可能对河北省的市场地位有一定的冲击。

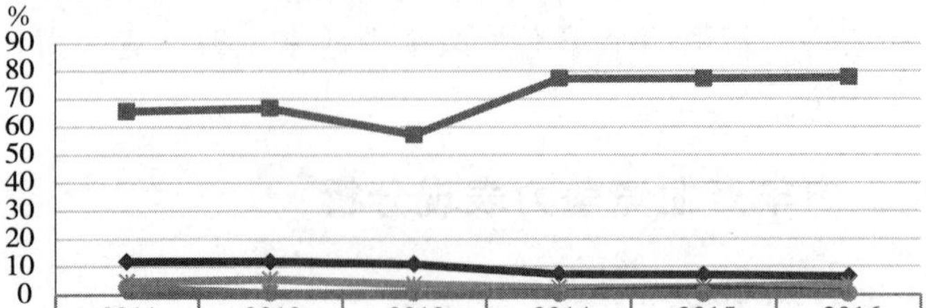

	2011	2012	2013	2014	2015	2016
内蒙古	65.58	66.65	57.23	77.17	77.12	77.56
新疆	11.90	11.92	10.95	7.44	7.08	6.51
甘肃	4.70	5.54	3.83	2.60	2.68	3.68
宁夏	1.27	0.72	0.59	0.75	2.13	0.72
河北	2.70	0.72	0.69	0.47	0.34	0.32
四川	0.08	0.04	0.00	0.00	0.00	0.00

图 17-28　2011—2016 年 6 省羊绒市场占有率对比

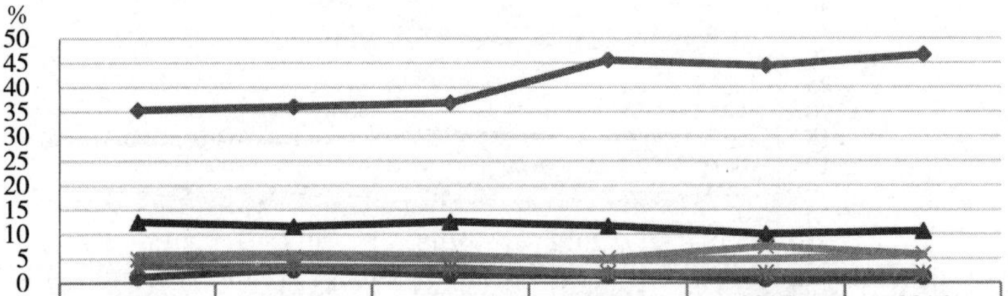

	2011	2012	2013	2014	2015	2016
内蒙古	35.42	36.14	36.89	45.58	44.44	46.65
新疆	12.47	11.61	12.55	11.65	10.00	10.62
甘肃	5.73	5.94	5.67	4.75	4.86	5.58
宁夏	1.25	2.78	1.68	1.53	0.81	1.21
河北	4.95	5.31	4.96	5.06	7.42	5.86
四川	3.52	3.36	3.16	2.07	2.12	2.05

图 17-29　2011—2016 年 6 省羊毛市场占有率对比

2. 显示性比较优势分析

8 个肉羊主产省份的 RCA 值，高于全国平均水平的省份依次为：内蒙古、新疆、甘肃、宁夏、河北。河北省显示性比较优势为 1.386，比全国平均水平略高；其余 4 个省市显示性比较优势指数都在 3.2 以上，说明这 4 个省市都具备发展肉羊养殖业的比较优势（表 17-36、图 17-30）。

表 17-36　2016 年 8 个肉羊主产省份比较优势指数对比

地区	肉羊产品产值（亿元）	牧业产值（亿元）	比较优势指数	排序
全国	2 131.80	31 703.20	1	—
内蒙古	372.30	1 202.90	4.603	1
新疆	170.00	653.20	3.870	2

（续）

地区	肉羊产品产值（亿元）	牧业产值（亿元）	比较优势指数	排序
甘肃	69.00	299.70	3.424	3
宁夏	28.80	131.70	3.252	4
河北	180.70	1 939.20	1.386	5
四川	141.30	2 551.70	0.824	6
山东	140.20	2 540.80	0.821	7
河南	111.60	2 611.30	0.636	8

资料来源：《中国畜牧兽医统计年鉴》（2017）。

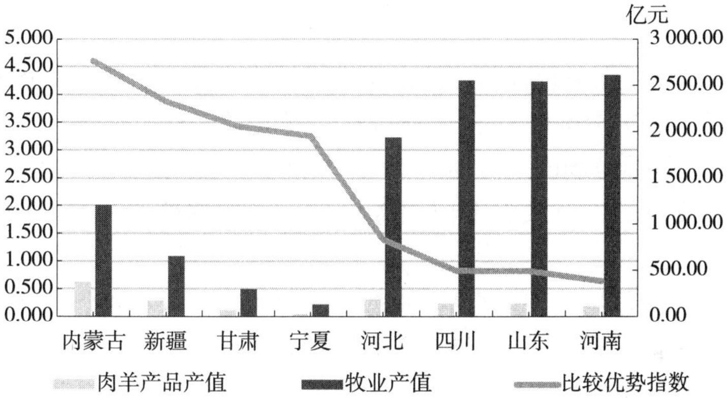

图 17-30　2016年8个肉羊主产省份比较优势指数对比

河北省的显示性比较优势指数虽然高于全国平均水平，但与内蒙古、新疆、甘肃、宁夏等省份还存在较大差距。河北省今后在养殖方面的潜力不在于存栏头数的增加，而应注重单产的提高；在羊制品加工和销售方面应加强。

四、河北省羊产业发展对策建议

（一）建立规模化、标准化羊养殖业示范基地

依托河北省羊产业技术体系创新团队的专业技术资源，充分调动市、县、乡各级畜牧系统专业技术人员的积极性，制定全程适用的、简化高效的标准化养殖技术规范，通过组织科技下乡、技术培训和现场指导等多种方式，免费提供给广大养殖场户，引导和帮助广大养羊场户提高科学养羊意识，注重优选良种，注重提升养殖技术水平，逐步实现饲养标准化、饲料全价化、防疫规程化、产品优质化，全面提升全省养羊技术水平和规模化、标准化程度。

在河北省养羊优势生产区，建立规模化、标准化羊养殖示范基地，建设羊养殖场、运动场、青贮池、干草棚、饲料库房、兽医室、消毒室、药浴池、堆肥池等。办公室内安装全程监控装置，可以及时了解羊群的生长状况。养殖场内安装自动饮水系统、自动喂料系统、自动清粪系统，实现全程养羊机械化、信息化。配套建设电路设施、供排水系统、绿化带、中心路柏油硬化等基础设施。建立多元化投融资体制，通过政府引导，“龙头企业（或合作社）

＋基地＋养殖户”的运营模式，增强羊养殖业的竞争实力和讨价还价能力。通过示范基地带动周边羊养殖户的规模化、标准化建设，促进河北省羊产业发展的提档升级。

（二）积极培育地方羊业新品种，加大品种改良力度和良种繁育体系

根据FAO和发达国家对养殖业的科学估计，在畜牧产业发展中，品种的贡献率约占35％～60％，平均45％，品种是实现经济效益的首要因素，因此，优良品种培育仍然是发展养羊业的重中之重。应重点抓好原种场、扩繁场的建设，充分利用现代互联网技术对种羊信息进行宣传推广，建立各级良种推广服务网。在种羊的推广上应大力普及繁殖育种新技术，推广人工授精技术，扩大优秀种公羊的利用率，同时配合饲养管理、饲草料配合、疾病防控等技术推广，使优良种羊充分发挥其生产性能，使河北省肉羊产业走上良性的发展道路。

青龙县在培养绒山羊新品种方面已经做了大量工作，政府应给予高度重视，提供资金、技术支持，帮助其继续推进绒山羊品种选育工作，重点抓好种公羊站、绒山羊多胎基因实验室建设和在绒山羊规模养殖场的示范推广工作，为申报“燕山绒山羊”国家品种认证保驾护航。同时应培养一支基层配种员，专门服务于占一半比例的散养户，加快散户品种改良进程。

立足小尾寒羊、大尾寒羊等地方品种资源，适度引进国外杜泊、无角陶赛特、萨福克、德国美利奴和波尔山羊等优良品种，将地方品种和引进品种有效结合，不断加大肉羊品种改良力度，科学规划羊业生产布局，加强重点区域生产能力建设，大力发展张家口、承德、秦皇岛、沧州、保定、邯郸、廊坊七大优势产区，提高产肉性能。

（三）集良种养殖、屠宰、绒毛深加工、销售于一体，推行品牌化经营

首先，加大羊的良种繁育推广力度，培育选用优质地方品种，开展良种登记、性能测定、遗传评估等育种工作，推进良种羊的杂交改良，提高良种化养殖水平。其次，建立大中型羊屠宰、绒毛深加工和销售基地，与养殖户建立“互惠互利、风险共担”的利益共同体，实行订单养殖，保护价收购的利益分配机制，既降低了养殖户的经营风险，也有效解决了龙头企业的优质羊产品来源。最后，建立统一的销售网络，通过良种养殖、基地建设、羊肉分割、冷链物流、羊绒毛深加工等，将养殖、加工和流通等环节有机联接起来，创建优势产品和特色品牌，构建完整高效的羊产业链条及商业营销运行体系，提高羊产品附加值，推行品牌化经营。

（四）保证饲料质量，合理调控饲料营养，充分开发饲料资源

一是保证饲料质量。饲料质量的好坏直接关系到动物养殖业的发展，关系到动物产品的质量和安全。通过对羊饲料成分的检测分析，能有效地指导饲料生产企业加强责任意识，增强质量意识，让养殖户转变养殖观念，提倡科学配方，提高养殖效益，从而为饲料产业乃至整个畜牧业的发展营造一个良好的环境。鉴于羊的饲料原料营养成分变异较大，应及时测定新进原料的营养成分，以提高饲料配方的科学性，满足不同饲养阶段羊的营养需要，并确保

饲料质量，在饲料收购、运输和贮藏过程中，严把质量关，防止出现发霉变质和虫害侵蚀现象。

二是合理调控饲料营养。根据各生理时期的特点确定科学合理的饲养管理标准，分阶段提供必需的营养物质和管理措施，不仅可以充分利用饲养设施设备，便于安排生产，提高饲料的利用效率和养殖效益，而且便于调整饲料配方与饲喂量，同时满足各类、各阶段羊的营养需求，保证羊群健康、生长发育和各项生产。根据不同品种羊在各生理阶段的营养需求及实际体质状况，制定并使用科学的饲料配方，确定饲喂量，利用TMR技术，为羊只提供全价营养套餐，保障营养均衡，减少饲料浪费。凡增减草料喂量，变换草料种类，应循序渐进、逐步更换，降低应激。

三是充分开发饲料资源。饲料、饲草开支占养殖成本70%左右。羊只具有食性杂，耐粗饲的特点，羊饲料饲草原料来源广阔，所有牧草、作物秸秆、半灌木树枝树叶、农副产品及部分工业下脚料等，只要不发霉均可开发利用。所以要因地制宜，充分利用当地的饲料资源，合理调配，科学利用，降低养殖成本，提高养殖效益。充分开发饲草资源（花生秧、树叶、半灌木茎叶等）及食品工业下脚料（渣、糟、粕、饼等），检测其营养成分，探索其加工、贮存方法，并加以合理利用。各地可根据当地羊产业的发展现状，建立专门的羊饲料加工企业，建立饲料配送中心。向养殖户按订单配送，实现羊饲料的集约化、专业化生产和运输。

（五）建立机械化自动清粪设施，保证养殖场内外空气质量

养羊场粪污治理和利用是一项系统工程，首先在养羊场选址时要远离城镇、避开居民居住区、水源区和河流上游等；其次在设计养羊场时，应充分考虑建设净道和污道分离、粪污集中堆放，以及养殖场周边的植树绿化等问题。

羊舍内的粪污可以通过建立机械化自动清粪设施定期清理：首先，羊圈建设采用漏缝地板，便于羊粪及时清除，保持羊的生长环境干燥，防止疾病发生；其次，在羊圈建设初期，将羊圈最底部挖成斜坡式，设置电动刮粪板和粪便传送带，每天至少2次，定期用刮粪板清理羊粪；最后开启传送带，将羊粪输送到羊舍外面的封闭式高温发酵畜禽粪便有机肥设备中，经过发酵粪桶，将稻草、玉米秆、大豆茎、花生茎等有机物粉碎后作为辅料混入，和羊粪一起进行高温、有氧发酵。因为羊粪处理全程在封闭的发酵桶内完成，无臭气污染，建设干燥过程中对环境的污染达到了国家环保的标准，即使羊舍内粪污得到及时清理，又保证了养殖场内外的空气清新。

（六）健全羊病综合防控技术体系，防控疫病传播与蔓延

为有效防控羊疫病的传播与蔓延，需大力加强羊流行病学、诊断技术和防控措施等方面的研究，加快羊流行病的快速检测方法研制，研发适合河北省生产实际的羊病综合防控技术规范，建立健全羊疫病应急防控体系和监测监管体系，遵循养重于防、防重于治、防治结合的原则，切实搞好重大疫病免疫的工作。

目前羊产业创新团队针对河北省羊产业中存在的疫病防控问题，已建立了口蹄疫、伪狂

犬病与小反刍兽疫3种疫病5种快速检测方法，并制定了“羊场免疫程序”以及羊红眼病、羊口疮、羊妊娠毒血症、母羊生产瘫痪、羔羊痢疾、羊尿结石、羔羊痢疾、羔羊大肠杆菌病、羊沙门氏菌病等8个病防控建议，为疫病的检测、预警提供了技术手段，这些技术手段的落地还需进一步与生产相结合，使之更加完善，易于操作，并广泛应用到生产实践，以防控羊疫病的传播与蔓延。

（七）建立种羊政策补贴和保险机制，增加养殖户资金和技术支持力度

目前河北省自繁自育羊养殖场大部分只满足自己养殖或供应周边地区，生产规模较小，而唐县育肥羊需求量非常大，在全国已成主导趋势，却只能从省外购入架子羊，本地自繁自育羊无法满足其养殖需求。因此，培育本地优良的保有品种迫在眉睫，对稳定河北省乃至全国的羊肉价格，防止羊的疫病发生具有重要作用。

首先，建立种羊场政策补贴和保险机制。第一，对种羊场给予资金补贴，对能繁母羊和种公羊给予良种补贴，鼓励其进行品种改良，提高品种质量，加强多胎基因建设。第二，为能繁母羊和种公羊提供养殖保险和收益保险，确保能繁母羊和种公羊在养殖过程中出现死亡时得到及时赔付；确定活羊的最低收益价格，当活羊市场价格低于保险价格时，承保公司按照约定方式和标准进行理赔。第三，依托河北省羊产业技术体系创新团队，加强对种羊场技术人员的培训力度，提高技术人员的工作能力和水平。

其次，增加河北省羊养殖场的资金投入力度。据了解，由于养殖户投入在买羊、设备、饲料等过程中投入较多，周期较长，大部分养殖户存在资金短缺问题，应对有意向建立规模化、标准化养殖场的养殖户提供贷款优惠，借助于羊产业技术体系创新团队和省、市、县畜牧科技人员，为养殖户提供养殖技术支持，定期举办养殖技术培训，推荐正规厂家羊疫苗供应信息，规范市场交易行为，避免养殖业风险发生。

主　　编：赵慧峰

撰稿人员：薛凤蕊　董　谦　李　珍　丛　林　袁万哲　闫振福　郭伟涛

第十八章 2018年度河北省草产业发展报告

一、河北省草产业发展背景

河北省环绕京津，区位独特，其生态健康状况直接影响到该区域的环境质量。作为生态系统的一个重要构成部分，草业是河北省国民经济的一个重要领域，在生态建设和经济社会发展中的作用日益明显。改革开放以来，河北省草业逐步从以草地畜牧业为主，发展成为涵盖草地生态保护、草地资源管理利用、草地畜牧业、草地农业、城乡绿地建设、草业科技教育以及草产品生产、加工和经营等众多领域的新兴产业。全省从事草业及相关行业的从业人员逐步增加，其中绝大部分是农牧民。草业生产、加工、经营企业已发展到150多家。在河北省半农半牧业县中，草业是其经济发展的优势产业，草地畜牧业产值占到农业总产值的40%以上。发展草业是促进其经济和社会发展的必然选择，同时河北省国民经济的快速发展也为草业提供了良好的发展环境。

河北省平原农区有种草养畜的习惯，苜蓿种植有上千年的历史。但到20世纪60年代末期苜蓿在农区几乎绝迹，加上其他种种原因饲草生产一直没有形成一个产业发展起来。到了80年代，随着畜牧业的兴起，饲草的种植有了快速发展，苜蓿种植面积曾发展到6多万公顷，为全国瞩目。但1994年以后受粮食涨价的影响，农区苜蓿种植面积又大幅缩减。1997年以来，随着农业产业结构调整政策的实施，河北省政府把苜蓿产业作为农业新兴产业给予重点扶持，沧州、衡水、邢台、廊坊等市积极引导发展苜蓿生产，并对种植苜蓿给予一定的财政补贴。同时积极开拓草产品市场，走规模化、产业化发展的道路，大大促进了全省苜蓿产业的快速发展，带动了以苜蓿产业化为主的饲草产业的发展。在此后的十多年，苜蓿的种植面积稳步增加，到2003年达到高峰，但由于受2004年良种补贴政策的实施和苜蓿种植比较效益相对较低的双重影响下，2005年河北省苜蓿种植面积又急剧降低，此时苜蓿产业进入了发展低谷期。2008年全国奶业整顿给苜蓿产业带来了新的发展机遇，整个行业走出困境步入增长期。2012年中央1号文件中提出了“振兴奶业苜蓿发展行动”计划，从政策和经济多方面支持饲草产业的发展，河北省成为首批试点省份之一，任务面积占到全国的1/7，为河北省的草业发展之路创建了一个新的格局。2015年中央发布的1号文件中强调鼓励种植青贮玉米及苜蓿等各种饲草料并对其提出了具体明确的要求，从此启动了我国粮改饲进程，河北省成为首批粮改饲试点省份之一。在上述政策支持下，河北省饲草产业体系初步建立且取得了较为显著的发展成效，苜蓿示范建设项目和以青贮玉米为主的粮改饲工作全面展开，粮—经—饲三元种植结构逐步建立。

经过多年建设与发展，河北省草业生产有了重大进展，草产业在生态文明建设、保障养殖业健康发展、促进农民增收等方面均发挥了重要作用。在天然草地建设方面，经过长期努力以及技术的进步，并借助国家实施的草原生态补奖政策、京津风沙源治理工程等项目的实施，河北省草地生态健康状况得到了显著改善，植被综合盖度由 2005—2007 年度的 52.3% 提高到 71.2%，草群平均高度由 19.8 厘米提高到了 25.8 厘米，提高幅度分别达到了 36.1%和 30.3%，干草亩产量与 20 世纪 80 年代相比提高了 44.0%。上述数据表明，河北省天然草地的生态健康状况有了长足发展，基本遏制了草地大面积退化的趋势，作为拱卫首都北京的生态屏障功能日趋凸显，同时也为草地畜牧业的健康发展奠定了良好的物质基础。在农区草业发展方面，通过落实国家“振兴奶业苜蓿发展行动”和“粮改饲”等项目，基本形成了沧州商品苜蓿生产区和草食畜牧业发达地区的青贮玉米种植区，2018 年，苜蓿保留面积达到了 2.48 万公顷，粮改饲试点市县的青贮玉米年种植面积达到了 14 万公顷，以坝上冷凉区为主的燕麦草生产近年迅速发展，面积达到了 2.51 万公顷（其中 1.67 万公顷为农户自种自用，产品进入市场销售的为 0.84 万公顷）。人工饲草种植的大幅发展，减轻了天然草地的承载压力，为草原生态恢复和促进河北省草食畜牧业健康发展提供了坚实基础。在草产品加工方面，以青贮饲料和干草产品为主，产品形式较为单一，如干草主体产品基本为草捆，草粉、草颗粒、草块等形式的干草产品生产量极少。在技术层面，河北省草业科研人员近几年也取得了重要进展，培育出了高丹草、小黑麦等一些新品种，建立了饲草优质高效栽培和质量评价技术体系，对促进河北省草业健康发展提供了技术保障。

二、河北省草产业发展现状

（一）天然草地和饲草种植区域分布

河北省是全国草原资源大省之一，全省草原总面积 284.4 万公顷。其中：天然草地面积 280.94 万公顷，人工草地面积 3.46 万公顷，占全省国土总面积的 15.16%（表 18-1）。主要分布在坝上高原区、燕山太行山山地丘陵区（以下简称“两山”地区）、平原与滨海区，共涉及 11 个设区市 142 个县（区、市）。其中：坝上高原区草原面积 115.68 万公顷，占全省草原面积 40.64%，涉及张家口、承德 2 市的 9 个县（管理区）；“两山”地区草原面积 163.25 万公顷，占全省草原面积的 57.35%，涉及 8 市的 54 个县（区、市）；平原与滨海区草原面积 5.70 万公顷，占全省草原面积 2.01%，涉及 11 市的 79 个县（区、市）。河北省自然地理环境复杂，天然草地类型主要有温性草原、温性草甸草原、暖性草丛、暖性灌草丛、山地草甸、低地草甸、沼泽 7 个草地类。草地等级、生产力状况、天然草地质量不尽均衡，较差者居多，单位面积产草量不是很高。目前，全省具有较高利用价值和一定生产潜力的优质高产的一级天然草地面积 39.76 万公顷，二、三级草地面积 150.58 万公顷，四、五级草地面积 66.15 万公顷。

在优质高产苜蓿示范项目建设和粮改饲项目等政策支持下，在畜牧业结构调整、奶业振兴等市场需求日益增加的影响下，饲草种植步入快速发展阶段，种植业结构由过去的“粮—经”二元结构转变为现在的“粮—经—饲”三元结构。形成了以平原农区为主的商品化苜蓿产业区和青贮玉米种植区，以及以坝上冷凉地区为主的燕麦草生产区，苜蓿干草和燕麦干草生产均在全国占据重要地位。

表18-1　河北省草原资源分布情况表

行政区	草原面积（万公顷）			涉及市、县（个）	
	合计	天然草地	人工草地	市	县
全省	284.40	280.94	3.46	13	142
承德市	118.98	117.57	1.41	1	13
张家口市	104.91	103.65	1.27	1	18
保定市	21.29	21.29		1	20
秦皇岛市	12.40	12.37	0.02	1	7
石家庄市	9.61	9.61		1	17
唐山市	6.43	6.41	0.02	1	16
邯郸市	5.11	5.11		1	10
邢台市	4.23	4.23		1	15
沧州市	0.93	0.30	0.63	1	4
衡水市	0.22	0.12	0.10	1	10
廊坊市	0.24	0.24		1	10
定州市	0.02	0.02		1	1
辛集市	0.0007	0.0007		1	1

（二）主要饲草种植现状

1. 苜蓿

（1）苜蓿种植区域、规模、产量及品质现状。目前，河北省苜蓿种植总面积为2.48万公顷，其中沧州为1.47万公顷，占总面积的59.2%，是我省商品苜蓿的重要产区，居第二位的是张家口市，面积为0.59万公顷，占全省总面积的23.8%，达到万亩规模的还有衡水、廊坊、邢台等地，其他地市面积相对较小（表18-2）。

表18-2　河北省苜蓿种植分布及产量

地区	分布县市	面积（万公顷）	干草单产（吨/公顷）	总产量（万吨）
张家口	赤城、宣化、张北、沽源、尚义、阳原等	0.59	4.50	2.65
承德	围场	0.01	7.50	0.09
秦皇岛	昌黎	0.02	15.00	0.30
唐山	汉沽	0.02	18.00	0.42
廊坊	永清、文安	0.07	18.00	1.32
保定	阜平	0.02	13.50	0.27
石家庄	栾城、元氏	0.04	18.00	0.72
邢台	威县、宁晋	0.07	18.00	1.20

（续）

地区	分布县市	面积（万公顷）	干草单产（吨/公顷）	总产量（万吨）
衡水	景县、故城、枣强、武强	0.15	15.00	2.18
沧州	黄骅、孟村、海兴、沧县、献县	1.47	10.20	14.96
定州	定州	0.02	15.00	0.30
合计		2.48		24.41*

注：* 其中苜蓿青贮3万吨，按其干物质含量折算成相应干草产量。

理论而言，河北省各地均可种植苜蓿。但受环境条件限制，张家口、承德等地苜蓿产量较低，且每年冬季均面临严重的越冬风险，尤其是坝上地区，每年均会有因冻害导致苜蓿死亡的现象发生，因此该区域的苜蓿发展要重点是选择耐寒耐旱品种，以保障安全越冬和生产。河北省其他地区，因自然环境条件和栽培管理水平相对较好，苜蓿单产相对较高，特别是燕山以南的平原农区，同时该区域也是奶牛优势产区，因此未来也是河北省苜蓿发展的重点地区。

因生态环境条件不同，河北省各地苜蓿单产差异较大，高产地块可达18吨/公顷，而低产地块仅有4.5吨/公顷。此外，由于种养结合不够紧密，部分地区苜蓿总产不能满足其养殖业需求，供需矛盾亟待解决。

品质方面，在草业创新团队的技术支撑下，2018年河北省生产的苜蓿干草由过去的三级为主转变为二级为主，创新团队扶持的龙头示范企业，如河北景明草业有限公司、河北艾禾农业科技有限公司等苜蓿干草的一级品率达到了90%以上。草业创新团队示范基地黄骅辉华苜蓿种植作业合作社第一、四茬苜蓿干草达到国产一级标准，蛋白含量在20.56%，中性洗涤纤维29.59%，相对饲用价值197%，第二、三茬干草在生产中遇到雨季、高温的影响，在二到三级。除生产干草外，在创新团队的支撑下，各苜蓿企业开始大量进行苜蓿青贮加工，其品质均达到了一级标准。这些一级苜蓿产品，可完全替代美国进口苜蓿用于高产奶牛的饲养。如河北景明草业有限公司苜蓿青贮干物质含量35.53%，蛋白含量在24%，中性洗涤纤维30.54%，相对饲用价值184%，犇放牧业完全替代了进口苜蓿，且效果良好。

（2）河北省自产苜蓿市场状况分析。从全省供需情况看，2018年河北省苜蓿干草产量为24.41万吨，奶牛生产需要量为38.38万吨，缺口为13.97万吨。从各地奶牛养殖对苜蓿草产品需求和当地生产情况看，除沧州外，其他地市均存在需求大于供应的不平衡情况，尤其是唐山、石家庄、张家口等地，供需缺口较大，需要大量从外部输入才能满足奶牛生产需要。作为苜蓿主产区的沧州，其生产的苜蓿草产品除满足自身需求外，还有13.59万吨的富余量，需要输送到其他地市进行销售（表18-3）。

河北省自产苜蓿产品进入消费端大致分三种模式：①商品苜蓿生产模式，该模式以沧州地区为主，生产苜蓿干草或青贮饲料是经营企业的主体业务，其产品全部进入市场销售，该模式是河北省苜蓿生产经营的主要模式，其产品数量约占总量的80.99%。②奶牛养殖企业与草业企业订单生产模式，其典型代表如河北艾禾与君乐宝、河北犇放牧业与景明草业，双方建立合作关系，由草业公司在牛场周边流转土地种植苜蓿，所产产品按照双方合同进入牛场利用，该模式产品数量约占总量的6.76%。③自产自用模式，该模式由奶牛养殖企业自身流转土地用于苜蓿种植，典型代表如定州首农、衡水康宏，其所产苜蓿全部自用，该模式产品数量约占总量的 12.25%。

从产品形式看，以干草为主，青贮饲料为辅，个别自产自用企业则以青饲方式进行利用。河北省各地晒制干草受雨季降雨影响严重，因而适合干草和青贮加工结合生产，即第一茬和最后一茬晒制干草，二、三茬则进行青贮加工，该生产方式可以有效避免雨季干草加工导致的雨淋霉变问题。2018 年度苜蓿青贮产量为 3 万吨，占苜蓿总产量的 4.9%（以干物质计），比 2017 年度相比增加了 2.1 万吨。

表 18-3　全省苜蓿干草需求量与供应量现状

单位：万吨

地　区	总产量	需求量	供需平衡
张家口	2.65	7.53	−4.88
承　德	0.09	0.87	−0.78
秦皇岛	0.3	0.70	−0.4
唐　山	0.42	7.68	−7.26
廊　坊	1.32	2.09	−0.77
保　定	0.27	3.19	−2.92
石家庄	0.72	6.15	−5.43
邢　台	1.2	2.13	−0.93
邯　郸		0.91	−0.91
衡　水	2.18	3.10	−0.92
沧　州	14.96	1.37	13.59
定　州	0.3	1.63	−1.33
辛　集	—	1.03	−1.03
合计	24.41	38.38	−13.97

（3）苜蓿价格走势预测。受中美贸易战影响，自 2018 年 7 月 6 日起对自美国进口的苜蓿加征 25%的关税，因而导致苜蓿进口价格大幅上涨，每吨上涨 600～1 000 元。正常来讲，占进口总量低于 10%的品类，关税的变动不会对行业有明显影响；在 10%～30%之间，分类的关税变动会造成对行业的价格水平产生明显影响；而在 30%～50%之间，则会改变整个行业的格局；超过 50%的，将会对行业产生颠覆性的影响，会彻底改变行业发展路径。由此可见，美国进口苜蓿价格将维持现有的价格格局，但进一步上涨的空间并不大。

2018 年受进口苜蓿价格大幅上升的影响，河北省产苜蓿干草因贸易战和品质提高，价格也因而提高了 200～300 元/吨，达到了 1 600～2 000 元/吨。虽然河北省自产苜蓿价格提高，但与同级别的进口苜蓿相比，在价格上仍具较大优势，因而部分奶牛养殖企业开始大量采购省产苜蓿，部分或全部替代进口苜蓿。从苜蓿青贮销售价格看，由于青贮品质的大幅提升，2018 年苜蓿青贮的销售价格也比往年显著提高，自产自售的苜蓿青贮价格达到 1 000～1 300 元/吨，由专业公司包售的青贮饲料则为 860 元/吨。随着质量水平的不断提高，省产苜蓿的市场优势将会逐步显现。

2. 青贮玉米

2015 年，河北省落实粮改饲面积 10 万公顷，2017 年达到 13.33 万公顷以上，全株青贮收贮量达 455.63 万吨，建设万亩示范区和千亩示范片分别达到 10 个和 100 个，试点范围进一步扩大。

2018 年，河北省粮改饲试点市、县的种植面积达到了 14 万公顷，收贮量达到了 551.49 万吨，全株青贮饲料在奶牛养殖中得到全面普及，肉牛饲养过程中，全株青贮饲料饲喂占比也有较大提高（表 18-4）。

除了粮改饲试点市县外，非试点区域青贮玉米种植面积也在稳步提高，2018 年全省青贮玉米总面积达到了 22.36 万公顷（表 18-5）。

表 18-4　2018 年粮改饲试点区青贮玉米种植面积和青贮数量

地　区	收贮面积（万公顷）	收贮量（万吨）
石家庄	2.18	83.2
唐　山	2.16	102.91
秦皇岛	0.32	13.44
邢　台	1.02	36.37
保　定	2.26	75.95
张家口	1.73	71.86
承　德	2.17	95.98
沧　州	0.39	12.96
廊　坊	0.13	5.56
衡　水	0.58	13.64
邯　郸	0.26	10.19
定　州	0.60	22.44
辛　集	0.20	6.99
河　北	14.00	551.49

表 18-5　2018 年各地市青贮玉米面积、产量及价格

地　区	面积（万公顷）	总产量（万吨）	价格（元/吨）
张家口	2.80	120	380
承　德	2.47	96	420
秦皇岛	0.38	18	340
唐　山	4.87	222.2	340
廊　坊	0.67	35	350
保　定	1.87	73	450
石家庄	3.33	175	360
邢　台	2.33	46	280

（续）

地　区	面积（万公顷）	总产量（万吨）	价格（元/吨）
衡　水	1.17	61.2	250
沧　州	1.33	48	260
定　州	0.60	22.44	450
邯　郸	0.53	20	280
合　计	22.36	936.84	—

从 2015 年实施粮改饲政策以来，青贮价格逐渐上升，2018 年上升幅度较大，特别是在收获季的后期，部分地区上涨到 700 元/吨之多。其主要原因：一是草业创新团队及其他科研单位不断在青贮玉米品种选择和栽培技术方面进行试验示范，通过更加适宜的品种选择和配套的栽培技术应用，青贮产量和质量有了显著提高，因而提升了其价格；二是中美贸易战导致苜蓿价格显著提高，无疑增加了养殖成本，为了降本增效，养殖场开始加大日粮中玉米青贮饲料的用量，对玉米青贮饲料的需求显著提高；三是肉牛养殖场开始大量是使用全株青贮替代秸秆青贮，推动了市场供应紧张状况，也为青贮价格的提升产生了一定影响。

未来几年青贮玉米价格有可能小幅上涨，原因如下：

（1）市场需求增加。从国内市场影响来看，随着人们生活水平的提高和对健康生活的关注，对于草食性畜产品的需求快速增加，给草产品带来巨大的市场空间，青贮玉米处于供不应求的态势，市场需求非常旺盛。

（2）种植成本增加。一些农业生产资料如农药、化肥、灌溉用水的价格都呈上升的趋势。由于燃料价格不断上涨，青贮玉米的收割成本也有所增加。

（3）青贮玉米产品的使用意识增强。作为优质饲草，青贮玉米不仅在奶牛生产中得到了广泛普及，肉牛和肉羊养殖者也逐渐认识到了全株玉米青贮制作和利用的重要性，因此对青贮玉米的需求会不断增长。

3. 燕麦

河北省燕麦、青莜麦种植面积约为 2.33 万公顷，其中燕麦草种植面积 0.84 万公顷，具体情况如表 18-6 所示。

表 18-6　河北省燕麦种植分布及产量

地区	分布县市	面积（万公顷）	干草单产　（吨/公顷）	总产量（万吨）
张家口	塞北、察北、张北、沽源、尚义、阳原等	0.66	9.75	6.46
承德	围场	0.13	10.5	1.4
邢台	威县	0.02	11.25	0.23
沧州	黄骅、青县	0.02	11.25	0.23
合计		0.84	42.75	8.32

从市场供需来看，全年燕麦干草需求量 24 万吨，河北省自产用于商品出售的燕麦干草 8.32 万吨，缺口 15.68 万吨。进口澳大利亚燕麦干草 4.2 万吨，其余缺口从内蒙古、甘肃、

东北地区调运以满足需求。虽然邻近省份内蒙古、东北地区有充足的资源，考虑到长距离运输带来的成本增加，因此河北省应利用坝上地区充足的土地资源、适宜的气候大力发展燕麦草业。

从市场价格来看，此次中美贸易战对燕麦进口没有大的影响，但受贸易战导致的人民币汇率的变化，将带动进口燕麦价格产生波动。从国内供给数量上看，燕麦生产总量缺口比苜蓿要低，而且在品质上只要严格施肥标准，解决国产燕麦的高钾问题，完全可生产出替代进口燕麦的产品，因此燕麦价格将继续维持目前的水平。

4. 天然草地牧草

全省天然草地可食干草产量为715.6万吨。因天然草地面积差异较大，因此各设区市总产量差异也较大，其中承德市是全省天然牧草产量最大的市，其次是张家口市，其产量分别占到全省总产量的48.5%和27.5%，其他设区市总和仅占24.0%（表18-7）。

天然草地牧草主要以自用为主，市场流通部分占比很小，价格基本维持在800元/吨。值得关注的是，河北省天然草地分布和贫困人口分布几乎重叠，因此搞好天然草地建设，提高其产量和品质，发展草地畜牧业，对于贫困地区经济发展，实现脱贫致富将起到重要的推动作用。

表18-7　河北省天然草地产量分布

地　区	平均产量（吨/公顷）	牧草产量（万吨）
全　省	2.63	715.6
承德市	3.05	346.85
张家口市	1.92	196.8
保定市	2.70	57.34
秦皇岛市	3.93	41.29
石家庄市	3.14	28.78
唐山市	2.34	14.46
邯郸市	2.95	15.31
邢台市	3.54	13.62
沧州市	2.38	0.51
衡水市	2.36	0.28
廊坊市	1.68	0.3
定州市	2.07	0.05
辛集市	3.40	0.001 6

（三）草业产业链新业态模式

1. 牧草种植环节新业态模式

（1）海河平原区“粮改饲”新业态模式。海河平原区是河北省的粮食主产区，也是河北省畜牧业发展的重点区域。长期以来，粮食、草牧业在海河平原区同步发展，在一定程度上存在着粮草争地矛盾、人畜共粮矛盾，也限制了河北省牧草产业的发展。牧草产业在河北平原区目前仍为弱势产业，但随着河北省农业供给侧改革，以及“粮改饲”“轮作休耕制度”

的实施，形成了两种“以草代粮、农牧结合”的高效种植模式，既促进了当地农业种植结构的调整，又推动了草食畜牧业经济的发展，经济、生态、社会效益显著。

（2）饲用小黑麦—青贮玉米复种栽培技术模式。 饲用小黑麦具有生物产量高、营养价值好、抗逆性强、适应性广、抗旱节水等特点，并可充分利用冬闲田，且能有效缓解冬春枯草季饲草紧张的矛盾，青饲、青贮、干草均可。饲用小黑麦为一年生越冬性冷季型饲草，生长习性接近冬小麦。在黄淮海平原区，饲用小黑麦与青贮玉米进行复种，形成一年两作，可替代冬小麦与夏玉米种植模式，符合供给侧改革及“粮改饲”需求。

饲用小黑麦播种时期与冬小麦一致，作为饲草收获时期为灌浆期，株高可达1.5～1.7米，海河平原区一般在5月15—20日，收获时间较冬小麦提前20～25天。因此青贮玉米播期较普通玉米可提前20～25天，且青贮玉米的收获一般在蜡熟期，也较普通玉米生育期提前，使得青贮玉米的生育期延长，产量提高。

经济效益：饲用小黑麦亩收鲜草可达2.5吨，或干草0.85吨，经济效益在1 000元以上。亩效益比“冬小麦—夏玉米”种植模式高144.5元（表18-8）。

节水肥药情况：饲用小黑麦只需春灌一次返青水，较冬小麦亩节水50～100立方米。施肥量较冬小麦低，底肥可减少50%，春季追氮肥较冬小麦少30%。饲用小黑麦对锈病免疫、高抗白粉病无需农药防治；抗虫，生育期间虫害只有蚜虫少量发生，一般无需防治。因此与小麦相比生育期间不使用农药。

表18-8　“饲用小黑麦—青贮玉米”与“冬小麦—夏玉米”一年两作模式效益比较

项目		“冬小麦—夏玉米”种植模式		“饲用小黑麦—青贮玉米”种植模式	
		小麦	玉米	饲用小黑麦	青贮玉米
投入	种子费（元/公顷）	70	40	70	40
	灌水量（立方米/公顷）	2 700	1 800	1 500	1 800
	费用（元/公顷）	1 350	1 350	1 350	1 350
	施肥量（吨/公顷）	复合肥0.75 尿素0.45	复合肥0.75 尿素0.3	复合肥0.375 尿素0.3	复合肥0.75 尿素0.3
	费用（元/公顷）	2 850	2 550	1 575	2 550
	农药费（元/公顷）	杀虫剂480 除草剂1.5	杀虫剂225 除草剂75	防治地下害虫75	杀虫剂75 除草剂75
	机械费（元/公顷）	2 100	2 250	2 100	2 250
	人工费（元/公顷）	1 500	750	900	750
	总投入（元/公顷）	9 352.5	7 350	6 750	7 350
	模式总投入（元/公顷）	16 702.5		14 100	
	产量（吨/公顷）	7.5	9	干草11.25	10.5
	价格（元/吨）	2 360	1 760	1 300	1 760
	产出（元/公顷）	17 700	15 840	14 625	18 480
	模式总产出（元/公顷）	33 540		33 105	
	纯收入（元/公顷）	16 837.5		19 005	

（3）高丹草季节性休耕雨养种植模式。 高丹草为一年生饲草，为高粱不育系与苏丹草的远缘杂交种，具有抗旱、节水、耐盐、耐瘠、高产等特点，再生性强、可多茬利用。根据

"黑龙港轮作休耕制度"试点的要求，形成了"季节性休耕条件下高丹草（饲草高粱）雨养种植模式"来替代"冬小麦—夏玉米"种植模式。

适宜本区域的高丹草品种有冀草1号、冀草2号、冀草4号等。春、夏播均可，一般4月中旬后，因雨种植，等雨播种。采取直播或地膜覆盖。种植密度1万株/亩，抽穗后期（或株高2.5米）刈割，留茬10～15厘米。利用玉米青贮收获机收获，机械碾压对第二茬草无影响。适当晚收可直接青贮，也可与其他干草混贮。

该模式条件下，亩产青贮鲜草6吨，每吨300元，每公顷效益27 000元。纯效益较"冬小麦—夏玉米"高930元/公顷。不但效益良好，而且节水、肥、药。全生育期较"冬小麦—夏玉米"模式每亩节水150～200立方米；肥料投入与冬小麦相当，节省了玉米一季的肥料投入；生长期间无需农药防治病虫害，比"冬小麦—夏玉米"省药。如在非耕地种植效益更高。此外，该模式的生态效益良好，10月中旬前收获后，冬前形成的再生草，在冬春季节可覆盖地面，降低土壤水分蒸散，防止风沙扬尘，或在秋季降雨充足年份，种植饲用黑麦、小黑麦作绿肥，培肥地力（表18-9）。

表18-9　季节性休耕条件下高丹草雨养种植模式效益分析

<table>
<tr><th colspan="2" rowspan="2">项　目</th><th rowspan="2">高丹草雨养种植模式</th><th colspan="2">"小麦—玉米"一年两作模式</th></tr>
<tr><th>小麦</th><th>玉米</th></tr>
<tr><td rowspan="10">投入</td><td>种子费（元/公顷）</td><td>40</td><td>70</td><td>40</td></tr>
<tr><td>灌水量（立方米/公顷）</td><td>0</td><td>2 250</td><td>750</td></tr>
<tr><td>费用（元/公顷）</td><td>0</td><td>1 125</td><td>375</td></tr>
<tr><td>施肥量（吨/公顷）</td><td>复合肥0.75
尿素0.45</td><td>复合肥0.75
尿素0.45</td><td>复合肥0.75
尿素0.3</td></tr>
<tr><td>费用（元/公顷）</td><td>2 850</td><td>2 850</td><td>2 550</td></tr>
<tr><td>农药费（元/公顷）</td><td>除草剂225</td><td>杀虫剂450
除草剂75</td><td>杀虫剂225
除草剂75</td></tr>
<tr><td>机械费（元/公顷）</td><td>3 300</td><td>2 250</td><td>1 350</td></tr>
<tr><td>人工费（元/公顷）</td><td>750</td><td>1 500</td><td>1 500</td></tr>
<tr><td>总投入（元/公顷）</td><td>7 725</td><td>9 300</td><td>6 825</td></tr>
<tr><td>模式总投入（元/公顷）</td><td>7 725</td><td colspan="2">16 125</td></tr>
<tr><td rowspan="5">产出</td><td>产量（吨/公顷）</td><td>90</td><td>7.5</td><td>9.75</td></tr>
<tr><td>价格（元/吨）</td><td>300</td><td>2 360</td><td>1 720</td></tr>
<tr><td>产出（元/公顷）</td><td>27 000</td><td>17 700</td><td>16 770</td></tr>
<tr><td>模式总产出（元/公顷）</td><td>27 000</td><td colspan="2">34 470</td></tr>
<tr><td>纯收入（元/公顷）</td><td>19 275</td><td colspan="2">18 345</td></tr>
<tr><td rowspan="4">效益比较</td><td>经济效益</td><td>公顷增收</td><td colspan="2">纯效益与"冬小麦＋夏玉米"相当，公顷增收930元</td></tr>
<tr><td rowspan="3">节支总额</td><td>公顷节水</td><td colspan="2">全生育期节水45～60公顷次，共2 250～3 000立方米，公顷节水1 125～1 500元</td></tr>
<tr><td>公顷节肥</td><td colspan="2">公顷节复合肥0.75吨，尿素0.3吨，公顷节肥2 550元</td></tr>
<tr><td>公顷节药</td><td colspan="2">无病虫害防治，公顷节药675元</td></tr>
</table>

2. 饲草供应环节新业态模式

（1）种养一体化模式。该模式是在养殖场流转周边土地种植全株青贮玉米或其他饲草，实现自产自用，畜禽粪便就地转化利用，改善土质，实现过腹还田、农牧循环发展的新型种养模式。例如，唐山汉沽兴业奶牛养殖有限公司流转周边土地200公顷，既解决了饲草饲料需求问题，又实现了粪污的资源化利用。

（2）“养殖企业＋新型农业经营主体”合作模式。恒天然（玉田）牧场有限公司积极推进与种植大户、饲草料专业合作社通过签订全株青贮玉米收购合同，开展订单生产、订单收购，充分体现了以畜定需、以养定种，构建了互惠互利的利益联结机制。

（3）新型“种、收、贮”专业化模式。近年来，河北省成立多家“种、收、贮”专业化合作社，充分发挥合作社的专业化、标准化、机械化优势，采用土地流转、合同订单、农民土地入股等多种形式，开展青贮玉米等饲草料的种植、收购、加工、贮运、销售一条龙服务。如滦南县龙德谷物种植合作社以土地经营权入股种植全株青贮玉米、小麦120公顷，农民每亩土地纯收益达840元/年以上。

3. 牧草加工环节新业态模式

草业创新团队经过对苜蓿种植户和加工点的实地调研走访，发现苜蓿加工由传统的苜蓿—牲畜单一链条转化为“苜蓿—人、苜蓿—宠物、苜蓿—牲畜”的多链条新模式，且这种多链条模式已初步成型。

（1）“苜蓿—人”加工，苜蓿芽苗作为餐桌新蔬菜。苜蓿芽中含有多种营养成分，苜蓿由传统的种植、干草、饲喂牲畜的生产加工理念转变成餐桌上的凉菜、馅品等食材已成为苜蓿加工新业态发展的重要趋势之一，且深受大众欢迎。如沧州茂盛园合作社将苜蓿芽包装上市，主打超市和饭店配送，产生几千万元的经济效益。

（2）“苜蓿—宠物”加工，苜蓿草作为宠物饲料。家中饲养宠物、怎样喂好宠物已成为很多人谈论的话题，2016年我国的宠物饲料市场销售额已经突破了500亿元，同时整个市场规模保持着30％以上的高速增势。沧州茂盛园合作社将苜蓿加工成宠物饲料，并投入上海、北京、广东等地的市场使用，效益良好。苜蓿作为宠物饲料，具有干净卫生、营养价值高、价格低的优点，因此，在市场上也受到了普遍的欢迎，经济效益显著提高。

（3）“苜蓿—牲畜”加工，苜蓿草作为青贮饲料。苜蓿青贮已成为改变苜蓿收获季干草调制因降雨导致营养成分损失的重要举措。河北省许多地方生产干草都因雨淋、落叶等因素引起20％～30％的损失，青贮不仅可以保持苜蓿青绿饲料的营养特性，而且青贮后的苜蓿适口性好、消化率高，并能长期保存，对发展苜蓿草产业有着重要的意义。常见的青贮方式主要有窖式青贮、裹包式青贮和添加剂青贮三种，而添加剂主要采用德国巴斯夫等添加剂类型。

三、河北省草产业存在的问题及发展前景

（一）当前草业生产存在的问题

1. 单产不高、品质不稳现象突出

近年来虽然河北省饲草产业在发展速度、发展规模上取得了重要突破和进展，但饲草产

业整体发展水平不高。主要表现在单产低、饲用品质差、生产力不稳定。

2. 旱作高产种植生产能力较低

河北省人工草地90%以上集中在缺乏灌溉条件的雨养旱作区，主要是依靠牧草本身较强的抗旱耐盐特性实现牧草产量。这些地区年降雨量400～600毫米，并且季节性明显，年度内分布极不均匀，特别是春季、冬季的干旱，加之缺乏旱作种植技术，生产效率低、产量低而不稳，土壤生态系统脆弱，给牧草高产带来严重影响。

3. 抗逆优质苜蓿、青贮玉米品种短缺问题突出

生产中的品种尤其是苜蓿品种几乎被国外品种垄断，因而生产中主栽品种仍以国外为主，抗旱节水、耐盐碱、优质、高产的国产苜蓿新品种较为匮乏。同时抗逆、优质专用青贮玉米品种短缺现象也十分严重，生产中的青贮玉米品种多为粮食品种，而且宜机收的粮食玉米品种已成为玉米产业发展的新趋势，选育目标转变为机械化收获籽实后，其茎秆叶与籽粒同步枯黄变干，该类品种生长后期的快速脱水使得青贮最佳收获时间窗口更加短暂，品质保障更为困难。

4. 草产品加工龙头企业少

大型牧草产品加工企业少，形不成龙头带动，规模化种植，产业化经营。另外国产苜蓿雨季收获难的问题严重，收获不及时，生产技术管理不到位，导致产量低，品质较差。原因也与缺乏大型龙头企业导致的高性能收获机械不配套有关。

5. 社会化服务体系不完备，机械化服务组织有待健全

无论是苜蓿还是青贮玉米，最佳收获时间窗口均十分短暂，因此强大的农机配套是保障饲草品质的重要前提。目前，国产青贮收获机械籽实破碎率和效率低，青贮质量和效果不佳，苜蓿收获机械压扁功能和工作效率不过关，但进口大型收获机械购置价格昂贵，即便是补贴市场价格的30%，企业也难以承受。此外收获机械，特别是青贮收获加工机械利用效率并不高，也提高了机械拥有成本。客观上需要有牧草收获加工机械社会化服务组织，为种植企业提供相关服务。但目前该类服务组织相对缺乏，因此今后应鼓励扶持机械化服务组织建设，满足生产需求。

6. “粮改饲”工作推广力度有待加强

“粮改饲”工作在试点县推进效果比较理想，种植户和养殖户都收到了较好效益，但在非试点县推动进展还较为缓慢。为此应以目前试点为基础，广泛宣传“粮改饲”成效，带动该项工作在非试点区域广泛开展。

（二）原因分析

1. 牧草产业基础薄弱，建设水平低

农区牧草产业作为一项新兴产业，在河北省发展较晚，产业基础薄弱，产业化整体建设水平较低，主要表现在：一是产业化生产体系战略布局设计缺乏科学性，种植与加工系统不配套，造成牧草种植、加工、销售脱节，产业化、集约化、一体化程度较低。二是河北省优质牧草品种缺乏，牧草种子繁育体系不健全，无法满足生产需求。三是组织化程度低，一家一户的牧草种植面积小而散，不易形成集中产区，影响了产业化的形成和发展。

从生产方式看，草产业生产多为小规模生产，生产力和生产规模与草业经济市场严重不匹配；从技术水平来看，草业经济是知识密集型产业，对科技进步具有较强的依赖性，必须集中人力、物力和财力，与新技术、新手段联合攻关来促进草产业的发展。

2. 机械设备落后，影响效率和质量

农机农艺配套是提高作业效率和保障产品质量的基本前提，但河北省目前的饲草产业机械化水平较低，无法有效支撑饲草的产业化生产。以苜蓿生产加工为例，国产苜蓿机械质量如播种机、收割压扁机、青贮裹包机等因材质问题、设计问题等多方面原因导致在使用过程中问题不断，严重影响作业效率和饲草质量。

3. 政策鼓励不足，影响积极性

优质高产苜蓿示范项目和粮改饲项目实施以来，河北省制定了一系列推进措施，也取得了一定的成效，但仍然存在一些具体问题，比如补贴力度和其他农业项目相比差异较大，制约了人们从事草业的积极性。如优质高产苜蓿示范项目，每亩一次性补贴 600 元（四年期限），平均每年只有 150 元，但农业压采项目和休耕项目补贴则为 7 500 元/（公顷·年），种植苜蓿远不如休耕或压采项目合适。

4. 传统观念影响，对草业地位认识不到位

由于对牧草产业认识不足，农区草业在草田轮作和商品牧草发展中处于劣势地位。长期以来，大部分农区都是将不能用于粮食作物生产的低产田、劣质田、盐碱地用于种植牧草，很少用肥力较好的农田发展牧草生产。在种植豆科牧草的低产田、劣质田的土地肥力得以提高后就转而种植粮食作物。

5. 技术支撑不足，生产缺乏规范化

河北省饲草种植管理和加工技术虽然有了较大进步，但和先进国家相比依然存在诸多问题需要长期攻关研究，方能对草业生产形成良好的技术支撑。此外，生产的规范化不足问题也十分严重，生产管理多数仍依赖传统经验。施肥、灌溉等措施随意性较大，可有可无。一些新技术推广难度大，既造成了资源的浪费，又达不到优质高产的目的。

（三）河北省草产业发展前景

1. 国内外市场的需求

一是国际市场。国外市场苜蓿商品饲草的年需求量约在 7 000 万吨左右，其中亚洲地区的年需求量为 1 000 万吨，特别是日本、韩国、东南亚等地具有强大的市场需求。我国草地资源和劳动力资源丰富，毗邻日本、韩国和东南亚一些国家，运输便利，具有一定的市场竞争能力。二是国内市场。国内市场对草产品需求量较大的主要是配合饲料生产和草食性畜饲养，今后我国配合饲料用草和规模化养殖场用草量每年至少在 1 000 万吨左右。因此，发展牧草生产前景十分广阔。

2. 可持续草地生态畜牧业建设的需求

河北省草业的发展，未来要注重生态效益与经济效益相结合，要切实保护好天然草场资源，加强草地建设，合理开发利用，严禁违法开垦和违法征占草地。草地保护建设既是构建京津等地的生态屏障，也是实现农牧民增收和促进地区经济发展目标的重要措施，要千方百

计鼓励和支持农牧民通过草地保护建设来增加收入，才能确保天然草场资源的发展具有可持续性，农牧民才能真正从保护天然草场中获得实惠。

3. 草业新业态发展的需求

发达国家通过发展生态观光畜牧业，使草地农业实现了可持续发展。目前，乡村乐、采摘园、观光农业等旅游资源已不能满足旅游人群的需要，草地生态旅游和观光生态畜牧业逐渐兴起。2018年中央1号文件提出，乡村振兴，生态宜居是关键。发展休闲观光旅游业是乡村振兴的新产业新业态。中共中央国务院关于实施乡村振兴战略的意见中提出，坚持人与自然和谐共生，要求牢固树立和践行“绿水青山就是金山银山”的理念，落实节约优先、保护优先、自然恢复为主的方针，统筹山水林田湖草系统治理，严守生态保护红线，以绿色发展引领乡村振兴。因此，发展草业，打造草地生态旅游、生态牧场休闲观光等新业态的市场前景也十分广阔。

4. 提高草产品自给水平，降低市场风险的需求

目前，由于生产总量和品质不足，不得不依赖进口优质饲草满足养殖需求。但受贸易战影响，以及受中东地区对苜蓿产品的强劲需求影响，进口苜蓿价格大幅提升，对养殖业者的经营成本产生重大压力，面临较大的经营风险。因此，着力构建种养结合型饲草产业，通过规范化生产，解决牧场对优质饲草需求，降低因进口饲草导致的成本压力迫在眉睫。

四、河北省草产业竞争力分析

（一）市场竞争力分析

从效益上讲，草业发展竞争力表现在经济效益比传统种植业高，生态效益更明显。

1. 经济效益

从河北省现阶段畜牧业及饲料市场发展的情况看，发展草业势在必行。苜蓿和全株青贮玉米是奶牛、肉牛和羊等反刍家畜的主要饲料来源，属于青粗饲料之首。以玉米为例，按平均水平测算，种普通玉米每亩地收获0.4吨籽粒和0.38吨秸秆，总收入约980元。而种专用青贮玉米按每亩地3.5～4吨计算，总收入约1 400元（2018年青贮玉米价格350元/吨计算），与传统种植业相比，种植青贮玉米更能提高农户的土地收益和家庭收入，经济效益优于传统种植。

2. 生态效益

除了经济效益外，苜蓿和全株青贮玉米的生态效益也很明显。苜蓿既是传统的牧草植物，又是重要的绿肥植物，种植苜蓿不仅能为畜牧业发展提供优质牧草，而且还有改土肥田、降低化肥施用量的重要作用。种植全株青贮玉米，通过养殖业使粪污施肥还田，省去了玉米秸秆的二次收贮问题，并且避免了秸秆焚烧引起的诸多环境问题，为此发展以苜蓿、青贮玉米为主的饲草产业不仅具有良好的经济效益，而且生态效益也十分显著。

3. 价格优势显著

和进口饲草相比，河北省自产饲草在价格上有着强大优势。就苜蓿而言，河北省生产的苜蓿和进口同级别苜蓿相比，自产苜蓿在价格上低600～1 000元/吨，这对养殖企业降低生

产成本形成了巨大吸引力，特别是现在奶牛养殖企业盈利极为困难，自产苜蓿对其降低饲养成本具有重要作用。

（二）发展环境分析

1. 自然资源具优势

一是气候适宜。河北省光照、降雨量适宜牧草的生长，无霜期长达 185 天，牧草收获茬次多，草产量较高。以苜蓿为例，据多年来的测算，在中等条件土地上种植苜蓿亩产干草一般都在 1 吨以上。二是部分地区土地资源相对丰富。以河北省沧州市为例，全市人均耕地 0.15 公顷，高于全省平均水平。现有旱（盐）碱地 20 多万公顷，其中有 11 余万公顷适宜发展人工种草。三是种植牧草的历史悠久，有良好的发展基础。

2. 品质优势逐渐显现

由于河北省的草业发展基础相对薄弱，生产的牧草品质与进口牧草相比还有差距。就苜蓿而言，进口苜蓿品质整体上优于自产苜蓿，且质量的稳定性十分突出。一般进口的苜蓿干草粗蛋白含量在 18%～20%，NDF≤40，相对饲用价值 150%以上，能够满足高产奶牛 TMR 饲料中蛋白质等营养指标的需求。在草业创新团队及其他科研团体的技术推动支撑下，河北省苜蓿品质有了显著改观，一级品率由原来的不足 1%提高到了现在的 15%左右，三级及三级以下苜蓿产品比率显著下降；只要坚持规范生产，在科技支撑及政策推动下，通过两到三年的努力，河北省苜蓿产品品质将有大幅提高，从而形成对进口产品的良好替代。

3. 一二三产融合发展的畜牧业新模式已形成

我国奶牛养殖成本构成中，苜蓿成本占饲料总成本约 13%，占养殖总成本 8%～9%；豆粕占饲料成本约 20%，约占千克奶总成本 12%。2018 年对美苜蓿和大豆加征 25%关税后，推动苜蓿价格上涨 30%～40%，豆粕价格上涨 25%，将导致千克奶成本增加 6%左右。面对养殖成本上升风险，河北省的养殖企业如君乐宝、旗帜乳业、康宏牧业等大型养殖企业和乳制品企业都已探索延伸产业链，通过一二三产融合的种养结合模式，既能保证原材料品质和数量需求，又能有效规避生产成本上升的风险。

4. 饲草多元化种植模式已实现

围绕推进供给侧结构性改革调整种植结构，河北省各地深入推进“粮改饲”工程，在重点发展青贮玉米的同时，也鼓励各地根据自然条件发展燕麦、小黑麦、高丹草等饲草种植，实现河北省饲草种植的多样化，对降低养殖成本形成了良好支撑。

五、河北省草产业发展战略选择

（一）科学制定草产业发展规划，优化产业布局

以种养结合为前提，根据河北省各地气候环境、生产传统和饲草产品需求等因素，合理安排饲草的生产布局，力求种养结合、就地生产，实现种养加一体化。通过在牛场周边流转土地用于饲草生产，为解决牛场粪污资源化利用提供出口，同时，降低饲草生产成本和产品运输成本，实现多赢局面。

（二）走“标准化＋规模化”的现代化生产路线

规模化是标准化的基础，标准化是规模化的保障，两者相辅相成，相互制约。只有标准化生产才能提高质量和单位效益，有了单位效益，发展规模才有意义。同时，只有规模化生产才能使单位效益发展为规模效益，增强企业经济实力，从而保证企业有能力持续发展标准化。

（三）展现“畜草结合、相互拉动”的经济运行规律

发达的畜牧业生产是建立在发达的饲草生产的基础上的，发达的草产业需要发达的畜牧业消化和吸收。因此，深入研究畜牧和牧草发展动态及经济运行规律，实现牧草业的供给侧改革，形成良性循环的发展局面。

（四）延伸饲草种植生态循环链，走绿色发展之路

畜禽养殖产生的污染是农村面源污染的主要来源之一，通过饲草种植延伸生态链条，将为解决这一难题提供有效途径。以威县为例，通过大力实施政府推动力、龙头企业拉动力、合作社组织力、贫困户内生动力、科研院所第一生产力、农发行威县支行撬动力、人寿财险河北分公司保障力的“多方合力拔穷根”行动，在饲草种植0.27万公顷的基础上，引导君乐宝公司在建设牧场的同时配套建设了5.6万立方米的沼气发酵池，沼渣用作奶牛卧床垫料和生产有机肥，沼液直通牧草基地，初步形成了奶牛饲养、沼气发电、沼液还田、饲草种植生态循环链，实现了农业清洁生产和绿色发展，被国务院确定为全国五大生态农业循环圈之一。

（五）“种养加”结合提升产品附加值，走共同富裕之路

“种养加一体化”是一二三产业融合的新生态，该模式有效解决了饲草种植、奶牛养殖、乳制品加工各环节的利益脱节问题，是国家着力倡导和扶持的生产模式。因此，应积极培育高素质农民，把先进经营理念、市场观念、现代企业文化带到农村来，使农民摆脱小农意识、增强集体观念，有利于形成乡风文明、治理有效的社会环境和治理体系。该模式通过延长产业链，提高产品附加值，更多的提供就业岗位，带领广大农民脱贫致富，具体利益联结方式为：通过土地流转大规模种植各种品类饲草、资金整合下放延伸产业链、折股量化投放参股，创新利益联结机制，农户成为现代农业产业链上的一个环节，实现入企打工挣薪金、流转土地赚租金、参与入股分红金，天天能打工、月月有收入、年年能分红，增加农民收入，走上脱贫致富之路。

六、河北省草业产业发展对策建议

（一）及时出台配套政策

当前饲草种植中，存在土地流转难、规模化机械作业难等困难，为此，建议政府部门加

强配套政策的研究和制定，在土地流转、机械化作业等方面予以保障，为饲草产业发展创造良好的外部环境。政府引导建立多种形式的合作社组织，鼓励土地流转，促进草畜一体化发展。加大对牧草机械的补助力度，鼓励成立牧草农机收获加工服务合作组织；推动草产品加工服务社会化，从根本上解决牧草机械化作业难题。加强金融保险支持，给予牧草种植企业（基地）贴息信贷资金支持，建立防范风险机制，抵御市场风险和自然风险。

（二）切实加强组织领导

草业重点发展区域，要结合实际草食畜牧业发展需求，制定本区域草业产业发展规划，确定发展思路，制定发展目标和重点工作，完善配套政策措施。要密切关注草业发展出现的新情况、新问题，及时采取应对措施。农牧部门与有关部门和科研单位，要加强协调沟通、密切配合，从政策、资金、技术等方面加大扶持力度，推进产业持续健康发展。

（三）强化科技支撑能力

加强国家牧草产业技术体系与省草业创新团队的技术研发与合作，切实解决河北省草业生产技术问题。合理安排科学规划，积极培育草业发展急需的技术人才，储备草业生产的核心技术人才。依托草业主管部门、科研院所、国家牧草产业技术体系试验站加大轻简化技术的引进示范和推广。通过召开现场会、科技培训等多种形式，让草业经营者充分认识发展草产业的重要意义，提高种草积极性。加工企业要加强与科研单位、大专院校的联系与合作，鼓励企业办科研，走产、学、研结合的路子。以科研试验示范基地为基础，以科技推广中心为依托，加大良种的引进、繁育和推广力度，引进先进的生产管理技术和加工工艺，加快科技成果的转化率，以增加草产品的科技含量和附加值。

（四）创新产品安全监控机制

一是规范生产技术流程，确保产品品质。规范化生产是质量的重要保障，因此要加强生产技术规范的制定与实施，严格监督生产过程，保证饲草产品质量，缩小国内外草产品品质差距。可以通过相应的奖惩措施，对进行规范生产的种植主体加大补贴力度，提升饲草种植技术和产品品质。二是完善质量检测制度，优化市场环境。加快制定饲草产品质量标准，加快与国家标准和国际标准接轨；进一步完善草产品饲用品质快速测定及草产品农药残留和重金属含量监测技术，适时公布检测结果，促进草产品质量水平提升。

（五）优化市场运行模式，改善饲草贸易环境

扶持已有一定发展基础的草产品龙头企业及新发展的高标准高起点企业，充分发挥其辐射带动作用。组建草业专业合作组织，实行“公司＋农户”等模式，实现与大市场的联结。加强草产品市场信息网络建设，积极利用报刊、广播等媒体发布草产品市场信息，实现信息及时、准确的公布与获得。完善市场监管机制，规范草产品市场建设相关法律法规，加强对草产品及草种子不法经营活动的惩处力度。同时需要建立相对完善的信息平台，使经营者了解市场行情和市场供求状况，达到以需定供的状态。这就需要让草企与养殖企业建立联系，

建立长久的合作关系，达到互利共赢的局面，这种局面的形成尚需要相关政策指引，协调企业与基地农户的利益连接机制，加快牧草产业化运作步伐。

（六）着力培育新型经营主体，防范市场风险

支持专业大户、家庭牧场等建立农牧结合的养殖模式，促进农牧循环发展。推动一二三产业深度融合发展，引导产业化龙头企业发展，整合优势资源，创新发展模式，发挥带动作用，推进精深加工，提高产品附加值。完善企业与农户的利益联结机制，通过订单生产、合同种植、品牌运营、统一销售等方式延伸产业链条，实现生产与市场的有效对接，推进全产业链发展。鼓励电商等新型业态与草产品实体流通相结合，构建新型经营体系。加大龙头种植专业合作社（企业）培育力度，发挥龙头组织对种植户的示范带头作用，提高种植规模化、组织化程度，规避种植风险。

撰稿人员：张　玲　刘桂霞　闫旭东　郭郁频　李　源　王丽宏　王连杰
董李学　葛　剑　于清军
指　　导：李运起
参编人员：乔　宏　邵彩玲　褚建坤　邓　郁　崔蓓琳　师子阔　赵　洁
张晓敏　李梦晨

第十九章　2018年度河北省渔业产业发展报告

河北省渔业系统按照农业农村部“提质增效、减量增收、绿色发展、富裕渔民”的总体部署，以实施乡村振兴战略为引领，以渔业供给侧结构性改革为主线，不断提升渔业发展质量，取得明显成效。

一、河北省渔业产业现状及形势

2018年河北省渔业发展实现减量增效。全省水产品年产量116.46万吨，养殖面积15.35万公顷，产量和养殖面积均出现回落，较上年度分别下降14.95%、19.42%。全省渔业从业人员6.27万户，共计27万人，实现产值249.71亿元，渔民人均纯收入1.52万元，渔业产值和渔业人均收入实现上升，升幅分别为6.13%、8.03%，渔民人均可支配收入1.37万元，超过农民人均可支配收入800元；产业结构逐步优化，三产融合进一步加快，休闲渔业势头火爆，经营主体达到1 180个，年接待能力800万人次，总产值达到6.2亿元。

（一）渔业养殖面积

在统计的全国31个省区市中，养殖面积超过10万公顷的省份有18个，排名第一的辽宁省，养殖面积87.87万公顷，第二为山东省83.36万公顷，第三为湖北省79.76万公顷。河北省排第16名。

1. 渔业养殖面积下降，降幅超过全国水平

2018年，河北省渔业养殖面积15.35万公顷，占全国水产养殖面积744.90万公顷的2.06%，其中海水养殖面积10.76万公顷，占比全国5.16%，淡水养殖面积4.59万公顷，占比全国0.86%（表19-1）。

表19-1　近10年渔业养殖面积表

单位：万公顷，%

年份	全国养殖面积			河北省养殖面积					
	总面积	海水	淡水	总面积	全国占比	海水	全国占比	淡水	全国占比
2009	654.99	157.89	497.10	18.21	2.78	10.98	6.95	7.24	1.46
2010	728.31	185.93	542.38	19.29	2.65	12.10	6.51	7.19	1.33
2011	764.52	208.09	556.43	19.88	2.60	12.38	5.95	7.50	1.35

（续）

年份	全国养殖面积			河北省养殖面积					
	总面积	海水	淡水	总面积	全国占比	海水	全国占比	淡水	全国占比
2012	783.50	210.64	572.86	21.01	2.68	13.43	6.38	7.58	1.32
2013	808.84	218.08	590.75	21.21	2.62	13.47	6.18	7.74	1.31
2014	832.17	231.56	600.61	19.73	2.37	11.79	5.09	7.94	1.32
2015	838.64	230.55	608.09	20.10	2.40	12.24	5.31	7.86	1.29
2016	846.50	231.78	614.72	19.40	2.29	11.75	5.07	7.64	1.24
2017	834.63	216.67	617.96	19.05	2.28	11.54	5.33	7.51	1.22
2018	744.90	208.41	536.50	15.35	2.06	10.76	5.16	4.59	0.86

资料来源：《中国渔业年鉴》。

河北省与全国养殖面积变动趋势基本趋同，近 10 年来呈现先升后降趋势。与 2017 年度相比，2018 年全国渔业养殖面积下降了 10.75%，其中海水养殖面积下降 3.8%，淡水养殖面积下降 13.18%；河北省养殖总面积下降了 19.37%，其中海水养殖面积下降了 6.76%，淡水养殖面积下降了 38.89%。降幅均超过了全国下降幅度（图 19-1、图 19-2）。

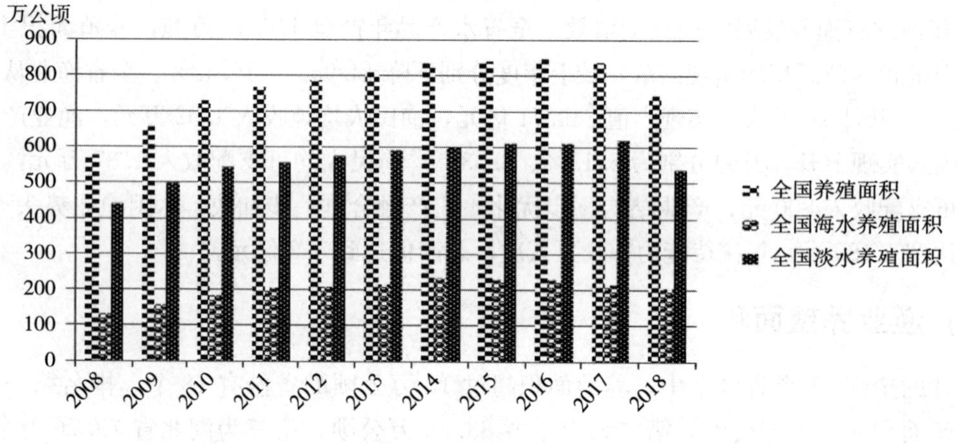

图 19-1　全国渔业养殖面积

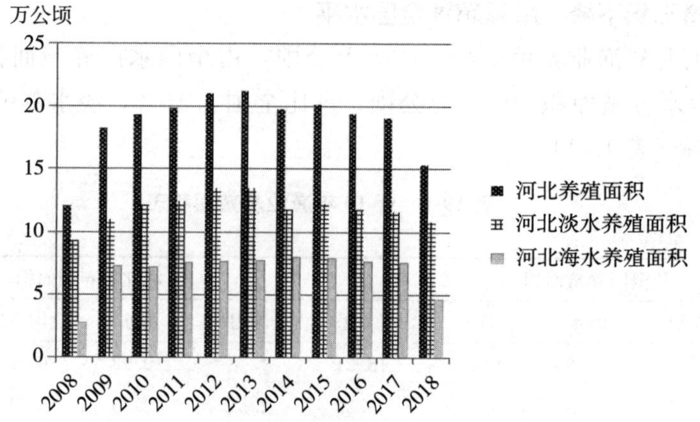

图 19-2　河北省渔业养殖面积

河北省渔业养殖面积降幅超全国平均水平，养殖总面积、海水养殖面积及淡水养殖面积全国占比均处于下降趋势。其中养殖总面积由2008年的全国占比3.17%下降为2018年的2.06%，降幅35%；海水养殖面积由2008年的8.23%下降为2018年的5.16%，降幅达37.30%；淡水养殖面积占比由1.64%下降为0.86%，降幅达47.57%（图19-3）。

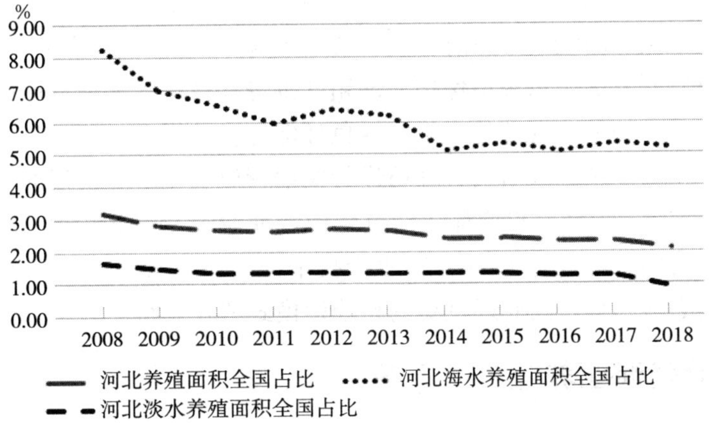

图19-3　河北省渔业养殖面积全国占比

2. 养殖面积区域分布

海水养殖总面积10.76万公顷，集中于沿海秦唐沧三地市，面积分别为3.73万公顷、6.03万公顷、1万公顷。淡水养殖总面积4.59万公顷，各地市均有分布。但主要集中于唐山地区，淡水养殖面积占比达28.54%（表19-2）。

表19-2　省内各地市渔业养殖面积

单位：万公顷，%

区域	养殖总面积	全省占比	海水养殖面积	全省占比	淡水养殖面积	全省占比
河北省	15.35	100.00	10.76	100.00	4.59	100.00
唐山市	7.34	47.82	6.03	56.04	1.31	28.54
秦皇岛市	4.24	27.62	3.73	34.67	0.51	11.11
沧州市	1.37	8.93	1.00	9.29	0.37	8.06
张家口市	0.73	4.76	0.00	0.00	0.73	15.90
承德市	0.42	2.74	0.00	0.00	0.42	9.15
保定市	0.38	2.48	0.00	0.00	0.38	8.28
石家庄市	0.26	1.69	0.00	0.00	0.26	5.66
廊坊市	0.23	1.50	0.00	0.00	0.23	5.01
邯郸市	0.18	1.17	0.00	0.00	0.18	3.92
邢台市	0.13	0.85	0.00	0.00	0.13	2.83
衡水市	0.07	0.46	0.00	0.00	0.07	1.53
辛　集	0.00	0.01	0.00	0.00	0.00	0.03
定　州	0.00	0.01	0.00	0.00	0.00	0.02

资料来源：《中国渔业统计年鉴》（2017年）。

3. 产业形势分析

自2017年2月环保部发布《关于加强“十三五”国家重点生态功能区县域生态环境质量监测评价与考核工作的通知》以来，大水面和网箱养殖被大量取缔，2017年12月初，全国8万公顷水面超过9万口网箱养殖受到影响。一轮又一轮的“拆网风暴”使得草鱼、金鲳鱼、大黄鱼、鲟鱼等数亿斤水产品集中上市，拆网箱加速了鱼价的回落，水产品价格一路下跌。2018年全年拆除网箱导致全国水产品产量至少减少50万吨，后续影响力将会更大。

由于京津冀协同发展、水源地保护、网箱网围等养殖模式取缔等原因，以及尾水排放标准提升、地下水禁止超采以及其他一系列绿色环保标准的提升，河北省渔业实际养殖面积大幅缩减。对渔业主要养殖区域唐山、廊坊进行实地调研发现，唐山仅淡水养殖面积就下降了0.6万公顷，廊坊在疏解北京非首都功能过程中，渔业养殖面积由0.32万公顷下降为不足当前的0.067万公顷。通过对11个地市水产技术推广站调查问卷进行测算，渔业养殖面积进一步下降将是必然趋势，因此绿色集约化养殖模式势在必行。

（二）河北省渔业养殖效益上升

1. 渔业养殖总体效益

依据河北省养殖渔情信息数据，匡算得出渔业养殖效益。系统采集县13个，渔情信息采集点55个。其中淡水池塘采集点总面积522.73公顷，占全省淡水池塘养殖面积的1.8%。海水养殖渔情采集包括海水池塘和海水吊笼养殖两个模式，采集点总面积4 959.33公顷，分别占全省海水同类模式的4.4%、5.6%。采集点分布如图19-4a、图19-4b所示。

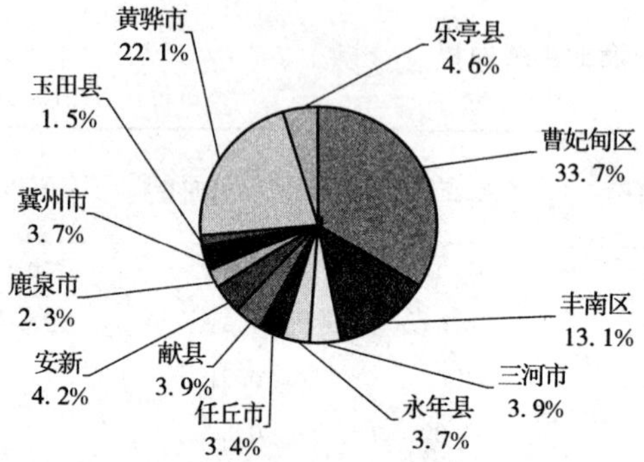

图19-4a 池塘养殖采集点分布图（按面积）

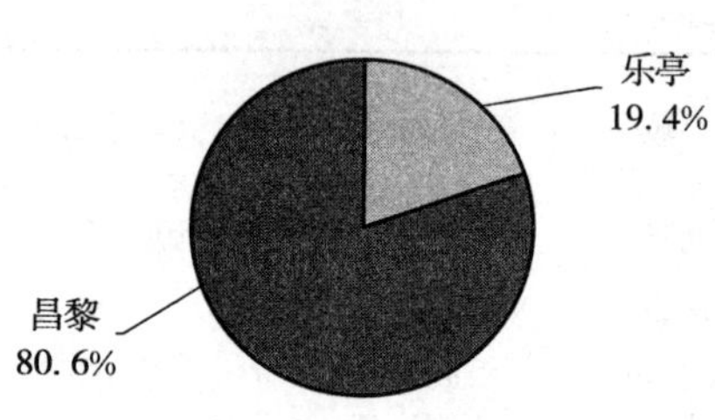

图19-4b 吊笼养殖采集点分布图（按面积）

55户渔情采集点数据显示，除个别年份外，伴随着渔业科技发展及品种结构调整，渔业总投入呈现下降趋势，总收入、总利润大体呈现上升趋势。其中，近五年来总投入、生产损失分别下降8.38%、12.75%，总收入和总利润增幅分别为14.8%、14.22%。具体数据如表19-3所示。

表19-3 近五年渔情信息采集户成本收益表

单位：万元，%

年份	总投入	总收入	生产损失	总利润	投入产出比	公顷利润
2013	13 149	14 269	886	234	1.09	0.04
2014	14 204	15 079	543	332	1.06	0.06

（续）

年份	总投入	总收入	生产损失	总利润	投入产出比	公顷利润
2015	10 392	12 768	697	1 679	1.23	0.31
2016	11 074	15 747	697	3 976	1.42	0.73
2017	12 047	16 381	773	3 561	1.36	0.65

资料来源：依据河北省渔业采集系统匡算。

随着设施化养殖模式推广，采集点投入产出比由 2013 年的 1.09 上升为 2017 年的 1.36，升幅达 24.77%。公顷利润由 2013 年 0.04 万元上升为 2017 年的 0.65 万元，升幅达 15.25%。趋势如图 19-5 所示。

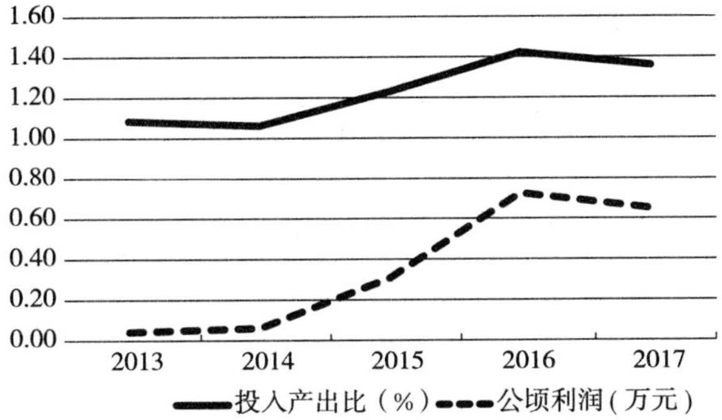

图 19-5　近五年渔业均利润及成本收益率（投入产出比）

2. 主养品种效益

选取河北省主要渔业养殖品种中华鳖、大宗淡水鱼、南美白对虾、扇贝进行养殖效益分析，并分别提出产业研判。具体数据如表 19-4a 至表 19-4e 所示。

表 19-4a　中华鳖成本收益

年份	养殖面积（公顷）	产量（吨）	收入（万元）	价格（元/千克）	总投入（万元）	利润（万元）	成本收益率（%）	公顷利润（万元）
2016	18.07	16.97	81.48	48	129.2	−47.72	63	−2.65
2017	18.07	13.13	68	51.78	152.61	−84.61	45	−4.68
2018	6.33	69.5	390.29	56.16	328.49	61.8	119	9.76

表 19-4b　大宗淡水鱼成本收益

年份	养殖面积（公顷）	产量（吨）	收入（万元）	价格（元/千克）	总投入（万元）	利润（万元）	成本收益率（%）	公顷利润（万元）	备注
2016	13.6	224.1	206.06	9.20	372.78	−166.72	55	−12.26	有存塘
2017	13.6	302.25	262.50	8.68	245.52	16.98	107	1.25	有存塘
2018	13.6	289.1	290.79	10.05	355.48	−64.69	82	−4.76	有存塘

表 19-4c　扇贝成本收益

年份	养殖面积（公顷）	产量（吨）	收入（万元）	价格（元/千克）	总投入	利润（万元）	成本收益率（%）	公顷利润（万元）
2014	4 500	22 913.85	6 356.70	2.78	6 507.23	−1 505.3	98	−0.34
2015	3 133	16 572.63	5 682.86	3.43	3 378.18	2 304.68	168	0.74
2016	3 073	20 059.93	7 437.02	3.71	4 144.20	3 292.82	179	1.07
2017	3 073	22 470.42	6 820.23	3.04	4 822.38	1 997.85	141	0.65
2018	1 555	11 196.20	3 443.00	3.08	2 388.30	1 054.7	144	0.68

表 19-4d　淡水南美白对虾成本收益

年份	养殖面积（公顷）	产量（吨）	收入（万元）	价格（元/千克）	总投入（万元）	利润（万元）	成本收益率（%）	公顷利润（万元）
2016	100	237	898.0	37.90	590.45	307.55	152	3.08
2017	100	295	1 226	41.56	798.98	427.02	153	4.27
2018	100	304.96	1 130.92	37.08	877.53	253.39	129	2.53

表 19-4e　海水南美白对虾成本收益

年份	养殖面积（公顷）	产量（吨）	收入（万元）	价格（元/千克）	总投入（万元）	利润（万元）	成本收益率（%）	公顷利润（万元）
2016	23.33	10.93	35.31	32.28	14.92	20.39	237	0.87
2017	23.33	4.1	14.68	35.80	11.32	3.36	130	0.14
2018	23.33	7.8	59.94	38.36	31.36	28.58	191	1.23

3. 不同养殖品种效益分析

海水南美白对虾投入产出比较高，而大宗淡水鱼、中华鳖效益较低，处于亏损状态。原因在于大宗淡水鱼年底存塘量较大，而中华鳖价格低迷，所不同的是，到 2018 年，中华鳖价格回升，投入产出比随之上调，而大宗淡水鱼价格下降，所以投入产出比再次下调。扇贝和淡水南美白对虾收益率稳定在 150%左右。就均利润而言，淡水南美白对虾最高，每公顷达 3.07 万元。中华鳖和大宗淡水鱼盈利情况较差，但受价格因素影响，中华鳖利润在上升，大宗淡水鱼在下降。

近年来，中华鳖一直处于亏损状态，原因在于市场疲软价格低迷，2018 年价格有所回暖，但前三年的亏损使养殖户信心不足，存塘量已经很少，利润多为负数。2018 年成鳖价格反弹后，苗种价格一路攀升，说明养殖利润提升了养殖户的积极性。要警惕 2019 年由于供求过量所导致的新一轮价格下滑。

大宗淡水鱼除了 2017 年年底，2018 年年初由于春节销量旺盛，市场价格略高外，近年来一直处于价格低迷，市场疲软。尤其是 2018 年以来，由于开展环境综合整治，湖库网箱养殖全部清理，存塘大宗淡水鱼作为过剩产能集中上市，进一步压低价格导致亏损。2019年存塘基本消化，淡水大水面暂停捕捞，产量将大幅下降，但是价格未必如期上升。主要原因在于：加入 WTO 的 15 年过渡保护期满，水产品进口关税大幅下降甚至取消，受到欧美、澳大利亚高端水产品、“一带一路”沿线国家低端水产品的冲击，市场竞争加剧，对市场需求空间产生替代效应。

虾蟹属于河北省水产养殖的优势品种。河北省渔业“十三五”规划中将“完善对虾、梭子蟹等优势主导品种的繁育”列入水产业的发展重点。南美白对虾无论是海水还是淡水养殖，成本收益率和公顷利润都较高，是设施化养殖普及率较高的品种，属河北省优势养殖、优先发展的品种。

扇贝均利润稳定盈利，成本收益率较高，且扇贝以水生浮游生物为食，适量养殖密度能够净化海域水体，是河北省生态养殖品种（图 19-6a、图 19-6b）。

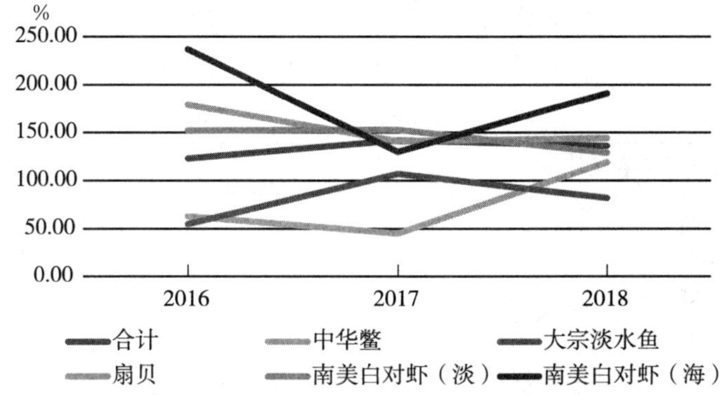

图 19-6a　主养品种投入产出比图

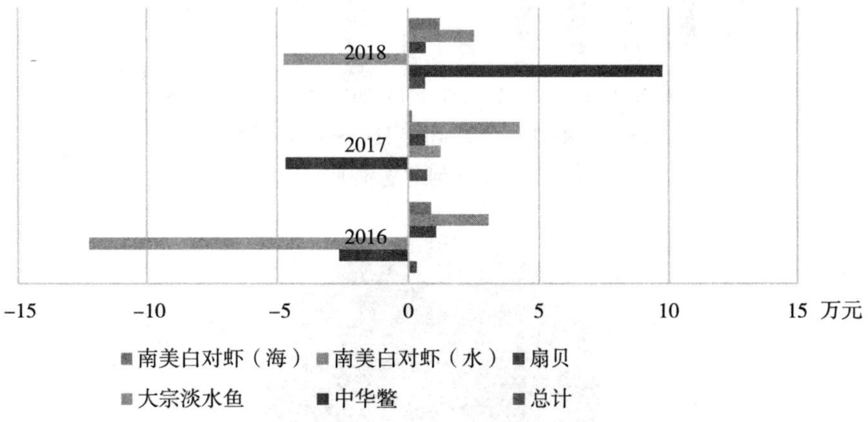

图 19-6b　主养品种公顷利润图

（三）渔业产量下降

1. 渔业产量及构成

近十年河北省水产品产量构成，如表 19-5、图 19-7 所示。

表 19-5　近十年河北省渔业产量

单位：万吨，%

年份	总产量	养殖产量	海水捕捞	远洋渔业	海水养殖	捕捞产量	淡水捕捞	淡水养殖	捕/养比例
2009	90.64	63.20	25.17	0	29.60	33.28	8.11	33.60	52.66
2010	100.41	66.31	25.33	0	30.06	34.10	8.77	36.25	51.43
2011	106.33	71.78	25.33	0	32.93	34.56	9.23	38.85	48.15
2012	106.71	71.61	25.18	0	31.15	35.11	9.93	40.46	49.03
2013	116.32	81.31	25.26	0	38.21	35.02	9.76	43.10	43.07
2014	123.06	90.25	23.05	0	45.23	32.81	9.76	45.02	36.35
2015	126.39	92.27	23.96	0	49.20	34.13	10.17	43.07	36.99
2016	129.71	93.99	25.05	0.40	50.65	35.72	10.27	43.34	38.00
2017	136.93	97.12	24.78	4.76	51.14	39.81	10.27	45.98	40.99
2018	116.46	83.34	23.41	4.82	52.92	33.13	4.90	30.42	39.75

资料来源：《中国渔业统计年鉴》。

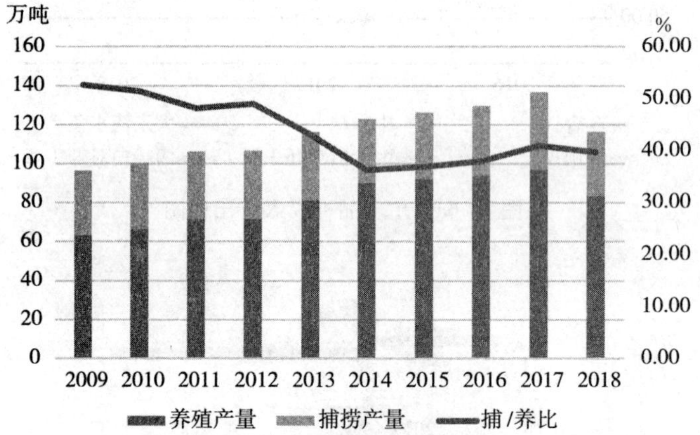

图 19-7a　近十年河北省渔业产量构成

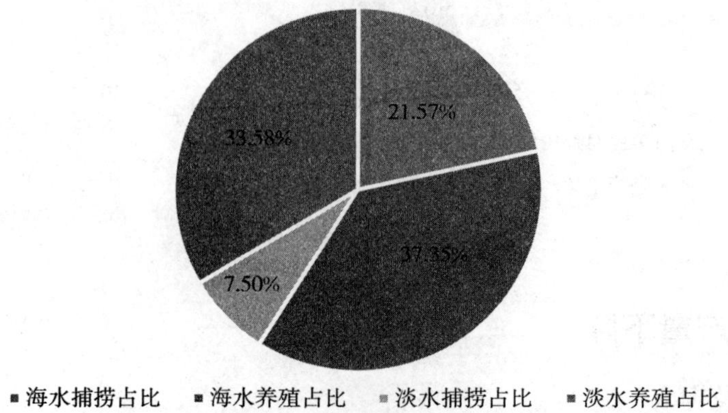

图 19-7b　2017年渔业产量构成

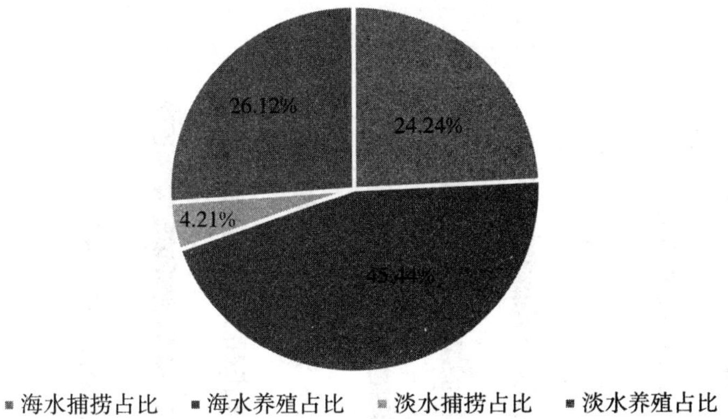

图 19-7c　2018 年渔业产量构成

《中国渔业统计年鉴》数据显示，2018 年河北省渔业总产量较 2017 年度下降 14.95%。其中海水捕捞、淡水养殖、淡水捕捞产量分别下降 5.53%、33.84%、52.29%。海水养殖、远洋捕捞则分别上涨 3.48%、1.26%，捕养比例由 2009 年 52.66%下降为 2018 年的 39.75%，这源自于远洋捕捞的上升和海水养殖的下降，是我国海洋经济战略实施的结果。

由渔业产量构成图表来看，2018 年起，淡水养殖和捕捞量均显著下降，海水养殖和捕捞都有所回升。

2. 淡水养殖产量升降幅较大

由于独特的自然环境优势，河北省渔业物种资源丰富，淡水养殖品种有鱼类、甲壳类、贝类、其他类和观赏鱼五大类。如图 19-8、表 19-6 所示。2016 年之前渔业淡水养殖产量连年提高，2017 年淡水养殖总产量达 45.98 万吨，2018 年下降为 30.42 万吨，降幅达 33.84%。

表 19-6　河北省淡水养殖产量

单位：万吨

年份	淡水养殖	淡水鱼	甲壳类	贝类	其他	观赏鱼（万尾）
2008	30.78	28.82	1.70	0.01	0.25	0
2009	33.6	31.46	1.86	0.01	0.27	22 923
2010	36.25	33.84	2.02	0.00	0.39	31 500
2011	38.85	36.14	2.20	0.00	0.50	3 194
2012	40.46	37.65	2.27	0.00	0.54	401
2013	43.09	39.71	2.75	0.00	0.63	5 967
2014	45.02	41.18	3.32	0.00	0.52	2 980
2015	43.07	39.84	2.70	0.00	0.53	5 128
2016	43.34	40.21	2.61	0.00	0.53	5 097
2017	45.98	42.85	2.76	0.00	0.38	6 109
2018	30.42	27.24	2.84	0.00	0.34	6 460

资料来源：《中国渔业年鉴》。

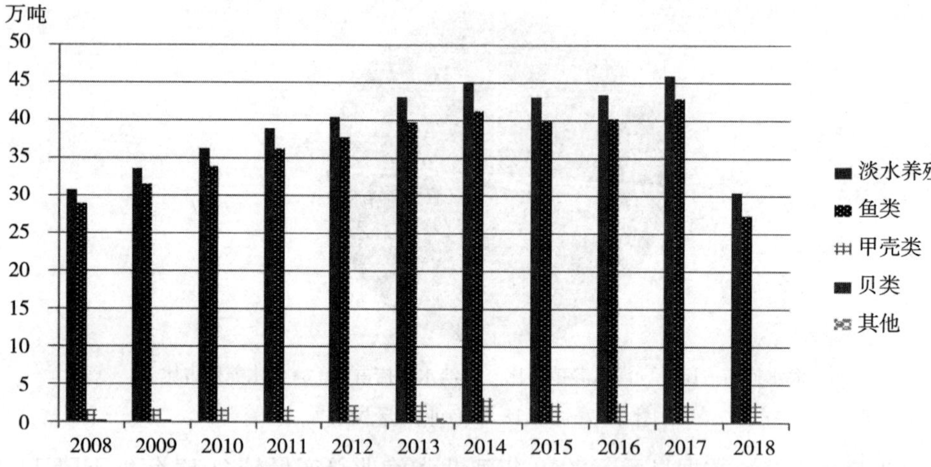

图 19-8 河北省淡水养殖产量

3. 海水养殖产量大体企稳

海水渔业产区分布在唐山、秦皇岛、沧州3个地市中的11个县域。现海水增养殖种类主要包括中国对虾、日本对虾、斑节对虾、南美白对虾、三疣梭子蟹、锯缘青蟹、红鳍东方鲀、牙鲆、漠斑牙鲆、大菱鲆、半滑舌鳎、美国红鱼、梭鱼、鲈鱼、海蜇、海参、扇贝、贻贝、牡蛎、毛蚶、魁蚶、青蛤、文蛤、杂色蛤、缢蛏等。其中扇贝养殖产量在所有品种中高居榜首（表19-7）。

表 19-7 河北省海水养殖产量

单位：万吨

年份	海水养殖	鱼类	虾	蟹	贝类	海参	海蜇
2009	29.60	1.56	1.47	0.21	25.97	0.12	0.18
2010	30.06	1.47	1.56	0.24	26.40	0.15	0.00
2011	32.93	1.24	1.92	0.14	29.11	0.21	0.23
2012	31.15	1.28	1.78	0.16	27.26	0.40	0.23
2013	38.21	1.22	1.79	0.17	34.17	0.67	0.00
2014	45.23	1.11	1.89	0.25	40.98	0.80	0.22
2015	49.20	0.82	2.01	0.28	44.88	0.98	0.23
2016	50.65	0.88	2.31	0.27	46.00	0.92	0.24
2017	51.14	0.88	2.53	0.26	45.93	1.02	0.41
2018	52.92	1.03	2.71	0.24	47.48	0.93	0.39

资料来源：《中国渔业统计年鉴》。

从2009年到2017年，河北省海水主要养殖品种大部分产量上升，其中对虾、蟹、贝类、海参、海蜇分别上涨72.11%、23.81%、76.86%、750%、127.78%；只有海水鱼产量下降，降幅达43.59%。2018年较2017年部分品种产量下降，其中蟹、海参、海蜇产量分别下降7.69%、8.82%、4.88%；而海水鱼、对虾、贝类产量则分别上升14.05%、7.12%、3.38%。

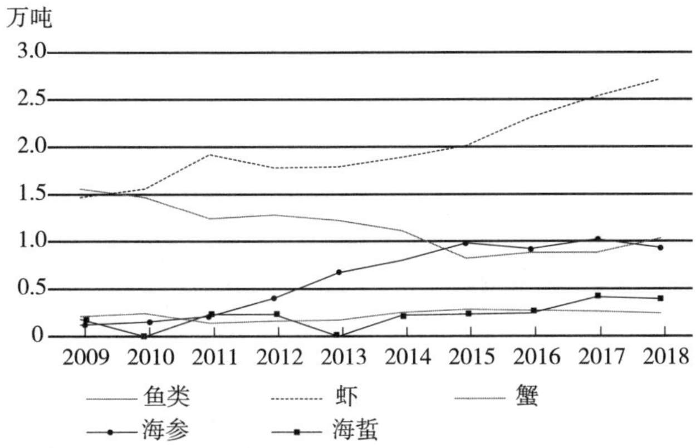

图 19-9　河北省海水养殖产量

4. 产业形势预测

由于养殖水域面积下降和传统养殖方式取缔，渔业产量将进一步降低。根据渔业养殖面积下降幅度，以及渔业政策的实施，预计 2019 年河北省渔业总产量较 2018 年减产 8%左右，其中海洋捕捞预计减产 6%，海水养殖预计减产 8%，淡水养殖预计减产 6%，淡水捕捞预计减产 10%，能够完成农业农村部下达的压减任务目标。总产值预计将达 252.5 亿元，同比增长 1%，人均年收入 16 790 元，同比增长 10%。

二、河北省渔业产值及产业结构

渔业经济产值来自于第一产业渔业产值、第二产业渔业工业和建筑业产值、第三产业渔业流通和服务业产值。如表 19-8 所示。

表 19-8　渔业经济产值构成

产业归属	产业链条名称	具体内容
第一产业	渔业产值	海水养殖、淡水养殖、海水捕捞、淡水捕捞、水产苗种
第二产业	渔业工业和建筑业产值	水产品加工、渔用饲料、渔用药物、建筑
第三产业	渔业流通和服务业产值	水产流通、水产运输、休闲渔业

（一）渔业经济产值上升

渔业年鉴数据显示，近 5 年来全国和河北省渔业经济产值均处于上升状态，对农业贡献率增强。其中全国渔业产值由 2014 年 19 351.89 亿元上升为 2018 年的 24 761.22 亿元，增幅达 27.95%，河北省渔业经济产值由 2014 年 225.2 亿元上升为 2018 年的 249.71 亿元，增幅达 10.88%，增幅较远滞后于全国平均水平。如图 19-10 所示。

渔业经济对农业贡献率处于上升状态，产值及构成如图 19-11 所示，全国渔业产值的经济贡献率由 2014 年 9.9%上升为 2018 年的 10.6%，增幅达 7.07%。河北渔业产值的经济贡献率由 2014 年 3.1%上升为 2018 年 3.6%，增幅达 16.13%。由此可见，河北省渔业贡献率仅相当于全国平均水平的 30%略强，但河北省渔业贡献率增速上快于全国平均水平。

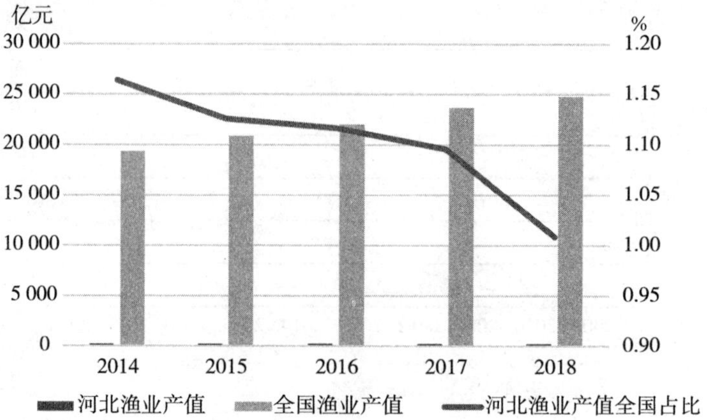

图 19-10　河北省渔业产值及全国占比

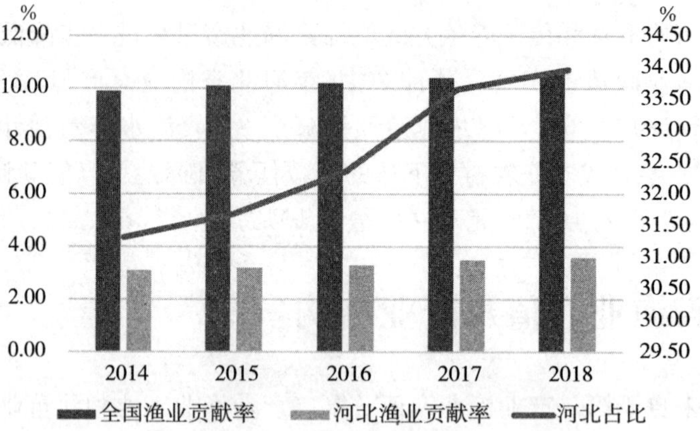

图 19-11　渔业产值贡献率

（二）渔业产业结构

1. 三次产业结构调整初现成效

2014 年河北省渔业三次产业结构维持在 85∶11∶4 水平，2018 年转变为 83∶10∶7。结构调整优化取得了一定成效，第一产业占比从 84.81%下降为 83.31%，降幅 2.35%；第二产业占比仍维持在 10%左右；第三产业从 4.37%上升为 6.52%，增幅达 47.72%。尤其是 2018 年，第一产业占比由 2017 年 86.35%下降为 2018 年 83.31%，降幅达 3.5%，第二产业和第三产业占比分别上升 16.10%和 33.33%。

表 19-9　河北省渔业三次产业构成及占比

单位：亿元，%

年份	渔业产值	农业占比	第一产业		第二产业		第三产业	
			产值	占比	产值	占比	产值	占比
2014	225.2	3.1	191.0	84.81	24.42	10.84	9.84	4.37
2015	234.8	3.2	201.6	85.86	23.64	10.07	9.58	4.08
2016	245.8	3.3	210.3	85.56	24.81	10.09	10.66	4.34

（续）

年份	渔业产值	农业占比	第一产业		第二产业		第三产业	
			产值	占比	产值	占比	产值	占比
2017	259.3	3.5	223.9	86.35	22.72	8.76	12.69	4.89
2018	249.71	3.6	208.04	83.31	25.40	10.17	16.28	6.52

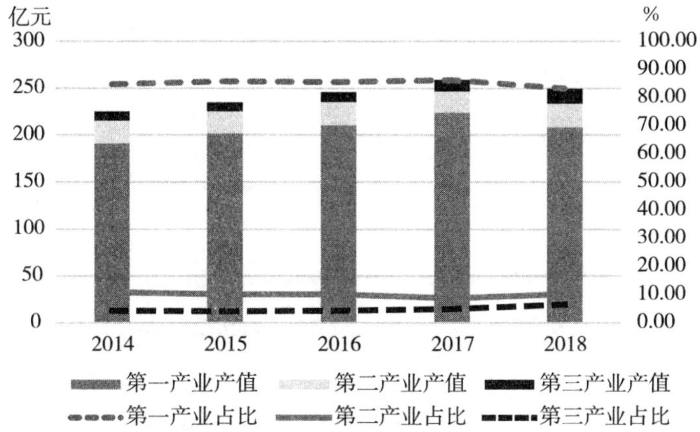

图 19-12　河北省渔业产值构成

2. 渔业产业部门贡献率分化严重

依据《中国渔业统计年鉴》的产业部门框架，将渔业三次业细分为养殖、捕捞、苗种、加工、用具、饲料、流通、仓运、休闲渔业九个生产部门，产值构成整理如表 19-10、表 19-11 所示。

表 19-10　河北省渔业产业部门产值构成

单位：亿元

年份	渔业总产值	第一产业			第二产业			第三产业		
		养殖	捕捞	苗种	加工	用具	饲料	流通	仓运	休闲渔业
2014	225.2	129.2	49.5	12.3	20.4	1.0	2.5	5.5	1.3	1.9
2015	234.8	138.1	52.8	10.7	19.4	0.9	2.7	6.1	1.6	2.2
2016	245.8	143.2	55.5	11.6	21.3	1.0	2.2	6.1	1.5	2.1
2017	259.3	151.8	59.2	12.9	20.0	1.0	1.5	6.1	1.7	3.9
2018	249.7	133.9	62.0	12.2	22.6	1.0	1.5	6.1	1.8	7.2

表 19-11　河北省渔业产业部门产值占比

单位：%

年份	养殖	捕捞	苗种	加工	用具	饲料	流通	仓运	休闲渔业
2014	57.37	21.98	5.46	9.06	0.44	1.11	2.44	0.58	0.84
2015	58.82	22.49	4.56	8.26	0.38	1.15	2.60	0.68	0.94
2016	58.26	22.58	4.72	8.67	0.41	0.90	2.48	0.61	0.85
2017	58.54	22.83	4.97	7.71	0.39	0.58	2.35	0.66	1.50
2018	53.62	24.83	4.89	9.05	0.40	0.60	2.44	0.72	2.88

资料来源：《中国渔业统计年鉴》。

如图 19-13 所示，生产部门中产值较大的依次为养殖、捕捞、加工、苗种。尽管养殖业产值占比有所下降，但仍然超过 50%。休闲渔业产值额仍然较低下，但增速较快。

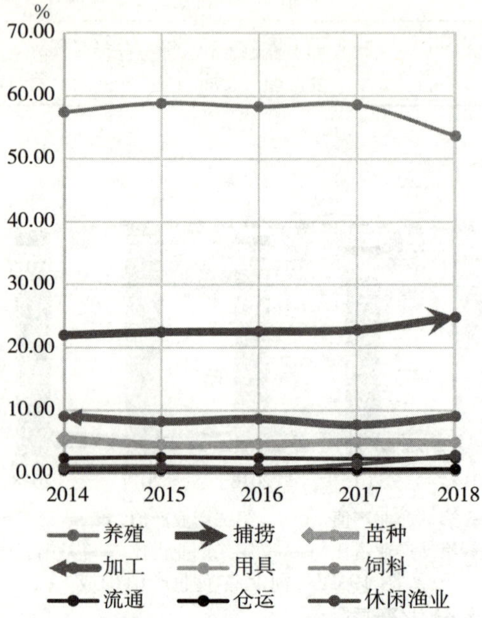

图 19-13 渔业部门产值占比

3. 产业结构合理化程度仍然不足

尽管河北省渔业产业结构优化初见成效，但总体上仍属于依靠规模扩张的高投入高消耗的粗放型生产方式。第一产值比例过高，第二三产业发展滞后，规模小，渔业加工亟须向精深化发展，与渔业相关的观光、休闲、垂钓等高标准服务尚待挖掘。

（1）渔业经济产值以第一产业为主要支柱。2018 年渔业第一产业产值 208.14 亿元，产值占比在 83%左右；其中海水养殖产值 85.87 亿元，淡水养殖产值达 48.34 亿元。第二三产业发展滞后，规模小，所占产值比例分别维持在 10%、7%。

（2）第二产业发展滞后。2018 年渔业第二产业产值 25.40 亿元，产值占比维持在 10%，其中加工部门为主，产值贡献率 9%；饲料部门产值贡献不足 1%。

（3）第三产业贡献不足。2018 年渔业第三产业产值 16.28%，占比 6.52%，其中流通、仓储运输、休闲渔业产值贡献率分别为 2.44%、0.72%、2.88%。但近 5 年来，休闲渔业发展较快，增速达 278.95%。

三、河北省渔业养殖技术模式创新

（一）养殖尾水达标排放技术研发初见成效

近年来，水产养殖业面临着巨大的环境保护压力，养殖尾水能否实现达标关系到产业发展的大局，该技术研发取得较快进展。一是池塘原位净化技术取得较大进展，生物浮床净水、微生态制剂调水技术示范面积进一步扩大；二是池塘异位净化技术，目前主要是人工湿地净水技术，经过反复考察对比，不同养殖方式的净化水模式的主要技术路线已确定，多个示范点已经开始做工程；三是大宗淡水鱼标准化养殖技术示范面积达到 136.67 公顷，通过改造池塘设施、采用多层级生态养殖等技术，做到了尾水达标排放。

（二）现代养殖升级换代技术示范全面铺开

以池塘工程化循环水技术为标志的现代水产养殖技术在河北省的 4 个市建立 6 个示范点。会利合农业示范基地，是其中规模最大、建设工程水平最高的一个。目前，全省新建池塘推水的水槽 23 条，面积 2 500 平方米，示范水面 10.67 公顷。

（三）新品种的引进与示范取得突破性进展

河北省引进新品种小龙虾、白海参、单环刺螠、海湾扇贝中科红，以及南美白对虾科海、普瑞莫等高效益品种共计 12 种。以小龙虾为例，目前唐山、邯郸、石家庄 3 市示范养殖小龙虾 13.33 公顷，放养小龙虾苗种上万斤，初步试验结果显示：小龙虾生长速度较快，证明河北省可以养，为调整养殖结构增添了一个市场前景非常看好的新品种。

（四）先进适用技术示范推广工作更加深入

开展南美白对虾半咸水温棚养殖技术示范，示范规模 1.33 公顷，辐射周边 20 公顷，第一茬南美白对虾于端午节出池上市，单棚平均产虾 540 千克/棚，成虾价格 54 元/千克，养殖周期 65 天，单棚产值近 3 万元，盈利万元以上。

（五）技术创新重点预测

绿色发展已成为水产养殖业的发展大趋势，解决好渔业发展与生态环境保护协同共进的矛盾是当务之急。无论从外部生态环保要求，还是水产养殖业内部提质增效的要求，推进水产养殖绿色发展、转型升级均已迫在眉睫。加快减排、高效、集约、现代化技术研发速度，是产业发展的迫切需要。因此，重点攻关绿色生态高效养殖技术和新模式，建立节水、高效和环境友好型的养殖方式。在提升产品品质、提高养殖效益上做文章，建立节水养殖型模式适应河北省水资源缺乏的现实。

四、河北省渔业疫病害防控工作稳步推进

2018 年河北省开展对虾白斑综合征、草鱼出血病等 12 种重大水生动物疫病专项监测，检验样品 500 个，检出 6 种疫病 22 例阳性，并及时进行应急处置，未发生扩散蔓延或爆发现象。继续组织养殖病害测报，监测面积将近 1.33 万公顷，及时对 15 个品种 26 种病害进行预警。继续组织贝类毒素监测预警，贝类毒素增高现场及时预防和处置。

（一）病害测报基本情况

2018 年河北省共备案水产养殖病害测报员 110 名，确定测报点 197 个，测报面积9 037.96

公顷，测报养殖品种5大类23个品种，涉及11市56县区。测报期1—12月（表19-12）。

表19-12　2018年病害监测主要养殖品种

类别		养殖品种	数量
鱼类		鲤、草、鲢、鳙、鲫、鳟、鲟、罗非鱼、观赏鱼、鲴鱼、青鱼、泥鳅、鲆、鲽（舌鳎）、河鲀	15
甲壳类	虾类	中国对虾、日本对虾、南美白对虾	3
	蟹类	河蟹、梭子蟹	2
爬行类		中华鳖	1
贝类		海湾扇贝	1
棘皮动物类		刺参	1
合计			23

（二）测报结果

2018年测报区共监测到19个养殖品种发生病害，监测到病害29种，其中病毒性疾病5种，细菌性疾病13种，真菌性疾病2种，寄生虫病5种，非病原性损害4种；另有不明病因16宗。在发病原因中，病毒病占17.24%，细菌性疾病占44.83%，真菌性疾病占6.90%，寄生虫病占17.24%，非病原性损害占13.79%（表19-13）。

表19-13　2018年水产养殖病害测报病害种类

类　别	病　名	数量
病毒性疾病	锦鲤疱疹病毒病、鲤浮肿病、对虾白斑综合征、鳖红底板病传染性皮下和造血器官坏死病	5
细菌性疾病	细菌性肠炎病、烂鳃病、淡水鱼细菌性败血症、腹水病、对虾黑鳃综合征、虾弧菌病、急性肝胰腺坏死病、鳖红脖子病、鳖穿孔病、鳖溃烂病、鳖肠型出血病（白底板病）、鳖白眼病、海参腐皮综合征	13
寄生虫性疾病	指环虫病、锚头鳋病、粘孢子虫病、艾美虫病、淀粉卵涡鞭虫病	5
真菌性疾病	水霉病、鳖白斑病	2
非病原性损害	高温伤害、风暴伤害、缺氧症、肝胆综合征	4
合计		29
不明病因		16

（三）主要病害情况分析

1. 鲤鱼病害情况

鲤鱼病害主要有鲤浮肿病（CEV）、锦鲤疱疹病毒病（KHVD）、细菌性肠炎病、烂鳃病及寄生虫病等，以5—9月发病较多。其中，鲤浮肿病造成的死亡和经济损失较大，天气突变、大换水、使用杀虫剂等养殖水环境剧变使鱼产生应激是其发病诱因之一。主要发病症状为昏睡、烂鳃、眼凹陷，部分病鱼体表挂脏、头骨凹陷、尾柄浮肿，发病急，发病率和死亡率较高。因其主要发病症状与锦鲤疱疹病毒病非常相似，且前些年河北省爆发过锦鲤疱疹病毒病，2012—2015年河北省锦鲤疱疹病毒专项监测平均阳性检出率5.56%，2016—2017

年河北省KHV专项监测未检出阳性，但2017年现场调查中检出KHV阳性1例，CEV阳性6例。因此普遍认为CEV可能由KHV引起。目前对于鲤浮肿病尚未有有效的治疗措施，引种检疫和避免应激是预防鲤浮肿病的重要技术措施。其他如细菌性肠炎病、烂鳃病及一些寄生虫病等未有明显变化，平均发病率、死亡率均较低及造成的经济损失也较低。

2. 草鱼病害情况

草鱼病害主要有细菌性肠炎病、烂鳃病、淡水鱼细菌性败血症、肝胆综合征、锚头鳋病等。以5—8月发病较多，但死亡率较低。发病原因主要是水质恶化，病原微生物对养殖生物构成危害。

3. 鲫鱼病害情况

鲫鱼病害主要是细菌性肠炎病、烂鳃病、水霉病及寄生虫病等，病害平均发病率和死亡率均较低。未发生鲫造血器官坏死病（CyHV－Ⅱ），2016年未检出阳性，2015年、2017年，虽有阳性检出，但未发生规模性疫病，发病呈现逐渐减少趋势。

4. 虹鳟鱼病害情况

虹鳟鱼病害主要是细菌性肠炎病、水霉病等，病害平均发病率和死亡率均较低。未发生往年发病严重的传染性造血器官坏死病（IHN），从2016年开始，IHN发病率和死亡率大幅下降，2018年未监测到IHN发病，IHN呈现逐步减少趋势。

5. 鲟鱼病害情况

鲟鱼病害主要是细菌性肠炎病、水霉病等，病害平均发病率和死亡率均较低。但一些不明病因病害发病严重，且呈逐步增多趋势，目前分离的病原菌主要有嗜水气单胞菌、志贺邻单胞菌、不动杆菌等，有待于进一步研究，另外，鲟鱼链球菌病有增多趋势。

6. 南美白对虾病害情况

南美白对虾主要病害是对虾弧菌病、传染性皮下和造血器官坏死病、急性肝胰腺坏死病等，6—8月为主要发病期，平均发病率和死亡率较低，测扳区造成经济损失5.80万元，比上年同期减少244.20万元。

7. 中国对虾病害情况

中国对虾病害主要为对虾弧菌病，造成经济损失289.20万元，较上年增加239.20万元。种质退化和水质恶化是发病的主要原因。

8. 日本对虾病害情况

日本对虾病害主要有白斑综合征、对虾黑鳃综合征、急性肝胰腺坏死病等，其平均发病率、死亡率均有所下降，测报区造成经济损失90.88万元，比上年同期减少10.04万元。

9. 海参病害情况

海参的主要病害为腐皮综合征和高温伤害，其平均发病率、死亡率均有所上升，测报区造成经济损失3 685.13万元，是本年度经济损失最大的养殖品种，比上年同期增加3 459.20万元。

10. 中华鳖病害情况

中华鳖病害主要有鳖红底板病、鳖红脖子病、鳖穿孔病、鳖溃烂病、鳖肠型出血病（白底板病）、鳖白眼病、鳖白斑病等，发病率、死亡率及造成的经济损失均较低。鳖红底板病、鳖腮腺炎病属病毒性疾病，鳖白斑病属真菌性疾病，其他属细菌性疾病，发病原因主要是水质恶化、外伤感染等所致。

11. 扇贝病害情况

扇贝的主要病害为风暴伤害，其平均发病率、死亡率均有所上升，测报区造成经济损失 208.00 万元，上年同期未监测到扇贝病害。

12. 其他品种病害情况

其他养殖品种如鲢、鳙、鲆、舌鳎、河鲀、观赏鱼、鮰、黄颡鱼等均发生了不同程度的病害，但其发病率和死亡率均较低，造成的经济损失也较低。与上年相比，发病种类、平均发病率、平均死亡率及造成的经济损失有所降低。罗非鱼、青鱼、泥鳅、河蟹、梭子蟹等在测报区未监测到病害。

五、河北省休闲渔业迅猛发展

（一）发展概况

2018 年河北省休闲渔业取得长足发展。按照“一带、三区”的优势布局，休闲渔业继续保持良好的发展势头。河北省各地依托区位、自然资源、乡村旅游等优势，发展休闲渔业，休闲渔业经营主体达到 1 180 个，年接待能力 800 万人次，总产值达到 6.2 亿元。向农业农村部推荐全国休闲渔业发展典型 9 家，休闲渔业旅游精品路线 5 条，创建休闲渔业知名品牌 10 个以上，创建省级休闲渔业基地 31 家。举办了第三届京津冀渔业协同发展联席会议暨休闲渔业论坛，签订了三地休闲渔业合作协议，发布了京津冀休闲渔业旅游精品路线，并就休闲渔业如何与旅游深度融合进行了专题研讨。京津冀共同编著了《京津冀休闲垂钓游》，开展了多次休闲垂钓大赛等活动。休闲渔业已成为河北省提升水产品出口，增加渔民收入，解决渔民就业，拉动农业经济的重要途径。

2014—2018 年间，全国休闲渔业产值占比由 1.89%上升为 3.09%，增幅 63.42%，河北省休闲渔业产值占比由 0.84%上升为 2.88%，增幅为 75.57%，仅 2018 年，河北省休闲渔业在全国占比由 0.59%上升为 0.94%，增幅达 59.32%（图 19-14）。

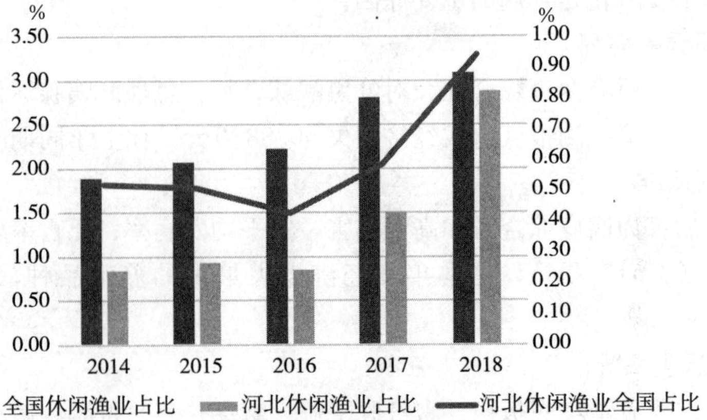

图 19-14 休闲渔业发展

（二）典型企业

以下选取三个休闲渔业基地，说明其对效益、就业等方面的拉动作用。

1. 承德张建文休闲渔业基地

全年共接待3.6万元人次，新增产值320万元，年度利润达70万～80万元，解决就业24人。住宿可全年提供服务，共接待旅客1 500人次；餐饮服务8个月，年产值200万元，实现年利润50万元；垂钓可全年接待客户，创造产值120万元，盈利20万～30万元/年。

2. 唐山多玛乐园

整个项目占地166.67公顷，总投资逾15亿元，作为新一代“渔”文化主题乐园，开创了我国休闲渔业的新纪元，进一步拉动了北方水产业发展。整个水镇错落着300栋集吃、住、玩于一体的水上多功能别墅，每栋别墅占地80平方米，周围配套设有近300平方米的水域让游客进行捕鱼体验，并生产各类野生鱼虾蟹。其中捕鱼达人区域有多种多玛乐园自主研发的机器人捕鱼表演，有机械手空中快速截鱼、机器人套鱼、无钩钓鱼等多种表演形式。预计每日接待游客6 000人，全年接待游客将达到100万人以上，能够安置1 000人就业，年消费水产品2 500吨。预计年营业额3亿元，实现利税5 000万元以上，创新的经营模式和优质的服务理念必将成为中国“休闲渔业”发展史上的领导者。

3. 怀来浩海专业养殖合作社休闲渔业基地

位于官厅水库月亮湾，建立于2010年，占地面积32公顷，主要经营项目：水产养殖、垂钓、农产品新鲜蔬菜水果采摘、餐饮、宾馆。养殖品种主要为河蟹、小龙虾及家鱼，其养殖总面积13.33公顷。适合垂钓水域面积5.33公顷，可供200人同时垂钓，垂钓的鱼产品可在其餐馆直接加工出新鲜美味佳肴。紧依著名的官厅水库西岸，该基地水、电、路等市政设施完善，服务设施能一次性容纳300多人参加相应的休闲渔业活动及休憩、餐饮、游乐等活动。其宾馆接待设施完备，住宿接待能力达到《旅游饭店星级的划分及评定》二星级以上相关指标。

（三）休闲渔业发展形势分析

河北省将深入挖掘地方特色渔文化资源，扶持发展渔业生产、观光、垂钓、餐饮、娱乐、度假、购物等一二三产业融合的休闲渔业，将海洋牧场、渔港、休闲渔船及城市周边休闲型渔业资源，与现有旅游资源充分结合，创建一批河北地域特色的旅游渔业商圈。提升渔业效益，拉动就业。

应当注意的是，在产业战略和规划上，发展休闲渔业，提升产业效益的最终目标是在于反哺第一产业的发展，如果背离了这一初衷，休闲渔业将会掠夺原本就捉襟见肘的渔业资源。

六、河北省渔业扶贫工作进展

河北省渔业系统坚持以“因地制宜发展水产、助贫困户脱贫奔康”为主线，增添措施，真抓实干，渔业产业支农扶贫取得了明显成效。

（一）规划引领，产业扶贫有方向

河北省水产局将渔业产业扶贫整体规划，结合贫困地区渔业资源禀赋，制定了《河北省渔业产业扶贫规划》，约定帮扶目标：依据所在地渔业资源禀赋，充分发挥省水产站技术资源优势，针对渔业科技需求，开展关键技术研发、集成和示范，重点突破一批制约渔业发展的关键技术难题，并为贫困地区提供更加有力的政策、技术、资金等支持。省水产局成立了以局长为组长的扶贫领导小组，明确局内各处室的扶贫职责，形成了齐抓共管的良好格局。

（二）科技支撑，技术扶贫有保障

河北省水产技术推广站建设科技服务平台，派出渔业专家蹲点开展帮扶，淡水养殖创新团队、特色海产品创新团队深入到阜平、涿鹿、鹿泉、黄骅等地，为渔业产业支农、扶贫出点子，找路子，开展科技扶贫与技术培训。充分发挥水产专家在精准扶贫中的引领作用，围绕渔业发展需求，将最新科技成果在扶贫地率先试验示范。技术支持本地科技人员开展农村科技创新创业，技术指导贫困村的科技人员开展产业创业，加快本区科技人才和农村科技创业人才队伍建设，每一区域培训当地技术骨干 50 名，累计开展现场技术指导 30 场次、技术培训 2 500 人次。以核心示范基地带动示范区，以示范区拉动辐射区，带动农民脱贫致富。

（三）定点对接，产业帮扶有目标

按照河北省农业农村厅关于开展产业科技扶贫工作的战略部署，河北省现代农业产业技术体系淡水养殖创新团队就科技帮扶工作与保定市农业局相关负责人、阜平县养殖户代表达成科技帮扶意向，并与阜平县人民政府签订正式帮扶协议。帮扶期限为 2018 年至 2020 年。协议约定帮扶目标：依据阜平县渔业资源禀赋，淡水养殖创新团队充分发挥技术资源优势，针对渔业科技需求，开展关键技术研发、集成和示范，重点突破一批制约渔业发展的关键技术难题。科技帮扶协议约定淡水养殖创新团队的重点任务：将在阜平县着重开展中华鳖、冷水鱼等高效养殖、养殖用水达标排放、中华鳖和冷水鱼等主要疫病的诊断和防治等技术的试验示范，利用三年时间，实现中华鳖、冷水鱼等标准化养殖、养殖尾水达标排放等绿色发展、渔民增收、从业渔民脱贫之目的。

七、河北省渔业对外贸易

（一）渔业对外贸易顺差幅度下降，出口价位低端

河北省是我国较为主要的渔业出口省份之一。出口份额位居全国第 8 位（表 19-14）。

表 19-14　我国水产品主要出口省份

省份	数量（万吨）	同比增减（%）	占出口总量（%）	金额（亿美元）	同比增减（%）	占出口总量（%）
福建	93.27	9.25	22.01	58.54	6.56	28.23

（续）

省份	数量（万吨）	同比增减（%）	占出口总量（%）	金额（亿美元）	同比增减（%）	占出口总量（%）
山东	111.38	3.39	26.28	46.85	4.34	22.59
广东	53.42	3.94	12.61	32.27	4.15	15.56
辽宁	73.4	0	17.32	27.18	−1.82	13.11
浙江	51.18	9.37	12.08	18.53	−1.4	8.93
海南	13.06	7.14	3.08	4.59	2.65	2.22
广西	7.21	−12.1	1.7	4.05	−1.51	1.95
江苏	5.06	−8.85	1.19	3.51	−1.11	1.69
河北	4.8	4.8	2.25	1.13	−26.92	1.61

资料来源：《中国渔业统计年鉴》。

河北省 2017 年进口水产品数量 11 117 吨，金额 2 832.64 万美元，进口量额的增长幅度分别为 52.33%、89.46%；水产品出口 47 997 吨，金额 33 354.52 万美元，出口量额分别上升 2.25%和下降 26.92%。出口单价 1.44 吨/万美元，进口单价 3.93 吨/万美元（表 19-15）。水产品出口单价不足进口的一半。可见河北省对高端水产的需求量上升，体现了消费市场的转型升级，生产市场要相应与之匹配。

表 19-15　河北省渔业对外贸易

	数量（吨）	同比增减（%）	金额（万美元）	同比增减（%）	单价（吨/万美元）
进口	11 117	52.33	2 832.64	89.46	3.93
出口	47 997	2.25	33 354.52	−26.92	1.44

资料来源：《中国渔业统计年鉴》。

（二）国际贸易形势分析

2018 年，“逆全球化”思潮抬头和贸易保护主义升温，我国渔业对外贸易面临的不确定性因素增多。自 2018 年 1 月 1 日起，我国对鱼类、水产进口税率由原先的 15%降至 7%。进口水产品价格下降，欧美及澳大利亚的高端水产品、“一带一路”沿线国家的低端水产品更多的进入我国市场，进一步加剧了我国水产品市场竞争，对我国水产品市场需求产生替代效应，尤其是高端水产品价格有望下降。水产品进口关税下降，进口数量持续增长。我国居民对优质绿色水产品需求明显增加，随着降低水产品进口关税等因素，预计 2019 年水产品进口将持续保持快速增长势头，增速进口快于出口，全年贸易顺差将继续收窄。

八、河北省渔业产业竞争力分析

（一）优势品种竞争力

1. 南美白对虾

“十二五”以来，河北省加快了对虾产业布局和调整步伐，把虾产业发展作为支撑沿海优势出口水产品产业带的重要一环进行打造。2011 年，河北省水产局印发了关于《振兴对虾产业的实施意见》（冀渔综〔2011〕1 号）提出“以良种为突破口，以高效健康养殖为抓手，通过集成亲虾培育、优质苗种繁育、综合防病、高效养殖技术、建设对虾产业园区等，提升对虾产业品质，促进二次创业”。

河北省作为全国优势水产品养殖区域的典型地区，在沧州、唐山设置了 2 个国家级对虾试验站，2013 年开始河北省启动实施了农业产业技术体系工作，在各级领导及科研单位支持和推动下，对对虾养殖产生深远影响，并有效推动了对虾养殖产量、质量的进一步提升。

综合分析虾产业发展的基础、消费需求等信息，河北省对虾产业表现为以下优势和竞争力：

（1）市场优势。市场就是生命。河北省环绕京津，消费市场得天独厚，再加上对虾消费群体的逐年增长，消费水平不断提升，对虾产品出塘价格和盈利空间稳定，为对虾产业发展奠定了坚实的基础。随着国内虾消费群体的不断扩大以及消费水平的逐年提高，对虾产品不断升温的市场需求与逐年下降的产出能力的矛盾将日益突出，虾产品价格、效益仍将维持较高水平，这为河北省虾产业的进一步发展带来了机遇。

（2）设施、技术优势。河北省对虾育苗生产历史悠久，育苗企业 400 多家，育苗总水体 150 多万立方米，年稳定生产规模 500 亿～1 500 亿尾，虾苗产销量居全国第四。从技术基础来看，对虾育苗历经 30 多年磨炼，育苗技术日臻完善，对虾养殖技术水平不断提高，2011 年以来全省养虾单产提高了 21%，其中盐碱水养虾总产增幅达 65%，如对池塘进行标准化改造并配套相关设施，增产潜力至少在 20%以上。推广对虾养殖新技术、新模式，先后研发推广了“对虾养殖生态防病技术”“对虾工厂化养殖技术”“对虾温棚养殖技术”等。河北省作为北方养虾大省之一，在设施、技术、资源等方面利用和提升的空间很大，是进一步开发对虾养殖的潜在地区。

（3）现代种业取得新进展，苗种产业贡献率高。河北省对虾养殖三大品种中已有中国对虾、南美白对虾两个品种建立起了良种扩繁基地，其中中国对虾良种自给率 90%以上，南美白对虾良种自给率接近 10%。良种方面具有一定优势。引进了南美白对虾“科海 1 号”“桂海 1 号”、中国对虾“黄海 2 号”等新品种，品种结构、技术模式结构等方面主动调整，进一步推动全省对虾养殖再上台阶。加快建设渔业种业体系，2018 年新批准中国对虾、日本对虾等 7 家省级水产原良种场。河北省组织制定启用了新版水产苗种生产许可证件，进一步规范许可管理工作。河北省苗种产值约占全国苗种总产值的 2%左右，但是苗种在渔业产值中占比较高，在 5%左右，而全国平均水平低于 3%（图 19-15）。

2. 红鳍东方鲀

河北省是全国最早开始进行红鳍东方鲀全人工亲鱼培育、苗种繁育的省份，养殖开始于 20 世纪 80 年代末期，到目前为止，在红鳍东方鲀养殖产业中河北省仍占有重要地位。红鳍东方鲀主要以池塘养殖为主，冬季越冬期间则进入工厂化车间；近几年也有部分养殖场开始尝试进行全工厂化养殖。池塘养殖模式有单养和混养两种，其中混养模式主要为红鳍东方鲀与日本对虾或中国对虾混养，养殖产品以往主要出口日本、韩国。自从 2016 年农业部有条件放开河豚市场后，首批通过了 13 家企业可以在国内出售红鳍东方鲀和暗纹东方鲀制品，

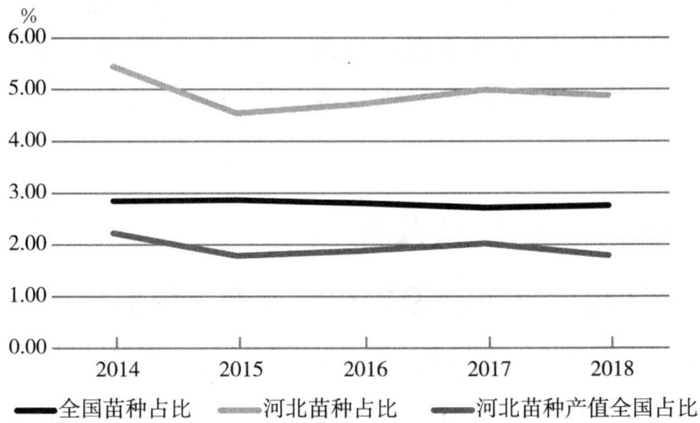

图 19-15　渔业苗种产值

其中河北省唐山海都食品有限公司上榜，唐山、秦皇岛部分酒店也正在积极尝试进行红鳍东方鲀的餐饮销售。鉴于河北省有着养殖红鳍东方鲀的悠久历史和良好传统，随着国内河豚市场的逐步放开，河北省红鳍东方鲀的养殖产业发展前景会愈发广阔。

3. 鲆鲽类

鲆鲽类工厂化养殖面积 100 多万平方米，占我国鲆鲽类养殖总量的 15%左右，在养殖规模上落后于山东和辽宁，处于全国第 3 位。河北省牙鲆养殖在全国处于优势地位，牙鲆养殖面积 32 万平方米，为全国牙鲆养殖面积的 64%，其次是山东 15.6 万平方米，辽宁 2.7 万平方米。2018 年牙鲆、大菱鲆销售价格较 2017 年有较大上扬，基本保持在牙鲆 64 元/千克以上、大菱鲆 50 元/千克、半滑舌鳎 150 元/千克。因此养殖企业如果能够加强管理、有效防控疾病，鲆鲽类养殖利润空间较大。

（二）区位竞争力

1. 养殖水域多样性，适养品种多

河北省东临渤海，内环京津，地处沿海与内陆交接地带，宜渔资源多样。辖区内淡水湖泊 200 余个，总面积约 5 万公顷；各类水库 1 281 座，总库容量 95 亿立方米，有渔业价值水面面积 13.5 万公顷；池塘数以万计，水面达 3.3 万公顷；盐碱地 12.3 万公顷；稻田 10 万公顷。在“两山”地区有自然泉水 67 处，其中温度稳定在 25℃以上的温泉 27 处，15℃以下的冷泉 40 处。另外，在冀中、冀东平原等地有 220 多口宜渔地热水井。大陆海岸线 487 千米，所辖海岸线向海一侧 12 海里以内区域面积 6 948.15 平方千米；海域总面积 10 052.56平方千米。

2. 渔业物种丰富

因其独特的宜渔环境优势及其特殊的养殖方式，河北省渔业物种丰富，主要的养殖品种有鱼、虾、蟹、贝、参、鳖等。其中鱼类占绝对优势，达 86 种。海水鱼类主要包括：鲈鱼、美国红鱼、河豚类（主要为红鳍东方鲀，少量菊黄东方鲀）和鲆鲽类（主要为大菱鲆、漠斑牙鲆和半滑舌鳎）等；淡水鱼类主要包括青鱼、草鱼、鲢鱼、鳙鱼、鲤鱼、鲫鱼、鳊鲂、泥鳅、鲶鱼、鮰鱼、黄颡鱼、鲑鱼、鳟鱼、河鲀、短盖巨脂鲤、鳜鱼、

池沼公鱼、银鱼、鲈鱼、乌鳢、罗非鱼、鲟鱼等；甲壳类主要包括虾（南美白对虾、中国对虾、日本对虾、青虾）、蟹（梭子蟹、青蟹）；贝类主要包括海湾贝类、其他贝类（牡蛎、螺、蚶、贻贝、蛤以及蛏等）；其他主要包括海参、海蜇、沙蚕、海肠、龟、鳖、观赏鱼等。

九、河北省渔业产业瓶颈及原因

（一）养殖空间持续被挤压，养殖产量下滑，捕养比例上升

河北省沿海地区经济建设的快速发展，临港、临海的涉海工程、工业开发面积不断扩大。东武仕水库、白洋淀、潘大水库、陡河水库等大中型内陆湖库养殖网箱清退，清退网箱养殖面积 1 866.67 公顷，拆除网箱（网围）约 10 万个，影响淡水养殖产量 5 万多吨。适宜养殖的土地资源日益紧张，养殖空间日趋萎缩，水产品市场需求与养殖用海资源不足的矛盾日益突出，急需拓展新的养殖空间和模式。

由于养殖面积下降幅度过大，河北省渔业产值的捕养比不降反升。渔业捕养比例约为全国平均水平的 1.6 倍。全国捕养比从 2014 年的 27.7%下降为 2018 年的 21.97%，而河北省捕养比从 2014 年 38.31%上升为 2018 年 46.27%，增幅达 20.78%。捕养比不降反升原因在于，河北省养殖水域受限以及网箱等养殖模式取缔，养殖产量大幅下降（图 19-16）。

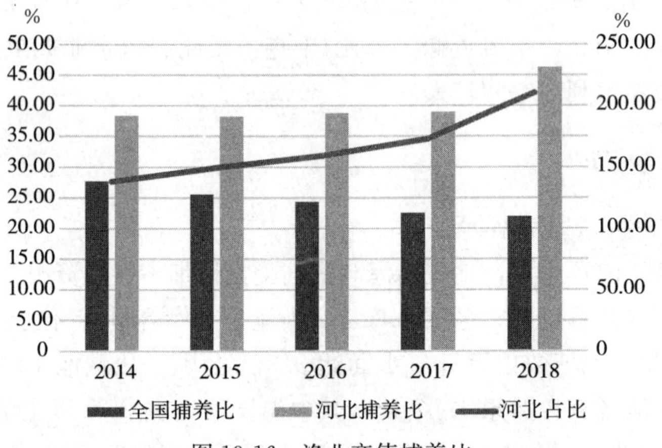

图 19-16　渔业产值捕养比

（二）产业结构有待进一步优化

1. 水产养殖在数量规模和质量效益不平衡

根据历年渔业年鉴计算可知，从均产量、均价、均产值三个方面，河北省渔业养殖均低于全国水平。说明养殖数量和效益发展不平衡，原因主要在于养殖品种结构上以低端水产，如以大宗淡水鱼为主，也尚未形成鲜明的品牌优势。如表 19-16、表 19－17、图 19-17 所示。

表 19-16　渔业养殖产值

单位：亿元

年份	河北养殖			全国养殖		
	总产值	海水	淡水	总产值	海水	淡水
2014	76.38	43.34	33.04	4 125.96	1 481.54	2 644.42
2015	138.19	80.37	57.82	7 888.05	2 815.47	5 072.58
2016	147.22	87.74	59.48	8 274.79	2 937.67	5 337.12
2017	151.79	96.69	55.1	8 953.57	3 140.39	5 813.18
2018	133.91	85.57	48.34	9 183.65	3 307.4	5 876.25

表 19-17　渔业养殖效益对比

年份	河北平均产量（吨/公顷）	河北均价（万元/吨）	河北平均产值（万元/公顷）	全国平均产量（吨/公顷）	全国均价（万元/吨）	全国平均产值（万元/公顷）
2014	6.24	0.62	3.87	7.42	0.67	4.96
2015	6.29	1.09	6.88	7.70	1.22	9.41
2016	6.69	1.13	7.59	7.91	1.24	9.78
2017	7.19	1.11	7.97	7.64	1.40	10.73
2018	7.59	1.15	8.72	8.65	1.42	12.33

资料来源：《中国渔业年鉴》计算得出。

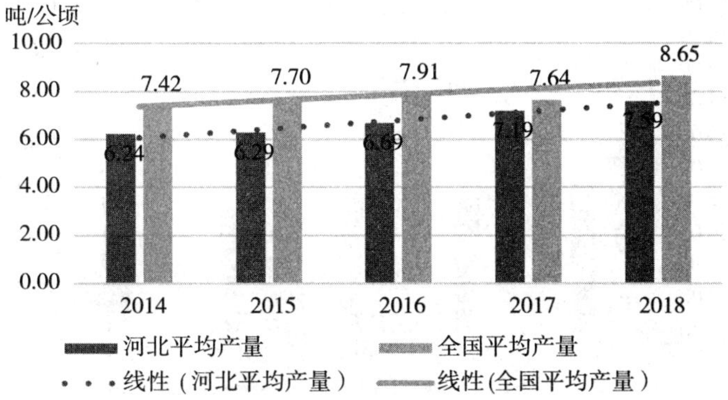

图 19-17a　平均产量对比

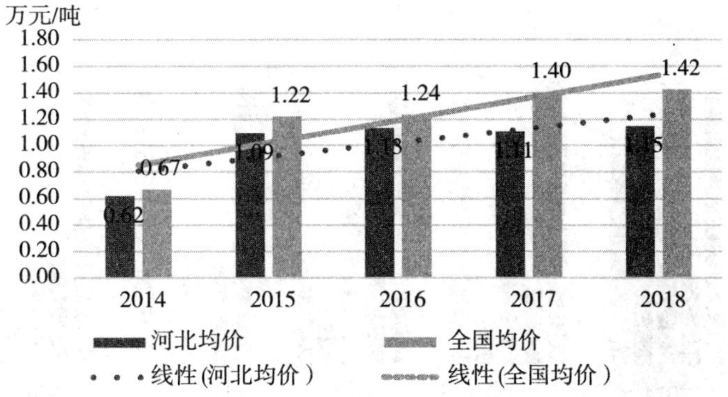

图 19-17b　均价对比

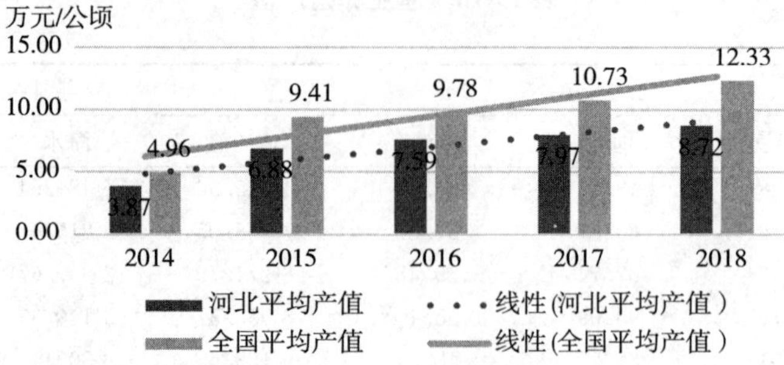

图 19-17c　平均值产对比

2. 渔业仍以第一产业为主，渔业发展新动能不足

《中国渔业年鉴》显示，较之全国渔业产值结构，河北省二三产业发展滞后，产业链短，附加值低。

3. 渔业加工止步不前

（1）河北省加工企业产值低下。全国渔业加工产值占比约17%，河北省仅为8%左右。从数据上看，河北省渔业加工产值仅为全国加工总产值的0.5%。如表19-18、图19-18、图19-19所示。

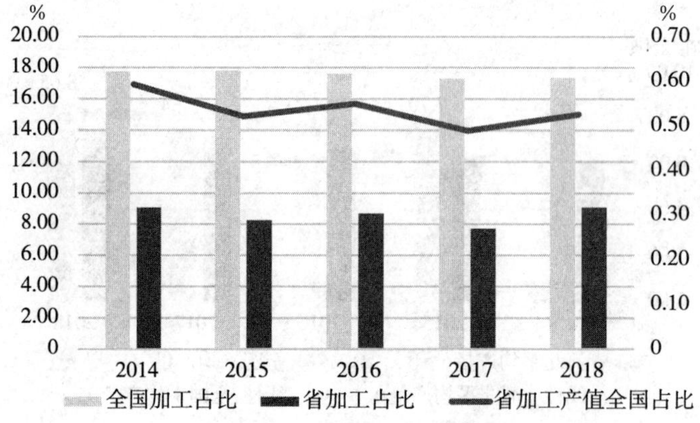

图 19-18　渔业加工产值占比

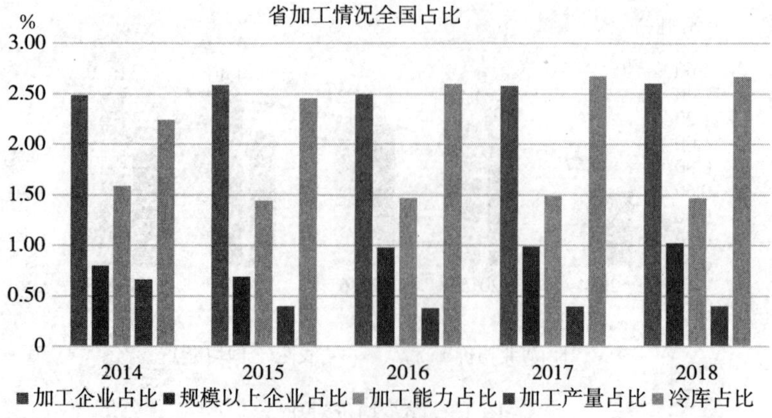

图 19-19　河北省渔业加工发展全国对比

（2）加工企业少，生产规模小。河北省渔业加工企业数、冷库个数，全国占比约在2.5%左右，加工能力全国占比约在1.5%左右，加工产量仅为0.5%左右。说明河北省加工企业和冷库个数少，发展慢，且企业规模小。

表19-18　省渔业加工企业状况表

年份	加工企业（个）	规模以上加工企业（个）	水产加工能力（万吨/年）	水产量加工量（万吨）	冷库（个）
2014	243	22	43.58	12.93	203
2015	250	19	41.09	8.22	212
2016	247	27	41.34	7.96	225
2017	250	27	42.49	8.61	230
2018	252	27	43.06	8.83	220

（三）设施装备老化程度依然严重

河北省现有渔业基础设施设备老旧、能耗高、科技含量低等问题突出，渔船渔港设施落后，养殖池塘老化，苗种生产车间破旧、路电网等配套设施不健全，机械化装备水平低，阻碍了现代渔业快速发展。以南美白对虾为例，河北省对虾池塘多建于1984—1986年，至今已30年，单池面积大，池塘基础设施老化。由于个人承包等原因池塘多年未彻底清整，池塘底泥淤积、有机污染严重，并缺乏必要的电力和机械增氧配套设施。由于工厂、生活等污水排入，外海海域无机氮、活性磷酸盐和化学需氧量等超标，增加了养殖难度和病害风险。

（四）病害经济损失严重

2018年全省测报区因病害造成的经济损失合计4 902.95万元，较上年增加4 117.94万元。根据各品种总体养殖面积，扣除区域性集中发病因素，加权平均后估算2018年全省水产养殖病害经济损失约71 024.65万元，比2017年增加56 697.77万元，主要是海参高温伤害和扇贝风暴伤害损失大幅增加所致（表19-19）。

表19-19　2018年测报区各品种经济损失情况

养殖品种	经济损失（万元）
鲤鱼	47.52
草鱼	6.32
鲫鱼	2.57
鲢鳙鱼	0.64
虹鳟鱼	13.61
鲟鱼	1.84
中华鳖	15.71
牙鲆大菱鲆	27.51
鲽（半滑舌鳎）	78.72
中国对虾	289.20
日本对虾	90.88
南美白对虾（海水）	4.60

（续）

养殖品种	经济损失（万元）
南美白对虾（淡水）	1.20
海参	3 685.13
扇贝	208.00
河鲀	420.91
观赏鱼	7.15
鮰鱼	1.44
合计	4 902.95

资料来源：2018 年河北省疫病防控测报。

（五）休闲渔业发展局限

1. 景区功能单一，质量不高

河北省休闲渔业过于依赖自然资源，过于强调景观资源、自然资源的开发，而忽视了人文资源。具体体现在景区功能单一，要么单纯的渔业生产，要么是单一的垂钓、观赏、品尝，忽视了系统的开发民风民俗、渔村文化等人文资源，也没有建立起集生态旅游、娱乐、科普、展览等多层次、全方位、多功能的产品结构。例如，休闲渔业通常分为生产经营型、休闲垂钓型、渔区生产体验型、水族展示教育型 4 种模式，而我省休闲渔业的经营项目主要集中于垂钓、观赏以及美食方面，鲜有其他形成经济规模的优秀创意。此外，渔业物种单一，缺少优良、有名气、特殊的良种。加之景区的基础设施过于陈旧，整体形象欠佳，难以形成品牌效应。

2. 缺乏战略规划

目前大多数休闲渔业是村民自发组织或企业自主经营，没有统一的规划，更没有共同遵守的管理办法，政府只制定了相关产业的实施意见，却未见实施细则以及其他扶持政策，更没有亲力亲为下大力气监管、制定管理标准，这就导致风景区布局结构混乱，也缺乏规范标准和法律保障，从业者要么放任自流，要么野蛮生长，这导致无论是景区的统筹规划，还是市场的统一性以及村容村貌的整洁上都呈现四分五裂的现象，在一定程度上阻碍了休闲渔业的向上健康发展。

3. 科研力量薄弱

在发达国家，会有科学家定期研究该地区的生态特征，通过研究鱼的长度、年龄来评估鱼类种群的健康状况，国家机构依此可做出科学的决策，可持续发展的管理休闲渔业。而我国则刚刚提出科学开发的口号，实际仍停留在彰显特色、合理布局、规范管理、安全运营的环节，还不具备针对每个休闲渔业景区做出因地制宜解决方案的能力。

4. 缺少专业技术人员

休闲渔业发展，离不开有知识懂技术的专业人员，一方面，可以参与当地休闲渔业的发展规划；另一方面，也可以给予游客以指导，满足消费者的需求。河北省有知识懂技术的从事休闲渔业的专业人员相对缺乏。服务的观念淡薄，而作为体验经济的休闲渔业，缺少了优质的服务，就大大降低了休闲渔业的质量，也就很难形成独特的、有口碑的特色品牌。

既没有在管理体制、法制体制、科技人才以及资金支持上形成稳定持续的发展闭环，也没有在文化特色以及内容的丰富度上深度挖掘，成为休闲渔业发展模式中普遍存在的问题。

十、河北省渔业产业发展对策建议

（一）设立渔业养殖红线，保障养殖用地

随着河北省渔业湖库大水面传统养殖方式全部取缔，以及相应尾水排放标准提高，养殖面积下降必然导致养殖产量大幅下滑。建议相关管理部门尽快出台相应的养殖规范和标准，建立养殖正面清单，即达到何种标准可以养殖，并划出一定范围的适养区域，以稳定渔民信心，增强产业投入积极性。

（二）优化渔业生产方式

未来渔业生产方式要实现养殖模式、养殖设施、养殖品种的优化。

1. 增强基础设施投入，优化养殖模式

优化养殖生产模式，大力推进高效设施渔业、池塘工业化生态养殖、渔稻综合种养、健康养殖示范场等现代化生态养殖模式。开展池塘生态集约化养殖示范既能解决稳定产量问题又能解决质量保障问题。而当前河北省生态养殖的产量和面积均占比过低。建议在现有财政能力下，逐步提高补贴额度，增强渔业的竞争力。在渔业基础设施改造环节，实施普惠补助。如对养殖池塘的标准化改造额定统一的补助金额，改善渔业基础设施，引领渔业生产方式向现代化、生态化、集约化转变。从养殖设施上进行优化，为了达到提升水产养殖的生态水平和成效的目的，进一步推广高效设施渔业，加强渔业设施化、生态化、信息化，推进一二三产业融合发展。

2. 迎合市场需求优化产品供给结构

优化养殖品种，根据市场供给需求指导渔民调整优化养殖品种，增加特种水产品的养殖量，减少常规鱼类的养殖量。将原来产能严重过剩的草鱼、白鲢的放养量调减，适当增加花鲢、青鱼、鳊鱼等常规品种养殖比例；大力推进冷水鱼、泥鳅等特色优势主导品种的生态高效健康养殖，扩大鳜鱼、罗非鱼、甲鱼、小龙虾、蛙类、泥鳅等名优特色品种养殖比例；池塘养殖和工厂化养殖，要加快发展适销对路的广温、广盐、节水、集约化、高收益品种；浅海发展扇贝标准化养殖，移植羊栖菜、龙须菜等藻类，有效改善养殖生态环境，推进浅海养殖逐渐从规模数量型向生态效益型转变。推广稻田养鱼（蟹）、多品种生态混养、鱼菜种养、工厂化养殖等新技术、新模式。稳定常规渔业养殖生产，大幅减少捕捞强度，积极引导探索水产品加工，培植渔业物流运输服务，大力发展休闲旅游渔业和“互联网＋渔业”。

（三）切实实现休闲渔业转型升级

明确渔业三产融合的主线，突出区域特色，将发展休闲渔业作为渔民就业增收、产业扶贫和实现乡村振兴的重要途径。休闲渔业的转型升级，政府决策要根据河北省休闲渔业现阶段的实际情况完善发展规划以及相关监督机制；经济层面要科学化管理和运营，延长休闲渔

业经济产业链，增加附加值，促进不同产业之间的协调发展。文化层面，要提高服务和品牌意识，不断完善休闲渔业的服务功能，充分利用优质的渔村渔民文化资源，促进休闲渔业的健康发展。

1. 打造河北省知名品牌

进一步加强基础设施建设和完善配套服务，做大做强休闲渔业，比如延长休闲季节，增加春赏花、夏摸鱼、秋摘果蔬、冬日冰钓等全年的休闲娱乐体验；扩展游客群体，细分老、中、青、儿童不同年龄层次的群体偏好，创立个性化服务；同时力争将全国休闲渔业示范基地、省级休闲渔业基地纳入地方旅游线路，提升名气，扩大游客来源，在满足“吃”的需求之外，更好地满足城乡居民日益多样的文化、旅游、休闲、体验等多样化需求，让渔业附加值得到进一步提升。

2. 充分挖掘休闲渔业文化内涵，彰显地方渔文化软实力

例如增加渔业文化长廊，展示青海裸鲤等特色鱼类资源的基本知识，展示生态渔业发展、特色鱼类美食文化、休闲垂钓赛事精美场景等。再如，将渔业纳入西柏坡红色文化之旅、承德皇家文化之旅、张家口冬奥之旅等特有文化氛围，实现渔业与文化、科技、生态、旅游、教育等领域的有机融合，培育出新的消费热点和经济增长点。

3. 结合要素禀赋，发挥比较优势

当前国家倡导渔业三产融合模式，各养殖企业一定要摸清自身的实际特征并把脉要素禀赋、比较优势，并结合当地的市场需求，切忌贪大求洋，或者一窝蜂转向休闲渔业。

（四）大力发展加工业，延长产业链条

水产品生产具有地域性，易腐且不耐储运，因此水产品加工业主要在渔业生产基地分布。发展渔业加工，首先要在产品上进行创新。改变现有产品粗加工的低端加工模式，不断向精细加工深化，丰富产品结构，提高产品加工技术含量，生产出具有市场竞争力的明星组合产品。如加强即食（速食）产品研发。即食水产品在我国各地超市均为常见食品，但鲆鲽类和红鳍东方鲀的即食产品却还未出现，可以开发如红鳍东方鲀鱼胶、麻辣鱼块、烟熏泥鳅等多种即食产品。

1. 大力发展直供餐饮业的半加工品

在渔业经济产业链条中，渔业生产结果很大一部分直接进入消费领域，其余部分才进入加工领域。这种产业链地位决定了加工会受到渔业生产和消费市场的双重制约。既有加工技术的原因，也有人们的生活需求偏好和饮食消费习惯的原因。餐饮企业开发受消费者喜爱的餐饮产品，而加工企业给餐饮企业提供半成品，合力扩大消费市场，带动加工需求。

2. 引导发展水产深加工以及综合开发

初级加工缺少技术含量，利润空间狭小。水产品加工不仅可以制成各种食品，还可以通过深度加工和综合利用制取多种化工医药产品，有几十个行业部门的生产需要水产加工制品。通过深加工延长产业链，提高附加值，节省资源，提高利用效率。建议在水产品生产基地建设水产加工生态产业园区模式，示范带动水产品加工产业化发展。对于这些园区，政府应在金融、税收、服务等方面给予优惠政策扶持，在整合现有加工企业基础上，积极引导发

展水产深加工以及综合开发的新兴产业。

（五）切实提升养殖效益

任何产业谋求突破必须依靠两点：一是成本收益，二是市场供求。也就是产出好产品，卖出好价钱。

产出好的水产品，需要生态修复水质，确保养殖水域环境的质量和数量；加强免疫技术，控制灾情疫情损失；繁育和引进优质品种；研发技术提升产量、降低成本；充分享受国家及地方政策的惠渔政策和惠渔项目等。

卖个好价钱，要跟进市场需求调整水产品结构；强化品牌建设和三品一标认定，创造产品差异化和独特性，增强定价的话语权：充分利用品牌优势，通过生产出符合国内消费者消费习惯的组合水产品，提升国内消费者对品牌的认可度；要实行错季、错期上市迎合市场需求；注重多种销售渠道，采取"互联网＋"的销售理念，充分利用现有的网商平台，扩大销路，提高产品在国内市场的占有份额。打通从鱼塘到销售、从销售到餐桌两个一公里目标。

渔业去产能已进入收尾阶段，水产品价格也将回归理性，相信养殖户、专家、管理部门齐心协力，传统渔业养殖企业终将进入良性发展轨道。

撰稿人员：张　锦
指　　导：田建中　李怡群
参编人员：张　黎　王钟强　郭金龙　刘金珂　王真真

图书在版编目（CIP）数据

河北省现代农业产业发展报告：2018 年度 / 河北省现代农业产业技术体系领导小组办公室编．—北京：中国农业出版社，2019.10
ISBN 978-7-109-25783-2

Ⅰ．①河… Ⅱ．①河… Ⅲ．①现代农业－农业产业－产业发展－研究－河北－2018 Ⅳ．①F327.22

中国版本图书馆 CIP 数据核字（2019）第 167802 号

中国农业出版社出版
地址：北京市朝阳区麦子店街 18 号楼
邮编：100125
责任编辑：姚 红
版式设计：王 晨 责任校对：刘丽香
印刷：中农印务有限公司
版次：2019 年 10 月第 1 版
印次：2019 年 10 月北京第 1 次印刷
发行：新华书店北京发行所
开本：787mm×1092mm 1/16
印张：32.75
字数：760 千字
定价：80.00 元
